Ethik | Philosophie
Gymnasiale Oberstufe

Denkperspektiven

Herausgegeben von
Arnold K. D. Lorenzen

MILITZKE

Liebe Schülerinnen, liebe Schüler,

Im Laufe unseres Lebens stehen wir oft vor Entscheidungen und Stellungnahmen unterschiedlicher Schwierigkeit. Wer vor bedeutsamen Entscheidungen steht, wer über ein mindestens angemessenes, wenn nicht sogar ein richtiges und gutes Handeln nachdenkt und dafür überzeugende Begründungen sucht, kann auch mit seinen Erfahrungen, seinem alltäglichen Wissen und Können, einiges erreichen. In vielen Jahrhunderten haben jedoch Fachleute aus Ethik und Philosophie *weiterführende Fragestellungen und Antworten* erarbeitet, die Bedingungen, Möglichkeiten und Grenzen von richtigem Handeln und Wissen grundsätzlich zu klären versuchen. Die Fächer Ethik und Philosophie bieten Ihnen eine hervorragende Gelegenheit, Ihre eigenen Ansichten und Gedanken zu klären, zu vertiefen sowie Ihre Fähigkeiten auszubauen.

Beginnend im 5. Jahrhundert v.u.Z. entstand in Europa und Kleinasien, in den griechischen Stadtstaaten, das Wort *Philosophie* als Kombinationsbegriff aus den Worten „sophia" und „philein". Für die Griechen bedeutete „sophia" Wissen, Kenntnis, Fertigkeit, Urteilsfähigkeit, Klugheit insbesondere für wichtige Lebensangelegenheiten und politische Beteiligung. Mit „philein" bezeichneten sie ein *Bemühen um etwas, das man gern hat* (z.B. die Freude am Reichtum, die philoplousia), etwas, mit dem man sehr gerne umgeht, für das man Interesse, Freundschaft und oft sogar leidenschaftliche Liebe empfindet.

Wahrscheinlich ist das Philosophieren als Bemühen der Menschen um grundsätzliches Wissen älter als das Wort, aber erst die griechischen Philosophen prägten im Rahmen ihrer systematisierenden Untersuchungen den neuen Begriff „Philosophie" zur kennzeichnenden Beschreibung für ihre Tätigkeit.

Mit diesem Begriff, mit Philosophie, bezeichnen wir seitdem ein Bemühen um Wissen, die freundschaftliche Zuneigung und Liebe zum Wissen. Mit diesem Wissen ist jedoch seit den griechischen Philosophen nicht jede mögliche Kenntnis gemeint. Es geht auch nicht um ein angehäuftes Viel-Wissen von Informationen und Meinungen. Es geht vielmehr um ein sehr spezielles und grundlegendes Wissen: Wie und was kann ich überhaupt wissen? Was heißt glauben, was wissen? Was ist richtig, was falsch? Was ist ein gutes Leben? Kann ich frei handeln? Wie soll ich mit meiner eigenen Natürlichkeit und der Umwelt sowie mit Wissenschaft und Technik umgehen? Was ist schön? Wie gehe ich mit meiner Sterblichkeit um? Das philosophische Wissen ist ein prinzipielles Wissen über Handeln, Dinge und Verhältnisse (aber auch über Bedingungen und Möglichkeiten von Wissen und Wissen-Können), das – zumindest von Anhängern des Philosophierens – als lebenswichtig erachtet wird und für das man sich gerne, kraftvoll und lebenslang einsetzen sollte.

Mit den griechischen Wörtern „Ethik“ und „ethisch“ benennen wir philosophische Überlegungen, die sich der Herausforderung stellen, dass selbstbestimmtes Handeln sich immer schwieriger aus herkömmlichen Gewohnheiten und Regeln (ethos: Gewohnheit, Sitte, Brauch) begründen lässt. Ethik ist praxisbezogen. Leitfragen der philosophischen Disziplin Ethik sind: Was tue ich? Was kann ich für (m)ein gutes Leben tun? Was soll ich tun, genauer, was soll ich *so* tun, dass ich es als gutes Handeln oder Lassen mit Beweisgründen verbindlich rechtfertigen kann?

Das vor Ihnen liegende Schulbuch „Denkperspektiven“ haben Anhänger und Liebhaber der Philosophie und des Philosophierens für Sie erarbeitet.
Das Lehr- und Lernwerk vermittelt Ihnen viele notwendige Kenntnisse für den Unterricht in den Schulfächern Ethik und Philosophie: Inhalte des Faches, grundsätzliche Fragestellungen und differierende Antworten, unterscheidende Einteilungen und Verbindungen, Informationen.
Textauszüge, Graphiken und Bilder, Autorentexte, Hinweise, Methoden und Literaturhinweise im Anhang sowie insbesondere die zahlreichen Arbeitsanregungen unterstützen Sie bei der Erarbeitung von Wissensbeständen sowie der Optimierung von Fähigkeiten.
Das Buch soll auch inspirieren, das Philosophieren als *aus- und einzuübendes Gernhaben von prinzipiellem Wissen, ja sogar als Lebensstil* schätzen zu lernen. Ob neben Wissen, philosophischen Kompetenzen (Operatoren usw.) und einer entsprechenden Haltung vielleicht auch nachdenkliche Stille nötig ist, dazu finden Sie auf der Seite 68 einige Anregungen.

Ihre Autorinnen, Autoren und Herausgeber

Aus dem Inhalt

Vorwort 2

1. Begriff und Selbstverständnis der Philosophie 8

1.1 Philosophieren: Sehnsucht der Menschen nach Erkenntnis und Weisheit 8
1.1.1 Selbstverständnis von Philosophen 8
1.1.2 Philosophie und die philosophische Haltung als Lebensform 10
1.1.3 Beweggründe für das Philosophieren 15
1.1.4 Teilgebiete der Philosophie und ihr Zusammenhang 20
1.1.5 Entwicklung des philosophischen Denkens und Umgang mit der Tradition 22

1.2 Grundformen des Philosophierens 25
1.2.1 Aufklärung: Sich am und im Denken orientieren 26
1.2.2 Philosophische Meditation: Denken des Denkens 30
1.2.3 Denken im Dialog: Das Sokratische Gespräch 33

2. Welt und Selbst entschlüsseln 39

2.1 Grundfragen der Erkenntnis 40
2.1.1 Erkennen als Problem 40
2.1.2 Sinnliche Wahrnehmung und Verstand 41
2.1.3 Subjektive Erfahrungsurteile und objektive Gültigkeit 44
2.1.4 Kann wissenschaftliche Erkenntnis Wahrheit gewährleisten? 46
2.1.5 Zur Geschichte der Erkenntnistheorie 48

2.2 Wege in die Wissenschaft 51
2.2.1 Was man unter Wissenschaft versteht 51
2.2.2 Einteilung der Wissenschaften 52
2.2.3 Wissenschaft: Methodische Gewinnung gültigen Wissens 55
2.2.4 Wissenschaftlicher Fortschritt und Wahrheit 60

2.3 Sprache und Denken 62
2.3.1 Sprache verbindet und trennt 64
2.3.1.1 Grundlagen der Verständigung 64
2.3.1.2 Sprache und Manipulation 69
2.3.2 Über den Ursprung der Sprache 71
2.3.3 Sprache, Denken, Wirklichkeit 74
2.3.3.1 Menschensprache, Tiersprache 74
2.3.3.2 Zum Verhältnis von Sprache und Bewusstsein 75

2.3.3.3 Denken und Sprechen durch neurophysiologische Grundlagen erklären? 79
2.3.3.4 Abbildung der Wirklichkeit durch Sprache? 82

2.4 Ästhetik und Kunst 84
2.4.1 Ästhetischen Erfahrungen am Beispiel zeitgenössischer Malerei 87
2.4.2 Ästhetik als philosophische Wissenschaft der sinnlichen Erkenntnis 90
2.4.3 Ästhetik als Theorie des Schönen 93
2.4.4 Ästhetische Weltentschlüsselung durch die Künste 97
2.4.5 Ästhetische Dimensionen in den Wissenschaften 104
2.4.6 Das Heilige darstellen und Bilder anbeten? 105

2.5 Metaphysik und Mythos im Zeitalter der Wissenschaften 106
2.5.1 Die Idee der Metaphysik 106
2.5.2 Hauptthemen der Metaphysik 110
2.5.2.1 Nachdenken über Sein, Seiendes, Gegenstände 111
2.5.2.2 Wie lässt sich das Verhältnis von Körper und Geist denken? 114
2.5.2.3 Die Endlichkeit des Menschen 117
2.5.2.4 Sind unsere Normen und Werte metaphysisch begründbar? 118
2.5.3 Welt und Selbst mit Mythen entschlüsseln? 121

3. Ist unser Leben nur gut, wenn wir moralisch handeln? 127

3.1 Werte und Normen 128
3.1.1 Im Labyrinth der Werte 128
3.1.2 Westliche und andere Werte 130
3.1.3 Wandel der Werte und seine Folgen 133
3.1.4 Wie Normen funktionieren 135
3.1.5 Verlieren die Normen ihren Wert? 137

3.2. Theorien ethischen Handelns 141
3.2.1 Ist nur das tugendhafte Leben lebenswert? 141
3.2.1.1 Das höchste Gut zwischen Selbstzweck und Zweckmäßigkeit 141
3.2.1.2 Kann der Mensch als Einzelner Glückseligkeit erlangen? 143
3.2.2 Ist ein gutes Leben ein von der Vernunft geleitetes? 145
3.2.2.1 Moralität und Legalität oder aus Pflicht handeln 147
3.2.2.2 Imperative und Freiheit 150
3.2.3 Ist moralisch, was von Nutzen ist? 153
3.2.3.1 Formen des Utilitarismus 155
3.2.3.2 Vom Nutzen zur Mensch-Werdung – eine Rückbesinnung auf die Philosophische Anthropologie 164

3.3 Ökologische Ethik 168
3.3.1 Artenschutz als Beispiel ökologischer Ethik 168
3.3.2 Der Paradigmenwechsel zur ökologischen Ethik 169
3.3.3 Anthropozentrische und nichtanthropozentrische Begründungsansätze für ökologische Ethik 170
3.3.4 Möglichkeiten und Grenzen von ökologischer Ethik 174

3.4 Recht und Gerechtigkeit 176
3.4.1 Worum es im Streit um Gerechtigkeit geht 176
3.4.2 Die Vorstellung vom gerechten Staat 178
3.4.3 Vom gerechten Staat zum Rechtsstaat 180
3.4.4 Von der Gleichheit der Rechte zur Chancengerechtigkeit 184
3.4.5 Gerechtigkeitsgrundsätze einer demokratischen Gesellschaft 186

4. Religiöse Hoffnung auf eine andere Welt 192

4.1 Aufgehobensein in einer anderen Dimension – das Göttliche in den Religionen 193
4.1.1 Was macht eine Religion zur Religion? 193
4.1.2 Transzendenz, Hoffnung und Jenseitsvorstellungen in den Weltreligionen 198
4.1.2.1 Judentum 198
4.1.2.2 Christentum 200
4.1.2.3 Islam 203
4.1.2.4 Hinduismus 205
4.1.2.5 Buddhismus 207
4.1.2.6 Neue Religiosität als moderne Weltreligion? 210

4.2. Fundamentalismus und Fanatismus in Religionen und Politik 212
4.2.1 Was versteht man unter Fundamentalismus und Fanatismus? 212
4.2.2 Quellen von Fundamentalismus, Fanatismus und Gewalt in den Religionen? 215
4.2.3 Fundamentalismus als Ausdruck eines „Kampfes der Kulturen"? 217
4.2.4 Ist der Fundamentalismus nur zu kritisieren? 220

4.3 Kritik der Religion 222
4.3.1 Zweifel an Religion, Gottesbeweise und Theodizee 223
4.3.2 Einige Positionen der Religionskritik 226
4.3.3 Abschied von Religion durch Religiosität als Privatsache? 231

5. Anthropologie: Der Mensch entwirft sich selbst 234

5.1 Der Mensch als Naturwesen 235
5.1.1 Wo steht der Mensch? 237
5.1.2 Woher kommt der Mensch? 239
5.1.3 Was bestimmt unser Fühlen und Handeln? 241
5.1.4 Was kann der Mensch? Was kann er nicht? 243
5.1.5 Der Geist ein Naturprodukt? 246
5.1.6 Ergeben sich aus der Natur moralische Pflichten? 249

5.2 Der Mensch als Kulturwesen 252
5.2.1 Sonderstellung des Menschen? 252
5.2.2 Der Mensch erschafft sich selbst 253
5.2.3 Der Mensch im Netzwerk der Technik 259

5.3 Der Mensch als Geschlechtswesen 265

5.4 Kann der Mensch frei sein? 270
5.4.1 Was Freiheit meinen kann 270
5.4.2 Willensfreiheit als Merkmal vernünftiger Wesen 274
5.4.3 Hat der freie Wille Grenzen? 281
5.4.4 Freiheit und Verantwortung 292

Anhang 295
Literaturempfehlungen und Internet-Tipps 295
Operatoren für das Fach Philosophie 296
Ausgewählte Methoden 297

Das bedeuten die Symbole

Q| Quelle

?| Arbeitsanregungen

P| Projekt

zusätzliche Anregungen am Kapitelende

Weil Internet und Lexika einen einfachen Zugriff auf Kurzbiographien bieten, haben wir auf diese Informationen verzichtet. Bei nicht mehr lebenden Denkern und Autoren finden Sie jedoch in der Regel die Lebensdaten hinter den Namen. Fachbegriffe in den Quellentexten werden nur teilweise erläutert, auch hier können Sie sich selbst informieren. Eckige Klammern [...] in den Quellentexten kennzeichnen Kürzungen.

1 Begriff und Selbstverständnis der Philosophie

Philosophie, Philosophieren, philosophische Ethik? Was ist das für ein Fach? Was kann man hier lernen? Welche Kompetenzen werden hier erwartet, was muss man können und wissen? Ist das eine Wissenschaft oder werden da nur Meinungen über „Gott und die Welt" ausgetauscht? Was sind das für Menschen, die das ausüben? Was treibt sie an? Was lehnen sie ab? Was erhoffen sie sich? Gibt es das Philosophieren in allen Kulturen oder nur in Europa? Wurde und wird es hauptsächlich von Männern betrieben? Nützt das Philosophieren im Lebensalltag? Mit welchen Gründen wurde und wird die Philosophie kritisiert?

? › *Steigen Sie in die Thematik ein, indem Sie gemeinsam Ihre Vorstellungen über Philosophie und Ethik sammeln. Sie müssen dabei nicht nur reden, Sie können Ihre Vorstellung eines Philosophen oder Ethikers auch zeichnerisch oder anders darstellen. Ordnen Sie anschließend so, dass Sie positive Auffassungen mit kritischen kontrastieren.*

1.1 Philosophieren: Sehnsucht der Menschen nach Erkenntnis und Weisheit

1.1.1 Selbstverständnis von Philosophen

Q

Schön ist die Wahrheit [...]
Wenn nicht die Philosophen Könige werden in den Staaten oder die jetzt so genannten Könige und Machthaber wirklich und gründlich philosophieren werden, [...] wird es kein Ende mit dem Elend für die Staaten haben und, wie ich denke, auch nicht für das menschliche Geschlecht.

(Platon. Zit. nach: Diogenes Laertius: Leben und Meinungen berühmter Philosophen. Meiner, Hamburg 1998, S. 167 und Platon: Der Staat. Rowohlt, Reinbek 1965, S. 193)

Ein Philosoph: das ist ein Mensch, der beständig außerordentliche Dinge erlebt, sieht, hört, argwöhnt, hofft, träumt; der von seinen eignen Gedanken wie von Außen her, wie von Oben und Unten her, als von *seiner* Art Ereignissen und Blitzschlägen getroffen wird; der selbst vielleicht ein Gewitter ist, welches mit neuen Blitzen schwanger geht; ein verhängnisvoller Mensch, um den herum es immer grollt und brummt und klafft und unheimlich zugeht. Ein Philosoph: ach, ein Wesen, das oft von sich davonläuft, oft vor sich Furcht hat, – aber zu neugierig ist, um nicht immer wieder „zu sich zu kommen".

(Friedrich Nietzsche: Jenseits von Gut und Böse (IX, 292). In: G. Colli, M. Montinari (Hg.): KSA Sämtliche Werke. Bd. 5. dtv, München 1980, S. 235)

Der Philosoph ist nicht „Arbeiter“ am Gebäude der Wissenschaften, sondern „Weisheitsforscher“, die „bloße Idee von einer Person, die den Endzweck allen Wissens sich praktisch und (zum Behuf desselben) auch theoretisch zum Gegenstand macht“.

(Immanuel Kant. Nach: Rudolf Eisler: Kantlexikon. Olms, Hildesheim 2002, S. 418)

O Mensch, [...] voll großer Begier nach der Weisheit Fülle und Segen, wie wird dir das Leben von Glück umstrahlt in Athen und in Hellas verlaufen. Denn stark an Gedächtnis, ein denkender Kopf bist du und nicht zu erschüttern in deinem Gemüt und wirst nicht matt [...].

(Über Sokrates. Diogenes Laertius: Leben und Meinungen berühmter Philosophen. Meiner, Hamburg 1998, S. 87)

[Es dünkte mich], dass mir [...] eine Frau erschien: von sehr verehrungswürdigem Aussehen mit funkelnden und über die gewöhnliche Fähigkeit des Menschen hinaus durchdringenden Augen [...]. Als ich ihr so meine Augen zuwendete [...], da sah ich meine Ernährerin wieder, in deren Haus ich von Jugend an ein und aus gegangen war: die Philosophie.

(Boethius: Trost der Philosophie. Ernst Neitzke (Hg.). Reclam, Stuttgart 1959, S. 22, 25)

Die Philosophen sind *die* Denker. So heißen Sie, weil *das* Denken sich vornehmlich in der Philosophie abspielt.

(Martin Heidegger: Was heißt Denken? In: Ders.: Vorträge und Aufsätze II. Neske, Pfullingen 1967, S. 5)

So ist der Satz Thomas Manns, dass Schriftsteller Leute sind, denen das Schreiben schwerer fällt als anderen, auch dahin variierbar, dass Philosophen das Denken schwerer fällt als anderen.

(Ernst Bloch: Tübinger Einleitung in die Philosophie I. Suhrkamp, Frankfurt/M. 1971, S. 24)

Die Philosophen haben die Welt nur verschieden *interpretiert*, es kömmt darauf an, sie zu *verändern*.

(Karl Marx: Thesen über Feuerbach. In: Marx Engels Werke Bd. 3. Dietz, Berlin 1969, S. 7)

Wenn Vernunftwahrheiten sich in das Feld der Meinungen und des Meinungsstreits begeben, werden auch sie zu bloßen Meinungen [...]. Der Philosoph, der in die Öffentlichkeit eingreifen will, ist kein Philosoph mehr, sondern Politiker; er will nicht mehr nur Wahrheit, sondern Macht.

(Hannah Arendt, Patrizia Nanz: Wahrheit und Politik. Wagenbach, Berlin 2000, S. 23)

Wer den Philosophen um Ratschläge fürs Leben bittet, soll dankbar sein, wenn ihn der Philosoph zum Psychologen oder Sozialwissenschaftler schickt; denn das Wissen, das diese empirischen Wissenschaften angesammelt haben, verspricht viel bessere Antworten, als man in den Werken der Philosophen finden kann.

(Hans Reichenbach: Der Aufstieg der wissenschaftlichen Philosophie. In: Ders.: Gesammelte Werke. Bd. 1. Vieweg, Braunschweig 1968, S. 434)

Im Gespräch [...] hatte ich gelegentlich Arnold Gehlen zitiert: Philosoph sei genau nur der, der erkennen müsse, um leben zu können. Die Philosophische Praxis modifiziert diesen Satz: Philosoph ist der, der erkennen muss, weil er lebt.

(Gerd B. Achenbach: Der Philosoph als Praktiker. In: Ders.: Philosophische Praxis. Dinter, Köln 1984, S. 21)

Q| *Philosoph* (griech. „Freund der Weisheit"), ursprünglich, so bei Heraklit, allgemeine Bezeichnung für den forschenden Menschen, später für einen Menschentypus, der nach letzter, umfassender Klarheit und Wahrheit strebt. [...] Der Philosoph unterscheidet sich vom Künstler dadurch, dass er die Darstellung des Wahren nicht in sinnenfälligen Symbolen und konkreten Gestaltungen sucht, sondern in Begriffen; er unterscheidet sich vom religiösen Menschen dadurch, dass er sein Wahrheitsforschen nicht um des persönlichen Heils willen betreibt, sondern um der Wahrheit selbst willen; er betrachtet die Dinge nach ihrem Wesen; er ist kein eigentlicher Wissenschaftler, da er seine Einsichten nicht nur aus der Brauchbarkeit seiner Methode und der Übereinstimmung mit der Erfahrung gewinnt, sondern auch aus der personalen Kraft der inneren Gewissheit (vorausgesetzt, dass diese Kraft vorhanden ist). Und doch wirken auch alle vor- und nichtphilosophischen Arten des Sichverhaltens zur Welt auf den Philosophen ein, werden von ihm aufgenommen und bei der Suche nach der Wahrheit mit benutzt. Man spricht vom Dichterphilosophen, vom religiösen Denker und vom wissenschaftlichen Schulphilosophen. [...] Da Philosophieren ein Fragen nach dem letzten Sinn ist, der einer Gegebenheit verliehen werden kann, verlangen wir mit Recht vom Philosophen eine Einheit von Lehre und Dasein; in seinem Leben soll sich seine Philosophie bewähren. Kennzeichnend für den Philosophen ist sein Bedürfnis, sich von den Menschen und Geschehnissen zu distanzieren: er braucht einen gewissen, befreienden Abstand von den Dingen, um sie in den Blick zu bekommen. Aus dieser Voraussetzung jedes Philosophierens ergibt sich die so genannte Weltfremdheit des Philosophen.

(Georgi Schischkoff (Hg.): Philosophisches Wörterbuch. Kröner, Stuttgart 1969, S. 467f.)

?|

- *Beschreiben oder zeichnen Sie einen Philosophen mit aus Ihrer Sicht typischen Gegenständen, Haltungen und Erscheinungsweisen.*
- *Legen Sie Ihr Verständnis eines der oben abgedruckten Zitate schriftlich dar und vergleichen Sie es untereinander. Geben Sie anschließend den Worterklärungen einen Sinn, indem Sie schriftlich Ihr eigenes Verständnis eines Philosophen entwickeln und dabei Bezug nehmen zu den beiden Wortbestandteilen „Freund" und „Weisheit".*
- *Man sagt „Freund" der Weisheit. Bei Boethius (ca. 475–525) erscheint jedoch eine Frau als Verkörperung der Philosophie. Inwiefern wird dadurch Ihr Bild vom Typus eines Philosophen verändert?*
- *Erläutern Sie, was für eine Distanz zum alltägliche Leben (z.B. die sogenannte „Weltfremdheit") spricht, was dagegen?*
- *Setzen Sie die skeptische Position des Wissenschaftstheoretikers Hans Reichenbach (1891–1953) in Beziehung zu den übrigen Aussagen.*
- *Vergleichen Sie anschließend Ihre Ausarbeitungen und diskutieren Sie diese.*

1.1.2 Philosophie und die philosophische Haltung als Lebensform

Was Philosophie ist, also eine allgemein gültige Begriffsbestimmung von Philosophie, das ist offen. Unter dem Titel Philosophie versteht man eine Theorie oder eine Lehre über ein ganzes System bzw. über einen speziellen Gegenstandsbereich (z.B. Ethik, Ästhetik, Logik, Erkenntnistheorie, Metaphysik).

Philosophie kann aber auch die besondere Tätigkeit oder Lebensform von Philosophierenden bedeuten. In der europäischen Philosophietradition geht es vordringlich um letzteres, d.h. um ein mit Mitteln der Vernunft begründbares Streben nach Wahrheit, das in der Regel mit Konsequenzen für die Lebensführung verbunden ist.

Also lautet ein Beschluss:
Dass der Mensch was lernen muss. –
Nicht allein das A-B-C
Bringt den Menschen in die Höh‘;
Nicht allein im Schreiben, Lesen
Übt sich ein vernünftig Wesen;
Nicht allein in Rechnungssachen
Soll der Mensch sich Mühe machen;
Sondern auch der Weisheit Lehren
Muss man mit Vergnügen hören.

(Wilhelms Busch: Max und Moritz. dtv, München 2001, S. 69)

Das griechische Wort Philosoph (philosophos) ist gebildet im Gegensatz zum sophos. Es heißt: der die Erkenntnis (das Wesen) Liebende im Unterschied von dem, der im Besitze der Erkenntnis sich einen Wissenden nannte. Dieser Sinn des Wortes besteht bis heute: das Suchen der Wahrheit, nicht der Besitz der Wahrheit ist das Wesen der Philosophie, mag sie es noch so oft verraten im Dogmatismus, dass heißt in einem in Sätzen ausgesprochenen, endgültigen, vollständigen und lehrhaften Wissen. Philosophie heißt: auf dem Weg sein. Ihre Fragen sind wesentlicher als die Antworten, und jede Antwort wird zur neuen Frage. [...] Was die Philosophie sei, das muss man versuchen. Dann ist Philosophie in eins der Vollzug des lebendigen Gedankens und die Besinnung auf diese Gedanken (die Reflexion) oder das Tun und das Darüberreden. Aus dem eigenen Versuch heraus erst kann man wahrnehmen, was in der Welt als Philosophie uns begegnet.

Karl Jaspers

(Karl Jaspers: Einführung in die Philosophie. Piper, München 2005, S. 12f.)

Mit Philosophie stillt man Zahnweh nie.
(Sprichwort)

- *Vergleichen Sie die Hauptaussagen der Texte mit den Zitaten auf den vorangegangenen Seiten und stellen Sie Bezüge her.*
- *Warum begreifen sich Philosophen als Freunde der Weisheit, aber nicht als deren Hüter? Welche Folgen hat ein solches Selbstverständnis für deren und für Ihr Handeln?*
- *Diskutieren Sie den möglichen Zusammenhang zwischen philosophischer Lehre, philosophischer Lebensweise und philosophischer Tätigkeit, indem Sie die folgenden Thesen erörtern: „Wer eine bestimmte philosophische Lehre vertritt, sollte auch danach leben, d.h. in seinem Verhalten durch bestimmte Merkmale geprägt sein“ – „Zwischen einer Theorie oder Lehre und dem Leben der Denker ist zu unterscheiden“.*
- *„Nicht der Besitz der Wahrheit ist das Wesen der Philosophie.“ Machen Sie ein Gedankenexperiment (siehe Seite 33) und diskutieren Sie: Was wäre der Nutzen eines endgültig errungenen Wissens z.B. für den Bereich des guten Handelns im Leben? Fragen Sie weiter: Benötigen wir das? Falls wir es brauchen, ist es erreichbar? Falls es möglich wäre, könnte man es an andere weitergeben? Falls man es weitergeben könnte, würde man sich danach richten?*
- *Stellen Sie sich vor, Sie planen ein Haus für sich und ihre Familie. Mindestens ein Zimmer ist als Ort des Philosophierens vorgesehen. Zeichnen oder beschreiben Sie, wo diese Räumlichkeiten liegen, wie groß sie sind und wie sie eingerichtet sind. Vergleichen Sie anschließend Ihre Ideen.*

Philosophieren als Haltung und Lebensform

Das also ist die Lehre der antiken Philosophie. Sie ist eine Aufforderung an jeden Menschen, sich selbst umzuformen. Die Philosophie bedeutet Umkehr, Transformation der Seinsweise und der Lebensweise, Suche nach Weisheit. Das ist nicht einfach. [...]

Lebensform war die Philosophie also sowohl was ihre Mittel, das heißt ihre Übungen und Anstrengungen, die Weisheit zu erlangen, betrifft, als auch in ihrem Ziel, der Weisheit selbst. Die Weisheit nämlich vermittelt nicht nur Kenntnisse, sondern führt zu einer neuen Seinsweise.

(Pierre Hadot: Philosophie als Lebensform. Antike und moderne Exerzitien der Weisheit. Fischer, Frankfurt/M. 2005, S. 176, 165)

?

- *Vergleichen Sie den Ausspruch mit den bisherigen Aussagen über Philosophie und Philosophen und legen Sie dar, ob und inwiefern Pierre Hadot (1922–2010) diese präzisiert.*
- *Was verstehen Sie unter einer „Transformation der Seinsweise"?*
- *Welche „Mittel, Übungen, Anstrengungen", welche Fähigkeiten (Kompetenzen) benötigt man nach Ihrer Ansicht zum philosophierenden Nachdenken?*
- *Konfrontieren Sie Ihre Ergebnisse anschließend mit den nachfolgenden Thesen (vgl. auch S. 196).*

Zum Philosophieren sind die zwei ersten Erfordernisse diese: erstlich, dass man den Mut habe, keine Frage auf dem Herzen zu behalten; und zweitens, dass man alles das, was *sich von selbst versteht*, sich zum deutlichen Bewusstsein bringe, um es als Problem aufzufassen. Endlich muss auch, um eigentlich zu philosophieren, der Geist wahrhaft müßig sein [...].

Der *Dichter* bringt Bilder des Lebens, menschliche Charaktere und Situationen vor die Phantasie [...]. Der Philosoph hingegen bringt nicht [...] das Leben selbst, sondern die fertigen, von ihm daraus abstrahierten Gedanken [...]. Der Dichter ist danach dem zu vergleichen, der die Blumen, der Philosoph dem, der die Quintessenz derselben bringt.

(Arthur Schopenhauer: Urwille und Welterlösung. Ausgewählte Schriften. Gerhard Stenzel (Hg.). Sigbert Mohn, Gütersloh o. J., S. 78f.)

Philosophisches Denken [...]

- weiß nicht Bescheid, manchmal aber weiter
- hakt ein, nicht ab
- argumentiert diskursiv und nicht strategisch (ist Anti-Strategie schlechthin)
- macht aus dem Einfachsten ein Abenteuer [...] und aus dem Schwierigsten ein (möglichst) einfaches Problem [...]
- bedeutet Amplifizieren (Erweitern, Konkretisieren, Genau-machen) gegen alle Verführung zur Reduktion
- hat (u.a.) drei Feinde: die voreilige Überzeugung, die kalte Richtigkeit und die seelenlose Wahrheit.

Seine Vernünftigkeit ist die des „denkenden Herzens"(Hegel).

(Gerd B. Achenbach: Philosoph als Beruf. In: Ders.: Philosophische Praxis. Dinter, Köln 1984, S. 33)

Es ist die Sache der Wenigsten, unabhängig zu sein – es ist ein Vorrecht der Starken. Und wer es versucht, auch mit dem besten Rechte dazu, aber ohne es zu *müssen*, beweist damit, dass er wahrscheinlich nicht nur stark, sondern bis zur Ausgelassenheit verwegen ist. Er begibt sich in ein Labyrinth, er vertausendfältigt die Gefahren, welche das Leben an sich schon mit sich bringt. [...] Seht euch vor, ihr Philosophen und Freunde der Erkenntnis, und hütet euch vor dem Martyrium! Vor dem Leiden „um der Wahrheit willen"! Selbst vor der eigenen Verteidigung! [...] Zuletzt wisst ihr gut genug, dass nichts daran liegen darf, ob gerade ihr Recht behaltet, ebenfalls dass bisher noch kein Philosoph Recht behalten hat [...]. Geht lieber bei Seite! Flieht in's Verborgene! [...] Und habt Menschen um euch, die wie ein Garten sind [...].

(Friedrich Nietzsche: Jenseits von Gut und Böse. (II, 25). In: G. Colli, M. Montinari (Hg.): KSA Sämtliche Werke. Bd. 5. dtv, München 1980, S. 48, 42)

Sie selber haben sicherlich auch schon Gesprächssituationen erlebt, in denen mit der Redefloskel „Das ist ja nun eine philosophische Frage" oder „Das ist eben meine Philosophie" jede weitere Klärung kontroverser Standpunkte abgebrochen wurde. [...] Die besten Argumente können wirkungslos verpuffen, wenn Sie sich mit dem Hinweis auf „Ihre Philosophie" jedem vernünftigen Begründungszusammenhang zu entziehen versuchen. [...] Mit dem Hinweis auf die „Philosophie" einer Position oder Verhaltensweise wird ein weiteres Hinterfragen unmöglich gemacht. Mit dem Hinweis auf eine eigene Philosophie glaubt man, der Verpflichtung, sich zu rechtfertigen, enthoben zu sein. [...]
Die gerade beschriebene Verwendungsweise des Begriffes „Philosophie" widerspricht nun – dies ist sicherlich kein Geheimnis – der ursprünglich mit einer philosophischen Haltung einhergehenden Intention. Denn nicht als rhetorischer Trick in der Abweisung drängender Nachfragen soll das „philosophische Argument" dienen, sondern vielmehr als Strategie des Fragenden, des die Begründungsschwächen des anderen unerbittlich aufdeckenden Gesprächspartners. Nicht das Aufstellen von Behauptungen oder Bekenntnissen ist philosophisch, sondern die gründliche Untersuchung der Rechtmäßigkeit dieser Positionen. [...]
Das philosophische Fragen und Forschen kann grundsätzlich von jedem geleistet werden, der bereit ist, sich der konsequenten Kritik und dem unerschütterlichen skeptischen Weiterfragen zu stellen.
Weil nun nicht jeder von uns Biologe oder Mathematiker, Historiker oder Ingenieur ist und im wissenschaftlichen Sinne in der Forschung arbeitet, aber jeder über grundsätzliche Kompetenz zur philosophischen Auseinandersetzung mit Fragestellungen und Positionen verfügt, kann das Feld philosophischen Entdeckens nicht in eng begrenzten Berufsfeldern liegen. Philosophisch prädestiniert ist nicht der eine oder andere Beruf – auch nicht unbedingt der des akademischen Fachphilosophen –, sondern entscheidend ist das gezielte Sich-Verhalten zu Fragen und Situationen, die sich im Alltag, im Beruf, in der Schule, Hochschule genauso wie zu Hause ergeben können. Aber längst nicht alle Fragen, Situationen, Gefühle und Handlungsformen erweisen sich als des philosophischen Betrachtens wert. Auch ist es nicht bei jedem Nachdenken, bei jeder Tätigkeit unbedingt nützlich, philosophisch fragend zu Werke zu gehen. Bei der Koordination des Tagesablaufs, bei der Zubereitung des Frühstücks, dem Einhalten zeitlicher Vorgaben, dem Vorwärtskommen im Verkehr, der Routine der Arbeit sind kritische Überlegungen in Bezug auf die Richtigkeit und Angemessenheit, nach der letzten Begründbarkeit eher hinderlich. Beim Blick auf die Uhr, um schnell die aktuelle Zeit zu erfahren, sind Gedanken darüber, ob Zeit eigentlich immer gleichförmig fortschreite und was Zeit überhaupt sei, überflüssig. [...]

Das eigene konsequente Befragen von Tat- und Wissensbeständen wirkt zunächst jedoch, in dem Maße wie es philosophischer und damit radikaler wird, vor allem destruktiv. Wenn wir aber mehr wollen, als nur eine verstärkte Unsicherheit bei uns und bei unseren Gesprächspartnern hervorzurufen, dann sind sicherlich Anregungen, wie Philosophen sie bieten, hilfreich. Der Wert und die Bedeutung von Überlegungen, wie Philosophen sie anstellen, kann allerdings erst sinnvoll erschlossen werden, wenn wir die philosophische Methode des systematischen Zweifelns an Begründungen eingeübt haben. Man kann nicht unphilosophisch philosophische Theoriebestände erschließen. Das eigene und selbstständige Nachdenken-Können ist die notwendige Schule dafür, Lösungsangebote der klassischen und modernen Philosophie auf Fragen, wie auch wir sie uns stellen, fruchtbar werden zu lassen.

(Bernt Plickat: Kleine Schule des philosophischen Fragens. Für die Sekundarstufe II. Reclam, Stuttgart 1992, S. 9f., 14ff.)

Q| Nichts wirkt als Antwort, was nicht vorher gefragt worden ist.

(Ernst Bloch: Subjekt und Objekt. Suhrkamp, Frankfurt/M. 1962, S. 17)

Q| Philosophie ließe, wenn irgend, sich definieren als Anstrengung, zu sagen, wovon man nicht sprechen kann.

(Theodor W. Adorno: Drei Studien zu Hegel. Suhrkamp, Frankfurt/M. 1970, S. 119)

Nichts übersehen?, Gerd Hötter, 1992

Q| Als er [der Philosoph Thales] einmal, um die Sterne zu betrachten, nach oben schaute und dabei in einen Brunnen fiel, soll ihn eine schlagfertige und tüchtige thrakische Magd mit den Worten verspottet haben, dass er zwar darauf aus sei zu wissen, was am Himmel vor sich gehe, ihm aber verborgen bleibe, was in seiner Nähe und vor seinen Füßen liege. Derselbe Spott gilt für alle, die ganz in der Philosophie aufgehen.

(Platon: Theätet (174a). Reclam, Stuttgart 1981, S. 107)

?|

› *Haltungen sind verinnerlichte, angewöhnte und gelebte Verhaltensweisen, die sich auch in einer Lebensform oder einem Lebensstil verfestigen und ausdrücken können. Entwickeln Sie in Auseinandersetzung mit den zitierten Gedanken ein Profil der philosophischen Geisteshaltung, das die Eigenschaften des philosophischen Denkens illustriert.*
› *Informieren Sie sich über das Lebensende des griechischen Philosophen Sokrates (469–399 v. u. Z.) und vergleichen Sie es mit der Aussage Nietzsches (1844–1900) auf Seite 12/13.*
› *Plickat charakterisiert das philosophische Fragen unter anderem als ein „unerschütterliches skeptisches Weiterfragen". Formulieren Sie die drei Fragen, bei denen Sie in diesem Sinne weiterfragen wollen und notieren Sie diese in einem Denktagebuch.*
› *Nietzsche spricht von den „Wenigsten", Plickat von „jedem". Erarbeiten Sie verschiedene Verhältnisse der wenigen Philosophen zu den vielen Menschen und deren Möglichkeiten und Grenzen zum Philosophieren.*
› *Wenn Philosophen und Ethiker beten würden, wen oder was würden sie Ihrer Meinung nach anrufen, um was würden sie bitten?*
› *Spaßhaft wurde einmal gesagt, dass der Kopf rund sei, damit das Denken jederzeit die Richtung wechseln könne. Welche Konsequenzen hat diese Behauptung für die philosophische Haltung?*

Verantwortung des Philosophen für die Welt?

Doch welche Rolle kann man dem Philosophen zuerteilen, wenn es darum geht, den Frieden zu schützen? Ich glaube, dass das Wort *Wächter* am genauesten diese Rolle charakterisiert. Darunter verstehe ich folgendes: Wachen, das heißt wachbleiben, aber noch genauer, zuerst für sich selbst gegen den Schlaf kämpfen. Aber um welche Art von Schlaf handelt es sich? Er kann sich in verschiedener Gestalt darbieten. Da ist zuerst die Gleichgültigkeit, das Gefühl, dass ich nichts vermag, das heißt der Fatalismus, der übrigens verschiedene Aspekte annehmen kann. Daher rührt auch der recht bequeme Optimismus derer, die denken, dass sich letzten Endes alles schon arrangieren werde (als wenn das Geschehene eine Zuversicht dieser Art nicht auf schlagende Weise widerlegt hätte). Daneben gibt es auch die freiwillige Unbeteiligtheit dessen, der unter dem Vorwand, dass ja doch alle lügen, weder Zeitungen liest noch Radio hört. Sich wach halten, heißt tätig gegen alles reagieren, was uns zur Annahme dieser feigen oder trägen Haltung bringen könnte. Es gibt also durchaus eine Tugend der Wachsamkeit, die der Philosoph im Rahmen des Möglichen ausüben muss.

(Gabriel Marcel: Der Philosoph und der Friede. Dankesrede anlässlich der Verleihung des Friedenspreises des Deutschen Buchhandels 1964. http://www.boersenverein.de/sixcms/media.php/806/1964_marcel.pdf, S. 10)

- *Gabriel Marcel (1889–1973) bezeichnet die Philosophen als „Wächter“ und fordert von den Philosophen die „Tugend der Wachsamkeit“. Legen Sie Marcels Verständnis des Begriffes der „philosophischen Wachsamkeit“ an Ihnen geeignet erscheinenden Beispielen dar. Erforschen Sie dazu auch das Wortfeld „wachen“.*
- *Erörtern Sie die Wächterrolle und die persönliche Verantwortung der Philosophierenden in Gesellschaft und Politik unter Verwendung der Aussagen von Platon, Marx, Arendt und des Lexikonartikels auf den Seiten 8–10. Welche Haltung der Politik gegenüber sollte Ihrer Meinung nach ein Philosoph einnehmen?*

1.1.3 Beweggründe für das Philosophieren

Aus dem Staunen über das Unerklärte philosophische Fragen entwickeln

Denn Verwunderung war den Menschen jetzt wie vormals der Anfang des Philosophierens, indem sie sich anfangs über das nächstliegende Unerklärte verwunderten, dann allmählich fortschritten und auch über Größeres Fragen aufwarfen.

(Aristoteles: Metaphysik (982b). In: Aristoteles: Philosophische Schriften in sechs Bänden. Band 5. Meiner, Hamburg 1995, S.6)

Platon (links) und Aristoteles

Ein wunderbares Zeichen dafür, dass der Mensch als solcher ursprünglich philosophiert, sind die Fragen der Kinder. Gar nicht selten hört man aus Kindermund, was dem Sinne nach unmittelbar in die Tiefe des Philosophierens geht. Ich erzähle Beispiele:

Ein Kind wundert sich: „Ich versuche immer zu denken, ich sei ein anderer und bin doch immer wieder ich“. Dieser Knabe rührt an einem Ursprung aller Gewissheit, das Seinsbewusstsein im Selbstbewusstsein. Es staunt vor dem Rätsel des Ichseins, diesem aus keinem anderem zu Begreifenden. Er steht fragend vor dieser Grenze. [...] Ein anderes Mädchen geht zum Besuch eine Treppe hinauf. Es wird ihm gegenwärtig, wie doch alles immer anders wird, dahinfließt, vorbei ist, als ob es nicht gewesen wäre. „Aber es muss doch etwas Festes geben können ... dass ich jetzt hier die Treppe zur Tante hinaufgehe, das will ich behalten." Das Staunen und Erschrecken über die universale Vergänglichkeit im Hinschwinden sucht sich einen hilflosen Ausweg. [...] Plato sagte, der Ursprung der Philosophie sei das Erstaunen. [...] Sich wundern drängt zur Erkenntnis. Im Wundern werde Ich mir des Nichtwissens bewusst. Ich suche das Wissen, aber um des Wissens selber willen, nicht „zu irgendeinem gemeinen Bedarf".

(Karl Jaspers: Einführung in die Philosophie. Piper, München 2005, S. 10f. u. 164)

?

- *Erklären Sie auf der Basis des Zitates aus der „Metaphysik" des Aristoteles (384–322 v. u. Z.), wie Karl Jaspers (1883–1969) den Übergang von einer einfachen Kinderfrage zu philosophischen Fragen bestimmt.*
- *Staunen kann man als ein verwundertes Innehalten und eine Irritation über das, was ist, beschreiben. Wann und worüber haben Sie zuletzt gestaunt? Hatte das die Folgen, die Aristoteles beschreibt? Diskutieren Sie gemeinsam, welche Rolle das Staunen in einer Informationsgesellschaft haben kann.*
- *Interpretieren Sie die Handhaltungen der Philosophen im Bild auf S. 15.*

Beschränkungen feststellen

Q

Ein philosophisches Problem hat die Form: „Ich kenne mich nicht aus."

(Ludwig Wittgenstein: Philosophische Untersuchungen (§123). Suhrkamp, Frankfurt/M. 1971, S. 82)

Ludwig Wittgenstein

Wer weiß, dass er nicht weiß, weiß mehr, als der, der nicht weiß, das er nicht weiß. *(Geflügeltes Wort nach Platons Beschreibung des Sokrates)*

Q

Indem er [der Mensch] bemerkt, wie Leidenschaften in ihm arbeiten, begreift er, dass es darauf ankommt, auf die andere Seite der Passion zu gelangen[...]. Indem er bemerkt, in welchem Ausmaß die Gewohnheiten ihn beherrschen, sieht er unmittelbar ein, dass es ausschlaggebend wäre, auf die andere Seite der Gewohnheiten zu kommen, um nicht nur von ihnen besessen zu sein, sondern um sie zu besitzen. Und indem er bemerkt, dass seine Psyche von konfusen Vorstellungen besiedelt wird, geht ihm ein Licht auf, wie wünschenswert es wäre, auf die andere Seite des Vorstellungsgetümmels zu gelangen, um nicht bloß von wirren Gedanken heimgesucht zu werden, sondern um logisch stabile Ideen zu entwickeln. Das Denken beginnt, wenn das Affentheater der Assoziationen aufhört [...]. Dieser dreifache Seitenwechsel bildet das [...] Programm in all den Aktivitäten, die Platon unter dem Kunstwort „Philosophie" zusammenfasste.

(Peter Sloterdijk: Du musst dein Leben ändern. Suhrkamp, Frankfurt/M. 2009, S. 309, S. 304)

Q

Ich bin. Aber ich habe mich nicht. Darum werden wir erst.
Das Bin ist innen. Alles Innen ist an sich dunkel. Um sich zu sehen und gar was um es ist, muss es aus sich heraus.

(Ernst Bloch: Tübinger Einleitung in die Philosophie I. Suhrkamp, Frankfurt/M. 1971, S. 11)

Q

Jeder Schüler kann in der Physikstunde durch Versuche nachprüfen, ob eine wissenschaftliche Hypothese stimmt. Der Mensch aber lebt nur ein Leben, er hat keine Möglichkeit, die Richtigkeit der Hypothese in einem Versuch zu beweisen.

(Milan Kundera: Die unerträgliche Leichtigkeit des Seins. Fischer, Frankfurt/M., 1987, S. 35f.)

Ein Mensch, der niemals den Degout [Ekel, Widerwille] verspürt hat an dem, was alle denken, und was alle sagen, was unbefragt ihm vorgesetzt wird, kann zur Philosophie eigentlich nicht kommen.

Q *(Theodor W. Adorno: Philosophische Terminologie. Bd. I. Suhrkamp, Frankfurt/M. 1982, S. 132)*

?

- *Erläutern Sie, welche Beweggründe für das Philosophieren aus den Zitaten hervorgehen.*
- *Geben Sie den Gedankengang des Philosophen Sloterdijk in eigenen Worten wieder und vergleichen Sie seine Erläuterung mit den anderen Zitaten.*
- *Erklären Sie in Anlehnung an Wittgenstein (1889–1951) den Unterschied zwischen einer einfachen Alltagserfahrung („Ich kenne mich nicht aus.") und deren philosophischer Formulierung.*
- *Aus welchen Gründen und zu welchen Anlässen kommen Sie ins Philosophieren? Legen Sie dies in Form eines Tagebucheintrags dar. Beschreiben Sie dabei auch Ihre Beweggründe für die Wahl des Faches Ethik/Philosophie.*

Beweggrund: Erkenne dich selbst!

Auf einer Eingangssäule des Apollontempels im antiken Delphi soll gestanden haben: *Erkenne dich selbst!* Für die Griechen hieß das, sich selbst als begrenztes, vergängliches Gattungswesen Mensch zu erkennen und sich auf den Weg des Wissens zu begeben.

Bernhard von Clairvaux

Vor bald 1 000 Jahren verfasste der christliche Kirchenlehrer Bernhard von Clairvaux (ca. 1090–1153) auf Bitten seines ehemaligen Schülers, Papst Eugen III., fünf Bücher unter dem Titel „consideratio". Das lateinische Wort „consideratio" wird übersetzt mit „Erwägung, Überlegung, Prüfung". Bernhard von Clairvaux forderte den Papst auf, eine distanzierte und kritische Analyse seiner Situation zu wagen. Der Papst solle selbstverständlich auf Gott und die Heilige Schrift vertrauen, er solle aber zusätzlich auch in der Haltung eines Philosophen sowie mit den Methoden der Philosophie *sich und seine gesamte Lage* aufmerksam prüfen, um – modern formuliert – Bedingungen, Möglichkeiten und Grenzen seines päpstlichen Handelns und Denkens zu erwägen. Dazu gehöre *erstens* Abstand und Zeit für sich, um sich und seine Situation aus einer Distanz durchleuchten und beurteilen zu können. *Zweitens* ein prüfender Blick auf sich selbst, d.h. „wer oder was bist du, was willst du?". Weiterhin *drittens*, „was unter dir ist", d.h. eine Analyse der gesamten Aufgaben eines Papstes in der Christenwelt; *viertens* eine wachsame Untersuchung der handlungsrelevanten Umstände („was neben dir ist"), d.h. Mitarbeiter, Unterstützer, Gegenspieler, Feinde, Umstände. Der Inhalt des *fünften* Buches ist das, „was über dir ist". Bernhard von Clairvaux meint in seiner mittelalterlichen Schrift selbstverständlich keine angestrebten Ziele oder moralische Maximen, die ein modernes Subjekt leiten könnten, ihm geht es um eine philosophisch inspirierte Suche nach dem, was Gott ist.

Q

So denke denn daran – ich sage nicht immer, ich sage nicht oft, aber doch zuweilen bei dir selber Einkehr zu halten. [...] So setze deine Erwägung bei dir selber an, auf dass du nicht, dich selbst vernachlässigend, um Fremdes dich mühest. Was hülfe es dir, die ganze Welt zu gewinnen, während du dich selber verlierst? Selbst wenn du weise wärst, es fehlte dir ein Stück Weisheit, falls

du dir selber entgingst. [...] Keiner hat Weisheit, der sich selber von ihr ausschließt. [...]
Zunächst besteht kein Zweifel, dass die Erwägung ihre eigene Quelle läutert, nämlich den Geist, dem sie entspringt. Sodann zügelt sie die Leidenschaften, regelt die Taten, verbessert Übereiltes, ordnet das Gehaben, gibt dem Ganzen ein würdevolles Verhalten, vermittelt schließlich das rechte Verständnis für die göttlichen wie die menschlichen Dinge. Sie entwirrt das Verworrene, eint das Unverträgliche, sammelt das Auseinanderstrebende, durchforscht das Sichbergende, macht das Wahre ausfindig, prüft das Wahrscheinliche, kommt dem Erfundenen und Verfälschten auf die Spur. Sie ordnet vorweg das zu Wirkende, überdenkt das Getane, auf das im Geist nichts Ungeordnetes, der Besserung Bedürftiges zurückbleibt. Sie fühlt auch im Gedeihlichen das Abträgliche voraus [...].
So beginne deine Erwägung bei dir, und nicht nur das, sondern bei dir muss sie auch enden.

(Bernhard von Clairvaux: Was ein Papst erwägen muss. Johannes Verlag, Einsiedeln 1985, S. 24, 28, 42ff.)

Q| Allen Menschen ist es gegeben, sich selbst zu erkennen und klug zu sein.

(Heraklit. Zit. Aus: Herman Diels: Herakleitos von Ephesos. Weidmannsche Buchhandlung, Berlin 1901, S.27)

Q| Die Forderung des: „Erkenne dich selbst!" ist vielleicht die allerhöchste und schwerste. Über sich aussagen wollen ist doch wohl allermeist das Wagnis einer Unmöglichkeit.

(Ernst Barlach: Die Briefe 1888–1938 in zwei Bänden. Band II. Hg. Friedrich Droß. Piper, München 1969, S. 338)

Q| Man unterschätzt die Selbsterkenntnis [...]. Niemand bleibt ganz, der er ist, indem er sich erkennt.

(Thomas Mann: Pariser Rechenschaft. Insel, Frankfurt/M. 1960, S. 102)

Q| Das Lernen verwandelt uns, es tut das, was alle Ernährung tut, die auch nicht bloß „erhält": wie der Physiologe weiß. Aber im Grunde von uns, ganz „da unten", gibt es freilich etwas Unbelehrbares, einen Granit von geistigem Fatum, von vorherbestimmter Entscheidung und Antwort auf vorherbestimmte ausgelesene Fragen. Bei jedem kardinalen Problem redet ein unwandelbares „das bin ich" [...]. Man findet bei Zeiten gewisse Lösungen von Problemen, die gerade *uns* starken Glauben machen; vielleicht nennt man sie fürderhin seine „Überzeugungen". Später sieht man in ihnen nur Fußstapfen zur Selbsterkenntnis, Wegweiser zum Probleme, das wir *sind* [...].

(Friedrich Nietzsche: Jenseits von Gut und Böse (IX, 231). In: G. Colli, M. Montinari (Hg.): KSA Sämtliche Werke. Bd. 5. dtv, München 1980, S. 170)

?|

- *Stellen Sie die Kernaussagen der Texte dar.*
- *Erläutern Sie, ob und warum die fünf Bedingungen des Bernhard von Clairvaux für eine philosophisch inspirierte Selbsterkenntnis zureichend sind.*
- *Begründen Sie unter Berücksichtigung der obigen Zitate, welche Bedeutung die Aufforderung zur philosophischen Selbsterkenntnis für Sie in Ihrem Alltag hat. Nutzen Sie dazu auch die These von Nietzsche.*
- *Berücksichtigen Sie die These von Reichenbach auf S. 9 und untersuchen Sie, welche wissenschaftlichen Disziplinen sich beim Thema „Erkenne dich selbst!" für zuständig halten.*

Philosophische Selbsterkenntnis als Aufgabe

Friedrich Hegel mit Studenten, F. Kugler, 1828

Georg Wilhelm Friedrich Hegel (1770–1831) gilt als wichtiger Vertreter des Deutschen Idealismus. Mit dem Sammelbegriff Deutscher Idealismus bezeichnet man eine Entwicklungslinie deutscher Philosophen: Immanuel Kant (1724–1804), Johann Gottlieb Fichte (1762–1814), Hegel und Friedrich Wilhelm Schelling (1775–1854). Trotz unterschiedlicher Ansätze eint sie die Auffassung, dass man Welt und Wirklichkeit nur mit dem *Geist und durch Vernunft* verlässlich erkennen und begründen kann. Welt und Wirklichkeit liegen komplexe geistige Strukturen zu Grunde, die es zu begreifen gilt. Hegel deutet in seinem System die jeweilige Wirklichkeit als notwendige Entwicklung aus Widersprüchen. Ein einzelner Mensch steht immer im Spannungsfeld seiner zu erkennenden Wirklichkeit.

Q

Erkenne dich selbst, dies absolute Gebot hat weder an sich noch da, wo es geschichtlich als ausgesprochen vorkommt, die Bedeutung nur einer *Selbsterkenntnis* nach den *partikulären* Fähigkeiten, Charakter, Neigungen und Schwächen des Individuums, sondern die Bedeutung der Erkenntnis des Wahrhaften des Menschen wie des Wahrhaften an und für sich, – des *Wesens* selbst als Geistes. Ebensowenig hat die Philosophie des Geistes die Bedeutung der sogenannten *Menschenkenntnis*, welche von anderen Menschen gleichfalls die *Besonderheiten*, Leidenschaften, Schwächen, diese sogenannten Falten des menschlichen Herzens zu erforschen bemüht ist, – eine Kenntnis, die teils nur unter Voraussetzung der Erkenntnis des *Allgemeinen*, des Menschen und damit wesentlich des Geistes Sinn hat, teils sich mit den zufälligen, unbedeutenden, *unwahren* Existenzen des Geistigen beschäftigt, aber zum *Substantiellen*, dem Geiste selbst, nicht dringt. [...]
Die Selbsterkenntnis in dem gewöhnlichen trivialen Sinn einer Erforschung der eigenen Schwächen und Fehler des Individuums hat nur für den Einzelnen – nicht für die Philosophie – Interesse und Wichtigkeit. [...] Dasselbe gilt von der gleichfalls auf die Eigentümlichkeiten einzelner Geister gerichteten sogenannten *Menschenkenntnis*. Für das Leben ist diese Kenntnis allerdings nützlich und nötig, besonders in schlechten politischen Zuständen, wo nicht das Recht und die Sittlichkeit, sondern der Eigensinn, die Laune und Willkür der Individuen herrschen [...].

(G.W.F. Hegel: Enzyklopädie der philosophischen Wissenschaften (§ 377). In: Werke in 20 Bänden. Bd.10. Suhrkamp, Frankfurt/M. 1970, S.9f.)

?

- *Hegel unterscheidet im vorliegenden Text zwischen der philosophischen Erkenntnis des Geistes und der Selbst- und Menschenkenntnis. Erläutern Sie den Unterschied zwischen diesen Formen des Wissens.*
- *Legen Sie dar, warum die Frage nach der Selbst- und Menschenkenntnis keine philosophische Frage im Sinne Hegels ist.*
- *Welche Konsequenzen könnte trotz Hegels Skepsis die „Erkenntnis des Wahrhaften des Menschen" usw. für eine sinnvolle Selbsterkenntnis des Einzelnen haben?*

1.1.4 Teilgebiete der Philosophie und ihr Zusammenhang

Wir wissen, dass die Philosophie sich in Disziplinen gliedert: in Logik, Erkenntnistheorie, Ontologie, Metaphysik, Ethik, Naturphilosophie, Ästhetik, Geschichtsphilosophie, Staats- und Rechtsphilosophie. Wir haben auch eine ungefähre Vorstellung von den Gebieten, die diesen Disziplinen zugehören: Die Logik hat es zu tun mit den Regeln des richtigen Denkens, die Erkenntnistheorie mit dem Wesen und den Bedingungen des Erkennens, die Ontologie mit dem Sein, und die Metaphysik? Mit der Metaphysik verhält es sich schon schwieriger. Man weiß nämlich nicht recht, ob sie überhaupt möglich ist. Bei der Ethik ist uns wohler zumute. Sie ist die Lehre vom richtigen Handeln der Menschen. Die Ästhetik handelt von der Kunst und dem Schönen überhaupt, die Naturphilosophie von Materie, Raum, Zeit, Kausalität und vom Lebendigen, die Geschichtsphilosophie vom Wesen und Sinn der Geschichte.
Das ist nun freilich eine bunte Fülle von Themen, die uns die Philosophie präsentiert. [...] Aber gesetzt, wir würden uns einen Überblick über das System und die einzelnen Disziplinen der Philosophie verschaffen, dann wüssten wir also, was die Philosophie ist. Und dann?

(Karl-Heinz Volkmann-Schluck (1914–1981): Einführung in das philosophische Denken. Klostermann, Frankfurt/M. 1965, S. 12)

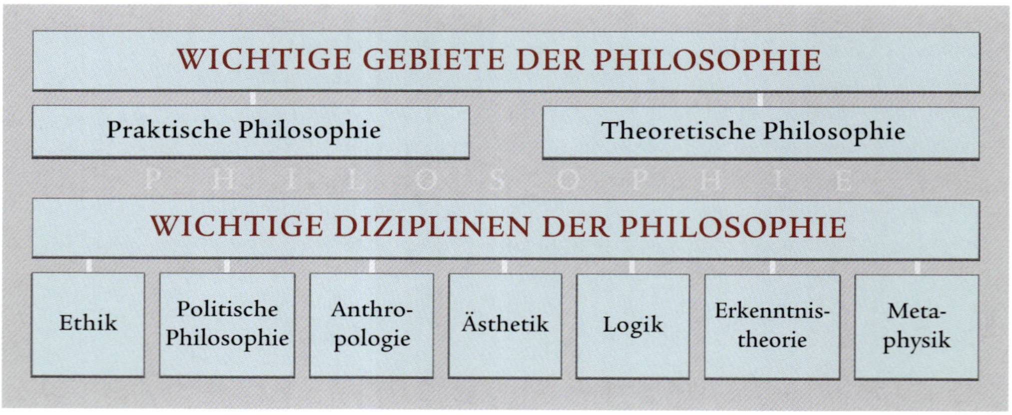

- *Gestalten Sie ein Plakat oder ähnliches über die Teildisziplinen der Philosophie, indem Sie das Schaubild durch diejenigen Disziplinen ergänzen, die Volkmann-Schluck in seinem Beitrag erwähnt und verorten Sie dabei auch Ihre drei Fragen von Seite 14 innerhalb der Teilgebiete.*
- *Legen Sie im Anschluss an die obigen Überlegungen von Volkmann-Schluck dar, warum sich das Philosophieren nicht einfach darin erschöpft, Fachkenntnisse im Bereich einzelner Disziplinen der Philosophie anzuhäufen.*

Fragen der Philosophie und deren innerer Zusammenhang

Immanuel Kant (1724–1804) zählt zu den bedeutendsten Philosophen der abendländischen Philosophie. Er analysiert in seinen Werken Bedingungen, Möglichkeiten und Grenzen des Wissens, des moralischen Handelns und des Urteilens. Seine Untersuchungen nannte Kant *Kritiken*. Kritik, als Kunst der Untersuchung und Beurteilung, beinhaltet bei Kant als erste Phase die Zerstörung falscher Vorstellungen und als zweite den konstruktiv-systematischen Neuaufbau auf vernünftiger Basis. Als umfassende Untersuchung der theoretischen Vernunft kennzeichnet Kants Werk „Kritik der reinen Vernunft“ (1781) einen Wendepunkt in der Philosophiegeschichte. Die ethische Diskussion hat er mit der „Grundlegung zur Metaphysik der Sitten“ (1785) sowie mit der „Kritik der praktischen Vernunft“ (1788) bereichert. In diesen Werken erläutert er auch den „kategorischen Imperativ“ (vgl. Kap. 3.2). Die „Kritik der Urteilskraft“ (1790) verbindet Fragestellungen der theoretischen und praktischen Philosophie in den Bereichen Kunst, Schönes und Erhabenes, sie analysiert außerdem Beurteilungsprinzipien der Naturwissenschaften. Urteilskraft definiert Kant als die Fähigkeit, das Einzelne als im Allgemeinen enthalten zu denken. Seine Logik (1800) versteht Kant als Untersuchung der reinen Formen des Denkens, als Wissenschaft notwendiger Gesetze des Verstandes und der Vernunft.

Kant und seine Tischgenossen, Emil Doerstling, 1892/93

Q

Philosophie ist also das System der philosophischen Erkenntnisse oder der Vernunfterkenntnisse aus Begriffen. Das ist der Schulbegriff von dieser Wissenschaft. Nach dem Weltbegriffe ist sie die Wissenschaft von den letzten Zwecken der menschlichen Vernunft. Dieser hohe Begriff gibt der Philosophie Würde, das ist einen absoluten Wert. Und wirklich ist sie es auch, die allein nur inneren Wert hat, und allen andern Erkenntnissen erst einen Wert gibt. Man fragt doch immer am Ende, wozu dient das Philosophieren [...]?
In dieser [...] Bedeutung des Worts geht Philosophie nur auf Geschicklichkeit; in Beziehung auf den Weltbegriff dagegen auf die Nützlichkeit. In der ersteren Rücksicht ist sie also eine Lehre der Geschicklichkeit; in der letzteren eine Lehre der Weisheit [...].
Der Vernunftkünstler [...] strebt bloß nach spekulativem Wissen, ohne darauf zu sehen, wie viel das Wissen zum letzten Zwecke der menschlichen Vernunft beitrage; er gibt Regeln für den Gebrauch der Vernunft zu allerlei beliebigen Zwecken. Der praktische Philosoph, der Lehrer der Weisheit durch Lehre und Beispiel, ist der eigentliche Philosoph. Denn Philosophie ist die Idee einer vollkommenen Weisheit, die uns die letzten Zwecke der menschlichen Vernunft zeigt.
Zur Philosophie nach dem Schulbegriffe gehören zwei Stücke: Erstlich ein zureichender Vorrat von Vernunfterkenntnissen; fürs andere: ein systematischer Zusammenhang dieser Erkenntnisse, oder eine Verbindung derselben in der Idee eines Ganzen.
Einen solchen streng systematischen Zusammenhang verstattet nicht nur die Philosophie, sondern sie ist sogar die einzige Wissenschaft, die [...] einen systematischen Zusammenhang hat, und allen anderen Wissenschaften systematische Einheit gibt.
Was aber Philosophie nach dem Weltbegriffe [...] betrifft: so kann man sie auch eine Wissenschaft von der höchsten Maxime des Gebrauchs unserer Vernunft nennen, so fern man unter Maxime das innere Prinzip der Wahl unter verschiedenen Zwecken versteht.

Denn Philosophie in der letztern Bedeutung ist ja die Wissenschaft der Beziehung alles Erkenntnisses und Vernunftgebrauchs auf den Endzweck der menschlichen Vernunft, dem, als dem obersten, alle andern Zwecke subordiniert sind und sich in ihm zur Einheit vereinigen müssen.
Das Feld der Philosophie in dieser weltbürgerlichen Bedeutung lässt sich auf folgende Fragen bringen:

1. *Was kann ich wissen?*
2. *Was soll ich tun?*
3. *Was darf ich hoffen?*
4. *Was ist der Mensch?*

Die erste Frage beantwortet die Metaphysik, die zweite die Moral, die dritte die Religion, und die vierte die Anthropologie. Im Grunde könnte man aber alles dieses zur Anthropologie rechnen, weil sich die drei ersten Fragen auf die letzte beziehen.
Der Philosoph muss also bestimmen können

1. *die Quellen des menschlichen Wissens,*
2. *den Umfang des möglichen und nützlichen Gebrauchs alles Wissens, und endlich*
3. *die Grenzen der Vernunft.*

(Immanuel Kant: Logik. Ein Handbuch zu Vorlesungen (Einleitung). In: Werke. Band VI. Suhrkamp, Frankfurt/M. 1964, S. 447f.)

?

- *Erarbeiten Sie den Argumentationsgang des Textauszuges.*
- *Erklären Sie den Unterschied zwischen dem „Vernunftkünstler“ und dem eigentlichen Philosophen.*
- *Kant unterscheidet weiterhin zwischen dem „Schulbegriff“ und dem „Weltbegriff der Philosophie“. Legen Sie dar, was Kant jeweils unter diesen Begriffen versteht und überprüfen Sie diese.*

1.1.5 Entwicklung des philosophischen Denkens und Umgang mit der Tradition

Die Philosophenschule von Athen (Ausschnitt)
(Erläuterungen zu den Details der dargestellten Philosophen im Bild von Raffael (1483–1520) finden Sie unter http://12koerbe.de/pan/athen.htm.)

Philosophie als systematische Beschäftigung mit wichtigen Lebensfragen begann bereits in der Antike mit der Gründung philosophischer Gelehrtenschulen. Später entwickelte sich dann die Philosophie zu einer universitären Disziplin und verlor nach Meinung von Kritikern teilweise ihre Orientierung an Themen und Problemen der Alltagswelt.
Angesichts einer überwältigenden Fülle unterschiedlicher philosophischer Ansätze kann man verschiedene Wege des Umgangs mit der Tradition unterscheiden:

- › Themen und Probleme, die als zeitlos gelten und jeweils neu bearbeitet werden
- › Integration verschiedener Ansätze in ein System
- › Abfolge von Theorien als Fortschritt und Entwicklung (bzw. als Verfall)
- › Geschichte der Philosophie als Beschreibung eines reinen Nacheinanders von Denkern und Denkschulen
- › Nutzung von verschiedenen philosophischen Methoden, Kompetenzen, Lehrsätzen und Aussprüchen nach individuellen Auswahlkriterien

Die Geschichte der Philosophie als methodisches Denken hat ihre Anfänge vor zweieinhalb Jahrtausenden, als mystisches Denken aber viel früher.
Doch Anfang ist etwas anderes als Ursprung. Der Anfang ist historisch und bringt für die Nachfolgenden eine wachsende Menge von Voraussetzungen durch die nun schon geleistete Denkarbeit. Ursprung aber ist jederzeit die Quelle, aus der der Antrieb zum Philosophieren kommt. Durch ihn erst wird die je gegenwärtige Philosophie wesentlich, die frühere Philosophie verstanden.
Dieses Ursprüngliche ist vielfach. Aus dem Staunen folgt die Frage und die Erkenntnis, aus dem Zweifel am Erkannten die kritische Prüfung und die klare Gewissheit, aus der Erschütterung des Menschen und dem Bewusstsein seiner Verlorenheit die Frage nach sich selbst. [...]
Erstens: Die griechische Philosophie. Sie ging den Weg [...] zum Logos, schuf die Grundbegriffe des Abendlandes, die Kategorien und möglichen Grundpositionen im Erdenken des Ganzen von Sein, Welt und Mensch. Uns bleibt sie das Reich der Typik des Einfachen, durch deren Aneignung wir Klarheit bewahren müssen.
Zweitens: Die christlich-mittelalterliche Philosophie. Sie ging den Weg von der biblischen Religion zu ihrem gedanklichen Verständnis, von der Offenbarung zur Theologie. In ihr erwuchs nicht nur die bewahrende und erziehende Scholastik. In schaffenden Denkern trat eine Welt an das Licht, die ursprünglich religiös und philosophisch in einem ist, vor allem in Paulus, Augustin, Luther. Uns bleibt, das Geheimnis des Christentums in diesem weiten Denkbereich für uns lebendig zu erhalten.
Drittens: Neuere europäische Philosophie. Sie entstand gemeinsam mit der modernen Naturwissenschaft und der neuen persönlichen Unabhängigkeit des Menschen gegenüber jeglicher Autorität. Kepler und Galilei auf der einen Seite, Bruno und Spinoza auf der anderen, repräsentieren die neuen Wege. Uns bleibt dort die Vergewisserung des Sinns eigentlicher Wissenschaft – der

zugleich von Anfang an auch verkehrt wurde – und des Sinns der persönlichen Freiheit der Seele.
Viertens: Die Philosophie des deutschen Idealismus. Von Lessing und Kant bis zu Hegel und Schelling geht ein Weg von Denkern, die an kontemplativer Kraft vielleicht alles überragen, was bis dahin im Abendland gedacht worden war. Ohne den Hintergrund einer großen Wirklichkeit von Staat und Gesellschaft, in verborgenem privatem Dasein, erfüllt vom Ganzen der Geschichte und des Kosmos, reich an spekulativer Kunst des Gedankens und an Visionen der menschlichen Gehalte, richteten sie, welthaltig, ohne wirkliche Welt, ihre großen Werke auf. Uns bleibt, in ihnen die mögliche Tiefe und Weite zu gewinnen, die ohne sie verloren wäre.
Bis ins siebzehnte Jahrhundert und noch länger stand alles Denken im Abendland unter Führung der Antike, der Bibel, Augustinus. Das hört seit dem achtzehnten Jahrhundert langsam auf. Man glaubt, sich ohne Geschichte auf die eigene Vernunft allein gründen zu können. Während als wirksame Kraft das überlieferte Denken verschwand, nahm ein gelehrtes historisches Wissen von der Philosophiegeschichte zu, aber beschränkt auf engste Kreise. Man kann heute alles überlieferte Denken leichter kennen lernen, in Editionen und Nachschlagewerken zur Verfügung haben, als zu irgendeiner früheren Zeit.

(Karl Jaspers: Einführung in die Philosophie. Piper, München/Zürich 1998, S. 164f., 104f.)

Q

Was fürs erste dies betrifft, dass die Geschichte der *Philosophie* eine Galerie *von Meinungen* [...] aufstelle, so würde sie, wenn sie das nur täte, eine sehr überflüssige und langweilige Wissenschaft sein [...]. Was kann unnützer sein, als eine Reihe bloßer Meinungen kennen zu lernen, was langweiliger? [...] Eine Meinung ist eine *subjektive Vorstellung*, ein beliebiger Gedanke, eine Einbildung, die ich so oder so und ein anderer anders haben kann. Eine *Meinung* ist *mein*; sie (ist) nicht ein in sich allgemeiner, an und für sich seiender Gedanke. Die Philosophie aber enthält keine Meinungen; es gibt keine philosophischen Meinungen. [...] Die Philosophie ist objektive Wissenschaft der Wahrheit, Wissenschaft ihrer Notwendigkeit, begreifendes Erkennen, kein Meinen und Ausspinnen von Meinungen.

(G.W.F. Hegel: Vorlesungen über die Geschichte der Philosophie. Bd. III. In: Werke in 20 Bänden. Bd. 20. Suhrkamp, Frankfurt/M. 1970, S. 471)

Aus dem Leben für das Leben

Q

Philosophisch reden, doch das Handeln lassen –
Solche Menschen finde ich fürwahr zum Hassen!

(Michel de Montaigne: Essais. Eichborn, Frankfurt/M. 1999, S. 73)

Michel de Montaigne, Thomas de Leu, ca. 1578

Q

Ein Denken, wie es Sokrates vorgeführt hat, ein Philosophieren aus dem Leben für das Leben, eine Selbstbesinnung, die niemals bloß Theorie, sondern immer auch Praxis ist, das hat es in der Neuzeit nur in wenigen Ausnahmefällen gegeben.

(Volker Gerhardt: Individualität. Das Element der Welt. Beck, München 2000, S. 16)

- *Fassen Sie die Kernaussagen der Textauszüge zusammen.*
- *Erstellen Sie anhand des Beitrags von Jaspers eine kurze Übersicht über die zentralen Entwicklungsschritte der Philosophie, indem Sie die Kerngedanken der jeweiligen Epoche prägnant zur Darstellung bringen.*
- *Beziehen Sie die Aussagen von Jaspers, Hegel, Montaigne und Gerhardt auf die fünf Wege des Umgangs mit der Tradition.*
- *Wählen Sie einen Philosophen aus und erforschen Sie auch dessen Lebensgeschichte. Finden Sie dabei heraus, mit welchen philosophischen Problemen er sich beschäftigt hat. Stellen Sie anschließend Ihre philosophischen Porträts im Kurs vor.*
- *Informieren Sie sich in Zusammenarbeit mit einem naturwissenschaftlichen Fach, welche Rolle in diesem Fach die Tradition (z.B. Geschichte der Chemie) spielt.*
- *Vergleichen Sie Ihre Auffassung von „Meinung" mit der Hegels.*
- *Informieren Sie sich über außereuropäische Philosophietraditionen (China, Indien usw.) und vergleichen Sie diese mit Europa.*

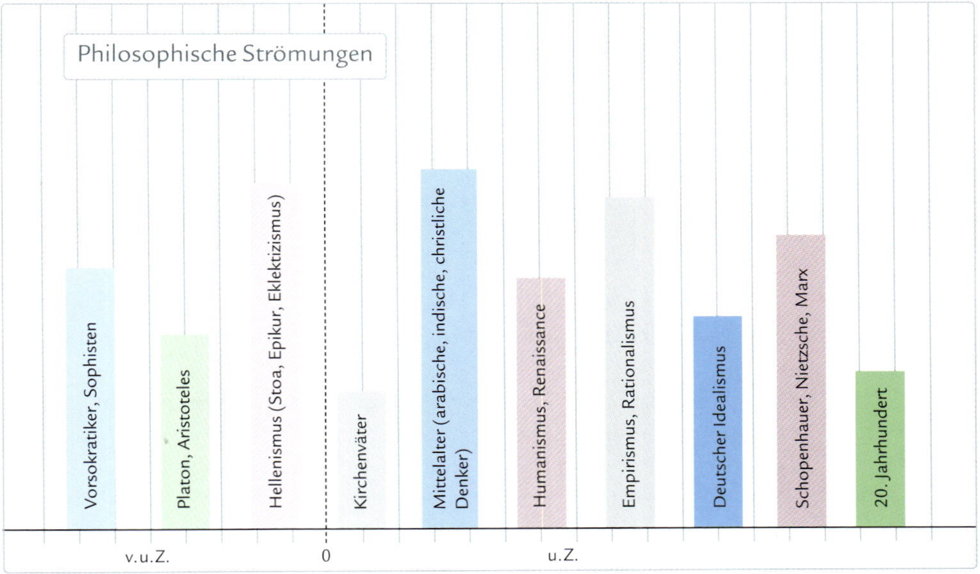

1.2 Grundformen des Philosophierens

Philosophieren lernen

Zu einem Philosophen gehören hauptsächlich zwei Dinge: 1. Kultur des Talents und der Geschicklichkeit, um sie zu allerlei Zwecken zu gebrauchen. 2. Fertigkeit im Gebrauch aller Mittel zu beliebigen Zwecken. Beides muss vereiniget sein; denn ohne Kenntnisse wird man nie ein Philosoph werden, aber nie werden auch Kenntnisse allein den Philosophen ausmachen, wofern nicht eine zweckmäßige Verbindung aller Erkenntnisse und Geschicklichkeiten zur Einheit hinzukommt, und eine Einsicht in die Übereinstimmung derselben mit den höchsten Zwecken der menschlichen Vernunft.

[...]. Philosophieren lässt sich aber nur durch Übung und selbsteigenen Gebrauch der Vernunft lernen.

Wie sollte sich auch Philosophie eigentlich lernen lassen? Jeder philosophische Denker baut, so zu sagen, auf den Trümmern eines andern sein eigenes Werk; nie aber ist eines zu Stande gekommen, das in allen seinen Teilen beständig gewesen wäre. Man kann daher schon aus dem Grunde Philosophie nicht lernen, weil sie noch nicht gegeben ist. [...] In der Mathematik verhält sich die Sache anders. Diese Wissenschaft kann man wohl gewissermaßen lernen; denn die Beweise sind hier so evident, dass ein jeder davon überzeugt werden kann [...].

Der philosophieren lernen will, darf dagegen alle Systeme der Philosophie nur als Geschichte des Gebrauchs der Vernunft ansehen und als Objekte der Übung seines philosophischen Talents.

Der wahre Philosoph muss also als Selbstdenker einen freien und selbsteigenen, keinen sklavisch nachahmenden Gebrauch von seiner Vernunft machen.

(Immanuel Kant: Logik. Ein Handbuch zu Vorlesungen (Einleitung). In: Werke. Bd. VI. Suhrkamp, Frankfurt/M. 1964, S. 448)

?|

- *Geben Sie die Hauptaussagen des Textauszuges in eigenen Worten wieder.*
- *Legen Sie dar, wonach nach Kant der Sinn der Beschäftigung mit der Geschichte des philosophischen Denkens besteht und welchen Zweck diese für Ihr eigenes philosophisches Denken erfüllen kann.*
- *Diskutieren Sie die Frage, ob und warum das philosophische Denken (z.B. im Unterschied zum mathematischen Denken) an historische Voraussetzungen gebunden ist.*

Parmenides

1.2.1 Aufklärung: Sich am und im Denken orientieren

Q|

Lass dich die Macht der Gewohnheit auf falsche Wege nicht drängen,
Trau nicht dem irrenden Blick und töneversammelnden Ohre,
Auch nicht der Zunge: allein der Verstand sei Prüfer und Richter.

(Parmenides. Zit. nach: Diogenes Laertius: Leben und Meinungen berühmter Philosophen. Meiner, Hamburg 1998, S.170)

Was heißt Aufklärung?

Aufklärung ist der Ausgang des Menschen aus seiner selbstverschuldeten Unmündigkeit. Unmündigkeit ist das Unvermögen, sich seines Verstandes ohne Leitung eines anderen zu bedienen. *Selbstverschuldet* ist diese Unmündigkeit, wenn die Ursache derselben nicht am Mangel des Verstandes, sondern der Entschließung und des Mutes liegt, sich seiner ohne Leitung eines anderen zu bedienen. *Sapere aude!* Habe Mut, *dich* deines *eigenen* Verstandes zu bedienen! ist also der Wahlspruch der Aufklärung.

Faulheit und Feigheit sind die Ursachen, warum ein so großer Teil der Menschen, nachdem sie die Natur längst von fremder Leitung freigesprochen [...], dennoch gerne zeitlebens unmündig bleiben; und warum es anderen so leicht wird, sich zu deren Vormündern aufzuwerfen. Es ist so bequem, unmündig zu sein. Habe ich ein Buch, das für mich Verstand hat, einen Seelsorger, der für mich Gewissen hat, einen Arzt, der für mich die Diät beurteilt u.s.w., so brauche ich mich ja nicht selbst zu bemühen. [...]

Es ist also für jeden einzelnen Menschen schwer, sich aus der ihm beinahe zur Natur gewordenen Unmündigkeit herauszuarbeiten. Er hat sie sogar liebgewonnen und ist vorderhand wirklich unfähig, sich seines eigenen Verstandes zu bedienen, weil man ihn niemals den Versuch davon machen ließ. [...]
Wenn denn nun gefragt wird: Leben wir jetzt in einem *aufgeklärten* Zeitalter? so ist die Antwort: Nein, aber wohl in einem Zeitalter der *Aufklärung*. Dass die Menschen, wie die Sachen jetzt stehen, im ganzen genommen, schon imstande wären oder darin auch nur gesetzt werden könnten, in Religionsdingen sich ihres eigenen Verstandes ohne Leitung eines andern sicher und gut zu bedienen, daran fehlt noch sehr viel. Allein, dass jetzt ihnen doch das Feld geöffnet wird, sich dahin frei zu bearbeiten, um die Hindernisse der allgemeinen Aufklärung oder des Ausgangs aus ihrer selbstverschuldeten Unmündigkeit allmählich weniger werden, davon haben wir doch deutliche Anzeigen. In diesem Betracht ist dieses Zeitalter das Zeitalter der Aufklärung [...].

Der Wanderer über dem Nebelmeer, Caspar David Friedrich, 1818

(Immanuel Kant: Beantwortung der Frage: Was ist Aufklärung? In: Ders.: Ausgewählte kleine Schriften. Meiner, Hamburg 1969, S. 1f., 7)

Freunde des Menschengeschlechts [...] streitet der Vernunft nicht ab, was sie zum höchsten Gut auf Erden macht, nämlich das Vorrecht ab, der letzte Probierstein der Wahrheit zu sein! [...]
Selbstdenken heißt den obersten Probierstein der Wahrheit in sich selbst (d.i. in seiner eigenen Vernunft) suchen; und die Maxime, jederzeit selbst zu denken, ist die *Aufklärung*. [...] Sich seiner eigenen Vernunft bedienen, will nichts weiter sagen, als bei allem dem, was man annehmen soll, sich selbst zu fragen: ob man es wohl tunlich finde, den Grund, warum man etwas annimmt, oder auch die Regel, die aus dem, was man annimmt, folgt, zum allgemeinen Grundsatze seines Vernunftgebrauchs zu machen.

(Immanuel Kant: Was heißt: sich im Denken orientieren? In: Ebd., S. 26)

- *Erläutern Sie schriftlich die Texte von Parmenides und Kant und legen Sie die Kernaussagen in Ihren Worten dar.*
- *Vergleichen Sie die Rolle der „Macht der Gewohnheit" bei Parmenides (um 540–480 v.u.Z.) mit den Ursachen, die Kant für die „Unmündigkeit" nennt.*
- *Bequemlichkeit, Faulheit, Trägheit und Feigheit gehören in der abendländischen Überlieferung zu den Lastern, Sünden bzw. Untugenden. Die antike philosophische Tradition versteht unter Tugend die beste Tauglichkeit für ein anspruchsvoll gutes Leben in der Gemeinschaft. Dabei werden vier Kardinaltugenden genannt und gefordert: Klugheit bzw. Weisheit als oberste und die anderen lenkende Tugend, Tapferkeit bzw. Mut, Besonnenheit bzw. Maß und Gerechtigkeit. Lesen Sie den vollständigen Text von Kants Beantwortung der Frage „Was ist Aufklärung?"(z.B. unter http://de.wikisource.org) und überprüfen Sie, inwiefern der Aufklärer Kant diese Kardinaltugenden aufnimmt und wie er sie gewichtet.*
- *Untersuchen Sie, ob und inwiefern unter den heutigen Bedingungen einer Mediengesellschaft neben „selbstverschuldeter Unmündigkeit" auch fremdverschuldete Unselbstständigkeit zur „Unmündigkeit" beiträgt.*

Aufklärung mit Herz und Mut

Friedrich Schiller (1759–1805) war beeinflusst durch die Moralphilosophie Kants. In seinem Erziehungskonzept versucht er nachzuweisen, dass die menschliche Vernunft ohne Entschluss (Willen) und Mut zum Gebrauch der Vernunft wirkungslos bleiben muss.

Friedrich Schiller, Anton Graff, 1785

Q| Es muss also [...] in den Gemütern der Menschen etwas vorhanden sein, was der Aufnahme der Wahrheit, auch wenn sie noch so hell leuchtete, und der Annahme derselben, auch wenn sie noch so lebendig überzeugte, im Wege steht. Ein alter Weiser hat es empfunden, und es liegt in dem vielbedeutenden Ausdrucke versteckt: sapere aude.
Erkühne dich, weise zu sein. Energie des Muts gehört dazu, die Hindernisse zu bekämpfen, welche sowohl die Trägheit der Natur als die Feigheit des Herzens der Belehrung entgegensetzen. [...] Nicht genug also. Dass alle Aufklärung des Verstandes nur insofern Achtung verdient, als sie auf den Charakter zurückfließt; sie geht auch gewissermaßen von dem Charakter aus, weil der Weg zu dem Kopf durch das Herz muss geöffnet werden. Ausbildung des Empfindungsvermögens ist also das dringende Bedürfnis der Zeit, nicht bloß weil sie ein Mittel sein wird, die verbesserte Einsicht für das Leben wirksam zu machen, sondern daselbst darum, weil sie zur Verbesserung der Einsicht erweckt.

(Friedrich Schiller: Über die ästhetische Erziehung des Menschengeschlechts: Achter Brief. In: Sämtliche Werke. Band 5. Hanser, München 1962, S. 591)

?|
- *Schiller zufolge beruht die Fähigkeit des Menschen, der Welt philosophisch zu begegnen, auf der Ausbildung seines Empfindungsvermögens und Charakters. Verdeutlichen Sie die Bedeutung dieses Gedankens, indem Sie Bezug nehmen zu der Anschauung Aristoteles', dass die Verwunderung am Beginn des Philosophierens stehe.*
- *Arbeiten Sie Unterschiede und Gemeinsamkeiten der Positionen Schillers und Kants heraus und stellen Sie dar, was Aufklärung als epochenunabhängige Tätigkeit für Sie persönlich bedeutet.*

Q| **Permanente Aufklärung?**

„Aufklärung", schreibt Kant 1783, sei „der Ausgang des Menschen aus seiner selbst verschuldeten Unmündigkeit". Selbstverschuldet aus Faulheit und Feigheit – es sei so bequem, unmündig zu sein. Seine Beispiele: „Habe ich ein Buch, das für mich Verstand hat, einen Seelsorger, der für mich Gewissen hat, einen Arzt, der für mich die Diät beurteilt, usw.: so brauche ich mich selbst ja nicht zu bemühen." Was hat sich geändert? Statt Buch ist Fernsehen zu setzen, statt Seelsorger Psychiater, und der Arzt tritt einem nicht mehr als Vertreter eines Standes, sondern als Unternehmer oder professioneller Agent der Kranheitsverwaltung entgegen. Fortschritt hat stattgefunden in der Alphabetisierung der Massen – und in der Verwissenschaftlichung aller Lebensbereiche. Aber die Abhängigkeiten sind dieselben geblieben oder haben neue Formen: enthielt das ständische Leben die Abhängigkeit von Zuständigkeiten, so das moderne Abhängigkeit von Experten.

(Gernot Böhme: Permanente Aufklärung. In: Gunzelin Schmid Norr: Metamorphosen der Aufklärung. Vernunftkritik heute. edition diskord, Tübingen 1988, S. 21f.)

?|
- *Überprüfen Sie die Aussage des Philosophen Gernot Böhme, indem Sie die Argumente nachvollziehen und sie auf der Grundlage Ihrer Erfahrung beurteilen.*
- *Kant unterscheidet zwischen dem „Zeitalter der Aufklärung" und einem „aufgeklärten Zeitalter". Erläutern Sie die Bedeutung dieser Unterscheidung und diskutieren Sie, auch unter Rückgriff auf die Position Böhmes, die Frage, ob der moderne Mensch in einem Zeitalter der Aufklärung oder in einem aufgeklärten Zeitalter lebt.*

Kritik an Aufklärung und aufklärerischer Vernunft

Verlange nicht einen übermäßigen Grad von Kultur und Aufklärung von Leuten [...]. Trage auch nichts dazu bei, ihre intellektuellen Kräfte zu überspannen und sie mit Kenntnissen zu bereichern, die ihnen ihren Zustand widrig machen und den Geschmack an solchen Arbeiten verbittern, wozu Stand und Bedürfnis sie aufrufen. Das Wort Aufklärung wird in unseren Zeiten oft sehr gemissbraucht und bedeutet nicht sowohl Veredlung des Geistes als Richtung desselben auf grillenhafte, spekulative und phantastische Spielwerke. Die beste Aufklärung des Verstandes ist die, welche uns lehrt, mit unserer Lage zufrieden und in unseren Verhältnissen brauchbar, nützlich und zweckmäßig tätig zu sein. Alles Übrige ist Torheit und führt zum Verderben.

(Adolph Freiherr von Knigge: Über den Umgang mit Menschen. Insel, Frankfurt/M. 2001, S. 311)

Philosophie ist *ein* Weg. Verglichen mit anderen, etwa den Wegen östlicher Weisheitslehren, ist er durch Skepsis und Diskursivität gekennzeichnet: Zu ihm gehören Kritik, Argumentation und Diskussion.

[In der Aufklärung offenbart sich] der Vernunftmensch der Aufklärung, wie er sich in der kantischen Philosophie seine Theorie gab und in der Person Kants sich darstellte. [...] Zwar zeigt der Vernunftmensch ein hohes Maß an Selbstbeherrschung, Kontinuität und Berechenbarkeit des Verhaltens, [...] aber die Kosten sind hoch. Die aufklärerische Reinigung von Gespenstern, ihre Reduktion auf einen bloßen Tatsachenzusammenhang wird damit erkauft, dass der Mensch sich selbst fremd und unheimlich wird: Was nicht mehr „Mächten" zugeschrieben werden kann, muss nun seinen Ursprung in der eigenen Einbildung haben. [...] Die Zurechenbarkeit und vernünftige Stabilität wird erreicht mit einer Apathie gegenüber Stimmungen und leiblichen Regungen. [...] Wo Kontrolle individuell nicht gelingt, muss sie gesellschaftlich organisiert werden. Die Herrschaft ferner über die Natur ist nur möglich auf der Basis einer radikalen Distanz des Menschen von der Natur, der Verleugnung seiner Zugehörigkeit zu ihr. [...] Die Situation des Menschen ist durch Trennungen gekennzeichnet. Die Natur ist ihm fremd, der andere Mensch ihm ein Fremder, und schließlich ist er sich selbst in seinen leiblichen und affektiven Regungen fremd. [...] Die Vernunft versucht, durch eine grandiose Umfassungsgeste vergessen zu machen, was ihr entgeht: alles, was wirklich ist, ist vernünftig. [...] Aber muss nicht die Anerkennung des Anderen der Vernunft notwendig auf seine Aneignung hinauslaufen, ist nicht das Denken des Anderen der Vernunft seine Subsumtion unter die Vernunft? [...] Denken ist nicht unsere einzige Weise zu sein.

(Gernot Böhme: Anthropologie in pragmatischer Hinsicht. Suhrkamp, Frankfurt/M. 1985, S. 10–13)

- *Verfassen Sie in Kleingruppen je einen fiktiven Brief, in dem Sie Kant entweder mit der Kritik von Knigge (1752–1796) oder der von Böhme konfrontieren. Beantworten Sie auf der Grundlage Ihres Wissens über die Ansprüche der Aufklärung anschließend den Brief einer anderen Gruppe.*
- *Erläutern Sie, was Böhme mit dem „Anderen der Vernunft" meint.*
- *Vergleichen Sie Aufklärung als Epoche und Aufklärung als Tätigkeit.*
- *Prüfen Sie, ob und inwiefern auch eine Kritik an der vernunftorientierten Aufklärung Kants Konzept des aufklärenden Selbstdenkens fortsetzt.*

1.2.2 Philosophische Meditation: Denken des Denkens

Q| Das Denken gibt uns ein so reines und so lebhaftes Vergnügen, dass, wer es nur einmal in seinem Leben gekostet hat, es nie wieder entbehren kann.

(Johann Jakob Engel: Das Weihnachtsgeschenk. Aus: Schriften. Erster Band: Der Philosoph für die Welt. Myliussisch, Berlin 1801, S. 265)

René Descartes, Frans Hals, 1648

René Descartes (1596–1650) gilt als Begründer des modernen Rationalismus. Im Gegensatz zum *Empirismus*, der die Beobachtungen und Sinneswahrnehmungen zum sicheren Grund für Erkenntnis erklärt, bezeichnet man mit *Rationalismus* eine Position, nach der sichere Erkenntnis und Wahrheit insbesondere durch logische Beweisgründe innerhalb der Denkgesetze des Verstandes ermöglicht wird (vgl. auch Kap. 2.1). Descartes nannte seine Überlegungen *Meditationen* (lat. nachsinnen, überdenken, einüben).

Q| So will ich in den Meditationen zunächst einmal die Gedanken darlegen, mit deren Hilfe ich zur sicheren und klaren Erkenntnis der Wahrheit gelangt zu sein glaube, um zu erfahren, ob ich vielleicht durch dieselben Gründe, die mich überzeugt haben, auch andere überzeugen kann. [...]

Schon vor einer Reihe von Jahren habe ich bemerkt, wie viel Falsches ich in meiner Jugend habe gelten lassen und wie zweifelhaft alles ist, was ich hernach darauf aufgebaut, dass ich daher einmal im Leben alles von Grund auf umstoßen und von den ersten Grundlagen an neu beginnen müsse, wenn ich jemals für etwas Unerschütterliches und Bleibendes in den Wissenschaften festen Halt schaffen wollte. Indessen schien mir dies ein gewaltiges Unternehmen zu sein [...]. Daher habe ich so lange gezögert, dass ich mich fernerhin schuldig machte, wenn ich die zur Ausführung noch übrige Zeit mit weiteren Bedenken vergeuden sollte. So habe ich denn heute zur rechten Zeit meine Gedanken aller Sorgen entledigt, mir ungestörte Muße in einsamer Zurückgezogenheit verschafft und werde endlich ernsthaft und unbeschwert zu diesem allgemeinen Umsturz meiner Meinungen schreiten.

Der Denker, Auguste Rodin, 1880

Dazu wird es indessen nicht nötig sein zu zeigen, dass sie alle falsch sind, denn das würde ich wohl niemals erreichen können: da es jedoch nur vernünftig ist, bei dem nicht ganz Gewissen und Unzweifelbaren ebenso sorgsam seine Zustimmung zurückzuhalten wie bei offenbar Falschem, so wird es, sie alle zurückzuweisen, genügen, wenn ich in einer jeden irgendeinen Grund zu zweifeln antreffe. Auch brauche ich sie deswegen nicht alle einzeln durchzugehen, was eine endlose Arbeit wäre; ich werde vielmehr, da bei untergrabenen Fundamenten alles darauf Gebaute von selbst zusammenstürzt, den Angriff sogleich auf eben die Prinzipien richten, auf die sich alle meine früheren Meinungen stützten.

Alles nämlich, was ich bisher am ehesten für wahr gehalten habe, verdanke ich den Sinnen oder der Vermittlung der

Sinne. Nun aber bin ich dahintergekommen, dass diese uns bisweilen täuschen, und es ist ein Gebot der Klugheit, denen niemals ganz zu trauen, die uns auch nur einmal getäuscht haben. [...]
Aus diesem Grunde [...] sehe ich mich endlich gezwungen, zuzugestehen, dass an allem, was ich früher für wahr hielt, zu zweifeln möglich ist - nicht aus Unbesonnenheit oder Leichtsinn, sondern aus triftigen Gründen. [...]
Die gestrige Betrachtung hat mich in so gewaltige Zweifel gestürzt, dass ich sie nicht vergessen kann, und doch sehe ich nicht, wie sie zu lösen sind [...]. Dennoch will ich mich herausarbeiten und von neuem ebenden Weg versuchen [...]. Und ich will so lange weiter vordringen, bis ich irgend etwas Gewisses, oder, wenn nichts anderes, so doch wenigstens das für gewiss erkennen, dass es nichts Gewisses gibt. [...]
Ich setze also voraus, dass alles, was ich sehe, falsch ist, dass nichts jemals existiert hat, was das trügerische Gedächtnis mir darstellt: ich habe überhaupt keine Sinne; Körper, Gestalt, Ausdehnung, Bewegung und Ort sind nichts als Chimären. Was also bleibt Wahres übrig? Vielleicht nur dies eine, dass nichts gewiss ist. [...] Doch hier stutze ich: was soll daraus folgen? [...] Indessen, ich habe mir eingeredet, dass es schlechterdings nichts in der Welt gibt: keinen Himmel, keine Erde, keine denkenden Wesen, keine Körper, also doch auch wohl mich selbst nicht? Keineswegs; sicherlich war ich, wenn ich mir etwas eingeredet habe. - Aber es gibt einen, ich weiß nicht welchen, allmächtigen und höchst verschlagenen Betrüger, der mich geflissentlich stets täuscht. - Nun, wenn er mich täuscht, so ist es also unzweifelhaft, dass ich bin. Er täusche mich, soviel er kann, niemals wird er doch fertigbringen, solange ich denke, dass ich etwas sei. Und so komme ich, nachdem ich nun alles mehr als genug hin und her erwogen habe, schließlich zu der Feststellung, dass dieser Satz: „Ich bin, ich existiere", sooft ich ihn ausspreche oder in Gedanken fasse, notwendig wahr ist.

(René Descartes: Meditationen über die Grundlagen der Philosophie. Hg. Lüder Gäb. Meiner, Hamburg 1959, S. 20f., 31f., 39, 41ff.)

Cartesianische Meditation als philosophische Methode

Jeder Anfänger der Philosophie kennt den merkwürdigen Gedankenzug der Meditationes. Vergegenwärtigen wir uns seine leitende Idee. Ihr Ziel ist eine völlige Reform der Philosophie zu einer Wissenschaft aus absoluter Begründung. [...] Jeder, der ernstlich Philosoph werden will, muss sich „einmal im Leben" auf sich selbst zurückziehen und in sich den Umsturz aller ihm bisher geltenden Wissenschaften und ihren Neubau versuchen. Philosophie - Weisheit [...] - ist eine ganz persönliche Angelegenheit des Philosophierenden. Sie soll als seine Weisheit werden, als sein selbsterworbenes, universal fortstrebendes Wissen, das er von Anfang an und in jedem Schritte verantworten kann aus seiner absoluten Einsicht. Habe ich den Entschluss gefasst, diesem Ziele entgegenzuleben, also den Entschluss, der allein mich in ein philosophisches Werden bringen kann, so habe ich damit den Anfang der absoluten Erkenntnisarmut erwählt. In ihm ist es offenbar ein erstes, mich zu besinnen, wie ich eine Methode des Fortgangs finden könnte, der zu echtem Wissen führen könnte. Die Cartesianischen Meditationen wollen also nicht eine bloß private Angelegenheit des Philosophen Descartes sein, geschweige denn eine bloße eindrucksvolle literarische Form für eine Darstellung erster philosophischer Begründungen. Sie zeichnen vielmehr das Urbild der notwendigen Meditationen eines jeden anfangenden Philosophen, aus denen allein eine Philosophie ursprünglich erwachsen kann.

(Edmund Husserl: Cartesianische Meditationen. Eine Einleitung in die Phänomenologie. In: Edmund Husserl: Gesammelte Schriften. Band 8. Meiner, Hamburg 1992, S. 3ff.)

- *Benennen Sie den Grund und das Ziel von Descartes Unterfangen, sein bisheriges Wissen einer radikalen Prüfung zu unterziehen.*
- *Descartes betont, dass er für diese philosophische Meditation bewusst die Zurückgezogenheit, Muße und Sorglosigkeit sucht. Erörtern Sie die Frage, welche Vor- und Nachteile mit dieser Form des Philosophierens verbunden sind. Nutzen Sie dazu auch eine Beschreibung der abgebildeten Plastik („Der Denker") von Auguste Rodin (1840-1917).*
- *Erläutern Sie, durch welche Grundregeln die methodische Vorgehensweise von Descartes gekennzeichnet ist?*
- *Erörtern Sie, ob Edmund Husserl (1859-1938) zufolge die selbst gewählte „Erkenntnisarmut" nicht nur eine Bedeutung für den einzelnen Philosophierenden selbst hat, sondern als „das Urbild des Philosophierens" von allgemeiner Bedeutung ist.*
- *Diskutieren Sie die folgende These: Zwar zieht sich ein Denkender auf sich zurück, in Wahrheit jedoch zieht sich das Denken auf sich selbst zurück, der Denker ist nur der Träger des Denkens.*

Kritik am reinen Denken

- *Vergleichen Sie den Denkansatz von Descartes mit den folgenden Aussagen des Mathematikers und Philosophen Blaise Pascal (1623–1662), des Dichters und Essayisten Gottfried Benn (1886–1956) sowie des Philosophen Richard David Precht und erarbeiten Sie eine eigene Stellungnahme zum reinen Denken. Erörtern Sie dabei auch Bedingungen, Möglichkeiten und Grenzen des Versuches, sichere und klare Grundlagen allein durch lückenlose logische Beweisführungen innerhalb des Denkens zu erreichen*

Le cœur a ses raisons que la raison ne connaît pas

Das Herz hat seine Gründe, die die Vernunft nicht kennt, das erfährt man in tausend Fällen. [...] Wir erkennen die Wahrheit nicht nur durch die Vernunft, sondern auch durch das Herz; in der Weise des letzteren kennen wir die ersten Prinzipien, und vergeblich ist es, dass die urteilende Vernunft, die hieran nicht beteiligt ist, sie zu bekämpfen versucht. [...] Wir wissen, dass wir nicht träumen, wie unfähig wir auch immer sein mögen, das durch Vernunftgründe zu beweisen. Diese Unfähigkeit lässt nur auf die Schwäche unserer Vernunft, aber nicht, wie sie vorgeben, auf die Ungewissheit all unserer Kenntnisse schließen. [...]. Und es ist dieses Wissen des Herzens und des Instinkts, auf das sich die Vernunft stützen muss, auf das sie alle Ableitungen gründet. Das Herz spürt, dass es drei Dimensionen im Raum gibt und dass die Zahlen unendlich sind, während Vernunft nachher beweist, dass es nicht zwei Quadratzahlen gibt, von denen die eine das Doppelte der andern ist. Die Prinzipien lassen sich erfühlen, die Lehrsätze lassen sich erschließen, und beides mit Sicherheit, obgleich auf verschiedene Weise. Es ist ebenso unnütz wie lächerlich, wenn die Vernunft, um zuzustimmen, vom Herzen Beweise für seine ersten Prinzipien verlangt, wie es lächerlich sein würde, wenn das Herz von der Vernunft, um allen Lehrsätzen, die sie beweist, zuzustimmen, ein Gefühl fordern würde. Diese Unfähigkeit hat folglich nur den Zweck, die Vernunft zu demütigen, die über alles urteilen möchte, nicht aber den, unsere Gewissheit zu erschüttern. So, als wäre nur die Vernunft fähig, uns zu belehren!

(Blaise Pascal. Zit. aus: Reinhold Schneider (Hg.): Blaise Pascal. Fischer, Frankfurt/M. 1955, S. 174f.)

Europa wird vom Gehirn gehalten, vom Denken, aber der Erdteil zittert, das Denken hat seine Sprünge. [...] Dies Fluidum, das den Erdteil denkerisch durchtränkte, war in seiner Ausweglosigkeit längst erkannt, trotzdem liefen die Länder auf vollen Touren, es von neuem auf den Damm zu bringen. In diesem Sinne fragte ich vorhin: ist Denken Zwang? [...] Dieses Denken will gar nicht darauf antworten, was das Leben oder die Vererbung oder das Wesen der Materie sei, es betreibt sich als Selbstzweck [...]. Ich hatte daher oft erwogen zu emigrieren und einen Erdteil aufzusuchen, in dem eine andere Art zu denken vorherrschend war.

(Gottfried Benn: Der Ptolemäer. In: Ders.: Sämtliche Werke. Bd. V. Klett-Cotta, Stuttgart 1971, S. 142, 150)

Wir wissen heute, dass das Bewusstsein des Menschen nur sehr eingeschränkt eine Sache der Vernunft ist. Das meiste in unserer Welt ist vorsprachlich festgelegt, als Folge von Fähigkeiten, die Menschen und andere Tiere gemeinsam haben. Der klare Verstand als zentrales Merkmal des menschlichen Handelns ist eine Fiktion.

(Richard David Precht: Wer bin ich – und wenn ja, wie viele? Goldmann, München 2007, S. 229)

Gedankenexperimente

Gedankenexperimente sind Ausflüge der Phantasie und des Verstandes in mögliche Welten. Der Terminus Gedankenexperiment oder geistiges Experiment geht zurück auf den Philosophen und Wissenschaftstheoretiker Ernst Mach, der ihn sehr weit fasste: „Der Projektemacher, der Erbauer von Luftschlössern, der Romanschreiber, der Dichter sozialer und technischer Utopien experimentiert in Gedanken. Aber auch der Kaufmann, der ernste Erfinder oder Forscher tut dasselbe. Alle stellen sich Umstände vor und knüpfen an diese diese Vorstellung die Erwartung, Vermutung gewisser Folgen; sie machen eine Gedankenerfahrung [...]“.In der Philosophie heißt mit Gedanken spielen und experimentieren, Gedanken analysieren, sie nach Regeln variieren, sie mit anderen Gedanken verflechten, die Verknüpfungen von Gedanken auf ihre Reiß- und Zugfestigkeit testen und die Standfestigkeit von Gedankengebäuden überprüfen und ähnliche Operationen ausführen.

(Hans-Ludwig Freese: Abenteuer im Kopf. Beltz/Quadriga, Weinheim/Berlin 1995, S. 23 und S. 25f.)

1.2.3 Denken im Dialog: Das Sokratische Gespräch

Die philosophische Tradition kennt *zwei grundsätzliche Verfahren des Philosophierens* als Denken des Denkens.

› Descartes steht beispielhaft für den Weg der wahrnehmungsfreien Analyse und logischen Folgerung durch den einzelnen Denker. Wahrheitssuchende philosophieren gleichsam mit sich selbst, sie denken in ihrem Denken, mit und über ihr eigenes Denken.

› Unter Rückgriff auf den historischen Sokrates hat Platon (ca. 428–348 v.u.Z.) in seinen zahlreichen Dialogen beispielhaft ein dialogisches, das sogenannte Sokratische Philosophieren vorgeführt, bei dem man sich im Prozess der Wahrheitsfindung insbesondere der argumentativen Kontrolle durch reale oder fiktive Gesprächspartner stellt.

In den Sokratischen Dialogen lässt Platon seinen Lehrer Sokrates in der Rolle des Philosophen, als bohrend Fragenden und Forschenden auftreten, der stets die Spannung aufrechterhält aus Wissen und Hinterfragen dessen, was man zu wissen glaubt (Ich weiß, dass ich nicht weiß). Im frühen Dialog „Laches", einem Musterbeispiel für Platons Vorgehen, geht es ursprünglich um eine ganz *alltägliche* Erziehungsfrage: *Soll man seine Söhne im Waffenkampf unterrichten lassen?* Daraus entwickelt sich eine intensive Erörterung, in der Sokrates und seine Gesprächspartner in grundsätzlicher Weise die Hintergründe dieser Frage ausloten. Die Nachfragen des Sokrates führen schließlich zum Versuch, das *Wesen* der Tapferkeit und Tugend zu ergründen. Unter Tugend versteht Platon die beste Tauglichkeit für ein anspruchsvoll gutes Leben in der Gemeinschaft. Zwar werden im „Laches" Zwischenergebnisse zusammenfassend festgehalten, eine endgültige Klärung gelingt jedoch noch nicht. Der Dialog endet mit der Absicht Sokrates', das Gespräch am nächsten Tag fortsetzen.

Was ist das Wesen von Tapferkeit und Tugend?

Q| *Lysimachos:* Da hat uns nun jemand auch auf diesen Lehrgegenstand hingewiesen, und darauf, dass es für einen jungen Menschen eine gute Sache sei, das Fechten in voller Rüstung zu erlernen. [...] Was sagst du da, Laches? Sokrates hier kümmert sich um Dinge solcher Art?

Laches: Aber ganz gewiss, Lysimachos!

Sokrates: Gewiss werde ich versuchen, Lysimachos, dir darin zu raten, wenn ich irgend kann, und auch sonst alles tun, wozu du mich aufforderst. Das Richtigste scheint mir allerdings, dass ich [...] zuerst höre, was sie meinen, und von ihnen lerne, und dass ich erst dann, wenn ich noch etwas anderes vorzubringen habe außer dem, was von ihnen gesagt wird, dich wie auch sie zu belehren und zu überzeugen suche. [...]

Nikias: [...] Es scheint nämlich auch mir in vielfacher Weise nützlich für die jungen Leute, diese Kunst zu beherrschen. Schon ist es gut, dass sie die Zeit nicht anderweitig hinbringen mit Dingen, wie sie junge Leute gern treiben, wenn sie Muße haben, sondern mit dieser Sache, führt sie doch notwendig auch zu einer besseren körperlichen Verfassung [...]. Ihr größter Nutzen jedoch zeigt sich, wenn sich die Reihen auflösen und dann im Kampf Mann gegen Mann bei der Verfolgung einen, der sich wehrt, angreifen oder auch auf der Flucht selbst einen Angreifer abwehren muss [...] und so ist es denn nun klar, dass all die Unterrichtsgegenstände und Beschäftigungen, die damit zusammenhängen, trefflich sind und dass ihr Erlernen und ihre Ausübung von hohem Wert sind für einen Mann: diese Kunst könnte dafür den Anfang bilden. [...]

Lysimachos: Nun denn, ich für meine Person bitte dich, Sokrates; mir scheint ja auch unsere Beratung gleichsam eines Schiedsrichters zu bedürfen. Denn wenn diese beiden einer Meinung wären, so hätten wir den weniger nötig; so aber, da ja Laches, wie du siehst, seine Stimme gegen Nikias abgegeben hat, ist es in Ordnung, auch von dir zu hören, welchem der beiden Männer du zustimmst.

Sokrates: Wie, Lysimachos? Was die Mehrheit von uns gut heißt, daran willst du dich halten?

Lysimachos: Was sollte man denn sonst tun, Sokrates?

Sokrates: Würdest auch du, Melesias, es so machen? Und wenn du eine Beratung abhieltest, worauf dein Sohn bei einem sportlichen Wettkampf trainieren sollte, würdest du da auch der Mehrheit unter uns folgen oder dem, der von einem tüchtigen Sportlehrer ausgebildet und trainiert ist?

Melesias: Natürlich doch wohl diesem, Sokrates.

Sokrates: Ihm würdest du also eher folgen als uns [...]?

Melesias: Vielleicht.

Sokrates: Nach dem Wissen nämlich, meine ich, nicht aber nach der Zahl muss man entscheiden, wenn die Entscheidung richtig getroffen werden soll.

> *Σωκράτης:* ἐπιστήμῃ γὰρ οἶμαι δεῖ τὸ κρίνεσθαι ἀλλ' οὐ πλήθει μέλλον καλῶς κριθήσεσθαι.

Melesias: Wie denn sonst?

Sokrates: Also muss man auch jetzt ebendies als erstes untersuchen, ob einer von uns sachverständig ist in dem, worüber wir beraten, oder nicht; und wenn einer das wirklich ist, dann muss man diesem einen folgen, auf die andern aber nicht achten; ist es aber keiner, dann muss man nach einem anderen suchen. [...]

Lysimachos: Sokrates scheint mir ausgezeichnet zu sprechen, ihr Männer, ob es euch aber erwünscht ist, euch über diese Dinge befragen zu lassen und Rechenschaft zu geben, müsst ihr natürlich selbst entscheiden, Nikias und Laches. [...]

Nikias: Du scheint mir nicht zu wissen, dass jeder, der mit Sokrates in nahe Berührung kommt und sich mit ihm ins Gespräch einlässt, zwangsläufig, wenn er auch zuerst die Unterredung über etwas ganz anderes begonnen hat, von ihm unaufhörlich im Gespräch herumgeführt wird, bis er nicht mehr umhin kann, über sich selbst Rechenschaft zu geben, auf welche Weise er jetzt lebt und auf welche er sein bisheriges Leben zugebracht hat; und dass ihn dann, wenn er dahin geraten ist, Sokrates nicht eher loslassen wird, als bis er das alles gut und trefflich geprüft hat. [...] Für mich also ist es nichts Ungewohntes und auch nichts Unangenehmes, von Sokrates geprüft zu werden, vielmehr wusste ich schon längst ziemlich genau, dass unser Gespräch im Beisein des Sokrates nicht über die jungen Leute gehen werde, sondern über uns selbst. [...]

Sokrates: Muss uns nun nicht wenigstens dies zu Gebote stehen, das Wissen, was denn Tugend ist? Wenn wir nämlich überhaupt nicht wüssten, was für eine Sache sie eigentlich ist, auf welche Weise könnten wir dann irgendjemandem dafür Berater sein, wie man sie am besten erwerben kann?

Laches: Auf keine Weise, scheint mir, Sokrates.

Sokrates: Wir behaupten also, die Sache zu kennen.

Laches: Allerdings behaupten wir das.

Sokrates: Von dem, was wir kennen, sollten wir doch wohl auch sagen können, was es ist.

Laches: Warum denn nicht?

Sokrates: Wir wollen nun nicht gleich die Untersuchung über die gesamte Tugend anstellen, mein Lieber, denn das wäre vielleicht eine zu große Aufgabe, sondern lass uns zunächst bei einem Teil sehen, ob unser Wissen darüber ausreicht; so wird uns wahrscheinlich die Untersuchung leichter werden.

Laches: Ja, wir wollen es so machen, Sokrates, wie du willst.

Sokrates: Welchen Teil der Tugend werden wir uns nun vornehmen? Offenbar doch den, auf den sich das Erlernen des Waffenkampfes zu beziehen scheint? Man glaubt aber wohl allgemein, dass das die Tapferkeit ist? Oder nicht?

Laches: Aber gewiss glaubt man das.

Sokrates: Das also wollen wir zuerst in Angriff nehmen, Laches: zu erklären, was die Tapferkeit ist; danach werden wir dann auch untersuchen, auf welche Weise sie den jungen Leuten zuteil werden könnte, soweit das durch Übungen und Unterricht möglich ist. Also versuche nun das, wovon ich spreche, zu erklären: was ist Tapferkeit.

Laches: Beim Zeus, Sokrates, das ist nicht schwer zu sagen: wenn nämlich einer entschlossen ist, in Reih und Glied standhaltend die Feinde abzuwehren, und nicht flieht, dann ist der doch gewiss tapfer.

Sokrates: Du hast recht, Laches. [...] Aber wie steht es dann mit dem, der fliehend, nicht standhaltend, mit den Feinden kämpft?

Laches: Wie denn fliehend? [...]

Sokrates: [...] von den Lakedaimoniern [Spartaner] erzählt man, sie hätten [...] nicht [...] kämpfen wollen, sondern seien geflohen; als sich aber die Reihen der Perser aufgelöst hatten, hätten sie kehrtgemacht und wie Reiter gekämpft und hätten so in jener Schlacht gesiegt.

Laches: Da hast du recht.

Sokrates: Das also ist es, was ich vorhin damit meinte, dass ich schuld sei, wenn du nicht richtig geantwortet hast, weil ich nicht richtig fragte, da ich doch von dir nicht nur erfahren wollte, wer [...] tapfer ist, sondern auch, wer es in der Reiterei und auf dem gesamten Gebiet des Krieges ist, und nicht nur im Krieg, sondern auch, wer in den Gefahren des Meeres tapfer ist, und wer in Krankheiten und in Armut oder auch im politischen Leben tapfer ist, und dann weiter, wer nicht nur gegenüber Schmerzen oder Ängsten tapfer ist, sondern auch wer stark ist, gegen Begierden oder Lust zu kämpfen, im Standhalten wie im Kehrtmachen – es gibt ja wohl manche, Laches, die auch in solchen Dingen tapfer sind?

Laches: Aber sicher, Sokrates.

Sokrates: Tapfer also sind diese alle, aber die einen zeigen ihre Tapferkeit in der Lust, andere in Schmerzen, einige wiederum in Begierden und einige gegenüber der Furcht; andere dagegen, glaube ich, zeigen ihre Feigheit in ebendiesen Lagen.

Laches: Gewiss.

Sokrates: Was sind nun diese beiden Eigenschaften? Danach wollte ich fragen. Versuch also noch einmal, zunächst von der Tapferkeit zu sagen, was sie ihrem Wesen nach ist, dass sie in all diesen Lagen ein und dasselbe ist. Oder verstehst du noch nicht, was ich meine?

Laches: Nicht so ganz. [...] Ich, Sokrates, bin bereit, nicht vorzeitig aufzugeben. Allerdings bin ich in solchen Gesprächen ungeübt; aber mich hat auch eine Art Ehrgeiz hinsichtlich des Besprochenen erfasst, und ich muss mich wahrhaftig ärgern, wenn ich so wenig auszusprechen vermag, was ich im Geist sehe. Im Geist nämlich meine ich zu sehen, was Tapferkeit ist, aber sie ist mir, ich weiß nicht wie, eben entschlüpft, so dass ich sie nicht mit dem Wort erfassen kann und sagen, was sie ist.

(Platon: Laches. Reclam, Stuttgart 1982, S. 7f., 13, 21f., 31–41, 49ff.)

?

- *Lesen Sie gemeinsam und laut den gekürzten Dialogausschnitt mit verteilten Rollen. Versuchen Sie dabei durch Intonation, Mimik, Gestik und Körperhaltung die fünf Protagonisten lebendig werden zu lassen.*
- *Gestalten Sie gemeinsam ein Standbild für die Haltung, die der Figur und der geistigen Haltung des Philosophen Sokrates entspricht. Prüfen Sie bei der Auswertung des Standbilds, wie man seine Absichten körpersprachlich noch klarer verdeutlichen könnte.*
- *Beschreiben Sie in Untergruppen die in diesen Gesprächsausschnitt erkennbare Vorgehensweise und diskutieren Sie die Frage, welche Beschreibung Gesprächsverhalten und Gesprächsverlauf am ehesten widerspiegelt.*

Das Sokratische Gespräch als Methode

Q

Im Sokratischen Gespräch geht es um die Untersuchung eines für eine solche Untersuchung geeigneten Sachverhalts, um die Klärung einer durch eine solche Untersuchung zu klärenden Sachfrage. [...] Das sokratische Gespräch ist ein Miteinanderreden über diese Frage, in der jeder sich – mit dem Ziel der Wahrheitssuche – über sie offen ausspricht und sich auch bemüht, den anderen ernst zu nehmen und zu verstehen.

Damit der andere mich verstehen kann, muss ich ihm Einblick in mein Denken geben. Ich muss ihm mitteilen, was ich über die zur Diskussion stehende Sache wirklich denke. Wovon ich überzeugt bin, muss ich aussprechen, wenn es zu der erörterten Sache gehört, und Zweifel muss ich ebenfalls aussprechen. Ich darf nicht, um der Freude am Disput willen, eine These verfechten, von der ich in Wahrheit nicht überzeugt bin. „Ehrlichkeit des Denkens und Sprechens“ ist [...] Grundanforderung an die an einem Sokratischen Gespräch Teilnehmenden. Das Ernstnehmen gehört zum Verstehen. Es bedeutet, auf einen mich befremdenden Gedanken des anderen nicht mit Ablehnung zu reagieren, sondern mit der Neugier: „Was ist daran? Er ist doch ein vernünftiges Wesen wie ich; sein Gedanke wird nicht ganz und gar abwegig sein; es wird sich lohnen, ihn aufzufassen.“ Nur bei einem solchen Ernstnehmen des anderen werde ich sein Denken verstehen können.

Im Gespräch ist die Sprache das Medium des Verstehens. Es gibt aber in den Bereichen der Philosophie, der Psychologie und der Soziologie, mit denen die Inhalte der meisten Sokratischen Gespräche zu tun haben, kaum ein eindeutiges Wort. Viele Wörter werden in mehr als einer Bedeutung gebraucht, sowohl wenn wir uns in der Alltagssprache als auch, wenn wir uns in den Fachsprachen über diese Bereiche verständigen wollen.

Wir müssen uns also ständig um eine gemeinsame Sprache bemühen. [...] Es muss die Probe auf das Einanderverstehen gemacht werden, z. B. in der Weise, dass ein von einem Teilnehmer vorgebrachter Gedanke von einem anderen in dessen Sprache wiedergegeben wird, und der, der den Gedanken zuerst

geäußert hat, prüft, ob er richtig verstanden worden ist [...]. Es treten in der Regel gegensätzliche Auffassungen zur erörterten Frage zutage. Diese werden fortschreitend schärfer herausgearbeitet. Damit ist schon mehr erreicht, als es die üblichen Diskussionen zulassen.
Das Sokratische Gespräch bleibt bei solchem Gegeneinander der Standpunkte jedoch nicht stehen. Es will über die subjektiven Meinungen der Teilnehmer hinauskommen. Es geht ihm um die Klärung dessen, was Gegenstand dieser Meinungen ist, dessen, worüber die Teilnehmer noch verschiedener Meinung sind. Dem Sokratischen Gespräch liegt die Auffassung zu Grunde, dass Übereinkunft – Konsens – über die zu erörternde Frage erreichbar ist.

(Gustav Heckmann/Dieter Krohn: Über Sokratisches Gespräch und Sokratische Arbeitswochen. In: Zeitschrift für die Didaktik der Philosophie, Heft 1, 1998, S. 39)

?

- *Für welche Sachverhalte und Fragen eignet sich Ihrer Meinung nach dieses Verfahren, für welche nicht? Begründen Sie Ihre Auffassung.*
- *Werten Sie den Beitrag von Heckmann (1898–1996) und Krohn aus, indem Sie einen Katalog von Regeln erstellen, die für das Gelingen eines Sokratischen Gesprächs von Bedeutung sind.*
- *Prüfen Sie mit Hilfe Ihres Regelkataloges, ob im Gespräch zwischen Sokrates und Laches eine gemeinsame Sprache im Sinne von Heckmann und Krohn gesprochen wird.*
- *Für ein sokratisches Gespräch ist es unter anderem entscheidend, dass die Gesprächsteilnehmer sich um eine klare und eindeutige Sprache bemühen, aber auch, dass sie jeweils ihre argumentativen Absichten verdeutlichen. Tragen Sie zusammen, mit Hilfe welcher sprachlichen Signale, dies im Gespräch zwischen Sokrates und Laches erreicht wird.*
- *Heckmann und Krohn hoffen auf Übereinstimmung (Konsens). Der platonische Dialog endet offen. Erörtern Sie Vor- und Nachteile beider Formen.*
- *Führen Sie ein Sokratisches Gespräch zu einem selbst gewählten Thema. Beachten Sie dabei auch die Erfahrungen, die Sie bei der Bearbeitung des „Laches“ machen konnten sowie die Position, die im Schillertext auf S. 28 vorgestellt wurde.*
- *Erörtern Sie die Vor- und Nachteile eines Sokratischen Gesprächs im Unterschied zu einer philosophischen Meditation nach dem beispielhaften Verfahren von Descartes (vgl. Kap. 1.2.2).*

1

- Abbildungen und Texte in diesem ersten Kapitel Ihres Buches geben Ihnen zahlreiche Hinweise auf unterschiedliche Arten und Haltungen, in und mit denen philosophiert werden kann (Wächter, einsamer Denker, Nachfrager usw.). Legen Sie einen Cluster an, um unterschiedliche Arten des Philosophierens hinsichtlich ihrer Eigenarten und Vorzüge zu charakterisieren.
- Erstellen Sie nach Durchsicht des Kapitels eine Liste mit Fähigkeiten (Kompetenzen), die zum Philosophieren nötig erscheinen. Unterstreichen Sie die drei Kompetenzen, die Sie für besonders wichtig halten. Vergleichen Sie Operatoren für das Fach Philosophie (Seite 296) mit den Ihres Erachtens wichtigsten Kompetenzen für das Philosophieren.
- Prüfen Sie sich selbst und erörtern Sie die Frage, welche Art und Weise des Philosophierens Sie bevorzugen würden und formulieren Sie eine entsprechende Stellungnahme. Berücksichtigen Sie dabei auch eine Form „östlichen Denkens“, wie sie sich z.B. bei Siddartha Gautama (Buddha) zeigt, der mit geschlossenen Augen und schweigend meditiert.
- Welche Rolle kann das Philosophieren in Ihrem Leben spielen, wenn man es als Spannung aus Wahrheitssuche und Aushalten der Erfahrung versteht, dass immer neu hinterfragt werden muss, was man zu wissen glaubt.

2 Welt und Selbst entschlüsseln

- *Assoziieren Sie frei zu dem für dieses Kapitel verwendeten bildhaften Ausdruck „Entschlüsselung".*
- *Albert Einstein (1879–1955) soll einmal angemerkt haben, es komme nicht darauf an, die Welt zu verstehen; man müsse sich bloß darin zurechtfinden. Erarbeiten Sie vor dem Hintergrund Ihrer Assoziationen zum Wort „Ent-Schlüsselung" eine Stellungnahme zu dieser These.*

Schon im ersten Kapitel konnten Sie erfahren, dass die Philosophie und das Philosophieren als Haltung und als Bemühen um Erkenntnis, als freundschaftliche Zuneigung und Liebe zu einem grundlegenden Wissen außer Antworten vor allem und fortlaufend neue Fragen eröffnen. Demzufolge wird in diesem zweiten Kapitel kein „richtiger und passender Schlüssel" angeboten. Es erfolgt jedoch eine Besichtigung und Erarbeitung wichtiger *Bedingungen, Möglichkeiten und Grenzen* von sogenannter Entschlüsselung von Welt und Selbst mit den Themen Erkenntnis, Sinnlichkeit und Verstand, Wissenschaft, Sprache und Denken, Ästhetik, Metaphysik.

Nie zuvor war, was die Quellen unseres Wissens angeht, ein Zeitalter in einer günstigeren Position als das unsere. Psychologie, Ethnologie, Anthropologie und Geschichtswissenschaft haben eine erstaunlich reiche und immer noch wachsende Fülle von Tatsachenmaterial angehäuft. Unsere technischen Hilfsmittel zu Beobachtung und Experiment sind unendlich verbessert worden, und unsere Analysen sind präziser und schärfer als früher. Gleichwohl hat es den Anschein, als hätten wir noch keine Methode gefunden, dieses Material zu meistern. [...] Tatsachenreichtum erzeugt nicht notwendigerweise Ideenreichtum. Wenn es uns nicht gelingt, einen Ariadnefaden zu finden, der uns durch dieses Labyrinth leitet, können wir zu wirklichen Erkenntnissen über den Charakter der Kultur nicht gelangen; wir werden uns in einer Masse unverbundener, zusammenhangloser Daten verlieren, der jede konzeptuelle Einheit zu fehlen scheint.

(Ernst Cassirer: Versuch über den Menschen. Einführung in eine Philosophie der Kultur. Meiner, Hamburg 2007, S. 45f.)

- *Erläutern Sie Möglichkeiten und Grenzen der Aufgabe, auf die Ernst Cassirer (1874–1945) mit dem Bild des Ariadne-Fadens aufmerksam macht.*

2.1 Grundfragen der Erkenntnis

2.1.1 Erkennen als Problem

Wir orientieren uns in einer Welt, von der wir einiges wissen oder zu wissen glauben. Wie aber können wir sicher sein, dass unser Wissen nicht nur unser privates Wissen ist, das wir – mehr oder weniger gut begründet – für glaubwürdig oder sogar für so wahr halten, dass auch andere es akzeptieren können? Wie funktioniert unsere Entschlüsselung von Welt und Ich? Wie erkennen wir, wie können wir zu einem Wissen kommen, das Ansprüche auf allgemeine Geltung erheben kann? Über welche Möglichkeiten verfügen wir, an welche Grenzen stoßen wir? Was leistet unser Erkenntnisvermögen, was die sinnliche Wahrnehmung, was das Denken, und wie arbeiten sie zusammen?

?|

- *Beschreiben Sie die Abbildung.*
- *Stellen Sie Vermutungen darüber an, wie es möglich ist, dass sich hier etwas „bewegt“, bzw. wer oder was für „Bewegung“ sorgt. Verdeutlichen Sie Ihre Erklärungsansätze durch eine Zeichnung, die darlegt, welche Elemente unseres Erkenntnisvermögens an diesem Phänomen beteiligt sind.*

GELB SCHWARZ ORANGE VIOLETT
GRÜN ROT BLAU ROSA

?|

- *Sehen Sie auf die Auflistung und benennen Sie die Farbe, nicht das Wort.*
- *Erläutern Sie, was die auf dieser Seite vorgestellten Phänomene über die Funktionsweise Ihrer Sinne und Ihres Denkens für Sie nahe legen.*

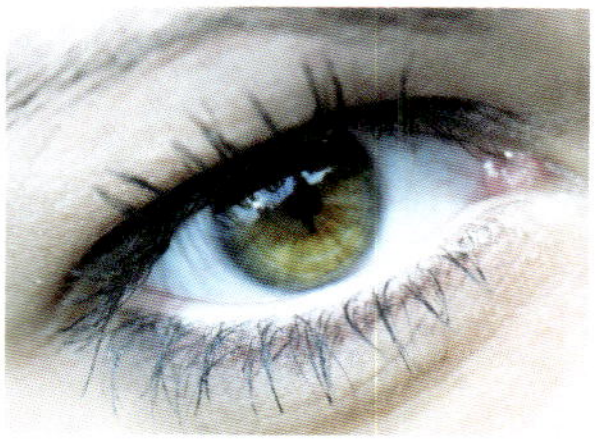

- *Informieren Sie sich über die Funktionsweise des menschlichen Linsenbeziehungsweise des Facettenauges von Fliegen und stellen Sie auf eine Ihnen geeignet erscheinende Weise dar, wie Fliegen und wie dem Menschen die Welt erscheint.*
- *Welche Schlussfolgerung ziehen Sie aus Ihren Recherchen hinsichtlich der Frage, ob der Mensch grundsätzlich dazu in der Lage ist, die Welt so zu erkennen, wie sie an sich ist? Beachten Sie dazu auch das folgende Zitat von Heinrich von Kleist (1777–1811).*

Wenn alle Menschen statt der Augen grüne Gläser hätten, so würden sie urteilen müssen, die Gegenstände, welche sie dadurch erblicken, sind grün - und nie würden sie entscheiden können, ob ihr Auge ihnen die Dinge zeigt, wie sie sind, oder ob es nicht etwas zu ihnen hinzutut, was nicht ihnen, sondern dem Auge gehört. So ist es mit dem Verstande. Wir können nicht entscheiden, ob das, was wir Wahrheit nennen, wahrhaft Wahrheit ist, oder ob es uns nur so scheint.

(Heinrich von Kleist: Brief an Wilhelmine von Zenge. http://www.kleist.org/briefe/037.htm, Zugriff am 10.5.2010)

2.1.2 Sinnliche Wahrnehmung und Verstand

Im Textauszug auf den Seiten 30/31 erinnerte René Descartes (1596-1650) daran, wie z.B. die Sinne uns täuschen. Es sei deshalb ein „Gebot der Klugheit", ihnen nicht zu trauen. Wer Täuschungen vermeiden sowie Klarheit, Sicherheit und echtes Wissen suche, der könne etwas Unbezweifelbares nur im Denken finden. Welche Rolle die sinnliche Erfahrung spielt und wie sinnliche Wahrnehmung und Denken zusammenarbeiten, erläutern John Locke (1632-1704), Immanuel Kant (1724-1804) und David Hume (1711-1776).

Nehmen wir also an, der Geist sei, wie man sagt, ein unbeschriebenes Blatt, ohne alle Schriftzeichen, frei von allen Ideen [Vorstellungen]; wie werden ihm diese dann zugeführt? Wie gelangt er zu dem gewaltigen Vorrat an Ideen, womit ihn die geschäftige schrankenlose Phantasie des Menschen in nahezu unendlicher Mannigfaltigkeit beschrieben hat? Woher hat er all das *Material* für seine Vernunft und für seine Erkenntnis? Ich antworte darauf mit einem einzigen Worte: aus der *Erfahrung*. Auf sie gründet sich unsere gesamte Erkenntnis, von ihr leitet sie sich schließlich her. Unsere Beobachtung, die entweder auf äußere sinnlich wahrnehmbare Objekte gerichtet ist oder auf innere Operationen des Geistes, die wir wahrnehmen und über die wir nachdenken, liefert unserm Verstand das gesamte *Material* des Denkens. Dies sind die beiden Quellen der Erkenntnis, aus denen alle Ideen entspringen, die wir haben oder naturgemäß haben können.
Wenn unsere Sinne mit bestimmten sinnlich wahrnehmbaren Objekten in Berührung treten, so führen sie dem Geist eine Reihe verschiedener Wahrnehmungen von Dingen zu, die der mannigfach verschiedenen Art entsprechen,

wie jene Objekte auf die Sinne einwirken. Auf diese Weise kommen wir zu den *Ideen*, die wir von *gelb, weiß, heiß, kalt, weich, hart, bitter, süß* haben, und zu allen denen, die wir sinnlich wahrnehmbare Qualitäten nennen. Wenn ich sage, die Sinne führen sie dem Geist zu, so meine ich damit, sie führen von den Gegenständen der Außenwelt her dem Geist dasjenige zu, was in demselben jene Wahrnehmungen hervorruft. [...]
Die andere Quelle, aus der die Erfahrung den Verstand mit Ideen speist, ist die Wahrnehmung der Operationen des eigenen Geistes in uns, der sich mit den ihm zugeführten Ideen beschäftigt. Diese Operationen statten den Verstand, sobald die Seele zum Nachdenken und Betrachten kommt, mit einer anderen Reihe von Ideen aus, die durch Dinge der Außenwelt nicht hätten erlangt werden können. Solche Ideen sind: wahrnehmen, denken, zweifeln, glauben, schließen, erkennen, wollen und all die verschiedenen Tätigkeiten unseres eigenen Geistes.

(John Locke: Über den menschlichen Verstand. Bd. 1. Akademie, Berlin 1968, S. 107f.)

Die Sinne verwirren nicht. Dem, der ein gegebenes Mannigfaltiges zwar aufgefasst, aber noch nicht geordnet hat, kann man nicht nachsagen, dass er es verwirre. Die Wahrnehmungen der Sinne (empirische Vorstellungen mit Bewusstsein) können nur innere Erscheinungen heißen. Der Verstand, der hinzukommt, und sie unter einer Regel des Denkens verbindet (Ordnung in das Mannigfaltige hineinbringt), macht allererst daraus empirische Erkenntnis, d.i. Erfahrung. [...] Die Sinne gebieten nicht über den Verstand. Sie bieten sich vielmehr nur dem Verstande an, um über ihren Dienst zu disponieren. [...] Die Sinne machen darauf keinen Anspruch und sie sind wie das gemeine Volk, welches, wenn es nicht Pöbel ist [...], seinem Obern, dem Verstande, sich zwar gerne unterwirft, aber doch gehört werden will. [...] Die Sinne betrügen nicht. Dieser Satz ist die Ablehnung des wichtigsten Vorwurfs, den man den Sinnen macht; und dieses darum, nicht weil sie immer richtig urteilen, sondern weil sie gar nicht urteilen; weshalb der Irrtum immer dem Verstande zu Last fällt. – Doch gereicht diesem der Sinnenschein [...], wenn gleich nicht zur Rechtfertigung, sondern zur Entschuldigung; wonach der Mensch öfters in den Fall kommt, das Subjektive seiner Vorstellungsart für das Objektive (den entfernten Turm, an dem er keine Ecken sieht, für rund, das Meer, dessen entfernter Teil ihm durch höhere Lichtstrahlen ins Auge fällt, für höher als das Ufer [...], den Vollmond, den er in seinem Aufgange am Horizont durch eine dunstige Luft sieht, ob zwar er ihn durch denselben Sehwinkel ins Auge fasst, für entfernter, also auch für größer, als wie er hoch am Himmel erscheint) und so Erscheinung für Erfahrung zu halten; dadurch aber im Irrtum, als einen Fehler des Verstandes, nicht den der Sinne, geraten. [...]

(Immanuel Kant: Anthropologie in pragmatischer Hinsicht. Suhrkamp, Frankfurt/M. 1977, S. 58f., S. 506ff.)

Wenn man auf einer wüsten Insel eine Uhr oder eine andere Maschine findet, so wird man schließen, dass einmal Menschen dort gewesen sind. Alle unsere Folgerungen in Bezug auf Tatsachen sind von derselben Beschaffenheit; es wird hier beständig vorausgesetzt, dass zwischen der gegenwärtigen Tatsache und der auf sie gestützten eine Verknüpfung besteht. Bände sie nichts zusammen, so wäre der Schluss ganz willkürlich. Hört man in der Dunkelheit eine artikulierte Stimme und ein vernünftiges Gespräch, so vergewissert uns dies

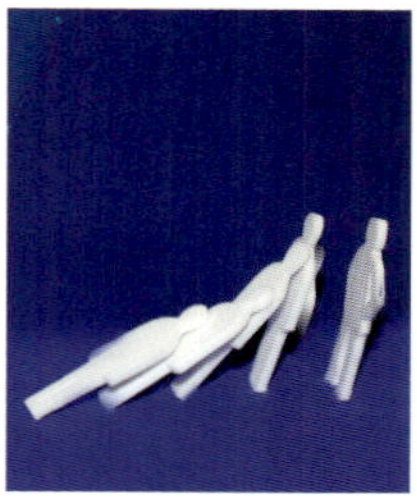

von der Gegenwart einer Person. Weshalb? Weil jene die Wirkungen menschlicher Bildung und Tätigkeit und eng mit ihnen verknüpft sind. Untersucht man alle anderen Schlüsse dieser Art, so wird man finden, dass sie sich auf die Beziehung von Ursache und Wirkung stützen, und dass diese Beziehung bald nahe, bald entfernt, bald hinter einander, bald gleichzeitig statt hat. Hitze und Licht sind gleichzeitige Wirkungen des Feuers, und man kann von dem einen richtig auf das andere schließen.

Will man daher in Bezug auf die Natur der Gewissheit, über Tatsachen etwas Befriedigendes erreichen, so muss man untersuchen, wie man zur Kenntnis von der Ursache und Wirkung gelangt.

Ich wage es als einen allgemeinen und ausnahmslosen Satz hinzustellen, dass die Kenntnis dieser Beziehung in keinem Falle durch ein Denken *a priori* [vor der Erkenntnis] erreicht wird, sondern dass sie lediglich aus der Erfahrung stammt; wenn sich ergibt, dass einzelne Gegenstände beständig mit einander verbunden sind. Man gebe einem Manne von noch so gutem Verstande und Fähigkeiten einen Gegenstand, der ihm ganz neu ist, und er wird selbst bei der genauesten Untersuchung seiner sinnlichen Eigenschaften nicht im Stande sein, eine seiner Ursachen oder Wirkungen zu entdecken. Adam, von dem man annimmt, dass seine Verstandeskräfte anfänglich ganz vollkommen waren, konnte doch aus der Durchsichtigkeit und Flüssigkeit des Wassers nicht schließen, dass es ihn ersticken würde; ebenso wenig aus dem Licht und der Wärme des Feuers, dass es ihn verzehren würde. Kein Gegenstand entdeckt durch die Eigenschaften, welche den Sinnen sich bieten, die Ursachen, welche ihn hervorgebracht haben, und die Wirkungen, welche aus ihm entstehen werden, und unsere Vernunft kann ohne Hilfe der Erfahrung keinen Schluss auf das wirkliche Dasein und auf Tatsachen machen.

[...] Wer will behaupten, dass er einen von der Erfahrung unabhängigen Grund angeben könne, weshalb Milch und Brot ein passendes Nahrungsmittel für den Menschen, aber nicht für den Bären oder Tiger sei?

Diese Wahrheit hat aber anscheinend nicht die gleiche Gewissheit bei Vorgängen, mit denen wir seit unserem Eintreten in die Welt vertraut geworden sind, welche mit dem ganzen Lauf der Natur große Ähnlichkeit haben, und die vermeintlich nur von einfachen Eigenschaften der Dinge abhängen und nicht von einem verborgenen Zusammenhange der Teile. Hier meint man, durch die bloße Tätigkeit des Verstandes und ohne Erfahrung, die Wirkungen entdecken zu können. Man meint, dass wenn man plötzlich in die Welt gestellt worden wäre, man sofort hätte schließen können, dass eine Billardkugel durch Stoß einer anderen ihre Bewegung mitteilen könne, und dass man nicht nötig gehabt, auf den Erfolg zu warten, um dies mit Sicherheit aussprechen zu können. So stark ist die Macht der Gewohnheit; gerade da, wo sie am größten ist, verdeckt sie nicht bloß unsere natürliche Unwissenheit, sondern verbirgt auch sich selbst; sie scheint nicht vorhanden zu sein, gerade weil sie im höchsten Maße besteht. [...]

Alle Erfahrungsbeweise gründen sich in Wahrheit auf die Ähnlichkeit, welche man zwischen verschiedenen Gegenständen bemerkt, und welche ähnliche Wirkungen wie die erwarten lässt, welche man früher als Folge von solchen Gegenständen bemerkt hat. Obgleich nun nur ein Narr oder ein Wahnsinniger das Ansehen der Erfahrung in Zweifel ziehen oder diesen großen Führer durch das menschliche Leben von sich weisen wird, so wird man doch einem Philosophen die Frage nach dem Prinzip gestatten, welches der Erfahrung dieses mächtige Ansehen gibt und Nutzen aus der Ähnlichkeit ziehen lässt, welche die Natur zwischen mehreren Gegenständen stattfinden lässt. Von ähnlichen Ursachen erwartet man ähnliche Wirkungen. Darauf laufen alle Erfahrungsbeweise hinaus. Stützte sich nun dieser Schluss auf die Vernunft, so müsste er bei dem ersten Male und für einen Fall ebenso vollkommen gelten, als nach einer langen Reihe von Einzelfällen; aber dies ist durchaus nicht so. Nichts gleicht sich so wie Eier; aber Niemand erwartet wegen dieser anscheinenden Ähnlichkeit denselben Wohlgeschmack bei allen. Nur nach einer langen Reihe gleichförmiger Vorgänge irgend einer Art erreichen wir in Beziehung auf einen bestimmten Fall Gewissheit und Vertrauen. Wo ist nun das Verfahren der Vernunft, welches von einem Fall einen ganz anderen Schluss zieht als von hundert Fällen, die in keiner Weise von jenem Einzelnen unterschieden sind. Ich stelle diese Frage nicht bloß der Belehrung wegen, sondern auch der Schwierigkeit wegen. Solch ein Verfahren der Vernunft kann ich nicht finden, noch mir vorstellen.

(David Hume: Eine Untersuchung in Betreff des menschlichen Verstandes. Berlin 1869, S. 31–38)

?|

- *Erfassen Sie die Hauptaussagen der drei Texte sowie des Textes S. 30/31.*
- *Ermitteln Sie Gemeinsamkeiten und Unterschiede und stellen Sie diese dar.*
- *Legen Sie dar, gegen welche Vorwürfe Kant die sinnliche Wahrnehmung verteidigt und worin er die eigentliche Ursache für Irrtümer sieht (vgl. auch Kap. 2.4.2).*
- *Erklären Sie, durch welche Problematik Erfahrungsurteile gekennzeichnet sind.*
- *Diskutieren Sie anhand geeigneter Beispiele die Frage, welche Rolle die "Macht der Gewohnheit" in unserem Denken spielt: Welche positiven und welche negativen Effekte gehen mit den Gewohnheiten des Denkens einher?*
- *Listen Sie auf, was über die Leistungen des Verstandes ausgesagt wird.*
- *Sammeln Sie gemeinsam alltagssprachliche Begriffe, die etwas über die Beziehung von Gegenständen, Sachverhalten und Vorstellungen aussagen (z.B. neben- und nacheinander, auseinander folgend, einschließend, negierend, unmöglich usw.). Erläutern Sie anschließend, ob und inwiefern schon in unserem Alltagsdenken Denkoperationen vorkommen, die Erkenntnistheoretiker beschäftigen.*

2.1.3 Subjektive Erfahrungsurteile und objektive Gültigkeit

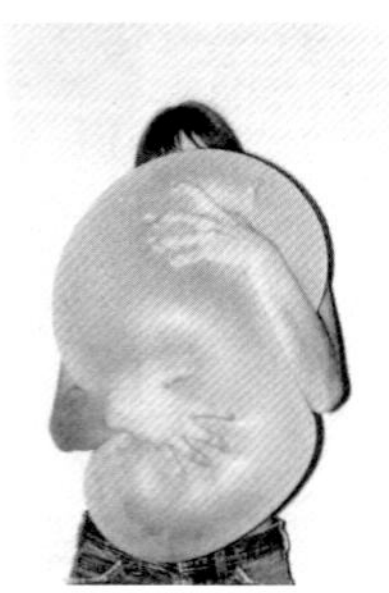

Attempting to Deal with Time and Space, Annika von Hauswolff, 1997

Der Mensch ist fähig zu erkennen. Diese Fähigkeit setzt allerdings seine biologische Integrität (Ganzheit, Unversehrtheit) voraus. Der Mensch kann außerdem erkennen, dass er erkennt. Erkennen (Kognition) als basale psychologische und somit biologische Funktion steuert seine Handhabung der Welt und *Wissen* gibt seinen Handlungen Sicherheit. Objektives Wissen scheint möglich, und die Welt erscheint dadurch planvoll und vorhersagbar. Und doch ist Wissen als Erfahrung etwas Persönliches und Privates, das nicht übertragen werden kann. Das, was man für übertragbar hält, nämlich *objektives Wissen*, muss immer durch den Hörer geschaffen werden: Der Hörer versteht nur dann, und objektives Wissen erscheint nur dann übertragbar, wenn der Hörer zu verstehen (vor)bereit(et) ist. [...] Der zentrale Anspruch der Wissenschaft ist Objektivität: sie [die Wissenschaft] ist bestrebt, mit Hilfe einer wohldefinierten Methodologie Aussagen über die Welt zu machen.

(Humberto R. Maturana: Erkennen: Die Organisation und Verkörperung von Wirklichkeit. Vieweg, Braunschweig 1982, S. 32)

Empirische Urteile, sofern sie objektive Gültigkeit haben, sind Erfahrungsurteile; die aber, so nur *subjektiv* gültig sind, nenne ich bloße Wahrnehmungsurteile.
Die letzteren bedürfen keines reinen Verstandesbegriffs, sondern nur der logischen Verknüpfung der Wahrnehmung in einem denkenden Subjekt. Die ersteren aber erfordern jederzeit über die Vorstellungen der sinnlichen Anschauung noch besondere, im *Verstande ursprünglich erzeugte Begriffe*, welche es eben machen, dass das Erfahrungsurteil *objektiv* gültig ist.
Alle unsere Urteile sind zuerst bloße Wahrnehmungsurteile; sie gelten bloß für uns, d.i. für unser Subjekt, und nur hintennach geben wir ihnen eine neue Beziehung, nämlich auf ein Objekt und wollen, dass es auch für uns jederzeit und ebenso für jedermann gültig sein solle; denn wenn ein Urteil mit einem Gegenstande übereinstimmt, so müssen alle Urteile über denselben Gegenstand auch untereinander übereinstimmen, und so bedeutet die objektive Gültigkeit des Erfahrungsurteils nichts anderes als die notwendige Allgemeingültigkeit desselben. [...]
§ 22 [...] die Sache der Sinne ist, anzuschauen; die des Verstandes, zu denken. Denken aber ist: Vorstellungen in einem Bewusstsein zu vereinigen. Diese Vereinigung besteht entweder bloß relativ aufs Subjekt und ist zufällig und subjektiv, oder sie findet schlechthin statt und ist notwendig oder objektiv. Die Vereinigung der Vorstellungen in einem Bewusstsein ist das Urteil. Also ist Denken soviel als Urteilen oder Vorstellungen auf Urteile überhaupt zu beziehen. [...] Die logischen Momente aller Urteile sind soviel mögliche Arten, Vorstellungen in einem Bewusstsein zu vereinigen.

(Immanuel Kant: Prolegomena zu einer jeden künftigen Metaphysik. Meiner, Hamburg 1969, S. 53ff)

Urteile des Verstandes können sich nach Kant neben der Quantität (z.B. Größe), der Qualität (z.B. Realität), der Relation (z.B. Ursache) auch hinsichtlich der Modalität (unterschiedliche Art und Weise) auf Vorstellungen beziehen: Problematische Urteile, d.h. Urteile, deren Wahrheit oder Falschheit, nur als möglich angenommen wird; assertorische Urteile, d.h. Urteile, die als wirklich wahr behauptet werden; apodiktische Urteile, d.h. Urteile, die als notwendig wahr betrachtet werden.

- *Stellen Sie die Hauptaussagen der Texte dar.*
- *Was unterscheidet subjektives und objektives Wissen? Erläutern Sie, welche Bedingungen nach Maturana und Kant jeweils erfüllt sein müssen, damit Wissen verallgemeinert werden kann bzw. als allgemeingültig gelten kann. Reichen Nachvollziehbarkeit, Überprüfbarkeit und Übertragbarkeit aus?*
- *Bilden Sie hinsichtlich der Modalität von Urteilen (problematisch, assertorisch, apodiktisch) Beispielsätze für die jeweilige Urteilsform und diskutieren Sie die Frage, warum Urteile bezüglich ihrer Modalität unterschieden werden.*

2.1.4 Kann wissenschaftliche Erkenntnis Wahrheit gewährleisten?

Q| Die Fragestellungen der Wissenschaft wie der allgemeinen Lebenspraxis lassen sich in drei Arten gliedern: das phänomenale, das kausale und das aktionistische Erkenntnisinteresse. [...] Das phänomenale Erkenntnisinteresse fragt nach den faktischen Gegebenheiten, ihren Merkmalen und Eigenschaften. Seine umgangssprachliche Form lautet. „Was ist los?" [...] Das kausale Erkenntnisinteresse richtet sich auf die Ursachen der Phänomene. Die umgangssprachliche Form lautet: „Warum ist das so?" Die Frage nach den Ursachen ist eine charakteristische Tätigkeit des menschlichen Denkens; ob es aber Ursachen überhaupt gibt, ist in der Erkenntnisphilosophie sehr umstritten. [...] Das aktionale Erkenntnisinteresse fragt nach Möglichkeiten des Handelns, der Praxis, der Intervention, ist also an der strategischen Beeinflussung der Phänomene interessiert. Seine umgangssprachliche Form lautet. „Was ist zu tun?". [...] Die Antworten auf die phänomenale, die kausale und die aktionale Fragestellung führen zu *phänomenalen, kausalen und aktionalen Theorien*. Theorien bestehen aus Hypothesen und/oder Thesen. *Thesen* sind Behauptungen, *Hypothesen* sind Vermutungen. Thesen und Hypothesen sind Aussagen über Erkenntnisgegenstände in Form von Sätzen. Das Wesen des wissenschaftlichen Satzes ist nicht, dass er wahr ist, sondern dass er in allseits verständlichen bzw. wohldefinierten Begriffen eine mehr oder weniger allgemeine Aussage formuliert. Wissenschaft kann nicht Wahrheit gewährleisten, sondern objektive Kommunikation und damit effizientes arbeitsteiliges Handeln. Die Verständlichkeit wissenschaftlicher Sätze hängt von der Verständlichkeit ihrer Begriffe ab. Damit ist nicht die Vermeidung von Fremdwörtern gemeint; Fremdwörter sind oft genauer definiert als ihre umgangssprachlichen Übersetzungen. Ein Begriff ist verständlich, wenn klar ist, was er umgreift, d.h., wenn eindeutig ist, welche Gegenstände bzw. Ereignisse bzw. Elemente hineingehören und welche nicht. [...] Die Definition eines Begriffes sollte seinem tatsächlichen Gebrauch entsprechen. [...] Für die Brauchbarkeit von Begriffen gibt es zwei Kriterien: *Präzision* und *Konsistenz*. Präzise ist ein Begriff, wenn ein Beobachter bei jedem Ereignis unterscheiden kann, ob es zum Begriff gehört oder nicht. Konsistent ist ein Begriff, wenn diese Zuordnung von allen Beobachtern in übereinstimmender Weise vorgenommen wird.

(Kurt Eberhard: Einführung in die Erkenntnis- und Wissenschaftstheorie. Kohlhammer, Stuttgart 1987, S. 17–20)

?|

- *Formulieren Sie Beispiele für phänomenale, kausale und aktionistische Erkenntnisinteressen des Menschen.*
- *Diskutieren Sie die These Eberhards, dass Wissenschaften nicht Wahrheit gewährleisten können, sondern lediglich objektive Kommunikation.*
- *Erstellen Sie eine Übersicht, aus der hervorgeht, wie Begriffe und Aussagen beschaffen sein müssen, damit sie verständlich und übertragbar sein können.*

Woher wissen wir etwas?

Für gewöhnlich zweifeln wir nicht an der Existenz des Bodens unter unseren Füßen oder des Baumes draußen vor dem Fenster oder unserer eigenen Zähne. Ja, die meiste Zeit denken wir noch nicht einmal an die psychischen Zustände, die uns diese Dinge wahrnehmen lassen, sondern scheinen die Welt direkt wahrzunehmen. Woher wissen wir jedoch, ob es ihre Dinge auch wirklich gibt? Wäre es denn anders für uns, wenn sie nur in unserem Bewusstsein existierten - wenn all das, was wir dort draußen für die wirkliche Welt hielten, nichts als eine gigantische Halluzination oder ein Traum wäre, aus dem wir niemals aufwachen werden? [...]

Die radikalste Konsequenz, die ich hieraus ziehen könnte, wäre die Annahme, dass mein Bewusstsein in der Tat das einzige ist, was es gibt. Diese Auffassung nennt man den Solipsismus. Eine recht einsame Auffassung, die nicht von allzu vielen Leuten vertreten worden ist. [...] Vielleicht ist die richtige Schlussfolgerung die bescheidenere, dass wir über unsere Eindrücke und Erlebnisse hinaus nichts wissen: es mag eine Außenwelt geben oder auch nicht geben, und wenn es eine solche gibt, so mag sie völlig anders sein als sie uns erscheint - oder wiederum auch nicht. Wir können dies in keiner Weise entscheiden. Diese Auffassung nennt man den Skeptizismus in Bezug auf die Außenwelt. [...]

Es gibt aber eine ganz andere Reaktion auf unser Problem. Einige Leute würden behaupten, dass ein radikaler Skeptizismus der von mir angesprochenen Art sinnlos sei, da die Vorstellung einer Außenwelt, die prinzipiell keiner jemals zu entdecken vermag, keinen Sinn habe. Sie argumentieren, dass beispielsweise ein Traum etwas sein muss, aus dem man auch aufwachen kann, um zu bemerken, dass man geschlafen hat; dass eine Halluzination etwas darstellen muss, von dem andere (oder man selbst zu einem späteren Zeitpunkt) wissen können, dass es nicht wirklich existiert. Eindrücke und Erscheinungen, die der Wirklichkeit nicht entsprechen, haben im Gegensatz zu solchen zu stehen, die der Wirklichkeit tatsächlich entsprechen, oder die Bildung des Gegensatzes von Erscheinung und Wirklichkeit ist sinnlos.

Nach dieser Auffassung ist die Vorstellung von einem Traum, aus dem man niemals aufwachen kann, keinesfalls der Gedanke an einen Traum: sie denkt an die Wirklichkeit - die wirkliche Welt, in der man lebt. Und unsere Vorstellung von den Dingen, die es gibt, ist keine andere als unsere Verstellung von dem, was wir beobachten können (Diese Auffassung bezeichnet man manchmal als Verifikationismus.). Gelegentlich irren unsere Beobachtungen, dies bedeutet jedoch, dass sie durch andere Beobachtungen korrigiert werden können - wie dann, wenn wir aus einem Traum aufwachen, oder wenn wir bemerken, dass das, was wir für eine Schlange gehalten haben, bloß ein Schatten im Gras war. Ohne die Möglichkeit einer korrekten Auffassung darüber, wie die Dinge (meine oder Ihre) sind, hat der Gedanke, unsere Eindrücke von der Welt seien unwahr, keine Bedeutung. [...]

Doch ungeachtet des bisher Gesagten muss ich einräumen, dass es praktisch unmöglich ist, ernstlich zu glauben, dass all diese Dinge in der Welt um uns herum in Wirklichkeit womöglich nicht existieren. Unser Glaube an die Außenwelt ist machtvoll und instinktiv; wir können uns seiner nicht durch philosophische Argumente entledigen. Wir handeln nicht nur fortgesetzt als ob andere Menschen und Dinge existieren, und wir glauben dies auch noch, nachdem wir die Argumente durchlaufen haben, die offenbar zeigen, dass wir für diesen Glauben keine Gründe haben. [...]

Wenn uns ein Glaube an die Welt außerhalb unseres Bewusstseins auf solchermaßen natürliche Weise zufällt, vielleicht brauchen wir dann für ihn gar keine Gründe. Wir können es einfach dabei belassen und hoffen, dass wir recht haben. Und dies ist es auch, was die meisten Leute tun, nachdem sie ihre Beweisversuche aufgegeben haben: wenn sie den Skeptizismus schon nicht zu widerlegen vermögen, mit ihm leben können sie ebensowenig. Dies bedeutet jedoch, dass wir am größten Teil unserer gewöhnlichen Meinungen über die Welt auch angesichts der Tatsache festhalten, dass sie (a) möglicherweise völlig falsch sind, und dass wir (b) keine Mittel haben, diese Möglichkeit auszuschließen.

Es verbleiben uns somit drei Fragen:

1. Ist die Möglichkeit sinnvoll oder sinnlos, dass das Innere unseres Bewusstseins das einzige ist, was es gibt - oder dass, selbst wenn es eine Welt außerhalb unseres Bewusstseins gibt, diese Welt grundverschieden von dem ist, wofür wir sie halten?
2. Wenn dergleichen möglich ist, hat man irgendwelche Mittel, sich zu beweisen, dass es auch wirklich nicht der Fall ist?
3. Wenn man nicht beweisen kann, dass außerhalb unseres Bewusstseins etwas existiert, darf man dann gleichwohl weiterhin an die Außenwelt glauben?

(Thomas Nagel: Was bedeutet das alles? Eine ganz kurze Einführung in die Philosophie, Reclam, Stuttgart 1990, S. 9–19)

?

- *Erarbeiten Sie den Argumentationsgang des Textauszuges.*
- *Legen Sie dar, worin sich die erkenntnistheoretische Position des Solipsismus, Skeptizismus und Verifikationismus voneinander unterscheiden.*
- *Warum kann man sich nach der Meinung Nagels nicht sicher sein, ob es wirklich Gegenstände der Außenwelt, wie beispielsweise den Boden unter Ihren Füßen oder den Baum vor dem Fenster, gibt?*
- *Stimmen Sie Nagels Diagnose zu? Begründen Sie Ihren Standpunkt.*
- *Würde es einen Unterschied für Ihr Denken und Ihren Alltag machen, wenn die Dinge der Außenwelt nicht real, sondern nur in Ihrem Bewusstsein existieren? Begründen Sie Ihre Antwort.*
- *Prüfen und diskutieren Sie die Berechtigung der von Thomas Nagel aufgeworfenen Schlussfragen.*

2.1.5 Zur Geschichte der Erkenntnistheorie

Q

Man könnte meinen, dass *all* unser Wissen im letzten aus der Vermittlung durch die fünf Sinne geschöpft wird. Philosophen, die von der ausschließlichen Rolle der Empirie für unser Wissen überzeugt sind, heißen Empiristen; ihre Theorie bezeichnet man als *Empirismus*.

Ein wichtiger Vertreter dieser Theorie ist John Locke. [...] Er geht davon aus, dass es kein angeborenes Wissen geben kann. Daher ist unser Bewusstsein bei der Geburt wie ein Stück weißes Papier oder eine tabula rasa (leere Tafel).

Nach und nach hinterlassen dann die sinnlichen Eindrücke ihre Spuren und prägen unser Wissen und unseren Charakter. [...]
Haben wir [aber] wirklich unsere fünf Sinne dazu gebraucht, um einzusehen, dass ein Quadrat genau vier Seiten hat? Haben wir zu diesem Zwecke mehrere Vierecke betrachtet und dann die Seiten abgezählt? Offensichtlich folgt der Satz doch aus der Festlegung des Begriffs „Quadrat". Wenn ein Quadrat als Viereck mit rechten Winkeln und gleichlangen Seiten definiert wurde, kann es notwendigerweise nicht *mehr* als vier Seiten haben. Das sagt uns der Verstand, die *ratio*; das heißt, es handelt sich um eine *rationale* und nicht um eine empirische Einsicht.
Wie Descartes glauben auch viele andere Philosophen, dass die rationalen Einsichten in unserem Wissen eine entscheidende Rolle spielen und sich nicht nur auf solche triviale Beispiele beziehen. Die Überzeugung, dass alle Körper ausgedehnt, also einer mathematischmechanischen Betrachtungsweise zugänglich sind, oder dass alle Vorgänge durch die Ursache-Wirkung-Beziehung (Kausalität) bestimmt werden können und damit unsere Vorstellung von Freiheit problematisch wird, enthält in der Tat Behauptungen, die alles andere als trivial sind.
Denker, die überzeugt sind, dass empirische Erkenntnisse in der Philosophie nur nebensächliche Einzelheiten betreffen und dass die eigentlichen Einsichten stets rationalen Charakter haben, heißen *Rationalisten*. Rationalismus ist demnach die Lehre, in welcher der Verstand, die Logik, das Nicht-Empirische im Mittelpunkt stehen. [...] Allerdings tritt das rationale Element in der Philosophie nicht isoliert auf. Empirisches dient häufig als Auslöser zur Gewinnung rationaler Einsichten. Erst durch die Vermittlung von zahlreichen Einzelbetrachtungen gelangt man durch Abstraktion, also durch die Tätigkeit der ratio, zur Überzeugung, dass rationale Prinzipien, wie z.B. die Kausalität, am Werke sind und die Objekte entscheidend prägen.

(Kurt Wuchterl: Lehrbuch der Philosophie. UTB Haupt, Bern/Stuttgart 1998, S. 86f)

Positionen aus der Geschichte der philosophischen Erkenntnistheorie

Zweifel bei Sokrates (469–399 v.u.Z.)	Man weiß nur, dass man nicht weiß. Ein auf sinnlicher Wahrnehmung, auf Schein und Meinung beruhendes Bewusstsein richtet sich auf die Vielfalt der sich wandelnden Dinge und Meinungen und hat nur relativen Wert. Es ist unbegründet und kann wahr oder falsch sein.
Rationalismus bei René Descartes (1596–1650)	Da die Sinne bisweilen täuschen, kann nicht ausgeschlossen werden, dass sie auch immer täuschen. Um sicheres Wissen zu erlangen, muss jegliches vermeintliches Wissen angezweifelt werden, um sich dessen zu vergewissern, was sicher gewusst werden kann. Der cartesianische Zweifel ist radikal, prinzipiell und methodisch. Um aber einem universellen Zweifeln zu entgehen, sucht Descartes Unbezweifelbarkeit (Evidenz). Selbst wenn ich alles bezweifle, kann ich nicht leugnen, dass ich zweifle. Also bin ich mir selbst gewiss (Evidenz), wohingegen Urteile über die Außenwelt irrtumsanfällig sind.

Empirismus bei David Hume (1711–1776)

Alle Ideen und Bewusstseinsinhalte, so komplex sie auch sein mögen, sind letztlich von Sinneseindrücken (impressions) abgeleitet. Demnach existiert nichts im Verstand, was nicht vorher durch die Sinne hindurchgegangen ist. Hume zufolge beruhen Erfahrungsschlüsse auf Gewohnheit, da sie auf Vorstellungen beruhen, die aus der Erfahrung stammen und von denen wir denken, dass sie sich zukünftig wiederholen. Aus diesem Grund lehnt Hume die Annahme von Kategorien ab, die vor aller Erfahrung (a priori) existieren.

Transzendentalphilosophie als kritische Analyse von Erkenntnis bei Immanuel Kant (1724–1804)

Kant sah es als Aufgabe seiner Transzendentalphilosophie an, Bedingungen, Möglichkeiten und Grenzen von Erkenntnis zu analysieren, was ihn zu einem der bedeutendsten Kritiker sowohl der traditionellen Metaphysik als auch des Empirismus machte. Zwar beginnt Kant zufolge alle Erfahrung zeitlich mit der Wahrnehmung der Gegenstände, die Erkenntnis ist aber nicht ausschließlich durch die empirische Erfahrung bedingt, da unser Verstand *vor aller Erfahrung* über apriorisch gegebene Formen der Erkenntnis (wie z.B. die Anschauungsformen von Raum und Zeit und die Idee der Kausalität) verfügt, die eine objektive Erkenntnis erst ermöglichen. Raum, Zeit und andere Kategorien wie z.B. Kausalität sind nicht als Eigenschaften an oder in den Objekten vorhanden oder durch Gewohnheit entstanden, sie sind apriorische Grundformen der Erkenntnis. Weil wir also Dinge nur so erkennen können, wie sie uns im Rahmen der Möglichkeiten unseres Erkenntnisvermögens erscheinen, können wir nicht das „Ding an sich“ erkennen. Unsere Erkenntnisse bleiben daher immer nur *unsere* Erkenntnisse, die jedoch allgemeingültige, objektive Urteilswahrheiten darstellen. Unabhängig vom erkennenden Menschen sind Aussagen über die „Dinge an sich“ weder möglich noch haltbar. Das hat zur Folge, dass wir nur in modellhafter Form Aussagen über die Wirklichkeit treffen können, was insbesondere für das Selbstverständnis der modernen Naturwissenschaften von großer Bedeutung ist.

?

- *Geben Sie mit eigenen Worten wieder, wodurch sich Empiristen und Rationalisten unterscheiden.*
- *Fassen Sie kurz zusammen, wie Sinne und Verstand beim Erkennen zusammenspielen.*
- *Informieren Sie sich über neuere Entwicklungen und Forschungsergebnisse zu Grundfragen der Erkenntnis (vgl. auch z.B. Seite 245, 75ff.).*
- *Suchen und diskutieren Sie Einwände gegen Versuche, vor Erkenntnisprozessen Bedingungen begründeten Wissens festzustellen (z.B.: Erkenntnistheorie ist etwa so sinnvoll, wie Lernen des Schwimmens ohne Aufenthalt im Wasser; weil wir schon in einer teilweise erkannten Welt leben, lohnt es nicht, vor dem Erkennen ein Fundament des Erkennens zu suchen).*

2.1

- Führen Sie unter Einbeziehung der Übersicht zur Geschichte der Erkenntnistheorie ein Streitgespräch zum Thema: Verkörpert die Geschichte der Erkenntnistheorie einen Fortschritt? Begründen Sie Ihre Sicht und bestimmen Sie Kriterien für Ihre Bewertung.

2.2 Wege in die Wissenschaft

2.2.1 Was man unter Wissenschaft versteht

Die Epoche in der wir leben, wird häufig als „Wissensgesellschaft“ bezeichnet. Damit ist gemeint, dass die menschliche Existenz in bisher nicht gekanntem Umfang durch die Ergebnisse der Wissenschaft und deren technische Anwendung geprägt wird (vgl. auch Kapitel 5.1). Was aber ist unter Wissenschaft zu verstehen, wodurch unterscheidet sich die wissenschaftliche Arbeit von anderen menschlichen Tätigkeiten? Max Weber (1864–1920) entwickelt dazu in seiner Schrift „Wissenschaft als Beruf“ eine viel diskutierte Position.

Max Weber, 1894

Wissenschaft als Beruf

Q

In der heutigen Zeit ist die innere Lage gegenüber dem Betrieb der Wissenschaft als Beruf bedingt zunächst dadurch, dass die Wissenschaft in ein Stadium der Spezialisierung eingetreten ist, wie es früher unbekannt war, und dass dies in alle Zukunft so bleiben wird. Nicht nur äußerlich, nein, gerade innerlich liegt die Sache so: dass der Einzelne das sichere Bewusstsein, etwas wirklich Vollkommenes auf wissenschaftlichem Gebiet zu leisten, nur im Falle strengster Spezialisierung sich verschaffen kann. [...] Nur durch strengste Spezialisierung kann der wissenschaftliche Arbeiter tatsächlich das Vollgefühl, einmal und vielleicht nie wieder im Leben, sich zu eigen machen: hier habe ich etwas geleistet, was dauern wird. Eine wirklich endgültige und tüchtige Leistung ist heute stets: eine spezialisierte Leistung. Und wer also nicht die Fähigkeit besitzt, sich einmal sozusagen Scheuklappen anzuziehen [....], der bleibe der Wissenschaft ja nur fern. [...]

„Persönlichkeit“ auf wissenschaftlichem Gebiet hat nur der, der rein der Sache dient. Und nicht nur auf wissenschaftlichem Gebiet ist das so. Wir kennen keinen großen Künstler, der je etwas anderes getan hätte, als seiner Sache und nur ihr zu dienen. [...] Diesen mit der Kunst gemeinsamen Vorbedingungen unserer Arbeit steht nun gegenüber ein Schicksal, das sie von der künstlerischen Arbeit tief unterscheidet. Die wissenschaftliche Arbeit ist eingespannt in den Ablauf des Fortschritts. Auf dem Gebiet der Kunst dagegen gibt es – in diesem Sinne – keinen Fortschritt. [...] Ein Kunstwerk, das wirklich „Erfüllung“ ist, wird nie überboten, es wird nie veralten [...]. Jeder von uns dagegen in der Wissenschaft weiß, dass das, was er gearbeitet hat, in 10, 20, 50 Jahren veraltet ist. Das ist das Schicksal, ja: das ist der Sinn der Arbeit der Wissenschaft, dem sie [...] unterworfen und hingegeben ist: jede wissenschaftliche „Erfüllung“ bedeutet neue Fragen und will „überboten“ werden und veralten. Damit hat sich jeder abzufinden, der der Wissenschaft dienen will. [...]

Was ist unter diesen inneren Voraussetzungen der Sinn der Wissenschaft als Beruf [...]?

Bleiben wir einmal bei den mir nächstliegenden Disziplinen, also bei der Soziologie, Geschichte, Nationalökonomie und Staatslehre und jenen Arten von Kulturphilosophie, welche sich ihre Deutung zur Aufgabe machen. Man sagt, und ich unterschreibe das, Politik gehört nicht in den Hörsaal. [...] Denn praktisch-politische Stellungnahme und wissenschaftliche Analyse politischer Gebilde und Parteistellung ist zweierlei. [...] Nun kann man niemandem wissenschaftlich vordemonstrieren, was seine Pflicht als akademischer Lehrer sei. Verlangen kann man von ihm nur intellektuelle Rechtschaffenheit: einzusehen, dass Tatsachenfeststellung [...] einerseits, und andererseits die Beantwortung der Frage nach dem Wert der Kultur und ihrer einzelnen Inhalte und danach: wie man innerhalb der Kulturgemeinschaft und politischer Verbände handeln solle – dass dies beides ganz und gar heterogene Probleme sind. [...] Es ist gewiss möglich, dass es dem Einzelnen nur ungenügend gelingt, seine subjektive Sympathie auszuschalten. Dann setzt er sich der schärfsten Kritik vor dem Forum seines eigenen Gewissens aus. Und es beweist nichts, denn auch andere, rein tatsächliche Irrtümer sind möglich und beweisen doch nichts gegen die Pflicht: die Wahrheit zu suchen.

(Max Weber: Politik als Beruf. Reclam, Stuttgart 1995, S. 11f., S. 15ff., S. 25ff.)

?

- *Stellen Sie die Hauptaussagen des Textes dar. Beantworten Sie dazu auch die folgenden Fragen: Welchen Anforderungen muss man nach Weber im wissenschaftlichen Beruf gerecht werden? Was unterscheidet den Wissenschaftler vom Künstler und vom Politiker?*
- *Was versteht Weber unter intellektueller Rechtschaffenheit? Sollte sich ein Wissenschaftler wertender Stellungnahmen zu menschlichen Lebensentwürfen und zum politischen Geschehen enthalten oder auch als Wissenschaftler eine gesellschaftliche Verantwortung wahrnehmen? Führen Sie dazu ein Streitgespräch durch.*

2.2.2 Einteilung der Wissenschaften

Wissenschaft, so hatte bereits Max Weber festgestellt, ist ins Stadium der Spezialisierung eingetreten. Das bedeutet zugleich, dass wir es nicht mit *der* Wissenschaft, sondern mit einer *Vielzahl unterschiedlicher Wissenschaftsdisziplinen* zu tun haben. Die Ordnung und Klassifikation dieser Wissenschaften ist selbst eine anspruchsvolle wissenschaftliche Aufgabe, mit der sich heute insbesondere die philosophische Wissenschaftstheorie beschäftigt. Wesentliche Grundlagen dafür wurden durch Immanuel Kant (1724–1804) gelegt.

Von der Einteilung der Wissenschaften

Q

Die alte griechische Philosophie teilte sich in drei Wissenschaften ab: Die *Physik*, die *Ethik* und die *Logik*. Diese Einteilung ist der Natur der Sache vollkommen angemessen, und man hat an ihr nichts zu verbessern, als etwa nur das Prinzip derselben hinzuzutun, um sich auf solche Art teils ihrer Vollständigkeit zu versichern, teils die notwendigen Unterabteilungen richtig bestimmen zu können.

Alle Vernunfterkenntnis ist entweder *material* und betrachtet irgend ein Objekt; oder *formal* und beschäftigt sich bloß mit der Form des Verstandes und Vernunft selbst und den allgemeinen Regeln des Denkens überhaupt, ohne Unterschied der Objekte. Die formale Philosophie heißt Logik, die materielle aber, welche es mit bestimmten Gegenständen und den Gesetzen zu tun hat, denen sie unterworfen sind, ist wiederum zwiefach. Denn diese Gesetze sind entweder Gesetze der *Natur*, oder der *Freiheit*. Die Wissenschaft von der ersten heißt *Physik*, die der andern ist *Ethik*; jene wird auch Naturlehre, diese Sittenlehre genannt.

[...] Man kann alle Philosophie, sofern sie sich auf Gründe der Erfahrung fußt, *empirische*, die aber, so lediglich aus Prinzipien a priori [vor der Erfahrung] ihre Lehren vorträgt, *reine* Philosophie nennen.

(Immanuel Kant: Grundlegung zur Metaphysik der Sitten. Reclam, Stuttgart 1984, S. 19f.)

- *Welche Bereiche der Wissenschaft werden von Kant unterschieden, nach welchen Kriterien ordnet er?*
- *Überlegen Sie, wie viele Wissenschaften an Ihrer Schule im Unterricht vertreten sind. Fertigen Sie dazu eine Liste an; beachten Sie bei ihrer Aufstellung neben den einzelnen Fächern auch Unterrichtswissenschaften und andere Hilfswissenschaften.*
- *Versuchen Sie, die an Ihrer Schule unterrichteten Wissenschaften zu klassifizieren. Nutzen Sie dafür auch die von Kant vorgenommenen Unterscheidungen.*
- *Beschreiben Sie die Bilder unten und vergleichen Sie diese.*

Naturwissenschaft und Geisteswissenschaft

Im 19. Jahrhundert kam es zu einer weiteren Ausdifferenzierung der Wissenschaften. Aus der Philosophie, die sich ehedem als Mutter aller Wissenschaften verstanden hatte, löste sich eine Vielzahl von Einzelwissenschaften heraus. Einerseits erlebten verschiedene *Naturwissenschaften*, neben der von Kant erwähnten Physik etwa die Biologie und Chemie, einen bis dahin nicht gekannten Aufschwung (vgl. Kap. 5.1). Andererseits etablierten sich Wissenschaften, die sich mit dem Menschen, seiner Geschichte, seinen kulturellen Schöpfungen beschäftigten (vgl. Kap. 5.2). Auf die Besonderheiten dieser auch als *Geisteswissenschaften* bezeichneten Disziplinen geht Wilhelm Windelband (1848–1915) am Beispiel der Geschichtswissenschaft ein:

Verschiedene Forschungsgegenstände – verschiedene Methoden

Alle wissenschaftliche Arbeit ist darauf gerichtet, ihren besonderen Gegenstand in einen weiteren Kreis zu rücken und die einzelne Frage aus allgemeineren Gesichtspunkten zu entscheiden. Soweit steht es mit der Philosophie nicht anders als mit den übrigen Wissenschaften: aber während die letzteren mit einer für die Spezialforschung genügenden Zuverlässigkeit solche Prinzipien als fest und gegeben behandeln dürfen, ist es für die Philosophie wesentlich, dass ihr eigentliches Untersuchungsobjekt eben die Prinzipien selbst sind, dass sie also ihre Entscheidungen nicht aus einem Allgemeinen ableiten kann, sondern jedes Mal im Allgemeinen selber zu bestimmen hat. [...]

Geht man diesen Motiven [die Vielzahl der Wissenschaften zu klassifizieren] mit nur theoretischem Interesse nach, so darf zunächst als gültig vorausgesetzt werden, dass wir die Philosophie und doch wohl noch immer auch die Mathematik den Erfahrungswissenschaften gegenüberstellen. Die beiden ersteren mögen unter dem alten Namen der „rationalen" Wissenschaften zusammengefasst werden, wenn auch in sehr verschiedener und hier nicht näher zu erörternder Bedeutung des Wortes. Es genügt für jetzt, ihre Gemeinsamkeit in negativer Form auszusprechen, dass sie selbst nicht unmittelbar auf die Erkenntnis von etwas in der Erfahrung Gegebenen gerichtet sind [...].

Unter Erfahrungswissenschaften dagegen verstehen wir diejenigen, deren Aufgabe es ist, eine irgendwie gegebene und der Wahrnehmung zugängliche Wirklichkeit zu erkennen: ihr formales Merkmal besteht darin, dass sie zur Begründung ihrer Resultate neben den allgemeinen axiomatischen Voraussetzungen des normalen Denkens durchweg einer Feststellung von Tatsachen durch Wahrnehmung bedürfen. [...]

Dabei bringt es freilich die Verschiedenheit der Gegenstände mit sich, dass die besonderen Methoden zur Feststellung der Tatsachen [...] sehr verschieden sind [...]: aber – worauf es hier ankommt – alle diese sachlichen Differenzen treten weit zurück hinter der logischen Gleichheit, welche alle diese Disziplinen hinsichtlich des formalen Charakters ihrer Erkenntnisziele besitzen: es sind immer Gesetze des Geschehens, welche sie suchen, mag dies Geschehen nun eine Bewegung von Körpern, eine Umwandlung von Stoffen, eine Entfaltung des organischen Lebens oder ein Prozess des Vorstellens, Fühlens und Wollens sein.

Demgegenüber ist die Mehrzahl derjenigen empirischen Disziplinen, die man wohl sonst als Geisteswissenschaften bezeichnet, entschieden darauf gerichtet, ein einzelnes, mehr oder weniger ausgedehntes Geschehen von einmaliger, in der Zeit begrenzter Wirklichkeit zu voller und erschöpfender Darstellung zu bringen. [...]

Hier haben wir nun eine rein methodologische, auf sichere logische Begriffe zu gründende Einteilung der Erfahrungswissenschaften vor uns. Das Einteilungsprinzip ist der formale Charakter ihrer Erkenntnisziele. Die einen suchen allgemeine Gesetze, die anderen besondere geschichtliche Tatsachen [...]. So dürfen wir sagen: die Erfahrungswissenschaften suchen in der Erkenntnis des Wirklichen entweder das Allgemeine in der Form des Naturgesetzes oder das Einzelne in der geschichtlich bestimmten Gestalt; sie betrachten zu einem Teil die immer gleich bleibende Form, zum anderen Teil den einmaligen, in sich bestimmten Inhalt des wirklichen Geschehens. Die einen sind Gesetzeswissenschaften, die anderen Ereigniswissenschaften; jene lehren, was immer ist, diese, was einmal war. Das wissenschaftliche Denken ist – wenn man neue Kunstausdrücke bilden darf – in dem einen Falle *nomothetisch*, in dem andern *idiographisch*.

(Wilhelm Windelband: Geschichte und Naturwissenschaft. Rede zum Antritt des Rektorats der Kaiser-Wilhelm-Universität Strassburg, gehalten am 1. Mai 1894. Heintz & Mündel, Strassburg 1904)

- *Fassen Sie die Kernaussagen zusammen.*
- *Welche Gemeinsamkeiten und Unterschiede zwischen den Wissenschaften werden durch Windelband herausgearbeitet?*
- *Welches Kriterium zur Unterscheidung von Naturwissenschaft und Geisteswissenschaft wird von Windelband eingeführt? Erläutern Sie auch die Kunstwörter „nomothetisch“ bzw. „idiographisch“.*

Ordnung der Wissenschaften

Das Feld der Wissenschaften lässt sich unter anderem nach folgenden Gesichtspunkten klassifizieren:

- ob formale Eigenschaften oder Inhalte untersucht werden: formale – materiale Wissenschaften (Speiche A)
- nach dem Verhältnis zu Beobachtung und empirischer Erfahrung: nichtempirische – empirische Wissenschaften (Speiche B)
- nach Erkenntnisziel und -methoden: Naturwissenschaften (nomothetisch) – Geisteswissenschaften (idiographisch) (Speiche C)

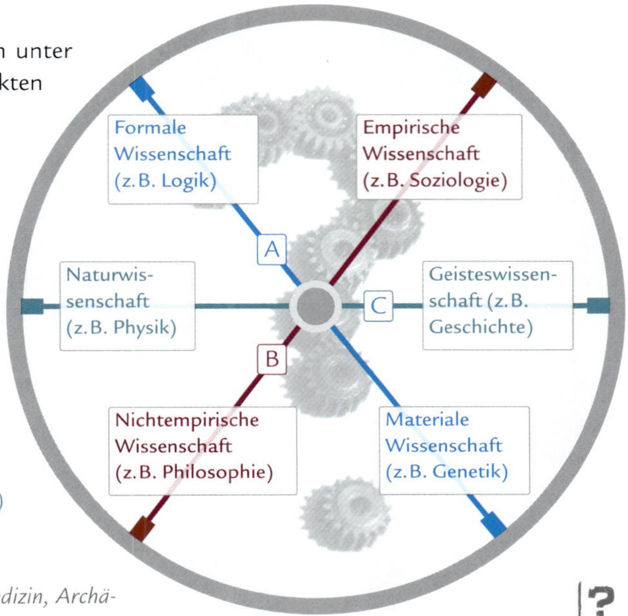

- *Ordnen Sie Philosophie, Ethik, Chemie, Medizin, Archäologie und Romanistik in das Schema „Ordnung der Wissenschaften“ ein. Diskutieren Sie mögliche Probleme dieser Einordnung.*

2.2.3 Wissenschaft: Methodische Gewinnung gültigen Wissens

Wissenschaft lässt sich als *methodische Gewinnung gültigen Wissens* charakterisieren. Mit anderen Worten, die Beherrschung elementarer Methoden der Erkenntnisgewinnung ist für den wissenschaftlichen Forschungsprozess unverzichtbar. Zum Methodenarsenal gehört etwa die Bildung vorläufiger Annahmen (Hypothesen) über den zu untersuchenden Sachverhalt. Weiterhin finden Verfahren zur Gewinnung und Überprüfung des Tatsachenwissens (Beobachtung, Experiment etc.) Anwendung. Die Bedeutung solcher Methoden soll an einem Beispiel aus der Wissenschaftsgeschichte illustriert werden.

Das Fallbeispiel Semmelweis

Ignaz Semmelweis, ein ungarischer Arzt, arbeitete von 1844 bis 1848 am Wiener Allgemeinen Krankenhaus. Als Mitglied des ärztlichen Kollegiums der Ersten Geburtshilflichen Abteilung dieses Krankenhauses war Semmelweis

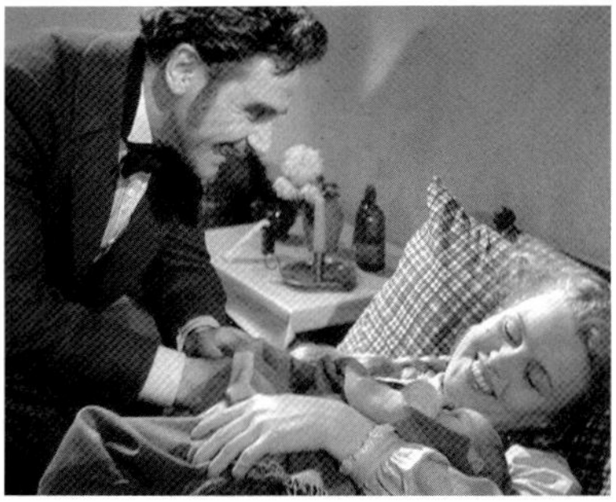

Dr. Semmelweis am Krankenbett einer Wöchnerin, Filmausschnitt aus „Semmelweis – Retter der Mütter", DEFA 1950

besorgt darüber, dass ein großer Teil der Frauen, die in dieser Abteilung entbunden wurden, sich eine ernste und oft tödliche Krankheit zuzogen, die als Puerperal- oder Kindbettfieber bekannt war. 1844 starben nicht weniger als 260 von 3157 Müttern der Ersten Abteilung (8,2 Prozent) an dem Leiden; 1846 waren es 11,4 Prozent. Diese Zahlen waren um so alarmierender, als in der benachbarten Zweiten Geburtshilflichen Abteilung des gleichen Krankenhauses, die fast genauso viele Frauen versorgte, die Todesrate durch Kindbettfieber in denselben Jahren viel niedriger lag: 2,3 und 2,7 Prozent. In einem Buch, das er später über Ursache und Verhütung von Kindbettfieber schrieb, schildert Semmelweis seine Bemühungen, das schreckliche Rätsel zu lösen.

Zunächst untersuchte er verschiedene Erklärungen, die zu jener Zeit gängig waren; einige davon wies er sofort als unvereinbar mit außer Frage stehenden Tatsachen zurück; andere unterwarf er speziellen Tests.

Eine weit akzeptierte Ansicht schrieb das Wüten des Kindbettfiebers „epidemischen Einflüssen" zu. Aber wie, so überlegte Semmelweis, hätten solche Einflüsse die Erste Abteilung jahrelang befallen können und die Zweite dabei verschont? Und wie konnte diese Ansicht mit der Tatsache in Einklang gebracht werden, dass, während so das Fieber im Krankenhaus wütete, kaum ein Fall sich in der Stadt Wien und seiner Umgebung ereignete: Eine echte Epidemie, wie z. B. Cholera, würde nicht so selektiv sein.

Nach anderer Meinung war die Überbelegung eine Ursache der Sterblichkeit in der Ersten Abteilung. Aber Semmelweis wies darauf hin, dass in der Zweiten Abteilung die Belegung tatsächlich noch stärker war, teilweise wegen der verzweifelten Bemühungen der Patientinnen, einer Einweisung in die notorische Erste Abteilung zu entgehen.

1846 schrieb eine Kommission, die angewiesen war, den Fall zu untersuchen, das vorwiegende Auftreten den Verwundungen zu, die durch eine grobe Untersuchung durch Medizinstudenten entstanden sein sollten; alle Studenten erhielten nämlich ihre geburtshilfliche Ausbildung in der Ersten Abteilung. Um diese Ansicht zurückzuweisen, führte Semmelweis an,

dass a) die Verletzungen, die natürlicherweise beim Geburtsverlauf entstehen, viel schwerer sind als die durch grobe Untersuchungen eventuell hervorgerufenen;

dass b) die Hebammen, die auf der Zweiten Abteilung ausgebildet wurden, ihre Patientinnen fast auf die gleiche Art untersuchten, jedoch ohne die gleichen verderblichen Folgen;

dass c), als in Reaktion auf den Bericht der Kommission die Anzahl der Medizinstudenten halbiert und ihre Untersuchungen der Frauen auf ein Minimum reduziert wurden, die Sterblichkeit nach kurzem Abfall auf ein höheres Niveau stieg als je zuvor.

Verschiedene psychologische Erklärungen wurden versucht. Eine davon stellte fest, die Erste Abteilung sei so gelegen, dass der Priester, der den sterbenden Frauen die Kommunion bringe, erst fünf Stationen passieren müsse, um den dahinterliegenden Krankensaal zu erreichen: Das Erscheinen des Priesters, begleitet vom Messdiener mit einer Klingel, habe auf die Patientinnen der Stationen angeblich eine so erschreckende und entkräftigende Wirkung, dass es sie zu leichteren Opfern des Kindbettfiebers machte. In der Zweiten Abteilung fehlte dieser widrige Faktor, da der Priester zum Krankenzimmer direkten Zugang hatte. Semmelweis entschloss sich, diese Vermutung zu überprüfen. Er überredete den Priester, auf einem Umweg und ohne Klingel zu kommen, um das Krankenzimmer leise und unbeobachtet zu erreichen. Die Sterblichkeit in der Ersten Abteilung sank jedoch nicht.

Schließlich, zu Anfang des Jahres 1847, gab ein zufälliger Unglücksfall Semmelweis den entscheidenden Anhaltspunkt für die Lösung des Problems. Einer seiner Kollegen, Kolletschka, erhielt von dem Skalpell eines Studenten, mit dem er eine Autopsie durchführte, eine punktförmige Verletzung am Finger und starb nach einer quälenden Krankheit, in deren Verlauf er die gleichen Symptome erkennen ließ, die Semmelweis bei den Opfern des Kindbettfiebers beobachtet hatte. Obwohl die Rolle der Mikroorganismen bei solchen Infektionen zu jener Zeit noch nicht bekannt war, begriff Semmelweis, dass „Leichensubstanz“ vom Skalpell des Studenten in Kolletschkas Blutstrom geraten, die tödliche Krankheit des Kollegen verursacht hatte. Die Ähnlichkeiten im Krankheitsverlauf bei Kolletschka und bei den Frauen in seiner Klinik führten Semmelweis zu dem Schluss, dass seine Patientinnen an der gleichen Art von Blutvergiftung gestorben waren: Er, seine Kollegen und die Medizinstudenten waren Träger des infektiösen Materials, denn sie kamen gewöhnlich direkt in die Stationen, nachdem sie im Autopsie-Saal Sektionen durchgeführt hatten, und untersuchten die in Wehen liegenden Frauen, nachdem sie sich nur oberflächlich die Hände gewaschen hatten.

Wiederum testete Semmelweis seinen Einfall. Er überlegte, dass – wenn er Recht hatte – das Kindbettfieber dadurch verhütet werden konnte, dass das an den Händen verbliebene infektiöse Material chemisch vernichtet wurde. Er gab deshalb allen Medizinstudenten die Anweisung, ihre Hände vor jeder Untersuchung in einer Chlorkalk-Lösung zu waschen. Die Sterblichkeit an Kindbettfieber begann prompt zu sinken; sie fiel 1848 auf 1,27 Prozent in der Ersten Abteilung, gegenüber 1,33 Prozent in der Zweiten.

Seine Idee, oder – wie wir auch sagen werden – seine Hypothese, wurde, wie Semmelweis bemerkte, auch durch die Tatsache gestützt, dass die Sterblichkeit in der Zweiten Abteilung durchweg niedriger lag: Dort wurden die Patientinnen von Hebammen gepflegt, deren Ausbildung keinen Anatomie-Unterricht mit Leichensektion umfasste.

(Nach: Carl Gustav Hempel: Philosophie der Naturwissenschaften. In: Volker Steenblock (Hg.): Wissenschaft, Technik, Hermeneutik. Aschendorff, Münster 1998, S. 61ff.)

?

› *Erarbeiten Sie, welche methodischen Verfahren Semmelweis zur Klärung der Frage nach den Ursachen des Kindbettfiebers anwandte: Orientieren Sie sich dabei an folgenden Fragen:*

a) Worin bestand die Tatsachenbasis, von der Semmelweis in seiner Untersuchung ausging?

b) Welche Einteilungen (Klassifikationen) verwendete er zur Ordnung der vorhandenen Tatsachen?

c) Welche gängigen Hypothesen über die Ursachen des Kindbettfiebers wurden von ihm wegen widerstreitenden Tatsachen und Testergebnisse verworfen?

d) Mit Hilfe welcher Methode gelang es ihm, seine letzte Annahme zu belegen?

Methodische Stufen der Erkenntnisgewinnung

Der Wissenschaftsphilosoph Carl Gustav Hempel unterscheidet folgende Stufen wissenschaftlichen Erkennens:

1 Beobachtung und Aufzeichnung von Tatsachen	2 Analyse und Klassifikation dieser Tatsachen	3 Hypothesenbildung durch induktive[1] Verallgemeinerung	4 Überprüfung der Hypothesen, z. B. durch Tests

(Nach: Carl Gustav Hempel: Ebd. S. 67ff.)

1 Unter Induktion versteht man das Schließen vom besonderen Einzelnen auf ein mögliches Allgemeines.

P

Die Methode der Klassifikation: Fallbeispiel Mediennutzung

Eine Methode wissenschaftlichen Arbeitens stellt, wie in der Übersicht dargestellt, die Klassifikation dar. Sachverhalte werden nach bestimmten Merkmalen zu Klassen zusammengefasst und von vergleichbaren Klassen abgehoben. Wichtig für die Art der Klassenbildung sind dabei nicht nur die Eigenarten der objektiven Sachverhalte selbst, sondern auch die subjektiven Zwecke des Forschers, also seine Fragestellungen.

Im Projekt „Mediennutzung“ soll dieses methodische Verfahren der Klassifikation geübt werden. Die Forschungsfrage betrifft das Mediennutzungsverhalten von jungen Erwachsenen (18–27 Jahre). Der Untersuchung zu Grunde liegt bereits eine Klassifikation (nach Altersgruppen). Es sollen nun für diese ausgewählte Gruppe der 18–27-Jährigen relevante Unterschiede in der Mediennutzung *analysiert werden. Dafür sind weitere Klassifikationen notwendig, so bezogen auf die Besonderheiten der Mediennutzer (z. B. männlich–weiblich) oder die Art der verwendeten Medien (z. B. Printmedien–digitale Medien).*

Die Projektaufgabe, die in Projektgruppen bearbeitet werden sollte, lautet:

- *Entwickeln Sie für die Bewältigung der oben formulierten Forschungsfrage wenigstens zwei ergänzende, aber relevante Klassifikationen.*
- *Formulieren Sie auf der Grundlage der Klassenbildung Hypothesen über Unterschiede im Mediennutzungsverhalten zwischen den konstruierten Gruppen.*
- *Suchen Sie nach Tatsachen (etwa durch Internet-Recherchen), durch die die von Ihnen formulierten Hypothesen bestätigt oder widerlegt werden können.*
- *Diskutieren Sie die Ergebnisse der Projektarbeit in der Lerngruppe.*

Verstehende Methoden

In den Naturwissenschaften und auch in der Medizin geht es im Wesentlichen um die Erklärung beobachtbarer, natürlicher (physikalisch-biologisch-chemischer) Vorgänge und Tatsachen. Dabei wird davon ausgegangen, dass der Mensch prinzipiell denselben Gesetzen unterworfen ist wie die übrige Natur. Der Mensch ist jedoch nicht nur ein Naturwesen, sondern auch ein symbolschaffendes, sinnproduzierendes, ein erlebendes Wesen. Den menschlichen Handlungen liegen Absichten und Erlebnisse zu Grunde, die sich durch die Beobachtung äußeren Verhaltens kaum erschließen lassen. Im Gegensatz zu neutralen Tatsachen, die durch die Naturwissenschaften erforscht werden, existieren auch *subjektive* Tatsachen von gefühlter Betroffenheit wie z. B. Freude, Schmerz, Schreck, Leidenschaft, deren Erforschung spezielle Methoden verlangt (vgl. auch S. 92).

Das trifft auch für die Bedeutung sprachlicher Äußerungen zu, die nicht mit ihrer äußeren Hülle, dem Wort oder der Schrift, zusammenfällt. Kurz: Der Sinn von Handlungen, Befindlichkeiten und sprachlichen Äußerungen muss *verstanden* werden. Deshalb wurden ergänzend zu den oben dargestellten *experimentellen* Methoden *verstehende* Methoden der wissenschaftlichen Forschung entwickelt. Wegweisend dafür war die von Hans-Georg Gadamer (1900–2002) entwickelte Theorie und Methode des Sinnverstehens (philosophische Hermeneutik). Ein auf dessen Ansatz aufbauendes *methodisches Verfahren zum Verstehen von Texten* soll hier vorgestellt werden.

Q

A Vorbereitende Interpretation:

1. Im Sinne der *Text- und Quellenkritik* ist zu prüfen, ob der zu interpretierende Text *authentisch* ist [...].
2. Der Interpret muss sich über seine eigene *Vormeinung*, die er über den zu interpretierenden Textinhalt besitzt, klar werden, er muss sich sein persönliches *Vorverständnis* und seine *Fragestellungen*, mit denen er an den Text herangeht, bewusst machen.
3. Es gilt, den *allgemeinen Sinn des Textes* [...] festzustellen, damit sich das einzelne von ihm aus aufschließt. Dieser allgemeine Sinn wird etwa durch die Überschrift, [...], am besten aber durch ein erstes Durchlesen erschlossen.

B Textimmanente Interpretation:

4. Im Detail wird der Interpret *semantische und syntaktische* Untersuchungen anstellen, also auf Wortbedeutungen und grammatische Zusammenhänge eingehen. [...]
5. Neben den grammatischen sind auch die *Regeln der Logik* anzuwenden, um den Textsinn ganz herzustellen. Dabei kann es technisch hilfreich sein, den Text im groben wie im einzelnen zu gliedern.
6. Selbst bei Widersprüchen gilt als wichtige hermeneutische Regel, dass der *Autor* für *vernünftig* gehalten wird, dass also eine Unstimmigkeit prinzipiell zunächst zu Lasten des Nicht-Verstehens des Interpreten und nicht zu Lasten des Autors geht. [...]

C Koordinierende Interpretation:

7. Zum Verständnis eines bestimmten Textes kann der *Kontext zum Gesamtwerk* des Autors beitragen, indem andere Werke des Autors herangezogen werden und auch die Stellung des interpretierten Textes im Entwicklungsgang des Autors berücksichtigt wird. [...]
8. Zum völligen Verständnis sind die bewussten und unbewussten *Voraussetzungen des Autors* aufzudecken, sofern das möglich ist. Dazu gehören etwa die politische oder religiöse Einstellung des Autors [...].
9. Besonders im pädagogischen Bereich kann es zum besseren Verständnis beitragen, wenn der eruierte Textsinn *übersetzt* wird im Hinblick auf die Welt des Verstehenden, wenn also im Hinblick auf eine konkrete Erziehungssituation *aktualisiert* wird. [...]
10. Die verstandenen Sinn- und Wirkungszusammenhänge sind als *Hypothesen* zu formulieren und als solche zu deklarieren. Diese Hypothesen müssen sich weiterhin bewähren, oder sie müssen korrigiert werden.

(Helmut Danner: Methoden geisteswissenschaftlicher Pädagogik. Reinhardt, München 1979, S. 89f.)

› *Wählen Sie einen geeigneten kürzeren Text aus der philosophischen Tradition, beispielsweise die Kantsche Schrift „Was ist Aufklärung?“, als Textgrundlage aus und wenden Sie die oben dargestellten methodischen Schritte bei der Textinterpretation an.* ?

2.2.4 Wissenschaftlicher Fortschritt und Wahrheit

Als Basisüberzeugung wissenschaftlicher Arbeit formulierte Max Weber (siehe Seite 51), dass die wissenschaftliche Arbeit eingespannt sei in den Ablauf des *Fortschritts*. Dabei wird der Fortschritt der Wissenschaft als *Zuwachs an gültigem Wissen*, als Annäherung unserer Erkenntnisse an *Wahrheit* verstanden. Als Wahrheit versteht man hier vordringlich die Übereinstimmung einer Aussage mit der Realität. Der Begriff Wahrheit kann aber auch als logische Widerspruchsfreiheit einer Aussage verstanden werden oder umgangssprachlich als nachdrückliche Bekräftigung, um Aussagen und Urteilen Nachdruck zu verleihen.

?

- *Informieren Sie sich über Auffassungen von „Wahrheit“ im Zusammenhang mit dem wissenschaftlichen Fortschritt.*
- *Erläutern Sie, wie im nächsten Textauszug Wahrheit erklärt wird und vergleichen Sie mit der folgenden Auffassung von Popper.*

Q

Für die Philosophen ist „Wahrheit“ ein großes Wort [...]. Das Wort verwenden wir manchmal als Sammel- und Bereichsausdruck für einzelne Wahrheiten, in der Regel hingegen als Bezeichnung einer bestimmten Eigenschaft von Aussagen oder Behauptungen, nämlich der, wahr zu sein. Diese Eigenschaft, über die schon ganze Bibliotheken geschrieben wurden, sollten wir Urteilswahrheit nennen. Die Platoniker, und allen voran Martin Heidegger in *Sein und Zeit* bestehen demgegenüber auf der Seinswahrheit (aletheia) des Seienden. Dass sie die Grundlage der Urteilswahrheit sei, wie Heidegger behauptet, ist ziemlich unwahrscheinlich, denn Urteile, Aussagen und Behauptungen haben die logische Eigenschaft, auch falsch oder irrig sein zu können. Seinswahrheiten, die man besser Evidenzen nennen sollte, haben diese Eigenschaft nicht; sie bestehen oder bestehen nicht, und wenn sie nicht bestehen, gibt es auch nichts Falsches und Irriges. Wenn ich rot sehe, erübrigt sich doch die skeptische Frage, ob ich wirklich rot sehe [...]. Aber von der Wahrnehmung zum Wahrnehmungsurteil ist immer noch ein Schritt, und nur Urteile nennen wir wahr oder falsch, während wir nicht wissen, was eine falsche Wahrnehmung sein soll. [...] Wir urteilen auf der Basis sinnlicher Evidenzen, aber dass man sich irrt, darf man der Sinnlichkeit nicht anlasten. Die Sinne täuschen nicht, weil sie nicht urteilen, denn nur der täuscht sich, der auf der Basis sinnlicher Evidenzen Fehlurteile fällt.

(Herbert Schnädelbach: Religion in der modernen Welt. Fischer, Frankfurt/M. 2009, S. 44/45)

Der Philosoph Karl Raimund Popper (1902–1994) versucht in seinem Werk „Logik der Forschung“ eine Antwort auf die Frage zu geben, wie zu überprüfen ist, ob neu entwickelte wissenschaftliche Theorien, z.B. Einsteins Relativitätstheorie, einen höheren Wahrheitswert als herkömmliche, in diesem Fall die klassische Physik Newtons, besitzen? Der Anspruch von Poppers „Kritischem Rationalismus“ besteht darin, eine Methode zur kritischen Überprüfung der

Gültigkeit naturwissenschaftlicher Theorien zu entwickeln. Popper stellt zunächst das zu seiner Zeit als Lösung des Problems der *Verifikation* (Überprüfung einer Theorie auf Wahrheit) angesehene Induktionsprinzip in Frage. Induktion meint einen Schluss von besonderen Tatsachen, die durch Beobachtung oder Experiment gewonnen wurden, auf allgemeine theoretische Sätze. Popper meint, dass ein solcher Schluss nicht korrekt sei. So folge etwa aus der Beobachtung, dass zahlreiche Schwäne weiß seien, keinesfalls, dass *alle* Schwäne weiß seien. Er schlägt stattdessen einen umgekehrten Weg der Überprüfung vor, bekannt geworden als *Falsifikationsprinzip*.

Falsifikation als Nachweis der Ungültigkeit einer Aussage oder Hypothese

Nach unserer Auffassung aber gibt es keine Induktion. Der Schluss von den durch „Erfahrung“ [...] verifizierten besonderen Aussagen auf die Theorie ist logisch unzulässig. Theorien sind somit niemals empirisch verifizierbar. [....] Nun wollen wir aber doch nur ein solches System als empirisch anerkennen, das einer *Nachprüfung* durch die „Erfahrung“ fähig ist. Diese Überlegung legt den Gedanken nahe, als Abgrenzungskriterium nicht die Verifizierbarkeit, sondern die *Falsifizierbarkeit* des Systems vorzuschlagen, mit anderen Worten: Wir fordern zwar nicht, dass das System auf empirisch-methodischem Wege endgültig positiv ausgezeichnet werden kann, aber wir fordern, dass es die logische Form des Systems ermöglicht, dieses auf dem Wege der methodischen Nachprüfung negativ auszuzeichnen: *Ein empirisch-wissenschaftliches System muss an der Erfahrung scheitern können* (den Satz: „Hier wird es morgen regnen oder auch nicht regnen“, werden wir, da er nicht widerlegbar ist, nicht als empirisch bezeichnen, wohl aber den Satz: „Hier wird es morgen regnen“.).

(Karl Raimund Popper: Logik der Forschung. Hg.: Herbert Keuth, Mohr Siebeck, Tübingen 2005, S. 16f.)

- *Was versteht man in der Wissenschaftstheorie unter einer Induktion? Warum sind induktive Schlüsse nur begrenzt gültig? Entwickeln Sie selbst Beispiele, um die Grenzen induktiver Schlüsse aufzuzeigen.*
- *Rekonstruieren Sie die Hauptidee des Popperschen Falsifikationsprinzips im Gegensatz zum Verifikationsprinzip. Wie könnte die von Popper als Beispiel angeführte Behauptung „Hier wird es morgen regnen“ widerlegt werden?*
- *Diskutieren Sie die Thesen von Levitin (S. 102f.) zu Wahrheitsansprüchen in Kunst und Wissenschaft.*

- Überprüfen Sie die These Carl Friedrich von Weizsäckers (1912–2007), der den Glauben an die Wissenschaft als Religion der Neuzeit bezeichnete. Eine Religion beruhe auf drei Elementen: Glauben als Fürwahrhalten und Vertrauen, organisierte Kirche und Verhaltensvorschriften. Ähnlich einer Religion würde man heute unkritisch Ergebnisse, Organisation und Verfahren der Wissenschaften aufnehmen und z.B. darauf vertrauen, dass beim Anknipsen eines Lichtschalters tatsächlich Licht aufleuchtet.

2.2

2.3 Sprache und Denken

Q | Eine wichtige Sache im Leben?

Die Sprache, die man spricht, die man benutzt, um sich auszudrücken, ist eine wichtige Sache im Leben eines Menschen – mindestens ebenso wichtig wie die Nahrung, die er verschlingt.

(Michel Houellebecq. In: Ders. und Bernard-Henri Levy: Volksfeinde. Dumont, Köln 2009, S. 199f.)

Der Begriff Sprache ist vieldeutig. Neben unzähligen natürlichen existieren auch künstliche Sprachen wie Esperanto oder Programmiersprachen. Es gibt lebendige und tote Sprachen, wir sprechen eine Muttersprache und lernen Fremdsprachen, wir haben Regeln zum Sprachgebrauch, Sprache besteht aus Wörtern und Sätzen. Wir sind manchmal sprachlos, manche sind sprachbegabt, manche sprechen nüchtern, andere in bildhafter, poetischer Sprache, etwas kommt zur Sprache oder auch nicht. Wir sprechen, wenn wir unterscheiden, loben und kritisieren. Wir sollen bei einem Konflikt reden und nicht schlagen. Es soll eine Sprache der Bienen geben. Mit Sprache drücken wir Gedanken und Gefühle aus, mit Sprache wollen wir etwas erreichen. Mit und in Sprache interagieren und kommunizieren wir. Kann man Mimik und Gestik auch als Sprache bezeichnen? Vielleicht denken wir auch sprachlich.
Mit dem scheinbar selbstverständlichen Phänomen Sprache beschäftigen sich Philosophen, Psychologen, Ethnologen, Biologen, Soziologen und natürlich Sprachwissenschaftler. Als *geordnetes System bezeichnender Zeichen* kann Sprache der Welt- und Selbstklärung, der Information und der Kommunikation dienen. Sprache ist ein (das?) außerordentlich anpassungsfähiges Instrument, das die Menschheit entwickelt hat.

In diesem Kapitel geht es u.a. um folgende Fragen:

- Was sind die Möglichkeiten und Grenzen von Sprache, insbesondere von Alltags- und Wissenschaftssprache, in Bezug auf Verständigung, Wahrheit, Relevanz und Hinlänglichkeit bei einer Weltentschlüsselung?
- Kann man mit Sprache zureichend die Wirklichkeit beschreiben und erkennen?
- Wie kommt es zur Sprachentstehung, wie entwickelt sich Sprache?
- Wie ist der Zusammenhang von Sprache und Denken?
- Kann man ohne Sprache denken und erkennen, ist Sprache der einzig mögliche Weltzugang?
- Was bedeutet eine ursächliche Rückführung auf biochemische Prozesse im Gehirn für unsere denkerischen und sprachlichen Fähigkeiten?

Mit Sprache sagen wir etwas über uns aus,
mit Sprache wollen wir etwas auslösen und erreichen,
mit Sprache bezeichnen, beschreiben, erzählen und erkennen wir die Welt:
Dinge, Sachverhalte, Ideen und uns.

Philosophie, speziell Sprachphilosophie, ist natürlich keine Naturwissenschaft [...]. Sie teilt uns nicht gänzlich neue Sachverhalte über die Sprache mit, sie will nicht mithilfe der Sprache Sprache erst verstehen lernen, sondern sie will das vorgängige Sprachverständnis, mit dessen Hilfe wir auch ihre Aussagen verstehen, systematisch analysieren und vertiefen, so dass wir durch sie die Funktionsweise der Sprache besser erfassen. *(Franz von Kutschera: Sprachphilosophie. UTB W. Fink, München 1971, S. 330)*

Sprache ist kein instrumentelles Zeichensystem, dessen Gegenstandsbezug erst noch zur Diskussion steht. [...] Sprache hat von Hause aus keine andere Funktion als Welt zugänglich zu machen. *(Rüdiger Bubner: In: Philosophische Runschau 34, 1987, S. 278)*

Die Grenzen meiner Sprache bedeuten die Grenzen meiner Welt. *(Ludwig Wittgenstein: Tractatus logico-philosophicus. Suhrkamp, Frankfurt/M. 1999, S. 89)*

Mephistopheles: [...] Im Ganzen – haltet Euch an die Worte!
Dann geht Ihr durch die sichere Pforte
Zum Tempel der Gewissheit ein.
Schüler: Doch ein Begriff muss bei dem Worte sein.
Mephistopheles: Schon gut! Nur muss man sich nicht allzu ängstlich quälen; Denn eben wo Begriffe fehlen,
Da stellt ein Wort zur rechten Zeit sich ein.
(Johann Wolfgang von Goethe: Faust. Der Tragödie erster Teil, V. 1990ff., Reclam, Stuttgart 1968, S. 58)

Ich glaube aber, [...] dass das Wort ein elender Notbehelf, ein schäbiges Werkzeug ist und das eigentliche und letztliche Wissen wortlos ist und bleiben muss.
(Ernst Barlach: Die Briefe 1888–1938 in zwei Bänden, Band II. Hg. Friedrich Droß, Piper, München 1969, S. 338)

Ein Wort
Ein Wort, ein Satz –: Aus Chiffren steigen
erkanntes Leben, jäher Sinn,
die Sonne steht, die Sphären schweigen
und alles ballt sich zu ihm hin.
Ein Wort – ein Glanz, ein Flug, ein Feuer,
ein Flammenwurf, ein Sternenstrich –
und wieder Dunkel, ungeheuer,
im leeren Raum um Welt und Ich.
(Dieter Wellershoff (Hg.): Gottfried Benn. Gesammelte Werke. Bd. 1. Limes, Wiesbaden 1960, S. 208)

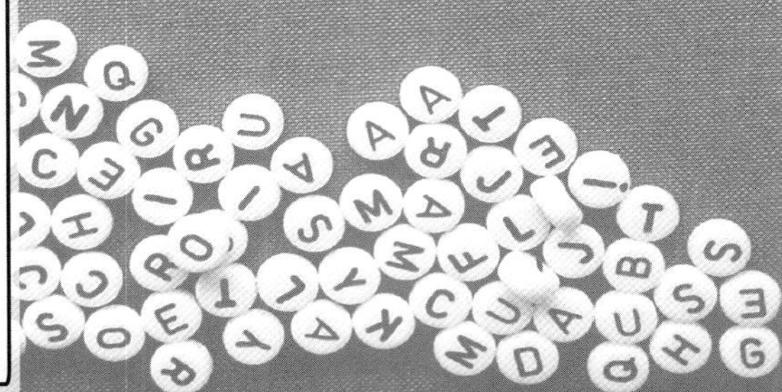

› *Erläutern Sie das Bild auf Seite 62 sowie die obigen Zitate und Aussagen. Nennen Sie dabei bestätigende oder widersprechende Beispiele aus Ihrem Erfahrungsbereich.*
› *Was verbinden Sie vor dem Hintergrund der Aussage „eine wichtige Sache im Leben" mit dem Begriff Sprache? Verdeutlichen Sie Ihre Einfälle und Ideenverknüpfungen durch eine Mindmap. Erweitern Sie dabei den Begriff Sprache auch im Hinblick auf Bildsprache (vgl. Kap. 2.4) und die Sprache der Mythen (Kap. 2.5.3).*
› *Überprüfen Sie die Aussage „Sprache ist ein geordnetes System bezeichnender Zeichen".*
› *Ergänzen oder korrigieren Sie die Thesen aus dem Kasten links, indem Sie Ihre Meinung zum Hauptzweck von Sprache anführen.*
› *Formulieren Sie eine (vorläufige) These zur Frage, was Sprache kann oder nicht kann.*

2.3.1 Sprache verbindet und trennt

Im Laufe der Evolution haben die Menschen eine Sprachen- und Schriftenvielfalt entwickelt. Sie sind die einzige Spezies, die eine solche Variationsbreite entfaltet hat und sich in so vielfältiger Weise darstellt. Sprache verbindet Menschen untereinander und mit der Welt, sie kann aber auch trennen, wenn man Verständigungsbarrieren nicht überwindet.

Der Turm zu Babel, Pieter Brueghel, 1563

Die Menschen hatten damals noch eine einzige, allen gemeinsame Sprache. Als sie nun von Osten aufbrachen, kamen sie in das Land Schinar und schlugen in der Ebene ihre Zelte auf. Sie sagten zueinander: „Ans Werk! Wir machen Ziegelsteine!" Sie wollten die Ziegel als Bausteine verwenden und Asphalt als Mörtel. Sie sagten: „Ans Werk! Wir bauen uns eine Stadt mit einem Turm, der bis an den Himmel reicht! Dann werden wir in aller Welt berühmt. Dieser Bau wird uns zusammenhalten, so dass wir nicht über die ganze Erde zerstreut werden. Der Herr kam vom Himmel herab, um die Stadt und den Turm anzusehen, die sie bauten. Denn er sagte sich: „Wohin wird das noch führen? Sie sind ein einziges Volk und sprechen alle dieselbe Sprache. Wenn sie diesen Bau vollenden, wird ihnen nichts mehr unmöglich sein. Sie werden alles ausführen, was ihnen in den Sinn kommt. Ans Werk! Wir steigen hinab und verwirren ihre Sprache, damit keiner mehr den anderen versteht!" So zerstreute sie der Herr über die ganze Erde, und sie mussten ihre Pläne aufgeben. Darum wird die Stadt Babel genannt, denn dort hat der Herr die Sprache der Menschen verwirrt und von dort aus die Menschen über die ganze Erde zerstreut.

(Die Bibel. Altes Testament. 1 Mose 11)

?

- *Beschreiben Sie das Bild von Pieter Brueghel dem Älteren. Vergleichen Sie Bild und Text.*
- *Ist es notwendig, den Mythos vom Turmbau zu Babel im Bewusstsein der Menschen wach zu halten? Warum, warum nicht?*
- *Informieren Sie sich über Versuche, eine Weltsprache zu erfinden (z.B. Esperanto) und diskutieren Sie mögliche Auswirkungen auf Denken und Handeln, wenn alle Menschen nur noch diese Sprache sprechen würden. Könnte diese gemeinsame Sprache die menschliche Gemeinsamkeit fördern?*

2.3.1.1 Grundlagen der Verständigung

Sprache ist ein Mittel, um Erkenntnisse und Aussagen zu formulieren und Behauptungen aufzustellen. Sprache ist auch Mitteilung, Sprechen über etwas mit anderen Menschen und damit Kommunikation in jeweiligen Situationen. Schon Säugling und Mutter kommunizieren vorsprachlich, wenn sie Informationen austauschen oder Befindlichkeiten kundgeben. Kommunikation ist ein Beziehungsgeschehen als Handeln unter Menschen, in dem Verständigung gesucht – allerdings nicht immer erreicht – wird. Der lateinische Ursprung des Wortes (communis: „gemeinsam") verweist darauf, dass selbst durch misslingende Kommunikation Gemeinsamkeit entsteht, weil wir als Sprechende u.a. immer eine sprachliche Verständigung suchen und uns aufeinander beziehen. Die Verbalsprache ist das am höchsten entwickelte Kommunikationsmittel.

Verwendungsweisen von Sprache – Sprache als Handlung

Der Sprachtheoretiker Karl Bühler (1879–1963) analysierte Verwendungsweisen von Sprache. Sprechen ist für ihn Handeln. Sprache ist als Kommunikation über etwas mit anderen ein Handeln unter Menschen. Handlungen haben Ziele, Handlungen können zugerechnet und beurteilt werden, Handlungen erfolgen oft nach bestimmten Regeln, Handlungen finden in einem sozialen Umfeld statt. Bühler unterscheidet z.B. bei einer Sprachhandlung drei Ebenen des Sprechens. Es gibt jemand (*Sender*), der etwas sagt (*Mitteilung*) und es gibt einen *Empfänger*. Weil die Mitteilung meistens mehrdimensional ist, ist sie oft die Quelle von Missverständnissen und Verständigungsproblemen. So kann eine bloße Mitteilung die Funktion eines Appells haben. Die Aussage „Es ist kalt!" bedeutet in einer bestimmten Situation nicht nur die Beschreibung einer objektiven Umweltsituation, es soll z.B. auch erreicht werden, dass ein geöffnetes Fenster geschlossen wird, weil der Sprecher friert. Nach Bühler beinhaltet eine sprachliche Mitteilung in der Tat verschiedene Funktionen gleichzeitig. So erfüllt sie auch bei scheinbar neutralen Aussagen die Funktion einer Selbstbeschreibung (*Ausdruck*) des Senders, sie *stellt etwas dar* (eine Aussage über die Welt), sie will etwas erreichen (*Appell*), auch wenn es sich nur um erwünschte Zustimmung oder Akzeptanz handelt. Bühlers Ansatz wurde durch zahlreiche Untersuchungen fortgesetzt und ergänzt. So unterstreichen z.B. John Austin (1911–1960) mit „How to Do Things with Words" und John Searle, dass man durch sprachliche Kommunikation auch *direkt handelt*. Man beschreibt, berichtet, erklärt, man wünscht, gibt zu, man warnt, man befiehlt, man verpflichtet sich selbst durch Versprechungen, man beleidigt, verflucht und entschuldigt sich, man sucht Übereinstimmung oder Verständigung und Akzeptanz. Beim Erklären usw. geht es um Tatsachen und Wahrheit, beim Wünschen usw. um den Ausdruck des persönlichen Erlebens, beim Warnen usw. um das (gute) soziale Leben.

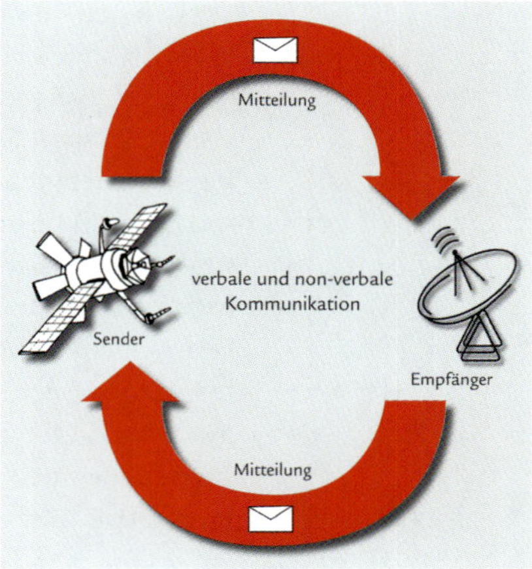

- *Untersuchen Sie in Kleingruppen einen Ausschnitt aus einem realen Gespräch mit Hilfe der oben angeführten Unterscheidungen. Prüfen Sie dabei deren Alltagstauglichkeit.*
- *Legen Sie dar, ob und inwiefern gesprochene Sprache eine Handlung ist. Gilt das auch für nichtsprachliche Kommunikation wie z.B. Musik, Bilder?*
- *Positionieren Sie sich zu dem Satz: „Die Sprache ist dem Menschen gegeben, um seine Gedanken zu verbergen.", der dem französischen Politiker Talleyrand-Périgord (1754–1838) zugeschrieben wird.*

Universelle Regeln der Verständigung?

Gibt es jenseits von zufällig gelingenden oder misslingenden Argumentationen universelle Regeln der Verständigung, die wir beachten sollten? Beurteilen wir z.B. rein strategische Argumentationen (täuschen, tarnen, tricksen) deshalb als negativ, weil wir eine verständigungsorientierte Argumentation als Originalmodus und Grundmuster voraussetzen?

In der erkenntnisanalytischen Tradition Kants (siehe S. 45) sucht der Philosoph Jürgen Habermas unbestreitbare und immer gültige *Bedingungen, Möglichkeiten und Grenzen von sprachlicher Argumentation*. Für Habermas können sich in einer demokratischen Gesellschaft Vernunft und vernünftiges Handeln nur kommunikativ und argumentativ ergeben, weil nur im verständigungsorientierten Argumentieren Ansprüche auf *Wahrhaftigkeit, Wahrheit und Richtigkeit* geprüft werden. Man müsse deshalb als Maßstab eine gleichsam *„ideale Sprechsituation“* herausarbeiten, um zu verstehen, woran sich nach Verständigung suchende Handelnde in ihrem argumentativen Diskurs letztlich orientieren. Der Philosoph Christoph Helferich fasst dieses Konzept so zusammen:

Wer immer an einem Diskurs teilnimmt, hat schon, ob er will oder nicht, die reflexiv ermittelbaren Regeln der Argumentation anerkannt. Das Argumentieren, selbst das skeptischste, hat sozusagen die Struktur der Unentrinnbarkeit: ich kann das Argumentieren nicht argumentativ außer Kraft setzen. Und wer die Argumentation verweigert (etwa durch Nichtteilnahme oder in Form purer Machtanwendung), kann nicht beanspruchen zu argumentieren. Die Situation der Argumentation ist also nicht hintergehbar. Argumentieren heißt, argumentative Ansprüche zu erheben; anders gesagt, bedeutet das: Wer argumentiert, hat sich immer schon verpflichtet. Wozu aber? Apel und Habermas haben in Anlehnung an die Sprechakttheorie Austins und Searles vier universale (transzendentale) Geltungsansprüche jeder Argumentation erläutert: Verständlichkeit, Wahrheit, Richtigkeit und Wahrhaftigkeit. Meine Rede muss, wenn sie etwas besagen will, verständlich sein; ich muss weiterhin mein Argument für wahr halten, also unterstellen, dass im Prinzip jeder dem zustimmen kann. Ich muss mich mit dem Anspruch der Richtigkeit zudem auf für alle verbindliche Normen beziehen (z. B., dass ein Versprechen eine Verpflichtung beinhaltet), und schließlich muss ich, wenn ich sinnvoll argumentiere, das auch wirklich meinen, was ich sage (Aufrichtigkeitsanspruch). Wenn diese Ansprüche auch, weiß Gott, nicht immer erfüllt werden, so müssen sie doch notwendig und universal unterstellt werden, wenn die Argumentation denn als solche gültig und d.h. wahr sein will. Mit anderen Worten: In jedem tatsächlichen Diskurs unterstellen wir eine „ideale Sprechsituation“ oder mit Apels an Peirce angelehnter Formulierung: die mögliche Zustimmung durch eine „unbegrenzte ideale Kommunikationsgemeinschaft“. Das bedeutet, dass der Diskurs sozusagen eine Verhandlung ist, bei der erstens im Prinzip niemand ausgeschlossen oder benachteiligt sein darf, bei der zweitens nur Argumente und nicht etwa rhetorische Kniffe zählen und bei der drittens der Rechtsspruch nicht von einem einzelnen gefällt wird, sondern in der zwanglosen Übereinstimmung, dem Konsens aller Beteiligten besteht. Dieser Maßstab erlaubt nun, mangelhafte, falsche oder strategische Argumentation zu erkennen, wenn die genannten Ansprüche und Regeln nicht erfüllt sind. Mit dieser transzendentalen[1] Bestimmung des Diskurses befinden wir uns auch schon im Zentrum der Diskursethik. Denn die Verpflichtungen, die in jedem Diskurs gelten, sind in einem doppelten Sinne moralischer Natur. Sie verpflichten uns allgemein auf die Vernünftigkeit, die wir nicht bestreiten können, im Sinne einer Ethik der aufrichtigen Kommunikation, und sie geben uns ein

Kriterium an die Hand, moralische Normen grundsätzlich zu verhandeln und zu beurteilen: Moralisch verpflichtend sind dann alle Normen, die in einem Diskurs durch Konsens, die zwanglose Zustimmung aller Argumentierenden, legitimiert werden können.

(Christoph Helferich: Geschichte der Philosophie. dtv, München 2000, S. 454f.)

1 Transzendental nennt man nach Kant unverzichtbare und immer geltende Bedingungen z. B. für gültige Erkenntnis.

|?

- *Legen Sie die beschriebenen Hauptaussagen in Ihren Worten dar.*
- *Erläutern Sie die Verpflichtungen der „Diskursethik" an Beispielen.*
- *Untersuchen Sie, ob ein Hungerstreik eines politischen Gefangenen oder eine schweigende Demonstration argumentative Bedeutungen haben können.*
- *Die Inhalte der „idealen Sprechsituation" sollen zwar ethische Auswirkungen auf die alltägliche Diskurspraxis haben, Habermas will diese jedoch nicht als Muster für eine utopische Gesellschaft missverstanden wissen. Prüfen Sie Möglichkeiten und Grenzen des hier „diskursethisch" genannten Ansatzes. Hilfsfragen: Woher weiß man, ob die Diskurspartner tatsächlich den Regeln folgen wollen? Braucht man Instanzen, um diese Regeln im Alltag und in der Politik durchzusetzen? Führt das Ideal der Diskursgemeinschaft zu einem endlosen Diskurs, der Probleme hat, das Feld des Handelns überhaupt zu erreichen?*
- *„Das ist eine Mahnung der Natur!" Können ein toter Baum oder ein Tsunami kommunizieren, etwa indem sie uns auf etwas hinweisen oder sogar warnen?*

Verständigungsbarrieren verringern

In alltagspraktischer Absicht hat der Kommunikationspsychologe Friedemann Schulz von Thun die Theorien Bühlers sowie die Forschungen anderer aufgenommen und konkretisiert.

|Q

Wenn ich als Mensch etwas von mir gebe, bin ich auf vierfache Weise wirksam. Jede meiner Äußerungen enthält, ob ich will oder nicht, vier Botschaften gleichzeitig:

1. eine Sachinformation (worüber ich informiere)
2. eine Selbstkundgabe (was ich von mir zu erkennen gebe)
3. einen Beziehungshinweis (was ich von dir halte und wie ich zu dir stehe)
4. einen Appell (was ich bei dir erreichen möchte). [...]

1. Auf der Sachebene des Gesprächs steht die Sachinformation im Vordergrund, hier geht es um Daten, Fakten und Sachverhalte. Dabei gilt zum einen das Wahrheitskriterium wahr oder unwahr (zutreffend/nicht zutreffend), zum anderen das Kriterium der Relevanz (sind die aufgeführten Sachverhalte für das anstehende Thema von Belang/nicht von Belang?) und zum Dritten erscheint das Kriterium der Hinlänglichkeit (sind die angeführten Sachhinweise für das Thema ausreichend, oder muss vieles andere auch bedacht sein?).
Für den Sender gilt es also den Sachverhalt klar und verständlich zu vermitteln. Der Empfänger [...] hört auf: Daten, Fakten und Sachverhalte und hat entsprechend der drei genannten Kriterien viele Möglichkeiten einzuhaken.
2. Selbstkundgabe: Wenn jemand etwas von sich gibt, gibt er auch etwas von sich. Jede Äußerung enthält auch, ob ich will oder nicht, eine Selbstkundgabe, einen Hinweis darauf, was in mir vorgeht, wie mir ums Herz ist, wofür ich ste-

he und wie ich meine Rolle auffasse. Dies kann explizit („Ich-Botschaft“) oder implizit geschehen. [...]
3. Die Beziehungsseite: Ob ich will oder nicht: Wenn ich jemanden anspreche, gebe ich (durch Formulierung, Tonfall, Begleitmimik) auch zu erkennen, wie ich zum anderen stehe und was ich von ihm halte – jedenfalls bezogen auf den aktuellen Gesprächsgegenstand. [...]
4. Appellseite: Wenn jemand das Wort ergreift und es an jemanden richtet, will er in der Regel auch etwas bewirken, Einfluss nehmen; den anderen nicht nur erreichen sondern auch etwas bei ihm erreichen. Offen oder verdeckt geht es auf dieser Ebene um Wünsche, Appelle, Ratschläge, Handlungsanweisungen, Effekte etc.

(http://www.schulz-von-thun.de/mod-komquad.html, Zugriff 27.4.2009)

?

- *Erarbeiten Sie den Argumentationsgang und überprüfen Sie die Leistungsfähigkeit des Beitrags Schulz von Thuns zum Thema „Weltentschlüsselung“ an praktischen Beispielen. Beachten Sie dazu auch seine Ausführungen zu Wahrheitskriterium, Relevanz und Hinlänglichkeit.*
- *Die Modelle von Bühler und Schulz von Thun beziehen sich auf konkrete Menschen. Untersuchen Sie, inwiefern diese auf eine anonyme Mediengesellschaft anwendbar sind.*
- *Nehmen Sie Stellung, ob und wie sein Ansatz tatsächlich Verständigungsbarrieren verringern kann.*

Q Schweigen?

In die Formen des Sprechens ist endlich auch das Schweigen einzuordnen. Das Schweigen ist selbst eine Weise des Sprechens, eine „Sprachhandlung“ [...]. Schweigen kann nur ein der Sprache fähiges Wesen. Wo also bloß die Geräusche fehlen, kann man noch nicht von einem Schweigen sprechen. [...] Und so bedeutet auch beim Menschen das Schweigen nicht die einfache Tatsache, dass er im Augenblick nicht spricht, sondern dass er in einer Situation nicht spricht, wo man von ihm das Sprechen erwartet hätte, wo er also das von einer Situation her nahe gelegte Sprechen zurückhält.

(Otto Friedrich Bollnow: Sprache und Erziehung. Kohlhammer, Stuttgart 1966, S. 87)

Die sprachliche Seite des *SCHWEIGENDEN* Denkens ohne Sprechen ist bisher kaum einer Untersuchung gewürdigt worden. Es handelt sich dabei im Grunde weder um unterdrücktes Sprechen oder unhörbares Gemurmel noch um stumme Bewegungen der Sprechorgane, wie manche Forscher angenommen haben.

(Benjamin Lee Whorf: Sprache Denken Wirklichkeit. Rowohlt, Reinbek 1974, S. 111)

Wie andere kognitive Strukturen auch, ist die Sprache für bestimmte Aufgaben von Nutzen und für andere nutzlos. Ich kann Ihnen nicht sagen, weil ich es nicht weiß, an welcher Erkenntnis mich meine Sprache hindert.

(Annie Dillard: Living by Fiction. Nach: W.H. Calvin: Der Strom, der bergauf fließt. dtv, München 1997, S. 474)

Was sich überhaupt sagen lässt, lässt sich klar sagen; und wovon man nicht reden kann, darüber muss man schweigen.

(Ludwig Wittgenstein: Tractatus logico philosophicus. Suhrkamp, Frankfurt/M. 1969, S. 7)

Ich fürchte mich so vor der Menschen Wort. Sie sprechen alles so deutlich aus [...].
(Rainer Maria Rilke: Gesammelte Werke. Die frühen Gedichte. LPG Services, o. O. 1998, S. 45)

- *Lesen Sie die Zitate im Unterricht laut vor und schweigen Sie anschließend gemeinsam für mindestens drei Minuten. Schildern Sie anschließend Ihre dabei gemachten Erfahrungen.*
- *Unterscheiden Sie zwischen einem einmütigen, einem bedrohlichen, bedrückenden, beredtem ... Schweigen.*
- *Vergleichen Sie hinsichtlich einer Welt- und Selbstentschlüsselung die Meditation als spirituelle Praxis östlicher Kulturen (Achtsamkeits- und Konzentrationsübungen durch Schweigen, Stille, frei von Gedanken sein) mit einem gedanklich-sprachlichen Weltzugang.*

2.3.1.2 Sprache und Manipulation

Alltagserfahrungen und Ergebnisse der Sprachforscher zeigen, dass Sprache vielfältig verwendet werden kann. Man kann denken, sich unterhalten, erzählen, Gefühle ausdrücken, innere Dialoge führen, phantasieren, schreiben, beten, diskutieren, philosophieren, befehlen, anklagen, berichten, auffordern, man kann aber auch lügen und manipulieren. Man spricht in der Regel zu oder mit einem oder mehreren anderen konkreten Menschen. In der Moderne nehmen jedoch auch die Medien einen immer größeren Anteil am Kommunikations- und Sprachgeschehen ein. Die *Sprache der Medien*, insbesondere der technische Massenmedien (Printmedien, Fernsehen, Radio, Internet) richtet sich nicht an ein konkretes, personales Gegenüber, sie will ein breites, undifferenziertes Publikum ansprechen und benutzt dazu oft eine bildhafte und plakative Sprache, sie arbeitet auch mit Bildern und Musik. Die in den Medien verwendete Sprache informiert nicht nur, sie formt auch die Wirklichkeitswahrnehmung und versucht uns zu beeinflussen. Ein Beispiel für eine ganz bewusst beeinflussende Sprache ist die der Werbung. Die Sprache der Werbung folgt in der Regel dem Werbewirkungs-Prinzip AIDA (A – attention/aufmerksam machen; I – interest/Interesse wecken; D – desire/Kaufwunsch erzeugen; A – action/Kaufen).

- *Erstellen Sie eine Mindmap zum Thema Sprache und Manipulation.*
- *Formulieren Sie eine Problemstellung, die Sie mit diesen Begriffen verbinden.*
- *Erörtern Sie Möglichkeiten und Grenzen einer manipulativen Sprache am Beispiel des AIDA-Models.*
- *Vergleichen Sie Ihre Erkenntnisse und suchen Sie nach anderen Beispielen für einen manipulativen Sprachgebrauch.*

Gedankenmanipulation

In seiner kritischen Sozialutopie „1984“ von 1948 zeichnet der Schriftsteller George Orwell (1903–1950) das Schreckensbild eines totalitären Überwachungsstaates, der Gedanken und Sprache seiner Untertanen manipulieren will. Die Mächtigen gehen dabei davon aus, dass die *Sprache ursächlich Denken und Bewusstsein bestimmt*.

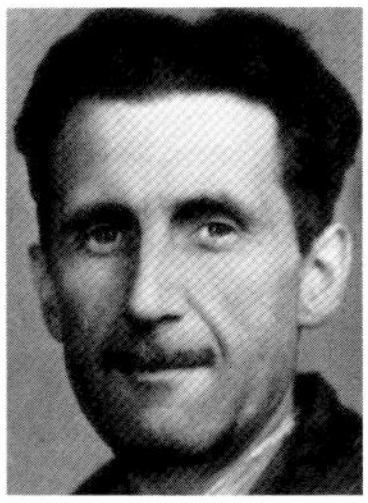

George Orwell, 1933

(George Orwell: 1984. Ullstein, Berlin 1997, S. 280f.)

Delstop lautete das Neusprechwort.
Er begann mit einem Delstop-Training. Er legte sich Behauptungen vor – „die Partei sagt, die Erde ist flach", „die Partei sagt, Eis ist schwerer als Wasser" – und übte sich darin, die widersprechenden Argumente entweder nicht zu sehen" oder nicht zu begreifen. Das war nicht einfach. Es erforderte großes Argumentations- und Improvisationstalent. Die arithmetischen Probleme zum Beispiel, die durch solche Behauptungen aufgeworfen wurden wie „zwei und zwei ist fünf", überstiegen sein intellektuelles Fassungsvermögen. Es verlangte auch eine gewisse Geistesakrobatik, die Fähigkeit, in einem Augenblick die raffinierteste Logik anzuwenden und im nächsten Moment die gröbsten logischen Schnitzer zu übersehen. Dummheit war dazu genauso notwendig wie Intelligenz und auch ebenso schwer zu erlangen.

Orwell zeigt weiterhin auf, wie Sprache gesteuert werden soll. Neusprech (englisch: Newspeak) ist eine verordnete und extrem verengte Sprache, die das Denken so kontrollieren soll, dass kritische Gedanken unmöglich werden, weil dafür die Begriffe fehlen.

Neusprech war die Amtssprache Ozeaniens und entworfen worden, um die ideologischen Anforderungen des Engsoz, oder englischen Sozialismus, zu erfüllen. Im Jahr 1984 gab es noch niemanden, der Neusprech als ausschließliches Mittel zur mündlichen oder schriftlichen Kommunikation benutzte. [...] Man erwartete, dass Neusprech etwa bis zum Jahr 2050 Altsprech schließlich verdrängt haben würde. Inzwischen gewann es ständig an Boden, weil alle Parteimitglieder dazu tendierten, im täglichen Sprachgebrauch immer mehr Neusprechwörter und grammatikalische Konstruktionen zu verwenden. [...] Wir befassen uns hier mit der endgültigen, vervollkommneten Version, wie sie in der elften Auflage des Diktionärs vorliegt.
Neusprech sollte nicht nur ein Ausdrucksmittel für die den Anhängern des Engsoz gemäße Weltanschauung und Geisteshaltung bereitstellen, sondern auch alle anderen Denkweisen unmöglich machen. Es war geplant, dass, wenn Neusprech ein für allemal angenommen und Altsprech vergessen worden war, ein ketzerischer Gedanke – d.h. ein von den Prinzipien des Engsoz abweichender Gedanke – buchstäblich undenkbar sein sollte, insoweit wenigstens, als Denken an Worte gebunden ist. Das Vokabular war so konstruiert, dass jeder schicklichen Meinung, die ein Parteimitglied äußern wollte, ein genauer und oft sehr subtiler Ausdruck gegeben werden konnte, während zugleich alle anderen Inhalte und auch die Möglichkeit, sie indirekt zu vermitteln, ausgeschlossen wurden. Dies erreichte man zum Teil durch die Erfindung neuer, hauptsächlich aber durch die Eliminierung unerwünschter Wörter und indem man die verbleibenden Wörter aller unorthodoxen und soweit wie möglich überhaupt aller Nebenbedeutungen entkleidete. Ein Beispiel mag genügen. Das Wort *frei* existierte zwar in Neusprech noch, konnte aber nur in Aussagen wie „Dieser Hund ist frei von Flöhen" oder „Dieses Feld ist frei von Unkraut" verwandt werden. In seinem alten Sinn von „politisch frei" oder „geistig frei" konnte es nicht mehr gebraucht werden, weil diese politische und geistige Freiheit nicht einmal als Begriff existierte und deswegen notwendiger-

weise auch namenlos war. Abgesehen von der Abschaffung eindeutig ketzerischer Wörter, betrachtete man die Reduktion des Vokabulars als Selbstzweck und kein entbehrliches Wort durfte überleben. Neusprech sollte den Gedankenspielraum nicht erweitern, sondern einengen, und dieser Zweck wurde dadurch unterstützt, dass man die Auswahl an Wörtern auf ein Minimum zusammenstrich.

(Georg Orwell: ebd. S. 302f.)

- *Was ist nach Orwell der Zweck der hier geschilderten neuen Sprache?*
- *Erläutern Sie das Verhältnis von Sprache und Denken in den Textausschnitten. Nehmen Sie anschließend Stellung.*
- *Erörtern Sie, ob durch Begriffe wie „Ehrenmord", „Kollateralschaden", „Freisetzung" Gedankenmanipulation durch Sprache stattfindet. Sind Abkürzungen wie z. B. aus der SMS-Sprache (gn8, hdl, omg) völlig wertneutral?*

2.3.2 Über den Ursprung der Sprache

Im Anfang war das Wort [im Original: logos = Sprechen, Wort, Überlegung, Grund], und das Wort war bei Gott, und das Wort war Gott. Dasselbe war im Anfang bei Gott. Alle Dinge sind durch dasselbe geworden, und ohne das Wort ist auch nicht eines geworden.

(Die Bibel. Neues Testament. Evangelium des Johannes 1, 1-3)

Denn als Gott der Herr gemacht hatte von der Erde allerlei Tiere auf dem Feld und allerlei Vögel unter dem Himmel, brachte er sie zu dem Menschen, dass er sähe, wie er sie nennte; denn wie der Mensch allerlei lebendige Tiere nennen würde, so sollten sie heißen.

(Die Bibel. Altes Testament. 1. Mose 2.19)

- *Stellen Sie dar, ob und wie hier die Herkunft der Sprache erklärt wird.*
- *Erläutern Sie den hier vorgestellten Zusammenhang zwischen Welt, Sprache und den Gedanken Gottes.*

Hat der Mensch die Sprache als Geschenk der Götter erhalten, ist sie ihm angeboren, hat er sie selbst erfunden, hat er dabei Natur- und Tierlaute nachgeahmt, oder ...? Einen berühmten Lösungsvorschlag zu diesem Problem entwickelt der deutsche Dichter und Kulturphilosoph Johann Gottfried Herder (1744–1803) in seiner „Abhandlung über den Ursprung der Sprache" (1772) aus anthropologischen Überlegungen zum Unterschied von Mensch und Tier.

Der Mensch, in den Zustand von Besonnenheit gesetzt, der ihm eigen ist, und diese Besonnenheit (Reflexion) zum ersten Mal frei wirkend, hat Sprache erfunden. Denn was ist Reflexion? Was ist Sprache?
Diese Besonnenheit ist ihm charakteristisch eigen und seiner Gattung wesentlich, so auch Sprache und eigene Erfindung der Sprache.

Johann Gottfried Herder, Anton Graff, 1785

Erfindung der Sprache ist ihm also so natürlich, als er ein Mensch ist! Lasset uns nur beide Begriffe entwickeln: Reflexion und Sprache.

Der Mensch beweiset Reflexion, wenn die Kraft seiner Seele so frei wirket, dass sie in dem Ozean von Empfindungen, der sie durch alle Sinnen durchrauschet, eine Welle, wenn ich so sagen darf, absondern, sie anhalten, die Aufmerksamkeit auf sie richten und sich bewusst sein kann, dass sie aufmerke. Er beweiset Reflexion, wenn er aus dem ganzen schwebenden Traum der Bilder, die seine Sinne vorbei streichen, sich in ein Moment des Wachens sammeln, auf einem Bilde freiwillig verweilen, es in helle, ruhigere Obacht nehmen und sich Merkmale absondern kann, dass dies der Gegenstand und kein andrer sei. Er beweist also Reflexion, wenn er nicht bloß alle Eigenschaften lebhaft oder klar erkennen, sondern eine oder mehrere als unterscheidende Eigenschaften bei sich *anerkennen* kann; der erste Actus dieser Anerkenntnis gibt deutlichen Begriff, es ist das erste Urteil der Seele. Und – wodurch geschähe die Anerkennung? Durch ein Merkmal, was er absondern musste und was als Merkmal der Besinnung deutlich in ihn fiel. Wohlan! lasset uns ihm das *Heureka*[1] zurufen! Dies *erste Merkmal der Besinnung war Wort der Seele! Mit ihm ist die menschliche Sprache erfunden.*

Lasset jenes Lamm als Bild sein Auge vorbei gehn, ihm wie keinem andern Tiere. Nicht wie dem hungrigen, witternden Wolfe, nicht wie dem blutleckenden Löwen – die wittern und schmecken schon im Geiste, die Sinnlichkeit hat sie überwältigt, der Instinkt wirft sie darüber her. [...]. – Nicht so dem Menschen! Sobald er in die Bedürfnis kommt, das Schaf kennen zulernen, so störet ihn kein Instinkt, so reißt ihn kein Sinn auf dasselbe zu nahe hin oder davon ab; es steht da, ganz wie es sich seinen Sinnen äußert: weiß, sanft, wollicht. Seine besonnen sich übende Seele sucht ein Merkmal – das Schaf *blöket*, sie hat Merkmal gefunden. Der innere Sinn würket. Dies Blöken, das ihr am stärksten Eindruck macht, das sich von allen andern Eigenschaften des Beschauens und Betastens losriß, hervorsprang, am tiefsten eindrang, bleibt ihr. Das Schaf kommt wieder: weiß, sanft, wollicht; sie sieht, tastet, besinnet sich, sucht Merkmal – es blökt, und nun erkennet sie's wieder! „Ha! du bist das Blökende!" fühlt sie innerlich, sie hat es *menschlich* erkannt, da sie's deutlich, d.i. mit einem Merkmal, erkennet und nennet. Dunkler? so wäre es ihr gar nicht wahrgenommen, weil keine Sinnlichkeit, kein Instinkt zum Schafe ihr den Mangel des Deutlichen durch ein lebhafteres Klare ersetzte. Deutlich unmittelbar, ohne Merkmal? so kann kein sinnliches Geschöpf außer sich empfinden, da es immer andre Gefühle unterdrücken, gleichsam vernichten und immer den Unterschied von zweien durch ein drittes erkennen muss. Mit einem *Merkmal* also? und was war das anders als ein innerliches Merkwort? Der *Schall* des Blökens, von einer menschlichen Seele als Kennzeichen des Schafs wahrgenommen, ward kraft dieser Besinnung *Name* des Schafs, und wenn ihn nie seine Zunge zu stammeln versucht hätte. Er erkannte das Schaf am Blöken, es war gefasstes Zeichen, bei welchem sich die Seele an eine Idee deutlich besann. Was ist das anders als Wort? Und was ist die ganze menschliche Sprache als eine Sammlung solcher Worte? Käme er also auch nie in den Fall, einem anderen Geschöpf diese Idee zu geben und also dies Merkmal der Besinnung ihm mit den Lippen vorblöken zu wollen oder zu können, seine Seele hat gleichsam in ihrem Inwendigen geblökt, da sie ihn daran erkannte – *die Sprache ist erfunden! Ebenso natürlich und dem Menschen notwendig erfunden, als der Mensch ein Mensch war*.

1 Heureka meint: Ich hab's (gefunden), freudiger Ausruf nach Lösung einer Aufgabe

(Johann Gottfried Herder: Abhandlung über den Ursprung der Sprache. Reclam, Stuttgart 1966, S. 31ff.)

Die Sprache ließe sich nicht erfinden, wenn nicht ihr Typus schon in dem menschlichen Verstande vorhanden wäre. Damit der Mensch nur ein einziges Wort wahrhaft, nicht als bloßen sinnlichen Anstoß, sondern als artikulierten, einen Begriff bezeichnenden Laut verstehe, muss schon die Sprache ganz und im Zusammenhange in ihm liegen. [...]
Der Mensch ist nur Mensch durch die Sprache; um aber die Sprache zu erfinden, müsste er schon Mensch sein. [...] Sie geht notwendig aus ihm selbst hervor, und gewiss auch nur nach und nach, aber so, dass ihr Organismus nicht zwar als eine tote Masse im Dunkel der Seele liegt, aber als Gesetz die Funktionen der Denkkraft bedingt und mithin das erste Wort schon die ganze Sprache antönt und voraussetzt.

(Wilhelm von Humboldt: Schriften zur Sprachphilosophie. Werke Bd. 3, WBG, Darmstadt 1963, S. 10f.)

Wie schon gesagt, waren unsre äffischen Vorfahren gesellig; es ist augenscheinlich unmöglich, den Menschen, das geselligste aller Tiere, von einem ungeselligen nächsten Vorfahren abzuleiten. Die mit der Ausbildung der Hand, mit der Arbeit, beginnende Herrschaft über die Natur erweiterte bei jedem neuen Fortschritt den Gesichtskreis des Menschen. An den Naturgegenständen entdeckte er fortwährend neue, bisher unbekannte Eigenschaften. Andrerseits trug die Ausbildung der Arbeit notwendig dazu bei, die Gesellschaftsglieder näher aneinanderzuschließen, indem sie die Fälle gegenseitiger Unterstützung, gemeinsamen Zusammenwirkens vermehrte und das Bewusstsein von der Nützlichkeit dieses Zusammenwirkens für jeden einzelnen klärte. Kurz, die werdenden Menschen kamen dahin, dass sie einander *etwas zu sagen hatten*. Das Bedürfnis schuf sich sein Organ: Der unentwickelte Kehlkopf des Affen bildete sich langsam aber sicher um, durch Modulation für stets gesteigerte Modulation, und die Organe des Mundes lernten allmählich einen artikulierten Buchstaben nach dem andern aussprechen. [...] Arbeit zuerst, nach und dann mit ihr die Sprache [...].

(Friedrich Engels: Anteil der Arbeit an der Menschwerdung des Affen. In: MEW. Bd. 20. Dietz, Berlin 1972, S. 446f.)

Seit der entsprechenden Theorie des amerikanischen Linguisten Noam Chomsky aus den 1960er Jahren gilt es als sehr wahrscheinlich, dass Menschen mit einem angeborenen Sinn für Sprache und Grammatik zur Welt kommen. Kleinkinder lernen ihre erste Sprache dadurch nahezu automatisch. Sie wächst in ihnen auf ähnliche Weise wie die körperlichen Gliedmaßen. Eine wichtige Voraussetzung dafür ist allerdings, dass Kleinkinder die Sprache, die sie hören, nachahmen können.

(Richard David Precht: Wer bin ich – und wenn ja, wie viele? Goldmann, München 2007, S. 114f.)

- *Welche grundsätzlichen Überlegungen stellt Herder über den Ursprung der Sprache an? Erarbeiten Sie die Hauptargumente.*
- *Welche unterschiedlichen Auffassungen zum Ursprung der Sprache werden in den weiteren Texten vorgestellt? Fassen Sie die vorgestellten Aussagen in Ihren Worten zusammen.*
- *Informieren Sie sich über weitere Auffassungen zum Entstehen der Sprache und vergleichen Sie diese mit den Textauszügen. Welches Argument überzeugt Sie am meisten? Begründen Sie Ihre Entscheidung.*

2.3.3 Sprache, Denken, Wirklichkeit

2.3.3.1 Menschensprache, Tiersprache

Nach der traditionellen Auffassung ist neben Bewusstsein, der Fähigkeit zum logischen Denken, auch die Sprache ein Merkmal, das den Menschen von allen (anderen) Tieren unterscheidet. Ist der Besitz und Gebrauch der Sprache ein definierendes Unterscheidungsmerkmal des Menschen von Tieren? Können auch Tiere sprechen und kommunizieren?
Die US-amerikanische Journalistin Virginia Morell stellt Beobachtungen über Tiere vor, bei denen Sprach- und Denkleistungen entdeckt wurden, die man bisher nur Menschen und Menschenaffen zugetraut hatte.

Q|

- Delfine, die eine Signalsprache verstehen
- Border-Collies, die Namen mit Gegenständen verbinden, über einen Wortschatz von rund 300 Wörtern verfügen
- die kognitive Leistung eines Elefanten, der sich im Spiegel erkennt
- den Graupapagei Alex, der zählen und Dinge nach Farben und Formen einteilen konnte und eine Vorstellung vom Begriff der Null hatte
- Schafe, die Gesichter erkennen und sich an sie erinnern können
- Katta-Lemuren, die über ein gutes Zahlenverständnis verfügen
- Westliche Buschhäher, die ihre Artgenossen täuschen, was eine komplizierte Form des Denkens erfordert

(Nach: National Geographic Nr. 3, März 2008, S. 44ff.)

?|

- *Recherchieren Sie im Internet z.B. unter den Schlagworten „Tierische Intelligenz, Tiersprache“ zu oben erwähnten Fallbeispielen (vgl. auch S. 239ff.).*
- *Prüfen Sie, ob aus den von Morell angeführten Beispielen und Beobachtungen auch wissenschaftlich haltbare Thesen folgen, die eine Gleichsetzung von menschlicher und „Tiersprache“ rechtfertigen? Listen Sie Ihre Argumente auf. Bilden Sie zwei Gruppen und diskutieren Sie Pro und Contra.*

Symbolverwendung

Die nachfolgend zitierten Philosophen Richard David Precht und Hans Lenk ergänzen die Diskussion über menschliche und Tiersprache durch Verweis auf den besonderen (einmaligen?), den bedeutungsvollen und kreativen Sprachgebrauch der Menschen, der ihnen einen umfassenden Zugang zur Welt und zur Kommunikation miteinander ermöglicht. Lenk verweist insbesondere auf die menschliche Symbolverwendung in Denken und Sprache, die neben der Funktion „Bezeichnung der Welt“ auch erlaubt, gleichsam von oben, auf einer *Metaebene*, die Sprache als Sprache und in einer Sprache zum Gegenstand von Untersuchungen zu machen.

Q| Wie wilde Schimpansen verwenden Menschen nur etwa drei Dutzend verschiedene Lautäußerungen, aber sie können aus ihnen komplizierte Sätze formen. Bei Schimpansen, so scheint es, hat jede Lautäußerung eine bestimmte

Bedeutung. In der menschlichen Entwicklung haben Laute wie „Ba" oder „Do" ihre Bedeutung nach und nach verloren. Sie wurden zu Silben. Das heißt: Menschen verbinden bedeutungslose Laute zu bedeutungsvollen Wörtern.

(Richard David Precht: Wer bin ich – und wenn ja, wie viele? Goldmann, München 2007, S. 115)

Das Symboleverwenden und Interpretieren reicht also insgesamt nicht aus, um den Menschen gegenüber den anderen (höheren) Tieren eindeutig zu kennzeichnen. (Auch Delphine haben ja ihre Sprache, und man versucht heute auch, diese zu entschlüsseln.). Alle diese teilsprachbegabten Tiere freilich haben nicht die Möglichkeit, frei variierend ganze „Welten" von symbolischen Neubildungen zu erfinden, ganz neue Worte, Wortkonditionen und Sprachstrukturen zu erfinden und abzuwandeln wie der Mensch. Die sprachliche Kreativität, die Innovationsfähigkeit ist den Menschen gegeben; sie ist bei den Tieren, die Symbole verwenden, äußerst beschränkt. Das scheint also für den Menschen charakteristisch zu sein. [...] Der Mensch ist in der Lage, seine Symbolverwendungen und seine Interpretationen selber wieder zum Gegenstand von höherstufigen Untersuchungen und Analysen zu machen. Das heißt, er kann seine Symbole, ja, sogar seine symbolischen Sprachen, also die Grammatik, oder seine ganze symbolische Welt wiederum zum Gegenstand einer höherstufigen Untersuchung machen. [...] Er ist also dasjenige Wesen, das seine Interpretationen wiederum interpretieren kann, das seine Symbole wieder in höherstufigen Symbolen zusammenfassen kann.

(Hans Lenk: Einführung in die Erkenntnistheorie. Wilhelm Fink, München 1998, S. 20f.)

- *Stellen Sie den Gedankengang und die Hauptaussagen der beiden Texte in Ihren Worten dar und erläutern Sie mit Beispielen.*
- *Vergleichen Sie die Thesen mit denen von Morell und nehmen Sie schriftlich Stellung.*

2.3.3.2 Zum Verhältnis von Sprache und Bewusstsein

Erkenntniskritik versus Sprachkritik

Alle Philosophie ist Sprachkritik [...]

(Ludwig Wittgenstein: Tractatus-logico philosophicus. Suhrkamp, Frankfurt/M. 1969, S. 33)

Der Philosoph Ludwig Wittgenstein (1889–1951) ist der bekannteste Vertreter einer Gruppe von Philosophen, die davon ausgehen, dass bei genauer Betrachtung die Weltwahrnehmung vollkommen sprachlich gestaltet ist und deshalb die Welt nur so (also im Medium der Sprache) erfasst und gestaltet werden kann (*linguistic turn*). Ihrer Ansicht nach existiert unsere Bewusstseinswelt nicht unabhängig von der menschlichen Sprache. Die Welt ist für sie eine Gesamtheit von sprachlichen Aussagen über die Wirklichkeit (*Tatsachen*). Tatsachen stellen immer nur den Ausschnitt der Welt dar, der zum Gegenstand von sprachlichen und gedanklichen Betrachtungen gemacht wird.

Während der bedeutendste Erkenntnistheoretiker Immanuel Kant Bedingungen, Möglichkeiten und Grenzen der Welt- und Selbsterkenntnis und des Wissens an den speziellen Bedingungen des menschlichen Erkenntnisvermögens

festgemacht hat (vgl. Seite 50), stellt Wittgenstein die Sprache in den Mittelpunkt seiner Analysen. Der Philosoph Ernst Cassirer (1874–1945) hatte Kant ergänzt und erläutert, dass – wie Anschauung und Erkenntnis – auch die Sprache nicht eine von ihnen unabhängige Wirklichkeit gestaltet, sondern diese erst als ihre Wirklichkeit formt. Wir haben demnach die Wirklichkeit nur in der Formung der Sprache (vgl. Sprache des Mythos, Kap. 2.5.3, sowie die Bildsprache der Kunst Kap. 2.4). Auch Humboldt hatte die begründende Rolle der Sprache für das menschliche Denken herausgearbeitet (vgl. S. 73).
Wittgenstein verschärft diesen Ansatz. Beobachten, Erkennen, Begreifen, Denken, Spekulieren, logisches Schließen, Wissen sind nicht möglich ohne ihre sprachliche Verfasstheit. *Die Sprache gibt für Wittgenstein vor, was denkbar ist.* Eine reine Analyse des Erkenntnisvermögens à la Kant ist für Wittgenstein naiv, da sie die sprachliche Verfassheit des Denkens außer Acht lässt. Es gilt vielmehr, das Sprachvermögen und die *Verwendungsweisen* der Sprache sowie die Logik und die Regeln der Sprache zu analysieren und zu verstehen. Wittgenstein postuliert dabei jedoch keine reine Idealsprache nach dem Modell der Mathematik, um zu einer klaren Erkenntnis zu kommen. Er will aber Missverständnissen, Verwirrungen, Unklarheiten sowohl der Verwendungsweisen von im Alltag gebrauchter Sprache als auch besonders der wissenschaftlichen und philosophischen Sprachverwendung auf die Spur kommen, weil er glaubt, dass viele Probleme gar nicht real sind, sondern aus einer „Verhexung“ durch unsere Sprache entstehen. Aus der intensiven Klärung von Missverständnissen erhofft er sich – darin durchaus kantisch – Einsicht in Bedingungen, Möglichkeiten und Grenzen des Erkennens und Wissens zur Weltentschlüsselung.

?|
- *Fassen Sie in wenigen Sätzen den Ansatz von Wittgenstein zusammen.*
- *Informieren Sie sich über Leben und Werk von Ludwig Wittgenstein.*

Prägt Sprache unser Denken und unsere Auffassungsweisen der Welt?
Wie beeinflussen die Strukturen unserer Sprache unser Denken und unsere Wahrnehmung der Welt? Der Sprachforscher Benjamin Lee Whorf (1897–1941) äußerte folgende Theorie zum Verhältnis von Sprache, Denken und Wirklichkeit.

Q| Die natürliche Logik sagt uns, das Sprechen sei nur ein beiläufiger Vorgang, der ausschließlich mit der Weitergabe, aber nichts mit der Formulierung von Gedanken zu tun habe. Im Sprechen oder beim Gebrauch der Sprache wird angeblich nur „ausgedrückt“, was im wesentlichen bereits unsprachlich formuliert war. Die Formulierung ist ein unabhängiger Vorgang, genannt Denken, der von der Natur der einzelnen Sprachen weitgehend unbeeinflusst sein soll. Sprachen haben Grammatiken, die als bloße Normen konventioneller und gesellschaftlicher Korrektheit angesehen werden. Der Gebrauch einer Sprache wird nicht so sehr von ihnen als vielmehr durch richtiges, vernünftiges oder intelligentes Denken geleitet. Das Denken hängt nach dieser Ansicht nicht von der Grammatik ab, sondern von Gesetzen der Logik oder Vernunft, die für alle Beobachter des Universums die gleichen sind und etwas Rationales im Universum repräsentieren, das von intelligenten Beobachtern „gefunden“ werden kann, gleichgültig, ob sie Chinesisch oder Choktaw sprechen. [...]

Die natürliche Logik enthält zwei Fehler. *Erstens:* Sie sieht nicht, dass die Sprachphänomene für den Sprechenden weithin einen Hintergrundscharakter haben und mithin außerhalb seines kritischen Bewusstseins und seiner Kontrolle bleiben. Spricht daher jemand gemäß seiner natürlichen Logik über Vernunft, Logik und die Gesetze richtigen Denkens, so wird er leicht rein grammatikalischen Gegebenheiten folgen, die in seiner eigenen Sprache oder Sprachfamilie einen Hintergrundscharakter haben, die aber keineswegs in allen Sprachen gelten oder gar ein allgemeines Substrat der Vernunft sind. *Zweitens:* Die natürliche Logik verwechselt die Übereinstimmung über einen Gegenstand, die mit Hilfe einer Sprache erreicht wird, mit dem Wissen um den linguistischen Prozess, durch den diese Übereinstimmung zustande kommt [...].

Als die Linguisten soweit waren, eine größere Anzahl von Sprachen mit sehr verschiedenen Strukturen kritisch und wissenschaftlich untersuchen zu können, erweiterten sich ihre Vergleichsmöglichkeiten. [...] Man fand, dass das linguistische System (mit anderen Worten die Grammatik) jeder Sprache nicht nur ein reproduktives Instrument zum Ausdruck von Gedanken ist, sondern vielmehr selbst die Gedanken formt, Schema und Anleitung für die geistige Aktivität des Individuums ist, für die Analyse seiner Eindrücke und für die Synthese dessen, was ihm an Vorstellungen zur Verfügung steht. Die Formulierung von Gedanken ist kein unabhängiger Vorgang, [...] sondern er ist beeinflusst von der jeweiligen Grammatik. Er ist daher für verschiedene Grammatiken mehr oder weniger verschieden.

(Benjamin Lee Whorf: Sprache Denken Wirklichkeit. Rowohlt, Reinbek 1974, S. 7, 10f.)

› *Fassen Sie die Kernaussagen von Whorf komprimiert und strukturiert zusammen.*
› *Diskutieren Sie, ob Sie seiner Kritik an der „natürlichen Logik“ zustimmen können.*

Der Philosoph Franz von Kutschera erkennt an, dass Sprache als Mittel zur Erschließung der Welt durchaus unsere Auffassungsweisen der Welt prägt und dass verschiedene Sprachen verschiedene Interpretationsweisen darstellen können (vgl. auch S. 258). Er gibt jedoch zu bedenken:

Eine Kultur formt [aber] im Laufe ihrer Auseinandersetzung mit der Umwelt ihre Sprache zusammen mit ihrem Weltverständnis. Hier liegt also keine Herrschaft der Sprache über die Erkenntnis vor, sondern, im großen gesehen, eine Einheit von Sprachbildung und Erkenntnisprozess. Der einzelne hingegen übernimmt die Sprache von der Kulturgemeinschaft, der er angehört. Er steht, wenn er sich ein Bild von der Welt macht, durchaus unter einem bestimmenden Einfluss. Dieser Einfluss ist aber nicht der der Sprache als eines einzelnen isolierten Zeichensystems, sondern der der *kulturellen Gesamttradition*, in die die Sprache eng verflochten ist. [...] Die Sprachen sind gewissermaßen Systeme von Werkzeugen, die sich zur Bearbeitung eines Materials bewährt haben. Sie wurden also nicht frei erfunden, sondern erprobt, und insofern bestimmt auch die Erfahrung die Sprache, wie das Material die Wahl der Werkzeuge bestimmt. [...] Allerdings bestimmt eben nicht nur das Material die Wahl der Werkzeuge, sondern auch die Zwecke. Und ebenso bestimmt auch das, was man etwas vage, aber einprägsam „Kulturwollen" genannt hat, speziell die Erkenntnisintention und das Erkenntnisinteresse, die Wahl der Sprachform, und so gibt es auch ganz verschiedene Sprachen zur Bearbeitung desselben „Erfahrungsmaterials".

(Franz von Kutschera: Sprachphilosophie. UTB W. Fink, München 1971, S. 335ff.)

Friedrich Nietzsche (1844–1900) war nicht nur ein Philosoph, der Kultur, Moral und Religion des 19. Jahrhunderts kritisierte. Er erörterte auch das Verhältnis von Sprache und Bewusstsein bei der Entwicklung des Menschen.

Q Nun scheint mir, wenn man meiner Antwort auf diese Frage und ihrer vielleicht ausschweifenden Vermutung Gehör geben will, die Feinheit und Stärke des Bewusstseins immer im Verhältnis zur *Mitteilungsfähigkeit* eines Menschen (oder Tieres) zu stehen, die Mitteilungsfähigkeit wiederum im Verhältnis zur *Mitteilungsbedürftigkeit*: letzteres nicht so verstanden, als ob gerade der einzelne Mensch selbst, welcher gerade Meister in der Mitteilung und Verständlichmachung seiner Bedürfnisse ist, zugleich auch mit seinen Bedürfnissen am meisten auf die anderen angewiesen sein müsste. Wohl aber scheint es mir so in Bezug auf ganze Rassen und Geschlechterketten zu stehen: wo das Bedürfnis, die Not die Menschen lange gezwungen hat, sich mitzuteilen, sich gegenseitig rasch und fein zu verstehen, da ist endlich ein Überschuss dieser Kraft und Kunst der Mitteilung da, gleichsam ein Vermögen, das sich allmählich aufgehäuft hat und nun eines Erben wartet, der es verschwenderisch ausgibt (die so genannten Künstler sind diese Erben, insgleichen die Redner, Prediger, Schriftsteller: alles Menschen, welche immer am Ende einer langen Kette kommen, „Spätgeborene" jedes Mal, im besten Verstände des Wortes, und, wie gesagt, ihrem Wesen nach *Verschwender*). Gesetzt, diese Beobachtung ist richtig, so darf ich zu der Vermutung weitergehen, dass *Bewusstsein überhaupt sich nur unter dem Drucke des Mitteilungsbedürfnisses entwickelt hat*, dass es von vornherein nur zwischen Mensch und Mensch (zwischen Befehlenden und Gehorchenden in Sonderheit) nötig war, nützlich war, und auch nur im Verhältnis zum Grade dieser Nützlichkeit sich entwickelt hat. Bewusstsein ist eigentlich nur ein Verbindungsnetz zwischen Mensch und Mensch, – nur als solches hat es sich entwickeln müssen: der einsiedlerische und raubtierhafte Mensch hätte seiner nicht bedurft. Dass uns unsere Handlungen, Gedanken, Gefühle, Bewegungen selbst ins Bewusstsein kommen – wenigstens ein Teil derselben –, das ist die Folge eines furchtbaren langen, über dem Menschen waltenden „Muss": er *brauchte*, als das gefährdetste Tier, Hilfe, Schutz, er *brauchte* seinesgleichen, er musste, seine Not auszudrücken, sich verständlich zu machen wissen – und zu dem allen hatte er zuerst „Bewusstsein" nötig, also selbst zu „wissen", was ihm fehlt, zu „wissen", wie es ihm zumute ist, zu „wissen", was er denkt. Denn nochmals gesagt: der Mensch, wie jedes lebende Geschöpf, denkt immerfort, aber weiß es nicht; das *bewusst* werdende Denken ist nur der kleinste Teil davon, sagen wir: der oberflächlichste, der schlechteste Teil: denn allein dieses bewusste Denken *geschieht in Worten, das heißt in Mitteilungszeichen*, womit sich die Herkunft des Bewusstseins selber aufdeckt. Kurz gesagt, die Entwicklung der Sprache und die Entwicklung des Bewusstseins (*nicht* der Vernunft, sondern allem des Sich-bewusst-Werdens der Vernunft) gehen Hand in Hand. Man nehme hinzu, dass nicht nur die Sprache zur Brücke zwischen Mensch und Mensch dient, sondern auch der Blick, der Druck, die Gebärde; das Bewusstwerden unserer Sinneseindrücke bei uns selbst, die Kraft, sie fixieren zu können und gleichsam außer uns zu stellen, hat in dem Maße zugenommen, als die *Nötigung* wuchs, sie *Anderen* durch Zeichen zu übermitteln. Der zeichenerfindende Mensch ist zugleich der immer schärfer seiner selbst bewusste Mensch; erst als soziales Tier lernte der Mensch seiner selbst bewusst werden, – er tut es noch, er tut es immer mehr. – Mein Gedanke ist, wie man sieht: dass das Bewusstsein nicht eigentlich zur Individualexistenz des Menschen gehört, vielmehr zu dem, was an ihm Gemeinschafts- und Herdennatur ist; dass es, wie daraus folgt, auch nur in Bezug auf Gemeinschafts- und Herdennützlichkeit fein entwickelt ist [...].

(Friedrich Nietzsche: Vom Genius der Gattung. In: Die fröhliche Wissenschaft. KSA Bd. 3. dtv, München 1980, S. 590–592)

!?

- *Legen Sie Kutscheras Thesen dar und vergleichen Sie diese mit denen von Whorf.*
- *Welche Thesen stellt Nietzsche zum Verhältnis von Bewusstsein und Sprache auf?*
- *Mit welchen Argumenten unterstützen bzw. widersprechen Sie Nietzsches Ansicht?*
- *Sprache kann nach Nietzsches Auffassung eine Brücke zwischen den Menschen sein. Wie stellen Sie sich diese Brücke vor? Gestalten Sie eine Collage zu dieser Thematik.*
- *Erarbeiten Sie unter Verwendung der Texte von Whorf, Kutschera und Nietzsche eine eigene Position zum Verhältnis von Sprache und Bewusstsein.*

2.3.3.3 Denken und Sprechen durch neurophysiologische Grundlagen erklären?

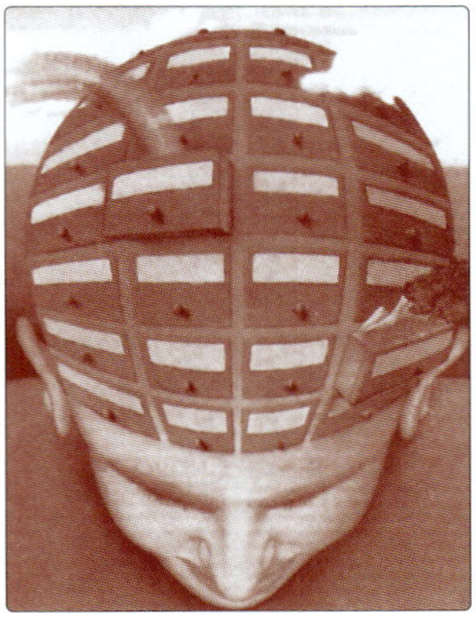

Zur Beantwortung der Frage nach dem Zusammenhang zwischen Denken und Sprechen verweisen Hirnforscher, insbesondere kognitive Neurowissenschaftler, auf die neuronalen Mechanismen, die den denkerischen (kognitiven) und sprachlichen Leistungen des Gehirns zu Grunde liegen. Wenn man Denken und Sprechen erkunden will, dann hat man aus ihrer Sicht naturwissenschaftlich vorzugehen (vgl. Kap. 2.2, 5.1). Messungen am Gehirn sind der Ort und die erklärende Basis geistiger Fähigkeiten (Wahrnehmung, Denken, Lernen, Sprache). Die Forschungsvorhaben werden dabei als ein interdisziplinäres Unternehmen zwischen Neurowissenschaft, Informatik, Linguistik, Psychologie und Philosophie verstanden.
Neurowissenschaftler begnügen sich nicht damit, in einer nach ihrer Ansicht nur gedanklichen Innenschau klare und unbezweifelbare Denk- oder Sprachkategorien zu postulieren (vgl. z.B. Kap. 1.2.2), ihnen reicht auch nicht die Auffassung, dass Menschen Sprachen durch das hörende Herausfiltern von Sprachregeln erlernen und gebrauchen (Jean Piaget), sie akzeptieren ebenfalls keine geburtlich vorgegebene menschliche Universalgrammatik, also ein gleichsam angeborenes Sprachwissen (Noam Chomsky). Kognitive Neurowis-

senschaftler wollen Hirnregionen ausfindig machen und die Prozesse untersuchen, die mit bestimmten kognitiven Fähigkeiten verknüpft sind. Manche Forscher hoffen sogar, Bewusstseinsprozesse ursächlich auf biologische Prozesse zurückführen zu können. Andere sind vorsichtiger und suchen spezielle Prozesse im Gehirn, die für einen bestimmten Bewusstseinszustand eine wichtige Rolle spielen können oder gestehen sogar geistige Abläufe zu, die vermutlich nicht an neuronale Prozesse gebunden sind und damit für Naturwissenschaftler unerklärlich bleiben.

In einem Gespräch von „Spiegel Wissen“ mit dem Philosophen und Hirnforscher Gerhard Roth und dem Autor Richard David Precht geht es um die Frage, was das rationale Denken und Sprechen überhaupt leisten kann. Der Hirnforscher und Psychiater Florian Holsboer stellt anschließend hohe Ansprüche an die Biologie.

Roth: Vor 150 Jahren wollte man all diese Geheimnisse – Charakter, Persönlichkeit, Bewusstsein, Ich – neurobiologisch rasch lösen, hat das aber auf sehr spärlicher Basis betrieben, etwa Landkarten des Gehirns gezeichnet. Freud hat das dann aufgegeben. Danach galt es viele Jahrzehnte als absurd, als Hirnforscher über das Ich zu spekulieren; man war froh, wenn man im Gehirn irgendwelche Nervenzellen untersuchen konnte, die auf einfache Sinnesreize reagieren. Dass die Hirnforschung kognitive Leistungen des Gehirns ergründet, bis hin zu Emotionen und Bewusstsein, das gibt es erst seit etwa 15 Jahren, ermöglicht zum Beispiel durch die funktionelle Kernspintomografie, die Gehirnleistungen visualisieren kann. Aber über die Frage nach dem Ich kann die Hirnforschung allein nichts sagen. [...] Ich kann keiner Nervenzelle ansehen, ob es da ein Ich gibt. Ich komme durch rein neurobiologische Untersuchungen nicht dahinter, was Liebe wirklich ist.

Ich beobachte neuronale Funktionen, nicht geistige Inhalte. Das geht nur im Zusammenwirken mit Verhaltensforschern oder Psychologen, was manche Hirnforscher ja praktizieren. [...] Streit gibt es, wenn die Philosophen ihrerseits den Hirnforschern das Recht absprechen, über das Ich mit dem Blick auf Nervenzellen nachzudenken.

Spiegel Wissen: Sie, Herr Roth, haben doch geschrieben, es sei das „verhaltenssteuernde limbische System“, das sich des Verstandes bediene, und insofern leide das Bewusstsein unter einer maßlosen Selbstüberschätzung. [...]

Roth: [...] Ich habe gelernt, man kann sehr vernünftig über Willensfreiheit reden und zugleich Korrelate dafür im Gehirn suchen. [...] Es gibt immer Hauptmotive für unser Handeln, über die wir nicht willentlich verfügen. [...] Ob Ihnen der Gedanke kommt, unterliegt nicht Ihrem Willensentschluss, sondern er kommt aus dem Vorbewussten. Gedanken kommen ohne Einfluss des wollenden Ichs. Ich kann sie nicht erzwingen, sie kommen aus der Großhirnrinde, wo auch unser Gedächtnis sitzt, und sie verketten sich dann, so werden sie meine Gedanken. [...]

Precht: Die Gefühle sind es, die weitgehend bestimmen, was wir denken – nicht total, aber sie sind zumindest immer dabei, selbst bei den kühlsten mathematischen Operationen. Wie stark sie mitspielen, bestimmen sie, nicht unser Verstand. Aber sie müssen nicht immer die Handlung führen.

Roth: Was uns elementar bestimmt, auf der untersten Ebene, sind unsere Affekte, das, was man Temperament nennt; als zweite Ebene ist die frühkindliche emotionale Konditionierung zu nennen; die dritte Ebene ist die spätere soziale Konditionierung. Ratio allein, das kann man gehirnanatomisch und -physiologisch zeigen, bewegt überhaupt nichts. Der Apparat, der unsere Ratio im Gehirn produziert, ist evolutionär so konstruiert, dass er selbst gar nichts bewegen soll. Wir müssen eine Instanz haben, mit der wir überlegen können, was wir tun sollen, bevor wir etwas tun - das ist die Ratio. Sie hält inne, den Impuls zu handeln gibt sie aber nicht. [...]

Roth: Syntaktische Sprachen, die ein ausdrückliches Ich-Sagen ermöglichen, entstanden wohl vor 80 000 Jahren, zusammen mit komplexeren Werkzeugproduktionen und ausgefeilteren sozialen Ritualen.

Roth: Das Rätselhafte ist, dass vor etwa 20 Millionen Jahren die Gehirngröße der Primaten erst allmählich und dann stark zugenommen hat - in einer Weise, die einmalig im Tierreich ist. Ursache waren bestimmte genetische Veränderungen. Das scheint nicht unter einem ganz spezifischen Selektionsdruck passiert zu sein. Aber es ist passiert. [...] Wahrscheinlich war es im ersten Schritt ein „genetischer Unfall". Jedenfalls gab es da diesen Riesenkortex, mit dem der Primat unabhängig vom Selektionsdruck plötzlich [...] Dinge ausprobieren konnte, die ihm vorher nicht möglich waren. So bekommen Sie per Huckepack unfreiwillig die verrücktesten Dinge angeboten wie das Ich [...].

(Spiegel Wissen Nr. 1, 2009, S. 19–25)

Q

Alles, was in Ihrem Gehirn passiert, ist Biologie. Deshalb brauchen wir molekularbiologische und genetische Analysen [...]. Ich gebe zu: Die Herausforderung ist gigantisch. [...] Das ist eine unvorstellbare Komplexität, mindestens so kompliziert wie das Weltall. [...] Die Psyche entsteht durch das Zusammenspiel von Millionen Hirnzellen, Aminosäuren und anderen Molekülen. Die geheimnisvolle geistig-psychische Welt entfaltet sich jetzt vor uns, indem wir neuronale Signalketten, Transkriptionsfaktoren, Gene, Epigenetik und all das entdecken. [...]

Je mehr ich darüber erfahre, desto bescheidener werde ich. Wir können kleine Teilaspekte einfangen. Wir werden aber nie imstande sein, Dinge zu verstehen wie Liebe und Ästhetik. Insofern ist das, wofür ich stehe, nicht zu verstehen als eine Entzauberung des Menschen. [...] Das Ich steckt in Milliarden Schaltkreisen drin; aber es lässt sich biochemisch nicht beschreiben.

(Florian Holsboer. In: Der Spiegel Nr. 18, 27.4.2009, S. 137f.)

?

- *Informieren Sie sich durch obige Texte, durch Lexika, durch Internetrecherchen (z.B. unter den Suchbegriffen „Neurowissenschaft, Kognitionswissenschaft, Gehirn und Geist, Sprache, Denken, Neuronales Korrelat des Bewusstseins, Geist und Gehirn") und in Zusammenarbeit mit dem Fach Biologie über Fragen und Antworten zum Thema Sprache und Denken und erarbeiten Sie danach eigene Thesen.*
- *Überprüfen Sie die Grundthesen über den Zusammenhang von geistigen Prozessen mit neuronalen Vorgängen und beurteilen Sie diese auf der Grundlage eigener Anschauungen und erworbenen Wissens.*
- *Nehmen Sie Stellung zu der These, dass beim jetzigen Stand der Forschung festzuhalten bleibt: Vielfach wird spekulativer vorgegangen als behauptet und selbst ein detailliertes Verständnis neuronaler Prozesse schließt noch nicht die bestehende Erklärungslücke zwischen Sprache/Bewusstsein und biologischen Vorgängen.*
- *Welche Rolle kann Ihrer Ansicht nach die Philosophie in der Zusammenarbeit mit der Neurophysiologie spielen?*

Salvador Dali, Galatea aux Spheres, 1952

2.3.3.4 Abbildung der Wirklichkeit durch Sprache?

Kann man durch in Sprache gefasstes Denken die Wirklichkeit beschreiben, ist eine der Fragen, die wir uns eingangs gestellt haben. Im Nachsatz müssten wir uns erkundigen: Was meinen wir mit Wirklichkeit? Die Realität? Die Wahrheit? Alles Begriffe, die Philosophen beschäftigt haben. Neben vielen anderen stellen sich der Physiker und Philosoph Moritz Schlick (1882–1936) und Friedrich Nietzsche (1844–1900) diesem Thema.

Ist es nicht erstaunlich, dass ich durch Hören gewisser Laute, die von dem Mund einer Person ausgehen, oder durch das Hinblicken auf ein paar schwarze Zeichen auf einem Stück Papier die Tatsache erfahren kann, dass ein Vulkan auf einer entlegenen Insel einen Ausbruch gehabt hat oder dass Herr Soundso zum Präsidenten der Republik Soundso gewählt worden ist? Die Zeichen auf dem Stück Papier und der Ausbruch des Vulkans sind zwei ganz getrennte und verschiedenartige Tatsachen, es gibt scheinbar keine Ähnlichkeit zwischen ihnen, und doch vermittelt mir die Kenntnis der einen die Kenntnis der anderen. Wie ist das möglich? Welche besondere Beziehung besteht zwischen den beiden?

(Moritz Schlick: Gesammelte Aufsätze. Zitiert nach: Friedrich Waismann: Logik, Sprache, Philosophie. Reclam, Stuttgart 1976, S. 441)

Q| Die Bedeutung der Sprache für die Entwicklung der Kultur liegt darin, dass in ihr der Mensch eine eigene Welt neben die andere stellte, einen Ort welchen er für so fest hielt, um von ihm aus die übrige Welt aus den Angeln zu heben und sich zum Herren derselben zu machen. Insofern der Mensch an die Begriffe und Namen der Dinge als an *aeternae veritates* [ewige Wahrheiten] durch lange Zeitstrecken hindurch geglaubt hat, hat er sich jenen Stolz angeeignet, mit dem er sich über das Tier erhob: er meinte wirklich in der Sprache die Erkenntnis der Welt zu haben. Der Sprachbildner war nicht so bescheiden zu glauben, dass er den Dingen eben nur Bezeichnungen gebe, er drückte vielmehr, wie er wähnte, das höchste Wissen über die Dinge mit den Worten aus; in der Tat ist die Sprache die erste Stufe der Bemühung um die Wissenschaft. *Der Glaube an die gefundene Wahrheit* ist es auch hier, aus dem die mächtigsten Kraftquellen geflossen sind. Sehr nachträglich – jetzt erst – dämmert es den Menschen auf, dass sie einen ungeheuren Irrtum in ihrem Glauben an die Sprache propagiert haben. Glücklicherweise ist es zu spät, als dass es die Entwicklung der Vernunft, die auf jenem Glauben beruht, wieder rückgängig machen könnte. – Auch die Logik beruht auf Voraussetzungen, denen nichts in der wirklichen Welt entspricht, z.B. auf der Voraussetzung der Gleichheit von Dingen, der Identität desselben Dings in verschiedenen Punkten der Zeit: aber jene Wissenschaft entstand durch den entgegen gesetzten Glauben (dass es dergleichen in der wirklichen Welt allerdings gebe).

(Friedrich Nietzsche: Menschliches, Allzumenschliches (I.11). In: KSA Bd. 2. dtv, de Gruyter, München 1980, S. 30f.)

?| › *Erläutern Sie, inwiefern es tatsächlich erstaunlich ist, dass man mit bezeichnender Sprache Realität kennzeichnen kann.*

- *Welche Rolle spielt Sprache bei der Entschlüsselung der Wirklichkeit laut Nietzsche? Überlegen Sie anschließend, ob und wie Sie Nietzsche zustimmen oder widersprechen.*
- *Als Wirklichkeit/Realität könnte man (ohne Berücksichtigung der Ergebnisse der Quantenphysik) die Gesamtheit alles tatsächlich, unbezweifelbar und für jeden überprüfbar Gegebenen bezeichnen. Gegensätze wären z.B.: Traum, Illusion, Phantasie, Virtualität, Täuschung. Recherchieren Sie in geeigneten Medien, was Wirklichkeit ist und konfrontieren Sie Ihr Suchergebnis mit den Bestimmungen, welche der Philosoph Ivo Frenzel vorstellt. Stellen Sie Ihre Position in einem Referat oder Essay vor.*

Über das Verhältnis von Sprache und Wirklichkeit gibt es zwei sich grundlegend unterscheidende Theorien. Die erste besagt, dass die Wörter Benennungen der Gegenstände einer – wie auch immer verstandenen – vorgefundenen, vom Menschen unabhängigen Wirklichkeit seien. Danach besteht eine Zuordnung von Sprache und Wirklichkeit.
Diese kann entweder so verstanden werden, dass man in den Wörtern die *analogen* Abbilder der Dinge sieht – das heißt aber von ihnen aus das Wesen der Dinge erkennt, Wahrheit gewinnt –, oder so, dass man keinen inneren Zusammenhang zwischen den Wörtern und den Dingen annimmt. Diese Theorie [...] wird auch von modernen Zeichentheoretikern wie de Saussure oder den Logikern vertreten.
Die zweite Theorie über das Verhältnis von Sprache und Wirklichkeit besagt, dass die Wörter den Dingen nicht unmittelbar zugeordnet seien, sondern dass die Sprache eine „*Zwischenwelt*" darstelle zwischen dem menschlichen Geist und den Objekten der Außenwelt. [...] Diese Theorie geht auf *W. von Humboldt* zurück, der die Sprache „eine wahre Welt" nannte, „welche der Geist zwischen sich und die Gegenstände durch die innere Arbeit seiner Kraft setzen muss". Die Dinge existieren für den Menschen daher immer nur als Gegenstände des Bewusstseins, wie sie durch das Wort mit ihm vermittelt werden. In jeder Sprache liegt eine eigentümliche *Weltansicht*. In dieser Auffassung sind die philosophischen Elemente der Erkenntnistheorie *I. Kants* sichtbar, der das Ding an sich zwar nicht leugnet, es aber nur in seinen Erscheinungsformen als erkennbar gelten lassen will, erkennbar nicht objektiv, sondern nur subjektiv durch die apriorische Bewusstseinsstruktur. Humboldt leugnet ebenso wenig die Dinge der Außenwelt, aber er hält sie allein erfassbar durch die apriorischen Strukturelemente der jeweiligen Muttersprache. In jeder Sprache geschieht demnach eine neue Weltschöpfung und alle diese sprachlichen Weltschöpfungen sind gleich wahr, gleich wirklich. Die Beurteilung der Sprache als wirklichkeitskonstituierende Macht hat seit Humboldt zahlreiche Nachfolger gefunden [...].

(Ivo Frenzel (Hg.): Philosophie. Das Fischer Lexikon. Frankfurt/M. 1969, S. 326f.)

- Was ist nach Ihrer Meinung der Hauptzweck von Sprache? Formulieren Sie bei Ihrer Antwort auch eine schriftliche Stellungnahme zur Frage, was sprachlich verfasstes Denken hinsichtlich Weltentschlüsselung kann oder nicht kann.

2.3

2.4 Ästhetik und Kunst

Die Begegnung des Guten, Schönen und Wahren mit dem Bösen, Hässlichen und Verlogenen

?

- *Beschreiben Sie die Abbildung und erläutern Sie den Realitätsgehalt anhand von Beispielen.*
- *Sie kennen sicher diese oder ähnliche Thesen: „Wer schön ist bzw. an seinem äußeren Erscheinungsbild arbeitet, hat etwas aus sich gemacht, fühlt sich gut und hat Erfolg."*
  Untersuchen Sie Techniken zur Verschönerung des menschlichen Körpers (Bleeching, Diät, Fitnesstraining, Friseur, Maniküre, Sonnenstudio, Stilberatung, Schönheitsoperation usw.), indem Sie der Frage nachgehen, ob der ethische Imperativ „Optimierung des eigenen Selbst" (Selbstoptimierung und Verantwortlichkeit gegenüber sich selbst: „Mache etwas aus deinem Leben!") nicht nur hinsichtlich Geistes- und Geschmacksbildung, beruflicher und privater Ziele, sondern auch hinsichtlich Körpertechnologien und Bekleidung erfolgen sollte. Beachten Sie dabei auch Positionen (z. B. Punk), die nach gängigen Kriterien als hässlich gelten.
- *Erinnern Sie sich an Ihr Lieblingslied und beschreiben Sie es mit Adjektiven wie z. B. begeisternd, bereichernd, rätselhaft, beruhigend, tröstend. Welche Rolle spielt es in Ihrem Leben? Welche Versprechungen, welche Wahrheiten enthält es? Ist es nur zum Hören da?*
- *Sammeln Sie Fragen aus Ihrem Lebensalltag, mit denen sich die „Ästhetik" Ihrer Meinung nach befassen müsste und könnte.*

Ästhetische Weltentschlüsselung?

Wir benutzen das Wort „ästhetisch" im Alltagssprachgebrauch gleichbedeutend mit „schön" oder „angenehm". Mit „schön" oder „hässlich" geben wir ein Urteil ab. Ein Song ist schön, eine Webseite hässlich, ein Film, eine Blume, ein Bauwerk, Frauen oder Männer sind schön oder cool, eine Tasche hässlich, besondere, aufregende Erlebnisse sind schön, Bilder schön oder hässlich. Und das, was als schön gilt, ist dann meistens auch gut. Was wir hässlich finden, ist dementsprechend irgendwie schlecht. Wir beurteilen insofern die Welt, wie sie sich unseren Wahrnehmungen erschließt, nach *anderen Kriterien* als z. B. mit „Erkenntnis erweiternd", „nützlich", „Geld bringend".

Sind unsere ästhetischen Empfindungen und Erfahrungen tatsächlich Urteile? Gefällt uns etwas, weil es schön ist oder ist etwas schön, weil es uns gefällt? Was ist und kann Ästhetik? Was ist Schönheit? Was kann man überhaupt mit sinnlich-ästhetischer Wahrnehmung und den Urteilen „schön" oder „hässlich" für eine Entschlüsselung der Welt erreichen? Produziert die Natur Schönheit nur als Mittel bei der Partnerwahl, um beste Nachkommen zu erzeugen? Werden wir durch Schönheit „eingelullt" und von wirklichen Erkenntnissen abgehalten? Wie stehen wir zu Schönheitsoperationen? Können Erkenntnisse und Einsichten aus sinnlich-ästhetischen Wahrnehmungen und Geschmacks-

urteilen entstehen? Kann umgekehrt auch Schönheit aus dem Denken kommen? Ist Wahrheit nur ein Ergebnis des Denkens und das Schöne nur ein Produkt der Sinne? Muss man nicht auch erkennen, um Schönheit in Natur, Technik, Wissenschaft und Kunst zu erfahren? Nützen ästhetische Kriterien auch außerhalb der Kunst? Was ist, was kann, was soll überhaupt Kunst? Sind Rap und Popmusik Kunst? Reichen die Sinne aus, um moderne Kunst zu verstehen? Ist die moderne Kunst hässlich und unverständlich, weil sie eine undurchschaubare und schlechte Welt widerspiegelt?
In diesem Kapitel bieten wir Ihnen Materialien und Anregungen zur Überprüfung von Möglichkeiten und Grenzen einer Weltentschlüsselung durch *ästhetische Erfahrung und Kunst*.

Aufklärende Vernunft und Ästhetik

Die Philosophie gilt ebenso wie z.B. die Mathematik als abstrakt und wenig sinnlich. Philosophen und Wissenschaftler halten das nüchterne, klare, eindeutige, rationale Denken für das beste Mittel zur Entschlüsselung und zur Orientierung in der Welt. Kühles und sachliches Denken, Orientierung an Gewissheit, Entlarven, Planen, Argumentieren und ein dementsprechendes Handeln: all das ist heute selbstverständlich geworden. Aufklärung, wissenschaftliche, kritische Vernunft und darauf basierende Industrialisierung haben zu einem atemberaubenden Erfolg rationaler, wissenschaftlicher Weltentschlüsselung geführt und unsere Lebensgrundlagen verbessert. Aus der Sicht kritischer Beobachter hat das jedoch auch zum Verlust von Ganzheitlichkeit, zu einem Ruin des Wunderbaren, zu einer fatalen *Entzauberung* der Welt geführt. Nur auf einer oberflächlichen Ebene und scheinbar würden viele Rätsel gelöst. Grundlegende Lebensfragen, zahlreiche Unsicherheiten bei Entscheidungen und Erkenntnissen würden durch eine rationale Weltentschlüsselung und eine Orientierung an der Gewissheit des Denkens gar nicht aufgeklärt. Mit und aus den Mitteln ästhetischer Erfahrung, also durch Sinnlichkeit, Gefühl, Bildhaftigkeit und insbesondere durch Künste wie Dichtung, Malerei und Musik erhoffen sich Kritiker der Entzauberung eine produktive *Wiederverzauberung* der Welt. Wirkliche Wahrheit ergibt sich für sie in der Bewahrung der lebensnotwendigen *Spannung aus Enträtselung und Verrätselung*. Damit ist mehr und anderes gemeint als ein immer wieder neues Hinterfragen dessen, was man zu wissen glaubt.

Zu diesem Thema zitieren wir den Romantiker Novalis (Friedrich von Hardenberg, 1772–1801), die Philosophen Friedrich Nietzsche (1844–1900) und Georg W. F. Hegel (1770–1831) sowie den Schriftsteller Erhart Kästner (1904–1974).

Wenn nicht mehr Zahlen und Figuren
Sind Schlüssel aller Kreaturen,
Wenn die so singen, oder küssen
Mehr als die Tiefgelehrten wissen
Wenn sich die Welt ins freie Leben,
Und in die „freie" Welt wird zurückbegeben,
Wenn dann sich wieder Licht und Schatten

Zu echter Klarheit wieder gatten.
Und man in Märchen und Gedichten
Erkennt die „alten“ wahren Weltgeschichten,
Dann fliegt vor Einem geheimen Wort
Das ganze verkehrte Wesen fort.

(Novalis: Heinrich von Ofterdingen. Paralipommena. Reclam, Stuttgart 1972, S. 189f.)

In irgendeinem abgelegenen Winkel des in zahllosen Sonnensystemen flimmernd ausgegossenen Weltalls gab es einmal ein Gestirn, auf dem kluge Tiere das Erkennen erfanden. Es war die hochmütigste und verlogenste Minute der Weltgeschichte, aber doch nur eine Minute. Nach wenigen Atemzügen der Natur erstarrte das Gestirn, und die klugen Tiere mussten sterben. Es war auch an der Zeit: denn ob sie schon viel erkannt zu haben sich brüsteten, waren sie doch zuletzt, zu großer Verdrossenheit, dahinter gekommen, dass sie alles falsch erkannt hatten. Sie starben und fluchten im Sterben der Wahrheit. Das war die Art dieser verzweifelten Tiere, die das Erkennen erfunden hatten.

Dies würde das Los des Menschen sein, wenn er eben nur ein erkennendes Tier wäre [...].

Verschweigt ihm die Natur nicht das Allermeiste, ja gerade das Allernächste, z.B. seinen eigenen Leib, von dem er nur ein gauklerisches „Bewusstsein“ hat? In dieses Bewusstsein ist er eingeschlossen, und die Natur warf den Schlüssel weg. Ob der verhängnisvollen Neubegier des Philosophen, der durch eine Spalte einmal aus dem Bewusstheits-Zimmer hinaus – und hinab zu sehen verlangt [...]. „Weckt ihn auf“, ruft der Philosoph im Pathos der Wahrheit. Doch er selbst versinkt, während er den Schlafenden zu rütteln glaubt, in einen noch tieferen magischen Schlummer – vielleicht träumt er dann von den „Ideen“ oder von der Unsterblichkeit. Die Kunst ist mächtiger als die Erkenntnis, denn sie will das Leben, und jene erreicht als letztes Ziel nur – die Vernichtung.

(Friedrich Nietzsche: Fünf Vorreden. Über das Pathos der Wahrheit. In KSA Bd. 1. dtv/de Gruyter, München 1980, S. 759f.)

Die Dinge sind tot, und wir [...] waren es, die sie erforschten, ausspähten, erwürgten, umbrachten. [...] Die moderne Kunst ist [...] die Einzige, welche die Not der überforderten, überanstrengten, ausgehungerten Dinge empfindet und ihnen Freiraum gibt. Wenngleich einen folgenlosen, denn da ist nichts rückgängig zu machen. [...]

Die Weltausrechnung, Allmacht der Neuzeit, [...] will alle Dinge entsiegeln. Im Frei-Raum der Kunst, wenngleich er bedeutungslos wurde: sie versiegeln sie wieder. Je mehr wissenschaftlicher Aufschluss, desto verschlossener erweisen die Dinge sich, trotzen. Sie sehen den einzigen Fluchtweg, wenn sie einen sehen: umzuziehen ins Rätsel. Das Labyrinth, ihre Wohnung. [...] Die Dinge verrätseln sich. Jeder Vers sagt es, jedes Bild spricht davon. Das Unaufgeklärte, das Schwerverständliche, es ist ihre Zuflucht. [...] Es ist nur noch das Rätsel, das Rat gibt.

(Erhart Kästner: Aufstand der Dinge. In: Derselbe: Offener Brief an die Königin von Griechenland. Suhrkamp, Frankfurt/M. 1973, S. 137, 149, 157f.)

Das Absolute soll nicht begriffen, sondern gefühlt und angeschaut, nicht sein Begriff, sondern sein Gefühl und Anschauung sollen das Wort führen und ausgesprochen werden. [...]

[Aber] die wahre Gestalt, in welcher die Wahrheit existiert, kann allein das wissenschaftliche System derselben sein. [...] Wer nur Erbauung sucht, wer die irdische Mannigfaltigkeit seines Daseins und des Gedankens in Nebel einzuhüllen und nach dem unbestimmten Genusse [...] verlangt, mag zusehen, wo er dies findet, er wird leicht selbst sich etwas vorzuschwärmen und damit aufzuspreizen die Mittel finden. Die Philosophie aber muss sich hüten, erbaulich sein zu wollen.

(G.W.F. Hegel: Phänomenologie des Geistes. Ullstein, Frankfurt/M. 1970, S. 15f., 17)

› *Fassen Sie die Hauptaussagen der Texte komprimiert und strukturiert zusammen und formulieren Sie eine eigene Stellungnahme zum Problemkreis Entzauberung – Wiederverzauberung.*

2.4.1 Ästhetischen Erfahrungen am Beispiel zeitgenössischer Malerei

Als Einstieg in eine klärende Besichtigung des Problemfeldes Ästhetik soll hier eine Auseinandersetzung mit Bildern dienen. Jeder hat mit Bildern zu tun: Fernsehbilder, Webseiten, Plakate, in vielen privaten Räumen hängen Bilder. Die bildenden Künste, insbesondere die Malerei, haben ein ganzes Universum von Werken geschaffen, die die Darstellungsmöglichkeiten von Welt- und Selbsterfahrungen und die Geschmacksbildung bereichert haben. Am Beispiel eines *zeitgenössischen* Bildes können Sie Ihre Einstellungen darlegen, diskutieren und damit eine Grundlage für weitere Vertiefungen schaffen.

Klassische Malerei war dem Ideal meisterhafter und realistischer Abbildung und Gestaltung der Welt verpflichtet. *Moderne* Malrichtungen wie Impressionismus und Expressionismus, abstrakte Kunst, Kubismus, Tachismus, Dadaismus, Aktionskunst usw. verzichten auf eine direkte Abbildung der Welt zugunsten subjektiver Verarbeitung und Gestaltung des Verhältnisses zur Welt. Gegenstände werden verzerrt, Farben lösen sich von ihnen und führen ein Eigenleben, es werden mittlerweile schon Bilder in Museen gezeigt, auf denen außer der bloßen Farbe „Weiß" nichts mehr zu sehen ist. Was soll das? Kann man hier seines ästhetisches Urteilsvermögen bilden?
Die Kunstwerke werden in der Tat immer ungegenständlicher und abstrakter und erschweren so eine angemessene ästhetische Rezeption. Moderne Kunst gilt auch bei vielen Betrachtern als nicht mehr schön, wird jedoch trotzdem viel ausgestellt und von Liebhabern gekauft. Die Nationalsozialisten haben diese Entwicklung unter dem Titel „Entartete Kunst" buchstäblich gebrandmarkt.
An den Sinnen orientierte Kunst wird in der Moderne tendenziell zur Gedankenkunst. Sie spiegelt insofern eine durch Rationalität entzauberte Welt. Eine ähnliche Entwicklung zeigt sich in der atonalen Musik, die kaum jemand genießen und verstehen kann. Wie können und sollen wir angemessen mit Kunstwerken umgehen? Was können wir aus der Beschäftigung mit Kunst für unseren Alltag lernen? Können wir durch Kunst in ein Gespräch über Weltentschlüsselung kommen?
Der deutsche Professor für Ästhetik und Gestaltungstheorie Bazon Brock entwickelte in den 1960er Jahren das Konzept einer aktiven Vermittlung von

Kunst, die sogenannte *Besucherschule*. Bei seiner Rezipientenschulung geht es um die Entwicklung und Steigerung ästhetischer Kompetenzen. Dazu gehören aus der Sicht von Brock neben einer Bereitschaft zur einlassenden sinnlichen Wahrnehmung auch Fähigkeiten wie Quer- und Weiterdenken, Aushalten von Doppelsinnigkeit und Unverständlichkeit usw. Außerdem benötige man nicht nur Kenntnisse über Kunst, sondern auch ein vertieftes Verständnis der historischen, d.h. der sozialen, politischen und philosophischen Bedingungen, unter denen Künstler ihre Werke erschaffen und Rezipienten Kunst wahrnehmen. Über sein Konzept schrieb Bazon Brock anlässlich seiner täglichen Besucherschule bei der Berliner Ausstellung „60 Jahre. 60 Werke. Kunst aus der Bundesrepublik Deutschland. 1. Mai bis 14. Juni 2009“:

Q| Gegen manchen Anschein arbeiten auch die Künstler der Moderne mit den ausgeklügelsten Verfahren und nach raffinierten Konzepten jahrelang an ihren, wie man sagt, höchst anspruchsvollen Werken.

Wieso glaubt man, in wenigen Minuten Blickkontakt, in einer einzigen Theateraufführung und beim bemühtesten, aber nur stundenweisen Lesen vielschichtigster Texte den Anforderungen der Werke gewachsen sein zu können? Wo lernen wir als Publikum, dem Komponistenwerk, der Skulptur oder Malerei, dem Epos gerecht zu werden?

Längst ist es an der Zeit, das Publikum genauso zu professionalisieren, wie wir das bisher an den Kunsthochschulen aller Sparten den Künstlern abverlangten!

Wo Künstler Lehrjahre, Diplome und Staatsexamen ablegen, haben die Zuschauer, die Zuhörer, die Betrachter ihrer Werke wohl ähnliche Fähigkeiten auszubilden. Wo lernt man Diplom-Rezipient zu werden?

(Bazonbrock.de: www.bazonbrock.de/werke/werkansicht_einzel.php?wid=2009, Zugriff 07.09.2009)

?|

- *Informieren Sie sich über die oben genannten Entwicklungslinien der modernen Kunst und über die Hintergründe der Verurteilung durch die Nationalsozialisten.*
- *Notieren Sie auf einer Karteikarte Ihre Sichtweise zum Bild von Jackson Pollock (1912–1956) rechts. Pinnen Sie die Karten aller Kursteilnehmer an eine Pinnwand.*
- *Vergleichen Sie anschließend Ihre Ausführungen mit denen Ihrer Mitschüler, den folgenden Bildbeschreibungen sowie den Aussagen zur modernen Kunst von Pollock und von Arnold Gehlen. Wo sehen Sie Gemeinsamkeiten, wo Unterschiede zu Ihrer Beschreibung? Berücksichtigen Sie beim Vergleich der Beschreibungen auch die in Brocks „Rezipientenschule“ geäußerten Ansprüche für einen angemessenen Umgang mit Werken der Kunst.*
- *Setzen Sie sich mit der Auffassung auseinander, ein Bild, das einen Betrachter nur anspreche, wenn dieser eine Besucherschule absolviert habe, sei verfehlt.*

Q| Meine erste Assoziation bei diesem Bild war, dass ich an Straßenarbeiter gedacht habe, die vielleicht einen Eimer Teer von einer Teermaschine irgendwo hingeschleppt haben, zwischendurch stehen geblieben sind, [...], also sich jedenfalls schnell und langsam bewegt haben – und in diesem Eimer war eben ein Loch.

Also mir persönlich gefällt es nicht.

Jackson Pollock, Nummer 32, 1950

Ich finde, der Künstler will keine Führung mehr geben und damit auch keine Einengung für den Betrachter. Er will vielleicht auch dazu anregen, im kleinen Maße selbst mal so was zu machen.

Ja, ich stehe hier in einem großen, weiß angestrichenen Saal, vor mir hängt ein riesiges Bild, ca. 2,50 m hoch und 5 m breit, auf einer ganz hellbraunen Leinwand, fast weiß, und darauf ist mit schwarzer Farbe gekleckst worden. Man kann also nichts erkennen, es ist kein irgendwie durchkomponiertes Muster, ich sehe also nur Farbkleckse [...] und dazwischen so Striche, kleinere Punkte, als ob jemand auf 'ne Leinwand einfach Farbe draufgeknallt hat.

Je länger ich das Bild ansehe, desto mehr sehe ich Zentren, verschiedene Zentren; sie beginnen in diesen dicken schwarzen Punkten, und um sie ergeben sich Bilder, die ich ganz gefühlsmäßig sehe. Komisch, ich hätte nie gedacht, dass ich das bei moderner Malerei mal so sehen würde. Entweder ist das dann ganz ruhig, ein ganz ruhiger Pol oder ein ganz aggressiver Pol, oder es liegt dazwischen. [...] Also, muss ich sagen, ist dieses Bild auch irgendwie mit Gefühl gemalt, wenn's auf mich so wirkt. Aber immer in kleinen Zentren gesehen, nicht das Ganze. Also dies hier unten wirkt zum Beispiel sehr ruhig auf mich, da sind die großen runden Linien. Da oben dies ganz Schnelle wirkt sehr aggressiv auf mich, und dazwischen gibt's eben auch Mitteldinge zwischen aggressiv und Bewegung. Und das kann ja eigentlich nur ein Gefühl sein, das muss Pollock ja auch gehabt haben, wenn er da oben ganz schnell und hektisch was malt, ist er ja vielleicht wütend gewesen oder aggressiv.

Der moderne Künstler, so sehe ich das jedenfalls, arbeitet an der inneren Welt und versucht sie auszudrücken. Mit anderen Worten: Er soll Energie, Bewegung und andere innere Kräfte ausdrücken [...] Der moderne Maler handelt von Raum und Zeit und drückt eher seine Gefühle aus, als dass er sie illustriert. [...] Wenn ich male, habe ich einen allgemeinen Begriff davon, was ich tue. So kann ich den Fluss der Farbe kontrollieren. Da gibt es keinen Zufall. Da ist kein Anfang und kein Ende. [...] Ich denke, die Fremdheit wird schwinden, und ich glaube, dass wir die tiefere Bedeutung der modernen Kunst entdecken werden. [...]
Sie sollten aufzunehmen versuchen, was das Bild anzubieten hat, und nicht einen Hauptinhalt oder eine vorgefasste Meinung mitbringen, nach deren Bestätigung sie suchen.

Jackson Pollock

Der Blick ergeht und verliert sich dann in den unbeschreiblichen Details der Oberfläche, in feinfarbigen und feinstrukturellen Kochungen, bis man endlich die Erfahrung macht, dass die vollständige sinnliche Aneignung von irgend etwas in der Welt überhaupt unmöglich ist. *Arnold Gehlen (1904–1976)*

(Alle Zitate aus: Franz-Joachim Verspohl: Die Moderne auf dem Prüfstand. In: Monika Wagner (Hg.): Moderne Kunst. Bd. II. Funkkolleg. Rowohlt, Reinbek 1991, S. 514ff.)

? › *Erörtern Sie vor dem Hintergrund Ihrer Erfahrungen mit Pollocks Nr. 32, was moderne Kunst zur Entschlüsselung von Welt und Selbst beitragen kann.*

2.4.2 Ästhetik als philosophische Wissenschaft der sinnlichen Erkenntnis

Mit dem Begriff Ästhetik (gr. aisthesis „Empfindung, Wahrnehmung durch Sinne und Gefühl“ und techne „Fertigkeit, Kunst als Können“) bezeichnet man ein philosophisches Teilgebiet, das sich mit Wahrnehmung und Erkenntnisfunktion von Kunst, dem Schönen, Hässlichen und Erhabenen beschäftigt. Dabei stehen die Sinneswahrnehmungen im Mittelpunkt des Interesses.
Mit unseren Sinnen orientieren wir uns, mit unseren Sinnen machen wir Erfahrungen, mit unseren Sinnen nehmen wir Bilder, Bauwerke, Klänge, Stimmungen sowie die Werke der Künste wahr. Die Sinneswahrnehmungen galten allerdings vielfach gegenüber einer Vernunfterkenntnis als eine nur vorbereitende Erkenntnisform. Die Sinne würden zwar die Welt aufnehmen, diese Wahrnehmung sei jedoch wechselhaft, flüchtig und täuschungsanfällig. Sie können deshalb keine *verlässlich* Erkenntnis liefern. Immanuel Kant (1724–1804) beschreibt das so (vgl. auch S. 42):

Q Dass alle unsere Erkenntnis mit der Erfahrung anfange, daran ist gar kein Zweifel; denn wodurch sollte das Erkenntnisvermögen sonst zur Ausübung erweckt werden, geschähe es nicht durch Gegenstände, die unsere Sinne rühren und teils von selbst Vorstellungen bewirken, teils unsere Verstandestätigkeit in Bewegung bringen, diese zu vergleichen, sie zu verknüpfen oder zu trennen, und so den rohen Stoff sinnlicher Eindrücke zu einer Erkenntnis der Gegenstände zu verarbeiten,

die Erfahrung heißt? *Der Zeit nach* geht also keine Erkenntnis in uns vor der Erfahrung vorher, und mit dieser fängt alle an.
Wenn aber gleich alle unsere Erkenntnis *mit* der Erfahrung anhebt, so entspringt sie darum doch nicht eben alle *aus* der Erfahrung. Denn es könnte wohl sein, dass selbst unsere Erfahrungserkenntnis ein Zusammengesetztes aus dem sei, was wir durch Eindrücke empfangen, und dem, was unser eigenes Erkenntnisvermögen (durch sinnliche Eindrücke bloß veranlasst) aus sich selbst hergibt [...].

(Immanuel Kant: Kritik der reinen Vernunft (B1). Reclam, Stuttgart 1970, S. 49)

AESTHETICA
SCRIPSIT
ALEXAND. GOTTLIEB
BAVMGARTEN
PROF. PHILOSOPHIAE.
TRAIECTI CIS VIADRVM
IMPENS. IOANNIS CHRISTIANI KLEYB
CIƆIƆCCL.

Für den deutschen Philosophen Alexander Gottlieb Baumgarten (1714–1762) hingegen waren die sinnlichen Wahrnehmungen die Grundlage für eine wissenschaftliche Ästhetik, Ästhetik als „Wissenschaft der sinnlichen Erkenntnis". *Aus* der Erfahrung heraus ermögliche das sinnliche Erkenntnisvermögen durchaus wissenschaftlich haltbare Erfahrung, weil sinnliche Erfahrungen Wahrheit als Vollkommenheit zur Erscheinung bringen können. Die ästhetische Wahrheit ist für Baumgarten keine bloße Vorstufe zu einer höheren Wahrheit.
Baumgarten ermöglichte mit seinen Darlegungen die *Ästhetik als einen eigenständigen Wissensbereich*. Indem er den Sinnen „als untere Erkenntnis" ein eigenes Erkenntnisvermögen zuerkennt, kommt es zu einer Aufwertung der Künste, der Kunstwerke und der Künstler, denen man bisher kaum einen Beitrag zu Welterkenntnis und Wahrheit zubilligte. Seit Baumgarten wird den Künsten, also den Kunstwerken zugetraut, ebenfalls Medien der Wahrheit sein zu können. Dadurch erfahren auch die Künstler eine Aufwertung. Sie sind nun nicht mehr nur bessere Handwerker, die kaum einen Beitrag zur Welterkenntnis leisten können, weil sie zu nah am Sinnlichen verbleiben.
In der Tat kennt die Antike (z.B. bei Platon) eine scharfe Ablehnung der Künste als Wege zur Wahrheit, weil sie bloße Abbilder einer letztlich nur der Vernunft zugänglichen Wahrheit sind. In Antike und Mittelalter wurden die Künste eher als regelhaft gestaltete Techniken zur guten Abbildung von Welt und Gottheit verstanden. Der Künstler selbst galt lange Zeit eher als guter Handwerker, der die Regeln beherrscht. Er dient: der Gemeinde, der Religion bzw. der Kirche, einem Fürsten oder einem Mäzen, dessen Interessen er folgt. Dass ein Künstler etwas Besonderes, eine besondere Gabe haben müsse, ist erst ein Gedanke der europäischen Neuzeit.
Durch Baumgartens Einflüsse kommt es in der Tat zu einer Anerkennung der Phantasie, der Gefühle, der Kreativität, des Spielerischen. Diese werden z.B. als Geschmacksbildung nicht nur für die sinnliche Rezeption benötigt. Sie sind ebenso ursächlich für das Gestalten und Darstellen der Kunstwerke als möglicher Medien der Wahrheit. Der Verstand wird dabei nicht ausgeschaltet, er steht tendenziell gleichrangig neben der sinnlichen Wahrnehmung.

§ 1 Die Ästhetik (als Theorie der freien Künste, als untere Erkenntnislehre, als Kunst des schönen Denkens und als Kunst des der Vernunft analogen Denkens) ist die Wissenschaft der sinnlichen Erkenntnis. [...]

§ 14 Das Ziel der Ästhetik ist die Vollkommenheit (Vervollkommnung) der sinnlichen Erkenntnis als solcher. Damit ist aber die Schönheit gemeint. Entsprechend ist die Unvollkommenheit der sinnlichen Erkenntnis als solcher, gemeint ist die Hässlichkeit, zu meiden [...]

§ 19 Die allgemeine Schönheit der sinnlichen Erkenntnis ist, da es keine Vollkommenheit ohne Ordnung gibt, [...] die Übereinstimmung der Ordnung, in der wir die schön gedachten Sachen überdenken [...].

§ 22 Aus dem Reichtum, der Größe, der Wahrheit, der Klarheit und Gewissheit, der lebendigen Bewegtheit der Erkenntnis erwächst die Vollkommenheit jeder Erkenntnis. [...] Wenn diese Qualitäten in Erscheinung treten, bringen sie die Schönheit der sinnlichen Erkenntnis hervor, und zwar als allgemeingültige, vor allem der Sachen und Gedanken, in denen uns erfreut die Fülle, die edle Art, das Licht der bewegenden Wahrheit.

§ 444 Die Wahrheit der im strengen Sinne wahren Dinge ist nur so weit ästhetische Wahrheit, als jene sinnlich als wahr erkannt werden, und zwar durch sinnliche Eindrücke oder durch Einbildungen oder auch durch Zukunftsbilder [...].

§ 556 [...] je reicher also, je bedeutender und angemessener, je exakter, je klarer und deutlicher, je zuverlässiger und gediegener, je leuchtender die Vorstellung eines Gegenstands ist, je mehr, je bedeutendere, je gewichtigere Einzelheiten dieser enthält, je stärker die Bezüge sind, durch die jene Einzelheiten zusammengehalten werden, je besser alles zusammenpasst, was der Gegenstand enthält, um so bedeutender ist die [...] Wahrheit.

(Alexander Gottlieb Baumgarten: Aesthetica. In: Michael Hauskeller (Hg.): Was das Schöne sei. dtv, München 1994, S. 210ff.)

? › *Vergleichen Sie Baumgartens Auffassung der sinnlichen Erkenntnis mit der Kants.*

Atmosphären

Im Sinne Baumgartens kann man die Verwendung des Begriffs der *Atmosphäre* durch Gernot Böhme als Versuch verstehen, neben einer rationalen Weltentschlüsselung eine sinnliche Erkenntnis zu fundieren.

Unter Atmosphäre (gr. atmós „Dampf, Dunst, Hauch" und sphaira „Kugel, Globus") versteht man nicht nur ein Gemisch von Gasen, das einen Himmelskörper umgibt, sondern auch eine Stimmung, eine Befindlichkeit, eine Ausstrahlung, eine Anwandlung, eine Intensität. Böhme spricht von „ergreifenden Gefühlsmächten", die sich in der Wahrnehmung einer je einmaligen, orts- und zeitgebundenen Situation aus dem Zusammenhang ihrer Momente ergibt. Er versucht damit, Atmosphären als wichtige Schlüssel zur Welt- und Selbsterkenntnis zu begründen und erläutert dabei auch die Rolle der Ästhetik.

Q Das Entscheidende an der Rede von Atmosphären ist, dass mit ihnen Gefühlsqualitäten *draußen*, an der Umgebung, an den Dingen erfahren werden. Dafür einige Beispiele: Man spricht von einer heiteren Landschaft, von einer gedrückten Stimmung im Raum, man charakterisiert Räume durch ihre kalte oder gemütliche Atmosphäre, man nennt den Abend düster, den Anblick eines Berges erhebend. Dass es sich hier um Projektionen handeln könnte, um eine Färbung der Wahrnehmung durch die eigene innere Stimmung, lässt sich leicht dadurch widerlegen, dass man, selbst in einer ganz anderen Stimmung befangen, durch die Atmosphären, in die man gerät, betroffen und umgestimmt werden kann. Allgemeiner können wir sagen, dass wir mit den Atmosphären in den anthropologisch wichtigen Bereich der Stimmungen, Gefühle

und Affekte gelangen. Dieser Bereich hat in einer philosophischen Anthropologie sicherlich einen ebenso berechtigten Platz wie die Behandlung des Leibes, des Bewusstseins oder der Seele. Was aber die Behandlung der Atmosphären in besonderer Weise notwendig macht, ist, dass sie gerade in ihrer das Subjekt übersteigenden Bedeutung unbekannt sind bzw. verleugnet werden. [Dafür gibt es] auch ontologische oder metaphysische [Gründe]: Weil Atmosphären weder Substanz noch Akzidens, weder rein objektiv noch rein subjektiv sind, fallen sie quasi aus dem vernünftig Sagbaren heraus. [...]
Die philosophische Anthropologie hat hier nicht nur eine besondere Aufgabe, weil die wissende Orientierung im Bereich der Atmosphären von großer praktischer Bedeutung für das Menschsein ist, sondern auch deshalb, weil Atmosphären für jede wissenschaftliche Untersuchung „Undinge" sind, nicht wirklich existierende Entitäten, allgemeiner noch, dem aufgeklärten Bewusstsein als kulturhistorisch überwunden gelten. Dass wir alltäglich mit Gefühlsatmosphären zu tun haben, gilt rationaler Lebensführung als irrelevantes Beiwerk; dass Leben in Atmosphären und die Auseinandersetzung mit Atmosphären gar ein wichtiges Stück des Lebensvollzuges selbst sein könnten, kommt dem heutigen Menschen nicht leicht in den Sinn. [...] Hat unsere Welt uns wirklich nichts mehr zu sagen? Ist sie affektiv tot? Ich glaube, dass das nicht so ist und dass unsere Unempfindlichkeit weitgehend auf habitualisierten Abwehrmechanismen beruht.
Es gibt eigentlich nur eine einzige Atmosphäre, der philosophisches Nachdenken und wissenschaftliche Analyse gewidmet wurden, nämlich das Schöne. Allenfalls ist dem noch das Erhabene an die Seite zu stellen. Dieser Sonderstellung des Schönen entspricht, dass die Kunst ein Standardthema der Anthropologie ist und die Ästhetik ein akzeptiertes Bestandsstück philosophischer Besinnung. [...] Als oberste menschliche Werte fungieren etwa das Schöne, das Gute, das Wahre. Diese Sonderstellung des Schönen unter den Atmosphären ist erstaunlich und auch verdeckend: Man wird die ganze anthropologische Dimension überhaupt erst entdecken, wenn man die Sonderstellung des Schönen und der traditionellen Ästhetik destruiert hat. Meine These ist also gegenüber dieser Tradition: Schönheit ist nur eine unter vielen Atmosphären, und Kunst ist nur eine besondere Art, mit Atmosphären umzugehen.

(Gernot Böhme: Anthropologie in pragmatischer Hinsicht. Suhrkamp, Frankfurt/M. 1985, S. 199f., 192f.)

› *Legen Sie die Hauptaussagen mit eigenen Worten dar und überprüfen Sie diese vor dem Hintergrund Ihrer bisherigen Erfahrungen.* ?

2.4.3 Ästhetik als Theorie des Schönen

Kann es ein verbindliches Urteil über das Schöne geben?

› *Erläutern Sie mit einer Mindmap, was für Sie „schön" bedeutet. Unterscheiden Sie dabei auch „schön" z. B. von elegant, glatt, anmutig, gefällig.* ?

› *Legen Sie bei einer Beurteilung des auf der nächsten Seite folgenden Bildes von Sandro Botticelli (oder im Vergleich von Musikstücken aus Klassik und Pop) dar, ob und inwiefern Sie bei einem eigenen Geschmacksurteil (schön, nicht schön) allgemeine Ansprüche beabsichtigen.*

Sandro Botticelli (1445–1510), Die Geburt der Venus (Göttin der Liebe und der Schönheit)

Q| Was ist das Schöne? Wir sagen, eine Frau sei schön, ein Bild, eine Landschaft, wir sprechen von schönen Kleidern oder einem schönen Garten. Wenn wir uns Rechenschaft geben, was wir mit dem Wort „schön" meinen, machen wir die Erfahrung, dass unsere Sprechweise in gewissem Sinne im Gegensatz zu der ausgedrückten Erfahrung steht. Wir nennen nämlich etwas schön, als sei die Schönheit ein Prädikat, das dieses Etwas – eine Frau, ein Bild, eine Landschaft usw. – neben anderen Eigenschaften hat. Sollten wir diese Eigenschaften aber angeben, so gerieten wir in Verlegenheit, gingen dazu über, Schönheit als eine Art Gesamteindruck zu behaupten. Damit gleitet man aber in die Vermutung hinein, dass die Schönheit überhaupt nicht nur durch „objektive" Prädikate des Schönen zu bestimmen ist, sondern durch die Wirkung aufs Subjekt. Der Satz „diese Frau, dieses Bild, diese Landschaft ist schön" würde dann genauer heißen: Ich finde sie schön. Diese Beobachtung hat die [...] Ästhetik, wie wir noch sehen werden, dazu verleitet, Schönheit überhaupt zu einer Sache der Beurteilung, nämlich des Geschmacksurteils, zu machen.

(Gernot Böhme: Anthropologie in pragmatischer Hinsicht. Suhrkamp, Frankfurt/M. 1985, S. 193)

Q| Der Gegenstand heißt [...] schön; und das Vermögen, durch eine solche Lust (folglich auch allgemeingültig) zu urteilen, der Geschmack. Denn da der Grund der Lust bloß in der Form des Gegenstandes für die Reflexion überhaupt, mithin in keiner Empfindung des Gegenstandes, und auch ohne Beziehung auf einen Begriff, der irgendeine Absicht enthielte, gesetzt wird: so ist es allein die Gesetzmäßigkeit im empirischen Gebrauche der Urteilskraft überhaupt (Einheit der Einbildungskraft mit dem Verstande) in dem Subjekte, mit der die Vorstellung des Objekts in der Reflexion, deren Bedingungen a priori [vor aller Erkenntnis, allein durch das Denken] allgemein gelten, zusammenstimmt; und, da diese Zusammenstimmung des Gegenstandes mit den Vermögen des Subjekts zufällig ist, so bewirkt sie die Vorstellung einer Zweckmäßigkeit desselben in Ansehung der Erkenntnisvermögen des Subjekts.

(Immanuel Kant: Kritik der Urteilskraft. Reclam, Stuttgart 1960, S. 50f.)

- *Erarbeiten Sie den Argumentationsgang der Texte.*
- *Formulieren Sie eine eigene Position zur Frage, wie man etwas als „schön" beurteilen kann. Diskutieren Sie dabei, ob das Schöne nur vom Gefühlszustand eines Subjekts oder auch vom Gegenstand her beurteilt werden kann.*

Immanuel Kant (1724–1804) prüft in seinen philosophischen Untersuchungen, ob und wie ein allgemeingültiges Wissen von Wirklichem und ein allgemeingültiges moralisches Urteil möglich sind. Er bejaht beides. Folgerichtig versucht er auch in seinem Werk „Kritik der Urteilskraft"(1790) zu begründen, wie die menschliche Urteilskraft aus einem gegebenen sinnlichen Eindruck allgemein verbindliche Erfahrungen und Urteile gewinnen kann. Auch im Bereich des Schönen, meint er, dürfen Geschmacksurteile („Das finde ich schön!" – „Ich aber nicht!") nicht beliebig sein. Sie können, obwohl sie subjektiv sind, für ihn keine private Meinung bleiben. Es müsse sich nachweisen lassen, dass sie von allgemeiner Art sein können. Wer ein Geschmacksurteil äußere, erwarte eigentlich Zustimmung und erhebe dadurch verallgemeinernde Ansprüche. Kant misst dem Schönen eine Eigengesetzlichkeit zu, das Ästhetische ist eine ganz eigene Form der Wirklichkeitserschließung, allerdings keine „untere Form des Erkennens" (wie bei Baumgarten) und auch kein bloßes, beliebiges Gefühl, auch keine Gewohnheit oder Konvention. Ästhetische Urteile lassen sich zwar nicht beweisen, sie beanspruchen aber, für alle gültig zu sein. Er stellt bei seiner Analyse des Schönen fest, dass Erlebnisse und Gegenstände aus Natur, Kultur und Kunst dann nach einem sogenannten Geschmacksurteil mit Notwendigkeit als schön gelten können, wenn sie folgende Bedingungen erfüllen:

- Sie müssen dem Beobachter ohne Verwertungsinteresse (interesselos) gefallen,
- in sich stimmig und zweckmäßig sein und
- ein harmonisches Ganzes bilden und dadurch
- die Grundsätze und Verfahrensregeln von Einbildungskraft und Verstand innerhalb des menschlichen Erfahrungsvermögens so lustvoll anregen und zur Zusammenstimmung („freies Spiel") bringen, dass sich daraus ein zustimmungsfähiges, notwendiges Wohlgefallen ergeben kann.

Kant analysiert weiterhin das Gefühl der *Erhabenheit*, das Menschen angesichts der Weite des Meeres, majestätischer Berge, gewaltiger Vulkanausbrüche ergreift. In der Konfrontation mit dem schlechthin Großen in der Natur entstehen für ihn sowohl das Gefühl der physischen Ohnmacht als auch die Einsicht in die ganz unsinnlichen inneren Vernunftkräfte. Aus dieser Einsicht ergibt sich danach das Gefühl der Überlegenheit des geistigen Menschen gegenüber der Natur.

- *Sammeln Sie Stützungsargumente und Kritikpunkte zu Kants Ansatz. Diskutieren Sie anschließend unter Berücksichtigung von Kant unterschiedliche Möglichkeiten und Grenzen, subjektives Empfinden in allgemein verbindliche Urteile über das Schöne und Erhabene zu überführen. Bedenken Sie, dass der Begriff des „Urteils" den Anspruch auf Allgemeingültigkeit in sich trägt.*
- *Erörtern Sie unter Berücksichtigung eigener Erlebnisse, was für Sie das Gefühl der Erhabenheit bedeutet und vergleichen Sie mit Kants Erklärung.*

Ästhetische Erfahrung als Weltorientierung

Das Schöne, insbesondere das Kunstschöne stand im Mittelpunkt neuzeitlicher Überlegungen zur Ästhetik. Die Ansätze von Baumgarten, Böhme aber auch der Begriff der Erhabenheit bei Kant erweitern diese Vorstellungen. Sollte man die ästhetischen Untersuchungen und Theorien auf das Kunstschöne beschränken oder ästhetische Erfahrungen ganz allgemein als eine besondere Weise verstehen, sich und die Welt zu deuten und mit der Welt umzugehen? Können Kunstwerke und Kunstschaffende Vorbilder abgeben für eine ästhetische Weltorientierung auch im Alltag?

Das gängige Verständnis der Ästhetik als einer Theorie des Schönen und der Kunst ist aus vielerlei Gründen fragwürdig geworden, oder besser, von Anfang an problematisch gewesen. Im Grunde setzt der Streit darüber, was Gegenstand und Aufgabe der Ästhetik ist, schon unmittelbar nach Baumgarten ein. Nach Kant z.B. hat es die Kritik der ästhetischen Urteilskraft neben dem Schönen auch mit dem Erhabenen und der Kunst zu tun, Herder hingegen erklärt die Schönheit zum zentralen Gegenstand der Ästhetik [...]. Wird Schönheit primär als Kunstschönheit gesehen und Kunst als schöne Kunst begriffen, wird die Ästhetik identisch mit Kunstphilosophie (Schelling, Hegel). Wo die Kunst aufhört, schöne Kunst zu sein, und das Schöne und die Kunst zu ästhetischen Phänomenen neben anderen werden, ergeben sich wiederum andere Möglichkeiten einer Gegenstandsbestimmung. Jetzt können nichtkünstlerische ästhetische Phänomene unter dem Gesichtspunkt ihrer Wahrnehmbarkeit in die Ästhetik einbezogen werden. Ästhetik kann sich dann im Rückgriff auf Baumgartens Bestimmung als Lehre aller Art von Wahrnehmung (Aisthetik) etablieren. Das Problem einer Gegenstandsbestimmung der Ästhetik ist nach wie vor akut. [...] Deshalb könne sich eine Ästhetik weder in einer Kunstphilosophie noch in einer Theorie des Schönen erschöpfen noch mit einer Wahrnehmungstheorie zusammenfallen. (1) Gegen eine Verengung der Ästhetik auf eine Kunstphilosophie wird argumentiert (a) es gebe außer der Kunst noch andere ästhetische Phänomene und (b) nicht alle Kunst wolle ästhetisch betrachtet werden. Eine Ästhetik habe sich auch mit dem ästhetischen Erleben zu beschäftigen. Ästhetische Erlebnisse können aber auch durch andere Dinge als durch Kunst ausgelöst werden. (2) Ästhetik decke sich nicht mit einer Theorie des Schönen. Denn auch für das Schöne gelte, dass es außer ihm noch andere ästhetisch relevante Erscheinungen gebe, wie z.B. die schon länger bekannten etwa des Erhabenen, Hässlichen, Anmutigen, Komischen bzw. Erscheinungen wie Design, Mode, Medien, Körpertechniken. Und Kunst falle längst nicht mit schöner Kunst zusammen. (3) Schließlich könne die Ästhetik nicht einfach als Theorie der sinnlichen Wahrnehmung fungieren [...]. Nicht alle ästhetischen Qualitäten seien Sinnesqualitäten. [...]

Lässt man einmal das Problem der Selbstbezeichnung „ästhetisch“ beiseite, bleibt die Tatsache bestehen, dass wir es nicht mit „der“ ästhetischen Erfahrung, sondern mit einer Mannigfaltigkeit von Erfahrungen zu tun haben, deren Strukturähnlichkeit dazu berechtigt, sie als „ästhetisch“ zu bezeichnen. [...] Geht uns an jeder beliebigen ästhetischen Erfahrung auf, worin das Ästhetische ihres Gegenstandes liegt? [...] Es ist keineswegs ausgemacht, dass die maßgebliche ästhetische Erfahrung die Kunsterfahrung ist. Es verhält sich hier wie auch sonst: Fragen wir, was das heißt, miteinander zu sprechen, dann geht uns das nicht an jeder beliebigen Plauderei auf, sondern wohl eher an einem geglückten Gespräch. [...] Dabei kommt es nicht so sehr auf das Was an, sondern auf das Wie, auf die Bereitschaft, sich radikal dem zu öffnen, was sich uns entgegenbringt. [...] Nicht an jeder beliebigen, sondern an den hohen und großen Erfahrungen kann uns aufgehen, was es heißt, eine Erfahrung zu machen, die gemeinhin als ästhetisch bezeichnet wird. Freilich sind es nicht besonders gekennzeichnete „ästhetische" Objekte, die uns eine „ästhetische" Erfahrung verbürgen. Was die Chance einer wirklichen Erfahrung eröffnet, ist einerseits die Art und Weise, wie sich uns die Dinge zeigen, und andererseits unsere Offenheit, sich auf dieses Sich-Zeigen einzulassen. Man kann mit etwas „ästhetisch Wertvollen" zu tun haben, ohne dass es zu einer wirklichen „ästhetischen Erfahrung" kommt, wie sich umgekehrt eine solche Erfahrung durchaus an der Präsenz von Unscheinbarem entzünden kann.

(Günther Pöltner: Philosophische Ästhetik. Kohlhammer/ Urban, Stuttgart 2008, S. 14ff.)

- *Geben Sie die Argumentationsschritte von Pöltner wieder.*
- *Verfassen Sie auf der Grundlage von Pöltner einen Essay zur Aufgabe der Ästhetik. Suchen Sie darin Kriterien für den „Wert" einer ästhetischen Erfahrung.*

2.4.4 Ästhetische Weltentschlüsselung durch die Künste

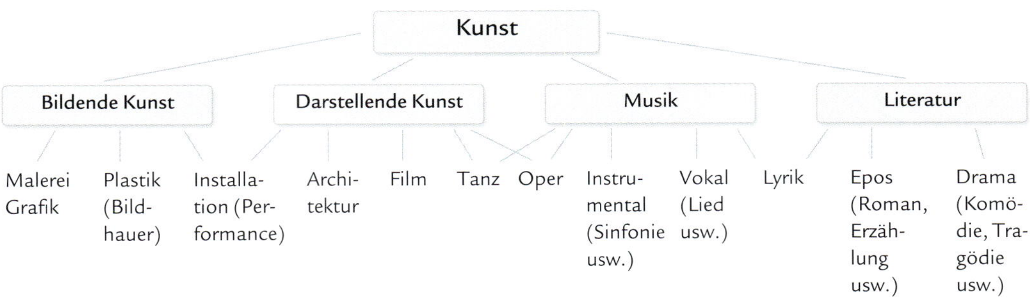

Fragenkaskade

Die Künste gelten vielfach als *das* Modell für ästhetische Erfahrungen. Was ist, kann und soll Kunst? Aus diesen Fragestellungen kann sich eine ganze Kaskade spezifischer Fragen ergeben, die Sie vor dem Hintergrund Ihrer Erfahrungen überprüfen und erweitern sollten:

- **ethische:** Was kann Kunst beitragen zum guten Leben? Darf angesichts von Leid, Elend und Kriegen überhaupt künstlerisch gearbeitet werden (Schöne Künste und das Hässliche)? Wie kann das Hässliche dargestellt werden? Nützen oder schaden die Künste? Können und sollen sie gegenüber Elend, Leid, Sterblichkeit, Langeweile, Nüchternheit und Zwängen trösten (Kompensation)? Orientieren sie in einer unübersichtlichen Welt? Lernt man durch sie Verwirrung und Unübersichtlichkeit auszuhalten? Flüchtet die Kunst durch Schwelgen im Kunstschönen vor der Welt oder gewährt sie bessere

Weltzugänge? Gibt es Kriterien für Kunst gegenüber anderen Wirklichkeitsbereichen wie Arbeit, Wissenschaft, Unterhaltung, Religiosität? Ist Kunst von jedermann noch Kunst?

- **erkenntnistheoretische:** Was leisten die Künste für eine Weltentschlüsselung? Sind sie ein Mittel zur Wahrheitsfindung? Scheinen in ihnen „höhere" Wahrheiten auf? Sind sie mehr und anderes als ein Mittel? Kann und darf die Kunst verzaubern, verrätseln, verschlüsseln oder muss sie ein „falsches" und irrendes Bewusstsein aufdecken und enthüllen?

- **gesellschaftsphilosophische:** Dient sie den einlullenden Zwecken Herrschender (Legitimation, Propaganda) oder liegt in ihr eine gesellschaftskritische Kraft (Provokation, Rebellion)? Wie ist die Rolle der Kunst in einer Mediengesellschaft? Unterhaltungskunst und Kunst für Eliten? Dient Kunst nur dem Kunstmarkt?

- **psychologische:** Werden durch sie nur erotische Triebstauungen zugunsten von höherwertigen Kunstwerken umgewandelt (Sublimierung)? Was treibt Künstlerinnen und Künstler an? Drücken die Künstler nur ihre Gefühle und sich selbst aus oder haben ihre Werke auch für andere Bedeutung? Kunst als Musterbeispiel für Kreativität?

- **rechtsphilosophische:** Was sind die Grenzen der grundgesetzlich garantierten Kunstfreiheit? Soll man in einer vernetzten Welt weiterhin Urheber durch ein Urheberecht schützen?

- **naturphilosophische:** Dienen die Kunstwerke nur evolutionären Zwecken, weil sie unserem Gehirn dabei helfen, das Dasein sinngebend zu optimieren?

- **religionsphilosophische:** Kunstwerke als Zugang zu Gott und den Göttern? Warum Bilderverbote im frühen Christentum und im Islam?

links: Tizian (ca. 1488–1576), Bildnis eines jungen Mannes

rechts: Marie-Denise Villers (1774–1821), Zeichnende junge Frau

Im Alltag sagen wir „Das ist doch keine Kunst!" – und verbinden damit den Anspruch, dass ein Kunstwerk irgendwie etwas mühsam Erarbeitetes sein müsse.

Deshalb haben wir Respekt vor den Gemälden großer Meister, in denen jede Fläche mühsam und gründlich erarbeitet zu sein scheint. Wir halten das Werk vielleicht für „inspiriert“, es provoziert uns zum Nachdenken oder es löst durch das Empfinden von Schönheit ein angenehmes Gefühl aus. So wirken die Bilder von Tizian und Villers auch im historischen Abstand immer noch anziehend – man fragt sich vielleicht, was die Personen denken und fühlen und ahnt, auch ohne tiefere Kenntnisse, die große Meisterschaft der Darstellungen.
Schon in der Frühzeit philosophischen Nachdenkens fragte Platon (428/27–348/47 v.u.Z.) nach dem, was „schön“ sei. Nach seiner Vorstellung wie auch in späteren Konzepten diente die Kunst bestimmten Zwecken: Sie ist z.B. immerhin das *Abbild einer höheren Schönheit*, letztlich der Idee des Schönen. Für G.W.F. Hegel (1770–1831) vermochte die Schöne Kunst zumindest in der Antike anschaulich die für ihn wichtige *Einheit aus Begriff und Realität* herzustellen und war insofern ein Beitrag zur Wahrheit. Unser heutiger Kunstbegriff ist immer noch stark geprägt von den Vorstellungen der Romantiker, die unter Kunst verstanden, dem Einzelnen und Endlichen einen unendlichen Schein zu geben, die Welt so zu idealisieren, dass in Kunstwerken eine andere Welt aufscheinen kann. Auch für den deutschen Philosophen Theodor W. Adorno (1903–1969) ist Kunst der Aufschein einer möglichen besseren Welt und damit die kritische Antithese zu einer entfremdeten Gesellschaft, die ein wahres Leben nicht ermögliche. Vielfach wird auch geglaubt, dass im Gegensatz zum rationalen Weltzugriff, durch die Künste nicht Mauern, sondern Brücken gebaut werden können. Auf den römischen Dichter Horaz geht eine Auffassung der Funktion von Schöner Kunst als *nützliche und/oder unterhaltende* Auswirkung auf die Rezipienten zurück. In der Redewendung *L'art pour l'art* hingegen äußert sich die Ansicht, dass sich die Kunst selbst genüge und keinerlei äußerer Zwecke bedürfe.

KUNST – Künstler – Kunst – Kunstwerke

treten in verschiedenen Rollen auf

stellen sich zur Schau

bannen und beschwören

versetzen sich in den Olymp, retten und erlösen

eifern Vorbildern nach

werden ausgesperrt

arbeiten mit der Hand

suchen Käufer

Künstler ...

hungern und frieren

rebellieren gegen Vorbilder

machen sich lustig

beten an und werden angebetet

verspotten und schmeicheln

dienen den Mächtigen

zweifeln, verzweifeln, werden bestraft, verletzen sich

denken über das Glashaus nach, in dem sie sitzen [...]

Es gibt keine Kunst, sondern nur Künstler. Zu diesem Schluss kommt man, wenn man unsere Frage – Kunst, was ist das? – aus der Sicht der Hersteller zu beantworten versucht. Es gibt, [...] *den* Künstler nicht, es gibt nur das Sammelwort „Künstler“, das für verschiedene Tätigkeiten herhalten muss.

Was Künstler machen sei Kunst, wird oft behauptet. […] Das von einem Künstler hergestellte Produkt empfängt seine Qualität als Kunstwerk vom Pakt mit dem Empfänger – dieser Pakt kann jederzeit widerrufen werden. […] Die Eigenschaft, ein Kunstwerk zu sein, ist nichts endgültig Festgelegtes, nichts Unverrückbares, sondern eine Frage der Vereinbarung, die von den Kräften und Erwartungen entschieden wird, die jeweils das kulturelle Feld ordnen. Was heute als Kunstwerk gilt, kann diesen Anspruch eines Tages einbüßen, hingegen können andere Gegenstände – klassisches Beispiel: Duchamps „Flaschentrockner“ – unversehens in den Radius der Kunstwerke einbezogen werden. […] Wer mit künstlerischen Mitteln die Kunst überwinden will, leistet – oft gegen seinen Willen – wichtige Beiträge zur Öffnung und Erschließung neuer künstlerischer Möglichkeiten. So wird der Kunstbegriff von der Praxis immer wieder neu bestimmt. […] Die Grenzen sind fließend – man denke bloß an die Fotografie […].

[Wir] verkürzen und verfälschen die Kunstlandschaften unserer Gegenwart, wenn wir für das 20. Jahrhundert als KUNST nur gelten lassen, was vom freien Entschluss und von der Selbstverantwortung des Künstlers getragen wird. […] KUNST gibt es nicht, es gibt nur Künste. […]

Man kann ein bestimmtes künstlerisches Gebilde nicht auf einen einzigen Bedeutungsnenner festlegen. Kunstwerke sind mehrsinnig, gleichgültig, ob sie Geschichten erzählen, gegenstandfreie Erfindungen vorführen oder an irgendwelchen Zuständen Kritik üben. Ein abstraktes Bild ist nicht rätselhafter als eines, das sich auf der Ebene der Gegenständlichkeit aufhält. […]

Kunstwerke …

- treten für Ideale und Normen ein
- greifen Ideale und Normen an
- machen Wunschträume gegenwärtig
- stellen der Vernunft eine Falle
- bestätigen den Augenschein
- verrätseln den Augenschein
- dienen Macht und Besitz
- klagen Macht und Besitz an
- entwerfen Ordnungen
- sprengen Ordnungen
- bezeugen, mahnen und werben
- nehmen die Welt spielend ernst

(nach: Werner Hofmann: Kunst – was ist das? Ausstellung der Hamburger Kunsthalle. DuMont, Köln 1977, S. 79ff., 103ff.)

?|
- *Geben Sie die Kernaussagen von Hofmann in eigenen Worten wieder.*
- *Ordnen Sie seine Aussagen den einzelnen Aspekten der Fragenkaskade (erkenntnistheoretisch usw.) zu.*
- *Verfassen Sie eine eigene Antwort auf die Frage, was Kunst für Sie ist.*
- *Vergleichen Sie Hofmans Aussagen mit Ihrer eigenen Auffassung von Kunst. Konfrontieren Sie die Aussagen mit einem Lexikonartikel zum Thema Kunst und ermitteln Sie Gemeinsamkeiten und Unterschiede.*

Rolle und Funktion von Kunst und Künstler

?|
- *Überprüfen Sie die folgenden Textauszüge mit der Fragenkaskade (S. 97 f.). Fertigen Sie eine Mindmap an und entwickeln Sie anschließend eine eigene Stellungnahme zur Funktion von Kunst.*

Zuletzt die Idee, die alle vereinigt, die Idee der *Schönheit*, das Wort in höherem platonischem Sinne genommen. Ich bin nun überzeugt, dass der höchste Akt der Vernunft, der, indem sie alle Ideen umfasst, ein ästhetischer Akt ist, und dass *Wahrheit und Güte, nur in der Schönheit* verschwistert sind. Der Philosoph muss eben so viel ästhetische Kraft besitzen, als der Dichter. Die Menschen ohne ästhetischen Sinn sind unsere Buchstabenphilosophen. Die Philosophie des Geistes ist eine ästhetische Philosophie. Man kann in nichts geistreich sein, selbst über Geschichte kann man nicht geistreich räsonieren – ohne ästhetischen Sinn.

(Paul Stapf (Hg.): Friedrich Hölderlin. Sämtliche Werke. Das älteste Systemprogramm des deutschen Idealismus. Bd. 2. Vollmer, Wiesbaden o. J., S. 454)

Aber die schöne Kunst ist nur eine Befreiungsstufe, nicht die höchste Befreiung selbst. – Die wahrhafte Objektivität, welche nur im Moment des *Gedankens* ist, die Befreiung zugleich mit der Ehrfurcht ist, mangelt auch in dem Sinnlich-Schönen des Kunstwerks [...].

(G.W.F. Hegel: Enzyklopädie der philosophischen Wissenschaften. Werke Bd. 10 § 562. Suhrkamp, Frankfurt/M. 1970, S. 372)

Deshalb muss eine höhere Kultur dem Menschen ein Doppelhirn, gleichsam zwei Hirnkammern geben, einmal um Wissenschaft, sodann um Nicht-Wissenschaft zu empfinden: neben einander liegend, ohne Verwirrung, trennbar, abschließbar; es ist dies eine Forderung der Gesundheit. In einem Bereich liegt die Kraftquelle, im anderen der Regulator: mit Illusionen, Einseitigkeiten, Leidenschaften muss geheizt werden, mit Hilfe der erkennenden Wissenschaft muss den bösartigen und gefährlichen Überzeugungen einer Überheizung vorgebeugt werden.

(Friedrich Nietzsche: Menschliches Allzumenschliches (251). In KSA Bd. 2. dtv, de Gruyter, München 1980, S. 206)

Der schöpferische Künstler setzte Dinge ins Werk, die das positiv Gelernte übersteigen. Somit hat der Künstler an einer zweifachen Werkmächtigkeit Anteil, der Doppelnatur des artistischen Könnens gemäß. Als Meister seines Fachs beherrscht er das Wiederholbare; als Genie setzt er einen Fuß ins Nie-Dagewesene. [...] Kommt beides zusammen, so können Menschenleben entstehen, an denen sich die humanistische Gattungsanbetung orientiert. Dem artistischen Können wohnen in beiden Aspekten epiphanische [erscheinende, offenbarende] Qualitäten inne: Durch dieses offenbaren sich die menschlichen Wesenskräfte dem Menschen selbst. In der Kunst kann der Mensch dem Menschen erscheinen. [...] Der Zauber der Wirkungen gibt einen Begriff von der Höhe der Ursache. Wo in den Werken Welten neben der Welt entstehen, lassen sich deren Urheber als Götter neben Gott erschließen.
Der epiphanische Zug neuzeitlicher Werkmächtigkeit verlangt die Verschränkung von Herstellung und Ausstellung. Ohne Enthüllung des Werks in einem Vorzeigeraum kann sich die Selbstoffenbarung der schöpferischen Kraft nicht vollziehen. Die Sichtbarmachung des Herstellenkönnens setzt die Herstellung der Sichtbarkeit voraus. Die Ausstellung ist die neuzeitliche Einrichtung zur Herstellung von Sichtbarkeit.

(Peter Sloterdijk: Der ästhetische Imperativ. EVA, Hamburg 2007, S. 409)

Der Künstler braucht weder Belohnung noch Bestrafung. [...] Jenseits von Gutheißung und Beanstandung wenden wir uns auf sein Werk, seine Aussage hin. Der Künstler hat also Fähigkeiten, unsere Aufmerksamkeit auf seinen Aussageanspruch in Bild, Klang oder Text hinzulenken. Das ist grandios, alle

anderen machen das mit Belohnen und Bestrafen. [...] Meine persönlichen Erfahrungen mit der Dokumenta gehen davon aus, dass alle, buchstäblich alle, hinterher entscheidenden Probleme vorab tatsächlich von den Künstlern bearbeitet worden sind. Und zwar in einer wirklich phantastischen Art, nämlich, auf diese Fragen gibt es überhaupt keine Antwort vom Typ: Macht doch *das*, dann ist das Problem gelöst. [...]
Trotz der Einsicht in die eigene Beschränktheit sich weiterhin Glauben schenken zu müssen, das ist das, was die Menschen auszeichnet, und das lernt man nur in der Kunst, nirgends sonst.

(Frei nach Auszügen aus Interviewantworten von Bazon Brock innerhalb eines Projektes der Kunsthochschule Kassel. In: www.fragen-zur-kunst.de, Zugriff 22.10.2009)

? › *Was meinen Sie, lernt man das tatsächlich nur in der Kunst?*

Q Die Gedanken der herrschende Klasse sind in jeder Epoche die herrschenden Gedanken, d.h. die Klasse, welche die herrschende materielle Macht der Gesellschaft ist, ist zugleich ihre herrschende geistige Macht. Die Klasse, die die Mittel zur materiellen Produktion zu ihrer Verfügung hat, disponiert damit zugleich über die Mittel zur geistigen Produktion, so dass ihr damit zugleich im Durchschnitt die Gedanken derer, denen die Mittel zur geistigen Produktion abgehen, unterworfen sind. [...]
Raffael, so gut wie jeder andere Künstler, war bedingt durch die technischen Fortschritte der Kunst, die vor ihm gemacht waren, durch die Organisation der Gesellschaft und die Teilung der Arbeit in seiner Lokalität, und endlich durch die Teilung der Arbeit in allen Ländern, mit denen seine Lokalität in Verkehr stand. Ob ein Individuum wie Raffael sein Talent entwickelt, hängt ganz von der Nachfrage ab, die wieder von der Teilung der Arbeit und den daraus hervorgegangenen Bildungsverhältnissen der Menschen abhängt.

(Karl Marx/Friedrich Engels: Die deutsche Ideologie. In: Marx Engels Werke. Bd. 3. Dietz, Berlin 1969, S. 46, 378)

Q Ich will zeigen, wie Tänze kreiert werden. Ich werde sie vor dem Publikum entstehen lassen. Ich möchte, dass die Zuschauer bei der Arbeit zusehen. Sie bekommen immer alles fertig geliefert. Ich will ihnen die Qual der Schöpfung zeigen [...]; selbst die Kostüme werde ich vor dem Publikum machen. [...] Ich werde ihnen zeigen, wie wir Künstler leben, wie wir leiden, wie wir schaffen.

(Vaslaw Nijinsky zit. aus: Hamburger Staatsoper (Hg.): Nijinsky. Programmheft zum Ballett von John Neumeier. Hamburg 2009, S. 17)

Q [...] die Arbeit von Wissenschaftlern und Künstlern [durchläuft] ähnliche Entwicklungsstadien: eine kreative, explorative Brainstorming-Phase, gefolgt von einer Phase des Ausprobierens und Verfeinerns, die typischerweise durch festgelegte Abläufe gekennzeichnet ist. Beide erfordern spezielle Hilfsmittel, und die Ergebnisse sind [...] offen für Interpretationen. Künstlern und Wissenschaftlern gemeinsam ist die Fähigkeit, es hinzunehmen, dass die Produkte ihrer Arbeit einem steten Prozess der Deutung und Neudeutung unterliegen. Letztendlich besteht ihre Arbeit darin, der Wahrheit auf den Grund zu gehen, wobei die Vertreter beider Lager wissen, dass die Wahrheit an sich, je nach Standpunkt, kontextabhängig und veränderlich ist und dass die heutigen Wahrheiten die widerlegten Hypothesen oder vergessenen Kunstobjekte von morgen sind. [...] Ein Künstler verfolgt mit einem Gemälde oder einer Musikkomposition nicht das Ziel, die reine Wahrheit zu vermitteln, sondern einen

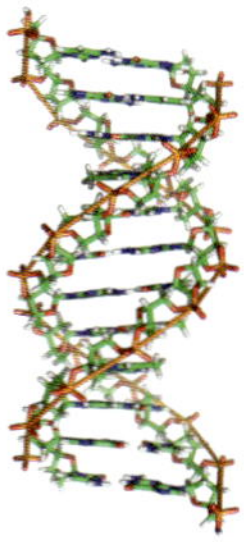

Strukturmodell einer DNA-Helix

Aspekt der allgemeinen Wahrheit, der, im Falle des Erfolgs, die Menschen auch dann noch bewegen und berühren wird, wenn sich die Umstände, Gesellschaften und Kulturen verändert haben. Für einen Wissenschaftler ist das Ziel einer Theorie, die „Wahrheit für den Augenblick" zu vermitteln – eine alte Wahrheit zu ersetzen, dabei jedoch zu akzeptieren, dass eines Tages diese Theorie ebenfalls durch eine neue „Wahrheit" ersetzt wird, weil dies der Weg ist, auf dem die Wissenschaft Fortschritte macht.

(Daniel J. Levitin: Der Musik-Instinkt. Spektrum, Heidelberg 2009, S. XII)

Q

[Der Sexualtrieb] stellt der Kulturarbeit außerordentlich große Kraftmengen zur Verfügung, und dies zwar infolge der bei ihm besonders ausgeprägten Eigentümlichkeit, sein Ziel verschieben zu können, ohne wesentlich an Intensität abzunehmen. Man nennt diese Fähigkeit, das ursprüngliche sexuelle Ziel gegen ein anderes, nicht mehr sexuelles, aber psychisch mit ihm verwandtes, zu vertauschen, die Fähigkeit zur Sublimierung.

(Sigmund Freud: Die kulturelle Sexualmoral und die moderne Nervosität. Gesammelte Werke, Band VII. Imago, London 1955, S. 150)

Q

Arbeitet Kunst im Auftrag der Evolution?

Das Schöne? Auch nur Biologie, sagen die Hirnforscher. Künstlerische Freiheit halten sie für eine Illusion. [...] Das Gehirn kennt die harmonischen Proportionen. [...] Wird zum Beispiel eine Stelle aus Wagners Fliegendem Holländer zu schnell oder zu langsam gespielt, dann fällt das Hirn in Missstimmung, und seine Neuronen flackern nur müde vor sich hin. Wird hingegen das Tempo exakt getroffen, dankt es mit fröhlichem Leuchtfeuer. Ähnlich verlaufen die Erregungskaskaden, sobald ein Kunstliebhaber eine Skulptur mit harmonischen Proportionen zu Gesicht bekommt. Die Neuronen jauchzen, dass es eine Freude ist. [...]

Zwar sprechen sie [die Neuroästhetiker] nicht mehr von „Schöpfung", sondern von Evolution, aber auch sie weisen dem Künstler eine sinnstiftende Aufgabe zu: Tatkräftig soll er helfen, einen Geburtsfehler des Menschen zu kurieren, einen gefährlichen Mangel. Denn während ein Tier sich instinktiv in der Welt zurechtfinde, benötige der Mensch sinnstiftende Bilder – er braucht eine Sternenkarte, auf der seine Wege verzeichnet sind und die ihm zeigt, dass er mitten im „Leben" steht. Ohne Sinnstiftung ereile ihn die Panik, und dann erscheine dem Mängelwesen die Evolution als blindes Chaos, als Wechsel aus Fressen und Gefressenwerden. Gut ist das nicht.

Langsam ahnt man, was Neuroästhetiker von der Kunst erwarten. Weil sie die Grundvariationen unserer Hirnnatur codiert, mehr noch: Weil sie – wie Shakespeare – das Panorama menschlicher Leidenschaften ausbuchstabiert [...], soll die Kunst den von Weltangst bedrohten Betrachter zurück „ins Leben" stellen. Mit einem Wort: Die Kunst arbeitet im Auftrag der Evolution. Sie spielt dem Einzelnen die Sinfonie des Lebens vor, seine Typen und Gestalten, seine Muster und Module. Mit dem alten, dem kritischen Zeitalter hat diese Kunst nichts mehr zu schaffen, im Gegenteil. Die Kunst der Neuroästhetik versöhnt sich mit den „Strömen des Lebens".

Olafur Eliasson, The Weather Project, 2003–2004

(Thomas Assheuer: Kunst ist ein Neuronenfeuer. In: Die Zeit Nr. 21, 15.05.2008)

› *Informieren Sie sich in Zusammenarbeit mit dem Biologieunterricht und über Internet-Suchseiten zum Stichwort „Neuroästhetik" und sammeln Sie weitere Beispiele aus den Forschungsergebnissen.*

?

2.4.5 Ästhetische Dimensionen in den Wissenschaften

Bilder und Zeichen in den Naturwissenschaften

Q| Gegenwärtig machen immer mehr Naturwissenschaftler die Entdeckung, dass die eigentlichen Gegenstände ihrer Arbeit von ihnen selbst hergestellte Zeichengefüge als Bilder, Texte und Modelle sind. Ob Röntgenbild oder Aufnahme des Positronenemissionstomographen, ob zeichnerische Darstellung der Funktion von Enzymen oder grafische Darstellung komplexer Systeme im Organogramm eines zu bauenden Güterbahnhofs – immer und überall werden Bilder gelesen, Begriffe gebildet und mit ihnen hantiert, Modelle als Veranschaulichungen gebaut und experimentell modifiziert.
Astro- und Kleinteilchenphysiker gehen mit Metaphern (*schwarzes Loch*, *Quark* oder *Glue*) um wie früher die Lyriker mit der schwarzen Milch der Frühe. [...] Wissenschaft heißt heute Zeichenproduktion und Umgang mit diesen Zeichen, wie es die Künste seit 600 Jahren taten.

(Bazon Brock: Der Barbar als Kulturheld, Schriften III, 1991–2002. DuMont, Köln 2002, S. 427)

?| › *Erfassen Sie die Hauptaussagen des Textes in eigenen Worten und überprüfen Sie, ob Brocks Thesen Konsequenzen für Ihr Bild von Naturwissenschaft haben.*

Un-Übersichtlichkeit und erschwerte Orientierung

Trotz der bemerkenswerten Erfolge der rationalen Wissenschaften zur Entschlüsselung von Natur und Gesellschaft, trotz eines entwickelten Bildungssystems und einer entwickelten Wissensgesellschaft, trotz jederzeit möglichen Zugriffs auf Wissen und entsprechenden Techniken, trotz eines intakten Rechtssystems und zahlreicher Verfahrensgrundlagen bei politischen Prozessen ist nach Ansicht des deutschen Sozialphilosophen Jürgen Habermas *Unübersichtlichkeit* und damit erschwerte Orientierung das Zeichen unserer Zeit. Mindestens gleichzeitig mit seiner sozialphilosophischen Analyse und begleitet von Tendenzen im Bereich der modernen Künste (Neue Musik, abstrakte Malerei, Bewusstseinsstrom usw.) verweisen auch naturwissenschaftliche Erfahrungen auf einige weitere „Un“, die den Wissenschaftlern im 20. und 21. Jahrhundert Sicherheit und Orientierung erschweren und neue Anforderungen an Verfahren und Kompetenzen zur Weltentschlüsselung erforderlich machen.

Dreidimensionaler Phasenraum eines einfachen Wettermodells mit nicht vorhersehbarem Bahnenverlauf

Q|
- › Un-Möglichkeit, Aussagen über die Realität ohne Berücksichtigung des beobachtenden Subjekts zu machen.
- › Un-Eindeutigkeit in der Grundlagenphysik (Licht dual: Welle und Teilchen).
- › Un-Anschaulichkeit innerhalb der Mikro- und Makrophysik (ohne imaginäre Zeichen und Zahlen ist die reale Welt kaum beschreibbar).

- Un-Absolutheit von Raum und Zeit durch die Relativitätstheorie (Raum und Zeit existieren nur mit den Dingen).
- Un-Bestimmtheit durch die Quantenmechanik bedeutet einen Abschied vom traditionellen Ursache-Wirkungs-Denken zugunsten des Möglichen.
- Un-Vorhersagbarkeit durch die Chaostheorie (es gibt Systeme, deren Verhalten unvorhersagbar und die scheinbar regellos sind, obwohl ihre Komponenten durch eindeutige Gesetze beherrscht werden).

(Frei nach: Ernst Peter Fischer: Die andere Bildung. Ullstein, Berlin 2003, S. 395ff.)

- *Prüfen Sie vor dem Hintergrund der obigen Aufzählung, ob sogenannte weiche Kategorien wie Subjektivität, Möglichkeit, Vagheit, Atmosphäre, Harmonie und Disharmonie, Schönheit, also ästhetische Kriterien, die bei Erstellung und Rezeption von Kunst eine Rolle spielen, auch außerhalb dieses Gegenstandsbereiches Anwendung finden können/sollen und formulieren Sie dazu eine eigene Stellungnahme.*

2.4.6 Das Heilige darstellen und Bilder anbeten?

Weil einige uns tadeln, da wir dem Bilde des Herrn und unserer Herrin, dann aber auch den übrigen Heiligen und Dienern Christi Ehrfurcht und Ehre erweisen, so sollen sie hören, dass am Anfang Gott den Menschen nach seinem Bild geschaffen hat. Weshalb bezeigen wir einander Ehre? Doch nur weil wir nach dem Bilde Gottes geschaffen sind. Denn die „Ehre des Bildes geht" [...] „auf das Urbild über". Urbild aber ist das, dem etwas nachgebildet, von dem ein Abbild gemacht wird.

(Johannes von Damaskus zit. nach: Willi Oelmüller u. a.: Philosophische Arbeitsbücher 5. Diskurs: Kunst und Schönes. UTB Schöningh, Paderborn 1982, S. 148)

In Köln hatte sich etwas zugetragen, das man für eine Anekdote halten könnte: einmal wöchentlich erschien eine alte Bäuerin aus der Eifel im Wallraffmuseum vor einem Altarbild, kniete dort nieder und verrichtete ihre Gebete. Dies wurde ihr von den Museumswärtern als nicht erlaubt verwiesen; das übrige Publikum reagierte teils spöttisch, teils aggressiv, so dass sich die fromme Frau ihrerseits düpiert fühlte und es zur grundsätzlichen Frage kam: Darf ein bis dahin in der Dorfkirche verehrtes Altarbild, nachdem es als Kunstwerk ins Museum abtransportiert wurde, weiterhin im rituellen Kontext verwendet werden oder nicht? Mit anderen Worten: Darf man im Museum beten?

(Bazon Brock: Der Barbar als Kulturheld. Schriften III, 1991–2002. DuMont, Köln 2002, S. 250)

- *Legen Sie dar, was die Bäuerin Ihrer Meinung nach anbetet und beantworten Sie dann die am Ende von Bazon Brock gestellte ethische Frage. Beachten Sie bei Ihrer Antwort neben der bilderfreundlichen Aussage von Johannes von Damaskus (ca. 650–750) auch das Bilderverbot z. B. in der jüdischen und christlichen Religion (Bibel: 2. Mose 20, 4,5 und 3. Mose 26,1) sowie im Islam.*
- *Diskutieren Sie in Ihrer Lerngruppe, ob die zunehmende Bildlichkeit (Fernsehen, Internet, Journale usw.) Erkenntnis und Weltentschlüsselung erleichtert oder erschwert.*

- Analysieren Sie Alltagserlebnisse (beispielsweise eine Stunde des Mathematikunterrichts, einen längeren Spaziergang in städtischer Umgebung usw.) allein mittels ästhetischer Kriterien.

2.4

2.5 Metaphysik und Mythos im Zeitalter der Wissenschaften

Reichen wissenschaftliche, durch Beobachtung und Experiment erbrachte und sorgfältig geprüfte Daten aus, um ein vernünftiges Verständnis von Welt und Mensch zu erreichen? Benötigt man neben diesen Daten, neben einer Analyse des Erkenntnisvermögens und der Sprache zusätzlich und als möglichen „Ariadnefaden" eine philosophische *Gesamtdeutung* der Welt, die auch die Weltdeutungsmöglichkeiten von Kunst und Religion rational erweitert? Und: Was können Sprache und Denken des Mythos zu einer Gesamtdeutung beitragen?

2.5.1 Die Idee der Metaphysik

Was heißt Metaphysik?

Q| Ganz schlicht gehört die bekannte Kinderfrage hierher: Warum ist etwas und nicht nichts? Wobei zugleich das nur uneigentlich Schlichte daran aufgeht, indem ja auch das etwaige Nichts nicht fragloser, begründeter wäre.

(Ernst Bloch: Tübinger Einleitung in die Philosophie 1. Suhrkamp, Frankfurt/M. 1971, S. 16)

Q| Metaphysik ist das Hinausfragen über das Seiende, um es als ein solches und im Ganzen für das Begreifen zurückzuerhalten.

(Martin Heidegger: Was ist Metaphysik? In: Ders.: Wegmarken. Klostermann, Frankfurt/M. 1967, S. 15)

Metaphysik (griech.: das, was hinter der Natur steht) ist die älteste philosophische Disziplin. Metaphysisch sind Fragen nach elementaren Grundlagen und allgemeinsten Strukturen der Wirklichkeit. Es werden Antworten gesucht, die es ermöglichen, ein allgemeingültiges und widerspruchsfreies Wissen über die Welt zu gewinnen. Unter dem Titel allgemeine Metaphysik galten Fragen nach Sein und Gegenständen der Welt (Substanz und Attribute wie Qualität, Quantität, Relation, Raum und Zeit, Möglichkeit usw.) lange Zeit als Grundfragen der Philosophie. Einzelne Fragen, wie die nach Sinn des Daseins, Seele, Freiheit, Welt, Gott, Tod usw. wurden durch die spezielle Metaphysik behandelt. Weitere Fragen sind z.B., ob die Außenwelt unabhängig von uns existiert, ob wir die Welt angemessen beschreiben und erkennen können. Metaphysiken erheben in der Regel einen Anspruch auf Endgültigkeit. Aus der Sicht ihrer Kritiker sind Metaphysiken spekulativ behauptend und als nicht beweisbar somit unnötig.

Ist Metaphysik unverzichtbar?

In Johann Wolfgang von Goethes „Faust" (I, Vers 1948) wird einem Studienanfänger aufgetragen: „Nachher, vor allen andern Sachen, müsst Ihr Euch an die Metaphysik machen!"

Bei Arthur Schopenhauer (1788–1860) wird diese augenzwinkernde Aufforderung ernster genommen. Für ihn unterscheiden sich erkenntnisbemühte Einzelwissenschaften wie die Physik und die Grundlagendisziplin Metaphysik dadurch, dass die Physik den Bereich der beobachtbaren, naturwissenschaftlich und quantitativ erklärbaren Erscheinungen betrifft. Metaphysik hingegen bezieht sich auf das universelle menschliche Bedürfnis einer letzten Erklärung und Entschlüsselung von Grundbedingungen der Welt. Metaphysik fragt nach dem Sinn des Seins, den objektiven Bedingungen der Welt und bezieht sich auch auf die Auseinandersetzung mit Themen wie Sinn, Gott, Freiheit, Tod. Metaphysisch ist auch das Verwundern, dass es überhaupt etwas gibt. Während für eine streng naturwissenschaftliche Weltsicht letztlich nur „wirklich" ist, was mit naturwissenschaftlichen Methoden bewiesen und beschrieben werden kann, wird in der Tradition der Metaphysik beispielsweise darauf verwiesen, dass diese tragende Grundannahme rein naturwissenschaftlich gar nicht beweisbar ist und daher auf unausgesprochenen metaphysischen Vorannahmen beruhen muss. Schließlich knüpft auch die Wissenschaft durch ihr Material und ihre Beobachter an eine vor- und außerwissenschaftliche Welt mit ihren Vorannahmen an.

Camille Flammarion (1842–1925), Holzschnitt aus L'Atmosphere, 1888

In der Tradition vieler Philosophen hält Schopenhauer metaphysische Fragen nach Sein, Werden und Vergehen von Mensch und Welt für unverzichtbar, die meist religiösen oder künstlerischen Antworten auf derartige Fragen jedoch für unzureichend.

Q

Der Grund und Boden, auf dem alle unsere Erkenntnisse und Wissenschaften ruhen, ist das Unerklärliche. Auf dieses führt daher jede Erklärung, mittels mehr oder weniger Mittelglieder, zurück; wie auf dem Meere das Senkblei den Grund bald in größerer, bald geringerer Tiefe findet, ihn jedoch überall zuletzt erreichen muss. Dieses Unerklärliche fällt der Metaphysik anheim.

(Arthur Schopenhauer: Parerga und Paralipommena. Über Philosophie und ihre Methode. § 1. Sämtl. Werke. Bd. 5. Piper, München 1915, S. 7)

Q

Schon die einfache Rede von der Endlichkeit des menschlichen Daseins setzt die Vorstellung von etwas Unendlichem – und damit von etwas Absolutem – voraus. Sie ist insofern niemals frei von metaphysischen Annahmen.

Die Philosophie hat diese metaphysische Dimension des menschlichen Weiterlebens bewusst zu machen. Sie kann sich nicht darauf beschränken, nur einzelne Tatbestände – mit Bezug auf einzelne Fragen – zu deuten; vielmehr hat sie das Ganze der Erfahrung abzuschreiten. Wo sie dies tut, bewegt sie sich in Bahnen der Metaphysik.

(Volker Gerhardt: Individualität. Das Element der Welt. Beck, München 2000, S. 23)

Kritik an Metaphysik

Es gibt keine transzendenten Themen im Leben. Dinge sind ausnahmslos hier, und sie sind vorbei, das muss genügen. Die andere Sicht der Dinge ist eine Lüge der Literatur und der Geisteswissenschaften [...].

(Richard Ford: Der Sportreporter. Rowohlt, Reinbek 1989, S. 25)

Die Neopositivisten[1] lehnen die Vorstellung ab, dass es über die durch Sinneserfahrung zugängliche Wirklichkeit hinaus noch eine meta-empirische Wirklichkeit gibt, die Gegenstand der Philosophie wäre. Gegen philosophische Auffassungen, die z.B. ein empirisch nicht aufweisbares „Wesen" von Dingen oder Phänomenen behaupten, wird der Vorwurf erhoben, sie vermittelten bloß ein Scheinwissen und seien vorwissenschaftlich oder unwissenschaftlich. Alle metaphysischen Aussagen sind in den Augen von Neopositivisten „sinnlose" Sätze, weil sie keinen Erkenntniswert in Bezug auf die Wirklichkeit besitzen. Sie werden bloß als Ausdruck des menschlichen Lebensgefühls angesehen. Das Lebensgefühl aber lässt sich weit adäquater in der Kunst (Literatur, Musik usw.) artikulieren als in der Metaphysik. „Metaphysik ist Lyrik in der Verkleidung einer Theorie. Sie ist bloßer Gefühlsausdruck, gibt sich aber durch die sprachliche Einkleidung in Behauptungssätze den Anschein, als gebe sie Erkenntnis" (Carnap). Eine wichtige Aufgabe der Philosophie im Verständnis der Neopositivisten ist die Entlarvung von metaphysischen Problemen als bloße Scheinprobleme, deren Sätze zu Unrecht einen Erkenntnisanspruch erheben.

(Kurt Salamun (Hg.): Was ist Philosophie? UTB Mohr, Siebeck, Tübingen 1980, S. 2f.)

1 Der Neopositivismus verbindet Prinzipien des Empirismus (vgl. Kap. 2.1) mit sprachkritischen Untersuchungen (vgl. Kap 2.3.3.2). Positivisten bzw. Neopositivisten begründen Wissen ausschließlich aus exakter Beobachtung durch kontrollierte, überprüfbare Erfahrung und Experimente.

?|

- *Beschreiben Sie den Holzschnitt des französischen Astronomen Camille Flammarion, den er 1888 im Stil des späten Mittelalters gestaltete und geben Sie diesem eine Überschrift, die das Bild in den Kontext von Weltentschlüsselung stellt.*
- *Geben Sie Zitate und die Begriffserklärung mit eigenen Worten wieder und erklären Sie, was Sie unter Metaphysik verstehen und wie wichtig sie ist (Goethe „vor allen anderen Sachen"). Vergleichen Sie Ihre Ansichten in Kleingruppen.*
- *Formulieren Sie Fragen, die Sie im Hinblick auf die Metaphysik besonders interessieren?*
- *Erarbeiten Sie die Kritik an der Metaphysik bei Ford und den von Salamun referierten Neopositivisten und erörtern Sie in der Lerngruppe, ob innerhalb einer naturwissenschaftlichen Weltsicht nur das als „wirklich" anerkannt wird, was mit naturwissenschaftlichen Methoden bewiesen und beschrieben werden kann, und ob diese Grundannahme tatsächlich nicht naturwissenschaftlich beweisbar ist und daher auf metaphysischen Annahmen beruhen muss.*
- *In der Vorrede zu seiner „Kritik der reinen Vernunft" konstatiert Immanuel Kant (1724–1804) ein immer vorhandenes Bedürfnis der menschlichen Vernunft nach metaphysischen Fragen. Aber selbst wenn ein metaphysisches Bedürfnis zur Erforschung der Hintergründe des Selbstverständlichen existiert, so ist damit noch nicht gesichert, dass man zu befriedigenden Ergebnissen kommt. Um sich deshalb von bloß behauptenden, spekulativen und nicht überprüfbaren metaphysischen Antworten abzugrenzen, fragt Kant, ob Metaphysik als Wissenschaft möglich sei. Welche Bedingungen müsste Metaphysik als Wissenschaft Ihrer Ansicht nach erfüllen?*

Wie erlangt man ein metaphysisches Wissen?

Q

[Nach dem platonischen Höhlengleichnis] wohnen wir Menschen in einer Höhle. Von Kindheit an sind wir gefesselt an Nacken und Schenkeln. Wir müssen so auf demselben Fleck bleiben und können nur in eine Richtung schauen. Zwischen uns und einem Feuer, das hinter uns brennt, verläuft ein Weg. Längs diesem ist eine Mauer aufgeführt. Sie gleicht den Schranken, welche sich die Gaukler vor den Zuschauern erbauen, über die herüber sie ihre Kunststücke zeigen. Dieser Mauer entlang tragen Gaukler allerlei Geräte, Bildsäulen sowie andere steinerne und hölzerne Bilder, die über die Mauer ragen. Einige reden dabei, andere schweigen. Wir Gefangene aber sehen von uns selbst, voneinander und von dem, was hinter uns vorübergetragen wird, nichts anderes als die Schatten, welche das Feuer auf die uns gegenüberliegende Wand der Höhle wirft. Diese Schatten nun halten wir für wirklich. Auch die Stimmen, die wir von den Vorübergehenden hören, schreiben wir den Schatten zu. Wir sehen also nicht nur nichts von der Sonne Erleuchtetes, sondern auch kein Licht, weder das des Feuers noch das der Sonne.

Das Höhlengleichnis, In der Höhle

Das Gleichnis handelt offenbar von uns. Platon bedient sich einer Verfremdung unserer menschlichen Situation, damit wir uns über sie wundern. Denn meistens leben wir nicht nur in einer falschen Vertrautheit mit der Welt, sondern auch mit uns. Wir wundern uns vielleicht über außergewöhnliche menschliche Situationen. Wir wundern uns aber nicht über unsere gewöhnliche menschliche Situation; sie fällt uns nicht mehr auf. Insofern sind wir uns nicht die Nächsten, sondern die Fernsten. Die Verfremdung durch dieses befremdliche Bild unserer menschlichen Lage bricht nun diese aus unserer langen Gewöhnung entstandene Vertrautheit und lässt uns uns dort wiederfinden, wo wir uns nie vermutet hätten, in einer Höhle. Und die fällt uns auf. Damit uns das Gewöhnliche unserer menschlichen Lage bewusst wird, brauchen wir eine außergewöhnliche. An ihr möchte ich jetzt dreierlei hervorheben:

a) Wir sind Gefangene von Bildern, die uns von Gauklern vorgeführt werden. [...] Heute könnte man sagen: die Meinungsmacher. Deren Ansichten sind für uns die Wirklichkeit.

b) Die Philosophie ist die Befreiung aus dieser Gefangenschaft des Geistes oder dieser Gefangenschaft in Meinungen. Da die Höhle auch ein Bild des Mutterschoßes ist, so lässt sich sagen: Die Philosophie ist die Befreiung aus dem Mutterschoß unserer Vorurteile. Die Philosophie ist so eine Art von zweiter Geburt.

c) Gegen diese Befreiung regt sich in uns aber ein Widerstand. Es besteht in uns ein Trieb, in der Höhle unserer Vorurteile zu bleiben. Wir haben Angst vor dem Schmerz der zweiten Geburt. Die Philosophie ist nämlich nicht harmlos, sondern tut gelegentlich weh. Sie reißt uns aus der Geborgenheit in unseren Vorurteilen und führt uns dorthin, wo wir uns nicht mehr zu Hause fühlen.

[...] Die Befreiung erlaubt nämlich einen fremden Blick. Er lässt uns Vertrautes wie zum ersten Mal sehen. Er rückt uns dafür aber aus der gewohnten menschlichen Ordnung. Die Philosophie ist so eine Art von Tod, nämlich der Tod des in seinen Vorurteilen gefangenen Menschen.

(Rafael Ferber: Philosophische Grundbegriffe. Beck, München 1998, S. 10ff.)

In Anlehnung an Platon (etwa 428–347 v.u.Z.), jedoch innerhalb christlicher Interpretation, illustriert Robert Fludd 1619 im Bild links einen Erkenntnisweg in Stufen: *sinnliche Wahrnehmung, Einbildungskraft, Verstand, Vernunft, Einsicht als intelligente Geistestätigkeit (intelligentia), Worte Gottes.*

- *Stellen Sie die Aussagen des Textauszuges dar.*
- *Den Gefesselten wird anschließend nicht nur Befreiung aus falschem Wissen, sondern auch die Möglichkeit zu einer stufenförmigen, tieferen, geistigen Einsicht bis hin zu den wirklichen und letzten Grundlagen der Welt angekündigt. Ähnlich wie bis vor kurzem das sogenannte Urmeter in Paris als Maßstab präziser Messung innerhalb des metrischen Systems galt, geht es u.a. um die Einsicht in letzte Gründe des Erkennens, die es auch entscheidbar machen, was überhaupt als wahr und richtig gelten kann und soll. Halten Sie eine metaphysische Erkenntnis letzter Prinzipien von Sein, Werden, Selbst und Erkennen in Sinne des platonischen Stufenweges für möglich und für nötig?*
- *Vergleichen Sie hinsichtlich des Erkenntniswertes eine spontane Erleuchtung oder unmittelbare Wesensschau z.B. in einer Meditation oder einer religiösen Offenbarung mit dem mühsamen und systematischen Erkenntnisweg in Platons Gleichnis und im Bild von Fludd.*
- *Beurteilen Sie den Vorgang, dass mit Hilfe eines Gleichnisses etwas Konkretes, eine anschauliche Geschichte benutzt wird, um den Weg zum sinnlich nicht sichtbaren, rein geistigen, metaphysischen Wissen offensichtlich zu machen?*
- *Platon beschreibt in seinem Gleichnis vom Höhlengefängnis weiterhin nicht nur den genauen Weg der Befreiung sowie den mühevollen Aufstieg in seines Erachtens besser geeignete Dimensionen eines metaphysischen Wissens. Es wird außerdem geschildert, was geschieht, wenn ein Wissender in die Höhle zurückkehrt, um seine Erfahrungen weiterzugeben. Lesen Sie das vollständige Höhlengleichnis aus dem 7. Buch (106ff.) von Platons „Der Staat" (Politeia) z.B. im Internet unter http://gutenberg.spiegel.de. Diskutieren Sie, ob und wie ein Wissender seine Einsichten gefahrlos weitergeben und anwenden könnte.*

Gelangt man ohne Schlüssel und ohne Füße in den „Garten der Wahrheit"?

2.5.2 Hauptthemen der Metaphysik

Neben den oben zitierten Philosophen halten auch andere Denker überempirische, metaphysische Analysen für nötig, weil zur Eröffnung von Wahrheit neben Daten aus Beobachtung und Experiment, neben einer kritischen Analyse der Bedingungen, Möglichkeiten und Grenzen der Erkenntnis auch eine *Untersuchung der Grundkategorien der Welt* gehört, auf die sich Erkenntnis bezieht. Dabei stehen neben der Endlichkeit des Menschen, neben Grundkategorien von Normen und dem Verhältnis Leib-Seele/Geist insbesondere Fragen bzw. Antwortversuche zu *den Gegenständen der Welt, zu ihrer Beschaffenheit, zu Seiendem und Sein* im Mittelpunkt der Metaphysik.

- *Beschreiben Sie Michael Maiers Bild „Garten der Wahrheit" von 1618 und geben Sie ihm eine eigene Überschrift.*

2.5.2.1 Nachdenken über Sein, Seiendes, Gegenstände

In jedem Seienden kann man zwei Aspekte oder Momente unterscheiden: das, *was* es ist – also sein Wesen, seine Washeit, sein Sosein, seine Essenz –, und das Moment, welches darin besteht, *dass* das Seiende ist – sein Dasein, seine Existenz.
(Joseph Maria Bocheński: Die zeitgenössischen Denkmethoden. UTB Francke, München 1980, S. 9)

Im Höhlengleichnis war die Rede von der Sonne, die alle Gegenstände sichtbar macht. Wir deuteten dieses Bild durch das Sein, das allen Dingen ihre Existenz gibt. Was bedeutet dieses Sein genauer? Vom Begriff des Seins muss zunächst der Begriff des Seienden unterschieden werden. Was ist das Seiende und wie verhalten sich beide Begriffe zueinander?

Q

Gehen wir von der Alltagssprache aus, so erscheinen uns beide Begriffe künstlich und ohne Gebrauch. Wir verwenden allein die Wörter „ist" oder im Plural „sind"; nur die Philosophen substantivieren diese Wörter. Der Grund für diese Substantivierung liegt in der metaphysischen Aufgabe, das Ganze in den Griff zu bekommen.
Bei der Durchmusterung der Bereiche unserer Lebenswelt entdecken wir eine vielfältige Verwendung der beiden Wörter. Im Zimmer sind Stühle, in unserem Kopf Zahlen, Erwartungen und Phantasien; in der Vergangenheit sind historische Tatsachen, in der Zukunft neue Möglichkeiten der Daseinsgestaltung. Alles, was auf diese Weise mit den Wörtern „ist" bzw. „sind" kombinierbar ist, ist ein Seiendes: Dinge, Zahlen, Gefühle, Ereignisse, Phantasien, Möglichkeiten usw.
Es gibt spezifische Wissenschaften, welche sich mit dem Seienden einer bestimmten Art befassen:
- die Mathematik ist die Lehre vom Seienden, sofern es quantifizierbar ist;
- die Physik ist die Lehre vom Seienden, sofern es raum-zeitlich messbar ist;
- die Geschichte ist die Lehre vom Seienden, sofern es der Vergangenheit angehört; usw.

Die Metaphysik betrachtet das Ganze, das heißt, sie abstrahiert von den speziellen Eigenschaften des Seienden und untersucht das *Seiende als solches* oder das *Seiende als Seiendes*. Von *Aristoteles* stammt die berühmte Formulierung von der Existenz einer Disziplin, die das Seiende als solches zum Gegenstand hat und heute Metaphysik heißt: „Es gibt eine Wissenschaft, die das Seiende als solches […] betrachtet und die ihm an sich zukommenden Bestimmungen. Diese fällt mit keinem der Teilgebiete zusammen, weil deren keines das Seiende als solches allgemein untersucht […]."
[…] Wir fassen zusammen: Alles, was ist, ist ein *Seiendes*; die Wissenschaft vom Seienden als solchem und seinen Gründen ist die Metaphysik.
Was aber ist das *Sein*?

Wenn wir Räumliches oder Zeitliches erleben, setzen wir voraus, dass es so etwas wie Raum und Zeit gibt. Raum und Zeit sind die Bedingungen für Räumliches und Zeitliches. Ähnlich kann man zu dem konkreten Seienden eine abstrakte Bedingung hinzudenken, welche diesem Seienden den Status gibt, dass es ist und nicht vielmehr nicht ist. Dieser letzte Begriff, Gedanke oder Grund, der allem die Existenz gibt, ist das Sein. Das Sein ist das Unbedingte, das als Bedingung für das Vorhandensein des Seienden gedacht wird.
Falls man – wie in der Philosophie Heideggers – glaubt, über das Sein Wesentliches aussagen zu können, dann ist die Unterscheidung zwischen Sein und Seiendem, die so genannte *ontologische Differenz*, von Wichtigkeit. Ist man – wie im Positivismus – dieser Möglichkeit gegenüber skeptisch und vermutet, dass die große Abstraktheit des Seinsbegriffes zugleich seine inhaltliche Leere bedingt, über die man nicht sprechen kann, dann wird man sich auf den Gebrauch des Wortes „Seiendes" beschränken.

(Kurt Wuchterl: Lehrbuch der Philosophie. Haupt, Bern/Stuttgart 1984, S. 196ff.)

?

- *Geben Sie die Kernaussagen der Texte in Ihren Worten wieder.*
- *Erläutern Sie, ob und inwiefern metaphysische Erforschungen der Bedingungen des Seins Verfahren anderer Wissenschaften ergänzen kann.*

Als *Ontologie* oder Lehre vom Wesen des Seienden (griech. onta: das Seiende, logos: Lehre) bezeichnet man seit dem 17. Jahrhundert die philosophische Erforschung von dem, was ist. Der Inbegriff des Seienden wird bestimmt als „Sein". Die Ontologie beschäftigt sich mit der Frage, was wir genau meinen, wenn wir die Welt beschreiben und erklären und dabei das Wort „ist" gebrauchen.

„The essential is no longer visible", Magdalena Jetelova

Seinsvergessenheit

Für den Philosophen Martin Heidegger (1889–1976) ist die Frage nach dem Sein immer noch aktuell. Unter dem Titel „Seinsvergessenheit" kritisiert er die europäische Moderne, die durch falsche Vergesellschaftung, rationalistische Weltentschlüsselung und technische Beherrschung entfremdet, bodenlos und heimatlos werde. Es gelte, wieder „wesentlich" zu denken und das „Sein" als Grundbefindlichkeit neu zur Sprache zu bringen. Heidegger will dabei keineswegs zu alten metaphysischen Antworten zurückkehren, diese vielmehr als seinsgeschichtliche Fragen radikal neu und grundlegend bedenken.

Q

Die so zu denkende Heimatlosigkeit beruht in der Seinsverlassenheit des Seienden. Sie ist das Zeichen der Seinsvergessenheit. Dieser zufolge bleibt die Wahrheit des Seins unbedacht. Die Seinsvergessenheit bekundet sich mittelbar darin, dass der Mensch immer nur das Seiende betrachtet und bearbeitet. [...]
Die Heimatlosigkeit wird ein Weltschicksal. Darum ist es nötig, dieses Geschick seingeschichtlich zu denken. [...]

Angesichts der wesenhaften Heimatlosigkeit des Menschen zeigt sich dem seinsgeschichtlichen Denken das künftige Geschick des Menschen darin, dass er in die Wahrheit des Seins findet und sich zu diesem Finden auf den Weg macht. [...]
Allein auch hier gilt: die Sache des Denkens ist nicht dadurch erreicht, dass nun ein Gerede über „Wahrheit des Seins" und über die „Seinsgeschichte" auf die Bahn gebracht wird. Alles liegt einzig daran, dass die Wahrheit des Seins zur Sprache komme und dass das Denken in diese Sprache gelange. Vielleicht verlangt dann die Sprache weit weniger das überstürzte Aussprechen als vielmehr das rechte Schweigen.

(Martin Heidegger: Brief über den „Humanismus". In: Ders.: Wegmarken. Klostermann, Frankfurt/M. 1967, S. 169f., 172, 174)

?

- *Stellen Sie den Gedankengang Heideggers in eigenen Worten dar. Erläutern Sie seine Unterscheidung von Sein und Seiendem sowie seinen Ausdruck „rechtes Schweigen".*
- *Vergleichen Sie seine Kritik an der Moderne mit Ihren eigenen Vorstellungen.*
- *Diskutieren Sie Möglichkeiten und Grenzen von Heideggers Vorschlag.*

Welche Gegenstände gibt es in der Welt?

In der Alltagssprache verwenden wir das Wort *Gegenstand* sehr allgemein für alles, mit dem wir ganz konkret zu tun haben: Objekte, Dinge der Natur und der menschlichen Welt, Sachen des Gebrauchs, Sachverhalte, das Thema eines Textes (auch z.B. eines Gesetzes), alles, worüber wir reden. Der Begriff hat sich aus dem lateinischen Wort „objectum" (das Entgegentretende, entgegen Geworfene) entwickelt. Gemeint ist damit all das, was dem Subjekt als zu Erklärendes, zu Entschlüsselndes bzw. als zu Bearbeitendes, also als Objekt gegenüber steht. Am Beispiel der Unterscheidung von *konkreten Gegenständen* und *abstrakten Gedankendingen*, wird jedoch deutlich, dass das Wort einer begrifflichen Analyse bedarf. Philosophen diskutieren daher unter dem Titel *Gegenstand* spezielle Fragen, die in der Sprache der Ontologie das Seiende betreffen.

Q

Die zentrale Frage der allgemeinen Metaphysik – welche Arten von Gegenständen gibt es? – ist traditionell vor allem in zwei speziellen Fassungen diskutiert worden: Gibt es nur konkrete oder gibt es auch abstrakte Gegenstände? Und: Gibt es nur einzelne oder gibt es auch allgemeine Gegenstände?
Die Beantwortung dieser Fragen führte zu einigen klassischen Positionen der allgemeinen Metaphysik. Beginnen wir mit einigen Beispielen und betrachten wir zunächst einzelne Gegenstände (auch *Einzeldinge* genannt) wie

(a) Kant, dieser Tisch vor mir, der zurzeit älteste Mensch;
(b) die frühe Neuzeit, die Zahl 7, die Quantenmechanik, die Zauberflöte [Mozarts Oper].

Die Gegenstände, die unter (a) aufgelistet wurden, sind wahrnehmbar und nehmen eine bestimmte Position in Raum und Zeit ein, sind also in diesem Sinne *konkrete* Einzeldinge. Aber auch die Gegenstände unter (b) sind Einzeldinge: eine bestimmte historische Episode, eine bestimmt Zahl, eine bestimmte Theorie, ein bestimmtes Naturgesetz, ein bestimmtes Musikstück; diese Einzeldinge sind jedoch zeitlos und nicht wahrnehmbar; wir könnten

sagen, sie sind *abstrakt*. Die zentrale Eigenschaft von Einzeldingen ist jedoch in jedem Fall ihre *Nicht-Wiederholbarkeit (Einmaligkeit)*.
Wie steht es mit folgenden Beispielen?

(c) rot sein, groß sein, laut sein, schemenhaft sein;
(d) Naturgesetz, Oper, Zahl, Theorie, wertvoll sein, Bedeutung.

Im Gegensatz zu den Einzeldingen unter (a) und (b) sind die Gegenstände unter (c) und (d) wiederholbare Gegenstände – Gegenstände, die durch *verschiedene* Einzeldinge [eingenommen] werden können, also allgemeine Gegenstände, die man auch *Universalien* nennt [...]. Allerdings sind die Universalien unter (c) konkret, die Universalien unter (d) dagegen abstrakt. [...]
Dieser Erläuterung zufolge ist Wahrnehmbarkeit eine hinreichende, aber nicht notwendige Bedingung von Konkretheit, denn es gibt konkrete Einzeldinge, die nicht wahrnehmbar sind, z. B. nicht mehr existierende Artefakte oder verstorbene Menschen (für uns nicht wahrnehmbar) oder Neutrinos (wahrscheinlich prinzipiell nicht wahrnehmbar). Die Eigenschaft, eine bestimmte Raum-Zeit-Position zu haben, ist dagegen eine notwendige, aber nicht hinreichende Bedingung für Konkretheit, denn z. B. dem Hellenismus könnten wir eine bestimmte Position in Raum und Zeit zusprechen, indem wir sagen, wann und wo er verbreitet war. Entsprechend ist Zeitlosigkeit und Unveränderlichkeit eine hinreichende, aber nicht notwendige Bedingung für Abstraktheit, denn es gibt abstrakte Einzeldinge, die nicht zeitlos und unveränderlich sind, z. B. den Dreißigjährigen Krieg, die Bedeutung von „Natur“ oder physikalische Felder. Nicht-Wahrnehmbarkeit ist dagegen eine notwendige, aber nicht hinreichende Bedingung für Abstraktheit, weil es auch nicht-wahrnehmbare konkrete Gegenstände gibt.

(Wolfgang Detel: Grundkurs Philosophie, Band 2. Metaphysik und Naturphilosophie. Reclam, Stuttgart 2007, S. 16ff.)

?

- *Welche Arten von Gegenständen kommen nach Ansicht von Wolfgang Detel in der Welt vor? Legen Sie sich dazu eine Mindmap an.*
- *Welche der folgenden Gegenstände sind konkrete oder abstrakte Einzeldinge und welche sind konkrete oder abstrakte Universalien: Angela Merkel, blau, Primzahlen, 3. Oktober als Tag der Deutschen Einheit, Osterei, Berlin, Relativitätstheorie, Friedrich der Große? Begründen Sie Ihre Antwort, indem Sie Bezug auf die Ausführungen Detels nehmen.*
- *Erklären Sie den Unterschied zwischen einer hinreichenden und einer notwendigen Bedingung. Schlagen Sie zur Unterstützung in einem Philosophielexikon nach.*
- *Bedingt durch Konzentrierung auf Beobachtung und Experiment stehen ontologische Fragen und Themen heute nicht mehr im Mittelpunkt der philosophischen Forschung. Überprüfen Sie die Hintergründe dieser Tatsache und diskutieren Sie darüber in der Lerngruppe.*

2.5.2.2 Wie lässt sich das Verhältnis von Körper und Geist denken?

Im Menschen sind Körper und Geist bzw. Leib und Seele immer unmittelbar verbunden. Man sagt jedoch auch: Der Geist ist willig, aber das Fleisch ist schwach und meint damit, dass die Einflussmöglichkeiten der Vernunft auf Willen und Körperlichkeit zumindest umstritten sind. Ähnlich der alltagssprachlichen Aussage trennt die neuzeitliche Philosophie Körper und Geist analytisch und diskutiert dieses Thema als Leib-Seele-Problem (vgl. auch Kap. 5.1.5).

Kann, darf, soll man begrifflich Körper und Geist trennen, und wenn ja, welche Beziehungen gibt es? Bestimmt das Körperliche (Materielle) das Bewusstsein, das Bewusstsein das Materielle (Körperliche), oder gibt es Wechselwirkungen? Sind Bewusstseinsvorgänge direkt auf Gehirnzustände reduzierbar? Handelt es sich hier sogar um ein Scheinproblem, weil zwar der Leib ein Seiendes (Gegenstand) ist, nicht aber die Gedankendinge Geist und Seele?

Mein Körper

Mein Körper rät mir:
Ruh dich aus!
Ich sage: Mach ich
altes Haus!

Denk aber: Ach, der
sieht's ja nicht!
Und schreibe heimlich
dies Gedicht.

Da sagt mein Körper:
Na, na, na!
Mein guter Freund,
was tun wir da?

Die Frage scheint recht
schlicht zu sein,
doch ihre Schlichtheit
ist nur Schein.

Sie lässt mir seither
keine Ruh: Wie
weiß mein Körper
was ich tu?

(Robert Gernhardt: Raum und Zeit. Reclam, Stuttgart 1990, S. 52)

› *Beantworten Sie schriftlich die Abschlussfrage von Robert Gernhardt (1937–2006) und vergleichen Sie Ihre Ergebnisse im Kurs.*

› *Erfragen Sie, wie und mit welchen Worten Sie und andere über den eigenen Körper sprechen. Was kann Menschen dazu bringen, über ihren Körper in der Dritten Person zu sprechen?*

Mit seiner Zweiteilung, einer „Dualistischen Metaphysik", hat der französische Philosoph und Mathematiker René Descartes (1596–1650) die Diskussion über Körper und Geist bzw. Leib und Seele wie kaum ein anderer Denker geprägt. Er unterscheidet zwischen zwei Arten von Substanzen. Neben den materiellen Substanzen (in der Sprache der Ontologie „Seiendes"), d.h. den Körpern, welche die *Ausdehnung* als wesentliche Eigenschaft haben und die Gegenstand mathematisch-physikalisch-biologischer Forschung sein können, gibt es auch immaterielle Substanzen (Gedankendinge), die das Denken als wesentliche Eigenschaft haben. Diese beiden Arten von Substanzen sind bei Descartes real voneinander verschieden.

Betrachten wir diejenigen Gegenstände, von denen man für gewöhnlich annimmt, sie von allen würden am deutlichsten begriffen, d.h. Körper, die wir betasten und sehen, und zwar nicht Körper im allgemeinen, denn diese allgemeinen Begriffe pflegen bedeutend verworrener zu sein, nehmen wir vielmehr irgendeinen Körper im besonderen, z.B. dieses Stück Wachs. [...] seine Farbe, Gestalt, Größe liegen offen zutage, es ist hart, auch kalt, man kann es leicht

anfassen, und schlägt man mit dem Knöchel darauf, so gibt es einen Ton von sich, kurz – es besitzt alles, was erforderlich scheint, um irgendeinen Körper ganz deutlich erkennbar zu machen.[...]
Ich, der ich dieses Wachs so deutlich zu erkennen meine, sollte ich mich selbst nicht nur viel wahrer, viel gewisser, aber auch viel deutlicher und einleuchtender erkennen? Denn wenn ich urteile, dass das Wachs existiert, weil ich es sehe, so folgt doch eben daraus, dass ich es sehe, weit augenscheinlicher, dass ich selbst existiere. Denn es kann sehr wohl sein, dass das, was ich sehe, nicht wirklich Wachs ist, es kann sogar sein, dass ich überhaupt keine Augen habe, etwas zu sehen, aber es ist ganz unmöglich, dass während ich sehe, oder – was ich für jetzt nicht unterscheide – während ich das Bewusstsein habe zu sehen, ich selbst, der ich dieses Bewusstsein habe, nicht irgendetwas bin. In ähnlicher Weise, wenn ich urteile, dass das Wachs existiere, weil ich es betaste, so folgt daraus wiederum dasselbe, nämlich dass ich bin, wenn deswegen, weil ich es mir bildlich vorstelle, oder aus sonst irgendeinem Grunde, so folgt wieder ganz dasselbe. Ich darf aber ebendas, was ich hier vom Wachs bemerke, auch auf alles übrige, was außer mir ist, anwenden. [...]
Und sieh da! so bin ich schließlich ganz von selbst dahin zurückgekehrt, wohin ich wollte. Denn da ich jetzt weiß, dass ja selbst die Körper nicht eigentlich durch die Sinne oder durch die Einbildungskraft, sondern einzig und allein durch den Verstand erkannt werden, nicht dadurch, dass man sie betastet oder sieht, sondern dass man sie denkt: so erkenne ich ganz offenbar, dass ich nichts leichter und augenscheinlicher erkennen kann – als meinen Geist. [...]
Ebendaraus also, dass ich weiß, ich existiere, und einstweilen nur von meinem Denken gewahr werden konnte, dass es zu meiner Natur oder meinem Wesen gehört, ebendaraus schließe ich mit Recht, dass mein Wesen allein im Denken besteht. Und wenngleich ich vielleicht – oder vielmehr gewiss, wie ich später auseinandersetzen werde – einen Körper habe, der mit mir sehr eng verbunden ist, so ist doch, – da ich ja einerseits eine klare und deutliche Vorstellung meiner selbst habe, sofern ich nur ein denkendes, nicht ausgedehntes Wesen bin, und andererseits eine deutliche Vorstellung vom Körper, sofern er nur ein ausgedehntes, nicht denkendes Wesen ist – so ist, sage ich, soviel gewiss, dass ich von meinem Körper wahrhaft verschieden bin und ohne ihn existieren kann.

(René Descartes: Meditationen über die Grundlagen der Philosophie. Meiner, Hamburg 1993, S. 26, 29, 70)

?| › *Erfassen Sie die Gedanken von Descartes und formulieren Sie anschließend in seinem Namen eine Stellungnahme zum Gedicht von Gernhardt.*

Körper und Geist sind nicht verschieden

Q| Wenn ein Mensch tatsächlich eine Verbindung aus zwei real verschiedenen Substanzen ist und trotzdem ein einheitliches Lebewesen darstellt, müssen die beiden Substanzen – Körper und Geist – miteinander interagieren können. Konkret heißt dies: Wenn ein Mensch aufgrund einer Fußverletzung eine Schmerzempfindung hat, muss der Körper die Verletzung irgendwie an den Geist weiterleiten und dort eine Schmerzempfindung hervorrufen können. Und wenn ein Mensch den Entschluss fasst, den verletzten Fuß zu schützen, muss der Geist den Entschluss irgendwie an den Körper weiterleiten und entsprechende Handlungen hervorrufen können. Aber wie ist eine derartige Interaktion möglich, wenn Körper und Geist doch real verschiedene Substanzen sind? Wie sollen zwei Substanzen, die ganz unterschiedliche Attribute (Ausdehnung und Denken) aufweisen, in einer kausalen Verbindung zueinander stehen? Mit den Gesetzen der Physik ist eine derartige Verbindung nicht zu erklären.

(Dominik Perler: Große Philosophen. Primus, Darmstadt 2001, S. 438f.)

- *Erläutern Sie, inwiefern Perler die Dualismusthese von Descartes kritisiert.*
- *Überprüfen Sie Descartes' Gedanken („Mein Wesen besteht allein im Denken") vor dem Hintergrund der Argumente von Perler. Wenden Sie dabei auch die Unterscheidungen von Detel (S. 113f.) an.*
- *Formulieren Sie einen begründeten Standpunkt zur Frage, ob Körper und Geist bzw. Leib und Seele tatsächlich „real verschiedene Substanzen sind" und trotzdem „in einer kausalen Verbindung zueinander stehen". Überlegen Sie anschließend, wodurch Ihre Position in Frage gestellt werden könnte. Sind andere als kausale Verbindungen möglich?*

2.5.2.3 Die Endlichkeit des Menschen

Zu den grundlegenden metaphysischen Themen gehört auch die Endlichkeit des Menschen. Die alten Griechen definierten den Menschen im Gegensatz zu den Göttern geradezu als das endliche, sterbliche Wesen. Sterben ist Teil des Lebens, Leben ist ein Vorgang, der unweigerlich mit dem Tod endet. Der Tod ist das Ende eines individuellen Lebens. Die Tatsache, dass der einzelne Mensch als einziges Lebewesen mit der Gewissheit seines bevorstehendes Todes lebt, führte dazu, dass er religiöse und metaphysische Deutungen suchte, um diese Gewissheit tragen zu können.

Der Tod ist eine Frage des Lebens

Es ist das Bewusstsein des Todes, durch das sich das Leben für jeden von uns in eine sehr bedeutsame Angelegenheit verwandelt, in etwas, über das wir nachdenken müssen: etwas Geheimnisvolles und Unerhörtes, ein kostbares Wunder, für das wir kämpfen und unseren Geist anstrengen müssen. [...] Was wissen wir sonst noch über den Tod? Zweifellos recht wenig. Was wir wissen ist, dass er absolut persönlich und nicht übertragbar ist: Niemand kann für einen anderen sterben. Das heißt, dass niemand mit dem eigenen Tod das früher oder später eintretende Sterben eines anderen vermeiden kann. Die Schuld, die wir alle mit dem Tod zu begleichen haben, muss jeder mit seinem eigenen Leben bezahlen, nicht mit einem anderen. Daher ist der Tod nicht nur das individualisierendste Faktum, sondern er macht uns auch in höchstem Maße einander gleich. Noch etwas wissen wir vom Tod: dass er nicht nur gewiss ist, sondern ständig drohend bevorsteht. Sterben ist nicht nur eine Sache von Alten und Kranken: Vom ersten Moment, in dem wir zu leben beginnen, sind wir Todeskandidaten. Niemand, so sagt der Volksmund, ist zu jung, um nicht zu sterben, und niemand zu alt, um nicht noch einen Tag länger leben zu können. Es ist, wie Montaigne so schön sagte: Wir sterben nicht, weil wir krank sind, sondern weil wir leben. Eigentlich befinden wir uns immer im selben Abstand zum Tod. Der entscheidende Unterschied besteht nicht darin, gesund oder krank zu sein, sicher oder in Gefahr. Er besteht darin, ob wir lebendig oder tot sind, das heißt zwischen Sein und Nichtsein. Es gibt kein Dazwischen. Niemand kann sich „halb tot" fühlen. Das ist nur ein bildlicher Ausdruck, denn solange Leben in uns ist, kann sich alles wieder einrenken. Nur der Tod ist unwiderruflich. Auch wenn wir einiges über den Tod wissen, letztlich bleibt er für uns das Unbekannteste. Wir wissen, wann jemand tot ist, aber wir wissen nicht, wie das Sterben „von innen" aussieht.

Viele Mythen und Verheißungen ranken sich um den Tod. Überall und zu allen Zeiten diente die Religion dazu, dem Tod einen Sinn zu geben. Doch um nichts sollen die Lebenden die Toten beneiden. Ewige Seligkeit oder ewige Verdammnis sind gleichermaßen Formen einer unendlichen Erstarrung, aber nicht Seinsweisen des Lebens. Die Idee, auf irgendeine Weise nach dem Tod weiterzuleben ist ebenso beunruhigend wie widersprüchlich. Es ist der Versuch, den Tod nicht ernst zu nehmen.

Der Gedanke an den eigenen Tod ruft Angst hervor. Einige fürchten, dass nach dem Tod etwas Schreckliches auf sie zukommt. Andere glauben, dass es danach nichts gibt und dieses Nichts schreckt sie am meisten. Ist es wirklich so schrecklich, nicht zu sein? Schließlich gab es uns sehr lange Zeit nicht und darunter haben wir in keiner Weise gelitten. Der Gedanke, dass der Tod uns verletzt – ereignet sich ja gerade während wir noch leben. Wenn der Tod gleichbedeutend mit dem Nichtsein ist, dann haben wir ihn bereits besiegt: an dem Tag, als wir geboren wurden. So sind wir zwar sterblich, aber dem ewigen Tod bereits entkommen. Wir haben ihm jene Tage, Monate und Jahre voraus, die wir gelebt haben. Und diese Zeit wird, geschehe, was es wolle, immer unsere sein. Ich habe gelebt und weiß, was es heißt zu leben und kann voraussehen, was ich mit dem Tod verlieren werde. So bringt der Tod uns zum Nachdenken über das Leben.

(Nach: Fernando Savater: Die Fragen des Lebens. Campus, Frankfurt/New York 2000, S. 25ff.)

?

- *Wie charakterisiert Savater den Tod? Welche Eigenschaften schreibt er ihm zu?*
- *Wie kommt Savater dazu, den Tod für das Persönlichste zu halten, das uns widerfährt, da er doch alle Menschen gleich macht?*
- *Untersuchen Sie, woraus nach Savater die Angst vor dem Tode resultiert und wie man ihr nach Savater begegnen kann?*
- *Erörtern Sie, ob die Ansicht berechtigt ist, dass die Religion den Tod verharmlost.*
- *Vergleichen Sie Savaters Auffassung zur Bewältigung des Todes mit Brocks Protest.*
- *Welche Schlussfolgerungen sollte man aus der Gewissheit sterben zu müssen, Ihrer Meinung nach ziehen?*
- *Wenden Sie die Unterscheidungen von Detel (S. 113f.) auf das Thema Tod an.*

2.5.2.4 Sind unsere Normen und Werte metaphysisch begründbar?

Wenn metaphysische Fragen und insbesondere metaphysisch begründete Antworten noch zeitgemäß sein sollen, dann müsste sich das auch im Bereich der Ethik zeigen lassen. Am Beispiel von Normen und Werten stellt sich der deutsche Philosoph Norbert Hoerster der Frage, ob es metaphysische Prinzipien eines richtigen sozialen Verhaltens gibt, die Teil einer sogenannten *objektiven Wirklichkeit* sind, also nur mit philosophischer Vernunft ergründet werden können.

Q

Normen und Werte wären sicherlich dann rational begründbar, wenn wir annehmen dürften, dass sie Bestandteil einer objektiven Wirklichkeit sind. Denn dann könnte das Subjekt Mensch sie jedenfalls prinzipiell erkennen und insofern begründete, wahre Aussagen über sie machen. So verhält es sich beispielsweise im Falle sinnlich wahrnehmbarer Gegenstände: Sie sind Teil einer dem Subjekt vorgegebenen, in ihrer Existenz vom Subjekt unabhängigen Welt. Dementsprechend gibt es eine rationale Methode, Erkenntnis über sie zu gewinnen. Es gibt intersubjektiv verbindliche Kriterien, zwischen wahren und falschen Aussagen über sie zu unterscheiden. Und wenn ein bestimmtes Individuum – immer oder in einer konkreten Situation – einen objektiv existenten Gegenstand nicht oder nicht zutreffend wahrnimmt, so haben wir es mit etwas zu tun, dass sich prinzipiell erklären lässt: Entweder das betreffende Individuum oder die betreffende Situation weist anormale Gegebenheiten auf, die für die fehlerhafte Wahrnehmung verantwortlich sind. [...]

Wie verhält es sich im Vergleich dazu mit Normen und Werten? Sind auch sie Teil einer objektiven Wirklichkeit? – Offenbar gehören sie nicht zu jener Klasse von Gegenständen, die wir mit einem unserer fünf Sinne wahrnehmen können; sie fallen nicht in den Bereich empirischer Erfahrung.

Aussagen über Werte und Normen haben zum Inhalt, dass bestimmte Gegenstände erstrebt bzw. bestimmte Handlungen ausgeführt werden sollen. Wer etwa sagt, dass materieller Besitz gut ist (Wert besitzt) oder dass das Einhalten von Versprechen richtig (normgemäß) ist, sagt damit, dass materieller Besitz erstrebt bzw. Versprechen eingehalten werden sollen. Daraus folgt: Die betreffenden Aussagen können nur dann Erkenntnisaussagen, Aussagen über eine objektiv vorhandene Realität sein, wenn das Erstrebtwerdensollen bzw. das Getanwerdensollen Elemente einer objektiv vorhandenen Realität sind. Außerdem müssen diese Sollenselemente der Realität dem erkennenden Subjekt durch eine Art innerer Intuition erfassbar sein, da sie, wie oben ausgeführt, jedenfalls empirisch nicht zugänglich sind. Wie sind diese Voraussetzungen eines Normobjektivismus kritisch zu beurteilen?

Es ist eine Binsenwahrheit, dass Werturteile (Wertungen) sowie Normurteile (Normierungen) im Lebensvollzug jedes menschlichen Individuums eine äußerst wichtige Rolle spielen. Es ist noch kein (nur halbwegs intaktes) Individuum und erst recht keine Gesellschaft entdeckt worden, in deren Weltorientierung und Lebensbewältigung überhaupt keine Sollenseinstellungen und Sollensurteile vorkämen. Und es lässt sich darüber hinaus nicht leugnen, dass zumindest viele Individuen und viele Gesellschaften ihre Sollenseinstellungen und Sollensurteile ihrem eigenem Verständnis nach durchaus als objektiv fundiert auffassen und in eben dieser objektiven Fundierung deren eigentliche Rechtfertigung und Legitimation erblicken. [...]

Zahlreiche Normen, mit denen der einzelne als Adressat konfrontiert wird, sind nicht etwa die Schöpfung eines Individuums, das auf diese Weise seine ganz persönlichen Interessen durchzusetzen suchte. Sie werden vielmehr von einer ganzen Gruppe oder Gesellschaft, die sie sich zu eigen gemacht hat, vertreten und geltend gemacht. (Man denke etwa an die weitverbreiteten moralischen Verbote der Lüge oder des Versprechensbruchs.) Bei diesen Normen wird der einzelne dann gar nicht mit dem „ich will" irgendeines Individuums, sondern mit dem in seiner Urheberschaft sehr diffusen „wir wollen" einer ganzen Gesellschaft oder gar Tradition konfrontiert. Und es liegt durchaus nahe, Normen, hinter denen kein ohne weiteres greifbarer und identifizierbarer Wille steht, so aufzufassen, als seien sie Ausdruck überhaupt keines empirischen Wollens, sondern einer objektiven, schlechthin jedem Subjekt vorgegebenen Realität. [...]

Es wäre immerhin denkbar, dass es trotz allem objektiv vorgegebene, prinzipiell erkennbare Normen gibt und dass diese auch jedenfalls von einigen Menschen (vielleicht: den Philosophen) tatsächlich erkannt und zur Grundlage der eigenen Sollensurteile (Normierungen) gemacht werden. Dieses ist denkbar, doch wer es als wirklich zutreffend behauptet, trägt angesichts der Entbehrlichkeit seiner Behauptung bzw. Annahme für die Erklärung der hier unstreitigen Phänomene (siehe oben) für diese seine Behauptung die Argumentationslast. In der Tat haben einige der größten Denker in der Geschichte der abendländischen Philosophie (wie Platon, Aristoteles, Thomas von Aquin und Kant) den Versuch unternommen, dieser Argumentationslast durch die Aufstellung und Begründung objektivistisch-metaphysischer Ethiktheorien zu genügen. Diese Theorien verdienen es selbstverständlich, ernstgenommen und im einzelnen erörtert zu werden. Das ist inzwischen in unzählbaren Untersuchungen geschehen; das Resultat ist, wie meist in der Philosophie, kontrovers. Ich selbst kann an dieser Stelle nur meiner Überzeugung Ausdruck geben, dass die mir bekannten objektivistischen Ethiktheorien (insbesondere die der genannten Klassiker) – Theorien, die sich untereinander im einzelnen stark widersprechen! – einer kritischen Analyse nicht standzuhalten vermögen: Die Probleme, die sie erzeugen, sind zahlreicher und schwerwiegender als jene, die sie möglicherweise lösen. Die Annahme objektiver, vom wertenden Subjekt unabhängiger und ihm durch einen Akt der Erkenntnis zugänglicher Werte und Normen ist in einem rational-wissenschaftlichen Weltbild schwer unterzubringen.

(Norbert Hoerster: Rechtsethik ohne Metaphysik. Juristenzeitung Nr. 8/1982. Mohr Siebeck, Tübingen, S. 265ff.)

?

- *Fassen Sie mit eigenen Worten zusammen, worin der wesentliche Unterschied zwischen Gegenständen der Außenwelt und Gegenständen wie Normen besteht.*
- *Legen Sie dar, wie Hoerster seine These begründet, dass Menschen (Normadressaten) die bestehenden Normen nur so auffassen, als wären diese Teil einer objektiven Wahrheit? Wenden Sie dabei auch die Unterscheidungen von Detel (S. 113f.) an*
- *Erarbeiten Sie auf der Grundlage Ihres Vorwissens, was – neben z.B. dem Willen Gottes – als Begründungsebene für ethische Verpflichtungen möglich ist (vgl. dazu z.B. Habermas auf S. 66).*

2.5.3 Welt und Selbst mit Mythen entschlüsseln?

Achill zügelt seinen Zorn

Der griechische Dichter Homer (etwa 8. Jh. v.u.Z.) gilt als Verfasser der beiden bedeutendsten altgriechischen Erzählungen, der *Ilias* und der *Odyssee*. Homers Ilias erzählt die Geschichte der Belagerung Trojas. Der Held Achilles, ein Sohn des Königs Peleus und einer Göttin, war wutentbrannt und kurz davor Gewalt anzuwenden, weil ihm der griechische Heerführer Agamemnon aus dem Geschlecht der Atreiden eine schöne Sklavin weggenommen hatte. Da taucht die Göttin Pallas Athene im Auftrag von Hera, der Frau des höchsten griechischen Gottes Zeus, auf.

Jener sprach's; da entbrannte der Peleion', und das Herz ihm
Unter der zottigen Brust ratschlagete, wankendes Sinnes:
Ob er das schneidende Schwert alsbald von der Hüfte sich reißend
Trennen sie sollt' auseinander, und niederhaun den Atreiden;
Oder stillen den Zorn, und die mutige Seele beherrschen.
Als er solches erwog in des Herzens Geist und Empfindung,
Und er das große Schwert schon hervorzog; naht' ihm vom Himmel
Pallas Athen', entsandt von der lilienarmigen Here,
Die für beide zugleich in liebender Seele besorgt war.
Hinter ihn trat sie, und fasste das bräunliche Haar des Peleiden,
Ihm allein sich enthüllend; der anderen schaute sie keiner
Staunend zuckte der Held und wandte sich: plötzlich erkannt' er
Pallas Athenens Gestalt, und fürchterlich strahlt' ihm ihr Auge.
Und er begann zu jener, und sprach die geflügelten Worte:
Warum, o Tochter Zeus des Ägiserschütterers, kamst du?
Etwa den Frevel zu schaun von Atreus Sohn Agamemnon?
Aber ich sage dir an, und das wird wahrlich vollendet:
Sein unbändiger Stolz wird einst noch das Leben ihm kosten!
Drauf antwortete Zeus blauäugige Tochter Athene:
Deinen Zorn zu stillen, gehorchtest du, kam ich vom Himmel;
Denn mich sendete Here, die lilienarmige Göttin,
Die für beide zugleich in liebender Seele besorgt ist.
Aber wohlan, lass fahren den Streit, und zücke das Schwert nicht.
Magst du mit Worten ihn doch beleidigen, wie es dir einfällt.

Antoine Coypel, Der Zorn des Achill, um 1717/21 (rechts im Bild: Athene hindert Achill daran, sein Schwert gegen Agamemnon zu ziehen)

Denn ich sage dir an, und das wird wahrlich vollendet:
Einst wird dir noch dreimal so herrliche Gabe geboten,
Wegen der heutigen Schmach. Drum fasse dich nun, und gehorch' uns.
Ihr antwortete drauf der mutige Renner Achilleus:
Euer Wort, o Göttin, geziemet es, wohl zu bewahren,
Welche Wut auch im Herzen sich hebt; denn solches ist besser.
Wer dem Gebot der Götter gehorcht, den hören sie wieder.
Sprach's, und hemmte die nervichte Hand an dem silbernen Hefte
Stieß in die Scheide zurück das große Schwert, und verwarf nicht
Athenäens Gebot.

(Homer: Ilias (I, 188–222). Goldmann, München 1961, S. 11f)

?|

- *Geben Sie den Inhalt in eigenen Worten wieder.*
- *Beschreiben Sie, wie in dieser mythischen Erzählung der Zorn von Achill gebremst (und umgelenkt) wird und vergleichen Sie diesen Vorgang mit einer gängigen Auffassung von Zügelung aggressiver Impulse durch disziplinierte Selbstbeherrschung als Eigenleistung des Ich.*

Was heißt Mythos?

Oftmals werden die der Philosophie eigenen rationalen Mittel und Anstrengungen, die *philosophische Haltung*, sowie ihr Ziel, die Weisheit, als Fortschritt ausgegeben gegenüber mythischen und religiösen Darstellungen. In diesen herrsche eine nur *erzählende Haltung* vor. Es würde noch nicht in systematischer Weise nach allgemeinen Prinzipien geforscht, die erklären können, warum die Welt so ist, wie sie ist bzw. wie wir uns in ihr verhalten sollen. Der norwegische Schriftsteller Jostein Gaarder beschreibt das so:

Q|

In der ganzen Welt ist im Laufe der Jahrtausende eine wilde Flora von mythischen Erklärungen der philosophischen Fragen herangewachsen. Die griechischen Philosophen versuchten zu beweisen, dass sich die Menschen nicht darauf verlassen können. [...]
Ein Beispiel für diese Mythenkritik finden wir bei dem Philosophen *Xenophanes*, der gegen 570 v. u. Z. geboren wurde. Die Menschen, meinte er, hätten sich die Götter nach ihrem eigenen Bild erschaffen.

(Jostein Gaarder: Sofies Welt. Hanser, München 1994, S. 31ff.)

In fast allen Kulturen findet man in der Tat uralte Geschichten, die erzählend Entstehung und Ende von Natur und Zeitaltern, Göttern und Menschen sowie das Verhalten von Göttern und Menschen anschaulich machen. Außerdem geht es in diesen oft um beispielhafte Taten und Erlebnisse von mehr oder weniger vorbildlichen Helden. *Helden* sind Menschen, die in der Regel gegen zahlreiche Widerstände und Gegner und mit der Hilfe von göttlichen und menschlichen Unterstützern eine beschwerliche Aufgabe, einen auch für andere beispielhaften *Weg des Helden* zu erfüllen haben. Solche – oft urheberlosen – Erzählungen aus anfänglichen Zeiten nennt man Mythen (griech.: Mythos, Äußerung, Geschichte, Erzählung, lat.: Mythus, Mz. Mythen). Mythos ist nicht zu verwechseln mit Mystik. Mystik ist ein religiöser Begriff, der das (oft meditative) Erlebnis der Zusammengehörigkeit mit dem Ganzen (Gott, Weltgesetz) kennzeichnet.

Mythen sind Erzählungen. Mythen erzählen jedoch nicht nur. Die durchaus dramatischen Erzählungen wecken natürlich Interesse und fesseln die Zuhörer, sie leisten jedoch jenseits ihres Selbstverständnisses mehr als spannende Unterhaltung. Aus heutiger Sicht kann man behaupten, dass bildhaftes, mythisches Sprechen und Denken die Welt im Medium der erzählenden Haltung durchaus Ich und Welt deuten und damit (damals) Möglichkeiten zur Entschlüsselung boten (und vielleicht immer noch bieten).

Q

> Wenn eine Dürre über ein Land kam, brauchten die Menschen eine Erklärung dafür, warum es nicht regnete. [...] Denkbar ist auch, dass [der] Mythos versucht, den Wechsel der Jahreszeiten zu verstehen: Im Winter ist die Natur tot, weil Thors [germanischer Gott] Hammer in Jotunheimen [Heimat der feindlichen Riesen] liegt. So versuchen die Mythen, den Menschen etwas Unbegreifliches zu erklären.

(Jostein Gaarder: ebd., S. 34f.)

Im *Selbstverständnis der Mythen* wird nicht erklärt, es wird erzählt. Die mythische Erzählung, also ein meist kunstvoll aufbereitetes bildhaft-sprachliches Nacheinander von Ereignissen, will nicht logisch argumentieren, will nicht in Frage stellen, nicht begründen, nicht agitieren und Botschaften „rüberbringen“, sie berichtet für wichtig gehaltene, oft typische Ereignisse und Geschichten (Musterbeispiele) und bewahrt sie dadurch vor dem Vergessen. Aus der Perspektive des Mythos reicht die schöne Erzählung von Geschichten zur Weltentschlüsselung, man benötigt keine weiteren Erklärungen und Deutungen. Der *Schlüssel zur Welt ist die schöne Erzählung*. Das befremdet uns Heutige, wir trauen einer reinen Erzählung nicht zu, Welt und Selbst entschlüsseln zu können. Zahlreiche Mythenforscher diagnostizieren in den Mythen jedoch weitaus mehr als den Inhalt sagenhafter Geschichten:

- Sie erkennen, dass Mythen keine Produkte des Zufalls sind, sondern nach eigenen Gesetzlichkeiten funktionieren.

- Sie merken an, dass durch die Mythen eine kulturelle Gesamtdeutung vorgenommen wird, die eng mit der Sprachentwicklung verbunden ist. Die sprachlichen Ausdrucksmöglichkeiten der zweckorientierten Alltagswelt werden lange vor dem Entstehen von Wissenschaft und Philosophie durch eine kunstvolle Gestaltung gesteigert und erweitert.

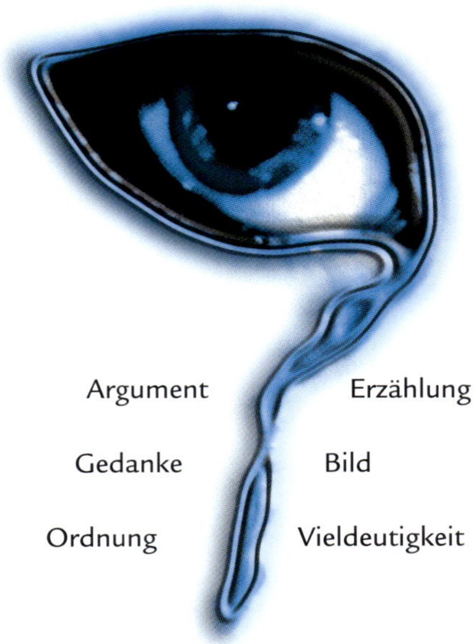

- Sie interpretieren die mythischen Geschichten auch als orientierende und handlungsleitende Erzählungen über Ursprünge und Voraussetzungen einer Kultur. Mit den Mythen kann man – allerdings immer indirekt im Modus der gestalteten Erzählung – Sein und Werden von Welt und Menschen sowie Wertvorstellungen über Handeln und Lassen erklären.

› Sie legen dar, wie hier durch Erzählungen Wertvorstellungen über gut und böse, wahr und falsch, glücklich und unglücklich, möglich und nicht möglich vermittelt werden.

› Sie beschreiben, dass dadurch Sinn entsteht und es dem einzelnen Ich ermöglicht wird, sich selbst zu verstehen und einzubetten in eine als sinnvoll angesehene übergeordnete Ganzheit.

› In gesellschaftskritischer Perspektive stellen sie fest, dass Mythen durchaus bestehende Herrschaftsformen und soziale Gebilde legitimieren (bzw. kritisieren).

› Sie erkennen, wie durch erzählte – insbesondere durch *verschieden* erzählte – Geschichten, Mehrdeutigkeiten, Widersprüche und Streit ausgehalten und gestaltet werden können. Dadurch wird statt logischer Unterordnung ein Nebeneinander akzeptiert.

› Sie zeigen auf, dass die schildernden Erzählungen Stellungnahmen ermöglichen und sogar zu trösten (griech. para-mythia: Trost, Linderung) vermögen, weil sie die Zuhörer in eine bergende Einheit mit dem Ganzen bringen.

Vor dem Hintergrund dieser Interpretationen kann man daher Mythen durchaus als einen ehemals wichtigen Schlüssel zur Welt begreifen.
Aber können uns mythisches Denken und Sprechen heute noch unterstützen beim Entschlüsseln von Welt und Selbst?

Q Der Mythos ist unserer wissenschaftlich-technischen Welt weitgehend entrückt und scheint, aus ihrer Sicht, einer längst überwundenen Vergangenheit anzugehören.
Auf der einen Seite verweist man den Mythos in das Reich der Fabel, des Märchens, auf jeden Fall des Nicht-überprüfbaren. Er entstamme eher der Tiefe des Gefühls, des Unbewussten, der Phantasie, ja, er sei mit Begriffen überhaupt nicht fassbar. Verglichen mit der Wissenschaft, die auf Rationalität, Vernunft, Beweis, Überprüfung, Objektivität, Klarheit und Exaktheit aufgebaut sei, wird er als Überrest aus dunklen, von vermeintlich dämonischer oder göttlicher Willkür, von Furcht und Aberglauben beherrschten Zeiten angesehen. Die immer weiter zunehmende wissenschaftliche „Entzauberung" der Welt erweckt jedoch zugleich den beklemmenden Eindruck der Öde und des Mangels. Man sieht sich ferner einer beinahe unaufhaltsamen technologischen Entwicklung ausgesetzt, die am Ende zur Selbstzerstörung der Menschheit führen könnte.
So flüchten sich auf der anderen Seite viele in mythenähnliche Ersatzreligionen, Heilslehren oder politische Doktrinen, von denen man sich in dieser Lage Entlastung erhofft. Die Zuwendung zu solchen neuen Mythen ist jedoch etwas Irrationales, weil sie nur einem unbestimmten Gefühl entspringt und sich nicht auf Gründe stützt, die dem wissenschaftsbezogenen Denken entgegengehalten werden können. Daher scheitern Ausbruchsversuche dieser Art aus der „entmythologisierten" Welt immer an dem Widerstand, der ihnen im Namen „aufgeklärter" Vernunft entgegentritt. Je hoffnungsloser sie aber zum

Scheitern verurteilt sind, desto unberechenbarer, heftiger und gefährlicher werden sie. [...]
Vielleicht hat [der Mythos] gar nicht jene Irrationalität und Dunkelheit, welche die einen so abstößt, die anderen gerade anzieht. [...]
Aber gibt es denn überhaupt *den* Mythos? Sind nicht gerade die Mythen durch ihre beinahe unübersehbare Mannigfaltigkeit gekennzeichnet? [...] Man könnte im übrigen mit demselben Recht fragen, ob es so etwas wie *die* Wissenschaft gibt. Auch in ihr finden wir eine Mannigfaltigkeit sich teilweise widersprechender, teilweise sich wandelnder Theorien und Formen.

(Kurt Hübner: Die Wahrheit des Mythos. Beck, München 1985, S. 15f.)

Mythos (griech. „Erzählung") ist die ursprüngliche Bezeichnung für eine Erzählung über urzeitliche Ereignisse. Die oft urheberlosen Erzählungen handeln von Göttern, die als Grundlagen der Wirklichkeit betrachtet werden. Die Mythen dienen den Menschen zur Erklärung der Wirklichkeit. Die Gesamtheit der Mythen bildet dann ein bestimmtes Weltbild.
Der Logos (griech. „Gedanke", „Ordnung", „Vernunft") ist im Gegensatz zur erzählenden Rede des Mythos die geordnete bzw. begründende Rede.

- *Legen Sie die Kernargumente von Hübner dar.*
- *Stellen Sie eine Liste zusammen, in der Sie Ihnen plausibel erscheinende Argumente für mythisches Denken und Sprechen sammeln. Begründen Sie Ihre Auswahl.*

Ablösung einer mythischen durch eine philosophischen Haltung?

Die Frage, wie sich die Philosophie zum Mythus verhält, ist immer wieder aufgeworfen worden. Von manchen wurde die Philosophie als Ergebnis einer Übersetzung mythisch-anschaulicher Vorstellungen in Begriffe verstanden, was heißt, dass sich beim Übergang vom Mythus zur Philosophie nur die Form des Denkens geändert hätte; Philosophie ist dieser Ansicht nach nur eine Verkleidung mythischer Inhalte mit Hilfe abstrakter Begriffe. Diese Auffassung wird dem Wesen der Philosophie nicht gerecht, weil sie deren Eigenständigkeit verkennt und insbesondere die Rolle von Argumenten im philosophischen Denken nicht zu würdigen vermag. Vielmehr ist davon auszugehen, dass sich das philosophische vom mythischen Denken ablöste, wobei jedoch die Ablösung nicht schlagartig erfolgte. Weil sich die Philosophie als Denken, das auf Einsicht und Argument beruht, vom Mythus, der erzählenden (narrativen) Charakter hat, wesentlich unterscheidet, kann sie nicht als Ergebnis der Umformulierung mythischer Gedanken mit Hilfe einer neuen Terminologie betrachtet werden; daher muss vor allem der Gegensatz von philosophischem und mythischem Denken beachtet werden, auch wenn sich da und dort noch Gemeinsamkeiten zeigen. Dass sich in manchen Bereichen mythische Vorstellungen längere Zeit erhielten, braucht dabei nicht geleugnet zu werden, ist aber auch nicht erstaunlich: Das Neue tritt niemals sogleich in entwickelter

Gestalt auf, sondern setzt sich immer allmählich durch. Jedenfalls darf aus der Tatsache, dass auch da, wo von Philosophie gesprochen zu werden pflegt, noch gelegentlich mythische Vorstellungen zu finden sind, nicht gefolgert werden, dass die Philosophie – namentlich die Philosophie der Frühzeit – als solche nur verkappte Mythologie sei. [...]

Damit soll nicht geleugnet werden, dass Mythus und Philosophie insofern miteinander zu tun haben, als beide Denkweisen Versuche sind, die Vielheit der Erscheinungen zur Einheit eines Weltbildes zu verbinden; die Art, in der das geschieht, ist aber in der Philosophie eine völlig andere als im Mythus: Mit dem Übergang vom Mythus zur Philosophie wird der Schritt von der bildhaft-anschaulichen zur begrifflich-abstrakten Vereinheitlichung der mannigfaltigen Erscheinungen vollzogen.

(Wolfgang Röd: Der Weg der Philosophie. Von den Anfängen bis ins 20. Jahrhundert. Band I. Beck, München 2000, S. 36f.)

?

- *Sammeln Sie gemeinsam Fragen zu den Texten und unterstützen Sie sich in Gruppenarbeit bei Antwortversuchen. Informieren Sie sich über Begriffe und Anspielungen aus den zitierten Texten durch Lexika, Internet und andere Schulfächer.*
- *Erstellen Sie nach Lektüre der Texte eine Liste, in der Sie Unterschiede und Gegensätze von rationalem und mythisch-erzählendem Weltzugang gegenüberstellen. Diskutieren Sie anschließend die behaupteten Vorteile der jeweiligen Wissensformen. Beachten Sie zum Thema mythisch-poetische Sprache auch Kap. 2.4.5 und arbeiten Sie mit dem Deutschunterricht zusammen.*
- *Untersuchen Sie am Beispiel von Platons berühmter Erzählung vom Höhlengefängnis (S. 109) Gemeinsamkeiten und Unterschiede der von Röd beschriebenen Wissensformen.*
- *Nehmen Sie Stellung zur Frage, ob man mythisches Sprechen und Denken auch heute noch als ergänzenden Weg zur Welterkenntnis verstehen oder ob der Mythos keinen Beitrag mehr zur Entschlüsselung der Welt leisten kann bzw. als „mythenähnliche Ersatzreligion“ wie beispielsweise in den Verschwörungsideen des Romanautors Dan Brown (Illuminati, Sakrileg) sogar rationale Erkenntnis verhindert?*
- *Stellen Sie auf dieser Grundlage und mit Ihren Kenntnissen über rationales Wissen in einem Essay unter dem Titel „Wie stehe ich zu einem Wahrheitsanspruch der Mythen?“ Möglichkeiten und Grenzen von mythischem Denken und Sprechen zur Entschlüsselung und Orientierung über Ich und Welt dar.*

2.

- Stellen Sie sich vor, es gäbe heutzutage *keine wissenschaftlichen Erkenntnisse* über die Entstehung des Menschen auf der Erde.
- Veranstalten Sie ein *Rollenspiel* (mittels einer Übersetzungsmaschine) zwischen sich und einem neugierigen fiktiven „Marsbewohner“, der wissen will, wie es zur Entstehung des Menschen kam.
- Beantworten Sie zur Vorbereitung des Rollenspiels folgende Fragen:
  a) Wie würden Sie auf diese Frage spontan reagieren?
  b) Wie und bei wem würden Sie sich weitere Informationen besorgen (Wissenschaftler gibt es nicht bzw. sie wissen nichts!)?
  c) Welchen Informationen würden Sie am ehesten Glauben schenken? Warum?
  d) Welche Erklärung (Erläuterung, Schilderung) würden Sie diesem „Marsbewohner“ geben?
  e) Mit Hilfe welcher Mittel würden Sie versuchen, ein Verstehen Ihrer Erklärung zu sichern?
  f) Wie würden Sie reagieren, wenn der „Marsbewohner“ Ihnen eine Erklärung nach dem Modell der Evolutionstheorie anbieten würde?

3 Ist unser Leben nur gut, wenn wir moralisch handeln?

Von seiner biologischen Ausstattung her nicht auf eine bestimmte Lebensweise festgelegt, sieht sich der Mensch allerorten aufgefordert, seine Lebensweise selbst zu bestimmen. Die mit dieser Aufforderung zusammenhängenden Überlegungen machen die Ethik aus. [...]

Der Menschheit ist nicht nur [der Umstand gemein], dass die Lebensweise weder für Gruppen noch für Individuen vorgegeben ist. Gemeinsam ist auch die Fähigkeit, mit deren Hilfe der Mensch auf die Herausforderung antwortet; es ist die Sprach- und Erkenntnisfähigkeit, die Vernunft. [...]

Unter „Ethik" verstehe man eine – teils mehr, teils weniger ausgearbeitete – Lehre von Moral und Sitten, die Moralphilosophie, unter „Moral" und „Sitten" aber ihren Gegenstand. Nicht nur bei den Griechen und seit ihnen denkt man über das gute Leben, über eine gelungene und glückliche Existenz nach und weiß um daraus folgende Verbindlichkeiten, um

1. Verbindlichkeiten des Menschen gegen sich und
2. Verbindlichkeiten gegen andere, häufig auch
3. Verbindlichkeiten gegen Gott, nicht zuletzt
4. Verbindlichkeiten gegen die Natur. [...]

Ein Großteil der uns vertrauten Ethik widmet sich der Frage: „Was soll ich tun?" Hier geht es um Regeln (Normen) und deren Grundsätze, um uneingeschränkt gültige (kategorische) Imperative und entsprechend kategorische Pflichten. Letztlich kommt es auf Gut und Böse und auf die entsprechende Fähigkeit, die Willens- und nicht bloß die Handlungsfreiheit, an. Nicht minder wichtig sind aber die Fragen: „Wer will ich sein, wie will ich leben?" „Was ist eine gelungene, eine glückende und glückliche Existenz?" Und ergänzt werden beide Fragen durch eine dritte: „In welcher gesellschaftlichen und politischen Umgebung, in welchen (sozialen) Institutionen wollen wir und sollen wir leben?" [...] Dazu kommen nicht etwa erst in der Gegenwart Fragen des [Natur- und] Tierschutzes.

(nach: Ottfried Höffe: Lesebuch zur Ethik. Beck, München 1998, S. 17ff.)

› *Fassen Sie Kernaussagen zusammen oder fertigen Sie ein Schaubild an und nehmen Sie anschließend Stellung zur Abbildung.*

3.1 Werte und Normen

3.1.1 Im Labyrinth der Werte

Über Werte wird in der Gegenwart viel geredet, die Welt der Werte gleicht einem Labyrinth, in welchem man sich schnell verirren kann. Umso mehr, als vom Wertewandel, vom Wertepluralismus, vom Werteverfall unter der Jugend, von Grundwerten und einer notwendigen Rückbesinnung auf traditionelle Werte die Rede ist.
Werte, das Wort ist in aller Munde. Alles Mögliche wird als Wert bezeichnet, doch ist das immer gerechtfertigt?

Q | Alexander erhält den Auftrag, zum Thema „Werte heute" einen Vortrag zu halten. Er begibt sich auf die Suche nach Material. Als Erster läuft ihm der Hausmeister der Schule über den Weg. Er fragt, was er von Werten halte.
„Was ich von Werten halte? Da kann ich Ihnen nicht viel weiterhelfen. Ich besitze nämlich keine. Mein alter VW vielleicht ausgenommen. Aber der ist auch nicht mehr viel wert."
„Aha", entfährt es Alexander erstaunt. „Ehrlich gesagt, hatte ich an etwas Anderes gedacht."
„Woran denn?", fragt ihn der Hausmeister.
„Vertrauen, Toleranz, Freundschaft …"
„Das ist doch nur Seelenkäse, mit dem man nichts anfangen kann."
Auf dem Heimweg trifft er Hanna, die sich Joan nennt, und davon träumt, fürs Fernsehen entdeckt zu werden. „Schönheit und Ruhm, das ist für mich das Allerwichtigste", bekennt sie.
Dann begegnet Alexander der alte Herr Weber aus seinem Haus. Herr Weber passt auf, dass abends die Haustür verschlossen ist und wer ein und aus geht.
„Für mich sind Fleiß, Ordnung und Pflichtbewusstsein enorm wichtig. Sie haben Deutschland zu dem gemacht, was es heute ist, ein wohlhabendes Land."
Abends beim Abendbrot fragt Alexander seinen Vater.
„Werte? Fragen stellst du. So allgemein kann man das nicht beantworten. Manche faseln da etwas von Würde und Freiheit. In Wahrheit denken die nur an ihr dickes Portemonnaie und den Audi in der Garage. Welche Werte meinst du konkret?"

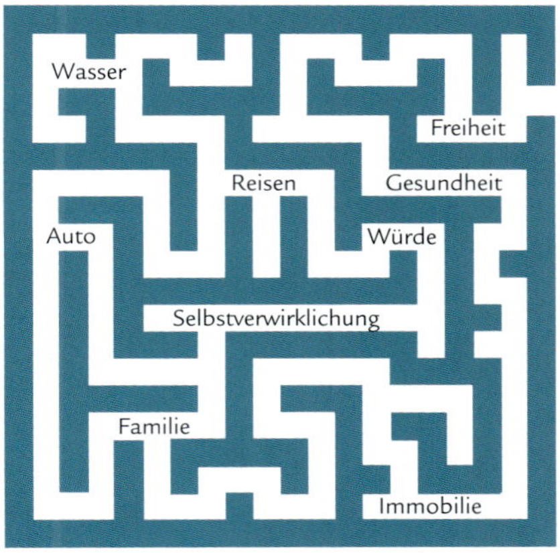

Alexander schaut auf seinen Aufgabenzettel. „Gerechtigkeit und Solidarität."

„Das klingt gut, nur taugen diese Werte nicht fürs Leben. Sie sind von Moralhütern im Fernsehen ausgedacht, die nicht im Traum daran denken, sich unentgeltlich für andere einzusetzen. Ich wäre heute nicht Filialleiter, wenn ich mich solidarisch verhalten hätte. Je mehr du die Ellenbogen ausfahren und dich durchsetzen kannst, umso mehr Respekt bekommst du."

„Und Geborgenheit und Sicherheit?", hakt Alexander unsicher nach.

„Damit", freut sich der Vater, „kann ich schon eher etwas anfangen. Das sind die wichtigsten Werte, die bekommst du in der Familie."

„Und Selbstverwirklichung?"

„Schnickschnack", mischt sich die Mutter ungehalten ein. „Selbstverwirklichung ist ein Modewert, künstlich aufgebauscht. Alles wird in Frage gestellt, alles verneint. Was sich bewährt hat, soll plötzlich nichts mehr taugen. Diese Leute bemänteln nur ihren Egoismus oder wie bezeichnest du das, wenn Leute mit Mountainbikes nicht nur im Sommer das Gebirge kaputt fahren, sondern selbst im Winter mit den Dingern auf den Gletschern ihren Kick suchen. Nachfolgende Generationen werden über solche Art von Selbstverwirklichung nur noch den Kopf schütteln."

(Frei nach: Helge Eisenschmidt: Hat jeder Wert seinen Wert? In: Leben und Verantwortung. Militzke, Leipzig 2003, S. 182ff.)

› *Wie hätten Sie Alexanders Frage beantwortet? Notieren Sie ihre Überlegungen auf einer Karteikarte und heften Sie diese an eine Pinnwand. Vergleichen Sie dann Ihre Überlegungen mit denen Ihrer Mitschüler.*

› *Verständigen Sie sich in einer Diskussionsrunde darüber, was etwas (ein Ding, eine Sache) zu einem Wert (wertvoll) macht. Fassen Sie die Ergebnisse der Diskussion in einem Thesenpapier zusammen.*

› *Welche Werte halten Sie persönlich für wichtig? Bringen Sie die zehn wichtigsten in eine Rangfolge und begründen Sie diese.*

› *Halten Sie eine Standpunktrede zu der Frage, ob und warum bzw. warum nicht es in einer Gemeinschaft notwendig ist, gemeinsame Werte zu haben.*

Man kann Werte als „Orientierungsstandards und Leitvorstellungen" für das Handeln bezeichnen. Sie können den Individuen oder Gruppen, die sich in ihrem Tun oder Unterlassen an ihnen ausrichten, bewusst oder unbewusst sein. [...] Was aber alle Motive der Wertwahl eint, ist der Sachverhalt, dass ein Wert, an dem man sich ausrichtet, Ordnung schafft: die diffuse Mixtur von Zielsetzungen, Neigungen, Gefühlsbindungen und Erwartungen formiert sich wie Eisenspäne im Magnetismus. Und wie in jedem Magnetfeld ist unter bestimmten Bedingungen eine Neuausrichtung bis hin zur Umpolung möglich. Was zuvor als wertvoll galt, wird dann plötzlich preisgegeben.

(Richard Preun: Wert. Ethik & Unterricht H. 1/2010, S. 53)

Die besondere Bedeutung der Werte liegt dabei in ihrer Funktion auf zwei Abstraktionsebenen: als Elemente der Kultur und damit des sozialen Systems und als Elemente der individuellen Motivation. Die von den jeweiligen Gesellschaftsangehörigen gemeinsam geteilten kulturellen Werte ermöglichen die gegenseitige Bezogenheit von individuellen Handlungen. Nur so kann der Einzelne in einem Netz gegenseitiger Verpflichtungen eigene Ziele erreichen [...]. Wenn diese Sicht richtig ist, dann ist die Rolle der kulturellen Werte in der Kultur und durch diese im Leben der Gesellschaft und der Individuen schlechthin überragend. [...] *Werte sind [...] die entscheidenden Elemente einer Kultur, ihr funktionaler Befehlsstand.*

(Wolfgang Rudolph. Zit. Aus: Herbert T. Krobach: Werte. Ein Streifzug durch Philosophie und Wissenschaft. Königshausen & Neumann, Würzburg 2009, S. 514)

Welche Rolle Werte spielen können, illustriert ein fiktiver Dialog zwischen Friedrich Nietzsche und dem Wiener Arzt Josef Breuer sehr plastisch. Nietzsche (1844–1900) befragt den sich in einer Lebenskrise befindenden Breuer (1842–1925) nach seinen Lebenswerten.

Q| „Diese Ziele, nach denen Sie Ihr Leben ausgerichtet haben, woher stammten sie? Woher nahmen Sie den Willen zu ihnen?"
„Den Willen zu ihnen? Wille, Wollen – Ihre Lieblingswörter! Knaben von fünf oder zehn oder zwanzig *wollen* ihr Leben nicht. [...] Ziele? Ziele entspringen der Kultur, der Atmosphäre, mit der Luft atmet man sie ein. Alle Knaben, mit denen ich aufwuchs, atmeten die gleichen Ziele ein. Alle wollten wir dem jüdischen Getto entwachsen, unseren Weg in die Welt machen, es zu Erfolg, Reichtum, Ansehen bringen. Alle Welt wollte das! Kein einziger unter uns hat je bewusst den Willen zu den Zielen gehabt – sie waren einfach *da*, bildeten das Saatgut meiner Zeit, meines Volkes, meiner Familie [...] Der einzelne wählt seine Lebensziele nicht bewusst. Sie sind die Wechselfälle der Umstände und der Zeit [...]. Niemand vermag aus der Perspektive seiner Zeit, seiner Kultur, seiner Familie herauszutreten [...]."

(Irvin D. Yalom: Und Nietzsche weinte. btb, München 2008, S. 274f.)

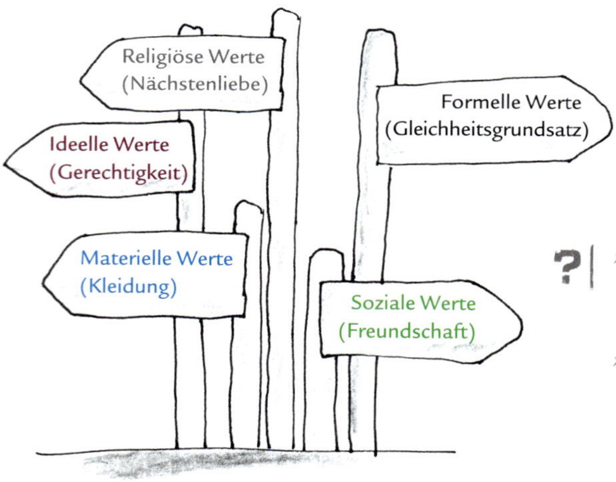

?| › *Stellen Sie in einer Mindmap den Zusammenhang von kulturellen und individuellen Werten dar.*
› *Setzen Sie sich mit der These auseinander, Werte seien der „funktionale Befehlsstand jeder Kultur".*

3.1.2 Westliche und andere Werte

Werte schaffen Ordnung und Orientierung. Jede Gemeinschaft weist einen Kanon an Grundwerten auf, die für diese Gemeinschaft identitätsstiftend wirken. Die Grundwerte unseres Kulturkreises sind eng mit den Menschenrechten verbunden, welche heute zentrale Wertorientierungen verkörpern. Im Gegensatz zu einer verbreiteten Sichtweise hat es die Menschenrechte nicht schon immer gegeben, sondern sie verkörpern eine relativ junge Errungenschaft, die Anhänger der Aufklärung den herrschenden Schichten abtrotzten. Menschenrechte sind Individualrechte, die jedem Menschen gleichermaßen zukommen. Charakteristisch für das Selbstverständnis der Jetzt-Zeit ist in der westlichen Welt der hohe Stellenwert, welcher der Individualität und der persönlichen Freiheit des Individuums (vgl. auch Kap. 5.4.1) zugemessen wird.

› *Tragen Sie aus geeigneten Quellen historische Meilensteine auf dem Weg zur Menschenrechtserklärung der Vereinten Nationen, wie sie in ihrer heutigen Form existiert, zusammen.*
› *Filtern Sie aus der Menschenrechtserklärung der Vereinten Nationen die zentralen Grundwerte heraus und gewichten Sie diese. Vergleichen Sie die Grundwerte aus der Menschenrechtserklärung mit den im Grundgesetz für die Bundesrepublik Deutschland festgeschriebenen.*

Es gibt heute wohl kaum einen verbreiteteren Wunsch als den, ein eigenes Leben zu führen. [...] Wie erklärt sich der Massenaufbruch, die Gleichzeitigkeit, mit der die Menschen in vielen Ländern der Erde ihr Leben selbst in die Hand nehmen wollen? Ist das eine Art Egoismus-Epidemie, ein Ich-Fieber, dem man durch Ethik-Tropfen, heiße Wir-Umschläge und tägliche Einredungen auf das Gemeinwohl beikommen kann? Sind dies die Vorzeichen eines Aufbruchs zu neuen Ufern, eines Ringens um ein neues Verhältnis von Individuum und Gesellschaft [...]? In traditionale Gesellschaften wurde man hineingeboren (wie etwa in Stand und Religion), für die neuen Vorgaben dagegen muss man selbst etwas tun, aktiv, findig und pfiffig werden, Ideen entwickeln, schneller, wendiger, kreativer sein, um sich in der Konkurrenz durchzusetzen – und dies nicht nur einmal, sondern dauernd, tagtäglich. Die Einzelnen werden zu Akteuren, Konstrukteuren, Jongleuren, Inszenatoren ihrer Biografie, ihrer Identität, aber auch ihrer sozialen Bindungen und Netzwerke. Eigenes Leben heißt also: Die Normalbiografie wird zur Wahlbiografie, zur „Bastelbiografie", zur Risikobiografie. In der Risikogesellschaft in diesem biografischen Sinne bleiben selbst hinter den Fassaden von Sicherheit und Wohlstand die Möglichkeiten des Abgleitens und Absturzes immer präsent.
Trotz – oder besser wegen – der oft unkalkulierbaren Unsicherheit ist also das eigene Leben zur Aktivität verdammt. Es ist selbst im Scheitern seiner Anforderungsstruktur noch ein aktives Leben. Jedenfalls müssen, damit die Rede vom eigenen Leben sinnvoll ist, Aktivitätsanteile nachweisbar und bewusst sein. Denn oft wird mit Trauer und Stolz über Versäumnisse und Errungenschaften berichtet; und angesichts der aufbrechenden Entscheidungsmöglichkeiten und Abstimmungszwänge kann es schon erforderlich werden, dass der Einzelne zum biografischen Planungsbüro seiner selbst wird. Es kann aber auch sein, dass er ein dilettantischer Situations-Bastler bleibt. Oder scheitert.

(Ulrich Beck: Eigenes Leben, persönliches Scheitern. In: Schauspiel Leipzig. Theaterzeitung Nr. 1/ 2005/06, S. 3)

Das Selbstverständnis der westlichen Kultur und ihr Grundwertekanon, vor allem die Betonung des Ichs und der Individualität, werden von unterschiedlichen Seiten kritisch hinterfragt.

Q In den größten Teilen Asiens gilt dieses Prinzip von Pflichten, gegenüber den eigenen Kindern, gegenüber den eigenen Eltern, gegenüber der eigenen Gruppe, in Japan sehr ausgeprägt gegenüber der eigenen Firma. Dieses Prinzip spielt dort eine viel größere Rolle als das Bewusstsein, dass der Einzelne Rechte habe.
Die Menschenrechtsdiskussion im Westen muss sich darüber klar werden, dass Rechte auch Pflichten bedingen. Meine uferlose Ausschöpfung von Rechten ohne [...] Pflichten [...] halte ich persönlich jedenfalls für unmoralisch.
Im deutschen Grundgesetz finden sich in den Artikeln 1 bis 19 nur Rechte. Es gibt zwei Ausnahmen (die Wehrpflicht, in Form einer Ermächtigung der Regierung, eine Wehrpflicht einzuführen; die Sozialbindung des Eigentums, die ohne Konkretisierung geblieben ist). Ansonsten nur Rechte. Danach wird in unseren Schulen erzogen, danach wird in unseren Universitäten erzogen. [...]
Ich sehe viele Menschen in Deutschland, die meinen, ihre Würde sei unantastbar – aber nicht unbedingt auch die des anderen. [...] Ich würde es sehr begrüßt haben, wenn im Artikel 1, wo von der Würde der Person die Rede ist, die unverletzlich ist, ganz klar würde, dass das nicht nur für den Staat gilt, sondern auch für meinen Nachbarn, der meine Würde nicht verletzen darf, und für mich, der ich die Würde des Nachbarn nicht verletzen darf.

(Helmut Schmidt: Es fehlt am Pflichtbewusstsein. In: Menschenrecht und Bürgersinn. Die neue Mittwochgesellschaft. Bd. 2. Hg. von Marion Gräfin Dönhoff. Deutsche Verlagsanstalt, Stuttgart 1999, S. 32f., S. 71)

Q Die Rückbesinnung auf Werte ist heute für Manager unverzichtbar. Wer in unserer individualisierten Gesellschaft erfolgreich führen will, muss Prinzipien mit einem „überindividuellen" Geltungsanspruch vorleben. Nur wenn an der Spitze der Unternehmen Werte wie Integrität, Verantwortungsbereitschaft und Engagement glaubwürdig verwirklicht werden, kann der in Deutschland dringend nötige Stimmungswandel hin zu mehr Optimismus und mehr Vertrauen gelingen: Wettbewerb für mehr Dynamik und Eigenverantwortung für die Starken muss sich paaren mit Hilfsbereitschaft, Respekt und Toleranz. Nur eine Gesellschaft, die weiß, woran sie glaubt, kann die Kraft aufbringen, die Zukunft zu gestalten.

(Burkhard Schwenker: In: http://www.wertekommission.de, Zugriff 30.04.2010)

Afrikanische Sicht auf die Menschenrechte

Auch wenn man die Grundlage schon früher findet, ist die ausgeprägte Idee der Menschenrechte die Errungenschaft der Aufklärung im 17. und 18. Jahrhundert. Im Mittelpunkt steht die Würde des Einzelnen: Wer Mensch ist, hat Ansprüche auf Rechte. Betont wird dabei das Individuum und nicht die Gesellschaft: geachtet werden soll die einzelne Person als solche [...]. Selbst wenn die Menschenrechte, da sie sich etwa in Bezug auf Ehe und Familie, Gewerkschaften und andere mehr nur innerhalb einer Gemeinschaft verwirklichen lassen, eine Gemeinschaftsdimension haben, so geht es auch dort immer um die Selbstverwirklichung des Einzelnen. Das Stichwort, das diesem Denken zugrunde liegt, lässt sich seit Immanuel Kant mit dem Begriff „Autonomie" zum Ausdruck bringen.
Afrika sieht sich mit dem Vorwurf konfrontiert, in seiner Tradition zähle nur die Gemeinschaft, nicht der Einzelne. Dieser Vorwurf ist nicht haltbar. [...] Das Individuum ist zwar in die Gemeinschaft eingebettet, jedoch als ein einmaliges und unaustauschbares Wesen, das unersetzliche Aufgaben innerhalb

dieser Gemeinschaft besitzt. Der Einzelne muss sippensolidarisch handeln, aber gleichzeitig soll er seine Identität bewahren und die Verantwortung, die ihm als Einzelnem auferlegt ist, deutlich hervortreten lassen. Damit wird gesagt, dass die traditionelle afrikanische Gesellschaft dem Einzelnen eine eigene Freiheit zugesteht. [...] negro-afrikanische Interaktion will deutlich machen, dass die einzelne Person ein unvollendetes Wesen ist, das grundsätzlich auf die Gemeinschaft angewiesen ist. Der Initiationsritus beispielsweise, wo er praktiziert wird, hat zur Folge, dass das Individuum aufhört, ein für sich allein existierendes „Seiendes" zu sein, um ein für die Gemeinschaft „Seiendes" zu werden. Das Individuum ist also nicht mehr ein „Ich-für-sich-selbst", sondern es muss vielmehr ein „Ich-in-der-Gemeinschaft-für-andere" werden. Nur so können auch die anderen dem Einzelnen zur besseren und volleren „Ich-Werdung" des „Ich" verhelfen. In diesem Zusammenhang muss betont werden, dass die Freiheit kein absoluter Wert in sich selbst ist. Sie muss immer die kommunitaristische Dimension mitberücksichtigen und kann sich auch nur gemeinschaftlich entfalten. Ohne gemeinschaftliche Beziehungen gibt es für den afrikanischen Menschen keine Identität. Nur gemeinsam mit den anderen wird man zum Menschen und erlangt man die individuelle Freiheit, die wiederum kommunitaristisch ausgeübt werden soll. Mehr noch: das Freisein bzw. Freiwerden hat eine kosmische Dimension. Die Natur spielt eine entscheidende Rolle im Werdeprozess des Menschen. Keiner kann wirklich frei sein und das Menschsein richtig artikulieren, wenn er nicht versöhnt mit der Natur lebt. Erst eine kosmische Harmonie bringt die Individualität und Personalität voll zur Entfaltung.

(Bénézet Bujo: Afrikanische Anfrage an das europäische Menschenrechtsdenken. In: Johannes Hoffmann (Hg.): Begründungen von Menschenrechten aus der Sicht unterschiedlicher Kulturen, Bd. 1. Verlag für Interkulturelle Kommunikation, Frankfurt/M. 1991, S. 212.)

|?

- *Stellen Sie Hauptaussagen der Textauszüge dar und vergleichen Sie diese.*
- *Prüfen Sie, ob der Theologe Bujo mit seinen Ausführungen den Wert der individuellen Freiheit bestreitet?*
- *Mit welchen Werten kollidiert der Wert „Individualität" Ihrer Meinung nach?*
- *Was kritisieren der frühere Bundeskanzler Schmidt, der Unternehmensberater Schwenker und Bujo am westlichen Verständnis des Wertes „Individualität"? Erörtern Sie, ob Sie die Kritik für berechtigt halten?*
- *Recherchieren Sie Werte, die Gewerkschaftsbewegungen auszeichnen und vergleichen Sie diese mit den von Schwenker eingeforderten.*
- *Begründen Sie, warum das Einfordern von Rechten, ohne die Wahrnehmung von Pflichten auf Dauer die Freiheit der Individuen gefährdet?*
- *Informieren Sie sich mittels des Internets darüber, ob und welche spezifischen europäischen Werte es gibt. Wie werden diese definiert und begründet? Welche sind warum europaspezifisch, welche sind universal?*

3.1.3 Wandel der Werte und seine Folgen

Werten kommt keine objektive Existenz zu, Werte sind Setzungen, sie können sich ändern. Die Änderungen können einzelne Bereiche betreffen, sie können jedoch auch das Wertsystem in seiner Gesamtheit betreffen. Die Welt der Werte unterliegt stetig Wandlungsprozessen, die sich zum Teil unterschwellig vollziehen und irgendwann machtvoll an die Oberfläche drängen, so z.B. 1968.

Auch in der Gegenwart laufen solche Veränderungen ab; sind die Generationen in diesen Prozess eingebunden. Während noch in den 1980er Jahren Selbstverwirklichungswerte für Jugendliche an oberster Stelle standen, konstatieren neuere Forschungen, dass Jugendliche von heute bewusst eine Balance suchen zwischen dem Genießen und Auskosten der Gegenwart und der Vorbereitung auf ihre persönliche Zukunft. In diesem Zusammenhang ist ein Rückgang der Selbstverwirklichungswerte zugunsten von Leistung, Fleiß und Ehrgeiz zu verzeichnen, statt des antiautoritären Wachsen-Lassens (laissez-faire) wird der „Mut zur Erziehung" wiederentdeckt.

?| › *Bilden Sie Arbeitsgruppen. Analysieren Sie in diesen Arbeitsgruppen verschiedene Wertwandelsprozesse der letzten Jahrzehnte und präsentieren Sie die Ergebnisse Ihrer Recherche in ansprechender Form. Zeigen Sie dabei insbesondere auf, a) wodurch die Wertewandlungen ausgelöst wurden und b) wie sich die Veränderungen in der Wertehierarchie in den Verhaltensstandards (Normen) niederschlugen.*

Wenn die obersten Werte sich entwerten

Manchmal scheint es so, als sei der Wandel der Werte ein neues Phänomen des 20. Jahrhunderts. Doch bereits Friedrich Nietzsche (1844–1900) charakterisierte dies als „Umwertung aller Werte". Für Nietzsche galt es „den Menschen zu überwinden" und als Folge eines gravierenden Wertwandels einen neuen Menschentyp zu etablieren.

Was ist Nihilismus? Dass die obersten Werte sich entwerten. Es fehlt das Ziel. Es fehlt die Antwort auf das „Wozu".

(Friedrich Nietzsche: Aus dem philosophischen Nachlass der achtziger Jahre. In: Werke in drei Bänden. Bd. 3. Hanser, München 1977, S. 557)

Q| *Ich lehre euch den Übermenschen.* Der Mensch ist etwas, das überwunden werden soll. Was habt ihr getan, ihn zu überwinden?
Alle Wesen bisher schufen etwas über sich hinaus: und ihr wollt die Ebbe dieser großen Flut sein und lieber noch zum Tiere zurückgehn als den Menschen überwinden?
Was ist der Affe für den Menschen? Ein Gelächter oder eine schmerzliche Scham. Und ebendas soll der Mensch für den Übermenschen sein: ein Gelächter oder eine schmerzliche Scham.
Ihr habt den Weg vom Wurme zum Menschen gemacht, und vieles ist in euch noch Wurm. Einst wart ihr Affen, und jetzt ist der Mensch mehr Affe als irgendein Affe. Wer aber der Weiseste von euch ist, der ist auch nur ein Zwiespalt und Zwitter von Pflanze und von Gespenst. Aber heiß ich euch zu Gespenstern oder Pflanzen werden?
Seht, ich lehre euch den Übermenschen!
Der Übermensch ist der Sinn der Erde. Euer Wille sage: Der Übermensch *sei* der Sinn der Erde!
Ich beschwöre euch, meine Brüder, *bleibt der Erde treu* und glaubt denen nicht, welche euch von überirdischen Hoffnungen reden! Giftmischer sind es, ob sie es wissen oder nicht. Verächter des Lebens sind es, Absterbende und selber Vergiftete, deren die Erde müde ist: so mögen sie dahinfahren! Einst war der

Frevel an Gott der größte Frevel, aber Gott starb. […] Seht, ich lehre euch den Übermenschen: der ist dies Meer, in ihm kann eure große Verachtung untergehn.

Was ist das *Größte*, das ihr erleben könnt? Das ist die Stunde der großen Verachtung. Die Stunde, in der euch auch euer Glück zum Ekel wird und ebenso eure Vernunft und eure Tugend. Die Stunde. Wo ihr sagt: „Was liegt an meinem Glücke! Es ist Armut und Schmutz und ein erbärmliches Behagen. Aber mein Glück sollte das Dasein selber rechtfertigen. […] Was liegt an meiner Tugend! Noch hat sie mich nicht rasen gemacht. Wie müde bin ich meines Guten und meines Bösen! Alles ist Armut und Schmutz und ein erbärmliches Behagen!“

(Friedrich Nietzsche: Also sprach Zarathustra. Reclam, Stuttgart 1989, S. 6f.)

Versucht man, Nietzsches Entwurf des Übermenschen dennoch näher zu bestimmen, so kann dies nur diskursiv an seiner Intention sichtbar werden, den modernen Menschen ersetzen zu wollen, in dem sich seiner Meinung nach die Werte der christlichen Moral und des wissenschaftlichen Fortschrittsglaubens festgesetzt haben. Es ist Nietzsches Anliegen, den Übermenschen als „Gegensatz“ zum herrschenden Durchschnittsmenschen zu konzipieren, um auf diesem Wege eine „Umwertung der Werte“ vorzunehmen. Dieser höhere Typus Mensch stellt das äußerste Ziel einer möglichen Umwertung dar, mit ihm soll der Mensch endgültig überwunden werden. […] Nietzsche zeigt dem Menschen seine Daseinsbefindlichkeit auf, indem er ihm zu verstehen gibt, dass er nicht nur seine tierische Natur, sondern mehr noch den Menschen über dem Abgrunde überwinden soll, er lässt Zarathustra sagen: „Der Mensch ist ein Seil, geknüpft zwischen Tier und Übermensch, – ein Seil über einem Abgrunde.“ Als Triebwesen lebt der Mensch zum einen in seiner tierischen Natur und folgt seinen Instinkten, andererseits verfügt er aber über die Fähigkeit, sich von diesen Instinkten zu befreien. […] Zarathustras Lehre ist der Wille zur Macht, […]. Er fordert eine Entwicklung aus dem Machtwillen heraus und versteht „die Selbst-Überwindung als Stufe der Überwindung des Menschen“. Ihm ist daran gelegen, dass aus dem Menschen als und durch den Machtwillen ein größerer Mensch, ein „Mehr-als-Mensch“, ein Übermensch entstehe, der das Wesen der Welt verkörpert und der mit der Realität des Machtwillens in der Welt mit seinem Dasein auch als Triebwesen übereinstimmt.

(Günter Haberkamp: Triebgeschehen und Wille zur Macht. Königshausen & Neumann, Würzburg 2000, S. 131ff.)

- *Stellen Sie in eigenen Worten dar, was Nietzsche unter einer „Umwertung der Werte“ versteht.*
- *Warum will Nietzsche die Werte seiner Zeit umwerten?*
- *Was macht für Nietzsche den Wert des Übermenschen aus?*

3.1.4 Wie Normen funktionieren

Wenn sich der Stellenwert von Werten in einer Gemeinschaft oder im individuellen Leben verändert, dann bleibt das nicht ohne Auswirkungen auf die Verhaltensstandards. Normen sollen das Miteinander in einer Gemeinschaft gewährleisten. Damit dies gelingt, müssen individuelle Interessen begrenzt, müssen die Werte geschützt werden. Normen fungieren daher – mit Wittgenstein gesprochen – als Wegweiser für das individuelle Verhalten.

Q Die meisten moralischen Normen lassen sich auf bestimmte zugrunde liegende Werte zurückbuchstabieren. Werte sind bewusste oder unbewusste Orientierungsstandards, von denen sich einzelne Individuen oder Gruppen in ihrem Verhalten leiten lassen. Es sind grundlegende und tief verankerte Vorstellungen darüber, was in einer Gemeinschaft als richtig und erstrebenswert gilt. Solche kollektiven Zielsetzungen sind keineswegs immer rational und gut begründet, sondern können auch triebhaft, emotional, weltanschaulich oder religiös besetzt sein. Als allgemeine Zielorientierungen befinden sie sich auf einer anderen, höheren Ebene als die konkreten Handlungsorientierungen in Form von Normen. So ließe sich die Norm „Du sollst Notleidenden helfen!" auf den abstrakten Wert „Hilfsbereitschaft", „Du sollst nicht töten!" auf den sehr allgemeinen Wert „Leben" zurückführen. Normen und Werte bestärken sich in einer kulturellen Gemeinschaft gegenseitig. Während den Werten eine Art begründende Funktion zukommt, haben die Normen die Aufgabe, zur konkreten Umsetzung der abstrakten Werte anzuleiten.

(Dagmar Fenner: Ethik. Wie soll ich handeln? A. Francke, Tübingen/Basel 2008, S. 170/171)

P

- *Sie haben einen Katalog europäischer Werte (S. 133) recherchiert. Übersetzen Sie Ihren gefundenen Wertekatalog in entsprechende Verhaltensstandards.*
- *Beobachten Sie in Gruppen über einen festgelegten Zeitraum hinweg, ob und wie die zur Sicherung europäischer Werte nötigen Verhaltensstandards eingehalten werden. Protokollieren Sie Ihre Beobachtungen und werten Sie diese in einer Gesprächsrunde aus.*

Normen gebieten ein bestimmtes Verhalten. Sie sind in einer Gemeinschaft verbindlich. Die Aufgabe von Normen besteht darin, das Miteinander von Menschen in dieser Gemeinschaft zu gewährleisten. Das geschieht durch vier Momente, die ineinandergreifen und zusammenwirken.

Funktionsmechanismus von Normen

1. Sprachliche Form	Eine Norm ist eine eindeutige und unmissverständliche Aufforderung, sich in bestimmter Art und Weise zu verhalten. Ein gedachtes oder tatsächlich gesetztes Ausrufezeichen steht am Ende der Verhaltensaufforderung. Die Grundformel dieser Aufforderung lautet: „Du sollst ...!" (z.B. Rauchen verboten! Stopp!).
2. Verbindlichkeit	Die Forderung ist an alle gerichtet und gilt für alle. Sie gilt ohne Wenn und Aber und ist inhaltlich nicht verhandelbar. Die Forderung muss nicht erklärt werden, sie ergeht bedingungslos und ihr ist Folge zu leisten.
3. Kontrolle	Die Einhaltung der Norm wird, vor allem, wenn es sich um eine neue Norm handelt, zumindest punktuell überwacht.

4. Sanktion

Die Einhaltung der Norm wird belohnt, die Nichteinhaltung und Übertretung bestraft. Positive wie negative Sanktionen dienen dazu, das gewünschte Verhalten zu stärken und das nicht erwünschte Verhalten abzuwehren. Das Maß der Bestrafung ist abhängig vom Grad der Verbindlichkeit und von der Schwere des Normverstoßes. Es reicht vom Naserümpfen über eine ausgesprochene Missbilligung bis hin zum Ausschluss aus der sozialen Gemeinschaft (soziale Ächtung).

?

› *Spielen Sie anhand der folgenden Beispiele jeweils alle vier Elemente des Funktionsmechanismus von Normen durch:*
- *ein dreijähriges Kind reißt sich los und rennt auf eine stark befahrene Straße,*
- *ein Autofahrer gerät innerhalb einer geschlossenen Ortschaft mit Tempo 90 km/h in eine Geschwindigkeitskontrolle,*
- *jemand zündet sich in der S-Bahn eine Zigarette an,*
- *eine Schülerin wird während einer Klassenarbeit beim Abschreiben erwischt,*
- *ein Autofahrer fährt achtlos an kollidierten Fahrzeugen mit Verletzten vorbei,*
- *ein Polizist droht einem Entführer mit Folter, wenn er nicht den Aufenthalt der Entführten mitteilt.*

› *Nutzen Sie den folgenden Kasten und vergleichen Sie die Beispiele hinsichtlich des Grades ihrer Verbindlichkeit.*

Der Begriff *Norm* (lat. norma: Richtschnur, Regel, Vorschrift, Muster) bezeichnet einen anerkannten, mehr oder weniger verbindlich zu befolgenden Bewertungsmaßstab. Normen sind Standards, Regeln oder Vorschriften, sie beschreiben zu erstrebende Handlungsabläufe. Sie steuern unser Verhalten und stellen Erwartungen darüber dar, was der Fall sein soll bzw. muss. Nicht normgerechtes Verhalten wird oft durch Sanktionen geahndet. Normen können technischer Art (DIN, ISO) sein oder auch z.B. statistisch, logisch, ästhetisch, sprachlich, wissenschaftlich. Ethische Normen sind Vorschriften bzw. Beurteilungsmaßstäbe für als gut erachtetes menschliches Tun und Lassen in einer Gemeinschaft. In einer freiheitlichen Gesellschaft geht man davon aus, dass Normen frei und reflektiert übernommen und eingeübt werden. Hinsichtlich des Grades der Verbindlichkeit kann man Üblichkeiten (z.B. Höflichkeit), streng zu befolgende (z.B. Gesetze) und unbedingte, sittliche Normen (z.B. Achtung der Würde des Menschen) unterscheiden. Als Grundorientierungen folgen aus Werten ethische Normen für Handlungsziele, Lebensinhalte und Sinndeutungen, die Individuen (Was mir wertvoll ist!) und Gemeinschaften für erstrebenswert halten.

3.1.5 Verlieren die Normen ihren Wert?

Normenkritik

Q

Du sollst niemals und in keiner Weise den Pfad der Ahnen verlassen, sondern alles genauso halten und weiterführen, wie es von ihnen überliefert worden ist. [...] Du sollst die Alten und Großen, die Häuptlinge und Krieger ehren und ihnen nie widersprechen [...].

(Die zehn Gebote der Papuas. In: Christian Keysser: Lehret alle Völker. Freimund, Neuendettelsau 1960, S. 9f.)

Zerreißbild, Hans Arp, 1933

Gegen den Anspruch von ethischen Normen auf Verbindlichkeit und Unterordnung, den Emile Zola 1888 noch mit den Worten verteidigte, dass es im Leben darauf ankomme zu gehorchen und gehorchen zu lernen, regt sich – insbesondere im Verhältnis der Generationen – oft kritischer Widerspruch.

Man kann sich die Verhaltensregeln und moralischen Wertvorstellungen der Gruppe, der man angehört, vollkommen zu eigen machen, ohne sie auf ihre Berechtigung zu überprüfen, so wie man sich auch Ansichten anderer Menschen in anderen Bereichen zu eigen machen kann, ohne sich vorher von der Berechtigung und Wahrheit dieser Ansichten überzeugt zu haben. Die so genannte Verinnerlichung eines Verhaltenskodex' schließt also eine kritische Prüfung der Grundlagen dieses Regelsystems noch nicht ein. Jedoch gibt es in den meisten Gesellschaften auch einzelne Menschen, die nicht nur die Verhaltensmuster ihrer Gruppe akzeptiert, sondern dabei die Vorschriften und Vorstellungen, die diesen Verhaltensmustern zugrunde liegen, kritisch durchdacht haben. Es kann vorkommen, dass gewisse Regeln und Vorstellungen sich bei solcher kritischen Prüfung als unhaltbar erweisen.

(William K. Frankena: Analytische Ethik. dtv, München 1972, S. 62)

- *Beschreiben Sie Ihr Verhältnis zu den Normen, mit denen Sie in Elternhaus und Schule konfrontiert wurden und werden.*
- *Erörtern Sie, inwiefern Ansprüche auf „Gehorsamkeit“ gegenüber den herkömmlichen Normen in einer freiheitlichen Gesellschaft durch eine zweite Form der „Gehorsamkeit“ gegenüber einem anderen (höheren?) Wert, nämlich dem „gehorsamen“ Befolgen von kritischen Ansprüchen der Vernunft zu ergänzen sind. Bedenken Sie beim Thema „Gehorsamkeit“ zudem, dass man auch seinen Trieben und Leidenschaften gehorchen oder nicht gehorchen kann.*

Den herrschenden Normen folgen?

Die herrschende Moral, das ist nicht einfach die Moral, die in einem Volk, in einer Kulturgemeinschaft verbreitet ist. „Herrschende Moral“ hat durchaus mit Herrschaft zu tun, dies aber gerade nicht so, dass sie die Moral derjenigen wäre, die herrschen, sondern umgekehrt: Sie ist – ursprünglich wenigstens – die Moral für die Bürger, die im doppelten Sinne die „Beherrschten“ zu sein haben, die stille sein sollen, an sich halten und sich kuschen. [...] Der Mensch, der sie als Haltungen, d. h. als Verhaltensdispositionen, in sich verwirklicht, das ist der lenkbare, bescheidene, unauffällige Mensch, wie ihn die Herrschenden brauchen. [...] Er ist autoritätsgläubig und schlimmstenfalls nur gleichgültig gegenüber den „Werten“, in deren Namen ein Wohlverhalten ihm abgefordert wird.

(Arno Plack: Die Gesellschaft und das Böse. List, München 1974, S. 33)

- *Fassen Sie die Kernaussagen zusammen und nehmen Sie Stellung.*
- *Verfassen Sie eine Standpunktrede, in der Sie Grundelemente unserer „herrschenden“ moralischen Normen anführen und gegen diese Kritik verteidigen.*

Ohne Kritik an Normen, ohne bewusste Übertretung von Normen (versteckte und offene), ohne das Artikulieren und Vorleben anderer als der etablierten Verhaltensmuster entstünde nichts Neues. Normen wurden befolgt, geltende Normen wurden aber auch in Zweifel gezogen und (bewusst oder unbewusst) überschritten: irgendwann verließen Frauen das Haus, forderten sie für sich Bildung und gesellschaftliche Teilhabe, irgendwann hörten Männer auf, sich um ihrer Ehre willen zu duellieren, hatte Sexualität einen anderen Stellenwert …

Faust: […] nun gut, wer bist du denn?
Mephistopheles: Ein Teil von jener Kraft,
die stets das Böse will und doch das Gute schafft.
Faust: Was ist mit diesem Rätselwort gemeint?
Mephistopheles: Ich bin der Geist, der stets verneint!
Und das mit Recht; denn alles, was entsteht,
Ist wert, dass es zugrunde geht;
Drum besser wär's, dass nichts entstünde.
So ist denn alles, was ihr Sünde,
Zerstörung, kurz, das Böse nennt
Mein eigentliches Element.

(Johann Wolfgang von Goethe: Faust I. Aufbau, Berlin/Weimar 1971, S. 104)

- *Tragen Sie in einer Standpunktrede vor, ob Normübertretungen sinnvoll sind. Beachten Sie dabei auch den Funktionsmechanismus von Normen sowie das Zitat aus Goethes „Faust".*
- *Erläutern Sie am Beispiel von Normenkritik und Normübertretung, inwiefern aus dem „Bösen" Gutes entstehen kann.*

Welche Normen braucht das Land?

Gegenwärtig jedoch stellt sich manchmal der Eindruck ein, dass die Betonung des Wertes der individuellen Freiheit und das daran gebundene Suchen nach Individualität um jeden Preis Normen generell aushebelt. Ist das freie Individuum sich selbst genug? Braucht es keine Normen und keine Gemeinschaft mehr?

Sagen wir es in deutlichen Worten: wir leben in einer Zeit, in der Regeln ihre Geltung verlieren. Das gilt für Gesetze [nomoi – daher A-nomie] wie für Normen niedrigerer Ordnung. Da man Regeln nicht mehr übertreten kann, wird man nicht mehr bestraft. Jedenfalls wird beides unberechenbar. „Ihn hat es erwischt", heißt, dass Sanktionen zur Lotterie werden. Und die Normen macht sich jeder selber, wenn er es kann. Niemand bindet uns fest. Um mit Heinrich Popitz zu reden, wir leben „in einer Gesellschaft, in der wir in einem beispiellosen Ausmaß die Möglichkeit haben, aus Eigengruppen auszusteigen, in andere Gruppen umzusteigen – mit einem fast unbegrenzten Kündigungsrecht sozialer Beziehungen". Eine Welt der Optionen ohne Bindungen. Anomie. […] Wenn wir uns nicht darauf verlassen können, dass ein anderer in einer gegebenen Situation bestimmte Dinge tut und

Werte im Angebot
(Versteigerung, Honoré Daumier, 1853)

andere nicht tut, dann können wir nicht miteinander leben. Der andere wird dann gleichsam zum Geisterfahrer. Er kommt uns auf der „falschen" Fahrbahn entgegen und wir wissen nicht, was tun. Normen sind von vielerlei Art. In der Tat ist schon das Beispiel des Geisterfahrers irreführend. Es betrifft den nicht, der nie in einem Auto sitzt; es verweist auf eine „partikulare Norm" im Sinne von Popitz. Aber dass eine Fahrbahn „falsch" sein kann, zeigt, dass hier mehr in Rede steht als eine Gewohnheit, geschweige denn ein Spiel. Das gilt in vornehmer Weise von den „allgemeinen Normen", die jede Gesellschaft hat. Popitz gibt ein in unserem Zusammenhang vielsagendes Beispiel: „Jedes Gruppenmitglied ist verpflichtet, den anderen zu helfen, wenn es eher mit seiner Arbeit fertig wird." Da kann man auch sagen: jedes Gesellschaftsmitglied ist verpflichtet, den anderen zu helfen, die überfallen, ausgeraubt, verletzt, ermordet werden. Allgemeine Normen, die sich also an alle Mitglieder der Gesellschaft wenden, beginnen elementar. Zugehörigkeit zur Gruppe, allgemeine Menschenrechte und Grundartikel der Verfassung sind eher schon zuviel als zuwenig, um sie zu umschreiben. […]

Woher kommen neue Normen? Es ist sicher eine falsche Vereinfachung, jenen älteren Autoren zu folgen, die glauben, dass der Brauch sich zur Sitte verfestigt und diese zur Norm. Da ist nicht nur der qualitative Sprung vergessen, durch den Sanktionen eingeführt werden, sondern auch die Tatsache, dass Normen absinken können zu Sitten und Bräuchen und die drei ohnehin in allerlei Querverbindungen existieren. Umgekehrt irren auch die, die (mit Hobbes) glauben, dass sich Normen mit nackter Gewalt einführen lassen. Das eben ist das Argument gegen die Fanatiker von law and order, nackte Gewalt oder, vorsichtiger, die Staatsgewalt kann allenfalls Sanktionen verhängen. Tut sie es konsequent, dann wird sie totalitär; tut sie es gebändigt, dann erreicht sie nicht ihr Ziel. Normen schaffen kann sie nämlich nicht, es sei denn solche, die ihrem Zweck zuwiderlaufen, Umgehungsnormen, Normen der „inneren Emigration". […]

Normen, neue Normen vielleicht, müssen wachsen.

(Ralf Dahrendorf: Anmerkungen zum Gesellschaftsvertrag, Artikel 1, Absatz 1 und 2. In: Ders.: Reise nach innen und außen. Aspekte der Zeit. Deutsche Verlags-Anstalt, Stuttgart 1984, S. 131ff.)

?

- *Legen Sie die Kernaussagen kurz und strukturiert dar.*
- *Geben Sie wieder, warum Dahrendorf (1929–2009) den eingetretenen Zustand als A-Nomie charakterisiert. Erläutern Sie an Beispielen die unterschiedlichen Aspekte, die er mit dem gesellschaftlichen Zustand der A-Nomie verbindet.*
- *Welche Ursachen macht er für die A-Nomie verantwortlich? Inwiefern stimmen Sie ihm zu?*
- *Erläutern Sie, wieso Dahrendorf der Meinung ist, dass der Andere uns „auf der falschen Fahrbahn" entgegenkomme.*
- *Wie sollte auf die geschilderten Verhaltensweisen reagiert werden? Spielen Sie in kurzen Spielszenen mögliche Reaktionsweisen durch.*

3.1

- Schreiben Sie einen philosophischen Essay, der Normen und ihre Beachtung zum Thema macht. Der Titel könnte lauten: „Braucht meine Freiheit Normen?". Beleuchten Sie darin Bedingungen, Möglichkeiten und Schranken einer „grenzenlosen" Freiheit.

3.2. Theorien ethischen Handelns

3.2.1 Ist nur das tugendhafte Leben lebenswert?

3.2.1.1 Das höchste Gut zwischen Selbstzweck und Zweckmäßigkeit

Die Frage, ob und wie die Menschen ein gutes Leben führen können, gehört zu den zentralen philosophisch-ethischen Fragestellungen, die bis heute nichts an Aktualität einbüßten. Seit der Antike wurde diese Frage immer wieder bedacht und auf unterschiedliche Art und Weise beantwortet.
Aristoteles, neben Platon einer der Begründer der abendländischen Philosophie, hat vor mehr als zweitausend Jahren seine Antwort auf die Frage, wie man leben soll, gegeben: Er unterscheidet zwischen *Aktualität* und *Potentialität* in der Welt. Jedes Einzelding und jedes Wesen existiert einerseits hier und jetzt (Aktualität), andererseits trägt es schon alle Anlagen (Potentialitäten) für seine zukünftige Entwicklung in sich, vergleichbar mit einem Samenkorn, das zu einer Pflanze wird. Dabei verfolgen alle Dinge und Wesen das Ziel (griech. telos), *ihre spezifischen Anlagen auf bestmögliche Weise zu verwirklichen*; jedes Ding ist von Natur aus bestrebt, genau das zu werden, wozu es angelegt ist. Daraus ergibt sich nach Aristoteles eine hierarchische Ordnung der Natur. Auf der untersten Ebene befinden sich die unbelebten Dinge (Steine, Erde). Dann kommen die Pflanzen, da sie sich fortpflanzen und ernähren können. Danach folgen die Tiere, die zusätzlich fühlen und sich bewegen. Schließlich folgen die Menschen, da sie über die Tiere hinaus die Fähigkeit der Vernunft besitzen. Der Mensch ist ein Vernunftwesen und strebt folglich nach der *bestmöglichen Verwirklichung seiner Vernunftanlagen*. Er kann scheitern, da er aufgrund seiner Vernunft über seine Lebensweise selbstbestimmt entscheiden muss.

Jede Kunst und jede Lehre, desgleichen jede Handlung und jeder Entschluss, scheint ein Gut zu erstreben, weshalb man das Gute treffend als dasjenige bezeichnet hat, wonach alles strebt. Doch zeigt sich ein Unterschied der Ziele. Die einen sind Tätigkeiten, die anderen noch gewisse Werke oder Dinge außer ihnen. Wo bestimmte Ziele außer den Handlungen bestehen, da sind die Dinge ihrer

Natur nach besser als die Tätigkeiten. [...] Wenn es nun ein Ziel des Handelns gibt, das wir seiner selbst wegen wollen, und das andere nur um seinetwillen, und wenn wir nicht alles wegen eines anderen uns zum Zwecke setzen – denn da ginge die Sache ins Unendliche fort, und das menschliche Begehren wäre leer und eitel –, so muss ein solches Ziel offenbar das Gute und Beste sein. [...] Geben wir, da alles Wissen und Wollen nach einem Gute zielt, an, [...] welches im Gebiete des Handelns das höchste Gut ist. Im Namen stimmen hier wohl die meisten überein: *Glückseligkeit* nennen es die Menge und die feineren Köpfe, und dabei gilt ihnen Gut-Leben und Sich-gut-Gehaben mit Glückselig-Sein als eins. Was aber die Glückseligkeit sein soll, darüber entzweit man sich [...]. Die einen erklären sie für etwas Greifbares und Sichtbares wie Lust, Reichtum und Ehre, andere für etwas anderes.

(Aristoteles: Nikomachische Ethik (I, 1, 2). Reclam, Stuttgart 1983, S. 5f., 8)

?

- *Veranschaulichen Sie die aristotelische Ordnung der Natur sowie die jeweiligen Ziele.*
- *Beschreiben Sie die zwei Arten menschlicher Tätigkeiten und das ihnen innewohnende Ziel.*
- *Halten Sie – auch unter Beachtung des Textauszuges von Rohls – fest, was Glückseligkeit für Aristoteles bedeutet.*
- *Erstellen Sie ein Schema, das die Argumentationsstruktur zum höchsten Gut aufzeigt.*
- *Notieren Sie, was für Sie Glücksseligkeit ausmacht und vergleichen Sie Ihre Bestimmung mit der Aristoteles'.*

Q

Offenkundig hebt der Mensch sich von anderen Lebewesen wie Pflanzen und Tieren dadurch ab, dass er allein über das Vermögen der Vernunft oder Sprache verfügt. Nun ist aber das Vermögen um der Tätigkeit willen da, und dabei gilt, dass das Vermögen, je nachdem ob es sich in einer guten oder schlechten Verfassung befindet, diese Tätigkeit entweder gut oder schlecht ausüben kann. Die dem Menschen spezifische Tätigkeit ist daher die Tätigkeit seines Vernunftvermögens, und der oberste Zweck des menschlichen Lebens, das gute Leben des Menschen oder seine Glückseligkeit muss mithin gesucht werden in der bestmöglichen Aktualisierung seiner Vernunft. [...] Der gute Zustand eines Vermögens ist es, der mit dem Begriff der *arete*, der Tauglichkeit, Funktionstüchtigkeit [und Tugend] bezeichnet wird. [...] Tugend als *arete* meint [...] immer Tauglichkeit in einem die ethische Sphäre übergreifenden Sinn. [...] Aber selbst damit ist die Glückseligkeit noch nicht hinreichend definiert. [...] Vielmehr lässt sich von Glück auch nur sprechen, wenn der Vollzug der Vernunfttätigkeit nicht nur spontan, sondern kontinuierlich erfolgt. [...] Denn eine Schwalbe macht noch keinen Sommer.

(Jan Rohls: Geschichte der Ethik. J.C.B. Mohr, Tübingen 1991, S. 66)

?

- *Beschreiben Sie die Funktion, welche den Tugenden zukommt.*
- *Wenden Sie die Redeweise „eine Schwalbe macht noch keinen Sommer" auf den kontinuierlichen Vollzug der Vernunfttätigkeit an.*
- *Formulieren Sie Forderungen, die sich daraus für unser Handeln ergeben.*
- *Finden Sie weitere Verwendungsweisen von „Tugend" und vergleichen Sie diese mit dem aristotelischen Tugendbegriff.*

Q

[In der Wissenschaft und Kunst] pflegt man ja von gut ausgeführten Werken zu sagen, es lasse sich nichts davon- und nichts dazutun, in der Überzeugung, dass Übermaß und Mangel die Güte aufhebt, die Mitte aber sie erhält –, wenn

also die guten Künstler, wie gesagt, diese Mitte bei ihrer Arbeit im Auge behalten, und wenn die Tugend gleich der Natur sicherer und besser ist als alle Kunst, so muss wohl dies als Schlusssatz sich ergeben, dass die Tugend nach der Mitte zielt [...]. Beim Zagen z.B. und beim Trotzen, beim Begehren, Zürnen, Bemitleiden und überhaupt bei aller Empfindung von Lust und Unlust gibt es ein Zuviel und Zuwenig, und beides ist nicht gut [...]. Ebenso gibt es bei den Handlungen ein Übermaß, einen Mangel und eine Mitte. [...]
Bei den Affekten der Furcht und der Zuversicht ist der Mut die Mitte. [...] Bei den Affekten der Lust und der Unlust, [...] ist die Mitte Mäßigkeit, das Übermaß Zuchtlosigkeit oder Unmäßigkeit. [...] In Geldsachen, im Geben wie im Nehmen, ist die Mitte Freigebigkeit, das Übermaß und der Mangel Verschwendung und Geiz. [...] In Bezug auf Ehre und Schande ist die Mitte Hochsinn, das Übermaß heißt Aufgeblasenheit, der Mangel ist niederer Sinn.

(Aristoteles: Nikomachische Ethik. Reclam, Stuttgart 1983, S. 43, 46f.)

?

- *Nennen Sie die Tugenden, die Abiturienten in der Gegenwart besitzen sollten und grenzen Sie diese von den entsprechenden Extremen ab.*
- *Aristoteles zufolge ist die* eudaimonia, *also das stete tugendhafte Handeln, das höchste Gut menschlichen Seins. Stellen Sie sich vor, Nietzsche und Aristoteles könnten ein Streitgespräch über diese Problematik führen. Entwerfen Sie einen solchen fiktiven Dialog. Beachten Sie hierzu Nietzsches Ausführungen zum Übermenschen (Seite 134).*

3.2.1.2 Kann der Mensch als Einzelner Glückseligkeit erlangen?

Q

Hieraus erhellt also, dass der Staat zu den von Natur bestehenden Dingen gehört und der Mensch von Natur aus ein staatliches Wesen ist, und dass jemand, der von Natur aus und nicht bloß zufällig außerhalb des Staates lebt, entweder schlecht ist oder besser als ein Mensch, wie auch der von *Homer* als ein Mann „ohne Geschlecht und Gesetz und Herd" gebrandmarkte. Denn er ist gleichzeitig von Natur ein solcher (staatsloser Mensch) und „nach dem Kriege begierig", indem er isoliert dasteht wie ein Stein im Brett.
Dass aber der Mensch mehr noch als jede Biene und jedes schwarm- oder herdenweise lebende Tier ein Vereinswesen ist, liegt amtage. Die Natur macht, wie wir sagen, nichts vergeblich. Nun ist aber einzig der Mensch unter allen animalischen Wesen mit der Sprache begabt. Die Stimme ist das Zeichen für Schmerz und Lust und darum auch den anderen Sinnenwesen verliehen, indem ihre Natur so weit gelangt ist, dass sie Schmerz und Lust empfinden und beides einander zu erkennen geben. Das Wort aber oder die Sprache ist dafür da, das Nützliche und das Schädliche und so denn auch das Gerechte und das Ungerechte anzuzeigen. Denn das ist den Menschen vor den anderen Lebewesen eigen, dass sie Sinn haben für Gut und Böse, für Gerecht und Ungerecht und was dem ähnlich ist. Die Gemeinschaftlichkeit dieser Ideen aber begründet die Familie und den Staat. [...] Wer aber nicht in Gemeinschaft leben kann, oder ihrer, weil er sich selbst genug ist, gar nicht bedarf, ist kein Glied des Staates und demnach entweder ein Tier oder ein Gott. Darum haben alle Menschen von Natur in sich den Trieb zu dieser Gemeinschaft, und der Mann, der sie zuerst errichtet hat, ist der Urheber der größten Güter. Denn wie der Mensch in seiner Vollendung das vornehmste Geschöpf ist, so ist er auch, des Gesetzes

und Rechtes ledig, das schlechteste von allen. Die bewaffnete Ungerechtigkeit ist am ärgsten, und der Mensch tritt ausgestattet mit Waffen seiner intellektuellen und moralischen Fähigkeit ins Dasein, Waffen, die, wie sonst keine, so ganz entgegengesetzt gebraucht werden können. Deshalb ist er ohne Moralität das ruchloseste und roheste und in Bezug auf Geschlechts- und Gaumenlust das allergemeinste Geschöpf. Die Gerechtigkeit aber, der Inbegriff aller Moralität, ist ein staatlich Ding.

(Aristoteles: Politik (I, 2). Zit. aus: Philosophenlesebuch. Bd. 1. Dietz, Berlin 1983, S. 197/198)

Q | Ein vernünftiges Leben ist, allgemein gesprochen, für alle Menschen das Ziel. Aber für *jeden einzelnen* besteht das Ziel darin, seine je *eigenen* Fähigkeiten in der Gesellschaft, in der er (oder sie) lebt, zu verwirklichen, und damit *seinen* Stil, *sein* Ethos, das heißt, *seinen* Platz in der Gemeinschaft zu finden, den Platz, an dem er (oder sie) die persönlichen Fähigkeiten bestmöglich verwirklicht. Das ist nichts anderes als Tugend (*arete*). [...] Aristoteles beschreibt, welche Formen sozialen Zusammenlebens der Mensch erfahren haben muss, um seine besten menschlichen Anlagen lebendig werden zu lassen: Der Mensch muss sich von der Familie über das Dorf zum Stadtstaat entwickeln, um recht eigentlich zum *Menschen* zu werden. [...] Die menschliche Gemeinschaft ist demnach gegenüber dem Einzelnen nicht etwas bloß Äußerliches. Die Gemeinschaft ist eine notwendige Bedingung dafür, dass der Einzelne *seine* besten menschlichen Fähigkeiten zu verwirklichen vermag. Mit anderen Worten: der Mensch-in-der-Gemeinschaft (*zoon politikon*) ist der Grundbegriff, nicht das von der Gesellschaft isolierte Individuum und ebensowenig der vom Individuum isolierte Staat.

(Gunnar Skirbekk/Nils Gilje: Geschichte der Philosophie. Suhrkamp, Frankfurt/M. 1993, S. 141ff.)

?

- *Fassen Sie das Menschenbild des Aristoteles in eigenen Worten zusammen.*
- *Veranschaulichen Sie, warum nach Aristoteles nur der in Gemeinschaft lebende Mensch Glückseligkeit erlangen kann.*
- *Suchen Sie Erklärungen für die Denkfigur der Moderne (siehe Seite 131), wonach der Einzelne ohne besondere Rücksicht auf die Gemeinschaft seine Individualität zu entfalten sucht.*

Sind Tugenden noch gefragt?

Helden gesucht – Kampagne des Sächsischen Ministeriums für Inneres

?

- *Benennen Sie die charakteristischen Elemente des Posters und erläutern Sie den Adressatenkreis.*
- *Diskutieren Sie vor dem Hintergrund des Bildes die Aktualität aristotelischer Werte für den Einzelnen und die Gemeinschaft.*
- *Derzeit wird der Mangel an ehrenamtlichen Kräften beklagt. Denken Sie über Gründe dieses Umstandes nach.*
- *Initiieren Sie ein Hörspiel o.Ä. zur Kampagne „Rettet das Ehrenamt“.*
  (Sehtipp: http://www.tvbvideo.de/video/iLyROoafMWwd.html, Zugriff 21.09.2010)

3.2.2 Ist ein gutes Leben ein von der Vernunft geleitetes?

Kants Leistung für eine philosophische Aufklärung wird vielfach als bahnbrechend gewürdigt. Niemand seit Platon habe mit seinem Denken so weitreichende Wirkungen ausgelöst wie Kant. Diese betreffen nicht nur die methodischen Voraussetzungen zur Beherrschung der äußeren Natur, sondern auch die ethischen und ästhetischen Kategorien des Menschen, seine Denkart, sein Selbstbewusstsein, seine Handlungsantriebe und seinen (guten) Willen.

Kant in Königsberg geboren	1724
Lessing geboren	1729
Haydn geboren	1732
1740 Friedrich II wird König in Preußen	1740
Mozart geboren	1756
Dampfmaschine	1769
Hegel geboren	1770
Tod Humes, amerikanische Unabhängigkeitserklärung	1776
Tod Voltaires und Rousseaus	1778
Französische Revolution und Erklärung der Menschen- und Bürgerrechte	1789
Code Civil	1804
Kant stirbt in Königsberg	**1804**
Hegel stirbt	1831

Lernen, sich des eigenen Verstandes zu bedienen

Ich möchte reich sein und von den Zinsen leben. Nichts tun. Mit 'ner Villa und Pool in Monte Carlo und einer zweiten in der Karibik. Dazu viele Weiber. Vielleicht hin und wieder als DJ arbeiten. *(René, 16 Jahre, Schüler)*

- *Überlegen Sie, was Sie momentan von sich sagen können auch im Hinblick auf Ihren Weg zu Ihrem möglichen Schlaraffenland. Was würden Sie in die Denkblasen schreiben?*
- *Analysieren Sie die Auffassungen von Renés Schlaraffenland und der Werbung. Formulieren Sie das Bild vom Menschen, das jeweils dominierend ist. Untersuchen und begründen Sie, ob der Slogan „Mein Haus, mein Auto, meine Yacht" auf die Schlaraffenland-Situation von René abzielt.*
- *Veranschaulichen Sie Ihre Vorstellungen von dem, zu dem Sie sich machen wollen.*
- *Der Mensch ist für Immanuel Kant ein Bürger zweier Welten, einerseits lebt er in der Welt der natürlichen Erscheinungen und ist damit dem Gesetz von Ursache und Wirkung (Kausalität) unterworfen; andererseits ist er als Vernunftwesen frei und kann sich selbst bestimmen. Erstellen Sie unter Einbeziehung des nachfolgenden Textes eine tabellarische Übersicht mit den charakteristischen Merkmalen dieser Welten. Lassen Sie alle entsprechenden weiteren Lerninhalte in die Tabelle einfließen und ergänzen Sie diese bis zum Abschluss des Themas kontinuierlich.*

Schlaraffenland, Pieter Brueghel, 1567

Immanuel Kant unterscheidet zwischen dem einzelnen und dem Menschen als Gattungswesen. Für Kant ist *das* Wesensmerkmal des Menschen seine Vernünftigkeit. Der sachgemäße Gebrauch der Vernunft spielt für sein Verständnis eines guten Lebens eine entscheidende Rolle.

Q Es bleibt uns also, um dem Menschen im System der lebendigen Natur seine Klasse anzuweisen und so ihn zu charakterisieren, nichts übrig, als: dass er einen Charakter hat, den er sich selbst schafft; indem er vermögend ist, sich nach seinen von ihm selbst genommenen Zwecken zu perfektionieren; wodurch er, als mit Vernunftfähigkeit begabtes Tier (animal rationabile), aus sich selbst ein vernünftiges Tier (animal rationale) machen kann. [...] Unter den lebenden Erdbewohnern ist der Mensch durch seine technische zur Handhabung der Sache, durch seine pragmatische (andere Menschen zu seinen Absichten geschickt zu gebrauchen) und durch seine moralische Anlage in seinem Wesen (nach dem Freiheitsprinzip unter Gesetzen gegen sich und andere zu handeln) von allen übrigen Naturwesen kenntlich unterschieden. [...] Der Mensch ist durch seine Vernunft bestimmt, in einer Gesellschaft mit Menschen zu sein und in ihr sich zu kultivieren, zu zivilisieren und zu moralisieren; wie groß auch sein tierischer Hang sein mag, sich den Anreizen der Gemächlichkeit und des Wohllebens, die er Glückseligkeit nennt, passiv zu überlassen, sondern vielmehr tätig, im Kampf mit den Hindernissen, die ihm von der Rohigkeit seiner Natur anhängen, sich der Menschheit würdig zu machen. Man kann also sagen: Der erste Charakter der Menschengattung ist [...], sich, [...] einen Charakter überhaupt zu verschaffen; welches aber schon eine günstige Naturanlage und einen Hang zum Guten in ihm voraussetzt; weil das Böse (da es Widerstreit mit sich selbst bei sich führt und kein bleibendes Prinzip in sich selbst verstattet) eigentlich ohne Charakter ist. Man kann es aber für die Zwecke der Natur als Grundsatz annehmen: Sie wolle, seine Bestimmung erreichen; dadurch, das alle Anlagen seiner Natur sich zweckgemäß für dasselbe entwickeln, damit, wenn gleich nicht jedes Individuum, doch die Spezies die Absicht derselben erfülle.

(Immanuel Kant: Anthropologie in pragmatischer Absicht. In: Werke in 10 Bänden. Hg. Wilhelm Weischedel. Bd.8. WB, Darmstadt 1975, S.673ff.)

Q Es ist hier keine Auskunft für den Philosophen, als dass, da er bei Menschen und ihrem Spiele im großen gar keine vernünftige eigene Absicht voraussetzen kann, er versuche, ob er nicht eine Naturabsicht in diesem widersinnigen Gange menschlicher Dinge entdecken könne; aus welcher von Geschöpfen, die ohne eigenen Plan verfahren, dennoch eine Geschichte nach einem bestimmten Plane der Natur möglich sei. – Wir wollen sehen, ob es uns gelingen werde, einen Leitfaden zu einer solchen Geschichte zu finden; [...] Es scheint [...] der Natur darum gar nicht zu tun gewesen zu sein, dass der Mensch wohllebe: sondern dass er sich soweit hervorarbeite, um sich, durch sein Verhalten des Lebens und Wohlbefindens würdig zu machen. „Im Reich der Zwecke“ [...] hat alles entweder einen Preis oder eine Würde. Was einen Preis hat an dessen Stelle kann auch etwas anderes als Äquivalent gesetzt werden; was dagegen über allen Preis erhaben ist [...] das hat eine Würde.

(Immanuel Kant: Idee zu einer allgemeinen Geschichte in weltbürgerlicher Absicht. In: ebd. Bd. 9. S. 34ff.)

?

- *Formulieren Sie die Aufgabe, die nach Kant einem jedem Menschen zukommt. Erläutern Sie die Bedeutung der Natur dabei.*
- *Stellen Sie die kantische Vorstellung von a) Natur, b) Mensch als Individuum und c) der menschlichen Gattung in einer Mindmap dar.*
- *Wodurch wird der Mensch nach Kant zu einem moralischen Wesen?*
- *Wie würde Kant z.B. erklären, dass es Schlaraffenland-Verfechter gibt?*
- *Informieren Sie sich über Kants Begriff der Würde in philosophischen Lexika.*
- *Finden Sie Beispiele, um die Differenz von Preis/Wert und Würde zu verdeutlichen.*
- *Erklären Sie mit eigenen Worten, was Aufklärung ist und welcher Stellenwert Aufklärung für ein gutes Leben zukommt. Einen Auszug aus dem Text von Kant finden Sie auf S. 26.*
- *Warum gelingt Aufklärung so selten?*
- *Wir leben in einer Informationsgesellschaft. Diskutieren Sie, ob dies die „Unmündigkeit" nach Kant fördert.*

3.2.2.1 Moralität und Legalität oder aus Pflicht handeln

Die antike Tugendlehre der Stoa beeinflusste auch Kant. Die Stoiker erwarteten, dass sich ein glückliches Leben durch Einsicht, durch ein dementsprechendes Verhalten, durch Selbsterkenntnis, Vervollkommnung und Kontrolle der Leidenschaften ergeben kann. Kants *deontologische* Ethik (griech. „deon" – das Erforderliche, Pflicht) ergibt sich aus der Möglichkeit, mit der Vernunft einzusehen, was erforderlich, d.h. pflichtgemäß, ist. So wie wir uns z.B. aufgefordert sehen, ein schief hängendes Bild gerade zu hängen, so folgt unser moralisches Handeln aus Einsicht in unsere Pflichten und deren Befolgung.

Q

Alle Pflichten sind entweder Rechtspflichten (officia iuris), d.i. solche wofür eine äußere Gesetzgebung möglich ist, oder Tugendpflichten (officia virtutis s. Ethica) für welche eine solche nicht möglich ist; die letzteren können aber darum nur keiner äußeren Gesetzgebung unterworfen werden, weil sie auf einen Zweck gehen, der [...] zugleich Pflicht ist; sich aber einen Zweck vorsetzen das kann durch keine äußerliche Gesetzgebung bewirkt werden (weil es ein innerer Akt des Gemüts ist).[...]
Und darauf beruht der Unterschied zwischen dem Bewusstsein, pflichtgemäß und aus Pflicht, d.i. aus Achtung fürs Gesetz, gehandelt zu haben, davon das erstere (die Legalität) auch möglich ist, wenn Neigung bloß die Bestimmungsgründe des Willens gewesen wären, das zweite aber (die Moralität); der moralische Wert; lediglich darin gesetzt werden muss, dass die Handlung aus Pflicht, d.i. bloß um des Gesetzes Willen geschehe.

(Immanuel Kant: Kritik der praktischen Vernunft. In: Werke in 10 Bänden. Bd. 6, WB, Darmstadt 1983, S. 203)

Nach Kant gestatten vollkommene Pflichten keine Ausnahme zum Vorteil persönlicher Neigungen. Er unterscheidet:

- **Pflichten gegen sich selbst |** Hierzu gehören z.B. die Pflicht, sein Leben zu erhalten und die Pflicht, seine Talente und Anlagen zu vervollkommnen.

- **Pflichten gegen andere |** z.B.: Die Pflicht, ein gegebenes Versprechen zu halten oder die Hilfe in der Not zu gewähren.

Geldnot, Selbsttötung, Vernachlässigung – Was sagt Kant dazu?

Q

1 Ein anderer sieht sich durch Not gedrungen, Geld zu borgen. Er weiß wohl, dass er nicht wird bezahlen können, sieht aber auch, dass ihm nichts geliehen werden wird, wenn er nicht festiglich verspricht, es zu einer bestimmten Zeit zu bezahlen. Er hat Lust, ein solches Versprechen zu tun; noch aber hat er so viel Gewissen, sich zu fragen: ist es nicht unerlaubt und pflichtwidrig, sich auf solche Art aus Not zu helfen?

2 Gesetzt, er beschlösse es doch, so würde seine Maxime der Handlung so lauten: wenn ich mich in Geldnot zu sein glaube, so will ich Geld borgen, und versprechen, es zu bezahlen, ob ich gleich weiß, es werde niemals geschehen. Nun ist dieses Prinzip der Selbstliebe, oder der eigenen Zuträglichkeit, mit meinem ganzen künftigen Wohlbefinden vielleicht wohl zu vereinigen, allein jetzt ist die Frage: ob es recht sei?

3 Ich verwandle also die Zumutung der Selbstliebe in ein allgemeines Gesetz, und richte die Frage so ein: wie es dann stehen würde, wenn meine Maxime ein allgemeines Gesetz würde. Da sehe ich nun sogleich, dass sie niemals als allgemeines Naturgesetz gelten und mit sich selbst zusammenstimmen könne, sondern sich notwendig widersprechen müsse. Denn die Allgemeinheit eines Gesetzes, dass jeder, nachdem er in Not zu sein glaubt, versprechen könne, was ihm einfällt, mit dem Vorsatz, es nicht zu halten, würde das Versprechen und den Zweck, den man damit haben mag, selbst unmöglich machen, indem niemand glauben würde, dass ihm was versprochen sei, sondern über alle solche Äußerung, als eitles Vorgeben, lachen würde.

(Immanuel Kant: Grundlegung zur Metaphysik der Sitten. Digitale Bibliothek Band 2, S. 25009)

Ein begründbares Prüfverfahren für das Erforderliche (Pflicht) ist innerhalb deontologischer Argumentation unverzichtbar. Mit ihm ist man in der Lage Maximen als richtig und somit gültig zu bewerten. Daraus ergibt sich der Anspruch auf Allgemeingültigkeit (Universalisierbarkeit) und die Pflicht zur Befolgung dieser Maxime. Das Prüfverfahren besteht aus den drei Schritten: Einzelfall, Maxime und Maximenprüfung auf Allgemeingültigkeit.

Das Drei-Schritt-Verfahren zur Prüfung einer Handlung auf Moralität

1 **Der Einzelfall** | Die Handlung in einer konkreten Situation soll auf Moralität geprüft werden. Der Fall sollte möglichst exakt beschrieben sein (siehe Text 1, oben).

2 **Die Maxime** | Das Prinzip, welches der Handlung zu Grunde liegt, wird formuliert (siehe Text 2).

3 **Die Maximenprüfung** | Die Vorstellung, die genannte Maxime werde zum allgemeinen Gesetz erhoben, wird auf Vernünftigkeit, d.h. Widerspruchsfreiheit geprüft (siehe Text 3).

1. Einer, der durch eine Reihe von Übeln, die bis zur Hoffnungslosigkeit angewachsen ist, einen Überdruss am Leben empfindet, ist noch so weit im Besitze seiner Vernunft, dass er sich selbst fragen kann, ob es auch nicht etwa der Pflicht gegen sich selbst zuwider sei, sich das Leben zu nehmen. Nun versucht er: ob die Maxime seiner Handlung wohl ein allgemeines Naturgesetz werden könne. Seine Maxime aber ist: ich mache es mir aus Selbstliebe zum Prinzip, wenn das Leben bei seiner langem Frist mehr Übel droht, als es Annehmlichkeit verspricht, es mir abzukürzen. Es frägt sich nur noch, ob dieses Prinzip der Selbstliebe ein allgemeines Naturgesetz werden könne. Da sieht man aber bald, dass eine Natur, deren Gesetz es wäre, durch dieselbe Empfindung, deren Bestimmung es ist, zur Beförderung des Lebens anzutreiben, das Leben selbst zu zerstören, ihr selbst widersprechen und also nicht als Natur bestehen würde, mithin jene Maxime unmöglich als allgemeines Naturgesetz stattfinden könne, und folglich dem obersten Prinzip aller Pflicht gänzlich widerstreite. [...]

3. Ein dritter findet in sich ein Talent, welches vermittelst einiger Kultur ihn zu einem in allerlei Absicht brauchbaren Menschen machen könnte. Er sieht sich aber in bequemen Umständen, und zieht vor, lieber dem Vergnügen nachzuhängen, als sich mit Erweiterung und Verbesserung seiner glücklichen Naturanlagen zu bemühen. Noch frägt er aber: ob, außer der Übereinstimmung, die seine Maxime der Verwahrlosung seiner Naturgaben mit seinem Hange zur Ergötzlichkeit an sich hat, sie auch mit dem, was man Pflicht nennt, übereinstimme. Da sieht er nun, dass zwar eine Natur nach einem solchen allgemeinen Gesetze immer noch bestehen könne, obgleich der Mensch (so wie die Südsee-Einwohner) sein Talent rosten ließe, und sein Leben bloß auf Müßiggang, Ergötzlichkeit, Fortpflanzung, mit einem Wort, auf Genuss zu verwenden bedacht wäre; allein er kann unmöglich wollen, dass dieses ein allgemeines Naturgesetz werde, oder als ein solches in uns durch Naturinstinkt gelegt sei. Denn als ein vernünftiges Wesen will er notwendig, dass alle Vermögen in ihm entwickelt werden, weil sie ihm doch zu allerlei möglichen Absichten dienlich und gegeben sind.

(Immanuel Kant: Grundlegung zur Metaphysik der Sitten. Digitale Bibliothek Band 2, S. 24994ff.)

- *Finden Sie Beispiele für Rechtspflichten, Tugendpflichten, Legalität und Moralität.*
- *Zu den Pflichten gegen sich selbst gehört es, Vorsorge für das eigene Leben zu treffen. Prüfen Sie unter Nutzung des „Drei-Schrittverfahrens", ob es zu den Vorsorgepflichten eines jeden Menschen gehört, eine Patientenverfügung für den Fall eigener Entscheidungsunfähigkeit infolge von Krankheit oder Unfall zu verfassen.*
- *Diskutieren Sie das Recht auf Selbsttötung und die Absicht, eigene Potenziale zu vergeuden.*
- *Bin ich moralisch zur Organspende nach dem eigenen Tod verpflichtet?*
  Führen Sie eine Argumentation mit dem kantschen Verständnis von Pflicht und Willen. Positionieren Sie sich, indem Sie sich mit oft vorgebrachten Einwänden auseinandersetzen.
- *Nach Lawrence Kohlbergs (1927–1987) Stufentheorie kann man im Laufe der individuellen Entwicklung verschiedene Ebenen erreichen, für die unterschiedliche Grundsätze moralisch verbindlich sind. Um die erreichte Stufe des moralischen Urteils zu messen, entwickelte Kohlberg verschiedene Dilemmata. Recherchieren Sie sein Heinz-Dilemma. Wenden Sie das „Drei-Schritt-Prüfverfahren" von Kant darauf an. Diskutieren Sie das Ergebnis.*

3.2.2.2 Imperative und Freiheit

Zwei Dinge erfüllen das Gemüt mit immer neuer und zunehmender Bewunderung und Ehrfurcht, je öfter und anhaltender sich das Nachdenken damit beschäftigt: Der bestirnte Himmel über mir, und das moralische Gesetz in mir. [...] Der erste Anblick einer zahllosen Weltenmenge vernichtet gleichsam meine Wichtigkeit, als eines tierischen Geschöpfes, das die Materie daraus es ward, dem Planeten (einem bloßen Punkt im Weltall) wieder zurückgeben muss, nachdem es eine kurze Zeit (man weiß nicht wie) mit Lebenskraft versehen gewesen. Der zweite erhebt dagegen meinen Wert, als einer Intelligenz, unendlich, durch meine Persönlichkeit, in welcher das moralische Gesetz mir ein von der Tierheit und selbst von der ganzen Sinnenwelt unabhängiges Leben offenbart, wenigstens so viel sich aus der zweckmäßigen Bestimmung meines Daseins durch dieses Gesetz, welches nicht durch Bedingungen und Grenzen des Lebens eingeschränkt ist, sondern ins Unendliche geht, abnehmen lässt.

(Immanuel Kant: Kritik der praktischen Vernunft. Digitale Bibliothek Band 2, S. 25623)

- *Benennen Sie die zwei Gesetzgeber, von denen im Text die Rede ist, und ordnen Sie ihnen die jeweiligen Gesetze und deren Geltungsbereich zu.*
- *Inwiefern bilden die beiden – Kant mit Ehrfurcht erfüllenden – Dinge für ihn* die *Voraussetzung für moralisches Verhalten? Stimmen Sie dem zu?*

Kants Gedanken zu den Bedingungen der Möglichkeit und der Notwendigkeit von Moralität umfassen auch Differenzierungen zu den Imperativen, welche für die Qualität der Handlung bedeutsam sind.

Ein jedes Ding der Natur wirkt nach Gesetzen. Nur ein vernünftiges Wesen hat das Vermögen, nach der Vorstellung der Gesetze, d.i. nach Prinzipien, zu handeln, oder einen Willen. Da zur Ableitung der Handlungen von Gesetzen Vernunft erfordert wird, so ist der Wille nichts anders, als praktische Vernunft. Wenn die Vernunft den Willen unausbleiblich bestimmt, so sind die Handlungen eines solchen Wesens, die als objektiv notwendig erkannt werden, auch subjektiv notwendig, d.i. der Wille ist ein Vermögen, nur dasjenige zu wählen, was die Vernunft, unabhängig von der Neigung, als praktisch notwendig, d.i. als gut erkennt. [...]
Die Vorstellung eines objektiven Prinzips, sofern es für einen Willen nötigend ist, heißt ein Gebot (der Vernunft) und die Formel des Gebots heißt Imperativ. [...] Alle Imperative werden durch ein Sollen ausgedrückt, und zeigen dadurch das Verhältnis eines objektiven Gesetzes der Vernunft zu einem Willen an, der seiner subjektiven Beschaffenheit nach dadurch nicht notwendig bestimmt wird (eine Nötigung). Sie sagen, dass etwas zu tun oder zu unterlassen gut sein würde, [...]. Praktisch gut ist aber, was vermittelst der Vorstellungen der Vernunft, mithin nicht aus subjektiven Ursachen, sondern objektiv, d.i. aus Gründen, die für jedes vernünftige Wesen, als ein solches, gültig sind, den Willen bestimmt. [...]
Alle Imperative nun gebieten entweder hypothetisch, oder kategorisch. Jene stellen die praktische Notwendigkeit einer möglichen Handlung als Mittel, zu etwas anderem, was man will (oder doch möglich ist, dass man es wolle), zu

gelangen, vor. Der kategorische Imperativ würde der sein, welcher eine Handlung als für sich selbst, ohne Beziehung auf einen andern Zweck, als objektiv notwendig vorstellte. [...] Der hypothetische Imperativ sagt also nur, dass die Handlung zu irgend einer möglichen oder wirklichen Absicht gut sei. [...]
Wenn ich mir einen hypothetischen Imperativ überhaupt denke, so weiß ich nicht zum voraus, was er enthalten werde: bis mir die Bedingung gegeben ist. Denke ich mir aber einen kategorischen Imperativ, so weiß ich sofort, was er enthalte. Denn da der Imperativ außer dem Gesetze nur die Notwendigkeit der Maxime enthält, diesem Gesetze gemäß zu sein, das Gesetz aber keine Bedingung enthält, auf die es eingeschränkt war, so bleibt nichts, als die Allgemeinheit eines Gesetzes überhaupt übrig, welchem die Maxime der Handlung gemäß sein soll, und welche Gemäßheit allein den Imperativ eigentlich als Willen zum allgemeinen Naturgesetze notwendig vorstellt.[...]
Der kategorische Imperativ ist also nur ein einziger, und zwar dieser: handle nur nach derjenigen Maxime, durch die du zugleich wollen kannst, dass sie ein allgemeines Gesetz werde. [...] Nun sage ich: Der Mensch und überhaupt jedes vernünftige Wesen existiert als Zweck an sich selbst, nicht bloß als Mittel zum beliebigen Gebrauche für diesen oder jenen Willen.

(Immanuel Kant: Grundlegung zur Metaphysik der Sitten. Digitale Bibliothek Band 2, S. 24992ff.)

?

- *Erläutern Sie den Begriff der praktischen Vernunft.*
- *Erklären Sie den Begriff Imperativ mit eigenen Worten und finden Sie Beispiele.*
- *Differenzieren Sie die Imperative. Äußern Sie sich jeweils zu Geltung und Ziel/Zweck.*
- *Stellen Sie die Beziehung zwischen Gesetz, Prinzip, Imperativ, Vernunft und Willen in einer Mindmap dar.*
- *Verdeutlichen Sie anhand von Beispielen die Differenz von objektiver Notwendigkeit und subjektiver Zufälligkeit. Denken Sie über Konsequenzen des letzten Satzes nach. Lassen Sie Ihr Geschichtswissen und Kenntnisse zu aktuellen Problemen der Medizin, Biotechnologie oder Rechtssprechung einfließen.*

Die Imperative bestimmen die Qualität unserer Handlungen. Kant unterscheidet auf folgende Art und Weise:

Q

Denn da lässt sich leicht unterscheiden, ob die pflichtmäßige Handlung aus Pflicht oder aus selbstsüchtiger Absicht geschehen sei. Weit schwerer ist dieser Unterschied zu bemerken, wo die Handlung pflichtmäßig ist und das Subjekt noch überdem unmittelbare Neigung zu ihr hat. Z.B. es ist allerdings pflichtmäßig, dass der Krämer seinen unerfahrnen Käufer nicht überteure, und, wo viel Verkehr ist, tut dieses auch der kluge Kaufmann nicht, sondern hält einen festgesetzten allgemeinen Preis für jedermann, so dass ein Kind eben so gut bei ihm kauft, als jeder andere. [...]. Also war die Handlung weder aus Pflicht, noch aus unmittelbarer Neigung, sondern bloß in eigennütziger Absicht geschehen. [...] Dagegen, sein Leben zu erhalten, ist Pflicht, und überdem hat jedermann dazu noch eine unmittelbare Neigung. Aber um deswillen hat die oft ängstliche Sorgfalt, die der größte Teil der Menschen dafür trägt, doch keinen innern Wert, und die Maxime derselben keinen moralischen Gehalt. Sie bewahren ihr Leben zwar pflichtmäßig, aber nicht aus Pflicht. Dagegen, wenn Widerwärtigkeiten und hoffnungsloser Gram den Geschmack am Leben gänzlich weggenommen haben; wenn der Unglückliche, stark an Seele, über sein

Schicksal mehr entrüstet, als kleinmütig oder niedergeschlagen, den Tod wünscht, und sein Leben doch erhält, ohne es zu lieben, nicht aus Neigung, oder Furcht, sondern aus Pflicht: alsdenn hat seine Maxime einen moralischen Gehalt.

(Immanuel Kant: Grundlegung zur Metaphysik der Sitten. Digitale Bibliothek Band 2, S. 24968)

?

- *Entwickeln Sie eine Übersicht, welche die unterschiedlichen Handlungsarten widerspiegelt. Verdeutlichen Sie diese mit jeweils einem eigenen Beispiel.*
- *„Moralische Handlungen sind ...,“ vervollständigen Sie den Satz und zeigen Sie die Beziehung zum Sittengesetz auf.*
- *Bestimmen Sie die Qualität der Handlungen in den unten aufgeführten Fallbeispielen, bringen Sie diese nach ihrer Moralität in eine Rangfolge und begründen Sie Ihre Meinung kurz.*

A führt B – aus guten Gründen? Fallbeispiele

- A führt B über die Straße, weil er selbst sowieso hinüber muss.
- A führt B, weil er als Pfadfinder heute noch keine gute Tat vollbracht hat.
- A führt B, obwohl er abgerissene Kleidung trägt und unangenehm riecht.
- A führt B, weil er einer Freundin imponieren möchte.
- A erkennt, dass B Hilfe erwartet, weil er sich nicht allein über die Straße wagt, A kümmert sich aber nicht darum.
- A führt B über die Straße und übersieht ein nahendes Auto. A kann zur Seite springen, B nicht und wird angefahren.
- A führt B über die Straße, weil er keinen Unfall sehen möchte.
- A führt B, weil er ihn als netten Opa aus der Nachbarschaft kennt.
- A führt B, weil er es als seine menschliche Pflicht empfindet.
- A führt B, obwohl B sich vorher im Supermarkt rücksichtslos vorgedrängt hat.
- A führt B, weil er sich ein Trinkgeld erhofft.
- A führt B, A ist Polizist im Dienst.
- A führt B, weil er weiß, wie sehr man sich freut, Hilfe zu bekommen.

Der Anspruch auf Gültigkeit des „kategorischen Imperatives“ besteht nach wie vor. Der wohl bekannteste und zugleich schwerwiegendsten Satz der Kantschen Ethik ist in unterschiedlichen Formulierungen nachlesbar und beinhaltet Interpretationen mit verschiedenen Dimensionen.

- **Grundformel**: Handle nur nach derjenigen Maxime, durch die du zugleich wollen kannst, dass sie ein allgemeines Gesetz werde.
- **Naturgesetzformel**: Handle so, als ob die Maxime deiner Handlung durch deinen Willen zum allgemeinen Naturgesetz werden sollte.
- **Mensch-Zweck-Formel**: Handle so, dass du die Menschheit, sowohl in deiner Person als in der Person eines jeden anderen jederzeit zugleich als Zweck, niemals bloß als Mittel brauchst.
- **Die Reich-der-Zwecke-Formel**: Demnach muss ein jedes vernünftige Wesen so handeln, als ob es durch seine Maximen jederzeit ein gesetzgebendes Glied im allgemeinen Reiche der Zwecke wäre.

?

- *Vergleichen Sie Anspruch und Geltungsbereich der einzelnen Imperative. Beachten Sie die Funktion des „als ob".*
- *Formulieren Sie mögliche Ziele, die Kant mit seiner Differenzierung verfolgt.*
- *Die Ethik Kants wird häufig als Pflichtenethik bezeichnet. Kant selbst favorisiert in diesem Zusammenhang den Begriff der Freiheit. Lösen Sie diese Kontroverse auf. Bedenken Sie dabei Kants Anspruch an den aufgeklärten Menschen (S. 26f.) und seine Auffassung, dass der Mensch „etwas kann, darum, weil er sich bewusst ist, dass er es soll, und erkennt in sich die Freiheit, die ihm sonst ohne das moralische Gesetz unbekannt geblieben wäre."*

3.2.3 Ist moralisch, was von Nutzen ist?

Am Simulationsbeispiel „PowKreVit" Menschenbilder und Auffassungen von Moralität diskutieren

Professor Phorbs und seinem Forscherteam ist im Auftrag des Pharmaunternehmens Antiakpharma ein sensationeller Durchbruch gelungen: Sie haben ein Psychopharmazeutikum entwickelt, welches Müdigkeitserscheinungen, Konzentrationsschwächen und Wahrnehmungsstörungen beseitigt. Das Produkt heißt PowKreVit und kann rezeptfrei in Apotheken erworben werden. Konsumentenzielgruppe sind geistig arbeitende Menschen, insbesondere Studierende sowie Schülerinnen und Schüler. Phorbs beschwört, dass das Produkt die Leistungsfähigkeit der Menschen steigere, ohne Nebenwirkungen zu verursachen. Daher wird PowKreVit in den Medien als die neuzeitliche Form des Kaffees angepriesen.
Phorbs optimierte in einem Zeitraum von zehn Jahren ein erstes Basisprodukt, welches noch zu erheblichen Nebenwirkungen führte. Nach erfolgreichen Tierversuchen, wurde die Testung des Medikamentes am Menschen ausgeschrieben. Von hundert freiwilligen Probanden starben damals unerwartet sieben Jugendliche. Ein unabhängiges Institut unter der Leitung von Professor Dorn untersuchte den Fall. Im Abschlussbericht wurde festgehalten, dass die verstorbenen Probanden verschwiegen haben mussten, regelmäßig Ecstasy, Magic Mushrooms oder ähnliche psychoaktive Substanzen konsumiert zu haben. Diese Drogen führten zu tödlichen Wechselwirkungen mit dem Produkt.
Die rezeptfreie Vermarktung schien damit gescheitert. Phorbs zeigte sich nichtsdestotrotz hoch motiviert, das Produkt zu verbessern. Er ließ durch seine Mitarbeiterinnen und Mitarbeiter Dr. Judith Torben-Pleisner, Dr. Thomas Merker und die Assistentin Katrin Mehldorf die Wirkung der psychoaktiven Stoffe abschwächen. PowKreVit war geboren. Die Tierversuche verliefen wieder unauffällig. Um weitere Todesfälle bei der Einnahme von PowKreVit auszuschließen, ließen Professor Phorbs und Frau Dr. Torben-Pleißner PowKreVit vorerst unter ständiger ärztlicher Überwachung in der Psychiatrie testen. Sie wählten Probanden aus, bei denen sie Drogenkonsum ausschließen konnten. Das Medikament half den Getesteten, sich besser zu konzentrieren. Selbst Erkrankte, die über Verfolgungsängste und Halluzinationen klagten, wurden von ihren Beschwerden geheilt. Bald erhielten die Patienten Ausgang. Nach einem halben Jahr verstarben von bisher erfolgreich behandelten 300 Patienten 18. Pro-

fessor Phorbs bestritt einen Zusammenhang mit der Medikamentengabe. Die Autopsien der Verstorbenen ließen ebenfalls keinen solchen Schluss zu. Antiakpharma finanzierte zur Absicherung der Unbedenklichkeit von PowKre-Vit eine weitere Untersuchung. Die Daten der bisher Medikamentierten wurden durch Phorbs Team in einer Datei zusammengetragen und miteinander verglichen. Dr. Merkers erste Vermutung war, erhöhter Stress in Folge der Entlassung aus der Klinik in Kombination mit der Medikamentengabe könnte zum Tode geführt haben. Er fand aber nicht genügend Indikatoren, um seine These valide zu belegen. Da 282 Patienten die Klinikentlassung unbeschadet überstanden hatten, setzten sich Professor Phorbs und Dr. Torben-Pleisner für die uneingeschränkte Vermarktung von PowKreVit ein. Der junge Dr. Merker ließ sich von der Unbedenklichkeit des Medikamentes überzeugen, hätte aber gerne weitere Tests durchgeführt. Keiner der Forschenden fahndete nach weiteren Substanzen, die in Verbindung mit der Gabe von PowKreVit zu akuter Lebensgefahr führen könnten. Die Firmenleitung verweigerte weitere kostenintensive und eventuell absatzgefährdende Untersuchungen. Phorbs erinnerte den enttäuschten Dr. Merker an seine Studienmodule in Philosophie und Medizinethik, in welchen auch das philosophische Prinzip des Handlungsutilitarismus besprochen wurde. Phorbs meinte, PowKreVit bringe der Menschheit mehr Nutzen und führe somit zu einer größeren Anzahl zufriedener Bürger. Selbst wenn die 18 Todesfälle auf PowKreVit zurückzuführen wären, könne es ohne ethische Bedenken vertrieben werden, da auch abzüglich des Leids der Toten und Verbliebenen das Glück auf der Welt vergrößert werden würde.
Sechs Monate nach Markteinführung hat PowKreVit Kaffee nicht abgelöst, aber Energydrinks fast völlig vom Markt gedrängt, die Leistungssteigerung von Studierenden, Schülerinnen und Schülern wird gefeiert. Bisher wurde in der Öffentlichkeit kein entstandener Todesfall mit PowKreVit in Verbindung gebracht.
Einen Monat später erschütterten mysteriöse Todesfälle von Jugendlichen die Republik. Die Vereinigung Hinterbliebener wendete sich an das unabhängige Institut von Professor Dorn. Sie vermuteten einen Zusammenhang zwischen dem Tod ihrer Kinder und dem leistungssteigernden PowKreVit. Nach einigen Untersuchungen bestätigte Dorn, dass PowKreVit zum Tode führe. Aufgrund mangelnder Nachweise gelang es Antiakpharma Dorns Aussagen als Attacke eines neidischen Konkurrenten darzustellen. Dorn wendete sich an Phorbs. Er bat mit Bezug auf das medizinische Ethos um Kooperation bei der Erforschung möglicher Risiken von PowKreVit sowie die Zusendung einiger Forschungsdaten. Ihm ginge es nicht darum, PowKreVit zu verbieten, sondern das Produkt so zu verändern, dass es im Interesse aller zukünftigen Käufer wirke. Er verwies darauf, dass: „die Konsumenten die erwünschten Leistungssteigerungen begrüßt, aber es nicht deren Präferenz ist, damit ihr Leben zu verkürzen“.
Die Assistentin Frau Mehldorf belauschte die Wissenschaftler nach Erhalt des Briefes: Frau Dr. Torben-Pleißner betonte, dass sie die Todesfälle bedauere, einen Zusammenhang mit PowKreVit aber nicht erkenne. Zumal hätten die Betroffenen dank PowKreVit ein qualitativ höherwertiges, wenn auch kürzeres Leben geführt.
Professor Phorbs träumt weiter von einer zufriedenen, hoch leistungsfähigen Gesellschaft. Er glaubt, damit globale Probleme, z.B. den Hunger, beheben zu

können. Er meint, eventuelle Todesfälle könnten angesichts des vermehrten Glücks als vertretbare Kollateralschäden in Kauf genommen werden können. Herr Dr. Merker äußerte Bedenken. Er wollte untersuchen, ob neben Stress ein geschwächtes Immunsystem in Kombination mit PowKreVit zum Tode führen könnte. Phorbs verlangte von ihm, an Personen mit Immunschwäche die Verträglichkeit zu testen. Aufgrund der bisherigen Erfahrungen ging Phorbs nicht von Komplikationen aus. Dr. Merker verweigerte die Durchführung dieser Testreihe, nicht allein aufgrund möglicher Gefahren für die Probanden, sondern auch, weil diese seine Vorstellungen vom Mediziner-Sein in Frage stelle. Phorbs, Torben-Pleißner und Mehldorf führten den Test mit zehn Immungeschwächten durch. Alle Probanden starben innerhalb weniger Tage. Die Forscher zeigten sich irritiert.

- *Erstellen Sie ein Protokoll über die Entwicklungs- und Erforschungsstationen von PowKreVit sowie die Geschehnisse nach Markteinführung des Produktes.*
- *Problematisieren Sie die Forschungs- und Testmethoden, die im Fall vorgestellt wurden. Differenzieren Sie Ihre Erkenntnisse nach moralischen Aspekten.*
- *Rekonstruieren Sie das Menschenbild, welches mit der Entwicklung von PowKreVit proklamiert wird.*
- *Erkundigen Sie sich über die Wirkungsweise psychoaktiver Substanzen im menschlichen Körper. Erläutern Sie Risiken, Nebenwirkungen und Gefahren, die der Konsum solcher Drogen birgt.*
- *Inwiefern beeinflusst das Wissen von diesen Sachverhalten Ihr Handeln? Unter welchen Bedingungen könnten Sie sich vorstellen, selbst derartige Substanzen zu nehmen?*
- *Informieren Sie sich über die Erprobungs- und Zulassungsverfahren für neue Medikamente in Deutschland.*
- *Erarbeiten Sie Schwerpunkte nachstehender ethischer Theorien in Gruppen und ordnen Sie diese den entsprechenden Charakteren der Simulation zu.*
- *Belegen Sie anhand von Textstellen aus der Simulation die korrekte Zuordnung der Charaktere.*
- *Prüfen Sie kritisch, ob das Verhalten der Charaktere mit den ethischen Theorien übereinstimmt.*
- *Stellen Sie in einem szenischen Spiel die Fortsetzung der Simulation dar.*

3.2.3.1 Formen des Utilitarismus

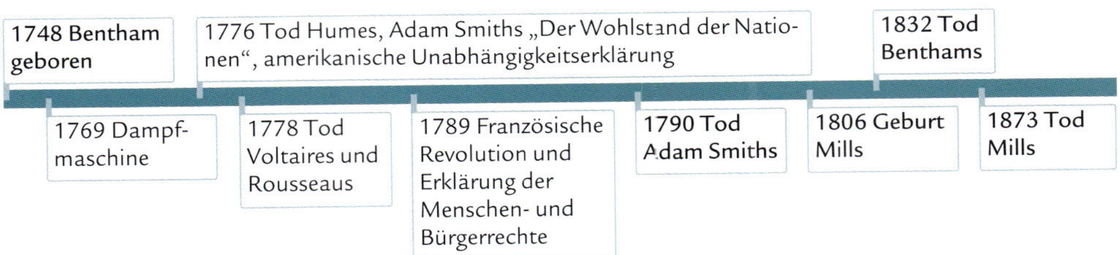

Der Handlungsutilitarismus

Der Utilitarismus (lat. utilis – nützlich) ist eine philosophische Richtung, die im 18. Jahrhundert von Jeremy Bentham und John Stuart Mill begründet wurde und vor allem im angelsächsischen Sprachraum verbreitet ist. Sie verpflichtet menschliches Handeln auf das allgemeine Wohlergehen (Nutzen). Im Gegensatz zu Kant sind die Intentionen des Handelns nebensächlich. Handlungen gelten dann als gut und moralisch, wenn ihre Folgen das Wohlergehen (Glück, Nutzen) möglichst aller oder zumindest der größtmöglichen Zahl Betroffener erhöhen.

Q 1. Die Natur hat die Menschheit unter die Herrschaft zweier souveräner Gebieter - Leid und Freude - gestellt. Es ist an ihnen allein aufzuzeigen, was wir tun sollen, wie auch zu bestimmen, was wir tun werden. Sowohl der Maßstab für *Richtig und Falsch* als auch die Kette der Ursachen und Wirkungen sind an ihrem Thron festgemacht. Sie beherrschen uns in allem, was wir tun, was wir sagen, was wir denken: jegliche Anstrengung, die wir auf uns nehmen können, um unser Joch von uns zu schütteln, wird lediglich dazu dienen, es zu beweisen und zu bestätigen. Jemand mag zwar mit Worten vorgeben, ihre Herrschaft zu leugnen, aber in Wirklichkeit wird er ihnen ständig unterworfen bleiben. Das *Prinzip der Nützlichkeit* erkennt dieses Joch an und übernimmt es für die Grundlegung jenes Systems, dessen Ziel es ist, das Gebäude der Glückseligkeit durch Vernunft und Recht zu errichten. [...]

2. Unter dem Prinzip der Nützlichkeit ist jenes Prinzip zu verstehen, das schlechthin jede Handlung in dem Maß billigt oder missbilligt, wie ihr die Tendenz innezuwohnen scheint, das Glück der Gruppe, deren Interesse in Frage steht, zu vermehren oder zu vermindern, oder - das gleiche mit anderen Worten gesagt - dieses Glück zu befördern oder zu verhindern. [...]

3. Unter Nützlichkeit ist jene Eigenschaft an einem Objekt zu verstehen, durch die es dazu neigt, Gewinn, Vorteil, Freude, Gutes oder Glück hervorzubringen (dies alles läuft im vorliegenden Fall auf das gleiche hinaus) oder (was ebenfalls auf das gleiche hinausläuft) die Gruppe, deren Interesse erwogen wird, vor Unheil, Leid, Bösem oder Unglück zu bewahren; sofern es sich bei dieser Gruppe um die Gemeinschaft im allgemeinen handelt, geht es um das Glück der Gemeinschaft; sofern es sich um ein bestimmtes Individuum handelt, geht es um das Glück dieses Individuums.

4. *„Das Interesse der Gemeinschaft" ist einer der allgemeinsten Ausdrücke, die in den Redeweisen der Moral vorkommen können; kein Wunder, dass sein Sinn oft verloren geht. Wenn er einen Sinn hat, dann diesen:* Die Gemeinschaft ist ein fiktiver *Körper*, der sich aus den Einzelpersonen zusammensetzt, von denen man annimmt, dass sie sozusagen seine *Glieder* bilden. Was also ist das Interesse der Gemeinschaft? - Die Summe der Interessen der verschiedenen Glieder, aus denen sie sich zusammensetzt.

5. *Es hat keinen Sinn, vom Interesse der Gemeinschaft zu sprechen, ohne zu wissen, was das Interesse des Individuums ist.* Man sagt von einer Sache, sie sei dem Interesse förderlich oder *zugunsten* des Interesses eines Individuums, wenn sie dazu neigt, zur Gesamtsumme seiner Freuden beizutragen: oder, was auf das gleiche hinausläuft, die Gesamtsumme seiner Leiden zu vermindern.

6. Man kann also von einer Handlung sagen, sie entspreche dem Prinzip der Nützlichkeit *oder – der Kürze halber – der Nützlichkeit (das heißt in Bezug auf die Gemeinschaft insgesamt)*, wenn die ihr innewohnende Tendenz, das Glück der Gemeinschaft zu vermehren, größer ist als irgendeine andere ihr innewohnende Tendenz, es zu vermindern. [...]

10. Von einer Handlung, die mit dem Prinzip der Nützlichkeit übereinstimmt, kann man stets entweder sagen, sie sei eine Handlung, die getan werden soll, oder zum mindesten, sie sei keine Handlung, die nicht getan werden soll. Man kann auch sagen, es sei richtig zu sagen, dass sie getan werden sollte; es sei zum mindesten nicht falsch zu sagen, dass sie getan werden sollte: sie

sei eine richtige Handlung; zum mindesten sei sie keine falsche Handlung. So verstanden haben die Wörter *sollen, richtig und falsch* sowie andere Wörter dieser Art einen Sinn; werden sie anders verstanden, haben sie keinen Sinn.

(Jeremy Bentham: Einführung in die Prinzipien der Moral und der Gesetzgebung. Hirschgraben, o.O. 1985, S. 18–20)

- *Fassen Sie die Kernaussagen zusammen.*
- *Erörtern Sie die Rolle der Emotionen für das Prinzip der Nützlichkeit.*
- *Erläutern Sie die vorgestellten Beurteilungskriterien von Moralität.*

Moralität, eine Frage der Berechnung?

Nach Benthams Auffassung ist jedermann in seinem Handeln bestrebt, Leid zu vermeiden und sein Lebensglück zu erhöhen. Um dies zu fördern, entwickelte er ein Instrumentarium, das Glück bzw. den Nutzen zu berechnen und zu bilanzieren. Dabei reduziert er die Motive menschlichen Handelns auf zwei alles beherrschende Zwecke.

Für eine Anzahl von Personen wird der Wert einer Freude oder eines Leids, sofern man sie im Hinblick auf jede von ihnen betrachtet, gemäß sieben Umständen größer oder kleiner sein [...]:

a) die *Intensität*,
b) die *Dauer*,
c) die *Gewissheit* oder *Ungewissheit*,
d) die *Nähe* oder *Ferne*,
e) die *Folgenträchtigkeit*,
f) die *Reinheit* einer Freude oder eines Leids. [...]
g) das *Ausmaß*, das heißt die Anzahl der Personen, auf die Freude oder Leid sich *erstrecken* oder *(mit anderen Worten)* die davon betroffen sind.

5. Wenn man also die allgemeine Tendenz einer Handlung, durch die die Interessen einer Gemeinschaft betroffen sind, genau bestimmen will, verfahre man folgendermaßen. Man beginne mit einer der Personen, deren Interessen am unmittelbarsten durch eine derartige Handlung betroffen zu sein scheinen, und bestimme:

a) den Wert jeder erkennbaren *Freude*, die von der Handlung in *erster* Linie hervorgebracht zu sein scheint;
b) den Wert jeden *Leids*, das von ihr in *erster* Linie hervorgebracht zu sein scheint;
c) den Wert jeder *Freude*, die von ihr in *zweiter* Linie hervorgebracht zu sein scheint. Dies begründet die *Folgenträchtigkeit* der ersten *Freude* und die *Unreinheit* des ersten *Leids*;
d) den Wert jeden *Leids*, das von ihr in zweiter Linie anscheinend hervorgebracht wird. Dies begründet die *Folgenträchtigkeit* des ersten *Leids* und die *Unreinheit* der ersten *Freude*.
e) Man addiere die Werte aller Freuden auf der einen und die aller *Leiden* auf der anderen Seite. Wenn die Seite der Freude überwiegt, ist die Tendenz der Handlung im Hinblick auf die Interessen dieser *einzelnen* Person insgesamt *gut*; überwiegt die Seite des Leids, ist ihre Tendenz insgesamt *schlecht*.

f) Man bestimme die *Anzahl* der Personen, deren Interessen anscheinend betroffen sind, und wiederhole das oben genannte Verfahren im Hinblick auf jede von ihnen. Man *addiere* die Zahlen, die den Grad der *guten* Tendenz ausdrücken, die die Handlung hat – und zwar in Bezug auf jedes Individuum, für das die Tendenz insgesamt *gut* ist; das gleiche tue man in Bezug auf jedes Individuum, für das die Tendenz insgesamt *schlecht* ist. Man ziehe die Bilanz; befindet sich das Übergewicht auf der Seite der *Freude*, so ergibt sich daraus für die betroffene Gesamtzahl oder Gemeinschaft von Individuen eine allgemein *gute Tendenz* der Handlung; befindet es sich auf der Seite des *Leids*, ergibt sich daraus für die gleiche Gemeinschaft eine allgemein *schlechte Tendenz*.

(Jeremy Bentham. Ebd. S. 28–29)

?|

- *Entwerfen Sie in einem Schaubild die Ermessensgrundlagen einer moralischen Handlung nach Bentham.*
- *Benennen Sie charakteristische Merkmale von Benthams Menschenbild.*
- *Erklären Sie Benthams Auffassung von Moralität.*
- *Suchen Sie im Fall* **PowKreVit** *nach Charakteren, die Benthams Menschenbild und seiner Auffassung von Moralität entsprechen.*

Q|

Die Auffassung, für die die Nützlichkeit oder das Prinzip des größten Glücks, die Grundlage der Moral ist, besagt, dass Handlungen insoweit und in dem Maße moralisch richtig sind, als sie die Tendenz haben, Glück zu befördern, und insoweit moralisch falsch, als sie die Tendenz haben, das Gegenteil von Glück zu bewirken. Unter Glück (happiness) ist dabei Lust (pleasure) und das Freisein von Unlust (pain), unter Unglück (unhappiness) Unlust und das Fehlen von Lust verstanden. Die Lebensauffassung, auf der diese Theorie der Moral wesentlich beruht, ist, dass Lust und das Freisein von Unlust die einzigen Dinge sind, die als Endzwecke wünschenswert sind, und dass alle anderen wünschenswerten Dinge (die nach utilitaristischer Auffassung ebenso vielfältig sind wie nach jeder anderen) entweder deshalb wünschenswert sind, weil sie selbst lustvoll sind oder weil sie Mittel sind zur Beförderung von Lust und zur Vermeidung von Unlust. [...]

Die Menschen haben höhere Fähigkeiten als bloß tierische Gelüste und vermögen, sobald sie sich dieser einmal bewusst geworden sind, nur darin ihr Glück zu sehen, worin deren Betätigung eingeschlossen ist. Es wäre unsinnig anzunehmen, dass der Wert einer Freude ausschließlich von der Quantität abhängen sollte, wo doch in der Wertbestimmung aller anderen Dinge neben der Quantität auch die Qualität Berücksichtigung findet. Nur wenige Menschen würden darein einwilligen, sich in eines der niederen Tiere verwandeln zu lassen, wenn man ihnen verspräche, dass sie die Befriedigungen des Tiers im vollen Umfang auskosten dürften. Kein intelligenter Mensch möchte ein Narr, kein gebildeter Mensch ein Dummkopf, keiner, der feinfühlig und gewissenhaft ist, selbstsüchtig und niederträchtig sein. [...]

Es ist unbestreitbar, dass ein Wesen mit geringerer Fähigkeit zum Genuss die besten Aussichten hat, voll zufriedengestellt zu werden; während ein Wesen von höheren Fähigkeiten stets das Gefühl haben wird, dass alles Glück, das es von der Welt, so wie sie beschaffen ist, erwarten kann, unvollkommen ist.

Aber wenn diese Unvollkommenheiten überhaupt nur erträglich sind, kann es lernen, mit ihnen zu leben, statt die anderen zu beneiden, denen diese Unvollkommenheiten nur deshalb nicht bewusst sind, weil sie sich von den Vollkommenheiten keine Vorstellung machen können, mit denen diese verglichen werden. Es ist besser, ein unzufriedener Mensch zu sein als ein zufriedengestelltes Schwein; besser ein unzufriedener Sokrates als ein zufriedener Narr. Darüber, welche von zwei Befriedigungen es sich zu verschaffen am meisten lohnt oder welche von zwei Lebensweisen ungeachtet ihrer moralischen Eigenschaften und ihrer Folgen dem menschlichen Empfinden am meisten zusagt, kann nur das Urteil derer, die beide erfahren haben, oder, wenn sie auseinandergehen sollten, das der Mehrheit unter ihnen als endgültig gelten. [...]
Der Utilitarismus fordert von jedem Handelnden, zwischen seinem eigenen Glück und dem der andern mit ebenso strenger Unparteilichkeit zu entscheiden wie ein unbeteiligter und wohlwollender Zuschauer. In der goldenen Regel, die Jesus von Nazareth aufgestellt hat, finden wir den Geist der Nützlichkeitsethik vollendet ausgesprochen. Die Forderungen, sich dem andern gegenüber so zu verhalten, wie man möchte, dass er sich einem selbst gegenüber verhält, und den Nächsten zu lieben wie sich selbst, stellen die utilitaristische Moral in ihrer höchsten Vollkommenheit dar. Um sich diesem Ideal so weit wie möglich anzunähern, fordert das Nützlichkeitsprinzip erstens, dass Gesetze und gesellschaftliche Verhältnisse das Glück oder – wie man es in der Praxis auch nennen kann – die Interessen jedes einzelnen so weit wie möglich mit dem Interesse des Ganzen in Übereinstimmung bringen; und zweitens, dass Erziehung und öffentliche Meinung, die einen so gewaltigen Einfluss auf die menschlichen Gesinnungen haben, diesen Einfluss dazu verwenden, in der Seele jedes einzelnen eine unauflösliche gedankliche Verknüpfung herzustellen zwischen dem eigenen Glück und dem Wohl des Ganzen und insbesondere zwischen dem eigenen Glück und der Gewohnheit, so zu handeln, wie es die Rücksicht auf das allgemeine Glück gebietet; so dass er nicht nur unfähig wird, die Möglichkeit eines Glücks für sich selbst mit einer Handlungsweise, die dem Gemeinwohl zuwider ist, zusammenzudenken, sondern auch so, dass ein unmittelbares Motiv zur Förderung des allgemeinen Wohls in jedem einzelnen eines der gewohnheitsmäßigen Handlungsantriebe wird und die damit verbundenen Gefühle und Gesinnungen im Bewusstsein jedes Menschen einen hervorragenden Platz einnehmen.
Die utilitaristische Moral kann also definiert werden als die Gesamtheit der Handlungsregeln und Handlungsvorschriften, durch deren Befolgung ein Leben der angegebenen Art für die gesamte Menschheit im größtmöglichen Umfange erreichbar ist; und nicht nur für sie, sondern, soweit es die Umstände erlauben, für die gesamte fühlende Natur.
Dafür, dass das allgemeine Glück wünschenswert ist, lässt sich kein anderer Grund angeben, als dass jeder sein eigenes Glück erstrebt, insoweit er es für erreichbar hält. Da dieses jedoch eine Tatsache ist, haben wir damit nicht nur den ganzen Beweis, den der Fall zulässt, sondern alles, was überhaupt als Beweisgrund dafür verlangt werden kann, dass Glück ein Gut ist: nämlich dass das Glück jedes einzelnen für diesen ein Gut ist und dass daher das allgemeine Glück ein Gut für die Gesamtheit der Menschen ist. Damit hat das Glück

seinen Anspruch begründet, eines der Zwecke des Handelns und folglich eines der Kriterien der Moral zu sein. Alles, was nicht als Mittel zu einem Zweck und letztlich als Mittel zum Glück begehrt wird, ist selbst ein Teil des Glücks und wird erst dann um seiner selbst willen begehrt, wenn es dazu geworden ist. Wer die Tugend um ihrer selbst willen erstrebt, erstrebt sie entweder deshalb, weil das Bewusstsein, sie zu besitzen, lustvoll ist oder weil das Bewusstsein, sie nicht zu besitzen, unlustvoll ist.

(John Stuart Mill: Der Utilitarismus. Reclam, Stuttgart 1976, S. 13–21, 30–31, 60–61)

?

- *Fassen Sie Mills Auffassung über die Feststellung von Moralität zusammen.*
- *Verfassen Sie eine fiktive Zuschrift für ein Internetforum, in welcher Sie erläutern, inwiefern die Goldene Regel Jesu von Nazareths der „vollendete Ausdruck der Nützlichkeitsethik ist“.*
- *Benennen Sie charakteristische Merkmale von Mills Menschenbild.*
- *Erklären Sie Mills Auffassung von Moralität.*
- *Suchen Sie im Fall **PowKreVit** nach Charakteren, die Mills Menschenbild und seiner Auffassung von Moralität entsprechen.*

Q

Singers Präferenzutilitarismus – eine aktuelle Antwort auf die Herausforderungen unserer Fortschrittlichkeit

Der universale Aspekt der Ethik, meine ich, liefert uns eine überzeugende, wiewohl nicht letztgültige Begründung dafür, eine utilitaristische Position im weiteren Sinne einzunehmen.

Meine Begründung für diese Behauptung ist folgende: Indem ich akzeptiere, dass moralische Urteile von einem universalen Standpunkt aus getroffen werden müssen, akzeptiere ich, dass meine eigenen Interessen nicht einfach deshalb, weil sie meine Interessen sind, mehr zählen als die Interessen von irgend jemand anderem. Daher muss, wenn ich moralisch denke, mein ganz natürliches Bestreben, dass für meine Interessen gesorgt wird, ausgedehnt werden auf die Interessen anderer. [...] Also muss ich – wenigstens auf einer bestimmten Ebene meiner moralischen Überlegungen – den Handlungsverlauf wählen, der per saldo für alle Betroffenen die besten Konsequenzen hat. [...] Die hier skizzierte Denkweise ist eine Form von Utilitarismus. Sie unterscheidet sich vom klassischen Utilitarismus dadurch, dass „beste Konsequenzen“ das bedeutet, was per saldo die Interessen der Betroffenen fördert, und nicht bloß das, was Lust vermehrt und Unlust verringert. [...]

Was zeigt uns das? Es zeigt uns nicht, dass der Utilitarismus vom universalen Aspekt der Ethik hergeleitet werden kann. Es gibt andere ethische Ideale – individuelle Rechte, die Heiligkeit des Lebens, Gerechtigkeit, Reinheit usw. –, die im erforderlichen Sinne universal und zumindest in einigen Versionen mit dem Utilitarismus unvereinbar sind. [...] Die utilitaristische Position ist eine minimale, eine erste Grundlage, zu der wir gelangen, indem wir den vom Eigeninteresse geleiteten Entscheidungsprozess universalisieren. [...]

Dies verschafft uns ein grundlegendes Prinzip der Gleichheit: das Prinzip der gleichen Interessenabwägung. Das Wesentliche am Prinzip der gleichen Interessenabwägung besteht darin, dass wir in unseren moralischen Überlegungen den ähnlichen Interessen all derer, die von unseren Handlungen betroffen sind, gleiches Gewicht geben. Dies bedeutet: Wenn X und Y von einer möglichen Handlung Betroffen wären und X dabei mehr zu verlieren als Y zu gewinnen hätte, ist es besser, die Handlung nicht auszuführen. Akzeptieren wir das Prinzip der gleichen Interessenabwägung, so können wir nicht sagen, es sei besser, die Handlung auszuführen, weil uns, trotz der beschriebenen Fakten, Y mehr angehe als X. Worauf das Prinzip in Wirklichkeit hinausläuft, ist folgendes: Interesse ist Interesse, wessen Interesse es auch immer sein mag.

Wir können das konkretisieren, indem wir ein besonderes Interesse bedenken, zum Beispiel unser Interesse an der Linderung von Schmerz. Dann besagt das Prinzip: Der letzte moralische Grund für Schmerzlinderung ist einfach das Unerwünschtsein von Schmerz als solchem, und nicht das Unerwünschtsein von X's Schmerz, das verschieden sein mag von dem Unerwünschtsein von Y's Schmerz. Natürlich kann X's Schmerz unerwünschter sein als der von Y, weil er schmerzhafter ist, und dann würde das Prinzip der gleichen Abwägung der Linderung von X's Schmerz mehr Gewicht verleihen. Und auch da, wo Schmerzen gleich sind, können wiederum andere Faktoren erheblich sein, insbesondere wenn andere betroffen sind. Nach einem Erdbeben geben wir vielleicht der Schmerzlinderung einer Ärztin den Vorrang, damit sie andere Opfer behandeln kann. Aber die Schmerzen selbst, die die Ärztin hat, zählen nur einmal, und ohne zusätzliches Gewicht. Das Prinzip der gleichen Interessenabwägung funktioniert wie eine Waagschale: Interessen werden unparteiisch abgewogen. Echte Waagen begünstigen die Seite, auf der das Interesse stärker ist oder verschiedene Interessen sich zu einem Übergewicht über eine kleinere Anzahl ähnlicher Interessen verbinden; aber sie nehmen keine Rücksicht darauf, wessen Interessen sie wägen. [...]

Aber das grundlegende Element, die Berücksichtigung der Interessen von Personen, welcher Art diese Interessen auch sein mögen, muss auf jeden Menschen angewendet werden, ungeachtet der Rasse, des Geschlechts oder der Werte eines Intelligenztests. [...]

Wenn ich mit 200 Gramm Reis am Tag ums Überleben kämpfe und man mir 50 Gramm pro Tag mehr gibt, so verbessert man meine Lage bedeutend; habe ich aber bereits ein Kilo Reis am Tag, würden mich die zusätzlichen 50 Gramm überhaupt nicht mehr interessieren. Berücksichtigt man den Grenznutzen, so lenkt uns das Prinzip der gleichen Interessenabwägung hin zu gleicher Einkommensverteilung, und insofern werden die Vertreter des Gleichheitsprinzips die Schlussfolgerungen begrüßen. Was sie am Prinzip der gleichen Interessenabwägung irritieren mag, ist der Umstand, dass es Situationen gibt, wo das Prinzip des sinkenden Grenznutzens nicht gilt oder durch ausgleichende Faktoren aufgehoben wird. Um das zu illustrieren, können wir das Beispiel mit den Erdbebenopfern variieren. Nehmen wir wiederum an, dass es zwei Opfer gibt: das eine ist schwerer verletzt als das andere; doch hat diesmal das schwerer verletzte Opfer A ein Bein verloren und läuft Gefahr, eine Zehe des anderen Beins zu verlieren; das leichter verletzte Opfer B hingegen hat eine Beinverletzung, aber das Glied kann gerettet werden. Unsere Medikamente reichen nur für eine Person. Benutzen wir sie für die schwerverletzte, so können wir höchstens ihre Zehe retten, benutzen wir sie dagegen für das leicht verletzte Opfer, so können wir sein Bein retten. Mit anderen Worten, wir setzen folgende Situation voraus: Ohne ärztliche Behandlung verliert A ein Bein und eine Zehe, während B nur ein Bein verliert; wird A behandelt, so verliert A ein Bein und B ein Bein; wird B behandelt, so verliert A ein Bein und eine Zehe, während B nichts verliert. Unter der Annahme, dass es schlimmer ist, ein Bein zu verlieren als nur eine Zehe (selbst wenn es eine Zehe am einzig verbliebenen Bein ist), kann das Prinzip des sinkenden Grenznutzens in dieser Situation nicht aufrechterhalten werden. Wir werden für die Interessen der von unseren Handlungen Betroffenen - unparteiisch betrachtet - mehr tun, wenn wir unsere begrenzten Mittel für das leichtverletzte Opfer einsetzen, nicht für das schwerverletzte. Dazu bringt uns das Prinzip der gleichen Interessenabwägung. Also kann gleiche Interessenabwägung in besonderen Fällen die Kluft zwischen zwei Personen, denen es unterschiedlich gut geht, eher noch vergrößern als verringern. Aus diesem Grund handelt es sich eher um ein Minimalprinzip der Gleichheit als um ein radikales egalitäres Prinzip.

(Peter Singer: Praktische Ethik. Reclam, Stuttgart 1994, S. 28–31, 39–45)

?

- *Fassen Sie die Kritik Singers am klassischen Utilitarismus zusammen.*
- *Erklären Sie Singers Prinzip der gleichen Interessenabwägung.*
- *Problematisieren Sie die Funktion des Prinzips des sinkenden Grenznutzens.*
- *Vergleichen Sie Singers Medikamentenbeispiel mit möglichen Lösungsansätzen nach Mill und Bentham.*
- *Beurteilen Sie die Praxistauglichkeit der utilitaristischen Verfahren.*

Peter Singer, Bioethiker und Mitbegründer der Tierrechtsbewegung, ist der bekannteste Vertreter des modernen Utilitarismus. Er sorgt immer wieder für Furore. Seine Argumentationen werden als „kaltherzige Logik" kritisiert. Vor allem seine Positionen zur qualitativen Bestimmtheit des Lebens und die sich daraus ergebenden Konsequenzen für den Umgang mit behinderten Säuglingen und Schwerstkranken sowie zur Embryonenforschung bieten Zündstoff für kontroverse Diskussionen.

Wann ist Leben lebenswert?

Hat das Leben eines rationalen und selbstbewussten Wesens einen besonderen, vom Leben bloß empfindungsfähiger Wesen verschiedenen Wert? Um diese Frage zu bejahen, kann man folgendermaßen argumentieren. Ein selbstbewusstes Wesen ist sich seiner selbst als einer distinkten Entität bewusst, mit einer Vergangenheit und Zukunft. [...] Ein Wesen, das in dieser Weise seiner selbst bewusst ist, ist fähig, Wünsche hinsichtlich seiner eigenen Zukunft zu haben. [...] Nimmt man einem dieser Menschen ohne seine Zustimmung das Leben, so durchkreuzt man damit seine Wünsche für die Zukunft. Tötet man eine Schnecke oder einen 24 Stunden alten Säugling, so vereitelt man keine Wünsche dieser Art, weil Schnecken und Neugeborene unfähig sind, solche Wünsche zu haben. [...]

Wenn ein Wesen unfähig ist, sich selbst als in der Zeit existierend zu begreifen, brauchen wir nicht auf die Möglichkeit Rücksicht zu nehmen, dass es wegen der Verkürzung seiner künftigen Existenz beunruhigt sein könnte. Und zwar deshalb nicht, weil es keinen Begriff von seiner eigenen Zukunft hat. [...]

Es gibt allerdings noch eine andere Version des Utilitarismus, die der Unterscheidung mehr Gewicht beimisst. Diese andere Version des Utilitarismus beurteilt Handlungen nicht nach ihrer Tendenz zur Maximierung von Lust und Minimierung von Leid, sondern nach dem Grad, in dem sie mit den Präferenzen der von den Handlungen oder ihren Konsequenzen betroffenen Wesen übereinstimmt. Diese Version des Utilitarismus ist als „Präferenz-Utilitarismus" bekannt. Es ist eher Präferenz-Utilitarismus als klassischer Utilitarismus, zu dem wir gelangen, wenn wir unsere eigenen Interessen in der Art universalisieren, wie es im Anfangskapitel dieses Buches beschrieben wurde, das heißt, wenn wir in einem plausiblen Schritt die Interessen einer Person als das nehmen, was sie, nach Abwägung aller relevanten Fakten, vorzieht.

Nach dem Präferenz-Utilitarismus ist eine Handlung, die der Präferenz irgendeines Wesens entgegensteht, ohne dass diese Präferenz durch entgegengesetzte Präferenzen ausgeglichen wird, moralisch falsch. Eine Person zu töten, die es vorzieht, weiterzuleben, ist daher, gleiche Umstände vorausgesetzt, unrecht. Dass die Opfer nach der Ermordung nicht mehr da sind, um sich darüber zu beklagen, dass ihre Präferenzen nicht beachtet worden sind, ist unerheblich. Das Unrecht liegt darin, dass die Präferenz vereitelt wurde.

Für Präferenz-Utilitaristen ist die Tötung einer Person in der Regel schlimmer als die Tötung eines anderen Wesens, weil Personen in ihren Präferenzen sehr zukunftsorientiert sind. Eine Person zu töten bedeutet darum normalerweise nicht nur eine, sondern eine Vielzahl der zentralsten und bedeutendsten Präferenzen, die ein Wesen haben kann, zu verletzen. Sehr oft wird dadurch alles, was das Opfer in den vergangenen Tagen, Monaten oder sogar Jahren zu tun bemüht war, ad absurdum geführt. Im Gegensatz dazu kann ein Wesen, das sich nicht selbst als eine Entität mit einer Zukunft sehen kann, keine Präferenz hinsichtlich seiner eigenen zukünftigen Existenz haben. Damit wird nicht bestritten, dass ein solches Wesen gegen eine Situation ankämpfen kann, in der sein Leben in Gefahr ist, so wie ein Fisch kämpft, um sich von dem Angelhaken in seinem Maul zu befreien; aber dies bezeichnet lediglich eine Präferenz für das Aufhören eines Zustandes, der als schmerzlich oder bedrohend empfunden wird. Kampf gegen Gefahr und Schmerz bedeutet nicht, dass der Fisch fähig ist, seine eigene künftige Existenz der Nicht-Existenz vorzuziehen. Das Verhalten eines Fisches am Haken legt es nahe,

Fische nicht mit dieser Methode zu töten, aber es liefert keinen präferenzutilitaristischen Grund dagegen, Fische mit einer Methode zu töten, die sofort zum Tod führt, ohne Schmerz oder Elend zu verursachen.

(Peter Singer: Ebd. S. 123–129)

?

- *Erklären Sie den Begriff „Präferenz" bei Singer.*
- *Wodurch unterscheidet sich der moralische Status einer Person von dem anderer empfindungsfähiger Wesen?*
- *Erläutern Sie an einem Beispiel moralisch richtiges Verhalten gemäß Singers Kriterium der Beachtung der Präferenzen der von einer Handlung Betroffenen.*
- *Eine schwangere Frau erfährt in der pränatalen Diagnostik, dass ihr Kind lebenslang schwer geistig behindert sein wird. Stellen Sie sich vor, Sie sind Utilitarist und sollen die Frau in der Frage beraten, ob sie ihr Kind bekommen oder abtreiben soll. Nutzen Sie hierfür einmal die Begründungsprinzipien des klassischen und einmal die des Präferenzutilitarismus. Halten Sie in einer zweispaltigen Tabelle die Argumentationen und das Ergebnis fest. Vergleichen Sie dann.*

Q

Hat eine Person ein Recht auf Leben?

Obwohl uns der Präferenz-Utilitarismus ein direktes Argument gegen die Tötung von Personen liefert, mag dies - selbst in Verbindung mit dem wichtigen indirekten Argument, das jede Form des Utilitarismus berücksichtigt - nicht stringent genug erscheinen. Auch für den Präferenz-Utilitarismus ist das dem getöteten Wesen zugefügte Unrecht nur *ein* zu beachtender Faktor, und die Präferenz des Opfers könnte manchmal durch die Präferenzen von anderen aufgewogen werden. Manche sagen, das Verbot zu töten sei absoluter, als es diese Art von militaristischer Kalkulation impliziert. Wir fühlen, dass unser Leben etwas ist, worauf wir ein *Recht* haben, und Rechte lassen sich nicht gegen Präferenzen oder Vergnügungen anderer aufrechnen. Ich bin nicht überzeugt davon, dass der Begriff eines moralischen Rechts hilfreich oder sinnvoll ist, außer man verwendet ihn als Kürzel, um auf fundamentalere moralische Erwägungen zu verweisen. Weil aber die Vorstellung, dass wir ein „Recht auf Leben" haben, verbreitet ist, lohnt es sich gleichwohl zu fragen, ob es Gründe gibt, Personen im Unterschied zu anderen Lebewesen ein Recht auf Leben zuzuschreiben.

(Peter Singer: Ebd. S. 130)

?

- *Benennen Sie Singers Position zum Thema „Personen haben ein generelles Recht auf Leben". Welche Konsequenzen hat seine Position für die Menschenrechtsdebatte z. B. im Zusammenhang mit der Todesstrafe?*
- *Benennen Sie charakteristische Merkmale von Singers Menschenbild.*
- *Erklären Sie Singers Auffassung von Moralität.*
- *Suchen Sie im Fall **PowKreVit** nach Charakteren, die Singers Menschenbild und seiner Auffassung von Moralität entsprechen.*

3.2.3.2 Vom Nutzen zur Mensch-Werdung – eine Rückbesinnung auf die Philosophische Anthropologie

Für Kamlah ist der moralische Mensch mehr als ein hedonistischer Kalkulator. Seine Ethik basiert auf sprachphilosophisch-analytischen Untersuchungen. Er will das moralische Handeln als Form der Auseinandersetzung mit dem Lebensumfeld der Menschen begreifbar machen. Kamlah geht davon aus, dass alle Menschen hedonistisch veranlagt - oder wie er formuliert - bedürftig sind. Sie hegen Begehrlichkeiten und Wünsche, die sie in Sätzen wie: „Ich hätte gern ..." oder „Ich würde, wenn ..." äußern. Allerdings ist der Mensch für Kamlah kein isoliertes Wesen, sondern die Menschen sind maßgeblich aufeinander angewiesen. Daher vermögen sie die Begehrlichkeiten Anderer in Rechnung zu stellen und ihre eigenen Begehrlichkeiten aus Rücksichtnahme auf die Anderen oder auf die Umstände zurückzunehmen.

Wir brauchen einander

Der Kernsatz seiner normativen Überlegungen lautet daher: Beachte, dass die Anderen bedürftige Menschen sind wie du selbst!

Q

Der Mensch ist bedürftig, d.h., alle Menschen sind bedürftig, besser [...]: wir Menschen alle sind bedürftig.
Ferner wurde daran erinnert: Wir bedürfen zur Befriedigung unserer Bedürfnisse nicht nur jeweils dieser und jener Dinge, die wir uns durch eigenes Handeln selbst verschaffen können, sondern wir bedürfen stets auch des Zusammenwirkens mit anderen, sind aufeinander angewiesen - obzwar zugleich einander im Wege. Anders gesagt: Wir bedürfen nicht nur der Güter, [...] sondern wir sind auch aufeinander angewiesen, um z.B. miteinander zu reden, unsere Situation zu besprechen, einander Geborgenheit zu gewähren, um in wechselseitigem Vertrauen unser menschliches Leben zu bestehen.
Dies alles fassen wir nunmehr zusammen in den Satz: „Wir Menschen alle sind bedürftig und sind aufeinander angewiesen", und sagen nun weiter: Wer das *einsieht* - und aufgrund unserer Lebenserfahrung sind wir alle in der Lage, es einzusehen -, der erkennt damit an, dass nicht nur er selbst bedürftig und auf die anderen angewiesen ist, sondern dass ebenso die anderen bedürftig und auf ihn angewiesen sind.
Diese Einsicht ist aber eine wahre Einsicht nur für denjenigen, der sie nicht allein aufmerksam bedenkt, sondern auch sein Verhalten und Handeln danach einrichtet. Mit anderen Worten: Wer diese Einsicht wirklich gewonnen hat, der erkennt damit eine Forderung an, die täglich an ihn ergeht und die sich etwa so ausdrücken lässt:
Beachte, dass die Anderen bedürftige Menschen sind wie du selbst, und handle demgemäß!
Die Formulierung dieses Satzes als Imperativ bedeutet nicht, es liege hier wirklich ein Imperativ, nämlich eine „Aufforderung" oder gar ein „Befehl" vor, den eine andere Person, eine menschliche oder eine göttliche, an mich richtet. Der Satz drückt ja meine eigene Einsicht aus, freilich als eine uns Menschen alle angehende, und kann daher durch folgenden Satz ersetzt werden:
Es ist jedermann jederzeit geboten zu beachten, dass seine Mitmenschen bedürftig sind wie er, und demgemäß zu handeln.
Jetzt haben wir die zuvor schon formulierte Forderung neu formuliert, nun deutlich als ein allgemein verbindliches Gebot, als eine „Norm", und wollen diese Norm von jetzt an „die praktische Grundnorm" oder kurz „die Grundnorm" nennen.

Die beiden soeben gegebenen Formulierungen sind äquivalent, d.h., beide stellen dieselbe Norm dar. Das Wort „Norm" ist also ein Abstraktes ähnlich wie die Wörter „Begriff" oder „Sachverhalt". [...]
Wer die Wahrheit des Satzes anerkennt, dass wir Menschen alle bedürftig und aufeinander angewiesen sind, der „muss sein Leben ändern".

(Wilhelm Kamlah: Philosophische Anthropologie. Sprachkritische Grundlegung und Ethik. BI Wissenschaftsverlag, Mannheim 1973, S. 95–99)

?

- *Erläutern Sie die Gründe für Kamlahs Postulat der Bedürftigkeit.*
- *Erläutern Sie die Diskrepanz zwischen Einsehbarkeit und neutraler Lesbarkeit der praktischen Grundnorm.*

Anders als Kant weist Kamlah auf praktische Unterschiede im Verständnis der Begriffe Norm und Pflicht hin.

Q

Es würde uns nicht nur „nichts helfen", sondern auch „zu nichts führen", würden wir nur auf unsere „Pflichten" hingewiesen, ohne zu erfahren, wie wir überhaupt leben und unseren Pflichten dann auch nachkommen können.
Das bloße Gebot „distanziere dich von deiner selbstbefangenen Begehrlichkeit" wäre *unerfüllbar* [...]. Ganz anders verhält es sich mit dem – freilich *paradox* anmutenden – *Rat*: „Es liegt in deinem wohlverstandenen Interesse, dich aus der gierigen Verfolgung deiner Interessen zu *befreien*".
Auch dieser Rat geht aus Lebenserfahrung hervor. Es gibt Menschen [...], die aus eigener Erfahrung wissen: Die Preisgabe der eigenmächtigen Selbstbefangenheit, die sich der Selbstsichere und der Süchtige nur als asketischen Verzicht auf jedes lebenswerte Leben zu denken vermögen, ist umgekehrt geradezu der erste Schritt zu einem wahrhaft gelingenden Leben, zur Eudämonie. Dieser Erfahrung gemäß rät Rilke einmal dem angespannt auf Leistung und Genuss eingestellten modernen Menschen, diese Einstellung aufzugeben und gleichsam umzuwenden: „Eins muss er wieder können: fallen, geduldig in der Schwere ruh'n" (am Ende des Gedichts „Ein jedes Ding ist überwacht").
[...] Denn wahres Leben-können ist in der Tat zuallererst „fallen können", sich loslassen können, „ruhen können". Wer sich fallen lässt – im Sinne dieser Metapher –, eben der macht die unerwartete Erfahrung, dass er nicht ins Leere fällt, sondern im Ruhen-können das Leben-können erst eigentlich gewinnt.
Diese Erfahrung soll von jetzt an die „*Grunderfahrung*" heißen. Derjenige, der diese Erfahrung macht und nun „einsieht", dass er sich in seiner Eigenmächtigkeit und Selbstbefangenheit auf einem aussichtslosen Wege befand, hat damit jene „Grundeinsicht" gewonnen, von der vorbereitend schon vielfach die Rede war.
Der modernen Medizin, zumal der Psychotherapie, sind diese Dinge in gewisser Weise wohlbekannt. Erfahrene Ärzte kennen die permanente Überanstrengung, zu der das auf Erfolg und Genuss gerichtete moderne Leben führt, und erteilen demgemäß ihren Rat: „Ausspannung" als Urlaub oder als „konzentrative Selbstentspannung" („autogenes Training"). Mit Recht sprechen sie von der „Unruhe" eines Arbeitslebens, die sich als Unruhe des Genusslebens nur fortsetzt, von „Stress-Situationen", und haben unendliche Mühe damit, ihren Patienten das rechte Ausruhen beizubringen, wobei sie sich der Nachhilfe durch entspannende Medikamente, die sogenannten „Tranquilizer", mit mehr

oder weniger Erfolg bedienen - mit weniger Erfolg bei denjenigen, die sich allein auf die Wirkung ihrer Medikamente verlassen.
[...] Es kommt [...] darauf an, den Anteil des „selbst“ in der „Selbstentspannung“ nicht misszuverstehen. Das hier und stets geforderte „Sichloslassen“ ist freilich eine Weise menschlichen Sichverhaltens, nicht aber eine neue Weise menschlichen Handelns. Am Handeln-können gemessen ist das Können des Loslassens vielmehr ein *paradoxes* Können, ein nichtkönnendes Können sozusagen, was in dem passivischen Wort „Gelöstheit“ triftig zum Ausdruck kommt. Auch der naive Mensch versteht sich auf Ruhe und Losgelassenheit und ist im günstigen Falle kräftiger Vitalität „nicht leicht aus der Ruhe zu bringen“. Wer aber dieses naturhafte Von-selbst-können der Naivität hinter sich gelassen hat, der ist nun angewiesen auf die reflektierte Unterscheidung von zweierlei Können und auf die Grundeinsicht als nicht mehr bloß naturhafte, sondern reflektierte Gelöstheit.
Ruhen ist eine Weise zwar nicht des Handelns, aber des Sichverhaltens. Schlaf ist ein bloßes Widerfahrnis. Doch die Gelöstheit der Ruhe ist auch bereits das Können, sich einem Widerfahrnis zu überlassen. Im Unterricht des autogenen Trainings wird dem Patienten gesagt, er solle sich verhalten wie jemand, der „sich in einen Heuhaufen fallen lässt“. Dieses fingierte Bild dient in einer solchen Anweisung als Hinweis auf den Widerfahrnischarakter des Ruhens. [...]
Damit ergibt sich ein neues *Kriterium* für die Unterscheidung zwischen Bedürfnis und bloßer Begehrung: *Begehrungen, deren Befriedigung der Eudämonie beraubt, entsprechen nicht unserer wahren Bedürftigkeit.*“
„Beachte, dass der Andere ein bedürftiger Mensch ist wie du selbst, und handle demgemäß!“, das bedeutet: Löse dich aus deiner Selbstbefangenheit, die dich den Anderen übersehen lässt. Und es bedeutet ferner: Verhilf dem Anderen, so gut du es vermagst, nicht zur Erfüllung beliebiger Begehrungen, sondern zu einem wahrhaft lebenswerten Leben.

(Wilhelm Kamlah: Ebd. S.94, 157–163)

?

- *Formulieren Sie eine Definition des Begriffs „Bedürftigkeit“. Vergleichen Sie diese mit der der aristotelischen Ethik (Seite 141ff.).*
- *Auch Aristoteles strebt Eudämonie an (Seite 142). Was unterscheidet Kamlahs Verständnis von Eudämonie von dem des Aristoteles?*
- *Problematisieren Sie: ein könnendes Nichtkönnen.*
- *Erläutern Sie die Bedeutung der Gelöstheit als Voraussetzung für ein gutes Leben.*
- *Wenden Sie an einem Beispiel aus Ihrem Alltag Kamlahs Ethik an.*
- *Benennen Sie charakteristische Merkmale von Kamlahs Menschenbild.*
- *Erklären Sie Kamlahs Auffassung von Moralität.*
- *Suchen Sie im Fall **PowKreVit** nach Charakteren, die Kamlahs Menschenbild und seiner Auffassung von Moralität entsprechen.*

- Bewerten Sie entweder das Eintreten für aktive Sterbehilfe, das Verbot der totalen Verhüllung muslimischer Frauen (Burka, Tschador) in der Öffentlichkeit oder die Befürwortung des Einsatzes der Bundeswehr in Afghanistan unter Verwendung der in diesem Kapitel vorgestellten moralischen Positionen.

3.2

3.3 Ökologische Ethik

3.3.1 Artenschutz als Beispiel ökologischer Ethik

Anders als der viel diskutierte Klimawandel steht das Artensterben gegenwärtig weniger im Fokus des öffentlichen Interesses. In beiden Erscheinungen drückt sich jedoch gleichermaßen die sogenannte *ökologische Krise* aus, in die sich – nach Ansicht etlicher Kritiker – die Menschheit im Ergebnis der intensiven Ausbeutung der Natur seit Beginn der Industrialisierung hineinmanövriert hat. Diese Krise ist Ausgangspunkt von Überlegungen für eine ökologische Ethik.

Seit Jahrzehnten steht der Berggorilla auf der Liste der kritisch bedrohten Arten.

Der Zoologe und Tierfilmer Bernhard Grzimek (1909–1987) setzte sich immer wieder öffentlichkeitswirksam für bedrohte Tierarten insbesondere in Afrika ein und schreckte dabei auch nicht vor spektakulären Aktionen zurück. Er gehört zu den Gründern des Bundes für Natur und Umwelt Deutschland (BUND). Sein Anliegen ist noch immer aktuell. Aber nicht nur die weit entfernten Savannen Afrikas oder die tropischen Regenwälder Südamerikas sind Schauplätze des Artensterbens. In den jährlich veröffentlichten Umweltberichten des Bundesumweltministeriums und internationaler Organisationen werden ähnliche negative Trends bezogen auf die Artenvielfalt aufgezeigt.

Q| Auf der UNESCO-Konferenz zur Artenvielfalt 2005 in Paris wurden der Öffentlichkeit bedenkliche Entwicklungstendenzen präsentiert: Auf der von der Weltnaturschutzunion herausgegebenen Roten Liste gefährdeter Arten stehen inzwischen mehr als 15000 Pflanzen- und Tierarten. Jede vierte Säugetierart, jede dritte Amphibienart und jede achte Vogelart ist vom Aussterben bedroht.

(Jedes vierte Säugetier auf Roter Liste. LVZ 05.01.05)

Q| Die Artenvielfalt wird [...] Zukunft haben und zum größten Teil gerettet werden können, wenn wir ihr einen neuen Stellenwert geben. Wir müssen ihre Erhaltung zur Kulturleistung machen. Wie viele Arten von Tieren und Pflanzen die Erde „braucht", wird sich nie festlegen lassen. Es kann auch niemand angeben, welche Arten „entbehrlich" sind. Aber wir können verantwortlich für das gemacht werden, was wir hätten erhalten können.

(Josef H. Reichholf: Ende der Artenvielfalt? Fischer, Frankfurt/M. 2008, S. 211)

?|

- *Recherchieren Sie arbeitsteilig, a) etwa wie viel Prozent aller Arten seit Entstehung des Lebens auf der Erde wieder ausgestorben sind, b) welche einheimischen Pflanzen- bzw. Tierarten gefährdet sind und c) welche Arten seit etwa 1970 in Deutschland neu festgestellt wurden.*
- *Überprüfen Sie, warum von Artensterben und Artenschutz gesprochen wird und nicht von Sterben (bzw. Schutz) von Gattungen oder Einzelwesen.*
- *Diskutieren Sie im Zusammenhang mit der Aussage zur Verantwortlichkeit bei Reichholf die Frage, ob Artenschutz notwendig oder ein entbehrlicher Luxus ist.*

3.3.2 Der Paradigmenwechsel zur ökologischen Ethik

Ethik ist eine Lehre oder Theorie, die es mit der Begründung von verbindlichen Verpflichtungen der Menschen zum Handeln zu tun hat. Die Verpflichtungen beziehen sich auf mich selbst und auf Andere. Was ist jedoch unter dem Anderen zu verstehen, der Gegenstand moralischer Verpflichtungen ist? Lange Zeit wurde in der Ethik unter dem Anderen, dem meine Hinwendung und Sorge gelten soll, vor allem der Mitmensch verstanden.

Die Natur, unsere natürliche Umwelt, war über Jahrtausende vom Menschen als unerschöpfliche Ressource für die Verwirklichung seiner Vorstellungen vom guten Leben angesehen worden. Als mehr oder weniger selbstverständlich galt die Annahme, dass die Natur sich um sich selbst sorgt. Außer in den Vorstellungen einiger Religionen wurde der Natur kein ethischer Eigenwert zuerkannt. Erst in der zweiten Hälfte des 20. Jahrhunderts, als sich im Zusammenhang mit Rohstoffknappheiten und Umweltkatastrophen das Bewusstsein herausbildete, dass die Menschheit auf eine ökologische Katastrophe zusteuert, wurden erste Ansätze einer *ökologischen* Ethik entwickelt. *Ökologische Ethik* will verbindliche Grundsätze für einen als richtig angenommenen Umgang mit der Natur aufstellen und begründen. Die ökologische Ethik greift dabei unter anderem auf Erkenntnisse der Ökologie, eines Teilgebietes der Biologie, zurück. Als ein philosophisches Unternehmen fragt sie aber vor allem danach, *ob* wir überhaupt, und wenn ja, *warum* wir für den Schutz der natürlichen Umwelt moralisch verantwortlich sind, und *welche Verpflichtungen* wir bezüglich der Natur haben. Sie will mit diesem neuen Paradigma[1] auf ein nachdenkliches Verhältnis bzw. ein verändertes Verhalten des Menschen zur fremden (tendenziell auch der eigenen) Natur hinarbeiten, welches für die dauerhafte Sicherung der natürlichen Lebensgrundlagen der Menschheit unverzichtbar ist.

1 Paradigmen sind vorherrschende Denkannahmen und Musterbeispiele

Ein Vorreiter der modernen ökologischen Ethik war der Philosoph Hans Jonas (1903–1993), der angesichts der Macht, die der Mensch über die Natur gewonnen hat, einen Neuansatz in der Ethik fordert. Die Grenzen der bisherigen Ethik werden von ihm folgendermaßen beschrieben:

Merkmale der alten Ethik

1. Aller Umgang mit der außermenschlichen Welt, das heißt der ganze Bereich der *techne* [Kunstfertigkeit, Technik] war – mit Ausnahme der Medizin – ethisch neutral – im Hinblick auf das Objekt sowohl wie auf das Subjekt solchen Handelns [...]. Kurz, Wirkung auf nichtmenschliche Objekte bildete keinen Bereich ethischer Bedeutsamkeit.
2. Ethische Bedeutsamkeit gehörte zum direkten Umgang von Mensch mit Mensch, einschließlich des Umgangs mit sich selbst; alle Ethik ist *anthropozentrisch*.
3. Für das Handeln in dieser Sphäre wurde die Entität „Mensch" und ihr fundamentaler Zustand als im Wesen konstant angesehen und nicht selber als Gegenstand umformender *techne*.
4. Das Wohl und Übel, worum das Handeln sich zu kümmern hatte, lag nahe bei der Handlung [...]. Ethik hatte es demgemäß mit dem Hier und Jetzt

zu tun; mit Gelegenheiten, wie sie zwischen Menschen sich einstellen, mit den wiederkehrenden, typischen Situationen des privaten und öffentlichen Lebens.

(Hans Jonas: Das Prinzip Verantwortung. Versuch einer Ethik für die technologische Zivilisation. Suhrkamp, Frankfurt/M. 1984, S. 22f.)

?

- *Schlagen Sie in Biologielehrbüchern nach und legen Sie dar, mit welchen für die ökologische Ethik relevanten Grundbegriffen die Ökologie arbeitet.*
- *Fassen Sie die Kernaussagen des Textauszuges zusammen und beschreiben Sie, was Jonas mit dem Ausdruck „Ethik des Hier und Jetzt" meint.*
- *Welche Grenzen weist die alte Ethik nach Hans Jonas auf?*
- *Welche Verpflichtungen sollte eine ökologische Ethik enthalten? Legen Sie eine Liste solcher Verpflichtungen an und diskutieren Sie anschließend, wer oder was diese Verpflichtungen durchsetzen sollte bzw. könnte.*
- *Erstellen Sie zur Erläuterung des Begriffs „Artenschutz" eine Mindmap zum Wort „Schutz" und untersuchen Sie, was der Wortgebrauch über schützende Subjekte und zu schützende Objekte aussagt. Erörtern Sie dann die Bedeutung des Schutzgedankens für eine ökologische Ethik.*

3.3.3 Anthropozentrische und nichtanthropozentrische Begründungsansätze für ökologische Ethik

In der ethischen Literatur wird auf zwei prinzipiell unterschiedliche Möglichkeiten aufmerksam gemacht, die Verantwortung des Menschen für den Schutz der natürlichen Umwelt zu begründen; den *anthropozentrischen*, an menschlichen Interessen ansetzenden Weg einerseits, und den *nichtanthropozentrischen*, von einem Eigenwert der Natur ausgehenden Ansatz andererseits. Welcher Weg der langfristig gesehen sinnvollere ist, ist bis heute umstritten. Dieter Birnbacher, einer der führenden deutschen Ökophilosophen, erläutert die strittige Frage wie folgt:

Q

Sind wir für die Natur verantwortlich?

Gibt es eine Verantwortung für die Natur, die unabhängig von unserer Verantwortung für die lebende und zukünftige Menschheit besteht? Muss eine „Umweltethik", wie sie heute allenthalben gefordert wird, in ihrem normativen Gehalt und Anspruch über die Normen der herkömmlichen Individual- und Sozialethik hinausgehen oder lässt sie sich in der einen oder anderen Weise auf diese zurückführen? [...] Zugespitzt formuliert: Hätten wir auch dann eine „Verantwortung für die Natur" zu übernehmen, wenn diese weder in der Gegenwart noch in der Zukunft in einem Zusammenhang mit menschlichem Leben und Erleben, mit der Möglichkeit menschlichen Glücks und menschlichen Leidens stünde? Diese Frage geht wohlgemerkt nicht darauf, ob wir *überhaupt* verpflichtet sind, unsere natürliche Umwelt zu erhalten, Umweltschäden zu beseitigen, das ökologische Gleichgewicht zu wahren, die menschlichen Lebensgrundlagen langfristig zu erhalten – all dies erscheint mir so unzweifelhaft, dass es keiner langen Diskussion bedarf, auch wenn das genaue Ausmaß dieser Verpflichtung vielleicht nicht leicht anzugeben sein dürfte. Sie geht vielmehr darauf, ob diese Verpflichtung als eine unmittelbare, primäre Pflicht oder lediglich als eine abgeleitete, sekundäre Pflicht besteht. Klugheitsgründe und Vorsorge für die künftigen Generationen mögen bereits zwingend genug sein, uns und andere zu einem die Umwelt schonenden, die Natur schützenden und bewahrenden Verhalten zu verpflichten. Was hier gefragt ist, ist, ob dieserart „anthropozentrischen Verpflichtungsgründen" nicht noch Verpflichtungsgründe anderer Art hinzuzufügen wären, die die Verantwortung für die Natur [...] erweitern oder verschärfen.

(Dieter Birnbacher: Sind wir für die Natur verantwortlich? In: Dieter Birnbacher (Hg.): Ökologie und Ethik. Reclam, Stuttgart 1980. S. 103ff.)

Modelle nichtanthropozentrischer Umweltethik

Ökologische Ethiken geben sich in der Regel nicht mit einer anthropozentrischen Argumentation zufrieden, sondern suchen nach einer argumentativen Basis für den Umweltschutz, die sich auf einen *inneren Wert der Natur* beruft. Eine solche Argumentation wird in der Philosophie auch intrinsisch genannt (im Gegensatz zu extrinsisch – von außen kommend). Es lassen sich nun drei Modelle der Umweltethik unterscheiden, die in unterschiedlichem Maße von einem intrinsischen Wert der Natur ausgehen:

› Der *pathozentrische* Ansatz (pathos – griech.: Leiden, Schmerz): alle leidens- und empfindungsfähigen Wesen verdienen unsere moralische Rücksichtnahme.

› Der *biozentrische* Ansatz (bios – griech.: Leben): alles Leben auf Erden hat einen Eigenwert und ist deshalb zu schützen („Ehrfurcht vor dem Leben").

› Der *holistische* Ansatz (holos – griech.: ganz): das ganze planetare Ökosystem als Einheit von belebter und unbelebter Natur sollte Gegenstand unserer moralischen Sorge sein.

Pathozentrischer Ansatz: Peter Singers Tierethik

Der australische Philosoph Peter Singer schlägt vor, das Moralprinzip der *gleichen Berücksichtigung der Interessen aller* auch zur Basis der Beziehungen des Menschen zu Tieren zu machen.

Gleichheit für Tiere?

Dieser Vorschlag erscheint zunächst bizarr. Wir pflegen die Unterdrückung von Minderheitengruppen und Frauen zu den wichtigsten moralischen und politischen Fragen zu zählen [...]. Aber Tiere? Das Wohl der Tiere ist doch etwas ganz anderes, etwas für Hunde- und Katzennarren. [...] In dieser Haltung drückt sich ein verbreitetes Vorurteil dagegen aus, die Interessen von Tieren ernst zu nehmen – ein Vorurteil, das nicht besser fundiert ist als das der weißen Sklavenhalter, die nicht bereit waren, die Interessen der afrikanischen Sklaven ernst zu nehmen. [...]

Das Argument für die Erweiterung des Prinzips der Gleichheit über unsere Spezies hinaus ist einfach – so einfach, dass es dazu lediglich bedarf, das Wesen des Prinzips der gleichen Interessenabwägung klar zu verstehen. Dieses Prinzip schließt, wie wir gesehen haben, ein, dass unsere Rücksicht auf andere nicht

davon abhängig sein darf, was sie sind oder welche Fähigkeiten sie haben [...]. Auf genau dieser Grundlage können wir behaupten: Die Tatsache, dass manche Menschen nicht unserer Rasse angehören, berechtigt uns nicht, sie auszubeuten, und ebenso bedeutet die Tatsache, dass manche Menschen weniger intelligent sind als andere, nicht, dass ihre Interessen missachtet werden dürfen. Aber das Prinzip impliziert auch folgendes: Die Tatsache, dass bestimmte Wesen nicht zu unserer Gattung gehören, berechtigt uns nicht, sie auszubeuten und ebenso bedeutet die Tatsache, dass andere Lebewesen weniger intelligent sind als wir, nicht, dass ihre Interessen missachtet werden dürfen.
Wenn ein Wesen leidet, kann es keine moralische Rechtfertigung dafür geben, sich zu weigern, dieses Leiden zu berücksichtigen. Es kommt nicht auf die Natur des Wesens an [...]. Deshalb ist die Grenze die Empfindungsfähigkeit (wir verwenden diesen Terminus [...] als Abkürzung für die Fähigkeit, Leid oder Freude bzw. Glück zu empfinden). [...] Diese Grenze durch irgendwelche anderen Merkmale wie Intelligenz oder Rationalität festlegen hieße sie willkürlich festsetzen.

(Peter Singer: Praktische Ethik. Reclam, Stuttgart 1994, S. 82ff.)

?

- *Erarbeiten Sie den Argumentationsgang des Textes und beantworten Sie folgende Fragen: Welche Fähigkeit teilen die Tiere mit dem Menschen? Warum haben Tiere aus der Sicht Singers einen Selbstwertcharakter?*
- *Legen Sie mögliche Konsequenzen dieses Ansatzes für ein verändertes Verhalten des Menschen gegenüber Tieren, zum Beispiel hinsichtlich der Massentierhaltung oder der Verwendung von Tieren für menschliche Luxusbedürfnisse, dar.*
- *Recherchieren Sie mögliche Übereinstimmungen von Singers Ansatz mit den großen Weltreligionen (Juden, Christen, Muslime, Hindus und Buddhisten).*
- *Diskutieren Sie mögliche Einwände gegen den Ansatz von Peter Singer. Können z.B. Störche „Interessen" haben? Würden Sie Singers Position auch teilen, wenn statt eines vertrauten Haustieres Ratten oder Moskitos Gegenstand des Schutzes wären?*

Biozentrischer Ansatz: Rechte bei Laurence H. Tribe

Einen anderen Weg beschreitet der US-amerikanische Rechtswissenschaftler Laurence H. Tribe. Er schlägt vor, allen Lebewesen, also der lebenden Natur *Rechte* zuzusprechen, um einen wirksamen Schutz der gesamten Biosphäre zu erreichen. Damit will er eine Spirale in Gang setzen, mit der es schrittweise gelingen soll, die an menschlichen Bedürfnissen orientierte Sichtweise des Naturschutzes zu überwinden.

Q

Das wenigste, das wir tun können, ist, unsere die Natur betreffenden Regungen aus der belastenden Begriffssphäre der menschlichen Bedürfnisbefriedigung herauszulösen [...]. So [...] könnte gesetzlich verfügt werden, dass Rechtsansprüche direkt im Namen natürlicher Objekte vorgebracht werden können [...], als institutionalisierter Ausdruck einer erkannten Pflicht, die uns umgebende Welt mit Respekt zu behandeln, und als Symbole des Eingeständnisses, dass Personen nicht die einzigen Wesen in der Welt sind, die man sich als mit Rechten ausgestattet vorstellen kann. [...]
Die Vorstellung zu akzeptieren, dass eine vormals „rechtlose" Entität Rechtsschutz genießt, ist eine Sache der kulturellen Entwicklung. [...] Dass man Kat-

zen und Hunde auf der Grundlage ihres Rechtes, frei von Schmerz zu sein, vor Quälerei schützen soll und von daher auch die Pflicht anerkennt, sie nicht schlecht zu behandeln, scheint heute von der Konzeption her weniger umstritten, als dass man einen Wald vor dem Abholzen schützen soll [...]. Wenn es um den Rechtsschutz für pflanzliches Leben geht, stehen einer tragfähigen Analogie noch größere Hindernisse im Wege. Doch selbst hier sind die Aussichten nicht völlig hoffnungslos. Menschliche Wesen teilen bestimmte grundlegende Bedürfnisse mit Pflanzen. Sowohl Menschen wie auch Pflanzen brauchen Wasser, Sauerstoff und Nährstoffe; beide wachsen [...]. Damit verfügen wir über eine Reihe von grundsätzlichen Bezugspunkten für eine Analogie zwischen pflanzlichen und menschlichen Bedürfnissen. [...] Entscheidend ist die Erkenntnis, dass die menschlichen Fähigkeiten der Einfühlung und Identifikation keine statischen Größen sind. Bereits die Tatsache, dass wir denjenigen höheren Wirbeltieren, in die wir uns bereits einfühlen können, *Rechte* zugestehen, könnte weiteren Ausweitungen den Weg ebnen, während wir auf dem spiralförmigen Pfad der moralischen Evolution voranschreiten.

(Laurence H. Tribe: Was spricht gegen Plastikbäume? In: Dieter Birnbacher (Hg.): Ökologie und Ethik. Reclam, Stuttgart 1980, S. 56ff.)

?

- *Welche Argumente führt Tribe dafür an, dass man den zunächst für Menschen reservierten Begriff der Rechte auf Tiere und Pflanzen ausdehnen kann?*
- *Wie ist dieser Ansatz praktisch umzusetzen? Wer könnte im Namen von Pflanzen und Tieren deren Rechte geltend machen? Welche Missbrauchsgefahren sind mit dem Gedanken der Treuhandschaft unter Umständen verbunden?*
- *Warum stößt der Vorschlag, Bergen und Tälern Rechte zu verleihen, bei vielen Menschen auf Vorbehalte?*
- *Inwiefern unterscheidet sich der Ansatz Tribes von dem Singers?*

Holistischer Ansatz: Tiefenökologisches Modell von Bill Devall

In weitaus radikalerer Weise als andere Modelle zur Begründung des Umweltschutzes gehen Ansätze der Tiefenökologie (deep ecology) vor, die auf den norwegischen Philosophen Arne Næss (1912–2009) zurückgehen: Alle Systeme der Erde seien miteinander verbunden, der Mensch sei integraler Teil eines nur einheitlich zu verstehenden Gesamtsystems. Im Rahmen dieser Konzepte ist der Begriff *Umweltschutz* unangemessen, da der Mensch nicht außerhalb der Natur steht. Bill Devall, ein Vertreter dieses Konzepts, hebt seine Position von der „reformistischen Umweltschutzbewegung" ab, die eher auf allmählichen Wandel des Umweltbewusstseins setzt.

Q

1. *Eine notwendige Bedingung für einen tragfähigen Ansatz zur Konstruktion einer Ökophilosophie ist eine neue kosmisch-ökologische Metaphysik, die die (Ich-Du-)Identität zwischen Mensch und nicht-menschlicher Natur hervorhebt* Für die Tiefenökologie sind Ganzheit und Integrität von Mensch und Planet – zusammen mit dem Grundsatz der „biologischen Ebenbürtigkeit" [...] grundlegend: Der Mensch ist ein integraler Bestandteil der Natur, er steht weder über ihr noch neben ihr. Der Mensch ist ein „schlichter Mitbürger" in der Biosphäre und nicht ihr Bezwinger oder Lenker. [...]
3. *Es bedarf einer neuen Psychologie, um die Metaphysik in das geistige Umfeld der postindustriellen Gesellschaft zu integrieren.* Ein grundlegender Paradigmenwandel ist

immer das Resultat psychologischer Veränderungen in der Wahrnehmungsweise. Das neue Paradigma erfordert eine Abkehr vom Subjekt-Objekt- und Mensch-Natur-Dualismus zugunsten eines umfassenden Bewusstseins von der vollständigen Verflochtenheit des Planeten Erde in allen Bereichen [...].

5. *Es liegt eine Weisheit in der Stabilität der natürlichen Prozesse, unbeeinflusst von Eingriffen des Menschen.* Die durch den Menschen verursachten massiven Zerstörungen von Ökosystemen sind unethisch und für den Menschen schädlich. Die Ansiedlung von Menschen sollte *mit* der Natur und nicht *gegen* sie geplant werden. [...]

9. *Eine neue philosophische Anthropologie wird Erkenntnisse über die Jäger- und Sammlergesellschaft auswerten, um daraus Prinzipien für eine gesunde und ökologisch überlebensfähige Gesellschaft zu gewinnen.* Die Industriegesellschaft ist nicht das Ziel, auf das sich alle Gesellschaften zubewegen sollten. [...] Daher sollte der Gedanke einer „Wiederbesiedlung des Landes" mit Jagen, Sammeln und Gartenbau als Ziel und Standard einer postindustriellen Gesellschaft in Betracht gezogen werden.

(Bill Devall: Die tiefenökologische Bewegung. In: Dieter Birnbacher (Hg.): Ökophilosophie. Reclam, Stuttgart 1997, S. 30ff.)

?

- *Stellen Sie die Hauptaussagen dar und wenden Sie die Ganzheitsvorstellung der Tiefenökologie von der Erde als einer Gemeinschaft an, um zu begründen, dass seltene Arten wie zum Beispiel manche Fledermäuse geschützt werden sollten.*
- *Prüfen Sie, welches Menschenbild diesem umweltethischen Ansatz zu Grunde liegt sowie welche veränderten Vorstellungen menschlicher Produktionsweise damit verbunden sind.*
- *Diskutieren Sie die dargestellte radikalökologische Position unter den Gesichtspunkten ihrer 1. Begründung, 2. Überzeugungskraft, 3. Vermittelbarkeit, 4. praktischen Realisierbarkeit und 5. langfristigen Folgen. Setzen Sie sich in diesem Zusammenhang mit gelegentlich geäußerten Vorstellungen über die Notwendigkeit einer „Ökodiktatur" auseinander.*

3.3.4 Möglichkeiten und Grenzen von ökologischer Ethik

Menschen sind selbst Naturwesen, sie sind ein Teil der Natur, ihr Körper funktioniert nach biologischen Gesetzen, sie sind eingebettet in Klima und Wetter, ohne Sonne wächst kaum Nahrung, Menschen leiden unter Naturkatastrophen, sie sind trotz aller Technik durch Atmen, Essen, Trinken, Ausscheiden immer noch mit der Natur verbunden. Aber auch angesichts dieser unbezweifelbaren Einsichten lassen sich durchaus Einwände gegen eine Ausdehnung von Ethik als Theorie zwischenmenschlichen Handelns auf den Bereich der Natur anführen. So könnte man z.B. gegenüber den Ansprüchen einer ökologischen Ethik behaupten:

- Das Konzept „Natur- und/oder Umweltschutz" ist insgeheim zu eng an Erhaltung und Sicherung einer *bestehenden* Natur (Garten-, Landschafts- und Ressourcenkultur, nutzenorientierte Biodiversität) orientiert, es vernachlässigt die unkontrollierbaren, gewaltigen Umwälzungen und Zerstörungen, einschließlich des Artensterbens aufgrund natürlicher Ereignisse innerhalb der Erd- und Menschheitsgeschichte.
- Natur wandelt sich ständig aus eigener Kraft und ohne Rücksicht auf irgendwelche Interessen und Bedürfnisse, ohne Rücksicht auf ethische Kategorien. Natur hat keine eigenen Interessen, Natur ist kein Garten, Natur ist weder

schutzbedürftig noch schutzfähig, sie kann und will nicht „gerettet“ werden. Naturschutz als nicht-anthropozentrische Ethik ist weder nötig noch möglich. Natur- und Klimaschützer, die angesichts vermeintlich drohender Katastrophen als „Retter“ auftreten, betreiben deshalb ein tendenziell romantisierendes, emotionales Geschäft.

- Eine rationale, anthropozentrisch-ökologische Ethik als „Garten“- und Artenschutz zum Nutzen der Menschheit ist möglich und im Interesse der jetzigen und zukünftigen Menschen nötig.
- Ethische Normen sind nur gegenüber Wesen angemessen, die selbst Pflichten übernehmen können (wenn nicht aktuell, so doch zumindest potenziell).
- Bezüglich des Artenschutzes ließe sich anmerken, dass Arten ständig entstehen und vergehen und es bisher nicht bekannt ist, wie viele Arten überhaupt existieren. Artenschutz ließe sich deshalb nur legitimieren als anthropozentrischer Versuch, mit ethischen und technischen Mitteln durch bewahrend-schützende Eingriffe bestehende Lebensformen vor einen unerwünschten Wandel freizuhalten, um Ressourcen für den Menschen zu erhalten.

- *Prüfen Sie diese Bedenken und recherchieren Sie weitere insbesondere gegen eine nichtanthropozentrische Umweltethik, bewerten Sie diese auf der Basis bisherigen Wissens, nehmen Sie Stellung und führen Sie in Ihrer Lerngruppe ein argumentatives Streitgespräch.*

Möglichkeiten und Grenzen ökologischer Ethik am Beispiel ethischer Begründungen für den Artenschutz

Der Schutz bedrohter Arten ist heute zu einem wichtigen Bestandteil des Umweltschutzes in Europa geworden. Trotzdem ist die Fortexistenz seltener Pflanzen und Tiere häufig wegen entgegen stehender menschlicher Interessen gefährdet, wie die folgende Nachricht zeigt, in der über den Abschuss von „Problembär Bruno“ im Jahr 2006 berichtet wurde:

Der seit Wochen im bayerisch-österreichischen Grenzgebiet umherstreunende Braunbär „JJ1“ alias „Bruno“ ist tot. Er wurde in der Nacht auf Montag in der Nähe des Spitzingseegebiets im bayerischen Landkreis Miesbach geschossen. [...]

Der Bär sei gegen 4.50 Uhr in der Nähe der Rotwand erlegt worden, nur wenige Kilometer von Tirol entfernt. Das bayerische Umweltministerium hat den Abschuss des Braunbären „Bruno“ als unausweichlich verteidigt. „Das alles ist außerordentlich gefährlich und nicht mehr zu akzeptieren gewesen“, sagte Staatsekretär Otmar Bernhard.

(Bär in Bayern geschossen. Nachricht vom 26.06. 2006. In: htttp://Tirol.orf.at/stories, Zugriff 08.09.2009)

- *Fassen Sie – bezogen auf die Frage, warum durch den Menschen bedrohte Arten geschützt werden sollten und am Beispiel des Bären „Bruno“ – die Möglichkeiten und Grenzen der hier vorgestellten Ansätze ökologischer Ethik noch einmal zusammen. Beziehen Sie auch den anthropozentrischen Begründungsansatz mit ein. Fertigen Sie dazu eine Tabelle an, in der die jeweiligen Stärken und Schwächen der vier Ansätze kurz dargestellt werden.*
- *Ziehen Sie für sich selbst ein anwendendes Resümee: Welchen Ansatz würden Sie persönlich aus welchen Gründen bevorzugen? Stellen Sie Möglichkeiten und Grenzen des bevorzugten Ansatzes dar und verteidigen Sie Ihre Position vor der Lerngruppe.*

3.4 Recht und Gerechtigkeit

3.4.1 Worum es im Streit um Gerechtigkeit geht

Es ist kein Zufall, dass es kein Parteiprogramm gibt, in dem nicht auf jeder Seite die soziale Gerechtigkeit beschworen wird. […] Aber die Vorstellung, dass so etwas existieren könnte, ist nicht totzukriegen, obwohl es etwas Derartiges in der zehntausendjährigen Geschichte der Menschheit noch nie gegeben hat, und obwohl jeder weiß, dass es auf der Welt extrem ungerecht zugeht. Das fängt schon damit an, dass der eine schön, der andere hässlich, der eine gesund, der andere krank ist. Trotzdem ist es ein schöner Zug unserer Spezies, dass sie die Ungerechtigkeit nicht einfach resigniert hinnehmen will, auch wenn jeder falsche Prophet sich unsere Träume zunutze macht.

(Interviewantwort von Hans Magnus Enzensberger. In: Der Spiegel 45/2008, S. 78)

Die Sehnsucht nach einem gerechten Zusammenleben ist wahrscheinlich so alt wie die Menschheit selbst. Menschen hatten und haben einen „Durst nach Gerechtigkeit“. Wir alle wehren uns gegen erfahrene Ungerechtigkeiten und fällen dabei fast täglich Gerechtigkeitsurteile. Andererseits war und ist es in der Philosophie höchst strittig, was unter Gerechtigkeit zu verstehen ist und welche Folgen sich daraus für eine gerechte Gestaltung der menschlichen Verhältnisse ergeben.

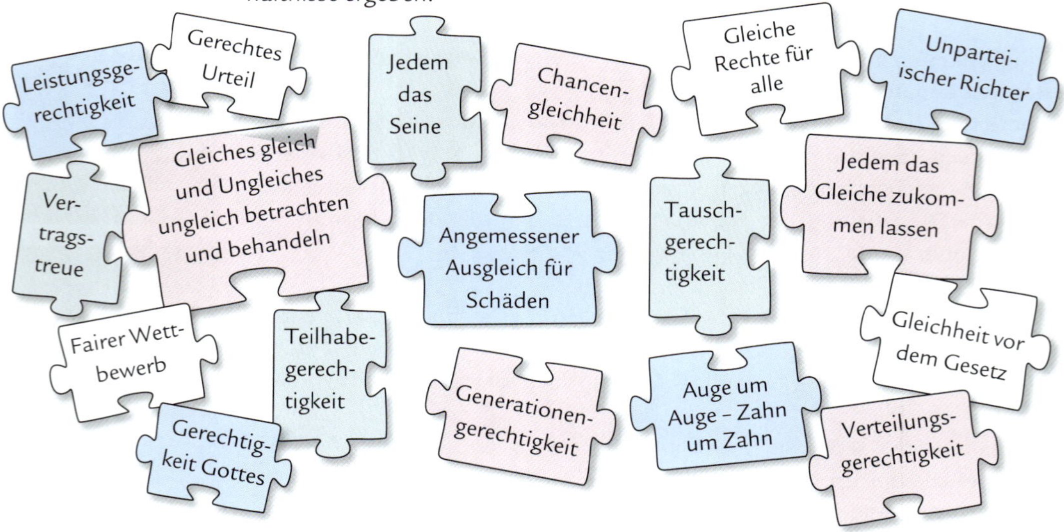

? › *Rekonstruieren Sie die unterschiedlichen Gerechtigkeitsvorstellungen, die in diesen Losungen anklingen. Gibt es aus Ihrer Sicht trotz dieser Vielzahl von Auffassungen eine gemeinsame Schnittmenge, die man „Gerechtigkeit“ nennen kann?*

Wenn es durchgängige Linien in der Gerechtigkeitsdebatte gibt, dann betreffen diese eher die Fragen als die Lösungen. Zwei immer wiederkehrende Streitpunkte zeichnen sich ab, die als roter Faden diesen Lehrbuchabschnitt durchziehen sollen:

Recht und Gerechtigkeit

Zum einen geht es um das Verhältnis von *Recht und Gerechtigkeit*.

Fällt Gerechtigkeit mit der Herrschaft des Rechts, der Gesetze zusammen oder brauchen wir darüber hinausgehende Maßstäbe der Gerechtigkeit? So wie es klar scheint, dass nicht jedes zu einer bestimmten Zeit geltende Gesetz gerecht sein muss, so dürfte ebenso einsichtig sein, dass eine Herrschaft ohne Gesetze schwerlich als gerecht bezeichnet werden kann.

Gleich- oder Ungleichbehandlung

Zum zweiten geht es um die *Art* sowie das notwendige *Maß* an *Gleichheit* bzw. Ungleichheit, das Menschen als gerecht empfinden.

Ist Gerechtigkeit mit einer weitgehenden Gleichbehandlung von Menschen identisch oder erfordert Gerechtigkeit nicht vielmehr, Unterschiede zwischen den Menschen zu berücksichtigen, also jedem Menschen das zu geben, was ihm gebührt? Genau wie wir es als ungerecht ansehen, wenn, umgangssprachlich ausgedrückt, sich jemand „den größten Teil vom Kuchen abschneidet", so empfinden wir es als ebenso ungerecht, wenn wegen übertriebener Gleichmacherei die unterschiedlichen Bedürfnisse der Menschen unberücksichtigt bleiben.

Der folgende Text macht auf strittige Fragen im Zusammenhang mit der Gleichbehandlung von Menschen aufmerksam.

Ungerechtigkeit in der Schule? Ein Caféhausgespräch

Christoph (mit geröteten Augen): So eine Schweinerei, so eine bodenlose Ungerechtigkeit, einfach unfassbar.

Brigitte: Nun beruhige dich doch erst einmal und erzähl, was los ist.

Christoph: Ich muss eine Nachprüfung in Mathematik machen. Dabei hab ich in der Klausur wirklich alles gekonnt. Aber die Alte war einfach schlecht gelaunt. Und wenn sie schlecht gelaunt ist, macht sie dich fertig. Mist!

Brigitte: Und du bist sicher, dass du alles gekonnt hast?

Christoph: Alles, alles, was heißt alles? Alles kann niemand – aber so viel, dass jeder andere durchgekommen wäre, so viel hab ich gewusst. Darin liegt ja die Ungerechtigkeit. Nur weil sie mich nicht mag.

Alfred (betritt dynamisch das Café): Tag allerseits. Nanu, was ist denn mit Christoph los? Ärger gehabt?

Brigitte: Er bekommt eine Zusatzprüfung in Mathematik – so eine Ungerechtigkeit.

Alfred: Ach, Ungerechtigkeit. Vergiss es. Das Leben ist nie gerecht. Darauf darfst du nicht bauen. Im Grunde ist jeder dein Feind. Misstraue allen, und du wirst nicht enttäuscht werden. Kannst du dich denn irgendwo auf Gerechtigkeit verlassen? Hm?

Brigitte: Aber das stimmt doch nicht. Natürlich kann niemand absolut gerecht sein – aber wir brauchen doch eine Vorstellung von Gerechtigkeit, einen Richtwert, der allen gemeinsam ist, [...] sonst gäbe es Krieg. [...]

Daniel [ein Caféhausgast, der das Gespräch vom Nebentisch mit verfolgt hat]: Pardon, Ihren Ärger in Ehren. [...] Und entschuldigen Sie, wenn ich Ihre Darstellung etwas bezweifle, Schmerz macht bekanntlich auch blind – wäre es wirklich gerecht, wenn ein Lehrer alle an einem Maßstab misst? Ohne auf die individuelle Situation Rücksicht zu nehmen? Auch wenn Ihre Lehrerin Sie vielleicht aus persönlichen Gründen ungerecht behandelt – hat sie doch dadurch Ihre Person mehr geachtet, als wenn sie in Ihnen nur eine Nummer gesehen hätte, die sie behandelt wie hundert andere auch. Ist ein gewisses Maß an Ungerechtigkeit nicht Voraussetzung für Menschlichkeit?

(Konrad P. Liessmann, Gerhard Zenaty: Vom Denken. Einführung in die Philosophie. Bucher, Bamberg 1997, S. 153)

?

- *Welche Auffassung von Gerechtigkeit legt Christoph seinem Urteil über das Verhalten seiner Mathe-Lehrerin zu Grunde?*
- *Warum ist Gerechtigkeit ein hoher Wert, um den es sich zu streiten lohnt? Überprüfen Sie Brigittes Argumente pro Gerechtigkeit und Alfreds Einwände dagegen.*
- *Kann Gerechtigkeit im Sinne gleicher Maßstäbe der einzige Grundsatz für die Beurteilung menschlichen Verhaltens sein? Wie ist Daniels Einwand zu verstehen, dass ein gewisses Maß an Ungleichheit Voraussetzung für Menschlichkeit ist?*
- *Die urteilende Justitia mit Waage, Schwert und einer Binde vor den Augen gilt als das Symbol für Gerechtigkeit. Recherchieren Sie weitere Symbole, die den Gedanken der Gerechtigkeit darstellen und erarbeiten Sie die Bedeutung der Symbole. Inwiefern sind „Justitia“ und andere geeignet, die Idee der Gerechtigkeit auszudrücken?*

ΠΛΑΤΩΝΟΣ
ΠΟΛΙΤΕΙΩΝ
ΒΙΒΛΟΙ Ι.
PLATONIS
DE
REPUBLICA:
SIVE DE JUSTO,
LIBRI X.
EDMUNDUS MASSEY,
Trin. Coll. CANTAB. A. B.
CANTABRIGIÆ,
TYPIS ACADEMICIS.
MDCCXIII.

3.4.2 Die Vorstellung vom gerechten Staat

Das Thema „Gerechtigkeit“ gehört zu den wichtigen Gegenständen von Ethik und Philosophie. Bereits in der antiken Philosophie wurde intensiv über Gerechtigkeitsprinzipien nachgedacht. So wirft Platon (427–347 v. u. Z.) in seiner berühmten Schrift über das Gemeinwesen „Der Staat“ die Frage auf, auf welchen Gerechtigkeitsgrundsätzen eine wohlgeordnete Gesellschaft beruhen sollte. Er lässt seinen Protagonisten Sokrates im Dialog mit Glaukon folgende Auffassung zum gerechten Staat entwickeln.

Q

So höre denn, sagte ich, ob ich recht habe. Von Anfang an, als wir unsere Stadt gründeten, haben wir doch eine Regel festgesetzt, nach der man auf jeden Fall handeln müsse, und das, oder etwas Ähnliches, ist, wie mir scheint, die Gerechtigkeit. Wir haben ja doch festgesetzt und es immer wieder gesagt, wenn du dich erinnerst, dass jeder einzelne nur *einen* öffentlichen Beruf in der Stadt ausüben soll, nämlich den, zu welchem seine Natur am besten geeignet ist.

Ja, das sagten wir.

Und dass es Gerechtigkeit ist, wenn man das Seine tut und nicht mancherlei Dinge treibt, auch das haben wir wahrlich schon von vielen anderen gehört und selbst immer wieder gesagt.

Ja, das haben wir gesagt.

Das, mein Freund, sagte ich, wird also wahrscheinlich auf irgendeine Weise die Gerechtigkeit sein: dass man das Seine tut. [...]

Allerdings.

So erwäge denn auch auf folgende Weise, ob du einverstanden bist: du wirst doch den Regenten in der Stadt die Rechtsprechung übertragen?
Selbstverständlich.
Werden sie aber als Richter auf irgend etwas anderes abzielen als dass sich niemand fremdes Eigentum aneignet und dass ihm das eigene nicht genommen wird?
Nein, nur darauf.
Weil das gerecht ist?
Ja.
Auch so würde man zugeben, dass das Gerechtigkeit ist, wenn man das Eigene besitzt und das Seine tut.
So ist es.
Sieh nun auch, ob du auch mit folgendem derselben Ansicht bist wie ich: Wenn ein Zimmermann die Arbeit eines Schusters verrichten wollte oder der Schuster die des Zimmermanns [...], glaubst du, dass dies in der Stadt großen Schaden anrichten würde?
Nicht gerade, sagte er.
Wenn aber jemand seiner Veranlagung nach ein Handwerker ist oder ein Geschäftsmann, jedoch durch seinen Reichtum oder durch Verbindungen oder Körperkraft oder durch ähnliche Vorzüge hochmütig gemacht wird und danach strebt, in den Kriegerstand einzutreten, oder wenn ein Krieger in den Stand des Ratgebers und Wächters aufsteigen möchte, ohne dazu befugt zu sein [...], dann, glaube ich, bist du auch der Meinung, dass das Vertauschen und die Vielgeschäftigkeit dieser Leute das Verderben der Stadt bedeuten.
Allerdings.
Die Vielgeschäftigkeit und das Vertauschen dieser drei Stände wird also für die Stadt der größte Schaden sein, und man könnte sie wohl mit vollem Recht ein Hauptverbrechen nennen.
Ganz gewiss.
Das größte Verbrechen an der eigenen Stadt wirst du aber doch als Ungerechtigkeit bezeichnen.
Ohne Zweifel.
[...] Das also ist die Ungerechtigkeit. Umgekehrt aber wollen wir so sagen: wenn der Stand des Geschäftsmannes, des Gehilfen und des Wächters das Seine tut und jeder von ihnen seine Aufgabe in der Stadt erfüllt, so wäre das das Gegenteil davon; das wäre Gerechtigkeit und würde die Stadt gerecht machen.
Ganz so verhält es sich, nach meiner Meinung, erwiderte er.

(Platon: Der Staat. Artemis & Winkler, Düsseldorf/ Zürich 2003, S. 168ff.)

?

- › *Erarbeiten Sie den Argumentationsgang des Textauszuges und beantworten Sie die folgenden Fragen: Worauf führt Platon Unterschiede zwischen den Ständen zurück? Wann liegt aus Sicht von Platon Ungerechtigkeit im Staat vor? Deuten Sie das von Platon entwickelte Gerechtigkeitskriterium. Welche Gesellschaftsvorstellung liegt diesem Konzept zu Grunde?*
- › *Gibt es aus Ihrer Sicht einen rationalen Kern in dem Platonischen Konzept von Gerechtigkeit, der für heutige Gerechtigkeitsdebatten fruchtbar gemacht werden könnte?*
- › *Welche Zusammenhänge sehen Sie zwischen Platons Idee, dass jeder das Seine tun soll und der modernen Vorstellung der Leistungs- und Chancengerechtigkeit?*

Sachsenspiegel – ältestes Rechtsbuch des deutschen Mittelalters

3.4.3 Vom gerechten Staat zum Rechtsstaat

Die *liberalen Gerechtigkeitsvorstellungen*, die ab dem 17. Jahrhundert entwickelt werden, zielen anders als die antiken und mittelalterlichen Gerechtigkeitskonzeptionen nicht mehr auf die umfassende Organisation des gesellschaftlichen *Ganzen* ab. Vielmehr rücken jetzt die *Freiheitsrechte des Einzelnen* in den Mittelpunkt der Betrachtung. Diesen „unveräußerlichen", aber per Gesetz zu sichernden, Rechten wird dabei die gesetzlose Willkürherrschaft eines absoluten Machthabers gegenübergestellt. Im Gegensatz zu den bis dahin religiösen Begründungen gilt die staatliche Herrschaft außerdem nicht länger als gottgewollt. Vielmehr muss sie mit Mitteln der Vernunft gerechtfertigt und zudem durch kluge Vorkehrungen begrenzt werden.
Ein wichtiger Vorreiter dieser modernen *Idee des Rechtsstaats* ist John Locke (1632–1704). Zur Begründung seiner Gerechtigkeitsvorstellung zieht Locke die Idee eines ursprünglichen Vertrages heran, den Menschen im sogenannten Naturzustand abschließen, um als Garant von Gerechtigkeit den Staat zu gründen.

Gerechtigkeit durch Vertrag

§ 4 Um politische Gewalt richtig zu verstehen und sie von ihrem Ursprung abzuleiten, müssen wir erwägen, in welchem Zustand sich die Menschen von Natur aus befinden. Es ist ein Zustand *vollkommener Freiheit*, innerhalb der Grenzen des Gesetzes der Natur ihre Handlungen zu regeln und über ihren Besitz und ihre Persönlichkeit zu verfügen, wie es ihnen am besten scheint, ohne dabei jemanden um Erlaubnis zu bitten oder vom Willen eines anderen abhängig zu sein.
Es ist darüber hinaus ein Zustand der Gleichheit, in dem alle Macht und Rechtssprechung wechselseitig sind, da niemand mehr besitzt als ein anderer [...].

§ 6 Aber obgleich dies ein Zustand der *Freiheit* ist, so ist es doch kein *Zustand der Zügellosigkeit*. Der Mensch hat in diesem Zustand eine unkontrollierbare Freiheit, über seine Person und seinen Besitz zu verfügen; er hat dagegen nicht die Freiheit, sich selbst oder irgendein in seinem Besitz befindliches Lebewesen zu vernichten, wenn es nicht ein edlerer Zweck als die bloße Erhaltung erfordert. Im *Naturzustand* herrscht ein natürliches Gesetz, das jeden verpflichtet. Und die Vernunft, der dieses Gesetz entspricht, lehrt die Menschheit, wenn sie sie nur befragen will, dass niemand einem anderen, da alle gleich und unabhängig sind, an seinem Leben und Besitz, seiner Gesundheit und Freiheit Schaden zufügen soll. [...]

§ 7 Damit nun alle Menschen davon abgehalten werden, die Rechte anderer zu beeinträchtigen [...], so ist in jenem Zustand die *Vollstreckung* des natürlichen Gesetzes in jedermanns Hände gelegt. Somit ist ein jeder berechtigt, die Übertretungen dieses Gesetzes in dem Maße zu bestrafen, wie es notwendig ist, um eine erneute Verletzung zu verhindern. [...]

§ 11 [...] Diese Gewalt, den Besitz oder die Dienstleistungen des Übertreters zu beanspruchen, hat die geschädigte Person durch ihr *Recht auf Selbster-*

haltung, wie ein jeder durch das *Recht, die Menschheit zu erhalten* und alles zu tun, was vernünftigerweise zu diesem Ziel führt, die Macht hat, das Verbrechen zu bestrafen, um damit zu verhindern, dass es noch einmal begangen werde. Und deshalb hat im Naturzustand jeder Mensch die Macht, einen Mörder zu töten [...].

§ 95 Da die Menschen, wie schon gesagt wurde, von Natur aus alle frei, gleich und unabhängig sind, kann niemand ohne seine Einwilligung aus diesem Zustand verstoßen und der politischen Gewalt eines anderen unterworfen werden. Die einzige Möglichkeit, mit der jemand diese natürliche Freiheit aufgibt und die *Fesseln bürgerlicher Gesellschaft anlegt*, liegt in der Übereinkunft mit anderen, sich zusammenzuschließen und in einer Gemeinschaft zu vereinigen, mit dem Ziel eines behaglichen, sicheren und friedlichen Miteinanderlebens, in dem sicheren Genuss ihres Eigentums und in größerer Sicherheit gegenüber allen, die nicht zu dieser Gemeinschaft gehören. [...] Wenn eine Anzahl von Menschen darin *eingewilligt hat, eine einzige Gemeinschaft* oder eine Regierung zu bilden, so haben sie sich ihr gleichzeitig einverleibt, und sie bilden *einen einzigen Körper*, in dem die Mehrheit das Recht hat, zu handeln und die übrigen mitzuverpflichten. [...]

§ 99 Deshalb muss von allen Menschen, die sich aus dem Naturzustand zu einer *Gesellschaft* vereinigen, auch vorausgesetzt werden, dass sie alle Gewalt, die für das Ziel, um deretwillen sie sich zu einer Gesellschaft vereinigen, notwendig ist, an die *Mehrheit* der Gesellschaft abtreten [...]. Und das geschieht durch die bloße Übereinkunft, *sich zu einer politischen Gesellschaft zu vereinigen*, was schon den *ganzen Vertrag* enthält. [...] Und allein nur das ist es, was jeder *rechtmäßigen Regierung* auf der Welt den Anfang gegeben hat oder geben konnte.

§ 124 Das große und *hauptsächliche* Ziel, weshalb Menschen sich zu einem Staatswesen zusammenschließen und sich unter eine Regierung stellen, ist also die Erhaltung des Eigentums. Dazu fehlt es im Naturzustand an vielen Dingen:

Erstens fehlt es an einem *feststehenden*, geordneten und bekanntem Gesetz, das durch allgemeine Zustimmung als die Norm für Recht und Unrecht und als der allgemeine Maßstab zur Entscheidung ihrer Streitigkeiten von ihnen allen angenommen und anerkannt ist. [...]

§ 125 *Zweitens* fehlt es im Naturzustand an einem *anerkannten und unparteiischen Richter*. [...]

§ 126 Drittens fehlt es im Naturzustand oft an einer *Gewalt*, dem gerechten Urteil einen Rückhalt zu geben, es zu unterstützen und ihm die gebührende *Vollstreckung zu sichern*. [...]

§ 127 So sind trotz aller Vorrechte des Naturzustandes die Menschen doch, solange sie in ihm verbleiben, in einer schlechten Lage und werden deshalb schnell zur Gesellschaft gezwungen. [...]

§ 131 Mit ihrem Eintritt in die Gesellschaft verzichten nun die Menschen zwar auf die Gleichheit, Freiheit und exekutive Gewalt des Naturzustandes,

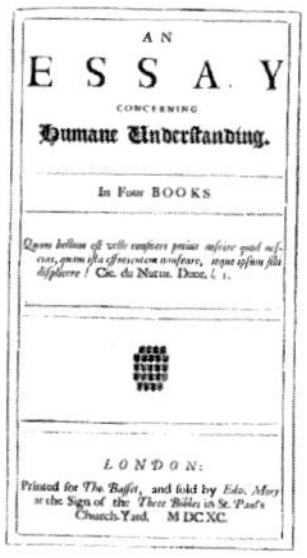
AN
ESSAY
CONCERNING
Humane Understanding.
In Four BOOKS
Cic. de Natur. Deor. l. 1.
LONDON:
Printed for Tho. Basset, and sold by Edw. Mory at the Sign of the Three Bibles in St. Paul's Church-Yard. MDCXC.

um sie in die Hände der Gesellschaft zu legen, damit die Legislative so weit darüber verfügen kann, wie es das Wohl der Gesellschaft erfordert. Doch geschieht das nur mit der Absicht jedes einzelnen, um damit sich selbst, seine Freiheit und sein Eigentum besser zu erhalten [...]. *Man kann deshalb auch nie annehmen, dass sich* die Gewalt der Gesellschaft oder der von ihr eingesetzten *Legislative weiter erstrecken soll als auf das gemeinsame Wohl.* Sie ist vielmehr verpflichtet, das Eigentum eines jeden dadurch zu sichern, indem sie gegen jene drei erwähnten Mängel Vorsorge trifft, die den Naturzustand so unsicher und unbehaglich machten. Wer immer daher die Legislative oder höchste Gewalt eines Staatswesens besitzt, ist verpflichtet, nach festen, *stehenden Gesetzen* zu regieren, die dem Volk verkündet und bekannt gemacht wurden, und nicht nach Beschlüssen des Augenblicks; durch *unparteiische* und aufrechte Richter, die Streitigkeiten nach jenen Gesetzen entscheiden müssen. [...] Und all dies darf zu keinem anderen Ziel führen als *zum Frieden, zur Sicherheit und zum öffentlichen Wohl* des Volkes.

(John Locke: Über den wahren Ursprung, die Reichweite und den Zweck der staatlichen Regierung. In: Ders.: Zwei Abhandlungen über die Regierung. Suhrkamp, Frankfurt/M. 1977, S. 201ff., 260ff., 278f., 281)

Warum eine absolute Herrschaft unrecht ist: das Recht auf Widerstand

§ 90 Das beweist, dass die *absolute Monarchie*, die manche Menschen für die einzige Regierung der Welt halten, in Wahrheit *mit bürgerlicher Gesellschaft unverträglich* ist und überhaupt keinerlei Form von bürgerlicher Regierung sein kann. Denn das *Ziel der bürgerlichen Gesellschaft* ist es, die Unzuträglichkeiten des Naturzustandes, die sich notwendigerweise ergeben, wenn jeder sein Richter in eigener Sache ist, zu vermeiden und ihnen abzuhelfen, indem eine allen bekannte Autorität eingesetzt wird, die jedes Mitglied der Gesellschaft anrufen kann, wenn es ein Unrecht erlitten hat oder ein Streit entstanden ist. [...]

§ 91 Denn da man von dem Fürst annimmt, dass er alle Gewalt, sowohl die legislative als auch die exekutive, allein in seiner Person vereint, so ist kein Richter zu finden, den man anrufen könnte und der gerecht, unparteiisch und mit Machtbefugnis entscheidet und von dessen Entscheidung man bei jedem Unrecht oder jedem Schaden, die man von seiten des Fürsten oder auf seinen Befehl erleidet, Abhilfe oder Wiedergutmachung erwarten könnte. [...]

§ 202 *Überall, wo das Gesetz endet, beginnt Tyrannei*, wenn das Gesetz zum Schaden eines anderen überschritten wird. Und jeder, der in seiner Autorität über die ihm gesetzlich eingeräumte Macht hinausgeht und von der Gewalt, über die er verfügt, Gebrauch macht, den Untertanen etwas aufzuzwingen, was das Gesetz nicht erlaubt, hört auf, Obrigkeit zu sein. Er handelt ohne Autorität und man darf ihm Widerstand leisten. [...]

(John Locke: Ebd. S. 255f., 327)

› *Erarbeiten Sie den Argumentationsgang der obigen Textauszüge und gehen Sie dabei insbesondere auf folgende Fragen ein: Welche Vorstellung vom menschlichen Naturzustand wird von Locke entwickelt? Was veranlasst die Menschen, auf ihre natürliche Freiheit, die sie im Naturzustand haben, zu verzichten, und sich zum Staat zusammenzuschließen? Warum deutet Locke den Vertragsabschluss im Sinne der Entscheidung einer Mehrheit? Was ist nach Locke der Zweck der politischen Gesellschaft, wodurch allein ist staatlich-politische Gewalt zu rechtfertigen? Welche Freiheitsrechte stellt er in den Mittelpunkt seiner Auffassung gerechter Ordnung? Warum kann die absolute Herrschaft eines Einzelnen oder einer Gruppe nach Locke keine rechtmäßige sein? Unter welchen Umständen haben die Menschen Locke zufolge einen gerechtfertigten Anspruch auf Widerstand gegen die Staatsgewalt?*

- *Stellen Sie die Grenzen des Konzepts „Entscheidung durch eine Mehrheit“ in gerechtigkeitstheoretischer Perspektive dar.*
- *Überprüfen Sie Lockes Begriff der Freiheit auf Einengungen.*
- *Locke gilt als ein wichtiger Vorbereiter der modernen Idee unveräußerlicher Menschenrechte. Vergleichen Sie Lockes Freiheitsauffassung mit der Ausformulierung dieser Idee in der UNO-Menschenrechtskonvention von 1948.*
- *Ist der Gedanke eines Widerstandsrechts auf heutige Verhältnisse übertragbar? Begründen Sie ihre Position auch im Vergleich mit dem Grundgesetz der Bundesrepublik Deutschland.*

(Un-)gerechtes Recht?

Am Ende des Jahres 2006 und zu Beginn des Jahres 2007 sorgten zwei spektakuläre Rechtsfälle für erhebliche öffentliche Diskussionen. Die FDP-Politikerin Sabine Leutheusser-Schnarrenberger wandte sich öffentlich gegen die ergangenen Urteile. Diese, so ihre Argumentation, untergrüben das Rechtsbewusstsein der Bevölkerung. Sie entwerteten das Rechtsverfahren und verspielten das Vertrauen in das Recht.

Worum ging es in diesen Urteilen? Im ersten Fall kam es im Jahr 2006 zur Neuauflage eines Gerichtsverfahrens im Zusammenhang mit der Mannesmann-Übernahme durch Vodafone. Der Vorwurf lautete, dass bei dieser Übernahme überhöhte Prämien gezahlt wurden und dem Mannesmann-Aktionären dadurch ein Schaden von 58 Millionen Euro entstanden sei. Verteidigung und Anklage einigten sich schließlich darauf, das Verfahren gegen Zahlung von 5,8 Millionen Euro ohne Prozess einzustellen. Von dieser Summe zahlte Josef Ackermann, Chef der Deutschen Bank, der zu Verfahrensbeginn angab, ein Jahreseinkommen von 15 bis 20 Millionen Euro zu erzielen, 3,2 Millionen Euro. Bei einer Verurteilung hätte Ackermann als vorbestraft gegolten und seinen Posten verloren.

In einem zweiten spektakulären Verfahren stand der VW-Manager und Personalvorstand Peter Hartz (geistiger Vater der gleichnamigen Arbeitsmarktreformen) wegen Untreue vor Gericht. Ihm wurde vorgeworfen, durch Begünstigung einen Gesamtschaden von 2,6 Millionen Euro verursacht zu haben. Auch hier einigten sich Verteidigung und Staatsanwaltschaft im Vorfeld. Peter Hartz legte ein Geständnis ab. Im Gegenzug wurde er zu einer zur Bewährung ausgesetzten Freiheitsstrafe sowie zu einer Geldstrafe verurteilt.

?

- *Informieren Sie sich über die Fälle. Halten Sie den Vorwurf von Leutheusser-Schnarrenberger für gerechtfertigt? Begründen Sie Ihr Urteil.*
- *Suchen Sie nach weiteren Beispielen aus der jüngeren Vergangenheit, wo Gerichtsurteile in der Öffentlichkeit als ungerecht beurteilt wurden und erarbeiten Sie in Kleingruppen, welche Vorstellung von Gerechtigkeit sich in diesen Beurteilungen artikuliert.*
- *Welchen Kriterien sollte das Recht aus Ihrer Sicht genügen, damit es als gerecht erscheint?*

3.4.4 Von der Gleichheit der Rechte zur Chancengerechtigkeit

In klassisch-liberalen Konzeptionen wurde der wesentliche Gehalt der Gerechtigkeitsforderung auf die Sicherung der Grundfreiheiten, neben Glaubens-, Meinungs- und Pressefreiheit insbesondere auf die Freiheit des Eigentums, beschränkt. Kritiker dieser Position haben jedoch immer wieder darauf verwiesen, dass die Freiheit des Eigentums große Unterschiede im Besitz materieller Güter und sozialer Positionen verfestige. Diese Freiheitsauffassung schließe die „Freiheit, unter Brücken zu schlafen“ ein. Deshalb wurde diese Vorstellung um die Idee einer Gleichheit der Chancen erweitert. Alle sollten Zugang zu den wichtigsten Positionen und Gütern, die durch eine Gesellschaft verteilt werden, etwa zum Gut der Bildung, haben. Wie aber ist diese Idee am besten umzusetzen? Was wäre zum Beispiel, wenn jeder Deutsche zum 18. Geburtstag 60 000 Euro bekommen würde?

Was wäre, wenn ...

Q| Michael Maschke hatte vor 15 Jahren einen dicken Schulfreund. Dessen Eltern versprachen ihm einen Videorekorder, unter einer Bedingung: Er müsse einen Marathon laufen. Der dicke Freund fing an zu trainieren – er wollte den Videorekorder. Heute, zwanzig Jahre später, ist Michael Maschke studierter Volkswirt und schlägt vor, dass jeder Jugendliche zum 18. Geburtstag vom Staat 60 000 Euro zur eigenen Verwendung bekommt. Bedingung für den Zugriff auf das Geschenk: Abitur oder Ausbildung. Maschke und seine Kollegen wollen vor allem die erreichen, die keinen Abschluss und damit kaum Perspektiven haben, die sich von der Gesellschaft ausgeschlossen fühlen. Sie glauben an den Videorekorder-Effekt. Sie wollen den Egoismus dafür nutzen, dass jeder die gleiche Chance auf einen Beruf und ein regelmäßiges Einkommen bekommt. Mit den 60 000 Euro soll sich im Idealfall sogar jeder ein Studium finanzieren, eine Firma gründen oder eine Wohnung kaufen können.

Über das gesamte Geld darf nur sofort verfügen, wer mit 18 Jahren studiert, eine Ausbildung macht oder sie bereits abgeschlossen hat. Alle anderen erhalten so lange nur die Zinsen, bis sie ein Studium oder eine Ausbildung beginnen. Mit 21 Jahren hat dann jeder Zugang zu seinem Konto, der eine Ausbildung oder Abitur nachweisen kann.

Das würde auch dem Staat nützen: Je selbständiger ein Bürger, desto weniger muss ihn der Sozialstaat versorgen, der Staat nimmt Steuern ein, muss weniger Sozialleistungen zahlen und auch die privaten Schulden sinken, wenn mehr Menschen genug Geld zum Leben haben. Wir könnten den sozialen Frieden sichern und demokratische Werte stärken. Das hätte ungeheure Integrationskraft.

Was aber, wenn man mit 18 Jahren eher an ein Auto oder an eine Weltreise denkt, als daran, das Geld in die Ausbildung zu investieren? Auch das ist erlaubt, auch wenn Maschke sich nachhaltigere Investitionen wünschen würde.

(Frei nach Susanne Klingner: Schöne Bescherung. In: fluter Nr. 21/2006, S. 12–13)

?| › *Welche Gerechtigkeitsvorstellung liegt dem dargestellten Vorschlag zu Grunde? Umreißen Sie kurz den Inhalt des Gerechtigkeitsgrundsatzes.*

- *Welche Effekte sind zu erwarten, sollte der Vorschlag umgesetzt werden? Wie beurteilen Sie den Vorschlag, ist er geeignet, das angestrebte Ziel zu erreichen?*
- *Warum/warum nicht halten Sie die Umsetzung des Vorschlages für gerecht?*
- *Angenommen, der Vorschlag würde realisiert: Sind mit Realisierung des Vorschlages tatsächlich wesentliche Gerechtigkeitsfragen gelöst? Skizzieren Sie Gerechtigkeitsprobleme, die unter Umständen weiter bestehen oder sich gar verschärfen würden.*
- *Welche anderen Vorschläge, mehr Chancengleichheit durchzusetzen, würden Sie unterbreiten?*

Grenzen der Idee der Chancengleichheit

Eine andere Position zur Idee der Chancengerechtigkeit als oben dargestellt vertritt der australische Philosoph Peter Singer.

In den meisten westlichen Gesellschaften werden große Unterschiede im Einkommen und sozialen Status gewöhnlich so lange akzeptiert, wie sie unter Bedingungen der Chancengleichheit entstanden sind. Man hält es nicht für ungerecht, wenn Jill 200 000 Dollar und Jack 20 000 Dollar verdient, solange Jack die Chance hatte, dorthin zu gelangen, wo Jill heute steht. Angenommen, die Einkommensdifferenz hat damit zu tun, dass Jill Ärztin und Jack Farmarbeiter ist. Dies wäre akzeptabel, wenn Jack dieselbe Chance hat wie Jill, Arzt zu werden, und dies muss man so verstehen, dass Jack nicht wegen seiner Rasse, Religion oder einer Behinderung von der medizinischen Ausbildung abgehalten wurde, sondern dass er, wenn seine Schulzeugnisse ebenso gut gewesen wären wie die von Jill, tatsächlich die Möglichkeit gehabt hätte, Medizin zu studieren [...]. Nach dieser Auffassung ist das Leben eine Art Wettlauf, in dem die Sieger angemessenerweise die Preise erhalten, sofern alle die gleiche Startposition haben. Die gleiche Startposition steht für die Gleichheit der Chancen, und manche sagen, genau so weit sollte die Gleichheit gehen.

Zu sagen, Jack und Jill hätten die gleichen Chancen, den Arztberuf zu ergreifen [...], wäre eine oberflächliche Auffassung von Chancengleichheit, die näherer Prüfung nicht standhält. Wir müssen fragen, *warum* Jacks Zeugnisse nicht so gut waren wie die von Jill. Vielleicht hat er eine schlechtere Schulausbildung erhalten – größere Klassen, weniger qualifizierte Lehrer, unangemessene Mittel usw. [...] Echte Chancengleichheit heißt sicherstellen, dass die Schule allen die gleichen Vorteile verschafft.

Schulen alle gleich zu machen, wäre schwierig genug, aber dies ist noch die leichteste Aufgabe, die einen konsequenten Anhänger der Chancengleichheit erwartet. Selbst wenn die Schulen dieselben sind, werden einige Kinder von zu Hause her begünstigt sein. Ein ruhiges Zimmer zum Lernen, eine Menge Bücher und Eltern, die ihre Kinder anhalten, sich in der Schule anzustrengen [...]. Aber wie macht man die Elternhäuser gleich? [...]

Dies mag genügen, um die Unangemessenheit der Chancengleichheit als eines Ideals der Gleichheit zu zeigen, aber der entscheidende Einwand [...] kommt erst noch. Selbst wenn wir unsere Kinder wie in einem israelischen Kibbuz

gemeinsam aufzögen, würden sie verschiedene Fähigkeiten und Charakterzüge sowie verschiedenen Aggressions- und IQ-Grade erben. Die Beseitigung von Unterschieden in der Umwelt des Kindes würde Unterschiede in der genetischen Veranlagung nicht berühren. [...]
Chancengleichheit ist somit kein attraktives Ideal. Sie belohnt die Glücklichen, die solche Fähigkeiten erben, die ihnen erlauben, interessante und einträgliche Berufswege zu beschreiten. Sie bestraft die Unglücklichen, deren genetische Konstellation ihnen einen ähnlichen Erfolg sehr erschwert.

(Peter Singer: Praktische Ethik. Reclam, Stuttgart 1994, S. 60ff.)

?

- *Legen Sie die Kernaussagen Singers zur Idee der Chancengleichheit dar.*
- *Diskutieren Sie die Stichhaltigkeit der von Singer vorgebrachten Einwände gegen die Idee der Chancengleichheit. Welche Ungerechtigkeiten würden auch bei tatsächlicher Durchsetzung dieser Idee fortbestehen?*
- *Welche Alternativen zu dieser Idee kämen aus ihrer Sicht in Betracht? Begründen Sie ihre Position.*

3.4.5 Gerechtigkeitsgrundsätze einer demokratischen Gesellschaft

Die wohl einflussreichste philosophische Gerechtigkeitstheorie der Gegenwart wurde vom amerikanischen Philosophen John Rawls (1921–2002) entwickelt. In seinem Buch „Eine Theorie der Gerechtigkeit" wirft Rawls die Frage auf, auf welchen Gerechtigkeitsgrundsätzen eine wohlgeordnete demokratische Gesellschaft basieren sollte. Wegweisend ist dabei besonders sein Versuch, die liberale Gerechtigkeitskonzeption des Vorrangs des Rechts mit Überlegungen zur verteilenden (distributiven) Gerechtigkeit zu verknüpfen. Rawls greift bei der Begründung seiner Gerechtigkeitsgrundsätze auf die von Locke eingeführte Idee einer ursprünglichen Übereinkunft (Gesellschaftsvertrag) zwischen vernünftigen Menschen zurück. Er fragt, wie gewährleistet werden kann, dass dieser Grundvertrag *fair* ist, d.h., dass niemand die beschlossenen Gerechtigkeitsgrundsätze auf seine besonderen Interessen und sozialen Positionen zuschneiden kann. Um eine Lösung zu finden, fordert er uns zu einem Gedankenexperiment auf:

Fairness als Grundlage einer Theorie der Gerechtigkeit

Q

Wir wollen uns also vorstellen, dass diejenigen, die sich zu gesellschaftlicher Zusammenarbeit vereinigen wollen, in einem gemeinsamen Akt die Grundsätze wählen, nach denen Grundrechte und -pflichten und die Verteilung der gesellschaftlichen Güter bestimmt werden. [...] Die Entscheidung, die vernünftige Menschen in dieser theoretischen Situation der Freiheit und Gleichheit treffen würden, bestimmt die Grundsätze der Gerechtigkeit. [...]
In der Theorie der Gerechtigkeit als Fairness spielt die ursprüngliche Situation der Gleichheit dieselbe Rolle wie der Naturzustand in der herkömmlichen Theorie des Gesellschaftsvertrags. Dieser Urzustand wird natürlich nicht als wirklicher geschichtlicher Zustand vorgestellt, noch weniger als primitives Stadium der Kultur. Er wird als rein theoretische Situation aufgefasst, die so beschaffen ist, dass sie zu einer bestimmten Gerechtigkeitsvorstellung führt. Zu den wesentlichen Eigenschaften dieser Situation gehört, dass niemand seine Stellung in der Gesellschaft kennt, seine Klasse oder seinen Status, ebensowenig

sein Los bei der Verteilung natürlicher Gaben wie Intelligenz oder Körperkraft. Ich nehme sogar an, dass die Beteiligten ihre Vorstellung vom Guten und ihre besonderen psychologischen Neigungen nicht kennen. Die Grundsätze der Gerechtigkeit werden hinter einem Schleier des Nichtwissens festgelegt. Dies gewährleistet, dass dabei niemand durch die Zufälligkeiten der Natur oder der gesellschaftlichen Umstände bevorzugt oder benachteiligt wird. Da sich alle in der gleichen Lage befinden und niemand Grundsätze ausdenken kann, die ihn aufgrund seiner besonderen Verhältnisse bevorzugen, sind die Grundsätze der Gerechtigkeit das Ergebnis einer fairen Übereinkunft oder Verhandlung. [...] Den Urzustand könnte man den angemessenen Ausgangszustand nennen und damit sind die in ihm getroffenen Grundvereinbarungen fair.

(John Rawls: Eine Theorie der Gerechtigkeit. Suhrkamp, Frankfurt/M. 1994, S. 28ff.)

?

- *Fassen Sie die Kernaussagen zusammen.*
- *Was besagt die Rede von den Gerechtigkeitsgrundsätzen als Ergebnis eines Vertrages? Wer wird hier als Vertragsabschließender unterstellt?*
- *Welche Funktion hat die Vorstellung vom Urzustand in Rawls Gerechtigkeitstheorie?*
- *Welche Eigenschaften spricht Rawls dem Urzustand zu, die gewährleisten sollen, dass die getroffene Vereinbarung unter fairen Ausgangsbedingungen zustande kommt? Erläutern Sie Rawls Bild vom „Schleier des Nichtwissens".*

Nach Rawls Auffassung würden sich die Menschen im fiktiven Urzustand genau auf *zwei Gerechtigkeitsgrundsätze* einigen, nämlich:

Q

1. Jedermann soll gleiches Recht auf das umfangreichste System gleicher Grundfreiheiten haben, das mit dem gleichen System für alle anderen verträglich ist.
2. Soziale und wirtschaftliche Ungleichheiten sind so zu gestalten, dass a) vernünftigerweise zu erwarten ist, dass sie zu jedermanns Vorteil dienen, und b) sie mit Positionen und Ämtern verbunden sind, die jedem offen stehen.

[...] Diese Grundsätze beziehen sich hauptsächlich [...] auf die Grundstruktur der Gesellschaft und bestimmen die Zuweisung von Rechten und Pflichten und die Verteilung gesellschaftlicher und wirtschaftlicher Güter. [...] Wir unterscheiden also zwischen den Seiten des Gesellschaftssystems, die die gleichen Grundfreiheiten festlegen und sichern, und denen, die gesellschaftliche und wirtschaftliche Ungleichheiten bestimmen und einführen.

(John Rawls: Ebd. S. 81f.)

?

- *Geben Sie mit eigenen Worten den jeweiligen Inhalt der beiden Gerechtigkeitsgrundsätze wieder.*
- *Warum sind aus Sicht Rawls genau diese zwei Gerechtigkeitsgrundsätze notwendig? Welche spezifischen sozialen Bereiche bzw. Güter werden durch sie jeweils geregelt?*
- *Legen Sie die Vorstellungen von Gleichheit/Ungleichheit dar, die in den jeweiligen Gerechtigkeitsprinzipien enthalten sind.*

Vorrang der Freiheit

Der *erste Gerechtigkeitsgrundsatz*, hatten wir bereits festgestellt, regelt die Zuweisung der Grundfreiheiten auf die Mitglieder der Gesellschaft. Um welche Freiheiten geht es im Einzelnen? Inwieweit ist eine Einschränkung bestimmter

Grundfreiheiten gerechtfertigt? Und in welchem Verhältnis stehen diese Freiheitsrechte zur Verteilung der wirtschaftlichen und sozialen Güter, die Gegenstand des zweiten Gerechtigkeitsgrundsatzes ist?

Q| Es ist nun von Bedeutung, dass die Grundfreiheiten durch eine Liste derartiger Freiheiten festgelegt sind. Wichtig unter ihnen sind die politische Freiheit (das Recht, zu wählen und öffentliche Ämter zu bekleiden) und die Rede- und Versammlungsfreiheit; die Gewissens- und Gedankenfreiheit; die persönliche Freiheit, zu der der Schutz vor psychologischer Unterdrückung und körperlicher Misshandlung und Verstümmelung gehört (Unverletzlichkeit der Person); das Recht auf Eigentum und der Schutz vor willkürlicher Festnahme und Haft, wie es durch den Begriff der Gesetzesherrschaft festgelegt ist. Diese Freiheiten sollen nach dem ersten Gerechtigkeitsgrundsatz für jeden gleich sein. [...]
Diese Grundsätze sollen in lexikalischer Ordnung stehen, derart, dass der erste dem zweiten vorausgeht. Diese Ordnung bedeutet, dass Verletzungen der vom ersten Grundsatz geschützten Grundfreiheiten nicht durch größere gesellschaftliche oder wirtschaftliche Vorteile gerechtfertigt oder ausgeglichen werden können. Diese Grundfreiheiten haben einen Kern-Anwendungsbereich, innerhalb dessen sie nur beschränkt werden können, wenn sie mit anderen Grundfreiheiten in Konflikt geraten.

(John Rawls: Ebd. S. 82)

?|
- *Stellen Sie Rawls Thesen dar.*
- *Was versteht Rawls unter „lexikalischen Ordnung“, in der die beiden Grundfreiheiten zueinander stehen? Welcher Gerechtigkeitsgrundsatz hat für ihn aus welchen Gründen Vorrang?*
- *Sollten aus Ihrer Sicht weitere Grundfreiheiten in die von Rawls entwickelte Liste aufgenommen werden, wenn ja, welche? Begründen Sie ihre Position.*
- *Überprüfen Sie, inwiefern die von Rawls unter dem ersten Gerechtigkeitsgrundsatz zusammengefassten Grundfreiheiten im Grundgesetz der Bundesrepublik Deutschland ihren Niederschlag finden.*
- *Diskutieren Sie Notwendigkeit und Bedingungen einer Einschränkung bestimmter Grundfreiheiten bezogen auf die maßlose Wahrnehmung bestimmter Freiheitsrechte, etwa des Rechts auf freie Rede (Pressefreiheit) oder des Rechts auf Gewissens- und Gedankenfreiheit (Religionsfreiheit).*

Faire Chancengleichheit gekoppelt mit dem Unterschiedsprinzip
Bezogen auf den Inhalt des *zweiten Gerechtigkeitsgrundsatzes* gibt es nach Rawls ein doppeltes Deutungsproblem: Wir müssen überlegen, was die Aussagen bedeuten, dass a) die wirtschaftlichen Ungleichheiten zu „jedermanns Vorteil“ sein sollen und b) die Ämter und Positionen „jedem offen stehen“ müssen. Beginnen wir mit dem Prinzip fairer Chancengleichheit, mit dem Rawls über die in der heutigen Gesellschaft weit verbreitete Vorstellung von Gerechtigkeit im Sinne von Chancengleichheit hinausgeht.

Q| Diese [die herkömmliche Gerechtigkeitsauffassung] setzt gleiche Freiheiten (gemäß dem ersten Grundsatz) und eine Wirtschaft des freien Marktes voraus. Sie fordert formale Chancengleichheit in dem Sinne, dass jeder wenigstens die gleichen gesetzlichen Rechte auf vorteilhafte soziale Positionen hat. [...] daher wird die Anfangsverteilung der Aktiva jederzeit stark von natürlichen und gesellschaftlichen Zufälligkeiten beeinflusst. [...]

Die liberale Auffassung, wie ich sie nenne, versucht das dadurch auszugleichen, dass sie zu der Forderung der Offenheit der Laufbahnen die der fairen Chancengleichheit hinzunimmt. Der Gedanke ist der, dass Positionen nicht nur in einem formalen Sinne offen sind, sondern dass jeder auch die faire Chance haben soll, sie zu erlangen. [...]
Die liberale Auffassung der beiden Grundsätze versucht also den Einfluss gesellschaftlicher und natürlicher Zufälligkeiten auf die Verteilung zu mildern. Dazu müssen dem Gesellschaftssystem weitere grundlegende strukturelle Beschränkungen auferlegt werden. Die freien Märkte müssen in politische und juristische Institutionen eingebettet werden, die den wirtschaftlichen Gesamtablauf regeln. *(John Rawls: Ebd. S. 92f.)*

- › *Erläutern Sie den Unterschied zwischen der Idee der formellen Chancengleichheit, die mit der Herrschaft des Gesetzes konform geht und Rawls Prinzip der fairen Chancengleichheit.*
- › *Welche Maßnahmen halten Sie für erforderlich, um unterschiedliche Startvoraussetzungen von Menschen auszugleichen und eine tatsächliche Chancengleichheit durchzusetzen?*
- › *Auf welche Grenzen dürfte das Prinzip der fairen Chancengleichheit bei seiner Anwendung stoßen? Welche Gerechtigkeitsdefizite werden auch bei Durchsetzung des Prinzips fairer Chancengleichheit fortbestehen? Nutzen Sie für die kritische Betrachtung auch Peter Singers Argumentation im vorangegangenen Abschnitt.*

Die eigentliche Innovation im Rahmen der Rawls`schen Gerechtigkeitstheorie stellt die Einführung des *Unterschiedsprinzips* dar. Das Unterschiedsprinzip ist seine Antwort auf die Frage, was es heißt, dass wirtschaftliche Ungleichheiten zu „jedermanns Vorteil" sein sollten. Rawls plädiert hier weder für eine abstrakte Gleichverteilung noch redet er einer entriegelten Marktwirtschaft das Wort. Rawls Grundidee besteht darin, dass wir in Zusammenhang mit der gerechten Verteilung wirtschaftlicher Güter den *Unterschied zwischen zwei grundlegenden sozialen Positionen* in den Blick nehmen müssen, und zwar sollte die Position des am schlechtesten gestellten Mitglieds der Gesellschaft mit der Position des am besten Gestellten verglichen werden.

Geht man von den Institutionen aus, wie sie von der gleichen Freiheit für alle und der fairen Chancengleichheit gefordert werden, so sind die besseren Aussichten der Begünstigten genau dann gerecht, wenn sie zur Verbesserung der Aussichten der am wenigsten begünstigten Mitglieder der Gesellschaft beitragen. Der intuitive Gedanke ist der, dass die Gesellschaftsordnung nur dann günstigere Aussichten für Bevorzugte einrichten und sichern darf, wenn das den weniger Begünstigten zum Vorteil gereicht. [...]
Zur Veranschaulichung des Unterschiedsprinzips betrachte man die Einkommensverteilung zwischen gesellschaftlichen Klassen, denen repräsentative Personen entsprechen mögen, deren Aussichten eine Beurteilung der Verteilung ermöglichen. Nun hat jemand, der etwa in einer Demokratie mit Privateigentum als Mitglied der Unternehmerklasse anfängt, bessere Aussichten als jemand, der als ungelernter Arbeiter anfängt. Das dürfte auch dann noch gelten, wenn die heutigen sozialen Ungerechtigkeiten beseitigt wären. Wie ließe sich nun eine solche anfängliche Ungleichheit der Lebenschancen überhaupt rechtfertigen? Nach dem Unterschiedsprinzip ist sie nur gerechtfertigt, wenn der Unterschied in den Aussichten zum

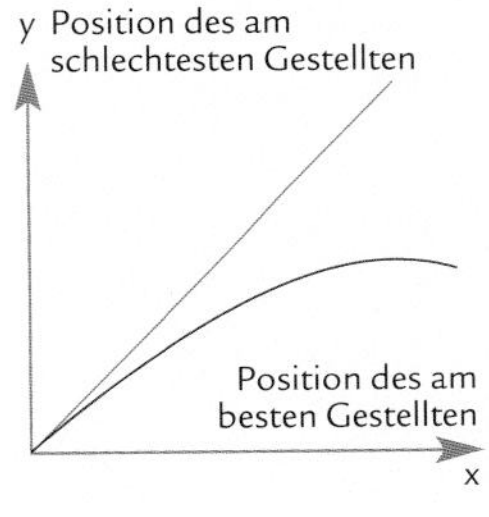

Vorteil der schlechter gestellten repräsentativen Person – hier des ungelernten Arbeiters – ausfällt. Die Ungleichheit der Aussichten ist nur dann zulässig, wenn ihre Verringerung die Arbeiterklasse noch schlechter stellen würde.

(John Rawls: Ebd. S. 98)

- *Unter welchen Voraussetzungen ist nach Rawls eine Ungleichverteilung wirtschaftlicher Güter gerechtfertigt, wann liegt aus seiner Sicht Ungerechtigkeit vor?*
- *Nutzen Sie zur Veranschaulichung des Problems der gerechten Verteilung die Abbildung S. 189. Übertragen Sie sie auf ein Blatt Papier und tragen Sie auf der dargestellten Kurve den Punkt ein, wo aus ihrer Sicht Gerechtigkeit in Ungerechtigkeit umschlägt. Verteidigen Sie ihren Standpunkt mit drei Argumenten vor der Klasse.*
- *Welche sozialen Lagen werden von Rawls zur Veranschaulichung des Unterschiedsprinzips herangezogen. Nennen Sie weitere Lagen in unserer Gesellschaft, die der Position des am besten Gestellten bzw. der Position des am schlechtesten Gestellten entsprechen.*
- *Diskutieren Sie mögliche Einwände gegen das Unterschiedsprinzip, etwa, dass es die sozialen Lagen dazwischen nicht beachte oder, dass es in der Konsequenz zur Einschränkung von Eigentumsrechten führen würde.*
- *Diskutieren Sie den Zusammenhang zwischen dem zweiten Gerechtigkeitsprinzip, dem Grundsatz distributiver Gerechtigkeit und dem ersten Gerechtigkeitsprinzip, dem Grundsatz gleicher Freiheiten. Warum sind bei einer massiven Verletzung des zweiten Gerechtigkeitsgrundsatzes unter Umständen Freiheitsrechte in Gefahr?*

Die Idee eines bedingungslosen Grundeinkommens

Für Rawls galt *hinsichtlich der Grundfreiheiten die Gleichheit aller* als ein ehernes Gesetz, während er *hinsichtlich der wirtschaftlichen Güter eine gewisse Ungleichverteilung* für gerechtfertigt hielt. Wesentlich weitergehende Gleichheitsvorstellungen finden sich hingegen in einer aktuellen Gerechtigkeitsdebatte, in der es um das Für und Wider der Einführung eines *bedingungslosen Grundeinkommens für alle* geht. Als ein entschiedener Verfechter dieser Idee gilt Götz W. Werner, Gründer einer Drogeriemarktkette. In einem Interview begründet er die von ihm ins Spiel gebrachte Gerechtigkeitsvorstellung wie folgt:

Prisma: Herr Werner, im Vorwort zu ihrem Buch „Einkommen für alle" behaupten Sie, ein Träumer zu sein. Kann man sich das als Chef von 15 000 Mitarbeitern alleine in Deutschland überhaupt erlauben?
Werner: Na klar. Es ist natürlich eine Metapher. Aber ohne Träume und damit Träumer gibt es keine Zukunft. Denken sie an „I have a dream" von Martin Luther King. Träumen, denken, wollen und tun, das ist der Vierklang, der die Menschheit seit Anbeginn weiterbringt.
Prisma: Eine ihrer zentralen Forderungen ist das bedingungslose Grundeinkommen für alle. Wie soll das funktionieren?
Werner: Jeder, vom Säugling bis zum Greis, muss ein steuerfinanziertes Grundeinkommen erhalten. Dadurch würde der Mensch frei, sein kreatives Potenzial für die Allgemeinheit zu aktivieren. Der Zwang, Geld verdienen zu müssen, um überhaupt am Leben teilzunehmen, führt in Unfreiheit. Und macht aus vielen von uns Zwangsarbeiter, die ihre Fähigkeiten bei weitem nicht ausschöpfen.
Prisma: Da kämen ja paradiesische Zustände Brueghel'schen Ausmaßes auf uns zu. Die gebratenen Tauben flögen einem in den Mund. Stellt sich die Frage, ob die Menschen stark genug wären, mit dieser Freiheit umzugehen.

Werner: Schneller, weiter, höher – das sind doch die Maximen menschlichen Handelns. Die meisten werden über das allgemeine Grundeinkommen hinaus verdienen wollen, denn wir streben nach mehr. Diejenigen aber, die aus verschiedenen Gründen am Arbeitsleben nicht teilnehmen können oder wollen, verfügen trotzdem über ein menschenwürdiges Einkommen. Kindheit und Alter wären wieder finanzierbar und auch die Hausfrau würde endlich für ihre Arbeit entlohnt. Hartz IV, für mich nicht mehr als ein offener Strafvollzug, wäre Geschichte.
Prisma: Eine weitere Forderung ist die radikale Änderung des Steuersystems. Ertrags- und Einkommenssteuer würden abgeschafft. Nur noch der Konsum müsste besteuert werden. Eine 50-prozentige Mehrwertsteuer träfe aber vor allem Menschen mit wenig Geld. Wäre das gerecht?
Werner: Die Konsumbesteuerung ist die einzig gerechte. Wer einen großen Wagen kauft, zahlt viel mehr Steuern als der, der sich für ein kleines Modell entscheidet. Und denken Sie mal daran, wie sinnvoll wir die Legionen von Finanzbeamten einsetzen könnten. Zum Beispiel für die Arbeitsvermittlung. Fördern und Fordern wäre dann mehr als ein Schlagwort.
Prisma: Dennoch kann das Grundeinkommen für alle nur finanziert werden, wenn wir auf Teufel komm raus konsumieren. Das aber tut weder dem Menschen noch der Umwelt gut.
Werner: Was materiellen Konsum anbelangt, ist das richtig. Aber der ist sowieso begrenzt. Was will einer mit zehn Fernsehgeräten? Den Konsum müssen wir in allen kulturellen und sozialen Bereichen anfeuern. Ein Lehrer sollte möglichst viel Wissen an seine Schüler weitergeben. Und wenn in der Pflegeversicherung menschliche Zuwendung im Sekundentakt abgerechnet wird, ist das doch letztlich menschenverachtend. Durch das Grundeinkommen würde vor allem der kulturelle und soziale Bereich eine ungeahnte Entwicklung zum Besseren erleben.
Prisma: Wem würden Sie ihr Buch als Pflichtlektüre empfehlen wollen?
Werner: Allen die daran interessiert sind, dass wir aus der gesellschaftlichen Sackgasse herauskommen, in der wir uns befinden. Und ich bin sicher: Es wäre ein Beispiel, das Schule machen würde – weltweit!

(Franz Hünneken: Freiheit als Lebenselixier. Interview mit Götz W. Werner, Gründer der Drogeriemarktkette dm. In: Prisma Heft 10/2007, S. 12)

?

- *Erläutern Sie die Grundidee, die hinter dem Konzept des bedingungslosen Grundeinkommens steht. Hätte die Verwirklichung dieser Idee, wie Götz W. Werner meint, tatsächlich nicht nur mehr Gleichheit, sondern auch mehr Freiheit zur Folge? Begründen Sie Ihre Auffassung.*
- *Haben Gerechtigkeitsideale für Sie auch dann einen Wert, wenn sie in der heutigen Zeit als nicht verwirklichbar erscheinen?*
- *Teilen Sie die Klasse in zwei Gruppen ein: Sammeln Sie in der jeweiligen Gruppe mindestens fünf Pro- bzw. Contra-Argumente bezogen auf die Idee des bedingungslosen Grundeinkommens. Verteidigen Sie die Argumente vor der Klasse. Fassen Sie die Ergebnisse der Diskussion in einer Bilanz zusammen.*
- *Wie begründet der Autor in diesem Text den Wert von menschlichen Träumen, die eine gerechtere Ordnung des Zusammenlebens zum Gegenstand haben? Vergleichen Sie mit dem Zitat von Enzensberger auf Seite 176.*
- *Zeigen Sie anhand von historischen Beispielen einerseits, wie aus solchen Wunsch-Träumen manchmal Wirklichkeit wurde sowie andererseits, wie falsche Propheten sich unsere Träume zunutze gemacht haben.*

- Verfassen Sie einen kurzen Artikel für eine Schülerzeitung, in welchem Sie die Kapiteleingangsfrage „Ist unser Leben nur gut, wenn wir moralisch handeln?“ beantworten. Beziehen Sie in Ihre Antwort Ihre Erkenntnisse aus dem gesamten dritten Kapitel ein.

3.

4 Religiöse Hoffnung auf eine andere Welt

Q| Es geht [...] um die Tatsache, dass [die religiösen] Wurzeln weitgehend abgestorben sind und fast keinen kulturellen Lebenssaft mehr transportieren; die Profanität ist unser Schicksal und nicht unser Werk, das wir auch unterlassen könnten. Darum haben auch religiöse Wiederbelebungsversuche keine Chance. [...] Es gibt kein „Wiedererstarken von Religion", wenn man unter Religion nicht bloß Religiosität als eine Art subjektiven Gestimmtseins (Stichwort Spiritualität) mit einer neuerdings wieder attraktiven Erlebnisqualität versteht, sondern als eine Angelegenheit, die uns als ganze Person betrifft und uns nötigen könnte, unser Leben zu ändern. In unserem heutigen Lebensalltag ist das Religiöse nicht mehr als eine kulturelle Garnierung, auf die die meisten Zeitgenossen ohnehin leicht verzichten.

(Herbert Schnädelbach: Religion in der modernen Welt. Fischer, Frankfurt/M. 2009, S. 138)

Trotz Schnädelbachs Beurteilung ist festzustellen, dass immer noch viele Menschen Kraft aus ihren religiösen Wurzeln ziehen. Menschen, die Begegnung und Gespräch mit Gott suchen und pflegen, die das Irdische und Alltägliche übersteigen wollen, die daran glauben, dass die Welt durch ein tröstendes und Erlösung gewährendes Jenseits des Irdischen geschaffen ist und weiterhin gelenkt wird, Menschen, die so ihre Existenz deuten, die nennen wir gemeinhin religiös. Doch für viele von uns bleibt offen, was in ihnen und an ihren heiligen Orten geschieht, ob es uns vielleicht sogar Orientierung, Wahrheit, Sinn, Vertrauen, Trost, Mut und Sicherheit geben könnte. Wahrscheinlich sind Religion und Kritik an ihr so alt wie die Menschheit. Religionen haben jedoch entscheidend dazu beitragen, dass Menschen *Kulturmenschen* wurden. Im islamischen Bereich ist Religion immer noch kulturbestimmend. Als bloßer *Teilbereich* mit schwindendem Einfluss steht sie jedoch in unserer europäischen Kultur nur noch *neben* Ethik, Technik, Wissenschaft, Politik usw., sie bestimmt nicht mehr die Kultur. Wird sie ganz verschwinden? Kehrt sie wieder? Können, dürfen, wollen wir auf sie verzichten? Ist Religion, ist die religiöse Haltung nur ein Irrweg, eine illusionäre Sackgasse oder eine Hoffnung spendende Kraftquelle und Garant sittlicher Ordnung? Was ist das, was Menschen so intensiv und voller Begeisterung zum Außergewöhnlichen, zur Religion bringt?

?| › *Religiös Gläubige sprechen zu und mit Gott, Ungläubige können immerhin über Gott sprechen. Vergleichen Sie diese Gesprächstypen und diskutieren Sie am Beispiel des Textes im Bild, ob und wie Gläubige und Ungläubige von einem Gespräch profitieren könnten.*

4.1 Aufgehobensein in einer anderen Dimension – das Göttliche in den Religionen

4.1.1 Was macht eine Religion zur Religion?

- *Beschreiben Sie die Bilder von Hieronymus Bosch (ca. 1450–1516) und geben Sie ihnen eine eigene Überschrift.*
- *Lassen Sie sich von den folgenden Fragen anregen, wählen Sie eine oder mehrere aus und erstellen Sie eine Mindmap, die Ihr Verhältnis dazu und Ihr Wissen illustriert:*
  Welche Erfahrungen haben Sie mit Religion gemacht? Welche Gotteshäuser kennen Sie? Was geschieht dort? Wer geht dort warum hin? Haben Sie schon einmal gebetet? Was ist das, ein Gebet? Wozu braucht man Imame, Priester usw.? Warum wird jemand Nonne oder Mönch? Wozu Taufe, Konfirmation, Kommunion, Bar Mitzwa und Bat Mitzwa usw.? Verhalten Sie sich an religiösen Feiertagen anders als an weltlichen? Warum Kirchensteuern? Sind Sie ein gläubiger Mensch? Glauben Sie an ein Jenseits (Transzendenz)? Glauben und vertrauen Sie nicht doch an bzw. auf etwas, was nicht „von dieser Welt" ist? Was ist das? Was spricht für, was gegen Religion? Unterscheiden Sie Religion und Religiosität? Was macht eine Religion zur Religion, was unterscheidet sie von anderen Erscheinungen einer Kultur, von Utopien, Weltanschauungen und philosophisch-ethischen Wertesystemen?

Hieronymus Bosch, linke Tafel: Das irdische Paradies
rechte Tafel: Der Aufstieg in das himmlische Paradies, ca. 1490

- *Verfassen Sie eine E-Mail, in der Sie auf Basis Ihres Vorwissens einem „Marsmenschen" den Stellenwert von Religion in Deutschland erläutern.*

Religionen und Religiosität gab es immer, wird es sie auch immer geben?

Soweit unsere Kenntnisse aus der frühen Geschichte der Menschheit reichen, gab es viele und sehr unterschiedliche Gottesbilder und Gottesvorstellungen. Es gab aber nie ein Volk, einen Stamm, ein Gemeinwesen ohne Religion oder religiöse Vorstellungen. Wobei „Religion" hier im allgemeinen Sinne zu verstehen ist: Der Mensch begreift sich in einem Zusammenhang, der die irdische Existenz übersteigt. Er fragt nach dem Ursprung seiner Existenz in einer Schöpfungsmacht oder einem ewigen Sein. Er fragt nach dem Ziel seiner Existenz

nach dem natürlichen Tode, indem er ein Aufgehobensein in einer anderen Dimension erwartet, sei es nun eine Art Paradies, eine Auferstehung, eine Läuterung für die ewige Wiederkehr des Seins oder auch eine karmische Erlösung von den Qualen des Seins im Nirwana. Er unterstellt das irdische menschliche Leben und das Leben in Gemeinschaften bestimmten ethischen Regeln, die er als göttlichen Ursprungs versteht oder in göttlicher Gesetzgebung begründet sieht. Und er bedient sich im Kontakt zu diesem Anfang und Ziel seiner menschlichen Existenz bestimmter Mythen, Riten und der Hilfe von Priestern, Lamas, Schamanen oder anderer kundiger Interpreten und Schriftgelehrter.
Dabei tauchen erstaunlich häufig in den religiösen Praktiken völlig unterschiedlicher Religionen gleiche Momente auf, die für den heutigen religionsunerfahrenen Beobachter erstaunlich sind, da sich ja in den frühesten Anfängen kaum eine gegenseitige globale oder mediale Beeinflussung vermuten lässt. Ähnlich ist beispielsweise in fast allen Religionen, dass sie heilige Orte kennen, Tempel, Kultstätten, magische Orte, an denen sich die Gemeinschaften versammeln und die sie als Zentrum ihrer religiösen Verrichtungen verstehen. Ähnlich ist, dass in allen Religionen Opfervorstellungen verkörpert und praktiziert werden, sei es in realen materiellen Opfern, die sich von frühen Menschenopfern zu Tieropfern und sonstiger materieller Spendenpraxis bis hin zu geistigen Opferverständnissen (Verzicht auf Sexualität, Verzicht auf bestimmte Speisen, Gelübde, Zölibat, Verzicht auf Machtausübung, Verzicht auf Rache) ausdrücken können. Gerade diese überall stattfindende Opferpraxis ist ein erstaunliches Phänomen [...]. Ähnlich ist in allen Religionen die Sonderstellung der Personen, die von der Gemeinschaft für die kultischen Handlungen vorgesehen werden oder sich selbst durch einen Akt der ekstatischen Berufung dazu auserwählt empfinden, die Priester, Mönche und Nonnen, die Schamanen, Medizinmänner, Päpste, Dalai Lamas, Mullahs, Ayatollahs und Pastoren. Ähnlich ist bei allen, dass ein höchstes Wesen, das meistens „Gott" genannt wird, nur durch vermittelnde Instanzen erfahrbar ist, sei es durch eine Offenbarung, sei es durch eine Schrift, sei es durch Gesetze, die es heilbringend erlassen hat, sei es durch Propheten, sei es durch meditative Praktiken, wie besonders im Hinduismus und Buddhismus (Wobei der Buddhismus am weitesten von jeder personalen Gottesvorstellung entfernt ist, so dass man ihn in gleicher Weise als ethisch-meditativen Atheismus verstehen könnte. Aber auch er verzichtet nicht auf Tempel, Altäre, religiöse Praktiken, Opfer, Mönche, Heilige und Lamas.). Ähnlich ist in allen Religionen, dass es ein bestimmtes Verhältnis zwischen der Interpretation des weltlichen Gemeinwesens und dem religiösen Ursprung dieses Gemeinwesens gibt. Sehr oft bildet die Religion den Hintergrund, um sich als auserwähltes Volk zu verstehen, als Volk Gottes, als gesegnete kultivierte Polis. Gelegentlich wird auch eine gottgewollte Einheit von politischer und weltlicher Macht vertreten, wie häufig im Islam, aber auch noch im tibetischen Buddhismus.
Und schließlich ist ähnlich, dass traditionell in allen Völkern ein sehr enger Zusammenhang der Entwicklung von Kultur und Religion gesehen und gepflegt wurde. In den vergangenen Hochkulturen waren alle großen bedeutenden Kulturleistungen mit religiösen Funktionen verbunden: die Tempelbauten,

die Grabstätten und Totenkulte, die großen Epen, die mythischen Erzählungen, die Musik, die Königskrönungen, die großen Feste des Gemeinwesens, ja sogar ursprünglich das Theater, die künstlerische Formensprache, die Schriftsprache und das Verständnis von Schönheit und Harmonie.

(Antje Vollmer: Gott im Kommen? Kösel, München 2007, S. 17ff.)

?

- *Stellen Sie Gedankengang und Hauptaussagen des Textauszuges dar.*
- *Listen Sie alle beschriebenen Ähnlichkeiten auf, überprüfen Sie diese und beantworten Sie die Frage, ob Ähnlichkeiten ausreichen, um das Phänomen Religion zu erklären bzw. zu begründen.*
- *Vergleichen Sie Vollmers Erläuterungen mit Ihrer E-Mail (vgl. S. 193).*
- *Erörtern Sie, ob, auch wenn es immer Religionen gab, es sie weiterhin geben soll und kann.*

Transzendenz und Immanenz

Q

Einmal fassen wir den schon so oft definierten Begriff Religion, um eine Arbeitsleitlinie zu gewinnen, äußerst formal, indem wir sagen, Religion, die auch als Sich-Binden an ein Göttliches bzw. einen Gott gefasst wird, deutet auf die den Menschen charakterisierende Fähigkeit, über sich selbst hinauszuschreiten, zu transzendieren. Der Mensch erscheint als ein transzendenz-orientiertes Wesen. [...]

An dieser Stelle empfiehlt sich eine Begriffsbestimmung des Jenseits und ein Hinblick auf den Transzendenzbegriff. Zunächst haben wir festzustellen, dass im Begriff des Jenseits die Vorstellung räumlicher Distanz zu einer anderen als unserer diesseitigen Welt waltet. Sie wurzelt in einer Urerfahrung, die sich für den Menschen aus bloßem Aufblick zu den Höhen des Himmels ergibt. Die unvermittelt wahrgenommene Distanz zwischen Erde und Himmel dürfte sehr vielen Jenseitsvorstellungen zugrunde liegen. Mit diesen Vorstellungen verbindet sich nicht selten das Bild des Aufstiegs – hinauf zum Himmel und am Himmel entlang. Wir finden es bis in die Philosophie – z.B. bei Parmenides mit der Himmelsreise wie bei Platon im berühmten Höhlengleichnis.

Der Begriff Transzendenz steht hinsichtlich seiner Geschichte im Spannungsfeld zu seinem Gegenbegriff: der Immanenz. Letzterer umfasst alles, was dem Menschen als subjekteigen und wesensmäßig zugehört, während Transzendenz das bezeichnet, was die Immanenz übersteigt, außerhalb derselben als ihr Gegenüber gedacht und geglaubt wird. Transzendenz gilt als das, was dem Menschen nicht wesenseigen, sondern fremd ist, jedoch gerade in seinem fremdartigen und andersartigen Gegenübersein in gewisser Hinsicht dem Menschen und seiner Daseinswelt eignet. Transzendenz meint das, woraufhin der Mensch sich in seinem immanent-subjektiven Leben übersteigt bzw. zu übersteigen versucht. Da es dem Menschen wesentlich ist, über sich hinauszugehen, wird Transzendenz notwendig ins Subjektive einbezogen, d.h. Immanenz ist erst im Bezug auf Transzendenz das, was sie ist. Umgekehrt redet man von Transzendenz als solcher eben auch bezogen auf die Immanenz. Nur von der Immanenz her kann von Transzendenz die Rede sein.

(Hans-Jürg Braun: Das Leben nach dem Tod. Jenseitsvorstellungen der Menschheit. Artemis & Winkler, Düsseldorf/Zürich 1996, S. 16f.)

?

- *Stellen Sie aus verschiedenen Lexika Begriffsbestimmungen zu „Religion" und „Transzendenz" zusammen. Welche Gemeinsamkeiten und welche Unterschiede können Sie herausarbeiten? Verfassen Sie anschließend einen eigenen Lexikonartikel und vergleichen Sie in der Lerngruppe.*

› *Informieren Sie sich über die im Text von Braun genannten Hinweise auf Parmenides und Platon in geeigneten Medien (vgl. auch S. 109) und vergleichen Sie den philosophischen Aufstieg mit einem religiösen.*
› *Diskutieren Sie den Satz „Nur von der Immanenz her kann von Transzendenz die Rede sein". Finden Sie Beispiele dafür, wo im menschlichen Denken Immanenz und Transzendenz in einer Beziehung stehen.*

Religiöse und andere Zugänge zu Welt und Selbst

Im *Alltag* verhalten wir uns in Sprache und Denken pragmatisch, wir setzen die Realität fraglos voraus und sind vor allem an Zwecken und nicht an einem vertieften Verständnis von Selbst und Welt interessiert. Eine *philosophische Haltung* (vgl. Seite 12ff.) zeichnet sich u.a. durch Distanz, Fraglichkeit, Nachdenklichkeit, Zweifel und den argumentativen Diskurs aus. Das vernünftige Gespräch, die logische Analyse oder die Introspektion zugunsten rational einsehbarer Strukturen von Welt und Selbst gelten als die Mittel des Philosophierens bei einer Wahrheitssuche. Es geht hier, wie auch in den Wissenschaften, um ein zu *erwerbendes* Wissen. Wahrheit *offenbart* sich nicht, sie ist Resultat von Denk- und Forschungsanstrengung, von methodischer Arbeit. Eine *naturwissenschaftliche* Entschlüsselung orientiert sich an zu erbringenden Daten aus kontrollierten und nachprüfbaren Beobachtungen und Experimenten, an Messbarkeit, an der Bereitschaft, Aussagen nicht als endgültig, sondern als vorläufige Hypothesen zu verstehen (vgl. Kap. 2.2). Am Beispiel eines *erzählenden Weltzugangs im Mythos* (Kap. 2.5.4) sowie der *Ästhetik* stellten wir differierende Weltzugänge wie z.B. Atmosphären oder die Bildsprache in der Malerei vor (Kap. 2.4). Hier wäre noch eine Form „östlichen Denkens" zu ergänzen, wie sie sich z.B. an Siddhartha Gautama (Buddha) zeigt, der ganz allein, mit geschlossenen Augen und schweigend unter einem Baum sitzend, intensiv meditierte. Die *Religionen* konfrontieren uns mit besonderen Formen des Zugangs zu den als wahr und endgültig geglaubten ersten Grundlagen der Welt, die z.B. in einem jenseitigen Wesen wie Gott gesucht werden. Gott gewährt Wissen als zu glaubende Wahrheit, er *offenbart* sie. Wer an Gott glaubt, weiß, dass dieser die Voraussetzung der Welt ist, Struktur schafft, die Welt in Gang hält, Ungerechtigkeit und Leid ertragen lehrt und Erlösung schenken kann.

Das Wort Religion lässt sich nicht nur auf *religare* (lat. binden, anbinden, verbinden) sondern auch auf *religere* (lat. sorgsam beachten) zurückführen.
Im Sinne von *religare* bindet eine Religion die gläubigen Menschen an einen übersinnlichen, heiligen Urgrund, der unterschiedliche Gestalt annehmen kann. Einerseits wird darunter eine transzendente, überindividuelle Person wie z.B. ein Gott verstanden, dem Attribute wie Schöpfer der Welt, Unendlichkeit, Unveränderlichkeit, Ewigkeit, Barmherzigkeit, Allwissenheit und Macht zugeschrieben werden. Demgegenüber wird aber auch ein unpersönliches Prinzip angenommen, wie z.B. das Tao (das Ewige und Unteilbare) in der chinesischen Kultur. Weil durch diesen meist jenseitigen Urgrund alles geschaffen und gelenkt wird, weil er Hoffnung und Sinn ermöglicht, gilt er als das lebensentscheidend Wichtige überhaupt. Das Gemeinsame aller Religionen besteht darin, dass Menschen an einen Gott oder Urgrund glauben *und* sich als davon abhängig erleben und in ihrem Verhalten dementsprechend darauf beziehen.

Im Sinne von *religere* achten in der Tat gläubige Menschen in Haltung und Handlung sehr sorgfältig darauf, ihren Gott durch Gebete, Reinheitsgebote, Gesänge und andere zeremonielle Praktiken zu verehren. In der Verehrung zeigt sich, dass das Jenseits auch das irdische Leben umfasst. Allein und vor allem gemeinsam (Gemeinde!) wird diese Verehrung nach festgelegten Regeln (Ritualen) z.B. in Gotteshäusern (Kirchen, Moscheen, Tempeln) vollzogen. Diese religiösen Rituale dürfen nicht gestört und verändert werden, ihr korrekter Vollzug gewährleistet nicht nur die Verbindung zum Transzendenten, sondern auch eine stabile Struktur von Welt und Ich. Vor diesem Hintergrund ist auch das Mönchswesen zu verstehen. Weltabgewandt wird hier Jenseitszuwendung und Glaubenssicherheit durch extreme Ritualisierung gesucht. Alle Lebensvollzüge sind nur auf das Jenseitige ausgerichtet.

Das Gebet als Weg zu religiöser Transzendenz

Es ist oft in Wahrheit keine Zuflucht,
als einsam zu werden und seine Augen und sein
Herz zu Gott zu erheben und zu ihm zu schreien.

Martin Buber (1878–1965) zugeschrieben

Das *Gebet* ist eine sehr persönliche, eine intensive kommunikative Zuwendung zu einem transzendenten Wesen. Hier kann es gelingen, in unmittelbaren Kontakt mit einem Jenseits zu kommen, von dem man sich schlechthin abhängig fühlt. Marie von Ebner-Eschenbach (1830–1916) schildert aus ihrer Sicht, inwiefern das Gebet bedeutende Möglichkeiten der Erkenntnis ermöglichen kann, die über Alltags- und Verstandesdenken hinausgehen.

Q

Ich habe kleine Wahrzeichen, an denen ich die Menschen zu erkennen glaube. So zum Beispiel bilde ich mir ein, dass, wer nicht heiß und inbrünstig gebetet hat, wenn auch nur ganz kurz, in einem großen, schwerwiegenden, nie vergessenen Augenblick höchster, schmerzlichster Not oder höchster Glückseligkeit, immer etwas Ungelöstes in seiner Seele behält, eine unerschlossene Knospe, einen unbefruchteten Keim. Er kennt den höchsten Aufschrei des Menschenherzens nicht – das unwillkürlich herausgestoßene Gebet. Er wird unzugänglich sein für alles, was sich der Herrschaft des Verstandes entzieht, er wird kein Versteher sein, wenn auch klug, gut und hilfreich seiner Absicht nach. Im schönsten Fluss unsrer liebsten und besten Gedanken werden wir bei ihm plötzlich wie auf eine Eisscholle stoßen. Es hat sich in ihm nie das schönste Wunder begeben.

(zitiert nach Paul Stöcklein: Joseph von Eichendorff. Rowohlt, Reinbek 1985, S.126)

?

- *Stellen Sie – im Vergleich zu anderen Wegen zur Wahrheit – die Besonderheiten einer religiösen Verbindung mit als wahr erachteter Transzendenz dar. Beachten Sie dabei auch den Unterschied von erworbener und offenbarter Wahrheit.*
- *Erörtern Sie Ebner-Eschenbachs Empfehlung für das Gebet und nehmen Sie Stellung.*
- *Vergleichen Sie hinsichtlich Haltung und Inhalt das Gebet mit buddhistischer Meditation.*

4.1.2 Transzendenz, Hoffnung und Jenseitsvorstellungen in den Weltreligionen

Weltreligionen sind Religion im Plural. Damit wird ein Problem benannt. Wie können existierende Religionen nebeneinander bestehen, wenn sie in ihrem Selbstverständnis für alle Menschen auf der Welt gelten sollen? Man spricht deshalb von Weltreligionen in mehrfacher Hinsicht. Es geht einerseits um einen Allgemeinheitsanspruch der jeweiligen Religion, andererseits um eine bedeutende Anzahl ihrer Anhänger und drittens um eine überregionale Verbreitung. Gemeinsam ist den meisten Weltreligionen, dass Religion mit der Vorstellung einer zwar alltagsrelevanten aber transzendenten, d.h. das eigene Bewusstsein und die menschliche Erkenntnisfähigkeit überschreitenden Wirklichkeit verbunden ist. Von dieser erlebt man sich als abhängig. Zu dieser wahreren Wirklichkeit stellen Religionen als Glaubensgemeinschaften über Kulte, Gebete und Meditation eine Kommunikation her. Zugleich begründet der Transzendenzbezug den Glauben und die Hoffnung auf eine neue Existenz des Menschen nach dem Überwinden des Todes oder der Erlösung von den Qualen der Existenz. Diese kann man mit „Jenseits“ bezeichnen. In der christlichen Theologie heißt die Lehre, die das zukünftige Heil der Menschen betrifft, „Eschatologie“, die Lehre von den letzten Dingen (griech.: ta eschata). Im folgenden Abschnitt sollen die Anschauungen ausgewählter Weltreligionen unter den Aspekten der Transzendenz, des Jenseits und der Hoffnung auf eine zukünftige Existenz des Menschen dargestellt werden. Dadurch zeigt sich einerseits ein verbindendes Element der Religionen, andererseits aber auch ihre unterschiedliche Deutung dieser Sachverhalte.

P *Gestalten Sie in einer Gruppenarbeit ein „Projekt Hoffnung“ als Planspiel.*

- *Recherchieren Sie in Massenmedien nach sozialen Projekten in Deutschland oder in der Welt, die Menschen neue Hoffnung geben wollen. Sammeln Sie möglichst viele Informationen, wie solche Projekte organisiert, gestaltet und durchgeführt werden. Achten Sie dabei auch auf Begründungen, in denen religiöse Motive eine Rolle spielen.*
- *Schreiben Sie Rolleninformationen für ein Planspiel, indem sich ein fiktiver Verein einschließlich Vorstand gründet, der sich „Projekt Hoffnung“ nennt. Dieser Verein sollte viele Spender und Mitarbeiter gewinnen.*
- *Starten Sie das Spiel, indem Sie über Begründungen, Ziele und Arbeitsweisen des Projektes diskutieren. Machen Sie sich deutlich, aus welchen Gründen sich Menschen motivieren lassen, anderen Hoffnung zu geben. Bereiten Sie einen Auftritt so vor, dass Sie Mitglieder sowie potenzielle Spender gewinnen können.*
- *Stellen Sie Ihr Projekt (und Ihr gewähltes Logo) in einer gespielten Pressekonferenz vor.*

4.1.2.1 Judentum

Kennzeichnend für den jüdischen Glauben ist das Bekenntnis zu dem einen einzigen Gott (Monotheismus), der sich dem Volk Israel namentlich offenbart hat. Der Gottesname wird nicht ausgesprochen, sondern „JHWH“ geschrieben und mündlich durch die Wörter „Adonaj“ (Herr) oder „Ha-schem“ (der Name) ersetzt. Diese Praxis verweist bereits auf das transzendente Sein Gottes: Gottes Name ist heilig, also vom irdischen Sein unterschieden. Gottes Wille hat sich in der Tora (Weisung, Hebräische Bibel) manifestiert. Insofern ist sie die Brücke zwischen Transzendenz und Immanenz. Die Worte Gottes in den Schriftrollen sind heilig. Jeder Jude muss sie lesen und kennen (Schriftreligion). Fromme Juden leben nach der Tora und stehen dadurch in Kommunikation mit Gott. Die Hoffnung des Glaubens richtet sich auf den kommenden Messias. Durch ihn wird Gottes Herrschaft der ganzen Welt offenbar werden. Insofern ist das Judentum trotz kleiner Zahl seiner Anhänger keine ethnische Religion, sondern eine der ältesten Weltreligionen. Im Spätjudentum bildete sich der Auferstehungsglaube heraus, der zusammen mit der Vorstellung des messianischen Friedensreiches das „Jenseits“ als Zukunft der Menschen beschreibt.

› *Wiederholen Sie die wichtigsten Sachverhalte, die Sie bisher zur Gottesvorstellung im Judentum gelernt haben.* ?

Aus den heiligen Schriften des Judentums

Und es wird geschehen am Ende der Tage: Der Berg des Hauses JHWHs wird feststehen als Haupt der Berge, und erhaben wird er sein über die Hügel. Und Völker werden zu ihm strömen, und viele Nationen werden hingehen und sagen: Auf! Lasst uns hinaufziehen zum Berg JHWHs, und zum Haus des Gottes Jakobs, dass er uns seine Wege lehre! Und wir wollen auf seinen Pfaden gehen. Denn Weisung [„Tora“] geht von Zion aus und das Wort JHWHs von Jerusalem. Und er wird richten zwischen vielen Völkern und Richter sein für zahlreiche Nationen bis in die Ferne. Dann werden sie ihre Schwerter umschmieden zu Pflugscharen und ihre Speere zu Winzermessern. Nicht [mehr] wird Nation gegen Nation das Schwert erheben, und sie werden das Kriegführen nicht mehr lernen. Und sie werden wohnen, jeder unter seinem Weinstock und unter seinem Feigenbaum, und niemand wird sie aufschrecken. Denn der Mund JHWHs-Zebaoth [„der Heerscharen“] hat geredet.

(Tenakh: Prophet Micha, 4, 1-4, Übersetzung Roland Biewald)

Der jüdische Philosoph Maimonides (1135–1204) verfasste um das Jahr 1200 die sogenannten 13 Glaubenssätze *Shloshah-Asar Ikarim*, die bis heute ein wesentliches, aber nicht „dogmatisches“ Glaubensbekenntnis der Juden darstellen. Einige Glaubenssätze daraus lauten:

1. Ich glaube in ganzem Glauben, dass der Schöpfer, gelobt sei sein Name, jegliche Kreatur schafft und lenkt und dass er allein der Urheber alles dessen ist, was geschah, geschieht und geschehen wird.
2. Ich glaube in ganzem Glauben, dass der Schöpfer, gelobt sei sein Name, einzig ist und dass es keine Einheit seinesgleichen gibt, in keinerlei Hinsicht, und dass er allein unser Gott war, ist und sein wird.
3. Ich glaube in ganzem Glauben, dass der Schöpfer, gelobt sei sein Name, unkörperlich ist und frei von jeder Möglichkeit, materiell vorgestellt zu werden; und dass ihm auch keine Gestalt beigelegt werden kann.
4. Ich glaube in ganzem Glauben, dass der Schöpfer, gelobt sei sein Name, Anfang und Ende ist.
5. Ich glaube in ganzem Glauben, dass der Schöpfer, gelobt sei sein Name, allein es ist, dem Anbetung gebührt, und dass es ungebührlich ist, außer ihm ein Wesen anzubeten. [...]

9. Ich glaube in ganzem Glauben, dass [die] Tora unverwechselbar ist und dass es nie eine andere Lehre vom Schöpfer her, gelobt sei sein Name, geben wird.
10. Ich glaube in ganzem Glauben, dass der Schöpfer, gelobt sei sein Name, alles Tun und jegliches Trachten der Menschen kennt, wie es heißt: Er, der ihre Herzen ganz und gar gebildet, Er weiß auch all ihr Tun.
11. Ich glaube in ganzem Glauben, dass der Schöpfer, gelobt sei sein Name, wohl vergilt all denen, die seine Gebote erfüllen, und Übel tut denen, die seine Gebote brechen.
12. Ich glaube in ganzem Glauben, dass der Messias kommt, und ungeachtet seines langen Ausbleibens erwarte ich täglich seine Ankunft.
13. Ich glaube in ganzem Glauben, dass einst zu seiner Zeit, wenn es dem Schöpfer, gelobt sei sein Name und erhoben sein Gedenken immer und ewig, wohl gefällt, die Toten auferstehen werden.

(Nach: http://www.hagalil.com/judentum/rambam/ikarim.htm, Zugriff 20.04.2010)

?

- *Stellen Sie dar, wie in den Texten der universelle Anspruch eines einzigen Gottes (Monotheismus) erläutert wird.*
- *Erarbeiten Sie anhand der Texte, welche Bezüge es zwischen den Eigenschaften Gottes und der Transzendenz gibt, welche Aussagen zur Zukunftshoffnung der Menschen („Jenseits“) getroffen werden und welche Rolle der Messias spielt.*
- *Erläutern Sie, welche Möglichkeiten den Menschen eröffnet werden, und was sie dafür zu tun haben.*

4.1.2.2 Christentum

Das Christentum ist, religionsgeschichtlich betrachtet, aus dem Judentum entstanden. Jesus von Nazareth war Jude. Die Juden warteten zwar auf einen „Christus“, einen jüdischen Messias, akzeptierten jedoch nicht Jesus als diesen. Für die Christen erscheint Jesus sogar als leibhaftiger Sohn Gottes und Teil der göttlichen Dreifaltigkeit (Gottvater, Sohn, Heiliger Geist), er ist auch anders als Mose oder Mohammed kein Verkünder oder Prophet. Durch seine Worte und Taten, vor allem aber durch seinen Tod am Kreuz und seine von Jüngern bezeugte Auferstehung habe Gott mit den Menschen einen neuen Bund, ein *Neues Testament*, geschlossen. Dieses Heilsgeschehen bezieht sich nun auf alle Völker. Das Christentum ist von vornherein – und seit Ende des 4. Jahrhunderts politisch begünstigt durch das Römische Reich – eine Weltreligion. In der Trinitätslehre des 4. Jahrhunderts werden Jesus Christus und der Heilige Geist als göttliche Personen neben den Vater (Schöpfergott) gestellt. Das führte später vor allem im Islam zu der Auffassung, die Christen würden an drei Götter glauben (Tritheismus statt Monotheismus). Die Christen glauben jedoch daran, dass die göttlichen Personen sozusagen Erscheinungsformen und verschiedene Arten der Verehrung des einen einzigen Gottes sind. Der Monotheismus des Judentums wurde insofern beizubehalten versucht. Die Hoffnung der Christen richtet sich – ähnlich wie im Judentum – auf ein göttliches Gericht und die Auferstehung der Gläubigen am Ende der Zeiten. Dann wird das *Gottesreich*, eine neue, friedliche und gerechte Welt, vollendet werden.

Jesus Christus ist einerseits der Garant für die Auferstehung, da er der „Erstling“ war, andererseits ist er identisch mit Gott, der Tod und Teufel besiegt hat. Im biblischen Buch der „Offenbarung (Apokalypse) des Johannes“ wird in Form einer Vision von den letzten Ereignissen erzählt. Auch wenn diese Vision historisch ganz stark von den Christenverfolgungen im Römischen Reich geprägt ist, hat sie doch viele Spekulationen über das Weltende ausgelöst. Die christliche Theologie hat eine Lehre von den zukünftigen Heilsereignissen (Eschatologie) entwickelt.

› *Legen Sie wiederholend dar, was Sie bisher über das Christentum wissen.*
› *Vergleichen Sie die christlichen Vorstellungen von einer „Endzeit“ mit denen, die durch Filme und Literatur vermittelt werden? Welche Rolle spielen Zukunftsängste der Menschen in solchen apokalyptischen Szenarien?*

(Eckard Nordhofen: Die Mädchen, der Lehrer und der liebe Gott. Reclam, Stuttgart 1998, S. 27)

Auf dem Kapitol in Rom, im Museum des Konservatorenpalastes hängt ein Bild des Malers Dosso Dossi. Es zeigt die heilige Familie [...]. Maria hat ein großes Buch aufgeschlagen, einen prachtvollen Kodex mit bunt gemalten Initialen, die Heilige Schrift. Rechts von ihr steht [... das Buch]. Mit der rechten Hand kippt sie es hoch, so dass der Betrachter in das aufgeschlagene Buch blicken kann. Mit der freien Hand zeigt sie auf die Stelle, an der die Schrift abgeschabt ist. An diesem Fleck sind die Buchstaben weg, verschwunden. Dabei wendet sie den Kopf fragend in die Richtung ihres Kindes. Der Blick geht in die Ferne oder nach innen. Sie denkt! Die Frage nach der verschwundenen Schrift geht an ihr Kind, das, unterstützt vom heiligen Josef, zu ihr hinstrebt und ihr die kleinen Hände um den Hals legt. Das Kind wird ihr sagen, was das Buch hätte sagen sollen, aber nicht sagen konnte. Nein – das Kind wird nichts sagen. Es ersetzt die Schrift! Das Kind *ist* die Schrift. Ein Kind statt der Worte. [...]

› *Erläutern Sie, was im oben abgebildeten Bild „Sacra Famiglia“ (Heilige Familie) von Dosso Dossi (1486–1541) nach Nordhofen im Gegensatz zu reinen Schriftreligionen über das Christentum ausgesagt wird. Nehmen Sie anschließend Stellung zu diesem christlichen Wahrheitsweg, indem Sie dem Bild einen neuen Titel geben. Beachten Sie dazu auch 1.14 und 14.6 im Evangelium des Johannes (Neues Testament).*
› *Beurteilen Sie, was Jesu Geburt, sein Tod und seine Auferstehung für die Vorstellung von Hoffnung und Transzendenz in einem Jenseits für das Christentum bedeuten.*

Ich erinnere euch, Brüder, an das Evangelium, das ich euch verkündet habe. Ihr habt es angenommen; es ist der Grund, auf dem ihr steht. Durch dieses Evangelium werdet ihr gerettet, wenn ihr an dem Wortlaut festhaltet, den ich euch verkündet habe. Oder habt ihr den Glauben vielleicht unüberlegt angenommen? Denn vor allem habe ich euch überliefert, was auch ich empfangen habe: Christus ist für unsere Sünden gestorben, gemäß der Schrift, und ist begraben worden. Er ist am dritten Tag auferweckt worden, gemäß der Schrift. [...] Ist aber Christus nicht auferweckt worden, dann ist unsere Verkündigung leer und euer Glaube sinnlos. [...] Nun aber ist Christus von den Toten auferweckt worden als der Erste der Entschlafenen. Da nämlich durch einen Menschen der Tod gekommen ist, kommt durch einen Menschen auch die Aufer-

stehung der Toten. Denn wie in Adam alle sterben, so werden in Christus alle lebendig gemacht werden. […] Nun könnte einer fragen: Wie werden die Toten auferweckt, was für einen Leib werden sie haben? Was für eine törichte Frage! Auch das, was du säst, wird nicht lebendig, wenn es nicht stirbt. Und was du säst, hat noch nicht die Gestalt, die entstehen wird; es ist nur ein nacktes Samenkorn, zum Beispiel ein Weizenkorn oder ein anderes. Gott gibt ihm die Gestalt, die er vorgesehen hat, jedem Samen eine andere. […] So ist es auch mit der Auferstehung der Toten. Was gesät wird, ist verweslich, was auferweckt wird, unverweslich. Was gesät wird, ist armselig, was auferweckt wird, herrlich. Was gesät wird, ist schwach, was auferweckt wird, ist stark. Gesät wird ein irdischer Leib, auferweckt ein überirdischer Leib. Wenn es einen irdischen Leib gibt, gibt es auch einen überirdischen.

(Die Bibel: 1. Korintherbrief des Paulus, Kap. 15, Versauswahl. Katholische Bibelanstalt, Stuttgart 1980)

Q

1. Hoffnung wagen

Der persönliche und der kosmische Tod ziehen eine letzte Grenze für den Glauben und das Wissen. Kann man über die Zukunft der Welt und allen Lebens überhaupt etwas sagen? Ist nicht der Tod auch das Ende aller Worte und Vorstellungen? Über diese letzte Grenze hilft offenbar allein die Hoffnung. Sie reicht über den Tod hinaus, indem der Mensch sich in ihr als endliches Wesen selbst überwindet. Doch diese Aussage ist nicht beweisbar. Wie der Glaube ist auch das Hoffen kein Vermögen des Menschen, sondern eine von Gott in ihn gelegte Gabe. Vielleicht sollte man das Tätigkeitswort „hoffen" umschreiben mit der Formulierung „in der Hoffnung sein". Wird die Hoffnung als Raum verstanden, dann lässt sich leichter verdeutlichen, dass diese Zwillingsschwester des Glaubens den Weg bereitet zwischen dieser und jener Welt, zwischen Diesseits und Jenseits, zwischen Gott und Mensch. Die Hoffnung eröffnet den Übergangsraum zwischen dem Vorfindlichen und dem Möglichen. Wer in der Hoffnung lebt, überschreitet die Grenzen von Wissen und Welt, von Tod und Sterben. […]

3. Mit Christus hoffen

Christen glauben, dass mit Jesus aus Nazareth sich die bisherige Geschichte in eine alle Menschen umfassende pfingstliche Zukunft Gottes öffnet. Wenn Christus wiederkommt, dann wird keine Krankheit, kein Hunger, kein Leid mehr sein, dann wird auch der Tod nicht mehr sein (Offb. 21,4), er wird als letzter „Feind" (1 Kor. 15,26) beseitigt sein. […] Während die Juden hoffen, dass der Messias kommt, erwarten Christen, dass er wiederkommt. […]

4. Angesichts des Sterbens hoffen

Die Auferstehungsbotschaft des Neuen Testamentes verknüpft das Auferstehen Jesu Christi ganz eng mit der persönlichen Auferstehung der Glaubenden am Ende der Zeit. Die Auferstehung Jesu Christi von den Toten legt auch in uns die Quelle der Hoffnung frei. Und diese Quelle spendet die Zuversicht, dass der Einzelne nicht verloren geht, sondern aufbewahrt bleibt, mit seinem Namen erinnert wird und von Gott Zukunft geschenkt bekommt. […] Glaube und Hoffnung halten uns in gleicher Weise in der Gemeinschaft mit Christus, die als Weggemeinschaft und als Unterwegsgemeinschaft auf das kommende

Reich Gottes hin verstanden werden kann. Leben und Sterben findet angesichts dieser Vorstellung dann auch nicht in zwei getrennten Räumen, im Diesseits und im Jenseits, statt, sondern in dem Hoffnungsraum, den Christus durch seine Auferstehung eröffnet hat, um uns mitzunehmen in seine Zukunft.

5. Mit der Schöpfung hoffen

Wer die Hoffnung nur in die Innerlichkeit verlegt, verliert Kosmos, Schöpfung und Geschichte aus dem Blick. Die Bibel sagt im Alten und Neuen Testament allerdings sehr viel davon, dass Gott, wenn er sein Reich aufrichtet, nicht nur die Gemeinschaft mit den Menschen herstellen und vollenden will, sondern mit allen Kreaturen und dem gesamten Erdkreis. [...] Christlicher Glaube ist elementar auf Christus bezogen, christliche Hoffnung ist die Weise, wie das in Christus geschehene Heil auf die gesamte Schöpfung bezogen wird. [...] Eschatologie ist die Verheißung, dass diese Welt hier, dieses Sein hier, verwandelt und von Christus einmal ganz durchdrungen sein wird.

6. Gott alles in allem

Dieser bis zum Äußersten geweitete Horizont eschatologischer Vorstellung leitet über zu der Frage der „Allversöhnung“. Die Vorstellung der „Wiederbringung aller Dinge“ beschreibt die Bewegung der gefallenen Schöpfung zu Gott und die Vollendung der ursprünglichen Einheit in Gott. So, wie die Welt im Augenblick der Schöpfung Gottes war, so wird sie wieder hergestellt werden. [...] Der Gedanke der Allversöhnung darf zwar nicht als Lehre verstanden werden, aber die folgenden Fragen lassen sich nicht von der Hand weisen: Wenn Gott die Liebe ist, kann es dann eine ewige Verdammnis geben? Wird Gott nicht letztlich doch alle erlösen? Die Antwort wird offen bleiben müssen. Eine Garantie, dass am Ende alles gut ausgeht, gibt es nicht. Aus unserer Perspektive können wir nur sagen: Gott erwartet meine Antwort des Glaubens und will, dass ich die Verantwortung für mein Tun übernehme.

(Evangelischer Erwachsenenkatechismus. Gütersloher Vlg., Gütersloh 2000, S. 811ff.)

- *Erarbeiten Sie anhand der Texte, welche Bezüge es zwischen den Eigenschaften Gottes und der Transzendenz gibt, welche Aussagen zur Zukunftshoffnung der Menschen („Jenseits“) getroffen werden und welche Rolle Christus spielt.*
- *Erläutern Sie, welche Möglichkeiten den Menschen eröffnet werden, und was sie dafür zu tun haben.*

4.1.2.3 Islam

Der Islam (wörtlich: Hingabe an Gott) ist neben Judentum und Christentum die dritte und zeitlich jüngste der monotheistischen Weltreligionen. Gott (Allah) ist ein einziger und als solcher Schöpfer, Erbarmer und Richter der Welt. Wer sich ihm und nur ihm hingibt und unterwirft, ist Muslim und folgt damit der einzig wahren und reinen Religion (Koran 3,65f.).

Durch den Propheten Muhammad (Mohammed) hat sich Gott barmherzig den Menschen zugewendet. Der Prophet ist der Vermittler der letztgültigen göttlichen Offenbarung, des Koran. Allah erwartet, dass die Menschen ihre Vernunft gebrauchen, d.h. begreifen, wie einleuchtend der Koran ist, und den Worten des Korans folgen. Nur wer die Worte des Korans kennt, wer sich an die Weisungen des Korans hält, ist auf dem Weg des Heils. Die Abgrenzung zum Judentum und zum Christentum, die der Koran zwar auch als „Schriftreligionen" anerkennt und auf die sich z.B. mit Abraham bezogen wird, erfolgt genau an dieser Stelle. Sie haben nicht die letztgültige und reine Offenbarung erhalten. Die Tora der Juden ist aus islamischer Sicht vorläufig und unvollständig, der Christusglaube der Christen ist für Muslime wegen der Gleichsetzung mit Gott nicht nachvollziehbar. Die Heilsgewissheit wird allein durch den Koran gegeben, der zu lernen, zu rezitieren und im täglichen Leben (auch in der Politik) zu befolgen ist. Auch der Islam hat eine Eschatologie ausgebildet nach der gläubige Muslime nach einem göttlichen Gericht im Paradies leben werden. Eine ganze Reihe von Koranstellen spricht von dieser Zukunftshoffnung. Im Unterschied zum Christentum gibt es keine Erlösergestalt.

?|

- *Legen Sie wiederholend dar, was Sie bisher über den Islam wissen.*
- *Lesen Sie nach, welche „99 heiligen Namen" (Eigenschaften) die islamische Tradition für Gott kennt. Welche davon verweisen auf Transzendenz, welche auf Immanenz?*

Q|

Sure 75: Die Auferstehung (al-Qiyama)

Im Namen Gottes, des Erbarmers, des Barmherzigen.

Nein, Ich schwöre beim Tag der Auferstehung. Nein, Ich schwöre bei der Seele, die sich selbst Tadel ausspricht. Meint denn der Mensch, dass Wir seine Gebeine nicht zusammenfügen werden? Ja doch, Wir sind imstande, seine Fingerspitzen zurechtzubilden. Doch der Mensch will voller Laster sein, sein Leben lang. Er fragt: „Wann wird der Tag der Auferstehung sein?".

Wenn dann das Augenlicht geblendet ist und der Mond sich verfinstert und Sonne und Mond miteinander vereinigt werden, an jenem Tag sagt der Mensch: „Wohin nun fliehen?" Nein, es gibt keine Zuflucht. Zu deinem Herrn führt an jenem Tag der Weg zum Aufenthaltsort. An jenem Tag wird dem Menschen kundgetan, was er vorausgeschickt und zurückgestellt hat. Nein, der Mensch bringt einsichtige Beweise gegen sich selbst, auch wenn er seine Entschuldigungen vorbringt. [...]

Aber nein, ihr liebt eher das, was schnell eintrifft, und vernachlässigt das Jenseits. An jenem Tag gibt es strahlende Gesichter, die zu ihrem Herrn schauen. Und es gibt an jenem Tag finstere Gesichter; du möchtest meinen, es widerfahre ihnen ein das Rückgrat brechendes Unglück.

Nein, wenn sie das Schlüsselbein erreicht und gesagt wird: „Wer kann als Beschwörer auftreten?", und wenn er meint, es sei (jetzt) der Abschied, und wenn (bei ihm) das eine Bein auf das andere trifft, an jenem Tag wird er zu deinem Herrn getrieben.

Denn er hielt nicht (die Botschaft) für wahr, und er betete nicht, sondern er erklärte (sie) für Lüge, und er kehrte sich ab. Dann ging er zu seinen Angehörigen mit stolzen Schritten. – „Recht geschieht dir, ja recht geschieht es. Noch einmal: Recht geschieht dir, ja recht geschieht es." Meint denn der Mensch, dass er unbeachtet gelassen wird? Ist er nicht ein Samentropfen, der sich ergießt, dann ein Embryo gewesen? Da hat Er erschaffen und gebildet, und daraus das Paar gemacht: den Mann und das Weib. Ist ein solcher (Gott) denn nicht imstande, die Toten wieder lebendig zu machen?

(Adel Theodor Khoury (Hg.): Der Koran. Arabisch-deutsch. Chr. Kaiser/Gütersloher Verlag, Gütersloh 2004, S. 736–738)

Die Anschauung Gottes

Das Endziel, dem der Moslem entgegenstrebt, ist die „Vereinigung mit Gott“, die „Anschauung Gottes“. Im Koran heißt es dazu: „Manche Gesichter werden an jenem Tage leuchtend sein und zu ihrem Herrn schauen“ (75:23). Das ist nach Sura 9:72 „die höchste Glückseligkeit“, die Stätte ewigen Friedens, der Zustand Islam, als Endpunkt des geraden Weges (10:26). Und Gott verheißt in Überwindung des Todes:
„Doch du, o beruhigte Seele, kehre zurück zu deinem Herrn, befriedigt in (seiner) Zufriedenheit. So tritt denn ein unter meine Diener und tritt ein in meinen Garten“ (Sura 89: 28-31).
Von den Verdammten heißt es hingegen in Sura 2:175, dass „Gott sie nicht anreden wird am Tage der Auferstehung“ bzw. in Sura 3:78:

Muslimisches Paradies, Illuminierte Handschrift Mirâj Nâmeh, Osttürkei, 15. Jh.

„Gott wird weder zu ihnen sprechen noch auf sie blicken am Tage der Auferstehung“; sie werden „an jenem Tage von ihrem Herrn getrennt sein“ (83:16). Aber diese Ausstoßung ist nicht ewig. Mohammad hat gesagt: „Über die Hölle wird ein Tag kommen, an dem ihre Tore gegeneinander (im Wind) klappern werden und es wird niemand mehr in ihr sein“ (Abd-allah bin Amr Ibn al-As nach Musnad Ahmad).
Über allen Traditionen und Verheißungen steht der große Aufruf Gottes, das wahre Leben zu ergreifen:
„O ihr Gläubigen, antwortet Gott und dem Gesandten, wenn Er euch ruft, auf dass Er euch Leben gebe und wisset, dass Gott zwischen einen Menschen und sein Herz tritt, und dass zu Ihm ihr werdet alle versammelt werden“ (8:25).

(Abdullah Muhammad Salim: Islam für das Gespräch mit Christen. Gütersloher Verlag, Gütersloh 1992, S. 92f.)

- *Erarbeiten Sie anhand der Texte, welche Bezüge es zwischen den Eigenschaften Gottes und der Transzendenz gibt und welche Aussagen zur Zukunftshoffnung der Menschen (Jenseits, Paradies) getroffen werden.*
- *Erläutern Sie, welche Möglichkeiten den Menschen eröffnet werden, und was sie dafür zu tun haben.*

4.1.2.4 Hinduismus

Unter dem Begriff Hinduismus (genauer: Hindu-Traditionen) werden Religionen Indiens zusammengefasst, die ohne ein gemeinsames Glaubensbekenntnis, ohne eine für alle verbindliche Schrift und trotz außerordentlich großer Vielfalt an Kulten, Göttern und heiligen Orten einige Gemeinsamkeiten aufweisen. Das sind insbesondere der Rückbezug auf die Vedischen Schriften, die Anerkennung von Vielfalt, die Nähe der Götter zur Welt, die Vorstellung eines Ewigen Weltgesetzes und die Einteilung der Geschichte in zyklische Zeitverläufe, die sowohl die Weltzeitalter als auch den Kreislauf der Wiedergeburten bestimmen. In der Religionspraxis spielen vorbildliche Gurus (spirituelle Lehrer) und Meditationsübungen (z.B. Yoga) für den spirituellen Fortschritt des einzelnen Hindu eine große Rolle. Die Jenseitsvorstellung hängt eng mit den Bereichen der Wiedergeburt (Reinkarnation) zusammen. Aufgrund von guten oder schlechtem Karma kann die zukünftige Existenz eine bessere oder schlechtere sein. Auch die Götterwelt ist ein Teilbereich im „Rad der Wiedergeburten". Daher ist die Transzendenz eher im Dharma, dem Ewigen Weltgesetz zu suchen. Ihm entspricht am ehesten Brahma als Schöpfergottheit in der sogenannten „Trimurti" (Dreiheit) der Götter neben Vishnu (dem Erhalter) und Shiva (dem Zerstörer). Als Reaktion auf Absolutheitsansprüche monotheistischer Religionen entwickeln sich auch im Hinduismus fundamentalistische Tendenzen (vgl. Seite 212ff.).

?

- *Wiederholen Sie die wichtigsten Sachverhalte, die Sie bisher zum Hinduismus gelernt haben und stellen Sie dar, worin sich die Hindu-Traditionen von den monotheistischen Religionen unterscheiden.*
- *Informieren Sie sich, welche abendländischen Formen von Religiosität und Weltanschauung der Hinduismus beeinflusst hat.*

Aus dem späteren Schrifttum des Hinduismus

Q

Sri Aurobindo (1872–1950): Yoga, Union mit Gott, Herrschaft bei sich selbst

Yoga heißt Union mit Gott, eine Union, die entweder transzendental oder das Universum übersteigend ist, oder kosmisch und das Universum umgreifend, oder individuell, oder alles drei in einem, wie in unserem Yoga. Yoga bedeutet, anders gesagt, das Hineintreten in ein Bewusstsein, in dem man nicht mehr begrenzt bleibt durch das eigene kleine Ich, den persönlichen Geist, das persönliche Vitale und Leibliche, sondern in Union steht mit dem höchsten Selbst, oder mit dem universal kosmischen Bewusstsein, oder mit einem tieferen Bewusstsein in uns selbst, in dem man sich der eigenen Seele, des eigenen inneren Wesens und der wirklichen Wahrheit der Existenz bewusst wird. Das Bewusstsein des Yogi ist nicht ein Bewusstsein von Dingen nur, sondern von Kräften, und nicht nur von Kräften, sondern des bewussten Wesens hinter den Kräften. All dessen ist man sich nicht nur in sich, sondern im Universum ebenso bewusst. Der Mensch kennt sich nicht selbst. [...] Es gehört zum Fundamentalen des Yoga, dass man sich der weitgehend komplexen Struktur unserer Natur bewusst wird und der verschiedenen Kräfte gewahr, die jene bewegen, um die Führung eines weisenden Wissens über sie zu gewinnen. [...] Der Yogi aber geht noch weiter. Er ist dort nicht nur ein Herr, er tritt, während er gleichzeitig in gewisser Weise im Geist weilt, gleichsam aus ihm heraus, steht frei über ihm oder gänzlich distanziert von ihm. [...] Er sieht, dass Gedanken von außen kommen, aus dem universalen Geist oder aus der universalen Natur, manchmal gestaltet und klar, manchmal ungeformt, und dann empfangen sie irgendwo in uns Gestalt. Die Haupttätigkeit unseres Geistes ist entweder die, diese Gedankenwellen, wie auch die vitalen Wellen, oder die Wellen subtil physischer Energie bejahend aufzunehmen oder abzustoßen, oder aber andererseits hat er dem Gedankenmaterial oder den vitalen Bewegungen aus den umgebenden Naturkräften eine persönlich geistige Gestalt zu geben.

(Nach: Walter Tebbe (Hg.): Außerchristliche Religionen der Gegenwart. Vandenhoeck & Ruprecht, Göttingen 1976, S. 88f., 92)

Seelenwanderung und Erlösung

Samsara

Das Zentraldogma aller indischen religiösen Systeme [...] ist die Lehre vom Karma und von der Seelenwanderung; das Ziel jedes religiösen Menschen muss daher darauf gerichtet sein, sich durch gute Taten eine gute Wiederverkörperung zu sichern. Da aber jede, auch die glücklichste und langfristigste Existenz, wie die in einem Götterhimmel, schließlich ein Ende findet, lässt sich durch gute Werke stets nur ein zeitlich begrenztes Wohlbefinden erreichen. Der Wunsch dessen, der die Hinfälligkeit alles weltlichen Strebens erkannt hat, ist aber auf ewiges, überzeitliches Heil gerichtet. Über die Mittel zur Gewinnung desselben bestehen zwei Theorien. Die meisten [...] Sekten lehren, dass der Mensch aus eigenem Vermögen nicht imstande sei, sich aus dem Labyrinth des Samsara [Wanderung durch die Wiedergeburten] zu befreien. Nur die überirdische Kraft Gottes vermag die Fesseln zu lösen, die ihn an die Wandelwelt ketten. Die Hilfe Gottes kann nur durch gläubige Liebe und Ergebenheit (bhakti) zu ihm und vertrauensvolles Sichverlassen (prapatti) auf ihn gewonnen werden. Im einzelnen gehen die Ansichten der Theologen darüber auseinander, ob und in welchem Maße der Mensch an seinem Erlösungsprozess mitwirken kann. Der Mensch muss tätig mitarbeiten, er ist voll von der Gnade Gottes abhängig, er kann sich selbst erlösen, weil er seine Leidenschaften tilgen kann und zu einem meditativ erreichbaren Wissen kommen kann.
Während manche Schulen annehmen, dass die Erlösung erst mit dem Tode eintritt, sind andere der Überzeugung, dass es auch Lebenderlöste gibt, die schon in ihrem irdischen Dasein die völlige Losgelöstheit von den Banden der Welt an sich verwirklichen.
Der Zustand, den der Erlöste nach dem Tode erlangt, wird sehr verschieden beschrieben.
Verklärtes individuelles Fortleben in der überirdischen Heilswelt Gottes, Abbruch des Kontaktes zu Welt und Körper und dadurch individuelles Heil, Rückkehr als Einheit in die ehemalige Ungeschiedenheit des Weltganzen, wer sich auf dem Weg befindet kann immerhin zu Brahma aufsteigen und dort letzte Belehrung empfangen.
Die Frage, ob alle Seelen einstmals erlöst werden, wird von den meisten Systemen nicht beantwortet.

(Nach: Helmuth von Glasenapp: Die fünf Weltreligionen Brahmanismus, Buddhismus, Chinesischer Universismus, Christentum, Islam. Diederichs, München 1991, S. 56-58)

› *Erarbeiten Sie anhand der Texte folgende Sachverhalte: Wie wird Transzendenz charakterisiert? Welche Aussagen werden zur Zukunftshoffnung der Menschen („Jenseits“, „Erlösung“) getroffen? In welcher Weise kann der Mensch zu seinem Heil beitragen?*

4.1.2.5 Buddhismus

Der weltanschauliche Hintergrund des Buddhismus ähnelt aufgrund seiner Entstehungsgeschichte dem der Hindu-Traditionen. Jedoch gibt es im Hinblick auf die Jenseits- und Erlösungsvorstellung mindestens einen gravierenden Unterschied: Das Ziel ist nicht, im Kreislauf der Wiedergeburten immer weiter bis zur Göttersphäre aufzusteigen. Vielmehr soll die Befolgung des Achtfachen Pfades gerade den Ausstieg aus dem als leidvoll empfundenen Kreislauf ermöglichen. Meditationsübungen und gute Taten, die gutes Karma sammeln, sind ebenso wie im Hinduismus übliche Religionspraktiken. Trotz der Differenzierung verschiedener buddhistischer Schulen lassen sich Grundgedanken zur transzendenten Wirklichkeit des Nirvana als gemeinsame Grundanschauung finden.

?

- *Wiederholen Sie Ihre Kenntnisse zu den „Vier Edlen Wahrheiten" und dem „Achtfachen Pfad", die als grundlegende Lehren Buddhas gelten.*
- *Wo finden sich in den Massenmedien Bezüge zum Buddhismus? Welches Bild wird dadurch vermittelt?*

Q

Sowohl die guten Taten, die Belohnungen einbringen, als auch die schlechten, die Strafen im Gefolge haben, zeitigen Wiedergeburten und verstricken das Wesen in den endlosen Kreislauf des Daseins. Um sich davon zu erlösen, sollte man sich sowohl der guten wie auch der schlechten Taten enthalten.

Da man gewöhnlich mehrere aufeinanderfolgende Existenzen durchlaufen muss, um auf dem Erlösungsweg voranzuschreiten, verhelfen am Ende nur die guten Taten zum Heil. Deshalb erscheint nach buddhistischer Auffassung alles, was unter Laster und Leidenschaften zu rechnen ist, als ein Haupthindernis auf dem Weg zur Erlösung.

Vernichtung aller Leidenschaften, Irrtümer und Fesseln, die bisher das Wesen an den dauernden Kreislauf des Daseins gebunden haben, ist angesagt. Neue Leidenschaften, neue Irrtümer und neue Fesseln dürfen nie wieder entstehen. Darum erlangen die Heiligen, die das Nirvana erreicht haben, seien sie Buddha oder Arhat, zugleich zwei bezeichnende Erkenntnisse, nämlich die Gewissheit der Erschöpfung der alten Leidenschaften und ihres Nichtwiederentstehens in der Zukunft. Der Weg der Erlösung führt zu einem Ziel: der Ruhe (samatha), d.h. der Beruhigung, die aus der Vernichtung der Leidenschaften hervorgeht, unter klarer Einsicht in die vier edlen Wahrheiten, die verhindert, dass neue Leidenschaften in dem auf diese Weise aufgeklärten Geist aufkommen.

Nirvana

Der Übergang vom gemeinen diesseitigen zum heiligen jenseitigen Zustand vollzieht sich durch intellektuelle Bekehrung, ohne dass irgendwie (z.B. für das Christentum fundamentale) Begriffe wie Glauben und Gnade mitwirken.

Verschiedene Stufen sind genannt, die wir jetzt nicht detailliert beschreiben. Von der vierfachen Wahrheit vollständig überzeugt, ist der Meditierende am Ende ein Heiliger und braucht nur noch dem Weg zu folgen, der ihn zum Nirvana führen wird. In Tat und Wahrheit stehen ihm drei Wege offen. Hat er die vier Wahrheiten nur durch die Vermittlung des Buddha oder eines seiner Jünger erkannt, so wird er Zuhörer. Hat er sie von sich aus gefunden, so wird er ein Erwachter, entweder ein Erwachter für sich allein, wenn er nicht lehrt, oder ein vollkommen und ganz Erwachter, wenn er wie Buddha die vier Wahrheiten lehrt, bevor er selbst in das Nirvana eingeht.

Das Ziel ist unverkennbar: Erlöschen, völlige Erschöpfung der drei Grundleidenschaften Gier, Hass und Irrtum. Ferner ist es Erschöpfung des Durstes, das Entsagen. Dagegen steht der Hinblick auf das Unsterbliche, auf das Reine, Ruhige, Nichtböse, Nichtunreine, die Zuflucht, das Eiland, das, was nicht

Buddha Amithaba als Herrscher im Paradies, dem Reinen Land

mehr dem Kreislauf des Lebens unterworfen ist. Worum es im Endergebnis geht, ist das Gegenteil unserer phänomenalen Welt, die durch ihre permanenten Wandlungen und die daraus entspringenden Leiden gekennzeichnet ist. Worum es geht, ist das Ganz-Andere, das Absolute, von dem wir aber keine Idee haben, keine Begriffe bilden können. Von dem, woraufhin alles sich richtet, gibt es keine Beschreibung und auch keine Begriffsbestimmung. Alle uns verfügbaren Worte beziehen sich auf ein phänomenales und damit relatives Dasein. Man kann also nicht sagen, das Nirvana als Nichtvorhandensein dieses Universums sei einfach ein Nichts, wie dies oft von Abendländern aus Unkenntnis behauptet wird. Die alten Texte unterscheiden zweierlei Weisen des Erlöschens: Erlöschen in den sichtbaren Dingen oder Erlöschen mit Überresten und Erlöschen ohne Überreste. Erstens ist das eigentliche Nirvana, es ist der Zustand des Heiligen, bei dem alle Leidenschaften endgültig vernichtet sind, der mehrere Jahre hindurch auf diese Weise weiterlebt, um den restlichen Lohn seiner früheren Taten zu erschöpfen – wie ein Rad, das noch im Freilauf weiterdreht, wenn der Antrieb aufgehört hat. Das zweite wird beim Tod des Heiligen erreicht. Alle Elemente, die seine Person bilden, hören in diesem Augenblick endgültig auf zu bestehen. Hier handelt es sich um das völlige Erlöschen. Der Heilige, der diesen Zustand erreicht, gehört unserer Welt nicht mehr an. Er hat alle Bande, die ihn mit ihr verbinden, gelöst. Man kann weder sagen, dass er ist oder nicht ist, noch dass er zugleich ist und nicht ist, noch das Gegenteil davon.

Man darf das, was dem völligen Erlöschen folgt, nicht als reines Nichts betrachten. Es ist ein Zustand ewiger, transzendenter Glückseligkeit, den der beschränkte Geist des Menschen niemals fasst. Gautama Buddha hat zu seinen Jüngern folgendermaßen davon gesprochen: „Es gibt, ihr Mönche, einen Bereich, in dem ist weder Erde noch Wasser, weder Feuer noch Luft, weder das Raumunendlichkeitsgebiet noch das Bewusstseinsunendlichkeitsgebiet, weder das Gebiet der Nichtheit noch das der Weder-Wahrnehmung-noch-Nichtwahrnehmung, weder diese Welt noch jene Welt, weder Sonne noch Mond. Dies, ihr Mönche, nenne ich weder Kommen noch Gehen, noch auch Stillstand, weder Tod noch Geburt; es ist ohne Grundlage, Fortschritt oder Stütze; es ist das Ende allen Kummers. Denn alles, was einem anderen Ding anhängt, kommt zu Fall, aber zu dem, was nicht anhängt, kann kein Fall kommen. Wo kein Fall kommt, da ist Ruhe, und wo Ruhe ist, da ist kein heftiges Begehren. Wo kein heftiges Begehren ist, da kommt nichts und geht nichts; und wo nichts kommt und nichts geht, da ist kein Tod, keine Geburt. Wo weder Tod noch Geburt ist, da ist weder diese noch jene Welt, noch etwas dazwischen – es ist das Ende allen Kummers.“ (Udana VIII, 1,4,3). Dieser Text zeigt die Zurückhaltung des Buddha, über ein wie immer zu verstehendes Jenseits zu sprechen. Er stellt das Wissen vom Sein nach dem Tode hinter das Wissen von den vier edlen Wahrheiten zurück, welches das Leiden, die Aufhebung desselben sowie auch den Weg dorthin meint.

Die Logik ist zwingend. Geschieht Erlösung, dann ist der Tod und alles Nachtodliche kein Problem mehr. Erlösung kann ihrem Vollsinne nach nur Erlösung

von Todesfurcht und möglichen Schrecken einer oder vieler Jenseitszonen bedeuten. [...]
Wer in der Leidenschaft und damit in irdischer Bindung bleibt, dem geschieht Wiedergeburt, wem die Leidenschaft erstirbt, der hat den Ausstieg aus dem Kreislauf geleistet und seinen Eingang ins Nirvana gesichert.

(Hans-Jürg Braun: Das Leben nach dem Tod. Jenseitsvorstellungen der Menschheit. Artemis & Winkler, Düsseldorf/Zürich 1996, S. 336ff.)

?

- *Erarbeiten Sie anhand der Texte folgende Sachverhalte: Wie wird Transzendenz charakterisiert? Welche Rolle spielt dabei der Begriff „Nirwana“? Welche Aussagen werden zur Zukunftshoffnung der Menschen („Jenseits“, „Erlösung“) getroffen? In welcher Weise kann der Mensch zu seinem Heil beitragen?*

4.1.2.6 Neue Religiosität als moderne Weltreligion?

Im 20. und 21. Jahrhundert gibt es eine Vielzahl von Religionsgemeinschaften, religiösen Bewegungen und Gruppen, die zu einem schon unübersehbaren „Markt der Religionen“ geführt haben. Mit dem unscharfen Begriff „Neue Religiosität“ werden bestimmte Charakteristika zusammengefasst, die für neue religiöse Bewegungen typisch erscheinen: die Abkehr von traditionellen Religionen und Kirchen; die Sehnsucht und Suche nach einer „heilen, ganzheitlichen Welt“ (z.B. New Age); die Verbindung von Parawissenschaften und Religion; die Faszination von magisch-okkulten oder „naturreligiösen“ Phänomenen; der Synkretismus von Teilen fernöstlicher und abendländischer Religiosität. An einem Beispiel aus diesem breiten Spektrum soll die Vorstellung von Jenseits und Transzendenz sowie deren Verbindung zu Heilserwartungen illustriert werden.

?

- *Informieren Sie sich anhand von Überblicksliteratur über neue religiöse Bewegungen.*
- *Erkunden Sie, welche Gruppen und Gemeinschaften in Ihrer Nähe präsent sind.*
- *Versuchen Sie, psychologische Motive sowie philosophische und religiöse Hintergründe des Jenseits- und Erlösungsglaubens dieser „neureligiösen“ Bewegungen herauszufinden.*
- *In welchem Verhältnis stehen diese zu den Aussagen der großen Weltreligionen?*

New Age: Bewusstsein des Ganzen

Q

New Age, das Neue Zeitalter, lebt von der Überzeugung, dass die Menschheit an einem Wendepunkt steht. Ihr zukünftiges Leben wird davon abhängen, ob sie sich als fähig; erweist, ein neues Bewusstsein bis in feinste Verästelungen zu formieren. New Age darf man als Begriff gleichsetzen mit diesem Bewusstsein. Es ist auf das Ganze ausgerichtet, von materiellen Interessen hinübergetreten zu einer neuen, im Grunde freilich uralten Spiritualität, es ist beweglich und innovativ, ja stets kooperativ und intuitiv. [...]

Eine Schlüsselaussage für das Denken im New Age stellt die Kritik an der Philosophie des René Descartes dar, der die Unterscheidung zwischen dem Menschen als einem Geistwesen (res cogitans) und der Materie (res extensa) vorgenommen hat. In der Kritik der New-Age-Anhänger ist diese Unterscheidung die Ursünde im Sinne einer Preisgabe, ja einer alles zerstörenden Verachtung der Natur. So werden alle heutigen Probleme der Umweltzerstörung dem descartesschen Denken angelastet.

Was New Age verabschieden möchte, ist neuzeitliches Denken, das Welt und Mensch als determinierte kosmische Maschine betrachtet. Ein kausal-mechanistisches Weltbild, in das ein monarchischer Gott, der die Welt von oben regiert und als christlich deklariert wird, hineinpasst, haben wir zu verabschieden. Der Gott des Christentums als Schöpfer der Welt gerät in kritische Überlegungen, die einen radikalen Abschied von ihm fordern. [...] Während man dem von Descartes und Newton inaugurierten Weltbild falsche Objektivierung und gesetzliche Starre anlastet, findet man nun – so sagen es die New Age-Denker – lebendige Wechselbeziehungen aller Teile in einem harmonischen Ganzen. Alles, was ist und geschieht, ist Teil eines Ganzen. Das Ganze in umfassendem Wechselspiel und lebendigem internen Bezugssystem wird zum neuen Denkmuster. Es ermöglicht, Vorstellung und Erfahrungen miteinander zu einer zunächst verborgenen Einheit zu verbinden.

(Hans-Jürg Braun: Das Leben nach dem Tod. Jenseitsvorstellungen der Menschheit. Artemis & Winkler Düsseldorf/ Zürich 1996, S. 442f.)

- *Vergleichen die Kritik an Descartes mit der Kritik an einer „entzauberten Welt" auf Seite 85f.*
- *Erklären Sie, wo der Hauptunterschied zwischen einem christlichen Wirklichkeitsverständnis (Mensch, Welt, Gott) und dem der New-Age-Bewegung liegt.*

UFOs – eine Religion von den Planetariern?

Die Anhänger der Ufo-Religion erzählen von Bewohnern anderer Planeten, worauf sich irdisches Heilsverlangen richtet. UfOs, unbekannte Flugkörper, haben interplanetarische Reichweite; ihre Besatzungen nähern sich aus anderen, höheren Gestirnen. Diese neue Religion entfaltet sich in den letzten Jahrzehnten auf der ganzen Erde mit bemerkenswertem Erfolg.

(Hans-Jürg Braun: ebd. S. 449)

- *Informieren Sie sich über sogenannte UFOs und Kontakte mit Außerirdischen.*
  Prüfen Sie anschließend unter Anwendung der Erläuterungen zu Religion in diesem Kapitel, inwiefern und unter welchen Umständen es berechtigt ist, von einer UFO-Religion zu sprechen.
- *Welche Motive haben UFO-Anhänger, eine Heilserwartung auf Außerirdische zu projizieren?*
- *Diskutieren Sie, warum eine UFO-Religion für manche Menschen überzeugender ist als traditionelle Religionen.*

4.1

- Arbeiten Sie im Vergleich der behandelten Religionen folgende Sachverhalte heraus und fassen Sie diese in einer Übersicht zusammen: Mit welchen Eigenschaften wird das „Transzendente", das Göttliche, Gott beschrieben? Welche Vorstellungen vom Jenseits (Leben nach dem Tod) gibt es in den Religionen? Welche Motive für die Jenseitshoffnung werden in den Texten genannt? Wie wird die Hoffnung auf eine jenseitige Zukunft begründet? Welche Zusammenhänge zwischen den Jenseitsvorstellungen und der Ethik werden in den behandelten Religionen deutlich?
- Gestalten Sie ein Plakat oder eine Collage zum Thema: „Begründete Hoffnung oder Vertröstung auf das Jenseits?" mit möglichst vielen aussagekräftigen Bildern.
- Diskutieren Sie die Frage, ob sich Transzendenzvorstellungen und Jenseitsglaube in den Religionen auf das Zusammenleben der Menschen – auch unter interkulturellem Aspekt – positiv auswirken können.
- Erkunden Sie, welche Hoffnungskonzepte nichtreligiöse Weltanschauungen (z. B. Marxismus) entwickelt haben.

4.2. Fundamentalismus und Fanatismus in Religionen und Politik

Q| Die religiös-weltanschauliche Landschaft zu Beginn des 21. Jahrhunderts ist nicht nur durch das Fortschreiten von Säkularisierungs- und Modernisierungsprozessen bestimmt, sondern auch durch die so genannte „Wiederkehr der Religion“, die als eine den Menschen ergreifende Macht öffentlichen Einfluss gewinnt. Religionen treten dabei einerseits als Quelle moralischer Verpflichtung in Erscheinung, andererseits aber auch als Faktor in gewaltsamen Konflikten, unter anderem in fundamentalistischen Bewegungen.

(Reinhard Hempelmann (Hg.): Religionen und Gewalt. EZW-Texte 167. Evangelische Zentralstelle für Weltanschauungsfragen, Berlin 2002, S. 1)

?|
- *Schildern Sie Ihre Ansichten oder Erlebnisse über bzw. mit Fundamentalismus und Fanatismus und nennen Sie fundamentalistische Bewegungen und/oder fanatische Personen.*
- *Führen Sie jeweils ein Brainstorming zu „Fundamentalismus“, „Extremismus“ und „Fanatismus“ durch und listen Sie anschließend Merkmale für eine erste Begriffserläuterung auf. Unterscheiden Sie dabei den Bereich der Religion von anderen Gebieten. Sie können auch eine Mindmap erstellen.*
- *Diskutieren Sie, was Ihrer Meinung nach für eine fundamentalistische und fanatische Haltung und Handlung sprechen könnte.*

4.2.1 Was versteht man unter Fundamentalismus und Fanatismus?

Was ist Fanatismus?

Etymologisch ist das Wort Fanatismus mit dem – durch die Gewalt geprägten – religiösen Bereich zu assoziieren: lateinisch ist *fanum* das Heilige, *fanari* das Umherrasen und der *fanaticus* eine von der Gottheit ergriffene und in die – oft mit der totalen Erschöpfung oder gar dem Tod endende – Raserei versetzte Person. Im übertragenen Sinne wird als fanatisch der rücksichtslose und durch nichts zu relativierende Einsatz für irgendwelche Werte bezeichnet. Fanatismus entsteht durch die Verbindung einer sich mit dem Absolutheitsanspruch präsentierenden, in den Kategorien von „nur gut“ und „nur böse“ thematisierten Idee mit der darauf ansprechenden Persönlichkeitsstruktur.

(Józef Niewiadomski: Artikel Fanatismus. In: Baer, Harald u.a. (Hg.): Lexikon neureligiöser Gruppen, Szenen und Weltanschauungen. Orientierungen im religiösen Pluralismus. Herder, Freiburg/Basel/Wien 2005, Sp. 357)

?|
- *Vergleichen Sie hinsichtlich Gemeinsamkeiten und Unterschieden den Artikel mit Ihren Ansichten und suchen Sie den Gegenbegriff zu Fanatismus.*

In den Massenmedien werden die Sachverhalte Fundamentalismus und Fanatismus oft im Zusammenhang mit Anschlägen islamistischer Terroristen genannt. Dabei entsteht ein undifferenziertes Bild vom Islam, so als sei diese

Religion ein besonderer Nährboden für fanatische Gewaltausübung. Dazu kommt eine Interpretation des Begriffs *djihad* als „Heiliger Krieg".

- *Informieren Sie sich darüber, wie der Begriff „djihad" im Koran verwendet wird und was er für Muslime heute bedeutet.*
- *Erarbeiten Sie eine Unterscheidung der Begriffe „Islamismus/Islamist" und „Islam/Muslim" und ordnen Sie die Bedeutungen des Wortes „djihad" dem Islam einerseits und dem Islamismus andererseits zu. Was lässt sich daraus über religiösen Fanatismus ableiten?*
- *Sind Juden, Christen oder Muslime fanatisch, wenn sie die Bibel, den Koran wörtlich nehmen? Warum ja, warum nein?*

Was ist Fundamentalismus?

Der Begriff des Fundamentalismus bezieht sich auf religiöse Bewegungen und Gemeinschaftsbildungen der Moderne, die eine von ihnen wahrgenommene moralische Krise durch „exakte" Rückkehr zu ewig gültigen, heiligen Prinzipien und Gesetzen zu überwinden suchen. Diese Prinzipien und Gesetze werden in der Regel mit patriarchalischen Ordnungs- und Moralvorstellungen identifiziert, die vermeintlich in einer exemplarischen Gemeinschaft einst verwirklicht waren. [...] Der Fundamentalismusbegriff wurde ursprünglich im frühen 20. Jh. in den USA zur Bezeichnung einer Allianz orthodoxer protestantischer Gruppen geprägt, die dann zum Teil den Fundamentalismusbegriff als Selbstbezeichnung übernahmen [...]. Diese Bewegung bekämpfte zunächst modernistische Phänomene innerhalb ihrer Kirchen, wie etwa die Bibelkritik oder sozialreformerische Deutungen des Christentums. Darüber hinaus wandte sie sich gegen die Kultur moderner Großstädte, die sie wesentlich als allgemeinen Sittenverfall wahrnahm und mit Phänomenen wie Alkoholkonsum, Wettspiel oder Prostitution identifizierte. Weiterhin protestierte der Fundamentalismus gegen die Verbreitung der Evolutionstheorie an öffentlichen Schulen und bekämpfte die Philosophie Friedrich Nietzsches, die Frauenemanzipation und den Sozialismus. Seit den 1980er Jahren erfuhr der Fundamentalismusbegriff eine Renaissance und enorme Popularisierung. Der protestantische Fundamentalismus in den USA hatte sich neu organisiert und zu politischen Zwecken mit rechtskonservativen Katholiken, Juden und Mormonen zur „Moral Majority" zusammengeschlossen. Etwa zur gleichen Zeit hatten sich islamische Bewegungen, speziell im Iran und in Afghanistan, formiert, für die kein einheitlicher Begriff existierte. Beide Entwicklungen trugen dazu bei, dass der Fundamentalismusbegriff auch außerhalb des Christentums als Fremdbezeichnung zunächst auf Bewegungen im Islam und Judentum [...], dann auch im Buddhismus, Hinduismus, Sikhismus oder gar Konfuzianismus angewandt wurde [...]. Dieser verallgemeinerte Fundamentalismusbegriff wurde schließlich in die öffentliche Debatte eingeführt und entwickelte sich zu einem politischen Schlagwort, das seitdem häufig undifferenziert verwendet wird und nicht selten der Stigmatisierung religiöser Gemeinschaften und Bewegungen dient. [...]

Zur Kulturbedeutung des Fundamentalismus

In ihrem Bemühen, die ideale Ordnung der Urgemeinde wiederherzustellen, erweisen sich Fundamentalisten als Reformatoren religiöser Praktiken und

Autoritätsstrukturen. Gestützt auf eine bemerkenswerte Mobilisierung religiöser Laien bildet sich eine neue Schicht von religiösen Führern heraus, ein neuer Typ religiöser Intellektueller, der die speziellen Beschwerden und Forderungen sozialer Gruppen und Personenkategorien artikuliert, die zuvor weitgehend von der Teilnahme am öffentlichen Leben ausgeschlossen waren. Trotz der fundamentalistischen Ideologie, die besagt, dass Frauen nicht in die Öffentlichkeit gehören, sind auch Frauen in diese Mobilisierung in bedeutendem Maße miteinbezogen [...]. All dies untergräbt traditionelle religiöse und politische Herrschaftsstrukturen in beträchtlichem Ausmaß.

Jedoch geht es beim Fundamentalismus keineswegs ausschließlich oder auch nur vorherrschend um politische Mobilisierung und öffentlichen Einfluss, sondern in vielen Fällen weit stärker um die Formung der Person durch fromme Lebensführung und die Kultivierung eines spezifischen religiösen Ethos'. Fundamentalistische Religiosität dient somit nicht primär außerreligiösen Zielen (wie wirtschaftlicher Besserstellung oder politischer Macht), sondern religiösen Zielen, die aufgrund des Glaubens an ihren Eigenwert verfolgt werden, wie etwa moralisch gut, fromm und tugendhaft zu sein. Durch seine Propagierung eines religiösen Habitus' und einer intellektuellen Auseinandersetzung mit der Tradition trägt der Fundamentalismus in großem Umfang zur Rationalisierung der Lebensführung religiöser Laien bei. Der Fundamentalismus motiviert religiöse Laien dazu, heilige Texte selbst zu lesen und zu interpretieren sowie ihr eigenes Leben bewusst und kontrolliert nach ethischen oder rituellen Vorschriften auszurichten. Diese Überwindung religiösen Analphabetentums, die Formung eines spezifischen Ethos und die aktive Gestaltung der Lebensführung wird auch unter Personengruppen verbreitet, die zuvor dem Traditionalismus verhaftet waren oder Praktiken der „Volksfrömmigkeit" zuneigten. Auch hier ist wiederum die Einbeziehung von Frauen von besonderer Bedeutung, weil durch deren zentrale Rolle im Sozialisationsprozess dieses neue Ethos an künftige Generationen weitergegeben wird. Die Mobilisierung religiöser Laien könnte deshalb den interessantesten und auf Dauer kulturell folgenschwersten Aspekt des religiösen Fundamentalismus darstellen.

(Martin Riesebrodt: Artikel Fundamentalismus. In: Baer, Harald u.a. (Hg.): Lexikon neureligiöser Gruppen, Szenen und Weltanschauungen. Orientierungen im religiösen Pluralismus. Herder, Freiburg/Basel/Wien 2005, Sp. 412–419)

?

- *Erarbeiten Sie die Merkmale des religiösen Fundamentalismus.*
- *Stellen Sie dar, welche allgemeinere Bedeutung hier dem Begriff zugemessen wird.*
- *Informieren Sie sich über die Etymologie und den Gebrauch des Wortes „Fundament" und vergleichen Sie Ihre Ergebnisse mit Verwendungsweisen des Begriffes „Fundamentalismus" in Presse und anderen Medien. Was ist der Gegenbegriff zu Fundamentalismus?*
- *Erarbeiten Sie arbeitsteilig Kurzvorträge zu folgenden Themen: Hinduistischer, jüdischer, buddhistischer Fundamentalismus, kapitalistischer und marxistischer Fundamentalismus, parteipolitischer Fundamentalismus (z.B. bei der Partei „Die Grünen" als Debatte zwischen den „Realos" und den „Fundis").*
- *Dem „Salafismus" gehören besonders radikale Moslems an, die Andersgläubige hassen. Informieren Sie sich über die Gründe und bewerten Sie, warum diese die Verfassungsschutzorgane dazu führen, die „Salafisten" zu beobachten. Hintergründe dazu z.B.: www.mdr.de/fakt/6387305.html (Zugriff 14.04.2010).*
- *Informieren Sie sich über „al-Qaida" und vergleichen Sie Terrorformen und fundamentale Ansprüche mit den Terrorbewegungen „Rote Brigaden" und „Rote Armee Fraktion" (RAF).*
- *Diskutieren Sie, auf welche Weise die Bürger und der Staat in einer freiheitlichen Demokratie handeln sollten, damit aus religiösem bzw. politischem Fundamentalismus kein Terror wird.*

4.2.2 Quellen von Fundamentalismus, Fanatismus und Gewalt in den Religionen?

Q

Zu Recht gelten Religionen als Quellen der Weisheit. Sie sammeln die Erfahrungen von Generationen und sagen uns, was gut und was wahr ist: „Wer sind wir? Wo kommen wir her? Wohin gehen wir? Was erwarten wir? Was erwartet uns?" (Kant/Bloch). Sie weisen uns Wege zum Heil und sprechen vom tiefsten Geheimnis, das uns alle umfängt. Religionen erklären uns, kurz gesagt, den Gang und das Wesen der Wirklichkeit. [...]

Und ganz offensichtlich haben die großen Religionen die Fähigkeit, die komplexen und unübersichtlichen Fragen dieser Welt, die Erfahrung von Chaos und Sinnlosigkeit, unsere Hoffnungen und Ängste auf einfache Erzählungen, Formeln und Antworten zurückzubringen. So helfen uns die Religionen, die schwierigen Fragen von Leiden, Tragik und Absurdität zu beantworten (die Wissenschaft nennt das „Komplexitätsreduktion"). Die Religionen sagen uns, dass unser Leben in Gottes Händen liegt und dass alles einen Sinn haben kann. [...]

[Dieses] Verstehen der Welt hat in Zeiten der Überforderung eine gefährliche Zwillingsschwester. Das ist die Vereinfachung. Keine Religion kann sich dagegen wehren, dass sie im Laufe der Zeit als vereinfachendes System zur Welterklärung verstanden wird. [...] Aber wohl jeder kennt jene unangenehme Sorte von religiösen Menschen (gute Juden, Christen oder Muslime), die auf alle Fragen eine Antwort haben, die immer und sofort wissen, was wahr und was falsch ist und denen auch klar ist, dass „Ungläubige" auch unmoralischer sind. Die Texte der Thora, des Evangeliums oder des Koran sprudeln nur so aus ihrem Munde. [...] Gespräche werden unterbrochen, Fragen und andere Ansichten kommen nicht mehr zum Tragen, sondern werden ausgeschlossen. Wer anderer Meinung ist, bleibt außen vor. Religion wird dann selbst zur Ideologie. Dafür gibt es ungezählte Beispiele im Christentum und im Islam, bei den Sikhs und im Brahmanismus.

Wir können diese Haltung in allen Religionen finden. In ihr liegt der Keim der Gewalt. Die Geschichte der christlichen Kirchen ist ein Musterbeispiel dafür, dass der Anspruch zur eindeutigen Welterklärung immer wieder zu Ausschluss, zu Gewaltanwendung und Gewaltlegitimation geführt hat. Man denke an die exkommunizierten Häretiker, an die verfemten Denker, an die verbrannten Hexen, an die Folterungen und Todesurteile. [...]

Religionen bieten Gewissheit, das ist ihre Stärke. [...] Eine Religion, die eine solche Sicherheit nicht schaffen würde, wäre leblos und erstarrt. Aus ihr wachsen die Zusammengehörigkeit der Gleichgesinnten und der überlegene Widerstand gegen diejenigen, die noch nicht zu dieser Gewissheit gelangt sind. [...]

Man erahnt, dass auch diese Gewissheit und diese Entlarvung eine dunkle Gefahr in sich birgt. Offensichtlich genügt ein geringes Ungleichgewicht, ein kleiner Kern von Unsicherheit, um aus der lebensspendenden Quelle des Vertrauens auf Gott einen lebensvernichtenden Strom von Misstrauen gegenüber der Welt entstehen zu lassen. Die Gewissheit bekommt also schnell einen falschen Unterton. [...]

Die Geschichte unserer Religionen ist [...] voll der Verurteilung und der Denunziation. Gott wird dann zum Zeugen angerufen für menschliche Überzeugungen. Als Gottes Urteil wird dann verkündet, was wir Menschen uns erdacht haben. Das Gleichgewicht von Gewissheit und Selbstkritik ist verloren gegangen. Mir scheint, dass in diesem verlorenen Gleichgewicht der Ursprung des „Fundamentalismus" liegt [...].

Religion lebt von *Begeisterung*. Religiöse Menschen sind in der Regel begeisterte Menschen, ohne Fanatiker zu sein. Wer die Abscheulichkeit des Fanatismus verurteilt, sollte es sich nicht zu leicht machen, indem er daneben die lebensfördernde Kraft der Begeisterung vergisst. [...]

Diese Begeisterung aber bedeutet immer [...] „Grenzüberschreitung". Hoffnungen, Visionen, Enthusiasmus breiten sich aus und äußern sich in Gesang, Tanz und Ekstase. Aber bei jeder Überschreitung begibt man sich auch in unbekanntes, oft auf gefährliches Gebiet. Man gibt die Kontrolle über sich auf [...].

Dies ist der kritische Punkt. [...] In der Begeisterung entwickelt sich eine andere, gefährliche Grenzüberschreitung. Sie beginnt mit dem ur-prophetischen Willen zur Veränderung. Welt und Menschen sollen besser, gerecht und barmherzig werden. Sie erweitert sich im Versuch der Überredung. Dann wird sublimer oder physischer Druck ausgeübt. Es folgen Zwang und Gewalt, [...] folgt schließlich die Verteufelung.

Andersdenkende wurden im Raum der monotheistischen Religionen immer wieder verteufelt. Ich wehrte mich gegen die Behauptung, jede Religion führe zum Fanatismus. Aber ich muss zugeben, dass Fanatismus die Gefahr einer jeden Religion ist, die von Gott leidenschaftlich begeistert ist. [...]

Aber Religion wird nicht nur durch moralische und menschliche Defizite pervertiert, sondern sie gefährdet sich auch selbst, spielt sie doch, wenn sie es ernst meint, ständig mit dem Feuer. [...]

Von daher wird die ständige und oft so lästige Präsenz von Gewalt in unseren Religionen verständlich. Mehr noch, Religionen sind die risikoreichste, in etwa auch die gefährlichste Unternehmung, die sich die Menschheit denken kann, weil sie sich den Infektionsherden der Gewalt immer wieder zu nähern haben. Genau deshalb haben die Religionen immer wieder mit dem Leben und dem Tod von Menschen gespielt und bezahlt. Kein Wunder, dass sie sich immer wieder selbst infizierten und dass es zu destruktiven Explosionen gekommen ist. Dennoch bleibt Gewalt in den Religionen die schlimmste Verkehrung, derer sie fähig sind.

(Herrmann Häring: Konflikt- und Gewaltpotentiale in den Weltreligionen. In: R. Hempelmann (Hg.): Religionen und Gewalt. EZW-Texte 167. Evangelische Zentralstelle für Weltanschauungsfragen, Berlin 2002, S. 32ff.)

?

- *Erarbeiten Sie den Argumentationsgang und fassen Sie die Kernthesen zusammen.*
- *Überprüfen Sie Härings Thesen zur Herkunft von Fundamentalismus, Fanatismus und Gewalt auf der Grundlage eigenen Wissens.*
- *Vergleichen Sie religiösen Eifer mit Übereifer.*
- *Erörtern Sie, ob Religionen die „risikoreichste Unternehmung sind, die sich die Menschheit denken kann".*
- *Informieren Sie sich über weitere Quellen von Fundamentalismus, Fanatismus und Gewalt.*

4.2.3 Fundamentalismus als Ausdruck eines „Kampfes der Kulturen“?

In seinem kontrovers diskutierten Buch „Kampf der Kulturen“ wendet sich der Politikwissenschaftler Samuel Huntington (1927–2008) gegen die Vorstellung einer universellen Weltkultur. Stattdessen vertritt er die These, dass sich der Konflikt zwischen den Ideologien, welche die nationalstaatlich verfassten Bündnisse geprägt hatten, zu einem Konflikt zwischen Zivilisationen ausweite, weil diese mit ihrer Geschichte, ihren Sprachen, ihren Wertvorstellungen und ihren Religionen die höchste sinnstiftende Einheit geworden seien. In einem Gespräch mit der Journalistin Amina R. Chaudary erläutert Huntington seine Thesen.

Warum der Kampf der Kulturen noch Jahrzehnte dauert

Er ist der Vater der Theorie des Kampfes der Kulturen. Globale Politik, sagt Samuel Huntington, wird von einem tief sitzenden Konflikt zwischen Westen und Islam bestimmt. Im Gespräch mit Welt.de bleibt Huntington im Kern bei seiner umstrittenen These – auch wenn er einen leichten Hoffnungsschimmer sieht.

Welt.de: Ihre Theorie vom Kampf der Kulturen behauptet, dass globale Politik heute von einem tief sitzenden Konflikt zwischen verschiedenen Kulturen und Religion bestimmt wird. Ist diese These Ihres Erachtens seit dem 11. September missbraucht worden? Würden Sie sie heute abmildern?

Huntington: So wie ich es sehe, werden die Beziehungen zwischen Ländern im kommenden Jahrzehnt höchstwahrscheinlich eher kulturelle Verpflichtungen, Bindungen und Gegensätze als andere Umstände widerspiegeln. Ganz offensichtlich wird Macht in der globalen Politik auch weiterhin eine zentrale Rolle spielen, so wie sie es immer tut. Gewöhnlich jedoch steckt hinter Konflikten noch etwas anderes. Im Europa des 18. Jahrhunderts war es die Monarchie gegen die aufkommenden republikanischen Bewegungen, erst in Amerika und dann in Frankreich. Im 19. Jahrhundert war es der Nationalismus. Im 20. Jahrhundert kam die Ideologie ans Ruder, größtenteils, aber nicht ausschließlich als Folge der Revolution in Russland. Faschismus, Kommunismus und liberale Demokratie lagen im Wettstreit. Nun, das ist ziemlich vorbei. In der Theorie zumindest wird die liberale Demokratie rund um die Welt akzeptiert, wenn auch nicht immer in der Praxis. Also lautet die Frage, was wird der zentrale Brennpunkt der kommenden Jahrzehnte sein? Ich bleibe dabei, dass kulturelle Identitäten, Gegensätze und Zugehörigkeiten für die zwischenstaatlichen Beziehungen nicht nur eine Rolle, sondern eine bedeutende Rolle spielen werden.

Welt.de: 45 Jahre lang, haben Sie geschrieben, sei der Eiserne Vorhang die zentrale Trennlinie Europas gewesen. Diese Linie habe sich mehrere hundert Kilometer nach Osten verschoben und trenne nun die westliche Christenheit von den Muslimen und Orthodoxen. Impliziert eine solche Dichotomie nicht die Uniformität des Westens und des Islam? Ignoriert sie nicht, dass es im Westen islamische Gemeinschaften gibt?

Huntington: Diese Implikation ist völlig falsch. Ich behaupte nicht, dass der Westen uniform wäre. Offensichtlich gibt es Unterschiede innerhalb des Westens und des Islam. Es gibt unterschiedliche Religionsgemeinschaften, Gemeinden, Länder. Weder der Westen noch der Islam sind also homogen. Die Vorstellung stabiler Blöcke ist nicht hilfreich. Dennoch gibt es interne Gemeinsamkeiten. Überall sprechen Menschen vom Islam und dem Westen. Vermutlich hat das eine Verbindung zur Realität und einige Bedeutung. Im Kern geht es natürlich um religiöse Unterschiede. [...]

Welt.de: Wie ergeht es den muslimischen Gemeinschaften in einer Welt, die, wenigstens in der Theorie, die liberale Demokratie größtenteils akzeptieren?

Huntington: Wir haben zumindest die Anfänge eines bedeutsamen sozialen und wirtschaftlichen Wandels in der muslimischen Welt erlebt, der, denke ich, zu gegebener Zeit auch zu politischen Veränderungen führen wird. Offensichtlich werden muslimische Gesellschaften, wie andere Gesellschaften auch, urbaner, viele werden industrieller. Da viele von ihnen aber viel Öl und Gas haben, ist der Ansporn zu Veränderungen nicht groß. Gleichzeitig jedoch machen die Einnahmen durch natürliche Ressourcen Veränderungen möglich. Länder wie der Iran entwickeln eine industrielle Komponente. [...]

Welt.de: Die islamische Kultur, haben Sie geschrieben, sei in hohem Maß für die fehlende Demokratisierung der muslimischen Welt verantwortlich. In vielen muslimischen Ländern jedoch gibt es Demokratie – in Indonesien, Mali, im Senegal. Auch Indien hat eine große muslimische Bevölkerungsgruppe.

Huntington: Ich kenne die Antwort auf die Frage nicht, denn ich bin kein Islam-Experte, aber das verhältnismäßig langsame Tempo der Demokratisierung in islamischen, insbesondere arabischen Ländern ist auffällig. Bei der Abwehr westlicher Dominanz mag die koloniale Erfahrung, die all diese Länder durchmachen mussten, eine Rolle spielen. Viele dieser Länder waren bis vor kurzer Zeit größtenteils bäuerliche Gesellschaften. Zweifellos entwickeln sie sich hin zu pluralistischen politischen Systemen. Offensichtlich nehmen die Kontakte zu nicht-muslimischen Gesellschaften zu. Ein zentraler Aspekt, der die Demokratisierung beeinflussen wird, ist natürlich die Migration nach Europa. [...]

Welt.de: Inwieweit beeinflusst der Fundamentalismus – die radikale Idee, die eigene Identität sei allen anderen überlegen – die Politik der Gegenwart?

Huntington: Fundamentalistische Tendenzen und Bewegungen hat es in allen Gesellschaften und Kulturen gegeben. Sicherlich haben wir hier in den USA fundamentalistische Bewegungen erlebt, die der Einwanderung und der Assimilation von Einwanderern sehr kritisch und feindselig begegnet sind. Diese Tendenzen sind also einigermaßen universal. Gefährlich ist, wenn diese fundamentalistische Gesinnung außer Kontrolle gerät und zur bestimmenden

Kraft einer Gesellschaft wird, was zur Unterdrückung von Minderheiten oder gar zum Krieg gegen benachbarte Gesellschaften mit einer anderen Kultur führen kann. Deshalb ist es so wichtig, extremistische Tendenzen unter Kontrolle zu kalten.

(http://www.welt.de/politik/article94681/Warum_der_Kampf_der_Kulturen_noch_Jahrzehnte_dauert.html, Zugriff 12.04.2010)

› *Geben Sie mit eigenen Worten wieder, welchen Zusammenhang es nach Huntington zwischen religiösem Fundamentalismus und dem von ihm so bezeichneten „Kampf der Kulturen" gibt.*

› *Lässt sich nach dieser Darstellung eine Grenze zwischen Religion und Politik ziehen? Beziehen Sie dabei auch die Ausführungen zum Fundamentalismus von Riesebrodt (S. 213f.) ein.*

Gefahren einer Rede vom „Kampf der Kulturen"?

„Kampf der Kulturen" – mit dieser These schien Samuel P. Huntington vor 13 Jahren den Schlüssel zur Erklärung der Weltlage gefunden zu haben. Hilft sie uns heute weiter?

Anfangs stand hinter dem Titel noch ein scheues Fragezeichen. [...] Tatsächlich schien der Harvard-Professor den Schlüssel zur Erklärung der Weltlage gefunden zu haben: Im 21. Jahrhundert, so behauptete er, werde der alte Staatenkonflikt vom „Kampf der Kulturen" verdrängt. Während sein Kollege Francis Fukuyama noch fröhlich das „Ende der Geschichte" und den unblutigen Sieg von Marktwirtschaft und Liberalismus ausrief, tauchte Huntington das Weltgeschehen ins düster flackernde Licht von Konflikt, Kampf und Krieg. Sieben oder acht Kulturen würden künftig in der globalen Arena aufeinander stoßen – eine westliche, konfuzianische, japanische, islamische, hinduistische, slawisch-orthodoxe, lateinamerikanische und vielleicht auch eine afrikanische. Diese Großeinheiten seien durch Sprache, Geschichte und Religion radikal voneinander geschieden, zutiefst unverträglich und zudem Feinde Amerikas.

Das Echo auf Huntingtons These war überwältigend, aber gespalten. Viele feierten ihn [...]. Andere sahen in ihm einen ideologischen Einpeitscher, der mit seiner haltlosen Kulturtheorie Amerikas Anspruch auf Weltherrschaft in Stein meißelt. Huntington selbst ließ sich nicht beirren und machte aus einer klappernden These ein dickes Buch. *Kampf der Kulturen* hieß es in der deutschen Übersetzung – diesmal ohne Fragezeichen.

Das Werk hat seine Wirkung nicht verfehlt. Nach jedem islamischen Anschlag, erst recht nach dem New Yorker Massaker, fragte die Öffentlichkeit, ob Huntington nun Recht bekomme und der „Kampf der Kulturen" beginne. Seltsam nur, dass der kämpferische Gelehrte von diesem Anfangsverdacht nicht viel wissen will. In der Terrorattacke auf das World Trade Center erkennt er keinen Kulturkampf, sondern „den Angriff gemeiner Barbaren auf die zivilisierte Gesellschaft der ganzen Welt". Eindringlich warnte Huntington vor dem Irak-Krieg, weil dieser Geister herbeiriefe, die der Westen so schnell nicht wieder loswürde. „Ein solcher Angriff würde zu einem Krieg ganz anderer Art führen. Er würde große Teile der Bevölkerung und der Regierung in der moslemischen Welt aufbringen, die jetzt die internationale Koalition gegen den Terror unterstützen."

Doch warum die plötzliche Zurückhaltung, die Angst der Zauberlehrlinge vor der magischen Formel? Möglich, dass Huntington inzwischen klüger ist als manche, die sich triumphierend auf ihn berufen. Er scheint verstanden zu haben, dass Religion oft nur eine Maske ist, mit deren Hilfe brutale Anerkennungs- und Verteilungskonflikte getarnt werden. Vielleicht hat Huntington sogar eingesehen, dass der Fundamentalismus ein ganz und gar modernes Phänomen ist und erst mit der Kolonialisierung entstand. Deshalb kommen die islamischen Killer auch nicht aus dem Mittelalter oder einer vollends fremden und unverständlichen Kultur; sie kommen aus der Mitte der modernen Weltgesellschaft - und gerade das lässt uns am tiefsten erschrecken.
Ohnedies ist die Rede vom „Kampf der Kulturen“ eine sehr gefährliche Falle. Wer sein politisches Handeln nach ihr ausrichtet, führt genau den Zustand herbei, dessen Schrecken er beschwört. Damit würde die Formel vom „Kampf der Kulturen“ zu einer Diagnose, die sich selbst erfüllt. Inzwischen warnt Huntington selbst davor, den Kampf gegen den Terror auf dem Minenfeld der Kultur auszutragen, zum Beispiel als Kampf Gut gegen Böse, Licht gegen Finsternis. Er hat Recht. Nicht der Islam darf bekämpft werden, sondern nur das Verbrechen, das in seinem Namen verübt wird. Alles andere wird den Hass nur anstacheln, Feindbilder bestätigen, den Hochmut zementieren und die Spirale der Gewalt weitertreiben, auf allen Seiten. Mit seiner Kulturalisierung nimmt der Konflikt die schlimmstmögliche Wendung, auch für Huntington. „Es ist nämlich das Ziel von Osama bin Laden, aus diesem Krieg einer Terrororganisation gegen die zivilisierte Gesellschaft einen Kampf der Kulturen zwischen dem Islam und dem Westen zu machen. Es wäre ein Desaster, wenn ihm das gelänge.“

(http://www.zeit.de/2006/07/Huntington, Zugriff 13.04.2010)

?

- *Legen Sie Gedankengang und Hauptaussagen dar.*
- *Positionieren Sie sich in einer Pro- und Contra-Diskussion zur These des Kampfes der Kulturen.*

4.2.4 Ist der Fundamentalismus nur zu kritisieren?

Bei der Verwendung der Begriffe Fanatismus und Fundamentalismus denken wir in der Regel an eine extremistische Haltung von Personen oder Personengruppen, die religiöse oder weltanschauliche Ideen und ethische Überzeugungen wirklichkeitsfremd übersteigern und zur Durchsetzung ihrer Überzeugung gegenüber Andersdenkenden auch unerbittlich und gewaltsam vorgehen. Nun offenbart die philosophische Tradition selbst eine Tendenz, die fundamentalistische Züge haben kann, sie ist fundamentale Kritik, fundamentales Fragen. Vor diesem Hintergrund darf man fragen, ob Fundamentalismus auch eine honorige Einstellung kennzeichnen kann.

Q

„Fundamentalismus“ ist längst zu einer Kampfparole für das geworden, was einem beim anderen, in der Gesellschaft, beim politischen Gegner oder in der Vergangenheit nicht passt, was einem oder genauer: dem eigenen – freien und aufgeklärten, ungebundenen [...] Denken entgegensteht. Der ursprünglich protestantische, dann auch katholische, islamische, jüdische oder religiöse

Fundamentalismus verliert in seinen säkularisierten Varianten eines Ökofundamentalismus, eines politischen (islamischen) Fundamentalismus (Fanatismus, Radikalismus, Totalitarismus, Extremismus, Dogmatismus etc.) oder eines bloßen Fundamentalismus (Prinzipienreiterei oder Standfestigkeit) fast jede Trennschärfe.
Nun sind begriffliche Unschärfen sicher ärgerlich, gefährlich aber kann die praktisch folgenreiche Reaktion einer ihrerseits fundamentalistischen Fundamentalismuskritik werden. Dem Fundamentalismus werden oft lediglich allgemeine, im Prinzip nicht immer falsche, aber für die Praxis kaum brauchbare und sogar in ihrer möglichen Wirkung gefährlich große Worte entgegengehalten: der Fundamentalismus ist schlecht und prämodern, das (eigene) moderne oder postmoderne Denken ist gut. Woran es mangelt, ist dagegen ein Doppeltes: eine begriffliche Klärung von „Fundamentalismus" und ein angemessener, differenzierter Umgang mit dem Phänomen, das jeweils damit gemeint ist. [...]
Insgesamt [ist] die gegenwärtige Diskussion eher fundamentalismuskritisch ausgerichtet, und dies mit Recht. Allerdings ist damit lediglich der Fundamentalismus als Antwort, nicht aber als Frage nach den „fundamentalen Werten" und dem Ausweg aus der offensichtlichen moralischen Krise der Gesellschaft und des Einzelnen berührt. So unterscheidet Robert *Spaemann* zwischen einer kritischen und apologetischen Definition eines Fundamentalisten. Zu kritisieren sei der eine, „ein Diskursverweigerer, ein Fanatiker, der nicht mit sich reden lässt", zu verteidigen dagegen der andere, „ein Mensch, dem etwas heilig ist, das er nicht bereit ist, zur Disposition zu stellen". Wie aber kann man zwischen beiden unterscheiden? Nach *Spaemann* gilt: „Jeder ist Fundamentalist von irgendetwas". Die Geltung eines unbedingten Anspruchs könne nicht politisch durchgesetzt, sondern müsse von jedem einzelnen respektiert werden, auch, wie vielleicht verdeutlichend hinzugefügt werden sollte, im Respekt vor dem einem selber völlig fremden „Fundamentalismus" des anderen. Zu kritisieren ist somit ein politischer, zu verteidigen dagegen ein individueller Fundamentalismus.
Mit dieser Unterscheidung wird der Fundamentalismus als politische Theorie und Praxis kritisiert, als Frage nach unbedingten Werten dagegen rehabilitiert.

(Ekkehard Martens: Fundamentalismus als Frage und als Antwort. In: Ders. (Hg.): Fundamentalismus. Zeitschrift für Didaktik der Philosophie und Ethik 1/96. Schroedel, Hannover 1996, S. 2f.)

?

› *Legen Sie Gedankengang und Hauptaussagen dar.*
› *Vergleichen Sie „Fundamentalismus I" und „Fundamentalismus II", überprüfen Sie diese Unterteilung und verfassen Sie eine Darstellung Ihrer eigenen Position.*
› *Überprüfen Sie den Gedanken der Toleranz als „Respekt vor dem einem selber völlig fremden Fundamentalismus des anderen".*

› Diskutieren Sie vor dem Hintergrund der zweiten Ausbreitung des Islams Möglichkeiten und Grenzen des Versuchs, Religion wieder zum entscheidenden (fundamentalen) Prägungsgrund einer Kultur zu machen.

4.2

4.3 Kritik der Religion

Mit *Kritik* (griech. krinein: unterscheiden, beurteilen) wird nicht nur im wörtlichen Sinn eine vernunftgemäße Beurteilung, eine rationale Untersuchung eines Sachverhalts, eines Themas oder Problems bezeichnet. In einer zweiten Bedeutung meint Kritik die Abwägung von Wert oder Unwert von etwas oder jemand nach einem anerkannten Maßstab. Das kann positive Kritik sein (Lob, Anerkennung) oder negative Kritik, also das Beanstanden und Feststellen von Fehlern und Schwächen.
Kritik der Religion kann einerseits bedeuten, dass aus religiöser Perspektive und nach religiösen Maßstäben Zustände, Ansichten und Personen kritisiert werden (Kritik *durch Religion* an etwas). Dabei lassen sich unterscheiden: 1. innerreligiöse Kritik an der eigenen Religion, 2. religiöse Kritik an anderen Religionen, 3. religiöse Kritik an weltlichen Zuständen und Verhältnissen.
Andererseits meint *Kritik der Religion* Kritik *an* Religion. Sie ist dann Religionskritik im eigentlichen Sinn des Wortgebrauchs, ein zweifelndes Infragestellen mit den Mitteln und dem Maßstab der Vernunft sowie insbesondere das Ablehnen einer einzelnen Religion oder sogar jeglicher religiöser Orientierung.

Holzschnitt, 15. Jahrhundert

In diesem Kapitel geht es vornehmlich um die letzte und schärfste Form von Religionskritik, weil hierbei nicht einzelne Unvollkommenheiten, sondern das Wesen von Religion überhaupt (vgl. S. 196) abgelehnt wird. Abgelehnt werden die Ansprüche einer religiösen Haltung, ihre Ansprüche auf Wahrheit, Geltung und Notwendigkeit sowie ihr Anspruch, ein ganzes Leben, eine gesamte Kultur zu bestimmen. Diese Kritik erfolgt überwiegend vor dem Hintergrund aufklärender, nichtreligiöser Einstellungen und Maßstäbe. In Sinne einer Aufklärung als „Misstrauenstraining“ wird in der Regel die Religion *verdächtigt*, den Menschen etwas vorzumachen. Religionen seien nicht das, als was sie sich ausgeben. Religionen seien entbehrliche Folgen von Selbstbetrug (Einbildung, Projektion) oder von Fremdbetrug (Verschleierung, „Priesterbetrug“, Manipulation).

?

- *Beschreiben Sie den Holzschnitt, geben Sie ihm einen Titel und erläutern Sie, welche Form von Religionskritik hier deutlich wird.*
- *Bilden Sie drei Arbeitsgruppen. Eine trägt Bekenntnisse und Argumente für Religion zusammen, die andere gegen Religion, eine weitere sammelt Beispiele für religiöse Kritik an etwas. Jede Gruppe stellt ihre Ergebnisse vor. Führen Sie anschließend ein sokratisches Gespräch (vgl. S. 37) zur Frage „Brauchen wir Religionsunterricht an der Schule?“.*

4.3.1 Zweifel an Religion, Gottesbeweise und Theodizee

Noch vor manifester Religionskritik zeigt sich oft Zweifel, ein zweifelndes, bisweilen verzweifeltes Infragestellen des Glaubens. Glaubenszweifel können z.B. durch innere Zerrissenheit, durch Enttäuschungsreaktionen auf Versprechungen und kirchliche Zwänge ausgelöst werden. Auch äußere Einflüsse wie freiwilliger oder erzwungener Kontakt mit anderen Religionen sowie schwierig zu verarbeitende Erfahrungen z.B. durch gesellschaftliche Veränderungen können Glaubenszweifel bewirken. Das kann zu Versuchen führen, Glaubenssicherheit durch Anlehnung an vorbildliche, glaubenssichere Personen und Institutionen zu gewinnen, das kann zu einer Korrektur oder zu einer neuen religiösen Form (z.B. Protestantismus) führen oder sogar zum Verzicht auf Religion. Eine weitere Reaktion ist der Versuch insbesondere christlicher Denker, durch *Gottesbeweise* Glaubensgewissheit zu sichern. Weil die Verteidiger der Religion dabei virtuos Methoden der philosophischen Tradition anwenden, sie gleichsam Religion aus Vernunft begründen, bereiten sie aber auch den Boden für eine Kritik an Religion mit den Mitteln von Logik und aufklärender Vernunft.

Ähnliches gilt für die Versuche, das Göttliche zu rechtfertigen im Hinblick auf Zufall und Chaos, angesichts von Hunger und Tod, Katastrophen, Krankheiten, Kriegen, Verbrechen, Schicksalsschlägen. Immer wieder haben sich Menschen mit der Frage beschäftigt, wie angesichts der Allmacht, Güte und Barmherzigkeit Gottes das Undurchschaubare und Unverständliche (Kontingenz, Komplexität), insbesondere das Schlechte, das Böse, die Übel der Welt zu verstehen und rechtfertigen seien. Trotz eines gottesfürchtigen Lebens müssen z.B. Mursili (um 1600 v.u.Z.), König der Hethiter, und, im Alten Testament der Bibel, Hiob unerträgliches Leid erfahren. Angesichts der Übel und des Bösen wird in einer sogenannten *Theodizee* (griech. theos: Gott, dike: Recht) versucht, Allmacht und Güte des Göttlichen mit den Mitteln der Vernunft zu rechtfertigen. Man kann dabei die Übel als Strafe deuten oder als Prüfung (z.B. bei Hiob). Mephisto in Goethes „Faust“ erklärt so: Gott schafft „listig“ durch das Böse das Gute. Auch der Erlösungsgedanke rechtfertigt die Übel der Welt. Sie werden als Übergangsphänomen hin zu einer besseren Welt gedeutet. Berühmt ist die logisch argumentierende Deutung von Gottfried W. Leibniz (1646–1716). Unvollkommenheit, Leid und Sünde werden bei Leibniz dadurch begründet, dass der Schöpfer als vollkommenes Wesen nicht etwas genauso Vollkommenes schaffen kann. Das Geschaffene muss etwas anderes sein als er selbst, da es sonst mit ihm identisch wäre. Gott hat absichtlich nicht eine ideale Welt, nicht die beste aller Welten, sondern die *bestmögliche* Welt geschaffen. Zu dieser musste er einerseits die Übel zulassen, andererseits eröffnet diese Welt dem Menschen Freiheit und damit die Möglichkeit, sich in ihr und damit auch die Welt zu vervollkommnen. Gott ermöglicht den Menschen, in freier Wahl das Gute zu verwirklichen. Gott hat also insofern tatsächlich die *beste aller möglichen Welten* erschaffen.

Wettergott von Hatti, mein Herr, ihr Götter, meine Herren [...]. Aber ich habe nicht gesündigt in irgendeiner Beziehung. [...] Seid mir wieder freundlich gesonnen und lenkt die Seuche wieder hinweg aus Hatti! [...] Was ist es Götter, was ihr getan habt? Eine Seuche habt ihr in das Land gelenkt. Das ganze Land Hatti stirbt [...]. So kommt es, dass die Brote und Trankopfer und die Tieropfer aufgehört haben. Und ihr, ihr Götter, kommt an diesem Tag und macht uns verantwortlich.

(Mursili: Pestgebet. Zit. nach: Willi Oelmüller u.a. (Hg.): Philosophische Arbeitsbücher 3. Diskurs: Religion. UTB Schöningh, Paderborn 1979, S. 94)

Ich führte darum ein höchst qualvolles Leben; denn die Fehler, die ich infolge dieser Gelegenheiten [weltliches Leben] beging, traten mir jetzt im Gebete klarer vor Augen. Auf der einen Seite rief mich Gott, auf der anderen folgte ich der Welt; während ich große Freude an allen göttlichen Dingen hatte, fesselten mich die weltlichen. Ich schien damals zwei so entgegengesetzte und sich so feindlich gegenüberstehende Dinge wie das geistliche Leben und die sinnlichen Freuden, Genüsse und Unterhaltungen, miteinander vereinigen zu wollen.

(Teresa von Ávila: Nach: Ingeborg Gleichauf: Ich will verstehen. dtv, München 1995, S. 57)

Ich ging durch die Welten, ich stieg in die Sonnen und flog mit den Milchstraßen in die Wüsten des Himmels, aber es ist kein Gott. Ich stieg herab, soweit das Sein seine Schatten wirft und schaute in den Abgrund und rief: „Vater, wo bist du?“. Aber ich hörte nur den ewigen Sturm, den niemand regiert, und der schimmernde Regenbogen aus Westen stand ohne eine Sonne, die ihn schuf, über dem Abgrund und tropfte hinunter. Und als ich aufblickte zur unermesslichen Welt nach dem göttlichen *Auge*, starrte sie mich mit einer leeren, bodenlosen *Augenhöhle* an, die Ewigkeit lag auf dem Chaos und zernagte es und wiederkäute sich. [...] Starres, dummes Nichts! Kalte, ewige Notwendigkeit! Wahnsinniger Zufall!

(Jean Paul: Rede des toten Christus vom Weltgebäude herab, dass kein Gott sei. In: Siebenkäs. Insel, Frankfurt/M. 1987 S. 277f.)

Diesen Morgen ging ich in die Kirche, um fromm zu sein, es gelang mir aber nicht. Es war alles darin gar zu nüchtern, und unästhetisch [...] Auch die Predigt, welche ich vernahm, war, obgleich vorher ausgearbeitet, und abgelesen, doch ganz versteinert und gehaltlos.

(Hermann Fürst von Pückler-Muskau: Briefe eines Verstorbenen. Band 1. Insel, Frankfurt/M. 1991, S. 340f.)

Lieber Gott, ich möchte mit einem Fluch beginnen, oder mit einer Beschimpfung, die mir bald Erleichterung brächte. [...]. Ich wäre dann nicht nur dich, sondern auch diese elende Beschämung los, mich noch einmal mit dir beschäftigen zu müssen. Ich dachte, du wärst tot, begraben, zumindest aber vergessen oder wärst mir gleichgültig geworden.

Du warst eine solche Enttäuschung, ein solcher Betrug in meinem Leben, dass ich, als ich ganz allmählich und unter Qualen dahinter kam, dich links liegen ließ. [...] Du hast [aber] überlebt in meiner seelischen Struktur [...]. Du haust in mir wie ein Gift, von dem sich der Körper nie befreien konnte.

(Tilmann Moser: Gottesvergiftung. Suhrkamp, Frankfurt/M. 1977, S. 5f.)

Aber wenn Gott am Ende unterliegt? Wenn Gott nie mehr erlösen wird? Wenn die Toten nicht auferstehen werden? Wenn die Ungerechtigkeiten und Leiden für immer weitergehen? Ist der Glaube in der Lage, solche Probleme zu durchdenken? Ist er überhaupt noch Glaube, wenn er die – für den Glauben selbst – fürchterlichste aller Katastrophen herannahen sieht? Oder wird damit ganz einfach der Glaube aufgegeben – ist das schlicht der Verlust des Glaubens?

(Sergio Quinzio: Die Niederlage Gottes. Rotbuch, Hamburg 1996, S. 83)

Ich kann nicht glauben – ich brauche Beweise, so denken etwa ein Drittel der Deutschen, wie Umfragen zeigen. Sie sind Atheisten oder Kirchenzugehörige, für die Glaube keine Relevanz für den Alltag hat. Und in der Tat scheint es als rationaler denkender Mensch schwer zu sein, etwas zu glauben. Darüber sind wir doch zum Glück hinaus, wir haben heute die Wissenschaft, die uns Beweise liefern kann.

(http://www.duentscheidest.de/artikel/ichkann.html, Zugriff 13.05. 2010)

Gott beweisen?

Gottesbeweise sind Versuche, das Dasein Gottes und seine Eigenschaften rational zu begründen und dadurch den Glauben an Gott zu stützen. Ontologischer, kosmologischer sowie teleologischer Gottesbeweis bilden die Grundformen der vielen Beweisversuche.

1. Der ontologische Gottesbeweis schließt von der subjektiven Idee eines höchsten Wesens auf dessen objektives Dasein. Wenn Gott nur als Idee existierte und nicht wirklich, so widerspräche dieser Mangel dem Begriff Gottes als des vollkommensten, allerrealsten Wesens.

2. Der kosmologische G. schließt von der Existenz der Welt auf einen Urheber derselben, von der Bedingtheit alles Seienden auf ein letztes bedingendes, unbedingtes, an sich seiendes, absolutes Wesen. Das sei Gott als die nicht weiter zurückführbare Ursache von allem.

3. Der teleologische G. schließt von der Zweckmäßigkeit, Ordnung und Gesetzmäßigkeit der Welt auf einen planenden und weisen Urheber bzw. Weltbaumeister.

4. Der neurobiologische und der psychologische G. gehen davon aus, dass im Gehirn bzw. im menschlichen Erleben Erregungszustände feststellbar sind, die sich einerseits von „normalen“ andererseits von Wahnvorstellungen unterscheiden lassen. Es handelt sich hierbei um religiöse Erlebnisse. Da das Gehirn (bzw. das Bewusstsein) selbst kein zureichender Grund für das Vorhandensein der Idee Gottes in ihm sein kann, ist es eine Art „Empfangsorgan“ für eine ihm äußere Ursache übermenschlicher Art: Gott. Wenn Gott nicht existierte, benötigte das Gehirn auch keinen Bereich für diese Erfahrung.

5. Der moralische G. schließt aus dem Vorhandensein eines sittlichen Bewusstseins auf einen Urheber desselben oder von einer „moralischen Weltordnung“ auf einen Begründer und Garanten dieser Ordnung.

6. Der voluntaristische G. geht davon aus, dass der Mensch in der Stufenreihe des Seienden als Erkennender und mit freiem Willen ausgestatteter am höchsten steht. Er kann aber nicht alles, was er will. Folglich muss es über ihm noch eine höhere Macht geben, die allmächtig ist: Gott.

7. Der ethnologische G., nachdem das Vorhandensein von Religionen in sämtlichen Kulturen beweist, dass das Göttliche existiert.

8. Der anthropologische G. behauptet, dass der Mensch als vernunftbegabtes Wesen (animal rationabile) diese Begabung nicht aus sich entwickelt hat. Er verdankt sie einem höheren Wesen: Gott.

9. Der erkenntnisheoretische Gottesbeweis. Wir können die Welt nicht verlässlich erkennen, wenn es nicht einen letzten Grund gibt, der zwar nicht von dieser Welt ist, der uns aber erst Wahrheitsfindung ermöglicht: Gott.

(Ergänzt und frei nach: Georgi Schischkoff: Philosophisches Wörterbuch. Kröner, Stuttgart 1969, S. 216)

?

- *Untersuchen Sie hinsichtlich Stimmigkeit die Gottesbeweise.*
- *Überprüfen Sie, welche Gottesbeweise sich auf die ersten drei zurückführen lassen.*
- *Stellen Sie die zitierten Glaubenszweifel dar, erstellen Sie eine Liste inner- und außerreligiöser Glaubenszweifel und konfrontieren Sie diese mit den Gottesbeweisen.*
- *Erörtern Sie anschließend diese Lösungen (einschließlich Theodizee) und nehmen Sie Stellung zur Frage, ob sich logische Beweise eignen, um Zweifel an Religion zu begegnen.*
- *Welchen Weg haben Sie selbst gefunden, Ungerechtigkeit und Übel der Welt zu verstehen?*

4.3.2 Einige Positionen der Religionskritik

Schon innerhalb der kritischen Analysen Immanuel Kants (1724–1804) ist „Gott“ nur noch ein Postulat, eine „regulative Idee“. Als Garant für eine „sittliche Weltordnung“ ist Gott denknotwendig und sinnvoll, aber in seiner Existenz nicht nachweisbar. Andere Religionskritiker formulieren eine schärfere Kritik. Nach ihrer Ansicht werden Selbstansprüche und Bedürfnisse der Menschen auf Steigerung und Vervollkommnung, werden Sehnsüchte, Wünsche nach Erklärung und Entschlüsselung der Existenz, auf Glück, Trost, Hoffnung usw. durch die Religionen bzw. durch eine religiöse Haltung nur vorläufig, unzulänglich oder falsch befriedigt. Aus der Fülle europäischer Beurteilungen zitieren wir Paul Thiry d’Holbach (1723–1789), Xenophanes aus Kolophon (um 570–470 v.u.Z.), Ludwig Feuerbach (1804–1872), Karl Marx (1818–1883), Sigmund Freud (1856–1936) sowie eine kurze Zusammenfassung neurobiologischer Positionen.

Die menschliche Kultur benötigt keine Religion

Q

Doch Gott, so heißt es, hat gesprochen und sich selbst den Menschen zu erkennen gegeben. Wann und zu wem? Wo finden sich diese göttlichen Offenbarungen? In absurden und einander widersprechen Schriften. […]

Paul Thiry d'Holbach um 1785, Ölgemälde von Alexander Roslin

Wenn Gott den Menschen nichts schuldig ist, dann sind auch die Menschen Gott nichts schuldig. Es gibt keine Beziehungen, die nicht wechselseitig sind; alle Pflichten gründen sich auf gegenseitige Bedürfnisse. [...]
Wenn Gott unendlich gut ist, warum sollen wir ihn dann fürchten? Wenn er unendlich weise ist, warum uns dann über unser Schicksal beunruhigen? Wenn er allwissend ist, warum ihn dann über unsere Bedürfnisse informieren und ihn durch unsere Gebete belästigen? Wenn er überall anwesend ist, wozu dann Kirchen? Wenn er Herr über alles ist, weshalb dann Opfer und Weihegaben? Wenn er gerecht ist, warum dann der Glaube, dass er seine Geschöpfe, die er mit einer Fülle von Schwächen versehen hat, bestrafen wird? Wenn es aber seine Gnade ist, die alles in ihnen bewirkt, warum soll er sie dann belohnen?
Wenn Gott allmächtig ist, wie kann man ihn dann beleidigen oder ihm Widerstand leisten? Wenn er vernünftig ist, wie kann er sich dann in Zorn versetzen gegen Blinde, denen er die Fähigkeit zu eigenem Denken ließ? Wenn er unwandelbar ist, wie können wir uns dann anmaßen, ihn zur Änderung seiner Ratsschlüsse bewegen zu wollen? Und wenn er unbegreiflich ist, warum versuchen wir dann, uns eine Vorstellung von ihm zu bilden?
Wenn Gott andererseits aber jähzornig, rachsüchtig und böse ist, so haben wir nicht länger einen Grund, Wünsche an ihn zu richten. Wenn er ein Tyrann ist, wie kann man ihn dann lieben [...]? Wenn er allmächtig ist, wie können wir uns den Folgen seines Zornes entziehen; wenn er sich nicht ändern kann, wie unserem Schicksal entgehen?
Nach alledem haben wir Gott, wie wir die Sache auch betrachten mögen, weder kultische Verehrung noch Gebete darzubringen.

(Paul Thiry d'Holbach: Systeme de la Natur. In: Norbert Hoerster (Hg.): Religionskritik. Reclam, Stuttgart 1984, S. 38f., 40)

Religion als unnötige Projektion: Gott ist eine Erfindung der Menschen

Doch wähnen die Sterblichen, die Götter würden geboren und hätten Gewand und Stimme wie sie. Doch wenn die Ochsen und Rosse und Löwen Hände hätten oder malen könnten mit ihren Händen und Werke bilden wie die Menschen, so würden die Rosse rossähnlich, die Ochsen ochsenähnliche Göttergestalten bilden, wie jede Art gerade selbst ihre Form hätte. Die Äthiopen *behaupten, ihre* Götter seien stumpfnasig und schwarz, die Thraker, blauäugig und stumpfnasig.

(Xenophanes: Zit. nach: Herrmann Diels (Hg. W. Kranz): Die Fragmente der Vorsokratiker. Bd. 2. Weidmannsche Vb, Berlin 1973, S. 386f.)

Wie der Mensch sich Gegenstand, so ist ihm Gott Gegenstand; wie er denkt, wie er gesinnt ist, so ist sein Gott. Soviel Wert der Mensch ist, so viel Wert und nicht mehr hat sein Gott. *Das Bewusstsein Gottes ist das Selbstbewusstsein des Menschen, die Erkenntnis Gottes die Selbsterkenntnis des Menschen.* Aus seinem Gotte erkennst du den Menschen, und hinwiederum aus dem Menschen seinen Gott; beides ist identisch. Was dem Menschen *Gott* ist, das ist *sein Geist, seine Seele*, und was des *Menschen Geist, seine Seele, sein Herz, das ist sein Gott*: Gott ist das *offenbare* Innere, das ausge-

Q

sprochne Selbst des Menschen; die Religion ist die feierliche Enthüllung der verborgnen Schätze des Menschen, das Eingeständnis seiner innersten Gedanken [...].

(Ludwig Feuerbach: Das Wesen des Christentums. Reclam, Stuttgart 1988, S. 51f.)

Religion verschleiert soziale Verhältnisse

Der Mensch macht die Religion, die Religion macht nicht den Menschen. Und zwar ist die Religion das Selbstbewusstsein und das Selbstgefühl des Menschen, der sich selbst entweder noch nicht erworben oder schon wieder verloren hat. Aber *der Mensch*, das ist kein abstraktes, außer der Welt hockendes Wesen. Der Mensch, das ist *die Welt des Menschen*, Staat, Sozietät. Dieser Staat, diese Sozietät produzieren die Religion, ein *verkehrtes Weltbewusstsein*, weil sie eine *verkehrte* Welt sind. Die Religion ist die allgemeine Theorie dieser Welt, ihr enzyklopädisches Kompendium, ihre Logik in populärer Form, [...] ihre moralische Sanktion, ihre feierliche Ergänzung, ihr allgemeiner Trost- und Rechtfertigungsgrund. Sie ist die *phantastische* Verwirklichung des menschlichen Wesens, weil das *menschliche* Wesen keine wahre Wirklichkeit besitzt. Der Kampf gegen die Religion ist also mittelbar der Kampf gegen *jene Welt*, deren geistiges *Aroma* die Religion ist.

Das *religiöse* Elend ist in einem der Ausdruck des wirklichen Elendes und in einem die Protestation gegen das wirkliche Elend. Die Religion ist der Seufzer der bedrängten Kreatur, das Gemüt einer herzlosen Welt, wie sie der Geist geistloser Zustände ist. Sie ist das *Opium* des Volks.

Die Aufhebung der Religion als des *illusorischen* Glücks des Volkes ist die Forderung seines *wirklichen* Glücks. Die Forderung, die Illusionen über seinen Zustand aufzugeben, ist die *Forderung, einen Zustand aufzugeben, der der Illusionen bedarf*. Die Kritik der Religion ist also im Keim die *Kritik des Jammertales*, dessen *Heiligenschein* die Religion ist. [...] Die Kritik der Religion enttäuscht den Menschen, damit er denke, handle, seine Wirklichkeit gestalte wie ein enttäuschter, zu Verstand gekommener Mensch, damit er sich um sich selbst [...] bewege. [...] Es ist also die *Aufgabe der Geschichte*, nachdem das *Jenseits der Wahrheit* verschwunden ist, die *Wahrheit* des Diesseits zu etablieren. Es ist zunächst die *Aufgabe der Philosophie*, die im Dienste der Geschichte steht, nachdem die Heiligengestalt der menschlichen Selbstentfremdung *entlarvt* ist, die Selbstentfremdung in ihren *unheiligen Gestalten* zu entlarven. Die Kritik des Himmels verwandelt sich damit in die Kritik der Erde, die *Kritik der Religion* in die *Kritik des Rechts*, die *Kritik der Theologie* in die *Kritik der Politik*.

(Karl Marx: Einleitung zur Kritik der Hegelschen Rechtsphilosophie. Werke (MEW) Bd. 1. Dietz, Berlin 1957, S. 378f.)

Religion als bloße Illusion von Psyche und Gehirn

Fassen wir die psychische Genese der religiösen Vorstellungen ins Auge. Diese, die sich als Lehrsätze ausgeben, sind nicht Niederschläge der Erfahrung oder Endresultate des Denkens, es sind Illusionen, Erfüllungen der ältesten, stärksten, dringendsten Wünsche der Menschheit; das Geheimnis ihrer Stärke ist die Stärke dieser Wünsche. Wir wissen schon, der schreckende Eindruck der kindlichen Hilflosigkeit hat das Bedürfnis nach Schutz – Schutz durch Liebe –

erweckt, dem der Vater abgeholfen hat, die Erkenntnis von der Fortdauer dieser Hilflosigkeit durchs ganze Leben hat das Festhalten an der Existenz eines – aber nun mächtigeren Vaters verursacht. Durch das gütige Walten der göttlichen Vorsehung wird die Angst vor den Gefahren des Lebens beschwichtigt, die Einsetzung einer sittlichen Weltordnung versichert die Erfüllung der Gerechtigkeitsforderung, die innerhalb der menschlichen Kultur so oft unerfüllt geblieben ist, die Verlängerung der irdischen Existenz durch ein zukünftiges Leben stellt den örtlichen und zeitlichen Rahmen bei, in dem sich diese Wunscherfüllungen vollziehen sollen. Antworten auf Rätselfragen der menschlichen Wissbegierde, wie nach der Entstehung der Welt und der Beziehung zwischen Körperlichem und Seelischem, werden unter den Voraussetzungen dieses Systems entwickelt; es bedeutet eine großartige Erleichterung für die Einzelpsyche, wenn die nie ganz überwundenen Konflikte der Kinderzeit aus dem Vaterkomplex ihr abgenommen und einer von allen angenommenen Lösung zugeführt werden.
[...] Sie [die religiösen Lehren] sind sämtlich Illusionen, unbeweisbar, niemand darf gezwungen werden, sie für wahr zu halten, an sie zu glauben. [...]

(Sigmund Freud: Die Zukunft einer Illusion IV. Kulturtheoretische Schriften. Fischer, Frankfurt/M. 1974, S. 164f.)

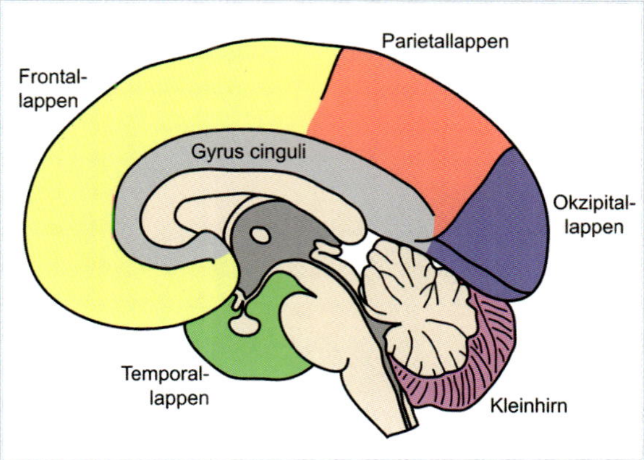

Bildgebende Verfahren können Tätigkeiten innerhalb des Gehirns nachweisen. Das gilt auch für religiöse Erlebnisse. Ein Gebet, ein Gottesdienst, schon der Gedanke der Gläubigen an Gott rufen beobachtbare neurophysiologische Aktivitäten hervor. Im Gehirn existieren daher religiöse Erfahrungen. Woher kommen sie? Innerhalb einer materialisch-naturwissenschaftlichen Weltanschauung wird das so erklärt: alle Phänomene höherer Entwicklungsstufe lassen sich mehr oder weniger kausal durch Prozesse auf einer unteren Ebene hinreichend erklären. Geistiges lässt sich deshalb letztlich auf materielle Vorgänge zurückführen. Das gilt auch für die außerordentlich komplexen und noch nicht voll durchschauten neuronalen Prozesse im Gehirn. Molekulare und zelluläre Grundlagen können im Prinzip menschliches Verhalten, Denken und Fühlen erklären. Wie z.B. die Idee der Willensfreiheit sind auch religiöse Erfahrungen, Gott und Religion neurophysiologisch durch das Gehirn produziert. Als „Überlebensmaschine" schafft das Gehirn auch die religiösen Vorstellungen. Gott kommt außerhalb des Gehirns keine Existenz zu. Das Gehirn ist nicht angewiesen auf eine von der Materie unabhängige, aktiv formgebende geistige Instanz, da es selbst sogar einen Überschuss an Geist produziert. Wie die Technik, wie die Werke der Philosophie und der Kunst ist auch die Religion ein Produkt der biologischen Evolution, eine Leistung des Gehirns. Religion konnte lange Zeit die Bewältigung des Daseins unterstützen. Eine überwirkliche, göttliche Sphäre existiert jedoch nicht, sie ist eine Fiktion und zudem heute nicht mehr nötig.

Q

(Frei nach: Ulrich Eibach: „Gott" nur ein „Hirngespinst"? Zur Neurobiologie religiösen Erlebens. EZW-Texte 172. Evangelische Zentralstelle für Weltanschauungsfragen, Berlin 2003, S. 7ff.)

Atheismus

Atheismus (griech. atheios: ohne Gott, gottlos) ist eine Bezeichnung für religionskritische Auffassungen, die die Existenz von höheren, göttlichen Wesen bestreiten (Anti-Theismus), sich von Religion verabschieden oder die ihnen gleichgültig sind.
Unter den Typen atheistischer Kritik überwiegen die Entlarvungen von Religion als systemstabilisierende Erfindungen (Ideologiekritik) und als illusionäre Projektionen, um z.B. Unsicherheit und Furcht zu bewältigen.
In der Antike waren die „atheoi" diejenigen, die nicht an den Kulten teilnahmen und die offiziellen Götter nicht anerkannten, im römischen Kaiserreich waren das z.B. zeitweise die Christen. Im christlichen Mittelalter galten im Grunde alle Nichtchristen als zu bekehrende Atheisten. Im orthodoxen Islam sind das die, die nicht an Allah glauben, außer den Juden und Christen.
Als „höflichen Atheismus" kann man *Deismus* (lat. deus: Gott) und *Pantheismus* (griech. pan: alles) charakterisieren, weil nach Ansicht der Deisten (z.B. Newton, Voltaire) Gott zwar die Welt geschaffen habe, sich aber vollständig aus ihr zurückzog, nicht mehr eingreift und sie den Menschen für ein vernunftorientiertes Leben überlassen habe. Im sogenannten Pantheismus (z.B. Spinoza, Tendenzen indischer Weltanschauung) wird auf die Existenz eines transzendenten, göttlichen Wesens verzichtet. Sozusagen „weltgläubig" wird das ganze Universum, die Totalität der Welt als „göttlich" und sinnvoll anerkannt bzw. ist das Göttliche mit der Welt identisch.

(Frei nach: Schülerduden: Die Philosophie. Dudenverlag, Mannheim 1985, S. 50, 89, 300)

?

- *Fassen Sie die Hauptaussagen der vorgestellten Textauszüge zusammen.*
- *Vergleichen Sie die einzelnen Positionen*
  a) hinsichtlich ihrer Ziele und Argumentationsmuster und
  b) hinsichtlich Plausibilität und Überzeugungskraft.
- *Informieren Sie sich über die vorgestellten Denker sowie über andere Religionskritiker.*
- *Erörtern Sie am Beispiel der „Mohammed-Karikaturen" und am Bild auf S. 222 das Für und Wider von sogenannter „Gotteslästerung" als Religionskritik.*
- *Vergleichen Sie hinsichtlich ihrer Wirksamkeit die Religionskritiken mit einer Haltung, die nicht als Kritik auftritt: Desinteresse, Gleichgültigkeit.*
- *Überprüfen Sie, ob Erklärungen über das Entstehen oder die Funktion von Religion ausreichend sind, um über Wahrheit oder Unwahrheit religiösen Glaubens zu urteilen.*
- *Innerhalb der Soziologie wird auch nach der Funktion von Religion in Gesellschaften gefragt. Überprüfen Sie, ob und wie Religionen z.B. dazu beitragen können, Kontingenz und Komplexität in einer Gesellschaft zu reduzieren.*
  Nutzen Sie dazu auch folgende These: Auch in unserer Kultur sind Religionen unverzichtbar und sollten gefördert werden, weil die Menschen sonst Halt und Orientierung verlieren würden und Probleme hätten, ein sinnerfülltes Leben zu führen.
  Beurteilen Sie anschließend im Licht religionskritischer Positionen, welchen Gebrauch die Fürsprecher dieser These von der Religion machen und nehmen Sie dazu Stellung.

4.3.3 Abschied von Religion durch Religiosität als Privatsache?

Im Kapitel 4.2 wird deutlich, dass der Mensch als Kulturwesen nichts Höheres anerkennt als seine selbst geschaffene Kultur bzw. sich in einer Auseinandersetzung der Kulturen (vgl. S. 217ff.) selbst bestimmt. Angesichts der Selbstbestimmung des Menschen wird eine Instanz wie Gott als Fremdbestimmung erlebt. Insofern kann *Religion allein* nicht mehr die kulturelle Identität bestimmen, sie ist allenfalls und auch nicht für jeden ein *Teil* der Kultur. Obwohl die deutsche Kultur immer noch auf die christliche Religion bezogen ist (z.B. christliche Feiertage, Redewendungen wie „Gott sei Dank!“, Eidesformel „So wahr mir Gott helfe!“), wird Religion immer mehr zur Privatsache. Die Individuen interpretieren sich als unabhängig, als frei wählen könnend und nicht mehr als schlechthin von Gott abhängig (vgl. S. 272). Je nach individuellen Bedürfnissen kann auch die Religion gewählt und verwendet werden. Religion überlebt so als diffuse *Religiosität*, eine Art innerer Gestimmtheit und individueller Sinnsuche innerhalb und außerhalb der Kirchen. Herbert Schnädelbach (siehe S. 192) konstatiert, dass Religion in einem nachdrücklichen Sinn ihre Bedeutung verloren habe. Ihre tiefe und alles bestimmende Gläubigkeit, ihr universeller Anspruch an Verhalten und Gemeinschaft, der unser gesamtes Leben in Frage stellen und sogar unsere Existenz verändern könnte, sei weitgehend verschwunden. Herbert Will beschreibt die zeitgenössische Religiosität an einem Beispiel.

Johannes erschien erstmals 1978, hat inzwischen die 27. [2010: 47.] Auflage erreicht und steht in der Esoterik-Abteilung jeder Buchhandlung. Der Held des Buches, Klaus, ist ein 30 Jahre alter kaufmännischer Angestellter, ledig, ein vollkommen durchschnittlicher Mensch ohne öffentliche Macht und Bedeutung. Er beginnt zu berichten: „Als ich an diesem Morgen die Augen aufschlug, wusste ich, dass der Tag anders sein würde.“ Seine Wahrnehmung ist verändert, die Klarheit und Intensität seiner Gefühle sind überwältigend, „ich fühlte mich leicht und zeitlos, ewig, unerklärlich“. Statt in die Arbeit führen ihn seine Schritte in den nahe gelegenen Wald, der sich als Ort einer mystischen Begegnung entpuppt: Er begegnet Johannes, einem freundlichen, ihm unbekannten alten Mann, der ihn mit seinem Namen anredet und ihn einlädt, mit ihm zu kommen. Sie durchwandern den Wald und erreichen eine weitläufige Hügellandschaft, die von einem herrlichen, satten Grün bedeckt ist: das gelobte Land. Hier kommt es zu einem großen Gespräch zwischen beiden. Für Klaus sind die Gesetze des alltäglichen Lebens aufgehoben, Zeit, Raum, Kausalität, logisches Denken; seine Gefühle sind alles, und die Geborgenheit bei Johannes ist überwältigend. [...]

Worüber sie sich unterhalten, der Gegenstand ihres kryptoreligiösen Gesprächs, sind altbekannte Lebensmaximen: Was du tust, das tue mit Hingabe, von ganzem Herzen. Kümmere dich nicht um Unwesentliches. Sei wahrhaftig. Übernimm die Verantwortung für dich selbst. Sei mutig. Lebe mit dem Herzen und nicht mit dem Verstand usw. Dabei ist Johannes jedoch kein autoritativer Prediger. Er entlastet Klaus [...] von seiner Schuld und seinen Selbstvorwürfen, nimmt ihm seine Zwänge und Einengungen. „Ich setzte mich auf und blickte Johannes direkt in seine freundlichen Augen. ‚Du bist nicht allein', sagte er sanft. ‚Vielen geht es wie dir. Im Grunde tut jeder so als ob.'"

Die Befreiung vom alten Menschen, das Herausschreien des Schmerzes, das Herauskotzen des Schlechten, das Abwaschen des Drecks hinterlassen schließlich einen neugeborenen, gereinigten Klaus. In einem letzten Abendmahl [...] erhält Klaus nochmals magische Stärkung, und zum Abschied schenkt Johannes ihm ein Buch: klein und unscheinbar, alt und abgegriffen, von Hand geschrieben – sein Inhalt ist auf den Seiten 91–102 in Johannes abgedruckt und wiederholt die Lehren des weisen Vaters. [...]

Johannes ist ein Musterbeispiel individuell-privater Religion. Sie hat ganz verzichtet auf den sozialen Austausch einer religiösen Gemeinschaft und ihres Traditionszusammenhanges und deklariert sich nicht als „religiös", sondern als mystisch und therapeutisch. Jeder Leser ist mit seinem Johannes allein. Vielleicht redet er mit Freunden darüber, doch das Geheimnis der esoterischen Literatur ist ja gerade, dass sie sich exklusiv und besonders gibt und den Einzelnen unmittelbar anspricht. Plötzlich wird er zum wichtigen Subjekt, wird in eine Welt aufgenommen, welche die Alltagswelt transzendiert: die Welt des Geheimnisses, der Begegnung, der Weisheit. [...] Diese Alternative: bisherige Scheinwelt – neue, wahre Welt, so als ob die erlebte Realität nicht die wirkliche gewesen wäre, ist natürlich wiederum ein Schein, psychisch reizvoll, jedoch irreal, denn jeder Leser von Johannes wird sich nach der Lektüre wieder in seiner alten ungeliebten Realität wiederfinden. Johannes selbst als vorübergehender religiöser Führer verschwindet ja, wie er gekommen ist [...]. Die Begegnung mit ihm bleibt ein Traum.

(Herbert Will: Die Privatisierung Gottes. In: Kursbuch 93: Glauben. Rotbuch, Berlin 1988, S. 9f.)

?

- *Erarbeiten Sie, wie es Johannes gelingt, Klaus zu verändern. Was bringt Klaus selbst mit?*
- *Listen Sie die hier dargestellten Kernelemente individuell-privater Religion auf und vergleichen Sie diese mit denen der Weltreligionen (vgl. Kap. 4.1).*
- *Diskutieren Sie Wills Auffassung, dass die neue Welt von Klaus auch nur „ein Schein" sei.*

Q

Die zeitgenössische Religiosität neigt dazu, sich im Bereich des Privaten [...] zu artikulieren. Früher war Gott omnipräsent, und das Jenseits wurde als eine transzendente Welt vorgestellt, die anders war als das irdische Leben und dieses gleichzeitig umfasste. Heute wird der Bereich des Transzendenten zunehmend individualisiert und psychologisiert. Die Grundfrage des religiösen Menschen ist nicht mehr: Wie kann Gott mir gnädig sein? oder: Ist Gott gerecht? Wie kann er so etwas zulassen? oder: Wie kann die göttliche Vernunft in die Welt kommen? oder: Gott ist tot!, sondern: Mein Leben erscheint mir sinnlos. Obwohl es mir äußerlich nicht schlecht geht, frage ich mich: Was soll das alles? Was ist der Sinn?

Diese „Sinnfrage" stellt sich in der Regel ganz privat. Sie betrifft das Subjektive und Eigene des Individuums, und sie ist selbstbezüglich, d. h. nicht primär auf andere Menschen, auf die gesellschaftliche Situation oder auf Gott bezogen. [...] Die reale Sinnlosigkeit hat viele Ursachen. Bezeichnend ist jedoch für die religiöse und parareligiöse Sinnsuche, dass man sich dabei kaum mit diesen faktischen Ursachen beschäftigt, sondern das Gefühl der Sinnlosigkeit zu behandeln sucht. Religion wird zur Therapie eines als defizitär erlebten subjektiven Zustandes. [...]

Ein Defizit wird erlebt, ein Bedürfnis nach Religion tritt auf, und man macht sich auf die Suche oder findet spontan das Richtige. Der Einzelne ist vom institutionellen Zwang der früheren Religion befreit und möchte auch nicht in den Schoß der Kirche zurückkehren. So verläuft seine religiöse Suche nach dem Modell des Marktes: Was gibt es? Was passt zu mir? Auf den Kirchentagen wird seit Jahren regelmäßig ein „Markt" der religiösen Möglichkeiten aufgebaut, auf dem religiöse Gruppierungen um Interessenten werben.

Das religiöse Angebot hat seit Anfang der siebziger Jahre unseren christlichen Kulturkreis weit überschritten. Hinzugekommen sind vor allem Praktiken der außerchristlichen Mystik und der Meditation, und Weisheiten esoterischer Traditionen. [...] Die subjektive Privatreligion lässt alles gelten. Der Dalai-Lama neben dem Papst neben Jesus, der Schamane neben dem Meditationslehrer neben dem indianischen Medizinmann, alle versammeln sich bei uns [...]. Entsprechend synkretistisch sind die Produkte dieser Religiosität, zusammengesetzt aus Bröckchen verschiedenster kultureller Zusammenhänge, und pantheistisch in einem diffusen Sinn: Alles ist spirituell, nur die soziale Realität nicht, die viel zu banal wäre für den Weltgeist. Alles wird ganzheitlich gesehen, holistisch [...].

(Herbert Will: Ebd. S. 10ff.)

?

- *Fassen Sie die Kernaussagen des Textauszuges zusammen und überprüfen Sie Wills Thesen auf der Grundlage Ihrer Auseinandersetzung mit den Texten dieses Kapitels.*
- *Was schreiben Sie, wenn Sie mit wenigen Sätzen das skizzieren sollen, woran Sie im Tiefsten glauben?*
- *Inwiefern spielen in Ihren Glaubensvorstellungen Elemente zeitgenössischer Religiosität, wie Esoterik, Spiritualität, Meditation usw. eine Rolle. Sprechen Sie darüber, was Sie daran fasziniert und was Sie sich davon erhoffen bzw. warum Sie dem mit Skepsis begegnen.*

4.

- Eine aufklärerische Haltung lässt sich als Versuch kennzeichnen, sich mit und durch Vernunft über sich selbst aufzuklären und Wahrheit zu gewinnen (vgl. Seite 26ff.). Zu diesem Prozess gehören auch bisweilen bittere Einsichten in Irrtümer und Illusionen sowie Phasen der Unsicherheit. Wenn es jedoch um entscheidende Fragen der Existenz geht, um den „Sinn des eigenen Lebens", dann fällt es schwer, Kontingenz, Unsicherheit, Fraglichkeit und Zweifel als Dauerzustand auszuhalten. Man hofft auf Wahrheit, strebt nach Verlässlichkeit, Vertrauen, nach unbedingter Gewissheit. Erörtern Sie, ob eine kritische Aufklärung über Religion auch dazu beitragen kann, religiös gläubigen Menschen zu einer *vertieften Glaubensgewissheit* zu verhelfen.

5 Anthropologie: Der Mensch entwirft sich selbst

Anthropologie: Wissen vom Menschen

Seit sie denken, haben die Menschen über sich, über ihre Herkunft und über ihre Stellung im Kosmos gerätselt und unterschiedliche Erklärungen gefunden. Mythische, religiöse und poetische Vorstellungen oder philosophische Deutungen entwerfen ideenreiche und z. T. phantasievolle Bilder und Werturteile über das *Wesen des Menschen* (z. B.: Der Mensch ist das Maß aller Dinge). Diese Deutungen haben auch ethische Effekte hinsichtlich seiner Entscheidungsmöglichkeiten, seiner Rechte und Pflichten, seines Verhaltens gegenüber Mitmenschen und Natur. So ist z. B. der Mensch als Geschöpf Gottes diesem Schöpfer und dessen Geboten im Denken und Handeln verpflichtet.

Q| Philosophische Anthropologie ist [...] als eine besondere Gattung aus der Bedrängnis entstanden, in welche die Philosophie geraten war, weil zunehmend das entscheidende Wissen vom Menschen nicht sie, sondern die Einzelwissenschaften vom Menschen anboten und weil durch die Einzelwissenschaften dem Menschen seine eigene Kreatürlichkeit bedenklich nahegerückt wurde. [...] Was die Philosophie in der Aufnahme des wissenschaftlichen Wissens vom Menschen aber realisieren muss, ist ein Charakteristikum ihres Wissenstyps, nämlich die Betroffenheit. Wo immer das Wissen herstammen mag, in der Philosophie muss es stets realisiert werden, dass wir selbst es sind, um die es hier geht: der Mensch.

Kants Anthropologie präsentierte das Humanwissen seiner Zeit, [sie], erläutert er, geht „auf das, was er (der Mensch), als frei handelndes Wesen, aus sich selbst macht, oder machen kann und soll". Für Kant war das Ziel der angestrebten Stilisierung klar: Der Mensch sollte sich durch Zivilisierung, Kultivierung, Moralisierung zum vernünftigen Wesen machen. Meine Anthropologie hat keine ideale Selbststilisierung vor Augen. In der Lehre von den „Zuständen" des Menschseins möchte sie vielmehr den Einzelnen dazu auffordern, vielgestaltig zu werden und Übergänge zu lernen, zumindest der Anderen eingedenk zu bleiben, wenn er die eine wählt. [...] Es gibt objektive Chancen für die Entwicklung eines neuen gelassenen Selbstverständnisses und der Entwicklung einer neuen Kultur. [Unsere Zeit] enthält auch unerhörte Möglichkeiten – Möglichkeiten der Vielfältigkeit und der Steigerung des Menschseins.

(Gernot Böhme: Anthropologie in pragmatischer Hinsicht. Suhrkamp. Frankfurt/M. 1985, S. 8f)

?|
- *Überprüfen Sie Böhmes These von den „Möglichkeiten der Vielfältigkeit und der Steigerung des Menschseins" auf der Grundlage eigenen Wissens.*
- *Erörtern Sie, ob die „Entdeckung des Menschen" durch die Anthropologie auch eine Reaktion auf den Verlust der kulturbestimmenden Ansprüche von Religion ist (vgl. Kap. 4.3).*

5.1 Der Mensch als Naturwesen

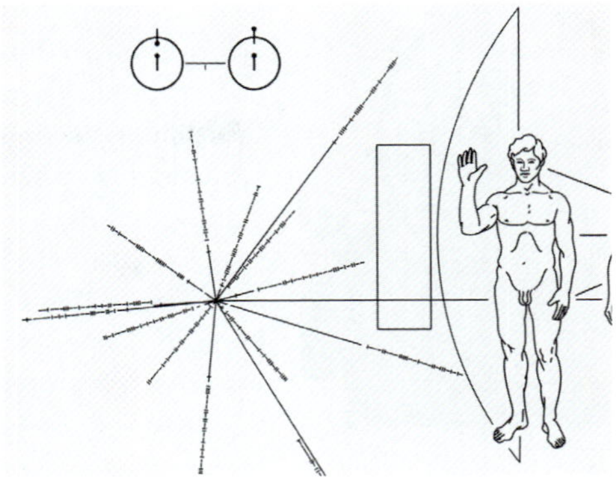

Will man die Lebensbedeutung der Philosophie bestimmen, so kann sie nur die sein, gegenüber allem spekulativen, gegenüber allem mystischen und subjektivistischen Denken den Sinn der objektiven Erkenntnis, der rationalen Klarheit und die Erweiterung unserer wissenschaftlichen Erfahrung zu sichern. Hier und nicht in der Prophetie liegt der Sinn philosophischer Arbeit. Wie *Sokrates* in den Werkstätten Athens zu Hause war, so muss die Philosophie in den nüchternen Werkstätten und Laboratorien der Wissenschaft zu Hause sein. Dort findet sie ihre kritische und damit zugleich fortschrittliche Aufgabe.

(Joachim Ritter: Subjektivität. Suhrkamp, Frankfurt/M. 1964, S. 61)

Ich liebe die Naturwissenschaften und bedauere deshalb, dass so viele vor diesen Fächern zurückschrecken oder die Entscheidung für eine Naturwissenschaft gleichsetzen mit einem Mangel an Mitgefühl, an Kunstsinn und Ehrfurcht vor der Natur. Die Naturwissenschaften sind nicht dazu da, die Welt ihrer Mysterien zu berauben, sondern immer neue Facetten zu enthüllen und lebendig werden zu lassen.

(Robert Sapolsky: Warum Zebras keine Migräne kriegen. München, Zürich, Piper 1998, S. 11)

Vor dem Hintergrund von Ritters Anforderungen an eine *philosophische Anthropologie* (Lehre vom Menschen) und Sapolskys Begeisterung für die Aufklärungsarbeit der Wissenschaften, insbesondere der Naturwissenschaften, ist daran zu erinnern, dass die Frage danach, was der Mensch sei, sehr alt ist. In den unterschiedlichen Deutungen vermischen sich Annahmen über den Menschen als Natur- und Kulturwesen, bzw. als Geschöpf Gottes. Zwar wurden durchaus natürliche Eigenschaften des Menschen beschrieben (z.B. sein Körperbau, seine Fähigkeiten und Schwächen). Das Wesen des Menschen wurde jedoch nicht in seiner Körperlichkeit, nicht in seiner bio-chemischen oder physikalischen Beschaffenheit gesucht, sondern eher in Eigenschaften und Fähigkeiten, die ihn von der Materie und vom Tier unterscheiden.
Den Menschen jedoch unter dem Gesichtspunkt zu betrachten, *inwiefern er und was er als Naturwesen ist*, das ist Ansatz und Folge einer sachlichen, rationalen Einstellung, wie sie etwa der französische Denker René Descartes (1596–1650) vorschlug. Descartes teilte analytisch die klassische Leib-Geist/Seele-Einheit des Menschen, wobei die physische Natur als Teil der „ausgedehnten Welt" tendenziell nach dem Modell einer Maschine durch physikalisch-mathematische Kategorien zu verstehen ist (vgl. S. 114ff.). Im Bereich der ausgedehnten, stofflichen Natur erfolgen Veränderungen in einer Ursache-Wirkungs-Kette aus feststellbaren und vor allem messbaren Voraussetzungen, den Gesetzen der Natur (z.B. Gravitation, Thermodynamik, Ohmsches Gesetz, Evolution). Naturgesetze werden in der Regel mathematisch formuliert. Durch die Aufspaltung der Leib-Geist/Seele-Einheit entsteht ein Gegensatz von Außenwelt und denkendem Ich, dementsprechend auch von eigenem Körper und eigenem

Geist. Neben den erkenntnistheoretischen Einsichten (vgl. Kap. 1.2.2 und 2.1.2) eröffnen Descartes und seine Nachfolger durch diese Trennung aber auch eine nüchterne, wertneutrale, insbesondere naturwissenschaftliche Erforschung der menschlichen Körperlichkeit. Ohne religiöse und weltanschauliche Vorannahmen und Einschränkungen kann der Mensch Gegenstand und Forschungsobjekt von wissenschaftlichen Beobachtungen, Experimenten und Tests werden. Ein Beispiel dafür ist die – früher kaum mögliche – öffentliche Sektion von Leichen seit dem 16. Jahrhundert, um korrekte Kenntnisse über die Anatomie des Menschen zu erhalten.

Als Forschungsgegenstand der Natur- und Humanwissenschaften wird der Mensch somit grundsätzlich nicht anderes behandelt als andere Naturwesen, wie z.B. Affen. Der Mensch ist dann z.B. ein höheres Säugetier, das werktätig in sozialen Gemeinschaften auf dem Planeten Erde, im Sonnensystem des Universums lebt. In dieser Perspektive zählen keine traditionellen Ansichten und Meinungen, sondern Fakten, die nach Ursache-Wirkungs-Beziehungen analysiert werden. Von den Forschungsergebnissen erhofft man sich nachvollziehbare, begründete und verbindliche Aussagen über das Wesen des Menschen. Diese Aussagen – und die damit verbundenen Wahrheitsansprüche – stellen jedoch einige Annahmen über den Menschen infrage, die bisher als selbstverständlich galten. Aus ihnen ergeben sich – obwohl Wissenschaftler von der Wertfreiheit ihrer Arbeit ausgehen – ethische Konsequenzen hinsichtlich des Verhaltens, der Entscheidungsmöglichkeiten, der Rechte und Pflichten des Menschen.

Das naturwissenschaftliche Vorgehen erfordert daher einerseits unsere Stellungnahme zu den Erkenntnissen und andererseits die Bereitschaft, sich auf die Ergebnisse der Forschung sowie auf die naturwissenschaftliche Methodik einzulassen (vgl. Kap. 2.2). Wenn nämlich der Mensch als physisches Wesen Forschungsgegenstand der Natur- und Humanwissenschaften wird, dann sind Aussagen und Behauptungen über den Menschen nur dann sinnvoll, wenn sie nachvollziehbar und vor allem wissenschaftlich überprüfbar sind. Bestehen sie diese Prüfungen, werden sie akzeptiert, aber nur so lange, bis sie durch neuere Beobachtungen und Erfahrungen möglicherweise korrigiert oder widerlegt werden. Dabei meint Prüfbarkeit, dass es möglich sein muss, eine Behauptung, Hypothese oder Theorie durch Erfahrung und Tests zu bekräftigen oder zu widerlegen. Wer also heute Aussagen über den Menschen als Naturwesen macht, sollte die kritische Frage zulassen: „Was würde dich davon überzeugen, dass deine Hypothese falsch ist?“.

?

- *Fassen Sie die Hauptaussagen der Zitate und des Einleitungstextes zusammen.*
- *Formulieren Sie eine Behauptung, aus der hervorgeht, welche Stellung der Mensch im Tierreich einnimmt, d.h. worin er sich von Tieren unterscheidet, worin er ihnen gleich ist. Vergleichen Sie Ihre Ansichten. Welche Ansicht oder welcher Befund würde Sie überzeugen, dass Ihre Behauptung falsch ist.*
- *Schlagen Sie in einem Lexikon nach, wie dort der Mensch erklärt wird und erläutern Sie, welche neuen Erkenntnisse der Natur- und Humanwissenschaften Ihrer Meinung nach „neue Facetten“ zu einem philosophisch-ethischen Menschenbild beigesteuert haben?*
- *Legen Sie dar, worin Sie die Bedeutung der Natur- und Humanwissenschaften für die Suche nach Antworten auf die Frage nach dem Wesen des Menschen sehen.*

Schaffen Naturwissenschaftler ein einseitiges Bild vom Menschen?

Der Kuss,
Auguste Rodin, 1886

Wissenschaften, die sich mit dem Menschen als Naturwesen befassen, sind u.a. die Humanbiologie, die Neurophysiologie, die Evolutionsforschung einschließlich der evolutionären Erkenntnistheorie, die Psychologie, die Kosmobiologie, die Ethnologie.

Die Verfahren sowie die Antworten dieser Wissenschaften, insbesondere der Naturwissenschaften, zu Fragen des Menschseins gefallen nicht allen Menschen, weil sie teilweise liebgewordenen Vorstellungen widersprechen. Menschen fühlen sich oft sogar *gekränkt*, wenn sie und ihresgleichen bloßer Gegenstand von methodisch angelegten (insbesondere physiologischen) Versuchsanordnungen werden oder wenn gezeigt wird, dass ihre bisherigen Auffassungen über das Menschsein nicht stimmen oder wenn sie in Wirklichkeit nicht so beschaffen sind, wie sie sich selbst gerne sehen möchten.

Mit Hilfe bildgebender Verfahren stellt man z.B. fest, dass bei Küssenden das limbische System stark aktiviert ist. Das Limbische System ist ein Teil des Gehirns, in dem viele Aspekte des Verhaltens gesteuert werden, insbesondere Gefühle, Triebe, Speicherung und Abruf von Erinnerungen. Durch Chemikalien ist das Limbische System leicht zu beeinflussen. Eine Aktivierung durch einen Kuss unterscheidet sich daher biochemisch kaum von Auswirkungen durch Drogen und Psychopharmaka.

?

- *Informieren Sie sich über die grundsätzlichen Forschungsansätze der oben genannten Wissenschaften und ergänzen Sie die Beispiele in einer Liste, in der Sie die jeweiligen Forschungsansätze skizzieren.*
- *Diskutieren Sie, ob z.B. mit einer neurophysiologischen Erklärung eines Kusses ein Bewusstseins- oder Gefühlszustand „wegerklärt" wird, d.h. ihm seine volle Bedeutung für die Beteiligten genommen wird (vgl. S. 284–290).*
- *Sammeln Sie Beispiele, die die Behauptungen belegen, dass Menschen manche Antworten der Naturwissenschaften nicht gefallen. Erörtern Sie anschließend, inwiefern Erkenntnisse oder naturwissenschaftliche Versuchsanordnungen Menschen sogar „kränken" können? Nach welcher Vorstellung vom Menschen wäre der Mensch „kränkbar", nach welcher nicht?*
- *Ohne Wissenschaften haben Menschen das Feuer erfunden, Schiffe navigiert, Tiere domestiziert, sich und die Welt verstanden. Erörtern Sie die universellen Ansprüche der Wissenschaften.*

5.1.1 Wo steht der Mensch?

Stehen wir im Mittelpunkt und sind wir allein im Kosmos?

Nach unserer natürlichen Erfahrung geht die Sonne unter, naturwissenschaftlich betrachtet hebt sich nur der Horizont. Bereits die Pythagoreer (ca. 6. Jh. v.u.Z.) haben daran gezweifelt, dass die Erde Mittelpunkt des Alls ist und sich alles um sie dreht. Mit *Anthropozentrismus* wird eine Auffassung bezeichnet, nach der der Mensch (wie die Erde) Mittelpunkt der Welt und alleiniger Zweck des Weltgeschehens ist. Dagegen gilt es als möglich, dass es angesichts der ungeheuren Größe des Universums und der ungeheuren Vielzahl seiner Welten nicht nur auf unserem Planeten Leben, sondern auch außerirdisches Leben gibt. Dass der Übergang vom geozentrischen (Erde im

Zentrum des Kosmos) zum heliozentrischen (Sonne im Zentrum des Sonnensystems und alle Planeten kreisen um sie) Weltbild nicht nur astronomische Bedeutung hatte, beschreibt Johann Wolfgang von Goethe (1749- 1832) so:

Q| [Der menschliche Geist] ist ungeduldig und anmaßlich und zugleich unsicher und zaghaft. Er strebt nach Erfahrung und in ihr nach einer erweiterten reinern Tätigkeit, und dann bebt er wieder davor zurück, und zwar nicht mit Unrecht. Wie er vorschreitet, fühlt er immer mehr, wie er bedingt sei, dass er verlieren müsse, indem er gewinnt: denn ans Wahre wie ans Falsche sind notwendige Bedingungen des Daseins gebunden.

Daher wehrt man sich im Wissenschaftlichen so lange als nur möglich für das Hergebrachte, und es entstehen heftige langwierige Streitigkeiten, theoretische sowohl als praktische Retardationen [Verzögerungen]. [...]

Doch unter allen Entdeckungen und Überzeugungen möchte nichts eine größere Wirkung auf den menschlichen Geist hervorgebracht haben, als die Lehre des Kopernikus. Kaum war die Welt als rund anerkannt und in sich selbst abgeschlossen, so sollte sie auf das ungeheure Vorrecht Verzicht tun, der Mittelpunkt des Weltalls zu sein. Vielleicht ist noch nie eine größere Forderung an die Menschheit geschehen: denn was ging nicht alles durch diese Anerkennung in Dunst und Rauch auf: ein zweites Paradies, eine Welt der Unschuld, Dichtkunst und Frömmigkeit, das Zeugnis der Sinne, die Überzeugung eines poetisch-religiösen Glaubens; kein Wunder, dass man dies alles nicht wollte fahren lassen, dass man sich auf alle Weise einer solchen Lehre entgegensetzte, die denjenigen, der sie annahm, zu einer bisher unbekannten, ja ungeahneten Denkfreiheit und Großheit der Gesinnungen berechtigte und aufforderte.

(Johann Wolfgang von Goethe: Farbenlehre. Historischer Teil. 16. Jahrhundert Zwischenbetrachtung II. In: E. v. d. Hellen u. a. (Hg.): Goethe. Sämtliche Werke. Bd. 40. Cotta'sche, Stuttgart/Berlin o. J., S. 184f.)

?|

- *Legen Sie dar, warum Goethe in der Lehre des Kopernikus (1473–1543) eine so große „Forderung an die Menschheit" erkennt. Worin bestand die Vorstellung, die widerlegt wurde? Warum widersetzte man sich der neuen Lehre?*
- *Welche Gründe für eine anthropozentrische Haltung vermuten Sie? Recherchieren Sie z. B. zum Fall Galileo Galilei (1564–1642) und untersuchen Sie, welches Menschen- und Weltbild die Verurteiler seiner Lehre und seines naturwissenschaftlichen Verfahrens leitete.*

Bedingungen unserer Existenz

Unsere Existenz ist vermutlich nur möglich, wenn außerordentlich viele Bedingungen erfüllt sind (Abstand Sonne - Erde, Erde - Mond, Erddrehung, Sauerstoff, Ozonschicht usw.). Für eine anthropozentrische Haltung würde das heißen, dass Kosmos und Erde genau die Bedingungen bieten, *damit* es den Menschen geben kann.

?|

- *Diskutieren Sie die Konsequenzen für das Bild vom Menschen, wenn Erde und Kosmos auch so beschaffen sein könnten, dass die Bedingungen ein menschliches Leben nicht ermöglichen.*
- *Erläutern Sie, was Antworten zur Stellung des Menschen im Kosmos zur Frage beitragen, was der Mensch sei.*

5.1.2 Woher kommt der Mensch?

Wie entstand Leben?

Der Weg zum Menschen beginnt wahrscheinlich mit der *kosmischen Evolution*, der Entstehung von Raum, Zeit und Materie vor etwa 18 Mrd. Jahren. Diese heute vorherrschende kosmologische Theorie, die viele beobachtete Phänomene plausibel beschreibt, nennt man das Standardmodell der Kosmologie (Edwin P. Hubble 1929: Urknalltheorie). Es folgte die chemische Evolution, die schließlich zur Entstehung des Lebens auf der Erde führte. Vor ca. 3 Mrd. Jahren begann die biologische Evolution mit der ersten Zelle. Heute zählen wir ca. 5 Millionen Pflanzen- und Tierarten. Da es Leben gibt, muss es einen Übergang von der chemischen zur biologischen Evolution, also einen Übergang von unbelebter zu belebter Materie gegeben haben. Dazu äußert sich der Nobelpreisträger für Chemie Manfred Eigen so:

Q

Wer heute behauptet, das Problem des Ursprungs des Lebens auf unserem Planeten sei gelöst, sagt mehr, als er wissen kann. Doch um wieviel mehr müsste der wissen, der die Gegenbehauptung aufstellt und uns einreden will, dass Leben auf natürliche Weise [...] nicht entstehen konnte. Er müsste nicht nur sämtliche Bedingungen kennen, unter denen Leben möglicherweise entsteht, er muss auch beweisen, dass gerade diese unter all den möglichen Bedingungen der frühen Erde nicht realisierbar waren. [...] Ein einziges Gegenbeispiel – und davon gibt es heute bereits viele in Form von Laboratoriumsexperimenten – kann seine Behauptung zu Fall bringen.

(Manfred Eigen: Entstehung des Lebens. Ein Ereignis zwischen naturgesetzlichem Zwang und historischer Einzigartigkeit. Natur 2, 1983, S. 69)

?

- *Stellen Sie Eigens Einschätzung in eigenen Worten dar.*
- *Erläutern Sie, wie er gegen die Behauptung argumentiert, Leben sei nicht auf natürliche Weise entstanden und beziehen Sie Stellung.*

Der Mensch ein etwas anderes Tier?

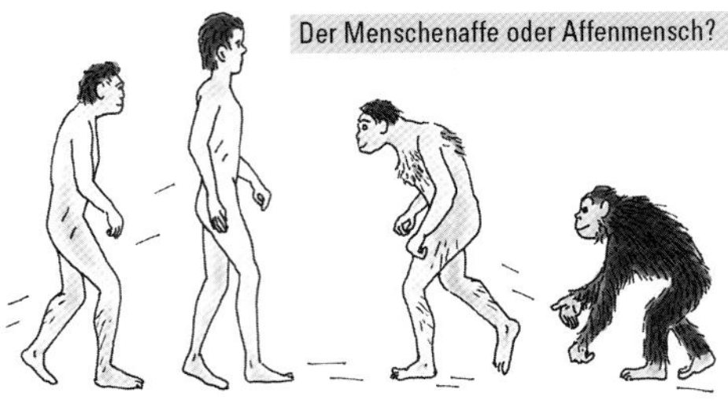

Der Menschenaffe oder Affenmensch?

Die Idee einer natürlichen Entwicklung des Menschen im Gegensatz zu der Erschaffung eines fertigen Menschen durch einen Gott gab es als Ausnahme bereits in der Antike. So glaubte z. B. Anaximander von Milet (610–547 v. u. Z.), dass anfangs die Erde von fischähnlichen Wesen bewohnt wurde, die dann aufs Festland umsiedelten und sich schließlich in Tiere und auch Menschen verwandelten. Auch im weiteren Verlauf der Geschichte gab es Denker, die entgegen religiösen Schöpfungsvorstellungen von einer *Entwicklung des Menschen* sprachen. Aber erst die Untersuchungen von Charles Darwin (1809–1882) und seiner Nachfolger konnten dem Entwicklungs- oder Evolutionsgedanken zu allgemeiner Anerkennung verhelfen. Durch die Forschungen konnten überzeugende Beispiele für das *Modell der Evolution* geliefert werden. Die moderne Evolutionstheorie hat zudem festgestellt, dass alle gegenwärtigen Arten über einen universal gültigen genetischen Code (DNS) verbunden sind, und geht davon aus, dass sie einen gemeinsamen Ursprung haben. Die Entwicklung vollzieht sich durch zufällige Mutation (sprunghafte Veränderung der Erbinformation durch chemische oder physikalische Einflüsse) und selektive Anpassung an die Umweltbedingungen. Der Biologe Thomas Junker merkt allerdings in Bezug auf die Evolutionstheorie an, dass die Evolution nur zeige, wie Lebewesen *funktionieren*, aber nicht, *warum sie ihre charakteristischen Eigenschaften haben*. Die Evolutionstheorie könne noch nicht alles erklären, es gäbe wie in jeder Wissenschaft offene Fragen und ungelöste Probleme.

- *Geben Sie arbeitsteilig in eigenen Worten wieder, wie in der Bibel oder in anderen mit der Evolutionstheorie konkurrierenden Theorien die Entstehung des Menschen geschildert wird.*
- *Erläutern Sie, was die Evolutionstheorie zur Frage beiträgt, was der Mensch sei. Lassen sich aus Erkenntnissen über das* Entstehen *des Menschen verbindliche Aussagen über das* Wesen *des Menschen ableiten?*
- *Worin bestand und besteht für viele Menschen die „Kränkung" durch die Evolutionstheorie? Vergleichen Sie dazu die Reaktionen der Menschen auf die wissenschaftlichen Revolutionen „Relativitätstheorie" und „Quantentheorie".*
- *Erörtern Sie, ob aus dem Gedanken der natürlichen Entwicklung (Evolution) auch folgt, dass der Mensch „nicht fertig" ist. Kann bzw. soll er sich hinsichtlich seiner natürlichen Eigenschaften weiter entwickeln?*

Verwandtschaft aller Lebewesen

Alle Lebewesen sind miteinander verwandt, alle sind aus Materie zusammengesetzt, die Naturgesetze gelten für alle, die „Bauanleitung" für alle Organismen ist in der DNA (Trägerin der Erbsubstanz) des Zellkerns festgelegt. Die chemische Struktur und die Molekülstruktur der Erbsubstanz sind bei allen Organismen gleich. Deshalb ist auch z. B. Gentechnik in der Weise möglich, dass man ein Stück menschlicher Erbinformation, das die Bauanleitung für ein Wachstumshormon enthält, in ein Bakterium einbringt und dieses dazu veranlasst, menschliche Wachstumshormone herzustellen.

- *Sehen Sie weitere Konsequenzen dieser Verwandtschaft? Dürfen wir z. B. unsere Verwandten schlachten und verspeisen? Erörtern Sie hierzu eine kritische Bewertung des Art. 1 des Grundgesetzes der Bundesrepublik Deutschland, den man als „Feier einer siegreichen Rasse des Tierreiches" bezeichnen könnte.*
- *Charakterisieren Sie das Wesen (Natur und Status) dieses Bakterien-Menschen oder Menschen-Bakteriums.*

Was soll der Mensch im Vergleich zum Tier?

Evolutionstheorie und andere Wissenschaften bieten Erklärungen für die Verwandtschaft mit dem Tierreich und das Entstehen des Menschen. Ergeben sich daraus auch Konsequenzen für eine *Bestimmung des Menschen*, für das, was er kann und soll, was seine Würde ausmacht?

Vor dem Hintergrund des christlichen Schöpfungsgedankens hat der italienische Philosoph Giovanni Pico della Mirandola (1463–1494) schon während der Renaissance den Menschen als das vorrangige und würdevolle Wesen bestimmt, dass im Gegensatz zur übrigen Natur nicht festgelegt und dadurch – ähnlich einem Kunstwerk – in seiner Selbstgestaltung frei ist. Er schildert Gottes Absichten so:

„Wir haben dich weder als einen Himmlischen noch als einen Irdischen, weder als einen Sterblichen noch einen Unsterblichen geschaffen, damit du als dein eigener, vollkommen frei und ehrenhalber schaltender Bildhauer und Dichter dir selbst die Form bestimmst, in der du zu leben wünschst. Es steht dir frei, in die Unterwelt des Viehes zu entarten. Es steht dir ebenso frei, in die höhere Welt des Göttlichen den Entschluss deines eigenen Geistes zu erheben." [...] Dem Menschen [ist es gegeben], das zu haben, was er wünscht, und das zu sein, was er will. Denn die Tiere, sobald sie geboren werden, tragen vom Mutterleibe an das mit sich, was sie später besitzen werden [...]. In den Menschen aber hat der Vater gleich bei seiner Geburt die Samen aller Möglichkeiten und die Lebenskeime aller Art hineingelegt. Welche er selbst davon pflegen wird, diejenigen werden heranwachsen und werden in ihm ihre Früchte bringen. Wenn er nur die des Wachsens pflegt, wird er nicht mehr denn eine Pflanze sein. Pflegt er nur die sinnlichen Keime, wird er gleich einem Tier stumpf werden. Bei der Pflege der rationalen wird er als ein himmlisches Wesen hervorgehen. [...] Und wenn er mit dem Lose keines Geschöpfes zufrieden sich in den Mittelpunkt seiner Ganzheit zurückziehen wird, dann wird er zu *einem* Geist mit Gott gebildet werden, in der einsamen Dunkelheit des Vaters, der über alles erhaben ist, wird er auch vor allem den Vorrang haben. [...]
Wenn du daher einen Menschen siehst, der ganz dem Bauche ergeben ist und gleichsam auf der Erde kriecht, so wisse, es ist ein Strauch, nicht ein Mensch, was du da siehst. Wenn du einen andern siehst, in die Phantasie verstrickt, durch eitle Gaukelbilder erblindet, durch Sinneseindrücke bezaubert und durch ihre Verlockungen gleichsam gefesselt, es ist ein Tier, kein Mensch, was du da siehst. Wenn du aber einen erblickst, der nach der richtigen Art der Philosophen alles betrachtet, diesen sollst du verehren, denn er ist ein himmlisches und kein irdisches Wesen.

(Giovanni Pico della Mirandola: Über die Würde des Menschen. In: G. Bien, H. J. Busch (Hg.): Was ist der Mensch? Materialien für die Sekundarstufe II. Schroedel, Hannover 1981, S. 42)

› *Legen Sie die Hauptaussagen dar und erläutern Sie diese Bestimmung des Menschen.*
› *Erörtern Sie, ob sich aus der Verwandtschaft mit Tieren und aus dem Entstehungszusammenhang Konsequenzen für eine Bestimmung des Menschen ergeben.*
› *Informieren Sie sich über weitere Ansichten zur Bestimmung des Menschen bzw. der Tiere und vergleichen Sie diese mit der Mirandolas.*

5.1.3 Was bestimmt unser Fühlen und Handeln?

Ist auch unser Verhalten tierisch?

Mithilfe der Evolutionstheorie versucht die *Soziobiologie* menschliches und tierisches Sozialverhalten zu erforschen und zu erklären. Nach der Auffassung der modernen Naturwissenschaften ist der Mensch nicht nur in Körperbau, Stoffwechsel und Neurophysiologie, sondern auch in seinem Verhalten aus dem Tierreich hervorgegangen und stammesgeschichtlich mit ihm verbunden. Doch woher stammt z.B. die Psyche, der „Dirigent" all unserer *Verhaltensweisen*? Und wie bestimmen ihre frühzeitlichen Ursprünge auch heute noch maßgeblich unser *Denken und Verhalten*? fragt der Verhaltensforscher William F. Allmann und antwortet:

Jahrhunderte lang waren diese Fragen die Domäne von Religion und Philosophie. Heute allerdings entwickelt sich ein völlig neues Verständnis von der Entstehung der menschlichen Psyche. [...] Forscher behaupten, die natürliche Selektion habe den Geist des Menschen im Laufe einer sehr langen Evolution auf die Lösung bestimmter Probleme programmiert, die für das Überleben unserer Vorfahren unerlässlich waren, und – das urzeitliche Erbe sei in unseren Köpfen heute noch lebendig. Niemand würde anzweifeln, dass Lunge und Magen in der Evolution zum Zweck der Sauerstoffaufnahme beziehungsweise Nahrungsverdauung entstanden sind. Warum sollte dann nicht auch der Geist auf spezielle Aufgaben ausgerichtet worden sein? Diese Aufgaben brauchen sich nicht zwangsläufig mit den Anforderungen an einen modernen Großstadtmenschen zu decken, der ja nur die Spitze des Eisbergs der menschlichen Evolution repräsentiert. Vielmehr sind Verstand und Psyche des Menschen in Reaktion auf jene alltäglichen Herausforderungen entstanden, mit denen unsere Vorfahren konfrontiert waren, die jahrtausendelang als Jäger und Sammler in kleinen Horden über die Savanne zogen. [...]
Die Palette von Verhaltensweisen, die tief in unserer Geschichte verwurzelt sind, ist recht beachtlich: die Art, wie wir unsere Partner wählen, die Fähigkeit, in großen Gruppen zusammenzuleben [...]. Das gesamte Repertoire, das unser modernes Miteinander bestimmt, reicht bis in die Frühzeit der Menschheit zurück, als unsere Vorfahren in einer feindlichen Umwelt noch hart um ihr Überleben kämpfen mussten.

(William F. Allman: Mammutjäger in der Metro. Heidelberg, Spektrum 1999, S. 16f.)

- *Beschreiben Sie die Karikatur (S. 241). Was entlarvt der Spiegel? Beachten Sie dazu auch Buchtitel wie z.B. den von Allmann oder „Wenn das Reptil ins Lenkrad greift“ (Friedhelm Schwarz, Rowohlt, Hamburg 2004).*
- *Nennen Sie weitere Beispiele für oben charakterisierte tief verwurzelte Verhaltensweisen in Ihrem Umfeld?*
- *Worin liegt die gesellschaftliche und moralische Bedeutung der ethnologischen Erkenntnisse? Gehen Sie auch auf den Unterschied zwischen Erklärung und Rechtfertigung ein.*

Schafft die Natur Egoisten?

Die natürliche Auslese oder Selektion bestimmt, durch welche Eigenschaften ein Tier eine größere Fitness[1] gewinnt. Dabei setzt die Selektion zwar am Individuum an, aus evolutionsbiologischer Sicht ist jedoch das genetische Programm, das es an seine Nachkommen weitergibt, die relevante Bezugsgröße. Erhöhen bestimmte Gene den Fortpflanzungserfolg eines Individuums, werden sie mit größerer Wahrscheinlichkeit in der nächsten Generation im Genpool[2] der Population vertreten sein, ihren relativen Anteil am Genpool also erhöhen.

1 Je besser die Überlebensfähigkeit und je größer der Fortpflanzungserfolg eines Lebewesens ist, desto höher ist seine Fitness.

2 Der Genpool ist die Gesamtheit der Gene einer Population, also einer Gruppe artgleicher Individuen.

(Ulrich Weber (Hg.): Biologie Oberstufe, Cornelsen, Berlin 2009, S. 491)

Dass sich Verwandte gegenseitig helfen (Nepotismus), kann die Soziobiologie über die genetische Verwandtschaft leicht erklären: Ich helfe meinen Verwandten, weil es den Fortbestand meiner Gene sichert. Aber wie ist es mit Menschen, die nicht verwandt sind? In einem Zeitungsinterview vom 11.01.2008 antwortet der Soziobiologe Eckart Voland:

Voland: Es gibt noch andere Strategien, mit denen sich die Fitness erhöhen lässt. Ich kann zum Beispiel im Sinne einer Win-Win-Situation in Freundschaften investieren. Wenn ich heute in eine Notsituation komme und jemand hilft mir, der mir vertraut, dann rechnet er damit, dass ich mich revanchiere. Beide Seiten haben zunächst Kosten. Aber es kann sich für beide auszahlen. Man spricht hier vom Prinzip der Gegenseitigkeit. Der Reziprozität.
sueddeutsche.de: Am Ende haben sich beide Seiten geholfen, Bedingungen zu schaffen, die den eigenen Fortpflanzungserfolg erhöhen.

(http://www.sueddeutsche.de/wissen/486/429239/text/, Zugriff 24.03.2010)

- *Im Tierreich gibt es keine Kooperation zwischen Nichtverwandten. Wie erklären Soziobiologen soziales Verhalten. Nutzen Sie z.B. den Spruch: „Eine Hand wäscht die andere". Erklären Sie ferner, wie die Entstehung von Dankbarkeits- und Rachegefühlen soziobiologisch nachvollzogen werden könnte.*
- *Sozialstudien in Kanada zeigen, dass Kindesmisshandlungen weit überdurchschnittlich häufig von Stiefvätern begangen werden. Wie würden Soziobiologen dies erklären?*
- *Was ist eine „Win-Win-Situation"? Warum kooperiert auch ein Egoist in einer solchen Situation? Welche Bedingungen müssen für beide Egoisten erfüllt sein?*
- *Stellen Sie sich vor, folgende Forderungen für einige Tage erfüllen zu müssen: „Hege keine bösartigen Absichten gegen Menschen, die dir Böses getan haben." „Bevorzuge keinen Menschen (auch nicht die eigenen Verwandten und Freunde), sondern stehe zu allen Menschen gleich gut." Diskutieren Sie anschließend im Kurs Möglichkeiten und Grenzen dieser Forderungen und erörtern Sie Reaktionen auf diese Forderungen.*
- *Erläutern Sie den Unterschied zwischen Erklärung und Entschuldigung einer Tat.*
- *Nehmen Sie Stellung zu einer Behauptung des Volksmundes, dass man keinem edlen Motiv trauen solle, weil sich dahinter auch ein niedriges finden lässt.*
- *Erläutern Sie, was Verhaltensforschung und Ethnologie zur Frage beitragen, was der Mensch sei.*

Kritik an der Soziobiologie

Ist das Verhalten der Menschen nur genetisch bestimmt? Ist alles, was wir tun, im biologischen Sinne überlebensfördernd? Die genetische Bestimmung eines Verhaltens kann auch als Rechtfertigung für unerfreuliches Verhalten dienen. Wir können jedoch vereinbaren, Handlungen zu verbieten, zu denen wir aufgrund unseres biologischen Erbes spontan neigen. Wir geben erworbene Einsichten an die nächste Generation kulturell weiter, so ist z.B. Fremdenfeindlichkeit nicht unvermeidlich, nur weil sie vielleicht genetische Wurzeln hat.

- *Finden Sie Beispiele zu den einzelnen Fragen und Thesen und nehmen Sie Stellung.*

5.1.4. Was kann der Mensch? Was kann er nicht?

Haben wir uns im Griff? Können wir unser Denken und unser Verhalten bewusst und rational steuern? Sind wir unabhängig von der Situation, in der wir uns befinden, in der Lage, unser Leben zu planen und zu gestalten? Können wir die Realität so erkennen, wie sie ist?

Haben wir uns im Griff? – Der Einfluss des Unbewussten

Im Englischunterricht will eine Schülerin sagen: „The exercise was difficult". Tatsächlich sagt sie: „The exerSCHEISS was difficult."

?| › *Ein zufälliger Versprecher oder …? Was meinen Sie?*

Q| Freud zufolge streben Impulse in unserem Inneren, die wir nicht für akzeptabel halten, dennoch zum Ausdruck, selbst wenn Sie gehemmt, unterdrückt oder verdrängt werden. Beispielsweise „vergisst" man den Termin beim Zahnarzt genauso wenig zufällig, wie man zu Verabredungen mit einer bestimmten Person regelmäßig zu spät erscheint. Vielmehr sind diese Zwischenfälle Manifestationen der Bestrebungen, das auszudrücken, was wir *wirklich* fühlen. […] Nach Freud sind solche *Fehlleistungen* bedeutungsvoll, wobei ihre Bedeutung in ihrer *unbewussten Absicht* liegt. […] Neuere Untersuchungen liefern Bestätigungen für die Theorie, dass geheime Gedanken mit den beabsichtigten Verbalisierungen konkurrieren und so die *Freudschen Versprecher* entstehen.

(Philip G. Zimbardo: Psychologie. Springer, Berlin 1992, S. 409f.)

Q| […] die beiden Aufklärungen [durch die Psychoanalyse], dass das Triebleben der Sexualität in uns nicht voll zu bändigen ist, und dass die seelischen Vorgänge an sich unbewusst sind und nur durch eine unvollständige und unzuverlässige Wahrnehmung dem Ich zugänglich und ihm unterworfen werden, kommen der Behauptung gleich, dass das Ich nicht Herr sei in seinem eigenen Haus. Sie stellen miteinander die dritte Kränkung der Eigenliebe dar, die ich die psychologische nennen möchte.

(Sigmund Freud: Eine Schwierigkeit der Psychoanalyse. In: Anna Freud (Hg.): Sigmund Freud. Gesammelte Werke, Bd. 12. Imago, London 1955, S. 11)

?|
- › *Wie würde Freud den oben beschriebenen Versprecher deuten?*
- › *Freud spricht von einer dritten „Kränkung der Eigenliebe". Informieren Sie sich über weitere.*
- › *Vergleichen Sie die Vorstellung nicht „Herr im eigenen Hause zu sein" mit den Ansprüchen der Philosophie an souveränes Denken und Verhalten.*

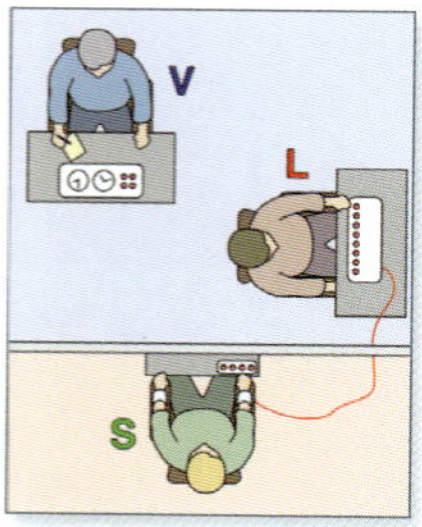

Haben wir uns im Griff? – Der Einfluss der Situation

Im *Milgram-Experiment* waren die Durchführer eines Versuchs zum Lernerfolg die eigentlichen Versuchsobjekte. Sie sollten einem Probanden, der auf einer Art „elektrischem Stuhl" saß, mehr oder weniger schmerzhafte Elektroschocks (von null Volt bis 450 Volt in Stufen von 15 Volt) geben, wenn er bei einem Lernexperiment Fehler machte (es sollte angeblich untersucht werden, ob der Lernerfolg durch Strafe erhöht werden kann). Das „Opfer", das natürlich nur vermeintlich Schocks erhielt – machte absichtlich immer wieder Fehler, sodass die Teilnehmer sich genötigt sahen, ihm Schocks von steigender Intensität zuzufügen. Als die Schocks an Stärke zunahmen, simulierte das „Opfer" Unruhe, klagte über sein schwaches Herz und bat dringend, das Experiment abzubrechen.

?| › *Bevor Sie sich eingehender mit dem Milgram-Experiment befassen, beantworten Sie bitte folgende Fragen: Wie viel Prozent der strafenden Teilnehmer würden Ihrer Meinung nach a) von Anfang an nicht mitmachen, b) bis maximal 90 Volt gehen, c) bis zu 210 Volt gehen, d) bis zum Maximum gehen? Charakterisieren Sie in Stichworten die jeweiligen Personengruppen.*

Viele Untersuchungen und die [...] Analyse von sozialpsychologischen Untersuchungen bestätigen das gleiche Muster: Wenn Menschen das Verhalten eines anderen beobachten, neigen sie zu dem Schluss, dass der Handelnde hierzu prädisponiert war. In anderen Worten: Sie vermuten, dass das beobachtete Verhalten mit spezifischen Merkmalen des Akteurs korrespondiert. Und sie neigen zu solchen Schlussfolgerungen, auch wenn es zwingende Gründe gibt, dass diese nicht angemessen sind. [...] Diese Verzerrung kommt so häufig vor, dass der Sozialpsychologe Lee Ross (1977) sie als fundamentalen Attributionsfehler bezeichnete. Der fundamentale Attributionsfehler ist die Tendenz, Schlussfolgerungen über stabile Persönlichkeitsdispositionen eines Akteurs zu machen, obwohl sein Verhalten durch Situationsbedingungen ausreichend erklärt werden kann.
Ein besonders instruktives Beispiel für die fatale Wirkung und Verwirrung, die durch den fundamentalen Attributionsfehler ausgelöst worden ist, stellt die Gehorsamkeitsstudie von Milgram (1963) dar:[...] Die Tatsache, dass sich die Mehrzahl aller Teilnehmer in der Milgramschen Gehorsamkeitsstudie total gehorsam zeigte, war unerwartet und verwirrend zugleich. Weshalb? Bierbrauer hat (1979) die Milgram-Studie in allen ihren Details nachgestellt und Teilnehmer, welche die Rolle des Lehrers spielten, und Beobachter am Ende der Simulation gebeten, u. a. zu schätzen, wie viel Prozent aller Teilnehmer die höchste Schockstufe einsetzen würden. Ihre Einschätzungen lagen weit unter der tatsächlichen Gehorsamkeitsrate. Wie konnte es zu einer so dramatischen Fehleinschätzung kommen? Für außenstehende Beobachter ist das geforderte Verhalten derart undenkbar, dass sie annehmen, nur unmoralische, sadistische oder extrem unterwürfige Menschen würden sich dazu bereit finden. Normale Menschen wie Du und Ich würden dies indes niemals tun. Offenbar werden die Zwänge der Untersuchungssituation von außenstehenden Beobachtern völlig unterschätzt. Stattdessen werden stabile Persönlichkeitsdispositionen der Teilnehmer für ihr Verhalten verantwortlich gemacht.

(Günter Bierbrauer: Sozialpsychologie. Kohlhammer, Stuttgart 1996, S. 95f.)

- *Bewerten Sie vor dem Hintergrund des Textes Ihre Antworten auf die Fragen zum Milgram-Experiment.*
- *Diskutieren Sie den Einfluss der Situation auf Möglichkeiten und Grenzen menschlichen Verhaltens.*
- *Vergleichen Sie die normative (verhaltenssteuernde) Kraft einer wissenschaftlichen Versuchssituation auf die beteiligten Personen mit der normativen Kraft, die z.B. die Situation eines Ego-Shooter-Spiels erzeugt.*
- *Erläutern Sie, welche Konsequenzen der Einfluss der Situation für das Bild des Menschen als mündigen Gestalter seines Lebens hat.*

Sind wir beschränkt oder können wir alles erkennen?

Wir wissen, dass die waagerechten Linien parallel sind, aber nehmen sie dennoch als nicht parallel wahr. Wir unterliegen Täuschungen, können diese aber immerhin als solche enttarnen. Die Menschen können erstaunliche Fähigkeiten, Entdeckungen und Erfindungen vorweisen, aber sie unterliegen auch eklatanten Wahrnehmungs- und Denkfehlern sowie Vorstellungsschwächen.
Die klassische Frage Kants, *wie Erkennen überhaupt möglich ist und wie es zu zutreffenden Erkenntnissen kommt*, ob also Erkenntniskate-

gorien des Denkapparates und Realkategorien in der Außenwelt (zumindest teilweise) übereinstimmen (vgl. Kapitel 2.1 und 2.2.4), wird von Biologen so beantwortet, dass Denk- und Anschauungsformen mit dem Realen übereinstimmen. Der Philosoph Gerhard Vollmer, der die sogenannte Evolutionäre Erkenntnistheorie systematisch entwickelte, fasst das so zusammen:

Q| Unsere Erkenntnisfähigkeit ist also die Leistung einer angeborenen Weltbildapparatur, die in der Stammesgeschichte des Menschen entwickelt wurde und eine tatsächliche Annäherung an die außersubjektive Wirklichkeit darstellt. Der Grad dieser Entsprechung aber ist, wenigstens vergleichsmäßig, grundsätzlich erforschbar.

(Gerhard Vollmer: Auf der Suche nach der Ordnung. Hirzel, Stuttgart 1995, S. 127)

?|

- *Erläutern Sie den evolutionären Mechanismus nach Vollmer und verfassen Sie eine eigene Stellungnahme.*
- *Erläutern Sie, was Psychoanalyse, Sozialpsychologie und evolutionäre Erkenntnistheorie zur Frage beitragen, was der Mensch sei.*
- *Innerhalb der Quantentheorie (Unbestimmtheitsrelation) der modernen Physik lassen sich Gegenstände wie z. B. Elektronen nicht mehr eindeutig identifizieren. Erörtern Sie Konsequenzen für unser Erkenntnisvermögen.*

5.1.5. Der Geist ein Naturprodukt?

Wir können erfahren, dass der Körper des Menschen, sein Verhalten und sein Erkenntnisapparat natürlichen Ursprungs sind. Gilt das auch für den Geist des Menschen? Oder ist der immaterielle (nichtstoffliche) Geist etwas völlig anderes als die materielle (stoffliche) Natur? Sind es zwei verschiedene Substanzen (Dualismus) oder gibt es nur jeweils eine einzige Substanz (Monismus), nur den Geist (Spiritualismus) oder nur die Materie (Materialismus)? Oder gibt es gar eine dritte, unbekannte Substanz (vgl. auch S. 114ff.)?

Kann ein Gedanke Berge versetzen?

Die Seele entweicht aus dem Körper

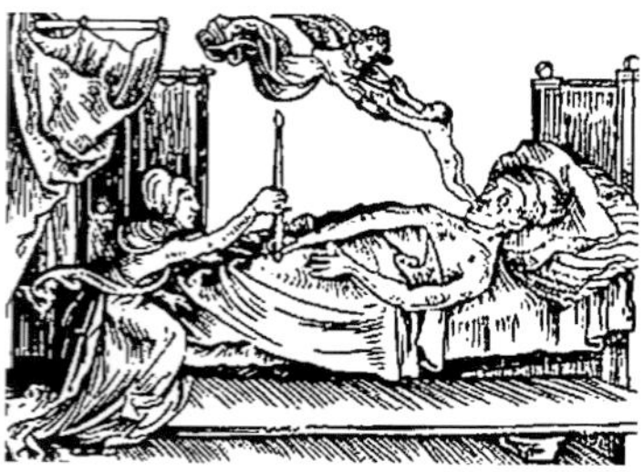

Das sogenannte *Leib-Seele-Problem*, auch Körper-Geist-Problem genannt, besteht für den Dualisten in der Frage, wie die Wechselwirkung zwischen den beiden Substanzen aussieht und wo sie stattfindet. Der Monist dagegen sieht sich vor dem Problem, zu erklären, wie es von dem materiellen Aspekt zum Geistigen und umgekehrt kommt.

Der Philosoph Thomas Nagel stellt fest, dass wir zu unserem Gehirn auf zwei Weisen Zugang haben: Aus der Innenperspektive – der 1. Person-Perspektive, einer Innenschau oder Introspektion – und der Außenperspektive – der 3. Person-Perspektive, der Perspektive der wissenschaftlichen Beobachtung.

Q| Was geschieht [...], wenn man in einen Schokoladenriegel beißt? Die Schokolade schmilzt auf unserer Zunge und verursacht chemische Reaktionen in unseren Geschmackszellen; die Geschmackszellen senden elektrische Impulse durch die Nerven hindurch, die von unserer Zunge zu unserem Gehirn führen, und wenn diese Impulse das Gehirn erreichen, so erzeugen sie dort weitere physikalische Reaktionen; und schließlich empfinden wir den Geschmack von Schokolade. Was ist jedoch er? Kann er schlicht mit einem physikalischen Ereignis in einigen unserer Hirnzellen identisch sein, oder muss es sich bei ihm um etwas Grundverschiedenes handeln?

[...] Wenn unsere Erlebnisvorgänge auf eine andere Weise in unserem Bewusstsein sind, als sich die entsprechenden Gehirnprozesse in unserem Hirn befinden, so sieht es so aus, als könnten unsere Erlebnisse und andere psychische Zustände nicht einfach bloß physikalische Zustände unseres Gehirns sein. Wir müssen demnach mehr sein als bloß ein Körper mit seinem brausenden Nervensystem.

Eine mögliche Schlussfolgerung lautet, dass es eine Seele geben muss, die so an unseren Körper gebunden ist, dass beide aufeinander einwirken können. Trifft dies zu, so bestehen wir aus zwei sehr verschiedenartigen Dingen: einem komplexen physischen Organismus und einer rein mentalen Seele. [...]

Es scheint in der Welt zwei sehr verschiedene Arten von Vorgängen zu geben: Vorgänge, die zur physikalischen Wirklichkeit gehören, die also von vielen unterschiedlichen Personen von außen beobachtet werden können, sowie jene anderen Vorgänge, die zur psychischen Wirklichkeit gehören, und die ein jeder von uns in seinem eigenen Fall aus der Innenperspektive erlebt.

(Thomas Nagel: Was bedeutet das alles? Reclam, Stuttgart 1990, S. 26ff.)

- › *Könnte man Nagel als Dualisten bezeichnen? Sagt Nagel etwas darüber, wie die Wechselwirkung zwischen den beiden Substanzen aussieht und wo sie stattfindet?*
- › *Führen Sie im Kurs ein Streitgespräch zwischen Monisten und Dualisten.*

Der Philosoph Ansgar Beckermann betont die Bedeutung naturwissenschaftlicher Einsichten für philosophische Überlegungen über das Wesen des Menschen:

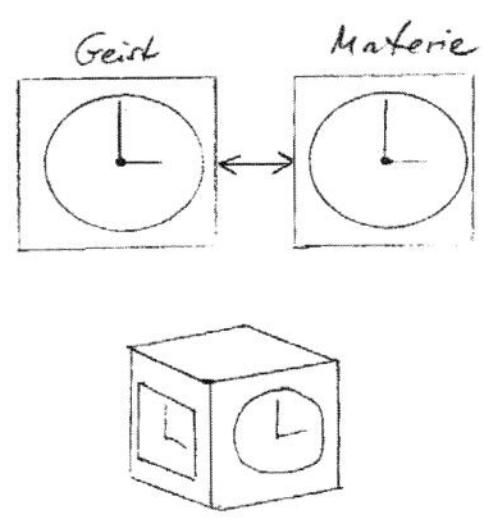

Wie laufen Geist und Materie synchron?

Es gibt keinerlei empirischen Hinweis auf das Eingreifen einer immateriellen Seele in die neuronalen Prozesse in unseren Hirnen. [...] Es gibt keinerlei befriedigende Antwort auf die Frage, wie materielle Körper und immaterielle Seelen überhaupt kausal aufeinander einwirken können. Was bestimmt den Ort der Einwirkung der Seele auf den Körper? [...] Wie kommt eine immaterielle Seele zu der Energie, die sie benötigt, um physische Wirkungen erzielen zu können?

(Ansgar Beckermann: Gehirn, Ich und Freiheit. Mentis, Paderborn 2008, S.49f.)

- › *Beschreiben Sie, welche Auffassungen zum Verhältnis von Geist und Körper im Bild veranschaulicht werden?*
- › *Zeigen Sie in eigenen Worten die Gründe auf, die Beckermann für die Annahme anführt, dass die Körper selbst die geistigen Eigenschaften tragen und nicht körperlose Substanzen sind.*
- › *Informieren Sie sich über neuere Ergebnisse der Neurobiologie und diskutieren Sie, ob man mit dem Gehirn das Gehirn verstehen kann bzw. ob man aus der Struktur des Gehirns Bewusstseinsprozesse ableiten kann.*

Beckermann setzt sich ebenfalls mit dem Vorwurf, ein „seelenloser“ Mensch lasse Schlimmes befürchten, auseinander:

Q| Zunächst einmal muss man sich eines klar vor Augen halten: Wenn wir keine Seele haben, bedeutet das nicht, dass wir kein mentales Leben besitzen. Auch wenn wir keine Seele haben, nehmen wir wahr und erinnern uns, denken wir nach und fällen wir Entscheidungen, empfinden wir Lust und Schmerz, ja sogar Liebe, Freundschaft und Mitleid. Dass wir all dies tun, ist eine völlig unbezweifelbare empirische Tatsache; keine wissenschaftliche Erkenntnis wird daran je etwas ändern. Zweitens, und das ist mindestens ebenso wichtig: Unser ethischer Status hängt an diesen mentalen Eigenschaften und nicht an der Existenz einer immateriellen Seele. Unsere Würde hat etwas damit zu tun, dass wir empfindungsfähige Wesen sind, dass wir Interessen haben, dass wir über uns und unser Leben reflektieren können, dass wir einen weit über die unmittelbare Zukunft hinausgehenden Zeithorizont haben.

(Ansgar Beckermann: Ebd. S. 11)

?|
- *Erläutern Sie, welche Folgen Beckermann für ethische Überlegungen bei einer „Seelenfreiheit" postuliert? Übertragen Sie seine These auf die Frage, ob auch Tiere Würde besitzen?*

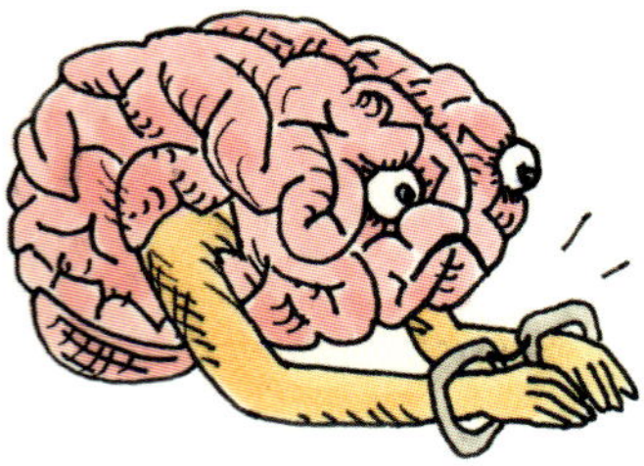

Freier Wille – Frommer Wunsch?

Der Befund scheint deutlich: Wir fühlen uns nicht nur frei, wenn wir tun können, was wir wollen, uns also z. B. niemand hindert, sondern auch in unserem Wollen.
Sind wir aber wirklich *Herr über unser Wollen*, können wir „wollen, was wir wollen?" Garantiert die gefühlte Willensfreiheit eine tatsächliche Willensfreiheit (vgl. Seiten 284–290)?

?|
- *Beschreiben Sie die Zeichnung.*
- *Führen Sie ein Gedankenexperiment durch, in dem Sie sich etwas vorstellen, was Ihnen überhaupt nicht gefällt. Können Sie durch Willensanstrengung erreichen, dass es Ihnen gefällt? Können Sie einen Sinneseindruck willentlich verändern?*
- *Nehmen Sie an, Sie hätten einen freien Willen, frei im Sinne von uneingeschränkt, unbedingt und unverursacht. Überlegen Sie, was dieser Wille mit Ihrem Körper, Ihrem Geist, Ihrer Person zu tun hätte. Was wäre mit Zurechenbarkeit, Schuld und Verantwortung?*
- *Lesen Sie den Textauszug von Thomas Nagel (vgl. S. 282ff.) und führen Sie die dort gestellten Aufgaben aus.*
- *Diskutieren Sie die These, dass bezüglich des Problems „Determinismus und Willensfreiheit" sich durch reines Nachdenken nicht herausfinden lässt, ob die Welt z. B. deterministisch, indeterministisch oder beides ist. Fragen danach, was der Fall ist, sogenannte ontologische Fragen, könne die Philosophie zwar stellen, aber für Antworten benötige sie die Erfahrungswissenschaften (vgl. dazu auch Kapitel 2.2).*
- *Was spricht für Willensfreiheit? Untersuchen Sie die folgenden Argumentationsansätze in Gruppen und tragen Sie Ihre Ergebnisse in Form von Rede und Gegenrede vor.*
  1. *Nach Thomas von Aquin (ca. 1224–1274) ist es notwendig, dem Menschen in seiner Entscheidung einen freien Willen zuzusprechen. Denn dazu verpflichte der Glaube, da es ohne Willensfreiheit keinen Verdienst und keine Sünde, keine gerechte Strafe oder keinen gerechten Lohn geben könne.*
  2. *In einem Gedicht von Christian Morgenstern (1871–1940) liest man den oft zitierten Satz „Weil, so schließt er messerscharf, nicht sein kann, was nicht sein darf" (Die unmögliche Tatsache).*
  3. *Wir sind willensfrei, weil wir uns frei fühlen.*

4. *Wir sind dann frei, wenn wir unsere eigenen Handlungen nicht vorhersagen können. Da das prinzipiell unmöglich ist, sind wir frei.*
5. *Wenn es keine mit sich identische Person mehr gibt, die sich frei in Schuld und Sünde verstrickt, dann gibt es niemanden, der von Gott erlöst werden muss und auferstehen kann.*

› *Erläutern Sie, was die Hirnforschung zur Frage beiträgt, was der Mensch sei.*

5.1.6. Ergeben sich aus der Natur moralische Pflichten?

Tierschutz: Mensch, Tier und Moral

Folgen aus der Natürlichkeit des Menschen und seiner Verwandtschaft mit den Tieren Konsequenzen für sein Verhalten gegenüber Umwelt und Tierwelt? Soll man z.B. Tiere und die Umwelt schützen, weil sie für den Menschen nützlich bzw. interessant sind (anthropozentrischer Ansatz) oder weil sie - wie der Mensch - einen moralischen Status haben, der sich an einer Leidensfähigkeit zeigt (pathozentrischer Ansatz, vgl. auch Seite 171f.)? Darf man sogar behaupten, dass jede Ethik eigentlich Tierethik sei, weil ja auch der Mensch ein Tier ist?

Q

Die Pflichten des Menschen reichen nicht nur über den Horizont der Gegenwart, sie reichen auch über den Horizont der Menschenwelt hinaus. Der Mensch ist das einzige Subjekt von Pflichten, aber er ist nicht ihr einziges Objekt. Mindestens die empfindungsfähigen Tiere haben einen Anspruch darauf, vom Menschen vor Schmerzen, Leid und Angst bewahrt zu werden. [...]
Für diese Verpflichtung [zum Tierschutz] ist einzig entscheidend, dass Tiere empfindungsfähig sind und gequält werden können. Ob sie Interessen oder Rechte haben, ist demgegenüber von sekundärer Bedeutung. [...]
[Beantworten sollte man] Fragen wie die folgenden:

1. Auf welcher Organisationshöhe des Nervensystems setzt die Leidensfähigkeit ein? [...]
2. Inwieweit lassen veränderte Verhaltensdispositionen unter künstlichen Bedingungen auf eine entsprechende subjektive Betroffenheit schließen? [...]
3. Schmerzen und Leid sind nicht dasselbe. An Schmerzen derselben Intensität können Menschen unterschiedlich stark leiden. [...]

(Dieter Birnbacher: Wie ist Umweltethik begründbar? In: H.W. Ingensiep, K. Jax (Hg.): Mensch, Umwelt und Philosophie. Wissenschaftsladen, Bonn 1988, S. 83ff.)

?

› *Vergleichen Sie das deutsche Tierschutzgesetz von 1933 mit dem heutigen. Welche ethischen Hintergründe erkennen Sie?*
› *Diskutieren Sie, ob Fischen, Insekten und Pflanzen Leidensfähigkeit zuerkannt werden kann bzw. muss.*
› *Man könnte „Fairness“ als ein Prinzip verstehen, Handlungen auf ihre Angemessenheit hinsichtlich der Berücksichtigung der Interessen aller Beteiligten auszurichten. Haben Tiere Interessen? Überprüfen Sie, ob der Gedanke der Fairness Tierexperimente oder die Produktion von Zuchttieren fraglich werden lässt.*
› *Soll man wilde Beutetiere vor Raubtieren schützen? Warum, warum nicht?*
› *Erörtern Sie, ob die Tatsache, dass einzig der Mensch Subjekt moralischer Pflichten ist, einen Sonderstatus des Menschen begründet? Wie sieht dieser aus? Fragen Sie dabei auch, ob moralisches Handeln nur gegenüber Wesen angemessen ist, die selbst Pflichten übernehmen können (wenn nicht aktuell, so doch zumindest potenziell).*

Natur als Vorbild für Moral?

Haben unsere menschlichen Moralvorstellungen biologisch-evolutionäre Grundlagen? Kann man menschliche Verhaltensweisen und ihnen zu Grunde liegende Normen biologisch zureichend erklären? Schreibt uns die Natur (Evolution) und nicht unser menschlicher Geist unsere Moral vor? Darf man von Erkenntnissen über evolutionäre Entstehungsbedingungen von moralischen Vorstellungen darauf schließen, dass deshalb diese moralischen Vorstellungen auch Gültigkeit (Geltung) besitzen? Haben Ergebnisse der evolutionären Forschung also neben ihrem informierenden Charakter auch Konsequenzen für ethisches Handeln? Oder muss man zwischen Entstehungszusammenhang und Begründungszusammenhang unterscheiden, sodass über die Gültigkeit einer ethischen Theorie nur ihre *Richtigkeit* und nicht ihre *Ursachen* entscheiden?

Q| Konrad Lorenz steht mit seiner Ethik beispielhaft für jene Position, die man als „normativen Biologismus" bezeichnet hat. In seinem diesbezüglichen Hauptwerk *Das sogenannte Böse* (1963) interpretierte er die Natur als moralische Lehranstalt, und deshalb stand für ihn unbezweifelbar fest, dass sich die sittlichen Prinzipien des menschlichen Zusammenlebens durch eine genaue Naturbeobachtung nicht nur erkennen, sondern auch begründen lassen. Was adaptiv, also evolutionär angepasst ist, sei normal, gut, wünschenswert, gesund und deshalb richtig. Maladaptives [also evolutionär nicht angepasstes] Verhalten hingegen sei abnorm, pathologisch, schlecht und deshalb falsch. Diese Auffassung wurde flankiert von einer klaren Überzeugung dessen, was eigentlich als biologisch angepasst zu gelten habe, nämlich Gemeinschaftsdienlichkeit. Sie galt ihm als das überragende Ergebnis der sozialen Evolution, und deshalb sollte sie in Lorenz' Augen das oberste Gebot einer menschlichen Moralität sein. So jedenfalls schien es seine Verhaltensforschung zu lehren, die in vielen instinktiven Antrieben und Hemmungen bei Tieren ein im Dienst der Arterhaltung „moral-analoges" Verhalten erkannte.

Der „normative Biologismus" ist vielfach und zu Recht kritisiert worden [...]. Biologische Verhaltensangepasstheiten als Normen generierende Instanz anzuerkennen, hieße eben auch Verhaltensstrategien als moralisch gut zu akzeptieren, die durch und durch egoistisch motiviert auf die Ausbeutung oder gar Schädigung Dritter zielen, gleichwohl aber als Ausdruck der biologischen Angepasstheit der menschlichen Psyche zu bewerten sind – sexuelle Gewalt, Kindstötung, Fremdenhass sind beispielhaft unter ihnen.

Neben dieser eher pragmatischen Kritik, die darauf abzielt, den Lorenzschen Irrtum hinsichtlich der Funktionslogik der natürlichen Selektionsprozesse aufzudecken und die Suche nach dem bedingungslos Guten in biologischen Angepaßtheiten zu frustrieren, ist auch eine philosophisch ausgerichtete Kritik am normativen Biologismus formuliert worden. [...] In der Diktion von Christian Vogel (1989): „Die Evolution ist ein außermoralischer Vorgang". Und deshalb gilt: Unsere Ethik darf sich die Natur nicht zum Vorbild nehmen; jeder Versuch, aus den „Ist"-Zuständen der Natur moralische „Soll"-Werte für menschliches Verhalten abzuleiten, fällt unter die Rubrik „naturalistischer Fehlschluss". Ethik bedarf weder einer evolutionsbiologischen Legitimation, noch ist eine solche überhaupt möglich. [...]

Es ist das System Mensch mit allen seinen biologischen Komponenten, das aus sich heraus Moral und Verhalten produziert. [...] Die in der traditionellen Moralphilosophie verteidigte Trennung von Normen und Fakten ist nicht mehr konsequent aufrechtzuerhalten. Die Frage der Geltung stellt sich nicht mehr, weil emotive Präferenzen [gefühlsbestimmte Vorlieben] sind und nicht etwa gelten. Das „Sollen“ ist im Grunde ein „Wollen“. Das, „Du sollst nicht töten!“ wäre korrekter formuliert als „Ich will nicht, dass getötet wird, und ich will weiter, dass andere wollen, dass nicht getötet wird“. [Es] nimmt jedes moralische Subjekt mit seinen moralischen Intuitionen am „Markt der Tugend“ [...] teil und beeinflusst damit mehr oder weniger nachhaltig und einflussreich die normativen Prozesse seiner Gesellschaft. Moral als gesellschaftlich regulative Idee ist so gesehen eine Interaktions- und Kommunikationsleistung individueller, dabei im Kern eigeninteressiert und strategisch angelegter Intuitionen. Fast unmerklich hat sich mit dieser Feststellung das Legitimationsproblem in Luft aufgelöst, denn niemand wird vernünftigerweise fordern können, dass emotive Zustände legitimiert werden müssen, um etwa „gelten“ zu können. [...]
Die biologische Genese von Moral begründet nicht Geltung, wie Konrad Lorenz es gesehen hat, sondern die biologische Genese von Moral lässt die Frage nach der Geltung schlichtweg ins Leere laufen. Biologische Merkmale sind, sie gelten nicht, und sie gelten auch nicht nicht.

(Eckart Voland: Genese und Geltung – Das Legitimationsdilemma der Evolutionären Ethik und ein Vorschlag zu seiner Überwindung. Philosophia naturalis. Klostermann, Frankfurt/M. 2004, S. 139ff., 149f.)

- *Erläutern Sie den „normativen Biologismus“ und nehmen Sie Stellung zu der Behauptung: Lorenz sage, dass die Natur uns die Moral vorschreibe.*
- *Geben Sie die Kerngedanken der Kritik am normativen Biologismus wieder, indem Sie die von Voland zitierte Position von Vogel erläutern.*
- *Informieren Sie sich über den sogenannten naturalistischen (Fehl-)Schluss (Schluss vom Sein auf ein Sollen) und begründen Sie, inwiefern für Voland das Sollen ein Wollen ist.*
- *Erläutern Sie, was mit „Moral als gesellschaftlich regulative Idee“ gemeint ist? Wie wird begründet und sichergestellt, dass nicht jedes moralische Handeln akzeptabel ist?*
- *Diskutieren Sie die Kernthesen von Voland.*
- *Klären Sie die Frage, ob man zwischen Entstehungszusammenhang und Begründungszusammenhang unterscheiden muss, sodass über die Gültigkeit einer ethischen Theorie nur ihre Richtigkeit entscheidet und nicht ihre Ursachen?*
- *Erläutern Sie, was die hier zitierten biologisch-evolutionäre Grundlagen zur Frage beitragen, was der Mensch sei.*

- Listen Sie noch einmal alle hier vorgestellten und so benannten „Kränkungen der menschlichen Eigenliebe“ auf, beschreiben Sie diese in bis zu drei Sätzen und suchen Sie weitere.
- Diskutieren Sie anschließend am Beispiel einer „digitalen Kränkung“ (Computer erbringen Leistungen, die man früher als typisch menschliche, geistige Leistungen angesehen hat) oder der „ökologischen Kränkung“ (weder durchschauen wir die komplizierten Ökosysteme, in die wir eingebunden sind, noch können wir sie steuern) Möglichkeiten und Grenzen für ein Verständnis des Menschen durch naturwissenschaftliche Methodik. Haben wir durch die wissenschaftliche Erforschung des Menschen ein Wissen über das, was den Menschen im Ganzen ausmacht? Beachten Sie dazu auch, was Kant zu der Frage bewegt, was der Mensch sei (vgl. S. 22).

5.1

5.2 Der Mensch als Kulturwesen

Der Mensch gestaltet seine Welt, Walter Womacka (1925–2010), 1967 (Tafel: Der Mensch als Schöpfer der Wissenschaft und als Schöpfer von Technik und Kultur)

?| › *Beschreiben Sie das Bild von Walter Womacka und legen Sie dar, was hier über den Menschen ausgesagt sein könnte.*

5.2.1 Sonderstellung des Menschen?

Für die einen ist der Mensch ein einzigartiges Ergebnis von Gottes Schöpfungswillen, für andere hat er sich im Verlauf des Evolutionsprozesses natürlich und ohne das Eingreifen überirdischer Wesen aus dem Tierreich entwickelt. Man kann den Menschen ganz nüchtern in seinen Bedingungen, Möglichkeiten und Grenzen analysieren, ihn aber auch wertend als einmalig und großartig oder sogar als furchtbares Monstrum und Fehlentwicklung auffassen.
Im Kapitel 5.1 wurde der Mensch als ein Naturwesen charakterisiert, welches aus der Natur hervorgegangen ist, welches jedoch der Natur (und ihren Gesetzen) als seiner Lebensgrundlage und seinem Lebensraum elementar verhaftet bleibt. Das Wissen über Herkunft und Wesen des Menschen ergibt sich aus dieser Perspektive vor allem aus den Forschungsergebnissen der Naturwissenschaften. Dennoch unterscheidet sich der Mensch von der Natur und hat sich von seiner eigenen Natürlichkeit entfernt. Seine Beziehung zur Natur ist eine andere als die von anderen Lebewesen, Pflanzen und Tieren. Zu dieser Sonderstellung des Menschen in und zur Natur zitieren wir Johann Gottfried Herder (1744–1803) und Arnold Gehlen (1904–1976).

Q| […] bloß unter Tiere gestellt, ists also das verwaisteste Kind der Natur: nackt und bloß, schwach und bedürftig, schüchtern und unbewaffnet; und was die Summe seines Elends ausmacht, aller Leiterinnen des Lebens beraubt. Mit einer so zerstreuten, geschwächten Sinnlichkeit, mit so unbestimmten, schlafenden Fähigkeiten, mit so geteilten und ermatteten Trieben geboren, offenbar auf tausend Bedürfnisse verwiesen, zu einem großen Kreise bestimmt – und doch so verwaiset und verlassen, dass es selbst nicht mit einer Sprache begabt ist, seine Mängel zu äußern – Nein, ein solcher Widerspruch ist nicht die Haushaltung der Natur. Es müssen statt der Instinkte andre verborgene Kräfte in ihm schlafen!

(Johann Gottfried Herder: Abhandlung über den Ursprung der Sprache (1772). Reclam, Stuttgart 1966, S. 24)

Morphologisch ist nämlich der Mensch im Gegensatz zu allen höheren Säugern hauptsächlich durch Mängel bestimmt, die jeweils im exakt biologischen Sinne als Unangepasstheit, Unspezialisiertheit, als Primitivismen, d.h. als Unentwickeltes zu bezeichnen sind: also wesentlich negativ. Es fehlt das Haarkleid und damit der natürliche Witterungsschutz; es fehlen natürliche Angriffsorgane, aber auch eine zur Flucht geeignete Körperbildung; der Mensch wird von den meisten Tieren an Schärfe der Sinne übertroffen, er hat einen geradezu lebensgefährlichen Mangel an echten Instinkten und er unterliegt während der ganzen Säuglings- und Kinderzeit einer ganz unvergleichlich langfristigen Schutzbedürftigkeit. Mit anderen Worten: innerhalb natürlicher, urwüchsiger Bedingungen würde er als bodenlebend inmitten der gewandtesten Fluchttiere und der gefährlichsten Raubtiere schon längst ausgerottet sein. [...] Der Grundgedanke ist der, dass sämtliche „Mängel“ der menschlichen Konstitution, welche unter natürlichen, sozusagen tierischen Bedingungen eine höchste Belastung darstellen, vom Menschen selbsttätig und handelnd zu Mitteln seiner Existenz gemacht werden, worin die Bestimmung des Menschen zur Handlung und seine unvergleichliche Sonderstellung zuletzt beruhen. Die Akte, in denen der Mensch die Aufgabe, sein Leben möglich zu machen, durchsetzt, sind daher immer von zwei Seiten zu sehen: es sind produktive Akte der Bewältigung der Mängelbelastung - Entlastungen - und, von der anderen Seite gesehen, ganz neuartige Mittel der Lebensführung.

(Arnold Gehlen: Der Mensch: seine Natur und seine Stellung. Aula, Wiesbaden 1997, S. 33ff.)

- *Wiederholen Sie im Rückgriff auf Ihr Wissen aus dem Biologie- und Geschichtsunterricht bzw. geeignete Nachschlagewerke die wichtigsten Meilensteine im Prozess der Anthropogenese und erfassen Sie diese in einem Schaubild.*
- *Stellen Sie dar, wie Herder und Gehlen das Wesen des Menschen charakterisieren.*
- *Erläutern Sie, wodurch der Mensch trotz seiner „mangelhaften“ biologischen Ausstattung überleben konnte. Listen Sie dazu seine „produktiven Akte der Bewältigung der Mängelbelastung“ anhand von Beispielen auf.*
- *Überprüfen Sie den Begriff „Mängelwesen“. Was gilt als mängelfreie Ausstattung?*
- *Erörtern Sie, ob der Mensch ein „Mängelwesen“ ist oder das genaue Gegenteil davon, weil er nach Herder über „andere verborgene Kräfte“ verfügt oder sogar – wie Sophokles (496–406 v.u.Z.) in seiner „Antigone“ (Vers 332ff.) anmerkt – nichts wunderbarer (großartiger, gewaltiger) als der Mensch ist, der erfindungsreich die Natur bezwingen und nutzen kann.*

5.2.2 Der Mensch erschafft sich selbst

Wie auch immer man die Frage nach der Sonderstellung des Menschen beantwortet, ob er durch Gottes Willen mit besonderen Gaben (Geist) ausgestattet oder das außergewöhnlichste und vollkommenste Tier ist, oder ob er – nach Gehlen – wegen seiner von Natur aus mangelhaften Ausstattung mit überlebenswichtigen Instinkten, Fähigkeiten und Waffen gezwungen ist, Werkzeuge und „Techniken“ kompensatorisch zu nutzen und selbst herzustellen, um das Überleben der Gattung zu gewährleisten, der Mensch ist mehr als ein Naturwesen. Er verändert durch Ideen, er schafft sich eine künstliche, eine „zweite Natur“, die *Kultur*, die auch Auswirkungen auf seine eigene Natürlichkeit hat. Die Kultur wird zum maßgeblichen Bestimmungsgrund seiner Existenz.

Im ursprünglichen Sinne bezeichnete *Kultur* die Pflege, das Urbarmachen und die Bearbeitung des Bodens (agricultura). Davon abgeleitet steht „Kultur“ für die Gestaltung, Pflege und ständige Steigerung und Verbesserung der biologischen und geistigen Möglichkeiten der Menschen. Hierzu zählen neben der Technik im engeren Sinne auch das gesamte Gebiet akzeptierter menschlicher Lebensformen: die Art und Weise, wie die Menschen ihr Leben organisieren, wie sie arbeiten, essen, feiern, glauben, lernen, lieben, sprechen, sich streiten und versöhnen, welche Werte sie anerkennen und nach welchen verbindlichen Regeln sie in kleinen und großen Gemeinschaften zusammenleben. Man kann dabei *Ordnungsformen des Zusammenlebens* (z.B. Gesellschaft/Staat, Recht, Erziehung/Bildung, Wirtschaft, Umgangsformen usw.) von *Formen der Wirklichkeitsdeutung* (z.B. Sprache, Kunst, Religion, Wissenschaft) unterscheiden.
Eine *moderne Kultur* wie die unsere ist durch ein Zusammenspiel von unterschiedlichen Wertvorstellungen und Verhaltensnormen in einem Mit- und Nebeneinander von unterschiedlichen Teilkulturen gekennzeichnet.
Der Plural *Kulturen* bezeichnet ein Problem. Wenn jede Lebens- und Ordnungsvorstellung eine Kultur darstellt, wie lässt sich dann ein Mit- oder Gegeneinander von je unterschiedlichen Kulturen friedlich gestalten (vgl. S. 217ff.)?
Mit dem Begriff *Kulturkritik* kennzeichnet man Positionen, die eine bestimmte Kultur bzw. kulturelle Zustände einer Gesellschaft als Fehlentwicklung oder sogar Rückfall in bloße Natur (Barbarei) beurteilen. Dabei kann dogmatisch eine „wahre Kultur“ als Maßstab behauptet werden oder angesichts eines Unbehagens an einer Kultur nach Gründen für die Unzufriedenheit gesucht werden.

?

- *Tragen Sie in einer Mindmap Hauptelemente von Kultur und Kulturkritik zusammen.*
- *Vergleichen Sie den Sprachgebrauch in Medien und Alltag (z.B. Esskultur, Firmenkultur, Subkultur, Streitkultur) hinsichtlich Übereinstimmung/Nichtübereinstimmung mit der obigen Erläuterung von Kultur.*
- *Recherchieren Sie, welche Wissenschaften sich warum mit dem Menschen als Kulturwesen beschäftigen? Informieren Sie sich über diese, listen Sie sie auf und beschreiben Sie jeweils in wenigen Sätzen deren Forschungsansatz.*
- *Vergleichen Sie die Kulturwissenschaften hinsichtlich ihrer Forschungsmethoden mit den Naturwissenschaften, welche sich mit dem Menschen beschäftigen (vgl. Kap. 5.1).*
- *Diskutieren Sie die Herausforderungen, die sich a) durch das bloße Nebeneinander von Teilkulturen innerhalb einer modernen Kultur bzw. b) durch einen sogenannten „Kampf der Kulturen“ (Kap. 4.2.3) auf internationaler Ebene ergeben. Berücksichtigen Sie dabei auch Anregungen durch Mythos (Kap. 2.5.3) und Ästhetik (Kap. 2.4).*
- *Diskutieren Sie die These, dass der Mensch als Kulturwesen nichts Höheres anerkennt als seine selbst geschaffene Kultur (vgl. Seite 234).*

Ist das vernünftige und kultivierte Lebewesen Mensch noch ein Tier?

Q

Es bleibt uns also, um dem Menschen im System der lebenden Natur seine Klasse anzuweisen und so ihn zu charakterisieren, nichts übrig, als: dass er einen Charakter hat, den er sich selbst schafft; indem er vermögend ist, sich nach seinen von ihm selbst genommenen Zwecken zu perfektionieren; wodurch er, als mit Vernunftfähigkeit begabtes Tier *(animal rationabile)* aus sich selbst ein vernünftiges Tier *(animal rationale)* machen kann. [...] Unter den

lebenden Erdbewohnern ist der Mensch durch seine technische (mit Bewusstsein verbunden-mechanische) Handhabung der Sachen, durch seine pragmatische (andere Menschen zu seinen Absichten geschickt zu brauchen) und durch die moralische Anlage in seinem Wesen (nach dem Freiheitsprinzip unter Gesetzen gegen sich und andere zu handeln) von allen übrigen Naturwesen kenntlich unterschieden [...]. Die Charakterisierung des Menschen als eines vernünftigen Tieres liegt schon in der Gestalt und Organisation seiner Hand, seiner Finger und Fingerspitzen, deren teils Bau, teils zartes Gefühl ihn nicht für eine Art der Handhabung der Sachen, sondern unbestimmt für alle, mithin für den Gebrauch der Vernunft geschickt gemacht und dadurch die technische oder Geschicklichkeitsanlage seiner Gattung als eines vernünftigen Tiers bezeichnet hat. [...]
Die pragmatische Anlage der Zivilisierung durch Kultur, vornehmlich der Umgangseigenschaften, und der natürliche Hang seiner Art, im gesellschaftlichen Verhältnisse aus der Rohigkeit der bloßen Selbstgewalt herauszugehen und ein gesittetes (wenngleich noch nicht sittliches), zur Eintracht bestimmtes, Wesen zu werden, ist nun eine höhere Stufe. – Er ist einer Erziehung sowohl in Belehrung als Zucht (Disziplin) fähig und bedürftig. [...]
Der Mensch ist durch seine Vernunft bestimmt, in einer Gesellschaft mit Menschen zu sein und in ihr sich durch Kunst und Wissenschaften zu kultivieren, zu zivilisieren und zu moralisieren; wie groß auch sein tierischer Hang sein mag, sich den Anreizen der Gemächlichkeit und des Wohllebens, die er Glückseligkeit nennt, passiv zu überlassen, sondern vielmehr tätig, im Kampf mit den Hindernissen, die ihm von der Rohigkeit seiner Natur anhängen, sich der Menschheit würdig zu machen.

(Immanuel Kant: Anthropologie in pragmatischer Hinsicht. In: Ders.: Werke in 10 Bänden hrsg. von Wilhelm Weischedel. Bd. 10. WBG, Darmstadt 1983, S. 673ff.)

?

- *Stellen Sie die Hauptaussagen schriftlich dar.*
- *Erläutern Sie, wie Immanuel Kant (1724–1804) die bloße Natur bewertet. Wie beurteilen Sie sein Vertrauen auf die Vernunft im Hinblick auf den „tierischen Drang"?*
- *Im Verlauf seiner tätigen Auseinandersetzung mit der Natur entwickelte der ursprüngliche Primat Mensch nicht nur allmählich seine Kultur (bzw. viele, unterschiedliche Kulturen), er benötigte dafür auch eine veränderte eigene „erste Natur". Versuchen Sie am Beispiel der nebenstehenden Abbildung zu erläutern, wie „erste" und „zweite" Natur zusammenspielen. Nutzen Sie dazu auch den Hinweis von Kant.*

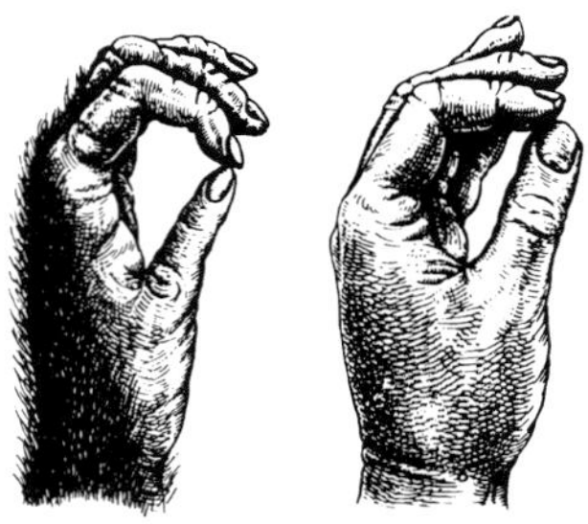
Greifhand mit opponiertem Daumen bei hoch entwickelten Anthropoiden und beim Menschen

Der Philosoph Norbert Elias (1897–1990) hat die Veränderung der menschlichen Natur am Beginn der Neuzeit u.a. anhand der Ess- und Trinkgewohnheiten, anhand des sexuellen Verhaltens, der Körperausscheidungen und der menschlichen Aggressionen untersucht und das Resultat, eine kulturelle Formung, Stilisierung und Disziplinierung, als einen *Prozess der Zivilisation* charakterisiert.

Q

[Zivilisation] wird blind in Gang gesetzt und in Gang gehalten durch die Eigendynamik eines Beziehungsgeflechts, durch spezifische Veränderungen in der Art, in der die Menschen miteinander zu leben gehalten sind. Das Verhalten von immer mehr Menschen muss in diesem Zusammenleben aufeinander abgestimmt sein. Der Einzelne wird dadurch gezwungen, sein Verhalten immer differenzierter, immer gleichmäßiger und stabiler zu regulieren. Dies wird von klein auf als Automatismus *angezüchtet*, als Selbstzwang, dessen er sich nicht erwehren kann. Neben der bewussten Selbstkontrolle wird zugleich die automatisch und blind arbeitende Selbstkontrollapparatur verfestigt, die durch einen Zaun von schweren Ängsten Verstöße gegen das gesellschaftlich übliche Verhalten zu verhindern sucht. Die Veränderung des Verhaltens ist bestimmt durch die Richtung der gesellschaftlichen Differenzierung, durch zunehmende Funktionsteilung und Ausweitung der Interdependenzketten, in die das Verhalten des Einzelnen eingegliedert ist. Die Selbstkontrollapparatur wird dadurch immer allseitiger und stabiler. Es erfolgt eine Verwandlung gesellschaftlicher Fremdzwänge in Selbstzwänge. Um Schwankungen im Verhalten und in der Selbstkontrolle auszuschalten und eine stabile Triebregulierung und Affektzügelung zu bewirken, ist es nicht hinreichend, dass der Mensch vor äußerster körperlicher Bedrohung geschützt ist, indem z.B. ein Gewaltmonopol des Staates geschaffen wird und dass er nicht vom Hungertod bedroht ist, ebenso wichtig ist es, eine mehr oder minder automatische Selbstüberwachung zur Unterordnung kurzfristiger Regungen (z.B. von Wut) unter das Gebot einer gewohnheitsmäßigen Langsicht, einen differenzierten und festen Über-Ich-Apparat auszuformen.

(Nach: Norbert Elias: Über den Prozess der Zivilisation. Bd. 2. Suhrkamp, Frankfurt/M. 1989, S. 316ff.)

?

- *Erarbeiten Sie den Argumentationsgang des Textes und stellen Sie schriftlich dar, worin Elias die wesentlichen Veränderungen der menschlichen Natur im Zivilisationsprozess sieht.*
- *Positionieren Sie sich in einer Standpunktrede dazu, ob und inwiefern/inwiefern nicht Zivilisation einen Gewinn für das menschliche Zusammenleben darstellt.*
- *Recherchieren Sie in geeigneten Medien, was unter Zivilisation verstanden wird. Vergleichen Sie Ihre gefundene Bestimmung mit dem Verständnis von Norbert Elias.*
- *Belegen bzw. widerlegen Sie anhand von Beispielen die These, dass durch eine fortschreitende Zivilisation selbst die Befriedigung der elementaren oder natürlichen menschlichen Bedürfnisse kulturell überformt ist.*

Ein neues Menschenbild

Zu den Resultaten der Auseinandersetzung zwischen Mensch und Natur und den damit einhergehenden Veränderungen der menschlichen Natur gehört auch ein neues *Menschenbild*, das seit der Neuzeit seinen Siegeszug antrat. Galt der Mensch bis dahin als ein Geschöpf Gottes und ganz und gar von ihm bestimmt, so wird er nunmehr als selbstbewusstes und schöpferisches Wesen betrachtet, das Großes zu vollbringen vermag und welches sich, indem es Großes vollbringt, selbst stetig vervollkommnet und verändert.

Was Gott in der Welt schafft durch den Geist, das begreift der Mensch im Akt der Erkenntnis, das drückt er durch die

Sprache aus und stellt die Gestaltung im Stoff der Welt dar. Der Mensch ist der Gott aller stofflichen Wesen, die er verändert und verwandelt. Wer könnte also leugnen, dass er den Genius des Schöpfers besitzt?

(Marsilio Ficino. Zit. aus: Der Brockhaus in 15 Bänden. Bd. 11. Brockhaus, Mannheim/Leipzig 1998, S. 393)

Ohne „ethische Kultur" gibt es keine Rettung für die Menschen.

Q

Man kann nicht behaupten, dass die moralische Gestaltung des menschlichen Lebens im Großen heute vollkommener ist als im Jahr 1876. Damals herrschte die Meinung vor, dass alles erhofft werden könnte von der Aufklärung wissenschaftlich konstatierbarer Tatsachen und von der Bekämpfung von Vorurteil und Aberglaube. All dies ist in der Tat wichtig und des Strebens der Besten würdig. [...] Aber das Wegräumen der Hindernisse allein führt noch nicht zu einer Veredelung des sozialen und individuellen Daseins. Neben diesem negativen Wirken ist das positive Streben nach einer ethisch-moralischen Gestaltung des menschlichen Zusammenlebens von überragender Bedeutung. Hier kann uns keine Wissenschaft erlösen. Ich glaube sogar, dass die Überbetonung der rein intellektuellen, oft nur auf das Faktische und Praktische gerichteten Einstellung in unserer Erziehung direkt zu einer Gefährdung der ethischen Werte geführt hat. Ich denke dabei nicht so sehr an die Gefahren, die der technische Fortschritt den Menschen direkt gebracht hat, als an die Überwucherung der gegenseitigen menschlichen Rücksichten durch ein „matter of fact" - Denken, das sich wie ein erstarrender Frost über die menschlichen Beziehungen gelegt hat. Die moralische und ästhetische Vervollkommnung ist ein Ziel, das den Bemühungen der Kunst näher steht als denen der Wissenschaft. Wohl ist das Verstehen der Nächsten von Bedeutung. Dies Verstehen wird aber nur fruchtbar, wenn es von Mit-Freude und von Mit-Leid getragen ist. [...] Das furchtbare Dilemma der politischen Weltsituation hat viel zu tun mit jener Unterlassungssünde unserer Zivilisation. Ohne „ethische Kultur" gibt es keine Rettung für die Menschen. [...]

Es ist nicht genug, den Menschen ein Spezialfach zu lehren. Dadurch wird er zwar zu einer Art benutzbarer Maschine, aber nicht zu einer vollwertigen Persönlichkeit. Es kommt darauf an, dass er ein lebendiges Gefühl dafür bekommt, was zu erstreben wert ist. Er muss einen lebendigen Sinn dafür bekommen, was schön und was moralisch gut ist. Sonst gleicht er mit seiner spezialisierten Fachkenntnis mehr einem wohl abgerichteten Hund als einem harmonisch entwickelten Geschöpf. Er muss die Motive der Menschen, deren Illusionen, deren Leiden verstehen lernen, um eine richtige Einstellung zu den einzelnen Mitmenschen und zur Gemeinschaft zu erwerben.

(Albert Einstein: Mein Weltbild. Europa Verlag, Zürich 2005, S. 23f., 27f.)

?

- *Recherchieren Sie, welche großen Entdeckungen in der Zeit Ficinos (Renaissance) das Vertrauen in die ungeheuren Möglichkeiten des Menschen stützten.*
- *Vergleichen Sie die Sichtweisen auf den Menschen von Ficino, Kant und Einstein. Welche Gemeinsamkeiten und welche Unterschiede stellen Sie fest?*
- *Welche wesentlichen Inhalte machen die „ethische Kultur" des Menschen aus?*
- *Auf welchen Wegen (z. B. Religion) kann der Mensch eine „ethische Kultur" ausprägen?*
- *Rainer Maria Rilke (1875–1926) schloss sein Gedicht „Archaïscher Torso Apollos" so: „Du musst Dein Leben ändern." Setzen Sie sich in einer Standpunktrede mit der Auffassung auseinander, dass ohne eine „moralische und ästhetische Vervollkommnung" („ethische Kultur") der Mensch verloren sei.*

Kulturelle und personale Identität

Kultur verweist auf etwas Überindividuelles, auf ein Zusammenspiel einer Vielzahl gemeinsamer Wertvorstellungen und Verhaltensformen, das die einzelnen Individuen prägt und so ein „Stützskelett" ihres Verhaltens darstellt, das aber auch als einengend empfunden werden kann. Auf jeden Fall gewährt die Kultur dem Einzelnen Orientierung, sie verleiht Sicherheit und erlaubt, in Gemeinschaft mit anderen zu leben. Ähnlich einem Computerprogramm steuert sie das individuelle Denken und Verhalten (vgl. auch S. 77). Jedes Individuum arbeitet an diesem Programm mit, dennoch ist die Kultur einer Gruppe nicht identisch mit dem Programm, das dem Einzelnen zur Verfügung steht.

Im Verlauf seines Lebens formt jeder Mensch eine unverwechselbare *personale Identität* aus. Diese ist das Ergebnis seiner Auseinandersetzung mit seiner Umwelt. Neben einer personalen Identität, benötigt jeder Mensch auch eine *kulturelle Identität*. Diese übernimmt er in einem Prozess der mehr oder weniger heftigen Auseinandersetzung (z.B. Pubertät, Bildung) mit den älteren Generationen. Die kulturelle Identität besitzt verschiedene Dimensionen, die für die Verbindlichkeit einer Kultur von Bedeutung sind.

- Die *nationale Dimension*, die sich aus dem geografischen Lebensmittelpunkt ergibt. Hierfür spielt z.B. eine Rolle, ob man in Deutschland, in Polen oder in Japan lebt.
- Die *ethische, religiöse und sprachliche Dimension*, die aus dem Lebenszusammenhang der Individuen erwächst, ob jemand als Christ, Moslem oder Freigeist, in seiner Mutter- oder einer anderen Sprache aufwächst.
- Die *geschlechts- und rollenspezifische Dimension*, die aus dem sozialen Zusammenleben und seinen Traditionen folgt. Hier ist z.B. bedeutsam, ob die Frau gleichberechtigt am gesellschaftlichen Leben teilnimmt oder ob sie gesellschaftlich auf das Haus und die Hausarbeit festgelegt ist.
- Die *generationsspezifische Dimension*, welche widerspiegelt, ob man jung oder alt ist.
- Der *soziale Rang*, welcher z.B. Auskunft gibt, ob man in wohlhabenden oder ärmlichen Verhältnissen lebt und ob man sozial angesehen oder verachtet wird.
- Die *organisatorische Dimension*, die an Arbeitsteilung und Kooperationszusammenhänge gebunden ist, ob jemand körperlich schwer und in Schichten oder bei freier Zeiteinteilung schriftstellerisch arbeitet.

(Frei nach: Reinhold Viehoff/Rien S. Segers (Hg.): Die Konstruktion Europas. In: dies.: Kultur – Identität – Europa. Suhrkamp, Frankfurt/M. 1999, S. 34/35)

- *Tragen Sie Indizien zusammen, in denen sich Ihre kulturelle Identität zeigt.*
- *Suchen Sie für jede der Dimensionen einige Standards, welche Ihre Kultur von anderen unterscheidet.*
- *Diskutieren Sie, welche Auswirkungen kulturelle Unterschiede für das Zusammenleben von Menschen haben.*
- *Überprüfen Sie, inwiefern Ihre kulturelle Identität Sie stützt bzw. einengt.*
- *Vergleichen Sie das Bild von Seite 234 mit dem Bild oben.*

5.2.3 Der Mensch im Netzwerk der Technik

Schon frühzeitig drückten die Menschen der sie umgebenden Natur ihren Stempel auf, indem sie nicht lediglich nutzten, was ihnen die Natur „gab" und sich den Naturgegebenheiten anpassten, sondern indem sie Werkzeuge gezielt herstellten und im sozialen Miteinander gebrauchten.

Die ersten Werkzeuge steigern den Wirkungsgrad organismischer Aktivität. Nachgerade wie Körpermerkmale schaffen sie Selektionsvorteil: Sie erhöhen die Chance des Jagderfolgs, die Kraft seiner Abwehrhandlung, die Sicherheit und damit die Überlebenschance. Die ersten Auswirkungen geistiger Prozesse im Werkzeug gehorchen noch ganz den Evolutionsgesetzen. Und doch liegt darin schon der Keim zur Überwindung ihrer alleinigen Bedeutsamkeit: Mit den ersten Werkzeugen beginnt der Prozess der Umwandlung von der Anpassung des Menschen an die Natur zu ihrer Kontrolle und teilweisen Beherrschung. Und wenn auch zunächst nur in kleinen Kieseln; die Umwelt begann damit, menschliche Züge anzunehmen.
Man darf bei diesen individuellen Betrachtungen keinen Augenblick vergessen, dass alle Leistungen in ein Gefüge differenzierter Sozialbeziehungen eingebettet sind. Vormachen und Nachmachen ist, was die Werkzeuge betrifft, die hauptsächliche Vermittlungs- und Übertragungsform gewesen. Die Anweisungen für den Gebrauch, die Durchführung der Werkzeugbehandlung sind von Lob und Tadel des Könners begleitet, seien sie lautlich oder gestisch-mimisch. Schließlich muss jede Gruppenaktion auch eine Organisation haben, und sei sie noch so grob. Dazu wird das Werkzeug der Kommunikation, die möglichst eindeutige Übermittlung innerer oder äußerer Zustände, ständig verfeinerungsbedürftig.

(Friedhart Klix: Erwachendes Denken. Dt. Verlag der Wissenschaften, Berlin 1985. S. 35/36)

Technische Innovationen im Verlauf der Menschheitsgeschichte

1.000.000–200.000 v.u.Z.	Feuererzeugung, erste Steinwerkzeuge (Faustkeil)
um 7000 v.u.Z.	Kupfergewinnung in Anatolien und im Iran
1195	Seekompass in Europa erwähnt
1445	Erfindung des Buchdrucks mit beweglichen Lettern durch Johannes Gutenberg
1623	in Tübingen wird eine mechanische Rechenmaschine gebaut
1782	James Watt stellt Niederdruckdampfmaschine vor
1814	George Stephenson baut die erste Dampflokomotive
1835	erste deutsche Eisenbahnlinie Nürnberg-Fürth
1879/80	Werner Siemens macht mit mehreren Erfindungen den Weg für die technische Nutzung der Elektrizität frei
1885/86	Carl Friedrich Benz (Bild rechts) und Gottlieb Daimler bauen unabhängig voneinander die ersten funktionsfähigen Kraftwagen

Buchdruckwerkstatt, Paris um 1520

Karl Ferdinand Braun, 1927

1897	Karl Ferdinand Braun entwickelt die Kathodenstrahlröhre
1903	erster Motorflug der Brüder Wright
1919	Hugo Junkers konstruiert mit der „F 13“ das erste Ganzmetallverkehrsflugzeug
1920	in den USA wird erstmals ein Rundfunksender installiert
1941	Enrico Fermi nimmt in Chicago den ersten Versuchskernreaktor in Betrieb
1977	erste industriell hergestellte Heimcomputer angeboten
...	...

?

- *Begründen Sie, inwiefern bzw. inwiefern nicht der Werkzeuggebrauch die kulturelle Entwicklung ermöglicht und dabei den Menschen von der Natur entfernt hat?*
- *Erörtern Sie, was Faustkeil und Handy gemeinsam haben.*
- *Führen Sie die Liste der technischen Erfindungen bis heute fort. Welche Erfindungen, die seit etwa 1985 gemacht wurden halten Sie (warum?) für bedeutsam?*
- *Bei den Griechen meinte das Wort Technik (techne) die Fähigkeit, etwas gut zu verstehen und regelhaft zur guten Anwendung zu bringen. Informieren Sie sich über verschiedene Definitionen von Technik und verfassen Sie eine eigene Begriffsbestimmung.*

P

- *Selbstbeobachtung: Protokollieren Sie einen Tag lang akribisch genau Ihren Gebrauch von Technik vom Erwachen bis zum Schlafengehen. Kommentieren Sie anschließend Ihr Verhältnis zu Ihrer „Alltagstechnik“. Welche Geräte oder Arbeitsmittel halten Sie für unerlässlich? Auf welche technischen Gegenstände könnten Sie verzichten? Wieso? Welche sozialen oder ethischen Aspekte sind durch „Ihre Technik“ betroffen?*
- *Stellen Sie im Plenum das Ergebnis Ihrer Selbstbeobachtung vor und diskutieren Sie Schlussfolgerungen.*
- *Verfassen Sie anschließend einen Essay zum Thema: Garantiert die Technik dem Menschen ein gutes Leben?*

Fortschritt durch Technik?

Bis in die Gegenwart hinein zieht sich ein Denkmuster, das sich aus der Vielzahl bahnbrechender naturwissenschaftlicher und technischer Entdeckungen seit der Neuzeit speist, und neben Begeisterung für Technik auch einen ungebrochenen Fortschrittsglauben zeigt. Demnach ist die Technik ein Segen für den Menschen, eine wohlgesonnene Freundin, die sein Leben erleichtert und

Der Mensch erobert den Kosmos, Walter Womacka (1925–2010), 1967

verbessert, die ihn selbst emporhebt. Mit Hilfe der Technik, so die Vision, wird er den Kosmos erobern, Naturgewalten außer Kraft setzen, sich unabhängig von der Natur machen, sein soziales Leben besser gestalten ...
Indes, bestimmte Wirkungen der Technik selbst untergruben den Fortschrittsglauben sukzessive; eine neue Nachdenklichkeit stellte sich ein. Dieselbe Technik, die der Mensch hervorbrachte, die ihm Souveränität gegenüber der Natur verlieh, bedroht sowohl seine herkömmlichen Orientierungen als auch seine natürlichen Lebensgrundlagen.

Ulrich war, als er die Lehrsäle der Mechanik betrat, vom ersten Augenblick an fieberhaft befangen. Wozu braucht man noch den Apollon von Belvedere, wenn man die neuen Formen eines Turbodynamo oder das Gliederspiel einer Dampfmaschinensteuerung vor Augen hat! Wen soll das tausendjährige Gerede darüber, was gut und böse sei, fesseln, wenn sich herausgestellt hat, dass das gar keine „Konstanten“ sind, sondern „Funktionswerte“, so dass die Güte der Werke von den geschichtlichen Umständen abhängt und die Güte der Menschen von dem psychotechnischen Geschick, mit dem man ihre Eigenschaften auswertet! Die Welt ist einfach komisch, wenn man sie vom technischen Standpunkt ansieht; unpraktisch in allen Beziehungen der Menschen zueinander, im höchsten Grade unökonomisch und unexakt in ihren Methoden; und wer gewohnt ist, seine Angelegenheiten mit dem Rechenschieber[1] zu erledigen, kann einfach die gute Hälfte aller menschlichen Behauptungen nicht ernst nehmen. Der Rechenschieber [mit dessen] Hilfe man die verwickeltsten Aufgaben im Nu lösen kann, ohne einen Gedanken nutzlos zu verlieren [...], und jemand kommt mit großen Behauptungen oder großen Gefühlen, so sagt man: Bitte einen Augenblick, wir wollen vorerst die Fehlergrenzen und den wahrscheinlichsten Wert von alle dem berechnen!
Das war zweifellos eine kraftvolle Vorstellung vom Ingenieurwesen. Sie bildete den Rahmen eines reizvollen zukünftigen Selbstbildnisses, das einen Mann mit entschlossenen Zügen zeigte [...]. Zwischendurch hat man immer noch Zeit, gelegentlich aus dem technischen Denken einen Ratschlag für die Einrichtung und Lenkung der Welt zu nehmen oder Sprüche zu formen wie den von Emerson, der über jeder Werkstätte hängen sollte: „Die Menschen wandeln auf Erden als Weissagungen der Zukunft, und alle ihre Taten sind Versuche und Proben, denn jede Tat kann durch die nächste übertroffen werden!“

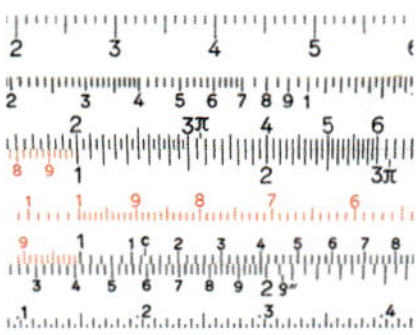
Rechenschieber, Ausschnitt

(Robert Musil: Der Mann ohne Eigenschaften. Rowohlt, Hamburg 1970, S. 37f.)

1 Der Roman erschien 1931. Man nutzte statt des heute üblichen Taschenrechners mechanische Rechenschieber als Hilfsmittel zur Lösung komplizierter Rechenoperationen.

Es gibt eine eigentümliche Faszination der Technik, eine Verzauberung der Gemüter, die uns dazu bringt, zu meinen, es sei ein fortschrittliches und ein technisches Verhalten, dass man alles, was technisch möglich ist, auch ausführt. Mir scheint das nicht fortschrittlich, sondern kindisch. Es ist das typische Verhalten einer ersten Generation, die alle Möglichkeiten ausprobiert, nur weil sie neu sind, wie ein spielendes Kind oder ein junger Affe. Wahrscheinlich ist diese Haltung vorübergehend notwendig, damit Technik überhaupt entsteht. Reifes technisches Handeln aber ist anders. Es benützt technische Geräte als Mittel zum Zweck. Den Raum der Freiheit planen kann nur der Mensch, der Herr der Technik bleibt. Mir liegt daran, klarzumachen, dass diese reife Haltung nicht der Technik fremd, sondern erst die eigentlich technische Haltung ist. Jedes einzelne technische Gerät ist von einem Zweck bestimmt; es ist so konstruiert, dass das Zusammenwirken aller seiner Teile eben diesem Zweck dient. Kein Gerät ist Selbstzweck. Eine technische Zivilisation, deren Glieder sich gegenseitig hindern, gefährden und zerstören, ist technisch unreif. Eine Technik, die sich als Selbstzweck gebärdet, ist als ganze auf einer niedrigeren Entwicklungsstufe als ihre einzelnen Apparate; sie ist als ganze noch untechnisch. Wir müssen also ein Bewusstsein für den richtigen, den technischen Gebrauch der Technik gewinnen, wenn wir in der technischen Welt menschenwürdig überleben wollen. Das verlangt eine moralische Anstrengung, die sich in einer positiven Moral, einer gefestigten Sitte niederschlagen muss. Wir sollen, nach Kant, so handeln, dass wir die Menschheit – wir würden heute sagen das Menschsein – in jedem Menschen nicht nur als Mittel, sondern als Zweck verstehen. Als leitende Regel muss gelten: Kein Mensch ist ein Gerät, und Geräte dürfen nur zum Nutzen, nicht zum Schaden der Menschen gebraucht werden.

(Carl Friedrich von Weizsäcker: Bedingungen des Friedens. Vandenhoeck & Ruprecht, Göttingen 1963, S. 19f.)

Konrad Lorenz (1903–1989) formulierte sogenannte Todsünden unseres Umgangs mit den Grundlagen menschlichen Lebens.

1. Die Zivilbevölkerung der Erde, die jeden von uns durch das Überangebot an sozialen Kontakten dazu zwingt, sich dagegen in einer grundsätzlich „unmenschlichen“ Weise abzuschirmen, und die außerdem durch die Zusammenpferchung vieler Individuen auf engem Raum unmittelbar aggressionsauslösend wirkt.
2. Die Verwüstung des natürlichen Lebensraumes, die nicht nur die äußere Umwelt zerstört, in der wir leben, sondern auch im Menschen selbst alle Ehrfurcht vor der Schönheit und Größe einer über ihm stehenden Schöpfung.

3. Der Wettlauf der Menschheit mit sich selbst, der die Entwicklung der Technologie zu unserem Verderben immer rascher vorantreibt, die Menschen blind für alle wahren Werte macht und ihnen die Zeit nimmt, der wahrhaft menschlichen Tätigkeit der Reflexion zu obliegen.

4. Der Schwund aller starken Gefühle und Affekte durch Verweichlichung. Fortschreiten von Technologie und Pharmakologie fördern eine zunehmende Intoleranz gegen alles im geringsten Unlust Erregende. Damit schwindet die Fähigkeit der Menschen, jene Freude zu erleben, die nur durch herbe Anstrengung beim Überwinden von Hindernissen gewonnen werden kann. [...]
5. Der genetische Verfall. Innerhalb der modernen Zivilisation gibt es – außer den „natürlichen Rechtsgefühlen" und manchen überlieferten Rechtstraditionen – keine Faktoren, die einen Selektionsdruck auf die Entwicklung und Aufrechterhaltung sozialer Verhaltensnormen ausüben, wiewohl diese mit dem Anwachsen der Sozietät immer nötiger werden. [...]
6. Das Abreißen der Tradition. Es wird dadurch bewirkt, dass ein kritischer Punkt erreicht ist, an dem es der jüngeren Generation nicht mehr gelingt, sich mit der älteren kulturell zu verständigen, geschweige denn zu identifizieren. Sie behandelt diese daher wie eine *fremde ethnische Gruppe* und begegnet ihr mit nationalem Hass. Die Gründe für diese Identifikations-Störung liegen vor allem in mangelndem Kontakt zwischen Eltern und Kindern, was schon im Säuglingsalter pathologische Folgen zeitigt.
7. Die Zunahme der Indoktrinierbarkeit der Menschheit. Die Vermehrung der Zahl der in einer einzigen Kulturgruppe vereinigten Menschen führt im Verein mit der Vervollkommnung technischer Mittel zur Beeinflussung der öffentlichen Meinung zu einer Uniformierung der Anschauungen, wie sie zu keinem Zeitpunkt der Menschheitsgeschichte bestanden hat. [...]
8. Die Aufrüstung der Menschheit mit Kernwaffen beschwört Gefahren für die Menschheit herauf, die leichter zu vermeiden sind als jene, die den vorher besprochenen sieben Vorgängen entspringen.

(Nach: Konrad Lorenz: Acht Todsünden der zivilisierten Menschheit. Piper, München 1973, S. 107)

Q

Unbehagen und Angst einerseits, Faszination durch Technik andererseits – das sind die Pole. Die Atombombe zeigt die Ambivalenz der modernen Technik. Zudem muss die Frage erst beantwortet werden, ob die Technik den Aufwand an Arbeit lohnt. Die Legende von der neutralen Technik ist ebenfalls zu überwinden. Die Hast, der Mangel an Sammlung und Vertiefung, die Abstumpfung, das sind die technisch bedingten Lebensformen, die zurzeit durch die technologische Entwicklung begünstigt werden. Sie bedrohen z.B. Formen der allgemeinen Sozialität. Vor allem aber verschiebt die Technik durch ihre Macht über das moderne Leben die Wertskalen. Die Erzeugung ungeheurer Gütermassen führt ebenfalls zu Umwertungsprozessen. Sie leistet der Mentalität materieller Bereicherung Vorschub. Die Technik kann ihren Teil der Verantwortung nicht auf die Kultur abwälzen, denn sie ist letztendlich selbst ein Teil der Kultur. Die Technik als bedeutende kollektive Macht manifestiert sich in einem gierigen Maschinenwesen. Die antike und die heutige Technik sind zwei grundverschiedene Dinge. Die Zunftordnung legte der alten Wirtschaft Fesseln an. Die Befreiung der Wirtschaft hatte ihre Wurzeln in den Antrieben der Arbeitsethik. Sie wurde begleitet von dem Durchbruch des mechanistischen Denkens. So kam es zu einer Mythisierung der Maschine. Die Probleme der Anpassung und des Aufholens in der technischen Entwicklung sind weitere wesentliche Faktoren technischer Entwicklung. [...]

Dass Technik bzw. Technologie heute Weltcharakter angenommen hat, können wir kaum noch bezweifeln. Aber haben wir tatsächlich Technik in ihrer gegenwärtigen Lebensbedeutsamkeit verstanden? Ein adäquates Verständnis von Technik, Technologie und Technoscience ist die wichtigste Voraussetzung dafür, dass technische Entwicklung nicht bloß zufälliger Wildwuchs bleibt. Ihr Sinn, ihre Bedeutung und ihr Wert müssen thematisiert werden, und das ist die Aufgabe der Philosophie und der Technikhermeneutik, die uns die Bedeutung und den Sinn bzw. Unsinn von Techniken in ihrem Gebrauch vor Augen stellen. Neben die erklärende Hermeneutik wichtiger Grundlagen der Funktionsweisen und Wirkprinzipien einer Technik sollten wir die Anleitung zum richtigen Umgang mit ihr stellen, gegebenenfalls natürlich auch zu ihrer richtigen Entsorgung. Wir neigen dazu, technische Aufgaben an Spezialisten zu delegieren, sollten aber die Probleme der Technik im grundsätzlichen Bereich von der Gesellschaft diskutieren lassen. Der Diskurs im Expertenkreis kann hier nur vorbereitenden bzw. strukturierenden Charakter haben. Öffentliche Meinung muss durch Technikinterpretation transformiert werden, um ihre Gestaltungsmacht zielgerichtet einsetzen zu können. Angesichts der Bedeutung von Wissenschaft und Technik für unser alltägliches Leben müssen wir über Technik erheblich mehr öffentlich nachdenken als bisher. Und wir dürfen so wichtige Attribute der Technik wie den der Macht nicht länger ignorieren [...].

(Bernhard Irrgang: Technik als Macht. Dr. Kovač, Hamburg 2007, S. 13ff.)

?

- *Beschreiben Sie das Bild von Walter Womacka (S. 260).*
- *Bilden Sie Arbeitsgruppen. Recherchieren Sie in den Arbeitsgruppen, welche technischen Entwicklungen bzw. Erfahrungen mit Technik den Glauben an die Allmacht und Humanität der Technik nachhaltig erschütterten. Präsentieren Sie die Ergebnisse Ihrer Recherche in ansprechender Form.*
- *Erschließen Sie sich die Inhalte der Texte mittels einer Inhaltsanalyse. Gliedern Sie die Texte jeweils in Sinneinheiten und diskutieren Sie in Lerngruppen die Tragfähigkeit der vorgebrachten Argumente und Folgerungen.*
- *Erörtern Sie, ob Technik ethisch neutral ist.*
- *Leiten Sie im Ergebnis Ihrer Diskussion einen ethischen Imperativ für dem Umgang des Menschen mit der Technik ab und begründen Sie diesen.*

5.2

- Der Philosoph Gernot Böhme merkt an (vgl. S. 234), dass eine technische Zivilisation im eigentlichen Sinn keine Kultur sei. Eine Kultur gewährleiste die Integration in eine Gemeinschaft über ein *Zusammenspiel* gemeinsam geteilter überindividueller Auffassungen, Sittlichkeit, religiöse Vorstellungen etc. Dazu gehöre auch, dass man Sachverhalte nach verschiedenen Gesichtspunkten beurteilen dürfe und könne (moralisch, ästhetisch, familiär, sozialer Rang, Beliebtheit usw.). Technik erlaube jedoch nur eine *einzige Beurteilung*, die nach technischen Maßstäben. Dadurch löse sie Kultur als Mit- und Nebeneinander von unterschiedlichen Wertvorstellungen und Verhaltensnormen auf. Erörtern Sie, ob ohne Technik keine Kultur möglich ist, ob unsere technische Kultur nur eine Teilkultur ist, oder ob die moderne technische Kultur unsere Vorstellung von Kultur in Frage stellt. Welche ethischen Folgen hat Ihre jeweilige Antwort?

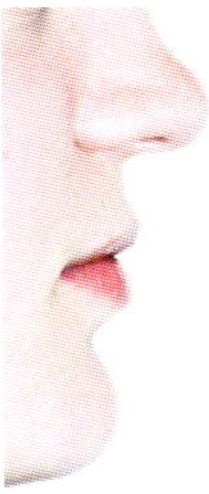

5.3 Der Mensch als Geschlechtswesen

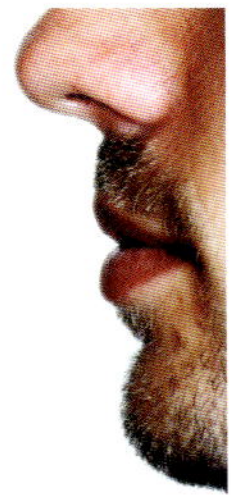

Nicht bei allen Arten des Tierreichs treten zwei Geschlechter auf. Es ist jedoch offensichtlich, dass Frauen und Männer sich unterscheiden. Männer sind anders als Frauen. Unbestritten und unübersehbar sind die biologischen Unterschiede, welche die äußeren Geschlechtsmerkmale, Körperbau und Körpergröße betreffen. Außerdem hegen Mädchen und Jungen oft schon im Kindergarten verschiedene Verhaltensweisen, Interessen und Beschäftigungsvorlieben.
Denken und leben Frauen auch anders als Männer?

› *Listen Sie typische Frauen- und typische Männerberufe auf und erstellen Sie am Beispiel dieser Liste anschließend gemeinsam eine Aufstellung unterschiedlicher bzw. gemeinsamer Verhaltens- und Denkweisen von Frauen und Männern.*
› *Recherchieren Sie im Namensverzeichnis einer Geschichte der Philosophie wie hoch der Anteil von Philosophinnen ist. Erläutern Sie den festgestellten Sachverhalt.*

Wie sind die Geschlechter entstanden?

Biologen verweisen z.B. auf die genetischen Ursachen. Soziologen untersuchen z.B., wie typisch „männliche" oder typisch „weibliche" Geschlechterrollen im gesellschaftlichen Miteinander entstehen, gestaltet und bewertet werden. Psychologen erforschen z.B., wie Kinder geschlechtstypisches Verhalten durch Beobachtung, Nachahmung und Übernahme gleichgeschlechtlicher Modelle erwerben. Religionen, Erzählungen und Überlieferungen geben unterschiedliche Antworten auf die Frage nach der Entstehung der Geschlechter. Platon (ca. 428–348 v.u.Z.) erzählt in seinem Werk „Das Gastmahl" einen Mythos, der erläutert, wie aus ursprünglichen Zwittern zwei Geschlechter wurden. Danach gab es anfänglich nur ein einziges Geschlecht, die sogenannten Kugelmenschen. Diese besaßen eine kugelförmige Gestalt mit vier Armen, vier Beinen, zwei voneinander abgewandten Gesichtern. Mit der Zeit verweigerten die Menschen den Göttern den Gehorsam. Da sann Zeus auf eine wirkungsvolle Strafe.

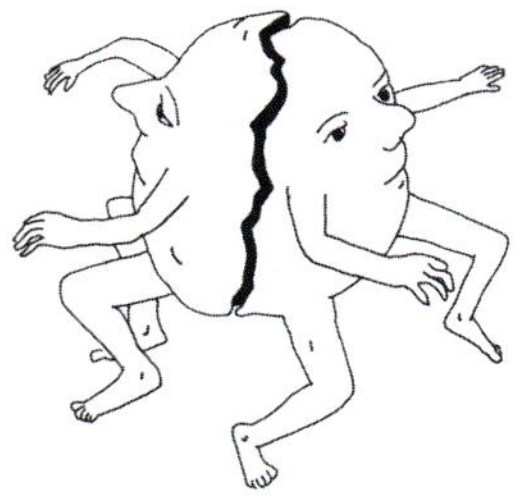

Ich glaube ein Mittel zu haben, wie die Menschen bestehn und doch von ihrem Übermut ablassen, indem sie schwächer werden.
Jetzt durchschneide ich sie nämlich, jeden in zwei Teile [...]. Dies gesagt, zerschnitt er die Menschen in zwei Hälften [...]. Und immer, wenn er einen zerschnitten hatte, hieß er den Apollon [Sohn des Zeus], ihm das Gesicht und den halben Hals nach der Schnittfläche herumdrehen, damit der Mensch, seine Zerschneidung betrachtend, bescheidener würde, und hieß ihn, das Übrige verheilen. Jener drehte das Gesicht herum, zog von allen Seiten die Haut über das, was jetzt Bauch heißt, zusammen [...] und band es zu einer Mündung mitten auf dem Bauche ab, die man jetzt Nabel nennt.[...] Nachdem nun so die Natur entzweigeschnitten war, ging sehnsüchtig jede Hälfte ihrer andern Hälfte nach [...]. Und wenn eine der Hälften starb, die andere übrig blieb, so

suchte die gebliebene wieder eine andre und verflocht sich mit ihr, ob sie nun die Hälfte eines ganzen Weibes traf [...] oder die eines Mannes. Und so gingen sie zugrunde. Da erbarmte sich Zeus und erfand eine andere Hilfe: er versetzte ihre Schamteile nach vorn. Denn bisher hatten sie diese außen, und sie befruchteten und zeugten nicht ineinander, sondern in die Erde wie die Zikaden. So versetzte er sie nun nach vorn und machte, dass sie ineinander zeugten, das Männliche im Weiblichen, deswegen, damit in der Umarmung ein Mann, wenn er mit einem Weibe zusammenkommt, zeugt und Nachkommenschaft entsteht; wenn aber Männliches mit Männlichem [zusammenkommt], ihnen wenigstens Sättigung würde aus der Vereinigung [...].

(Platon: Das Gastmahl. Reclam, Leipzig 1981, S. 26/27)

?

- *Recherchieren Sie in Gruppenarbeit andere Überlieferungen (z.B. in religiösen Schriften) bzw. wissenschaftliche Theorien, in denen es um die Entstehung der Geschlechter geht.*
- *Arbeiten Sie anschließend die Gemeinsamkeiten und Unterschiede zwischen den Vorstellungen heraus und diskutieren Sie Schlussfolgerungen hinsichtlich der Stellung der Geschlechter.*

Sind die Unterschiede der Geschlechter auch hirnphysiologisch geprägt?

Der Neurobiologe und Hirnforscher Gerald Hüther erläutert Unterschiede im weiblichen und männlichen Gehirn.

Q

Gerald Hüther: Das männliche Hirn unterscheidet sich vom weiblichen nicht nur durch die Strukturen, die Vernetzung beziehungsweise durch die Größe von verschiedenen Hirnregionen, sondern vor allem in der Funktion. Die ersten Weichen für die Herausbildung dieser Unterschiede werden bereits im Mutterleib gestellt.

Den Jungs fehlt ein zweites X-Chromosom.

Gerald Hüther: Das weibliche Geschlecht hat zwei X-Chromosomen, das männliche hat ein X und ein Y. Auf diesem X-Chromosom steht sehr viel drauf. Wenn bestimmte Gensequenzen dort nicht optimal sind, können die embryonalen Zellen nicht auf ein – gewissermaßen – „Reserverad" zurückgreifen, sondern müssen allein mit dem auskommen, was auf dem einen X steht. Und deshalb kommen die Jungs konstitutionell schwächer auf die Welt. [...] Auf dem Y-Chromosom steht so gut wie nichts, was für die körperlichen Merkmale erforderlich wäre. Die dort befindlichen Gene sorgen dafür, dass die bereits embryonal entwickelten weiblichen Geschlechtsorgane umgewandelt, „eingeschmolzen" werden und dann stattdessen an anderer Stelle Hoden wachsen, die wiederum Testosteron produzieren. Das führt dazu, dass die Hirnentwicklung bei Jungs anders verläuft als bei den Mädchen. Um ein Bild zu benutzen: Jungs und Mädchen haben zwar die gleiche Orchesterbesetzung, aber bei den Jungs rücken die Pauken und Trompeten durch die vorgeburtliche Entwicklung weiter nach vorn, die harmonischen Instrumente hingegen weiter nach hinten. Und so machen sich die Jungs konstitutionell schwächer, aber mit stärkerem Antrieb auf ins Leben.

Das heißt, es besteht von Anfang an ein signifikanter Unterschied zwischen Männern und Frauen. Es wird ja gern behauptet, dieser Unterschied sei nur durch gesellschaftlich geprägte Geschlechterverhältnisse künstlich erzeugt.

Gerald Hüther: Es wäre absurd, davon auszugehen, dass Männer und Frauen gleich sind. Ihr Körper ist unterschiedlich, und ihr Gehirn auch. [...] Die Natur nutzt im Übrigen diesen Unterschied, diesen Trick, ein Geschlecht konstitutionell schwächer und mit mehr Antrieb auszustatten: Nämlich, um zu gewährleisten, dass sich ein Geschlecht stärker mit den veränderlichen Komponenten unseres Daseins beschäftigt, neue Lebenswelten erschließt, in Bereiche vordringt, in die man nur unter großer Gefahr für die bisherige Stabilität gelangen kann.

(Andreas Lehmann: Das schwache Geschlecht. Gespräch mit Gerald Hüther. In: Das Magazin H. 2/2010. S. 13ff.)

- *Fassen Sie die Kernaussagen des Textauszuges zusammen.*
- *Informieren Sie sich z.B. in Zusammenarbeit mit dem Biologieunterricht über grundsätzliche Unterschiede zwischen Frauen und Männern.*
- *Erarbeiten Sie Ihre Position für eine Standpunktrede zum Thema „Biologische Erklärungen der Geschlechter".*

Wie können Männer und Frauen zusammenleben?

In den Sozialwissenschaften wird zwischen *Sex*, der Zugehörigkeit zu einem biologischen Geschlecht, und *Gender*, den daran gekoppelten Zuschreibungen, auch als das soziale Geschlecht bezeichnet, unterschieden. Demnach sind weniger die biologischen Unterschiede, sondern vielmehr die Männern und Frauen zugeordneten Geschlechterrollen ausschlaggebend für die Stellung der Geschlechter in einer Gesellschaft.

- *Wiederholen Sie, was Sie aus früheren Schuljahren über soziale Rollen wissen und wenden Sie Ihr Wissen auf für die Jetztzeit gängige Rollenmuster für Männer und Frauen an.*

Simone de Beauvoir (1908–1986) postulierte die zum geflügelten Wort gewordene These: Man kommt nicht als Frau zur Welt, man wird es. Für Simone de Beauvoir ist das Geschlecht keine unhinterfragbare „Essenz", sondern ein soziales Konstrukt, das geschichtlich entstanden und also veränderbar ist. Wenn die Frau sich nicht in eine Fremdbestimmung begeben will, hat sich die Frau – wie jeder Mensch im existenzialistischen Projekt (vgl. Kap. 5.4, S. 292) – in einem offenen Entwurf für die Freiheit zu entscheiden.

Wie kann ein Mensch sich im Frau-Sein verwirklichen? Welche Wege stehen ihm offen? Welche enden in Sackgassen? Wie kann man in der Abhängigkeit wieder Unabhängigkeit erlangen? Was schränkt die Freiheit der Frau ein, und kann sie diese Umstände überwinden? Das sind die grundlegenden Fragen, die ich klären möchte. Wenn ich also an den Möglichkeiten des Individuums interessiert bin, so nicht in Begriffen des Glücks, sondern in Begriffen der Freiheit.

(Simone de Beauvoir: Das andere Geschlecht. Sitte und Sexus der Frau. Rowohlt, Reinbek 2003, S.26)

- *Beantworten Sie die Fragen des Textes in einer Gruppenarbeit und präsentieren Sie die Ergebnisse im Forum. Vergleichen Sie die Antworten der einzelnen Gruppen.*
- *Erörtern Sie anschließend Unterschiede zu einer Verwirklichung im Mann-Sein.*
- *Informieren Sie sich über den Existenzialismus (andere Schreibweise: Existentialismus) und erläutern Sie, warum Beauvoir mehr an Begriffen der Freiheit als an Begriffen des Glücks interessiert ist.*

Wasserschlangen, Gustav Klimt (1862–1918), 1904–1907

Die neuen Frauen und Männer

Simone de Beauvoir ging es vor allem um ein besseres Miteinander der Geschlechter. Die Journalistin Julia Voss prüfte die Aktualität von Simone de Beauvoirs Denken für die Gegenwart.

Der verblüffendste Einwand, der gegen sie [Simone de Beauvoir] vorgebracht wurde, besteht bis heute darin, sie hätte außer Acht gelassen, dass Frauen – und nicht Männer – Kinder bekommen. Wie sollte sie das nicht bemerkt haben? Simone de Beauvoir hängte nur ein doppeltes Fragezeichen an. Das erste: Was, wenn sie es nicht tun? Sie selbst tat es nicht, und viele Frauen tun es heute auch nicht. Das zweite, noch viel bedeutendere Fragezeichen: Und was, wenn sie es tun? Was wissen wir über einen Menschen, wenn wir erfahren, dass die Entscheidung getroffen wurde, ein Kind zu gebären? Macht es sie, sagen wir, ungeeignet für Ministerposten, Nobelpreise, Institutsdirektorate, Firmengründungen, Erfindungen, Forschung, Meisterwerke in Kunst, Literatur, Philosophie oder verbietet sich damit der Wunsch, nicht auf Mutterschaft festgenagelt zu werden? Eben nicht. Natürlich bekommen Frauen die Kinder. Was daraus folgt, ist aber ganz und gar nicht natürlich, kein Schicksal, kein Gesetz, sondern die Entscheidung einer Gesellschaft. Ebenso wie die Entscheidung darüber, was Vatersein bedeutet, welche Aufgaben sich damit verbinden.

(Julia Voss: Man kommt nicht als Frau zur Welt. FAZ 09.01.2008, S. 29.)

?

- *Klären Sie, inwiefern sich bei der Kinder-Frage individuelle und soziale bzw. private und politische Entscheidungen für oder gegen Kinder berühren.*
- *Wenn Kinder massenhaft ungeboren bleiben, welche Auswirkungen hat das für die weiblichen Sozialrollen?*

Wenn sich das Selbstverständnis der Frauen und ihre sozialen Rollen ändern, dann kann das nicht ohne Auswirkungen auf das Selbstverständnis der Männer, für ihre Sozialrolle sowie die Beziehungen zwischen den Geschlechtern bleiben. Die französische Philosophin Elisabeth Badinter beschreibt in ihrem Werk „Ich bin Du“ drei Phasen der Beziehung zwischen Mann und Frau und diskutiert die realen Ergebnisse der Frauenemanzipation.

Erste Phase: *Das Eine und das Andere* ist gekennzeichnet durch „ursprüngliche Komplementarität“, d.h. eine sich wechselseitig ergänzende Beziehung zwischen den Geschlechtern.

Zweite Phase: *Das Eine ohne das Andere* beschreibt das „absolute Patriarchat", die Herrschaft der Männer.

Dritte Phase: *Das Eine ist das Andere* verkörpert unsere heutige Zeit, in der die Geschlechter sich so angenähert haben bzw. noch annähern, dass die Unterscheidung des Weiblichen wie des Männlichen verschwindet, da Frauen mächtig und Männer sensibel sein dürfen.

Indem sie [die neuen Männer] alle väterlichen Werte in Frage stellten, näherten sich die Söhne unbewusst den Wertvorstellungen der Mütter, die seit jeher den Krieg ablehnten, von der Konkurrenz nichts wissen wollten und mit Macht und Unterdrückung nichts zu schaffen hatten. Es kam zu jener Umkehrung der Bündnisse, die der Jahrtausende alten Autorität und dem Ansehen des Vaters und Ehemanns ein Ende machte. Doch in Wirklichkeit beruhte dieses neue Bündnis auf einem Missverständnis. Während die jungen Männer sich von den Stereotypen der Männlichkeit abwandten und weiblichere Verhaltensweisen übernahmen, gaben die Frauen ihrerseits einen Teil ihrer Jahrtausende alten Einstellungen auf und drangen in Bereiche ein, die einst den Männern vorbehalten waren. Die Generation der Söhne, die sich vielfach mit dem Kampf der Frauen solidarisiert hatten, bemerkte zu spät, dass sie hereingelegt worden war. Nachdem sie sich den traditionellen mütterlichen Wertvorstellungen angenähert hatten, konnten sie nur schwer begreifen, dass die Frauen sich von eben diesen Werten distanzierten. Während die einen eine sanftere Gesellschaft anstrebten, in der die Konkurrenz nicht mehr so hart sein sollte, traten die anderen plötzlich als gefährliche Konkurrentinnen auf. Sie verkörpern nun nicht mehr nur Zärtlichkeit und Hingabe, sondern auch Ehrgeiz und Egoismus. Die Verwirrung ging von den Vätern auf die Söhne über. Sie hat sich bis heute nicht gelegt.

(Elisabeth Badinter: Ich bin Du. Die neue Beziehung zwischen Mann und Frau oder Die androgyne Revolution. Piper, München/Zürich 1991, S. 168f.)

- *Formulieren Sie Ihre Wahrnehmung des von Badinter beschriebenen „Missverständnisses" junger Männer (z.B. in Form eines Dialoges mit der Philosophin) einmal aus einer weiblichen und dann aus einer männlichen Perspektive. Berücksichtigen Sie dabei die von Badinter benannten „Stereotype der Männlichkeit und der Weiblichkeit" wie: Krieg, Konkurrenz, Macht, Unterdrückung, Härte, Ehrgeiz, Stolz, Egoismus vs. Mütterlichkeit, Sanftheit, Zärtlichkeit, Hingabe.*
- *Die klassische Rolle des Vaters (Oberhaupt der Familie und Träger traditioneller Werte) ist immer fragwürdiger geworden. Legen Sie dar, welche Rolle* Väterlichkeit *unter heutigen Bedingungen für Sie beanspruchen könnte.*

- Im virtuellen Raum des Internet (Cyberspace) verlieren Unterscheidungskriterien wie Geschlecht, Hautfarbe, Aussehen, Alter, Personenstand, ethnische Zugehörigkeit sowie auch Zeit und Ort an Bedeutung. Manche interpretieren dies begeistert als eine moderne Gleichheitsutopie, weil hier endlich eine Kommunikationsform erreicht werde, in der störende Faktoren wie z.B. Geschlechtsunterschiede und Körperlichkeit verschwinden. Diskutieren Sie die Auswirkungen der Computermedialität für das Verhältnis der Geschlechter.

5.3

Hinter den sieben Bergen, Wolfgang Mattheuer, 1973

5.4 Kann der Mensch frei sein?

- *Beschreiben Sie das Bild. Benennen Sie Bildelemente, die Freiheit positiv oder negativ symbolisieren.*
- *Welches Symbol für die Freiheit würden Sie selbst warum wählen?*

5.4.1 Was Freiheit meinen kann

Freiheit – ein schwieriger Begriff

Das Wort Freiheit ist bunt schillernd und emotional aufgeladen. Freiheit, so verkündet ein Song, ist das Einzige, was zählt. Aber was kann der Begriff Freiheit bedeuten?

a) Die Freiheit als Fähigkeit, gemäß den eigenen Wünschen und Plänen zu handeln. Dies ist die gebräuchlichste Bedeutung des Wortes, auf die wir uns am häufigsten beziehen, wenn das Thema im Gespräch auftaucht. Es bezieht sich auf Situationen, in denen physische, psychologische oder rechtliche Hindernisse fehlen, die unseren Willen beschränken könnten. Nach diesem Verständnis ist derjenige frei – sich zu bewegen, zu gehen oder zu kommen –, der nicht gefesselt oder eingesperrt ist, bedroht oder gefoltert wird oder unter Drogeneinfluss steht.
Darüber hinaus ist in diesem Sinne frei – am öffentlichen Leben teilzunehmen, sich um öffentliche Ämter zu bewerben –, wer nicht durch diskriminierende Gesetze an den Rand gedrängt oder ausgeschlossen ist, wer nicht in furchtbarem Elend oder völliger Unwissenheit lebt und so weiter. Meiner Auffassung nach umfasst diese Definition von Freiheit nicht nur die Möglichkeit, das Gewollte anzustreben, sondern auch eine gewisse Chance, es zu erreichen. Wenn es überhaupt keine Erfolgsaussicht gibt, würden wir auch nicht sagen, dass es Freiheit gibt: Vor dem *Unmöglichen* ist niemand wirklich frei.
b) Die Freiheit zu wollen, was ich will – noch vor jeglichem Versuch, das Gewollte wirklich zu erreichen. Es handelt sich hier um eine kompliziertere und weniger offenkundige Bedeutungsebene des Wortes Freiheit. So stramm gefesselt oder sicher eingesperrt ich auch sein mag, niemand kann mich daran hindern, eine Reise machen zu *wollen* – man kann mich lediglich daran hindern, sie tatsächlich anzutreten. Wenn ich nicht will, kann mich niemand zwingen, meinen Folterer zu hassen oder die verordneten Meinungen zu glauben, die er mir mit Gewalt aufnötigen will. Mein Wollen ist frei, auch wenn die Umstände die Möglichkeit seiner Ausführung vereiteln. [...]
c) Die Freiheit, das zu wollen, was wir nicht wollen und das nicht zu wollen, was wir tatsächlich wollen. Ohne Zweifel ist dies die seltsamste und am

schwierigsten zu erklärende Bedeutung des Wortes Freiheit. Um uns ihr anzunähern, können wir zunächst darauf hinweisen, dass Menschen nicht nur Wünsche verspüren, sondern auch Wünsche bezüglich ihrer Wünsche haben. Wir haben nicht nur Intentionen, sondern hätten auch gerne bestimmte Intentionen – obwohl wir sie tatsächlich nicht haben. Nehmen wir an, ich komme an einem brennenden Haus vorbei und höre im Inneren ein Kind weinen. Ich möchte nicht hineingehen, um es zu retten. Ich habe Angst, es ist sehr gefährlich und schließlich gibt es dafür ja Feuerwehrleute. [...] Gleichzeitig jedoch *möchte ich wollen*, hineinzugehen, um das Kind zu retten, denn es würde mir gefallen, nicht so viel Angst vor der Gefahr zu haben. Und ich würde gern in einer Welt leben, in der die Erwachsenen den Kindern im Falle eines Feuers helfen. Ich bin das, was ich sein möchte, aber gleichzeitig möchte ich anders sein – anderes, Besseres wollen.

(Fernando Savater: Die Fragen des Lebens. Campus, Frankfurt/M. 2000, S. 145ff.)

- *Legen Sie die Kernaussagen komprimiert und strukturiert dar.*
- *Vergleichen Sie Savaters Unterteilung mit den Freiheitsvorstellungen der ersten 20 Paragraphen des Grundgesetzes der Bundesrepublik Deutschland.*
- *Legen Sie eine zweispaltige Tabelle an. Notieren Sie in der einen Spalte Synonyme zu „Freiheit" und in der anderen Spalte Antonyme.*
- *Fertigen Sie dann eine Mindmap an, in welcher Sie die gefundenen Synonyme in Beziehung zu „Freiheit" bringen. Sprechen Sie darüber, welche Aspekte von Freiheit die einzelnen Synonyme jeweils besonders betonen.*

Freiheit als Quintessenz menschlichen Denkens und Handelns

Für Fernando Savater gehört Freiheit z.B. als freie Zielbestimmung zu den Wesensmerkmalen des Menschen. Tiere und Pflanzen hingegen besitzen keine Freiheit, sie haben keine Wahl als das zu tun, wozu sie z.B. durch Instinkte „programmiert" sind. Auch wenn die Menschen von Natur aus programmiert sind (z.B. Wasser und eben nicht Lauge trinken zu müssen, um zu überleben), ist menschliches Verhalten nie eindimensional festgelegt.
Am Beispiel von Hektor aus Troja, der kein Held sein will und doch einer wird, erläutert Savater den entscheidenden Unterschied zwischen einem Menschen und einer Termite.

Hektor hätte sagen können: Zum Teufel mit allem! Er hätte sich als Frau verkleiden können, um in der Nacht aus Troja zu fliehen, oder er hätte sich krank oder verrückt stellen können, um nicht kämpfen zu müssen. Oder er hätte sich vor Achill niederwerfen und ihm seine Dienste als Führer anbieten können, um an der schwächsten Stelle in Troja einzudringen [...] alle diese Verhaltensweisen (wären) ziemlich merkwürdig gewesen, wenn man bedenkt, wer Hektor war und welche Erziehung er erhalten hatte. Aber du musst anerkennen, dass das keine unmöglichen Gedankenspielereien sind, während ein Biber, der Waben herstellt oder eine Termite, die desertiert, nicht selten, sondern völlig ausgeschlossen sind. Bei den Menschen kann man nie so sicher sein wie bei den Tieren oder anderen Lebewesen. Sosehr wir Menschen auch biologisch und kulturell programmiert sein mögen, wir können uns am Ende immer für etwas entscheiden, das nicht im Programm vorgesehen ist (zumindest, das nicht völlig darin enthalten ist). Wir können ja oder nein sagen, „Ich will" oder „Ich will nicht". Sosehr wir uns auch von den Umständen erdrückt sehen, es gibt nie nur einen einzigen Weg, dem wir folgen können, sondern immer mehrere. Wenn ich von Freiheit spreche, dann meine ich genau das: das, was uns von den Termiten und Ebbe und Flut unterscheidet, von allem, was sich auf notwendige und unabänderliche Weise bewegt. Sicher können wir nicht alles tun, was wir wollen, aber genauso sicher sind wir nicht verpflichtet, nur eine einzige Sache tun zu wollen. Und jetzt ist es angebracht, zwei Erläuterungen zur Freiheit zu geben:

Erstens: Wir sind nicht frei, auszuwählen, was uns passiert (an dem Tag, von diesen Eltern und in diesem Land geboren zu werden; an Krebs zu leiden oder von einem Auto überfahren zu werden; schön oder hässlich zu sein [...]), sondern wir sind frei, auf das, was uns passiert, auf diese oder jene Weise zu reagieren[...].

Zweitens: Frei zu sein, etwas *zu versuchen*, hat nichts damit zu tun, es auch ganz sicher *zu erreichen*. Freiheit (die darin besteht, aus dem Möglichen auszuwählen) ist nicht das Gleiche wie Allmacht (die bedeuten würde, immer das zu erreichen, was man will, auch wenn es unmöglich scheint). Wir können jedoch desto größeren Nutzen aus unserer Freiheit ziehen, je größer unsere Fähigkeit zum Handeln ist.

(Fernando Savater: Tu, was du willst. Ethik für die Erwachsenen von morgen. Campus, Frankfurt/New York 2007, S. 24/25)

?

- *Stellen Sie die Hauptaussagen mit eigenen Worten dar.*
- *Erfassen Sie mittels eines geeigneten Mediums Faktoren, die menschliches Verhalten „programmieren". Verständigen Sie sich anschließend im Kurs darüber, inwiefern diese „Programme" Freiheit ermöglichen bzw. Freiheit negieren. Untersetzen Sie Ihre Überlegungen durch Beispiele.*

Freiheit: Bindungslosigkeit und Bindung

Kein Freiheitsverständnis ist gegenwärtig so weit verbreitet wie das, tun und lassen zu dürfen, was man will, an keine Normen oder Rücksichten gebunden zu sein. Der Soziologe Ulrich Beck erläutert verschiedene Dimensionen der Individualisierung:

1. **Freisetzungsdimension**, es erfolgt eine *Herauslösung der Individuen* aus historisch vorgegebenen Sozialformen und Sozialbindungen (Klasse und Schicht, soziale Milieus, Familie, Geschlechterrollen). Während man in traditionelle Gesellschaften hineingeboren wurde, muss man in modernen Gesellschaften „das eigene Leben (z.B. als Single) selbst erfinden".

2. **Entzauberungsdimension**, d.h., mit der Herauslösung aus traditionellen Sozialformen geht ein *Verlust tradierter Sicherheiten* einher. Das über Generationen bewährte Handlungswissen (z.B. Religion, Moral, Normen) verliert seine Verbindlichkeit.

3. **Kontroll- und Reintegrationsdimension**, d.h. eine *neue Art der sozialen Einbindung* des Individuum in Gemeinschaften. Die Reintegration ist keine „ererbte", sondern eine vom Individuum nach eigenen Vorstellungen frei gewählte (z.B. als Yuppi).

(Frei nach: Ulrich Beck: Risikogesellschaft. Auf dem Weg in eine andere Moderne. Suhrkamp, Frankfurt/M. 1986, S. 206)

Eirik Glambek Bøe von der norwegischen Kultband „Kings of Convenience“ äußerte sich zu diesem Freiheitsverständnis in einem Interview:

[Ich] führe ein sehr freies Leben. Ich genieße finanzielle Freiheit, muss nicht jeden Tag arbeiten, kann mehr oder weniger tun, was ich will. Dafür bin ich sehr dankbar, aber das freie Leben birgt auch seine Schwierigkeiten. Immerzu muss man sich fragen: Ist es das Beste für mich? Stets die Wahl zu haben, ist manchmal sehr verwirrend. Es macht einen ruhelos. Vielleicht handelt es sich erst dann um wirkliche Freiheit, wenn man weiß, was man tun *soll*. Die eigene Bestimmung zu kennen und mit dem eigenen Schicksal zu leben. Das ist Freiheit. Nicht der permanente Wandel in Lebensstil, Wohnorten, und die ganze Zeit neue Leute zu treffen.

(Mathias Wöbking: Erst Grenzen schaffen Freiheit. LVZ 09.10.2009)

- *Überprüfen Sie die Thesen von Beck auf der Grundlage Ihres Wissens.*
- *Diskutieren Sie die These von Bøe zur wirklichen Freiheit.*
- *Verfassen Sie einen Essay, in welchem Sie darüber nachsinnen, warum die aus ihren Sozialbindungen und aus dem „Normenkorsett“ befreiten Individuen die errungene oder geschenkte Freiheit zugunsten von Reintegration freiwillig aufgeben.*

Die Freiheit des Andersdenkenden

Der Sozialistin Rosa Luxemburg (1871–1919) wird der oft zitierte Ausspruch zugeschrieben, FREIHEIT SEI ZUERST DIE FREIHEIT DES ANDERSDENKENDEN. Warum aber soll gerade der Andersdenkende die Messlatte für Freiheit verkörpern?

Freiheit in einer lebensfähigen Gesellschaft ist in erste Linie nicht diejenige Freiheit, die ich für mich und meine Gruppe in Anspruch nehme, sondern diejenige Freiheit, die ich dem anderen und der anderen Gruppe gewähre. Hierin liegen zwei Erkenntnisse, die nicht selbstverständlich sind und oft nicht beachtet werden: die Beschränkung unseres Urteils über die Handlungen unserer Mitbürger auf ihre Legalität (Legalitätsprinzip) und die Bedeutung der Äußerungsfreiheit für die gemeinsame Erkenntnissuche (Wahrheitsprinzip). Das Legalitätsprinzip ist eine der größten *moralischen* Errungenschaften der Neuzeit. Freilich besteht eine altehrwürdige, tief berechtigte Überzeugung, dass der Mensch dem sittlichen Gebot nicht bloß äußerlich aus nützlichem Konformismus gehorchen soll, sondern aus innerer Achtung vor dem Gebot; also dass er, in der oben zitierten Sprechweise Kants, moralisch und nicht nur legal handeln soll. [...] Aber hieraus entstand historisch allzu leicht ein politischer Missbrauch der Moral. Gesellschaften, die sich moralisch im Recht fühlten, Regierungen, die sich moralisch legitimiert glaubten, forderten von ihren Gliedern oder ihren Untertanen das moralische Motiv; sie erlaubten sich, Abweichungen von der Norm moralisch zu strafen bis hin zum Scheiterhaufen oder Richtschwert. Revolutionäre wiederum, die an die moralische Legitimität der Regierung oder der Gesellschaftsordnung nicht mehr glauben konnten, fühlten sich berechtigt, die Herrschenden als unmoralisch mit allen Mitteln zu bekämpfen, bis hin zum politischen Mord und, nach dem Sieg, zur Guillotine.

Die Freiheit führt das Volk, Eugène Delacroix, 1830

Selbstgerechtigkeit der Moral erwies sich als abgrundtief böse. Hier ist die Unterscheidung von Legalität und Moralität moralisch gefordert. [...] Weniger allgemein anerkannt ist die politische Notwendigkeit der Wahrheitsorientierung, der Äußerungsfreiheit. Sie ist die institutionelle Form der gemeinsamen Wahrheitssuche. Eine komplizierte Gesellschaft in raschem Wandel wie die unsere kann nicht überleben, geschweige denn die besten Wege finden ohne Einsicht. Einsicht aber wird uns nicht im Schlaf gegeben, wenigstens nicht ohne vorherige äußerste Anstrengung der Wahrheitssuche. Gesellschaftliche Suche nach der richtigen Einsicht gibt es nicht ohne Meinungsstreit. Meinungsstreit kann es nur in dem Rahmen geben, in dem es Äußerungsfreiheit gibt. [...] Unfehlbarkeitsbewusstsein ist selbstmörderisch. Um mit einer Kantischen Formel zu schließen: Freiheit ist das Dasein der Wahrheit. Denn Wahrheit ist nicht diktierte, sondern gesuchte und stets nur partiell gefundene Wahrheit.

(Carl Friedrich von Weizsäcker: Die Zeit drängt. Union, Berlin 1988, S. 23–25)

?

- *Geben Sie mit eigenen Worten wieder, was hier Freiheit des Andersdenkenden heißt?*
- *Erklären Sie, inwiefern beim Postulat der „Freiheit des Andersdenkenden" sowohl das Legalitätsprinzip als auch die Äußerungsfreiheit zu beachten sind.*
- *Was wird im Grundgesetz über die Freiheit des Andersdenkenden ausgesagt? Welche Grenzen für die Freiheit sind hier verankert? Sind diese (Warum bzw. warum nicht?) berechtigt?*
- *Verfassen Sie einen Essay „Verführerin Freiheit". Lassen Sie sich hierzu auch von dem Gemälde Eugène Delacroix' inspirieren.*

5.4.2 Willensfreiheit als Merkmal vernünftiger Wesen

Freiwillige und unfreiwillige Handlungen

Wer für eine Klausur lernt, hat dafür unterschiedliche Motive. Bisweilen sind es auch die mahnenden Worte der Eltern oder der Lehrerinnen und Lehrer, die Schülerinnen und Schüler zum Lernen veranlassen. Wählen sie ihr Handeln dann noch frei? Macht es einen Unterschied etwas freiwillig zu tun oder nach Abwägung möglicher Konsequenzen? Was heißt eigentlich „freiwillig"? Ist es z.B. sinnvoll zu sagen, die Katze sei freiwillig in ihren Korb gegangen? Dürfen wir einen Menschen für etwas bestrafen, was er nicht freiwillig tut?

?

- *Antworten Sie spontan auf die gestellten Fragen und ergänzen Sie Ihre Überlegungen nach der Lektüre der folgenden Texte.*

Der Zusammenhang von Entscheidungs- und Handlungsfreiheit beschäftigt Philosophen seit der Antike. Bereits Aristoteles (384–322 v.u.Z.) hat sich mit dem Problem der Freiwilligkeit und Unfreiwilligkeit von Handlungen auseinandergesetzt. Seine Gedanken sind immer noch aktuell.

Die Definition der *Handlungsfreiheit* geht auf Aristoteles' „Nikomachische Ethik" zurück. Dort finden wir aber auch die Quelle der [...] Definition der *Willensfreiheit*. Aristoteles unterscheidet freiwillige Handlungen von solchen, die nach Überlegung gewählt werden. Freiwillig, sagt er, nennen wir nicht nur Handlungen von Leuten, die tugend- und lasterhaft sein können, sondern auch Handlungen von Kindern und Tieren. Freiwillige Handlungen müssen ihren Ursprung „im Handelnden" haben; *überlegt gewählte* Handlungen dagegen werden gewählt, wenn wir „Dinge überlegen, die in unsrer Hand liegen und durch Handlung erreichbar sind", nicht Dinge, die wir nicht ändern können oder wollen. Aristoteles' Unterscheidung zwischen freiwilligen und überlegt gewählten Handlungen entspricht der zwischen Handlungs- und Willensfreiheit. Handlungsfrei sind Handlungen, die ihren „Ursprung" „im Handelnden" haben, sei es, dass die Handlung durch einen Entschluss, sei es, dass sie durch die Natur des Handelnden bestimmt ist. Dass sie dort ihren Anfang hat, schließt nicht aus, dass der Anfang seinerseits durch Umstände außerhalb des Handelnden verursacht oder ausgelöst wird. Es heißt nur, dass die Handlung durch die Natur oder den Willen des Handelnden bestimmt wird und nicht Folge eines äußeren Zwangs oder eines Irrtums über die Handlungsumstände ist wie Ödipus' Tötung seines Vaters und Heirat seiner Mutter.

Anders als willensfreie hören handlungsfreie Handlungen nicht auf, frei zu sein, wenn sie durch vorausgehende Umstände verursacht sind; daher erkennt sie auch jeder Determinist an. Denn auch das, was ich nicht verhindern kann zu tun, kann ich freiwillig tun. Es gibt einen weiteren wichtigen Unterschied. Zwang und Unwissenheit, die Handlungen unfreiwillig machen, und daher auch Freiwilligkeit und Handlungsfreiheit können mehr oder weniger groß sein. Handlungsfreiheit ist ein graduelles Vermögen; Willensfreiheit dagegen, wie wir sahen, ist entweder vollständig oder gar nicht gegeben. Willensfrei sind Handlungen, die nicht nur ihren Anfang im Handelnden haben, sondern darüber hinaus einer überlegten Wahl von Dingen entspringen, die wir ebenso wohl tun wie unterlassen können. Aristoteles formuliert hier das Prinzip der alternativen Möglichkeiten, durch das [...] Philosophen Willensfreiheit definieren. Wenn er nämlich überlegt gewählte Handlungen beschreibt, sagt er: „wenn der Ursprung einer Handlung in jemand selbst liegt, steht es in seiner Macht, es zu tun und nicht zu tun". Aristoteles liefert uns daher folgende Definitionen: *Handlungsfreiheit ist das Vermögen, ohne Zwang und Unwissenheit zu handeln* und *Willensfreiheit ist das Vermögen, überlegt eine Handlung zu wählen und nicht zu wählen.*

(Ulrich Steinvorth: Willensfreiheit. In: Ethik & Unterricht 2/2005, S. 11ff.)

- *Arbeiten Sie in einer Tabelle die Unterschiede heraus, die Steinvorth zwischen Handlungs- und Willensfreiheit sieht und ergänzen Sie diese im Laufe des Kurses.*
- *Konstruieren Sie Beispiele, die besonders deutlich den Unterschied zwischen Handlungs- und Willensfreiheit belegen und solche, die diese Unterscheidung fragwürdig erscheinen lassen. Nehmen Sie anschließend Stellung, inwiefern Sie die Unterscheidung in Handlungs- und Willensfreiheit überzeugt.*

Unfreiwillig scheint zu sein, was durch Gewalt oder Unkenntnis geschieht. Gewaltsam ist, was seinen Ursprung außerhalb hat, und zwar so, dass der Handelnde oder Leidende keinen Einfluss darauf nehmen kann, etwa wenn

der Sturm einen irgendwohin führt, oder die Menschen, die über einen herrschen. Was aber aus Angst vor größerem Übel geschieht oder wegen etwas Edlem, etwa wenn ein Tyrann eine schändliche Tat befiehlt und dabei Eltern und Kinder in seiner Gewalt hat und diese gerettet werden können, wenn man sie tut, dagegen sterben müssen, wenn man sie nicht tut, so besteht hier ein Zweifel, ob man das freiwillig oder unfreiwillig nennen soll. Ähnliches geschieht auch, wenn man im Sturm etwas von sich wirft. Denn im allgemeinen wirft niemand freiwillig Wertgegenstände weg, dagegen tun es alle Verständigen, wenn ihre eigene Rettung und die anderer auf dem Spiele steht. Solche Handlungen sind also gemischt, gleichen aber eher den freiwilligen. Denn im Augenblick, in dem sie ausgeführt werden, entscheidet man sich für sie. Und das Ziel einer Handlung wird ja durch die Situation bestimmt. Darum muss man von freiwillig und unfreiwillig reden für den Augenblick, in dem es getan wird. Dann handelt man freiwillig. Denn der Ursprung der Bewegung der werkzeughaften Teile bei derartigen Handlungen ist im Handelnden selbst. Bei wem aber der Ursprung des Handelns steht, bei dem steht ebenso das Handeln oder Nichthandeln selbst. Also ist derartiges freiwillig; allgemein gesprochen dagegen vielleicht unfreiwillig. Denn keiner würde eine derartige Handlung als solche frei wählen. Bei derartigen Handlungen wird man allerdings zuweilen sogar gelobt, wenn man Schändliches oder Schmerzliches aushält um eines Großen und Schönen willen. Wo aber das Gegenteil der Fall ist, wird man getadelt. Denn das Schändlichste zu erdulden ohne Hinblick auf ein Edles oder Angemessenes zeigt niedrige Gesinnung. In einzelnen Fällen gibt es kein Lob, aber doch Verzeihung, wenn man tut, was nicht sein soll, im Hinblick auf Dinge, die die menschliche Natur übersteigen und die keiner aushalten würde. Zu einigen Dingen soll man sich überhaupt nicht zwingen lassen, sondern eher sterben und das Schlimmste erdulden. [...] Zuweilen ist es schwierig, zu beurteilen, für was man sich entscheiden und welches von zwei Dingen man aushalten soll – und noch schwerer ist es, bei dem einmal Entschiedenen zu bleiben. Denn zumeist ist das, was einen erwartet, schmerzlich, das, wozu man gezwungen wird, schändlich, so dass also Lob und Tadel sich darnach verteilen, ob man sich hat zwingen lassen oder nicht. [...]

Wenn aber einer behaupten wollte, dass das Angenehme und Schöne gewaltsam wirke (denn es zwinge von außen her), so wäre für ihn überhaupt alles gewaltsam. Denn um jener Dinge willen tun wir ja alle alles; die einen freilich mit Gewalt und ungern und mit Schmerzen, die anderen jedoch um des Angenehmen und Schönen willen und mit Freude. Lächerlich ist es dann, das von außen Kommende anzuklagen und nicht vielmehr sich selbst, weil man durch dieses so leicht erjagt werden kann, und für das Schöne sich selbst als Ursache zu fühlen, für das Schändliche aber das Angenehme verantwortlich zu machen. So scheint also das Gewaltsame dasjenige zu sein, dessen Ursache außerhalb liegt, ohne dass der Gewalt Erleidende selbst etwas dazu beiträgt. [...]

Die Entscheidung gehört offenbar zum Freiwilligen, ist aber nicht dasselbe. Das Freiwillige ist der weitere Begriff. Denn am Freiwilligen haben auch die Kinder und die übrigen Lebewesen einen Anteil, an der Entscheidung dagegen nicht. Und plötzliche Handlungen nennen wir freiwillig, aber nicht, dass sie von einer Entscheidung ausgehen.

Wer aber behauptet, sie sei Begierde, Zorn oder ein Wollen oder irgendein Meinen, scheint nicht das Richtige zu treffen. Denn die Entscheidung ist uns mit den vernunftlosen Lebewesen nicht gemein, wohl aber die Begierde und der Zorn. Und der Unbeherrschte handelt im Begehren, aber nicht mit Entscheidung. Der Beherrschte umgekehrt handelt in Entscheidung, aber ohne Begehren. Und der Entscheidung kann die Begierde entgegentreten, nicht aber die Begierde selbst einer Begierde. Endlich bezieht sich die Begierde auf Angenehmes und Schmerzliches, die Entscheidung dagegen weder auf das eine noch auf das andere.

Noch weniger ist sie mit dem Zorn gleichzusetzen. Denn was im Zorn geschieht, scheint am allerwenigsten durch Entscheidung zu geschehen.

Sie ist aber auch kein Wollen, auch wenn sie verwandt erscheint. Denn die Entscheidung bezieht sich nicht auf Unmögliches, und wenn einer behauptet, sich für solches zu entscheiden, so müsste er als einfältig wirken. Das Wollen dagegen bezieht sich auch auf Unerreichbares, wie etwa die Unsterblichkeit. Das Wollen geht auch auf Dinge, die man niemals aus sich selbst vollbringt, wie etwa, dass irgendein Schauspieler oder Athlet den Sieg erringt. Dazu entscheidet sich aber keiner, sondern nur zu Dingen, von denen er annimmt, dass er sie selbst zustande bringe. Ferner bezieht sich das Wollen eher auf das Ziel des Entscheidens, das Entscheiden dagegen eher auf die zum Ziel führenden Wege. [...] Allgemein gesagt, scheint sich die Entscheidung auf das zu beziehen, was in unserer Gewalt ist. [...] Sie scheint freiwillig zu sein, aber das Freiwillige ist nicht immer ein Gegenstand der Entscheidung. Ist sie also ein Vorher-Bedachtes? Denn die Entscheidung geht mit Denken und Überlegung zusammen. [...] Wir überlegen uns also die Dinge, die in unserer Gewalt und ausführbar sind. Denn dies ist auch das Einzige, was übrig bleibt. Ursachen scheinen nämlich zu sein die Natur, die Notwendigkeit und der Zufall, ferner der Geist und alles, was durch den Menschen bewirkt wird. Von den Menschen überlegt ein jeder das, was er zu vollbringen fähig ist. [...] Wir überlegen uns weiterhin nicht die Ziele, sondern das, was zu den Zielen führt. Denn der Arzt überlegt nicht, ob er heilen soll, noch der Politiker, ob er eine gute Staatsordnung schaffen soll, noch überhaupt jemand hinsichtlich des Ziels. Sondern wir setzen das Ziel an und erwägen dann, wie und durch welche Mittel wir es erreichen, und wenn sich mehrere Wege zeigen, so wird geprüft, welcher der schnellste und schönste sei; wenn aber ein Weg eingeschlagen wird, so fragt man sich, wie das Ziel durch diesen Weg erreicht wird, und dann wieder, wie man auf jenen Weg gelangt, bis man zur ersten Ursache kommt, die im Fragen das Letzte ist. [...] und wenn man auf etwas Unmögliches stößt, so verzichtet man, etwa wenn man Geld braucht und sich dies nicht zu beschaffen vermag. Wenn es sich aber als möglich erweist, dann beginnt man zu handeln. Möglich ist, was durch Freunde geschieht, geschieht in gewisser Weise durch uns. Denn die Ursache steht bei uns.

(Aristoteles: Nikomachische Ethik, dtv/Artemis, Zürich und München 1991, S. 149ff.)

?

- › *Nutzen Sie die 5-Schritt-Lesemethode (Anhang) und formulieren Sie die Grundaussagen des Textes.*
- › *Finden Sie Beispiele, die nach Aristoteles' Verständnis Probleme bei der Klassifizierung als „freiwillig" oder „unfreiwillig" bereiten könnten.*

- *Entwerfen Sie eine Mindmap, in der Sie den Begriff der Freiheit in Beziehung zu folgenden Worten setzen: Entscheidung, freiwillige Handlungen, unfreiwillige Handlungen, Wollen, Begierde, Angst, Wille, Zorn.*
- *Inwiefern sind auch unfreiwillige Handlungen freie Handlungen? Welche Rolle spielt hierbei die Entscheidung?*
- *Finden Sie Beispiele, um das Verhältnis von Entscheidung und Begierde – so wie es Aristoteles sieht – zu veranschaulichen.*
- *Beurteilen Sie, inwieweit sich Aristoteles' Gebrauch von „wollen" mit Ihrem Sprachgebrauch deckt.*
- *Interpretieren Sie die These, dass „wir uns weiterhin nicht die Ziele, sondern das, was zu den Zielen führt" überlegen.*

Die Willensfreiheit als Handlungsmotor

Q| Eines Morgens wollen wir annehmen, wachen Sie mit dem Willen auf, umzuziehen. Es ist noch nicht lange her, dass Sie in die jetzige Wohnung gezogen sind, es ist Ihnen darin gutgegangen, Sie haben viel Geld investiert, und noch gestern Abend haben Sie den bewundernden Gästen auf der Einweihungsparty erklärt, Sie würden nie wieder ausziehen. Doch jetzt, beim Frühstück, spüren Sie den klaren und festen Willen, die Wohnung zu wechseln. Es berührt Sie seltsam, dass es so ist, aber gegen diesen überraschenden Willen ist nichts zu machen. Natürlich könnte es sein, dass er Sie schon auf dem Weg zum Makler wieder verlässt, aber wir wollen annehmen, dass er anhält, bis Sie eine neue Wohnung gefunden und die alte gekündigt haben. „Sag' mal, spinnst du?", fragen die Freunde. „Wieso", sagen Sie, „das ist doch das Schöne an der Freiheit, dass man immer ganz neu anfangen kann." „Ja, aber warum um Himmels willen willst du dort schon wieder raus? Es hat dir doch gut gefallen, vom Geld einmal ganz zu schweigen." „Ich will es halt einfach und genieße es, keinen Grund angeben zu müssen; ich fühle mich dabei so richtig frei."

(Peter Bieri: Das Handwerk der Freiheit. In: Ethik & Unterricht 2/2005, S. 42)

?|

- *Erklären Sie die Befremdung der Freunde und diskutieren Sie im Kurs, inwiefern eine „gefühlte" und nicht begründungspflichtige Freiheit Ihren eigenen Vorstellungen von Freiheit entspricht. Verfassen Sie anschließend eine eigene Stellungnahme.*
- *Überlegen Sie nach der Lektüre des Textes von Immanuel Kant, wie dieser das Problem beurteilt hätte.*

Die Frage, ob der Mensch in seinem Handeln frei ist oder nicht, hat Immanuel Kant (1724–1804) immer wieder beschäftigt. Für ihn ist der Mensch grundsätzlich ein vernunftbegabtes Wesen, das in der Lage ist, unabhängig von sinnlichen und triebhaften Einflüssen zu denken und zu entscheiden. Er ist daher nicht fremdbestimmt, sondern autonom, er kann selbst sein Denken und Handeln bestimmen. Damit liegen auch die moralischen Entscheidungen im Subjekt selbst. Ohne einen solchen freien Willen wäre moralisches Handeln unmöglich, Freiheit ist mithin die „Bedingung der Möglichkeit" moralischen Handelns. Freiheit bedeutet in diesem Sinn nicht Willkür, sondern die Fähigkeit, Gesetzen zu folgen, die sich die Vernunft selbst gegeben hat. Ein freier Wille ist für Kant also ein Wille unter ethischen Gesetzen; Freiheit ohne diese freiwillige Unterwerfung ist für ihn keine Freiheit. Damit basieren moralisch schlechte Handlungen nicht auf Willensfreiheit, sondern sind durch sinnliche, triebhafte Einflüsse kausal bedingt.

Es ist nicht genug, dass wir unserem Willen, es sei aus welchem Grunde, Freiheit zuschreiben, wenn wir nicht eben dieselbe auch allen vernünftigen Wesen beizulegen hinreichenden Grund haben. Denn da Sittlichkeit für uns bloß als für vernünftige Wesen zum Gesetze dient, so muss sie auch für alle vernünftigen Wesen gelten, und da sie lediglich aus der Eigenschaft der Freiheit abgeleitet werden muss, so muss auch Freiheit als eine Eigenschaft des Willens aller vernünftigen Wesen bewiesen werden, und es ist nicht genug, sie aus gewissen vermeintlichen Erfahrungen von der menschlichen Natur darzutun (wiewohl dieses auch schlechterdings unmöglich ist und lediglich a priori dargetan werden kann), sondern man muss sie als zur Tätigkeit vernünftiger und mit einem Willen begabter Wesen überhaupt gehörig beweisen. Ich sage nun: Ein jedes Wesen, das nicht anders als unter der Idee der Freiheit handeln kann, ist eben darum in praktischer Rücksicht wirklich frei, d.i. es gelten für dasselbe alle Gesetze, die mit der Freiheit unzertrennlich verbunden sind, ebenso als ob sein Wille auch an sich selbst und in der theoretischen Philosophie gültig, für frei erklärt würde. Nun behaupte ich: dass wir jedem vernünftigen Wesen, das einen Willen hat, notwendig auch die Idee der Freiheit leihen müssen, unter der es allein handle. Denn in einem solchen Wesen denken wir uns eine Vernunft, die praktisch ist, d.i. Kausalität in Ansehung ihrer Objekte hat. Nun kann man sich unmöglich eine Vernunft denken, die mit ihrem eigenen Bewusstsein in Ansehung ihrer Urteile anderwärts her eine Lenkung empfinge, denn als denn würde das Subjekt nicht seiner Vernunft, sondern einem Antriebe die Bestimmung der Urteilskraft zuschreiben. Sie muss sich selbst als Urheberin ihrer Prinzipien ansehen, unabhängig von fremden Einflüssen, folglich muss sie als praktische Vernunft, oder als Wille eines vernünftigen Wesens, von ihr selbst als frei angesehen werden; d.i. der Wille desselben kann nur unter der Idee der Freiheit ein eigener Wille sein und muss also in praktischer Absicht allen vernünftigen Wesen beigelegt werden.

(Immanuel Kant: Grundlegung zur Metaphysik der Sitten. Meiner, Hamburg 1999, S. 75ff.)

- *Lesen Sie den Text Satz für Satz und klären Sie im Kurs schwierige Begriffe.*
- *Erläutern Sie, warum man sich nach Kant unmöglich eine Vernunft denken kann, „die mit ihrem eigenen Bewusstsein in Ansehung ihrer Urteile anderwärts her eine Lenkung empfinge“.*
- *Würde Kant auch Tieren Willensfreiheit zugestehen? Begründen Sie Ihren Standpunkt.*
- *Führen Sie ein Sokratisches Gespräch (vgl. S. 33ff.) zum Thema „Freiheit ist eine notwendige Voraussetzung für menschliches Handeln“.*

Nach Auffassung von Arthur Schopenhauer (1788–1860) liegt der *Wille* nicht nur dem Handeln des Menschen zu Grunde, sondern er umfasst die gesamte Wirklichkeit, das heißt die organische und die anorganische Natur. Ein Wille objektiviert sich in der Erscheinungswelt als Wille zum Leben und zur Fortpflanzung. Diese Lehre vom „Primat des Willens“ bildet die zentrale Idee der Philosophie Schopenhauers und zeigt auch Parallelen zum Buddhismus.

Arthur Schopenhauer, Ludwig S. Ruhl, 1818

Um die Entstehung dieses für unser Thema so wichtigen Irrtums speziell und aufs Deutlichste zu erläutern [...], wollen wir uns einen Menschen denken, der, etwa auf der Gasse stehend, zu sich sagte: „Es ist 6 Uhr abends, die Tagesarbeit ist beendigt. Ich kann jetzt einen Spaziergang machen; oder ich kann in den Klub gehen; ich kann auch auf den Turm steigen, die Sonne untergehen zu sehn; ich kann auch ins Theater gehen; ich kann auch diesen oder aber jenen Freund besuchen; ja ich kann auch zum Tor hinauslaufen, in die weite Welt, und nie wiederkommen. Das alles steht allein bei mir, ich habe völlige Freiheit dazu; tue jedoch davon jetzt nichts, sondern gehe ebenso freiwillig nach Hause, zu meiner Frau." Das ist gerade so, als wenn das Wasser spräche: „Ich kann hohe Wellen schlagen (ja! nämlich im Meer und Sturm), ich kann reißend hinabeilen (ja! nämlich im Bette des Stroms), ich kann schäumend und sprudelnd hinunterstürzen (ja! nämlich im Wasserfall), ich kann frei als Strahl in die Luft steigen (ja! nämlich im Springbrunnen), ich kann endlich gar verkochen und verschwinden (ja! bei 80 Grad Wärme); tue jedoch von dem allen jetzt nichts, sondern bleibe freiwillig ruhig und klar im spiegelnden Teiche." Wie das Wasser jenes alles nur dann kann, wenn die bestimmenden Ursachen zum einen oder zum andern eintreten; ebenso kann jener Mensch, was er zu können wähnt, nicht anders als unter derselben Bedingung. Bis die Ursachen eintreten, ist es ihm unmöglich: dann aber muss er es, so gut wie das Wasser, sobald es in die entsprechenden Umstände versetzt ist. [...] Kehren wir zu jenem aufgestellten, um 6 Uhr deliberierenden [überlegenden] Menschen zurück und denken uns, er bemerke jetzt, dass ich hinter ihm stehe, über ihn philosophiere und seine Freiheit zu allen jenen ihm möglichen Handlungen abstreite; so könnte es leicht geschehen, dass er, um mich zu widerlegen, eine davon ausführte: dann wäre aber gerade mein Leugnen und dessen Wirkung auf seinen Widerspruchsgeist das ihn dazu nötigende Motiv gewesen.

(Arthur Schopenhauer: Die Freiheit des Willens. In: Ders.: Werke in fünf Bänden. Haffmanns, Zürich 1988, Bd. 3, S. 400f.)

?|

- *Erläutern Sie, in welchem Sinne Schopenhauer den Begriff „freiwillig" im Text verwendet und vergleichen Sie seine Auffassung mit der von Aristoteles (Seite 275ff.).*
- *Beurteilen Sie den Vergleich der Handlungsmöglichkeiten des Menschen mit denen des Wassers.*

Die Philosophin Simone Weil (1909–1943) hat vor allem die Rolle des Denkens als Element des freien Willens in den Mittelpunkt ihrer Überlegungen gerückt.

Q|

Verstände man unter Freiheit einfach die Abwesenheit jeglichen Zwanges, dann verlöre dieses Wort jede konkrete Bedeutung, aber es stellte dann für uns nicht das dar, dessen Entbehrung dem Leben seinen Wert entzieht. Man kann unter Freiheit etwas anderes verstehen als die Möglichkeit, mühelos zu erhalten, was einem gefällt. Es gibt einen ganz anderen Freiheitsbegriff: den heroischen Begriff der Lebensweisheit. Die wirkliche Freiheit wird nicht durch die Beziehung zwischen Wunsch und Erfüllung definiert, sondern durch die zwischen Denken und Handeln.

Vollständig frei wäre der Mensch, dessen Aktionen in einer vorherigen Erkenntnis des erstrebten Zwecks sowie der Verknüpfung der für die Erreichung des Zwecks geeigneten Mittel gründeten. Es ist unwichtig, ob diese Aktionen an sich leicht oder schmerzhaft sind, es ist sogar unwichtig, ob sie erfolgreich enden. Schmerz und Misserfolg können den Menschen unglücklich machen, aber sie sind außerstande, ihn zu erniedrigen, solange er selbst über seine Fähigkeit zu handeln verfügt. Über seine eigenen Aktionen verfügen, bedeutet keineswegs, willkürlich handeln. Die willkürlichen Aktionen gründen in keiner Erkenntnis und können daher eigentlich nicht als frei gelten. Jede Erkenntnis bezieht sich auf eine objektive Situation, folglich auf ein Gewebe von Notwendigkeiten. Der lebende Mensch kann keineswegs aufhören, allseitig durch eine absolut unerbittliche Notwendigkeit bedrängt zu werden. Aber da er denkt, kann er entscheiden: blind dem Stachel der äußeren Notwendigkeit nachgeben oder der inneren Vorstellung darüber. Hier ist der Gegensatz zwischen Knechtschaft und Freiheit. Die beiden Begriffe dieses Gegensatzes sind übrigens nur theoretische Grenzen, zwischen denen das menschliche Leben sich bewegt, ohne je eine erreichen zu können, sofern es nicht aufhören soll, Leben zu sein. Ein Mensch wäre vollständig versklavt, wenn all seine Gesten einer anderen Quelle als seinem Denken entstammten: entweder den unvernünftigen Reaktionen des Körpers oder dem Denken eines anderen. [...] Ein ganz freies Leben wäre ein solches, wo alle realen Schwierigkeiten sich als Probleme darstellten, wo alle Siege in Aktion umgesetzte Lösungen sein würden.

(Simone Weil: Unterdrückung und Freiheit. Politische Schriften, Rogner & Bernhard, München 1975, S. 200ff.)

- *Erläutern Sie den Begriff der Freiheit, den Weil als „heroischen Begriff der Lebensweisheit" umschreibt.*
- *Inszenieren Sie eine Talkshow über die Freiheit des Menschen, in der Aristoteles, Kant, Schopenhauer und Simone Weil mit ihren Auffassungen aufeinander treffen.*

5.4.3 Hat der freie Wille Grenzen?

Determinanten der Freiheit

Der deutsche Filmemacher Matthias Glasner hat einen Film gedreht mit dem Titel „Der freie Wille". Darin erzählt er die Geschichte des Vergewaltigers Theo, der immer wieder gegen seine Triebe ankämpft.

Es geht gleich los. Keine Einführung. Keine lange Vorgeschichte, warum er wurde, was er ist. Nein, gleich in der ersten Viertelstunde vergewaltigt Theo [...] eine junge Frau. Überholt sie mit dem Auto. Reißt sie vom Fahrrad. Zerrt sie hinter die Düne. Verbindet ihr die Augen. Und schlägt ihr brutal ins Gesicht, vier Mal, bevor er sie missbraucht. Es ist wie eine Warnung: Seht her, das erwartet euch. Und wir Zuschauer erleben das qualvoll aus der Perspektive des Opfers. Am Boden kauernd, mit dem Kerl über uns, röchelnd im Gegenlicht. In seinen ersten Minuten bereits vergewaltigt und traumatisiert „Der freie Wille" uns alle.
Aber die eigentliche Zumutung von Matthias Glasners Film ist eine andere: Er hebt diese klassische Opfer-Täter-Perspektive auf, ohne dass er sich ganz auf die andere Seite schlägt – der Täter wird uns hier nicht als Opfer präsentiert. Warum dieser Mann eine solche Wut in sich trägt, als eine Zeitbombe, die sich jeden Moment entladen kann, wir werden es bis zum Filmende so wenig erfahren wie dieser Theo selbst.
Um das Warum geht es nie. Und keiner ist da, der ihn verteidigen würde. [...]

Nein, dieser Mensch, dieser Theo ist ein Täter. Ist es auch, als er neun Jahre später aus dem Maßregelvollzug entlassen wird, weil er selber nicht mit Bestimmtheit sagen kann, dass „es“ aufgehört hat. Die Zumutung besteht darin, dass der Film diesen Menschen, der so unsympathisch eingeführt wurde wie kaum ein Held oder Anti-Held zuvor, nun dennoch begleitet, in seinen sperrigen Versuchen, sich in die Gesellschaft wiedereinzugliedern. Dass das gar nicht so leicht ist, zeigt sich in der Freiheit gleich bei der ersten Konfrontation mit einem Werbeplakat, in dem eine Frau in knappem Höschen posiert. [...] Aber dann trifft dieser Mann, der im Grunde nichts mit Frauen anfangen will und ihnen ausweicht, ausgerechnet auf eine Frau, die nichts mit Männern anfangen will und ihnen ausweicht. Und irgendwie lernen sie sich doch näher kennen und finden, gerade in ihrer Ablehnung, eine Gemeinsamkeit. Kommen sich konsequent beim Karatekurs, bei Abwehr und Selbstverteidigung, zum ersten Mal körperlich nah. Eine unmögliche Liebesgeschichte [...] zweier Gestrandeter, Isolierter, die kein Happy End haben kann. Und doch schafft es dieser Film, dass der Zuschauer irgendwann doch ein wenig hofft, dass der Mann sich in den Griff kriegt und das Mädchen obendrein ...

Um [...] eine Bewertung der Therapiemöglichkeiten geht es Glasner nicht. Er zeigt einen Betroffenen, der von der ganzen erhitzten Debatte um seinesgleichen gar nichts mitbekommt. Weil er von seiner eigenen Schuld erdrückt, weil er nie frei sein wird, auch nicht nach der Therapie in Freiheit. „Aber ich kann doch nichts dafür“, krähte Peter Lorre einst in „M – Eine Stadt sucht einen Mörder“. „Es ist in mir drin. Und es hört nicht auf“, heißt es im „Freien Willen“.

(Peter Zander, Die Welt 23.08.2006)

?|

- *Ist ein Vergewaltiger wie Theo aus Ihrer Sicht in seinen Handlungen frei und für diese verantwortlich? Begründen Sie Ihren Standpunkt.*
- *Versuchen Sie aus der Diskussion um die Hirnforschung (vgl. Seite 246ff. und 284f.) und den freien Willen Argumente zu finden, die Ihre Position bekräftigen.*

Q|

Einige Leute haben geglaubt, dass es uns in diesem absoluten Sinne niemals möglich ist, etwas anderes als das zu tun, was wir in Wirklichkeit tun. Sie gestehen uns zu, dass das, was wir tun, von unserer Wahl, unseren Entscheidungen und Wünschen abhängt, und dass wir in unterschiedlichen Situationen unterschiedlich wählen: wir drehen uns nicht wie die Erde mit monotoner Gleichförmigkeit um unsere eigene Achse. Sie sind jedoch der Auffassung, dass die vor unserer Handlung bestehenden Umstände in jedem Fall unsere Handlungen determinieren und unvermeidlich machen. Die Summe aller Erfahrungen, Wünsche und Erkenntnisse einer Person sowie ihre Erbanlagen, die gesellschaftlichen Bedingungen und der Charakter der Entscheidung, mit der sie konfrontiert ist, wirken mit anderen Faktoren, die uns möglicherweise unbekannt sind, zusammen und machen eine bestimmte Handlung unter den gegebenen Umständen unausweichlich. Diese Auffassung bezeichnet man als *Determinismus*. Der Determinismus glaubt nicht, dass sämtliche Gesetzmäßigkeiten des Universums bekannt sein und zur Vorhersage dessen herangezogen werden können, was geschehen wird. Erstens können wir nicht all die komplizierten Umstände kennen, die eine menschliche Entscheidung beeinflussen.

Zweitens gilt, dass wir, selbst wenn wir etwas über die Umstände erfahren und eine Prognose wagen, hierdurch die Ausgangsbedingungen verändern, was wiederum das prognostizierte Ergebnis verändern kann. Prognostizierbarkeit steht jedoch nicht zur Debatte. Die Hypothese besagt, dass es Naturgesetze wie jene, welchen die Bewegung der Planeten unterworfen ist, gibt, die alles bestimmen, was in der Welt geschieht – und dass die vor einer Handlung bestehenden Umstände kraft solcher Gesetze sowohl festlegen, dass die Handlung erfolgen wird, als auch jede andere Möglichkeit ausschließen. Wenn das wahr ist, dann war es, selbst während Sie sich über Ihren Nachtisch klar zu werden versuchten, immer schon durch die Vielzahl der in Ihnen und auf Sie einwirkenden Faktoren festgelegt, dass Sie den Kuchen wählen würden. Sie konnten den Pfirsich nicht gewählt haben, wenn Sie auch glauben, dies gekonnt zu haben: ein Entscheidungsprozess ist nichts anderes als ein Vorgang, der ein vorherbestimmtes Ergebnis im Bewusstsein zum Vorschein kommen lässt. Falls der Determinismus für alles gilt, was überhaupt geschieht, so stand es bereits vor Ihrer Geburt fest, dass Sie zur Torte greifen würden. Ihre Entscheidung war durch die unmittelbar vorhergehende Situation determiniert, und diese Situation durch die ihr vorhergehende, und so fort, wie weit Sie auch zurückgehen wollen. Auch wenn der Determinismus nicht für alles gilt, was geschieht – wenn einiges sich einfach so ereignet, ohne durch vorher bestehende Ursachen determiniert zu sein –, so bliebe es immer noch ein sehr bedeutsamer Umstand, wenn alles, was wir tun, bereits festgelegt wäre, bevor wir es tun. Wie frei wir uns auch immer fühlten, wenn wir zwischen dem Obst und der Torte oder zwischen zwei politischen Kandidaten wählten, wir wären in Wirklichkeit unter den gegebenen Umständen nur zu einer einzigen Wahl in der Lage – obgleich wir unter anderen als den gegebenen Umständen eine andere Wahl getroffen hätten. Dies sind die Probleme, denen wir ins Auge sehen müssen, wenn der Determinismus wahr ist. Aber vielleicht ist er gar nicht wahr. Viele Wissenschaftler glauben heute, dass er für die Grundbestandteile der Materie nicht gilt – dass ein Elektron sich in einer bestimmten Situation auf mehr als bloß eine Weise verhalten kann. Falls der Determinismus ebenso wenig für menschliche Handlungen gilt, gibt es vielleicht doch einen Platz für Willensfreiheit und Verantwortlichkeit. Was wäre, wenn menschliche Handlungen, oder zumindest einige menschliche Handlungen, nicht vorherbestimmt sind? Was wäre, wenn bis zu dem Augenblick, in dem Sie wählen, eine offene Möglichkeit besteht, dass Sie sich entweder für die Schokoladentorte oder für den Pfirsich entscheiden werden? Dann können Sie, soweit es die vorangegangenen Ereignisse betrifft, entweder das eine oder das andere wählen. Auch wenn Sie in Wirklichkeit die Torte wählen, hätten Sie einen Pfirsich wählen können. Doch reicht das am Ende für die Willensfreiheit noch gar nicht aus? Ist dies alles, was Sie meinen, wenn Sie sagen, „Ich hätte statt dessen das Obst wählen können" – meinen Sie bloß, dass Ihre Wahl nicht von vornherein feststand? Nein, Sie meinen noch mehr. Sie glauben, dass Sie bestimmt haben, was Sie tun würden, indem Sie es taten. Es war nicht von vornherein festgelegt, aber es ist auch nicht einfach bloß geschehen. – Sie taten es und Sie hätten das Gegenteil tun können. Was bedeutet jedoch das schon wieder? Eine kuriose Frage, denn wir alle wissen, was es bedeutet, etwas

Schwarz

Weiß

zu tun. Nun stellt sich aber das Problem, dass die Tat, wenn sie nicht unter anderem durch Ihre Wünsche, Ihre Überzeugungen und Ihren Charakter vorherbestimmt war, etwas zu sein scheint, das einfach bloß geschieht und für das es keine Erklärung gibt. Aber inwiefern war sie dann Ihre Tat?

(Thomas Nagel: Willensfreiheit. In: Ders.: Was bedeutet das alles? Eine ganz kurze Einführung in die Philosophie. Reclam, Stuttgart 1990, S. 44ff.)

?

- *Legen Sie die Kernaussagen des Textauszuges dar.*
- *Nagel spricht von einigen Leuten, die geglaubt haben, „dass es uns in diesem absoluten Sinne niemals möglich ist, etwas anderes als das zu tun, was wir in Wirklichkeit tun“ und uns zudem zugestehen, „dass das, was wir tun, von unserer Wahl, unseren Entscheidungen und Wünschen abhängt“. Erläutern Sie, wie diese beiden Aspekte zusammen passen.*
- *Finden Sie (in diesem Kapitel) Vertreter der Position, die Nagel als deterministisch charakterisiert hat und begründen Sie Ihre Auswahl.*
- *Zu Beginn des Textauszugs ist davon die Rede, dass unsere „Erbanlagen“ eine bestimmte Handlung unausweichlich machen. Positionieren Sie sich zu dieser Behauptung, indem Sie Kenntnisse aus dem Biologieunterricht anwenden.*
- *Bestimmen Sie, was Nagel in diesem Textabschnitt unter „Willensfreiheit“ versteht.*
- *Beantworten Sie die abschließende Frage des Textes („Aber inwiefern war sie dann Ihre Tat?“), indem Sie eine Pro- und Contra-Debatte führen.*

Alles Biochemie – widerlegt die moderne Hirnforschung den freien Willen?

Über lange Zeit hinweg galten Philosophen als *die* Experten zum Thema „Freiheit und Determination“. Ihnen war zwar bewusst, dass die Gedanken mit Vorgängen im Gehirn zusammenhängen, unklar war jedoch, wie das Denken genau funktioniert, d. h. welche Veränderungen im Gehirn zu welchen Gedanken führen. Dies ist im Einzelnen immer noch ungeklärt, Gehirnforscher haben indes mit unterschiedlichen bildgebenden Verfahren – wie EEG (Elektroenzephalographie), PET (Positronenemissionstomographie) und fMRT (funktionelle Magnetresonanztomographie) – große Fortschritte in der Erkundung des menschlichen Gehirns erzielt. Dies hat auch Auswirkungen auf die Frage nach der Freiheit des Menschen.

Den Ausgangspunkt der gegenwärtigen Diskussion bildet ein Versuch zur Messung der zeitlichen Abfolge bewusster Handlungsentscheidungen und ihrer motorischen Umsetzung von Benjamin Libet. Das Experiment löste eine kontroverse Diskussion über die Freiheit des menschlichen Willens aus. Libet selbst ist ein Verfechter des freien Willens. Er wollte mit seinem Versuch einen empirischen Beweis für die Freiheit des menschlichen Willens erbringen. Als seine Ergebnisse eine solche Interpretation nicht zuließen, konstruierte er die „Vetofunktion“ des Bewusstseins als Möglichkeit, aufgrund moralischer Erwägungen unbewusst aufkommende Handlungsimpulse zu unterdrücken.

?

- *Beschreiben Sie, wie im Bild auf Seite 288 eine Erklärung der Gehirnsteuerung versucht wird. Informieren sie sich über neuere Erkenntnisse zur Funktionsweise des menschlichen Gehirns.*
- *Wiederholen Sie, was Sie über das Libet-Experiment wissen.*
- *Interpretieren Sie das Plakat „Wunsch wird nicht Wille“ im Zusammenhang mit dem Problem der Determiniertheit menschlichen Handelns.*
- *Fertigen Sie einen Cluster zu den Begriffen Wunsch und Wille an.*

In dem folgenden Interview verteidigt der deutsche Hirnforscher Wolfgang Prinz die These, dass menschliche Handlungen von vornherein durch das menschliche Gehirn determiniert sind.

Sie gehen von Ihrem Forschungsbereich der Handlungssteuerung immer wieder auch in philosophische Bereiche, beschäftigen sich mit [...] der Frage nach der Willensfreiheit. In diesem Zusammenhang haben Sie den Satz geprägt: „Wir tun nicht, was wir wollen, sondern wir wollen, was wir tun.“ Was meinen Sie damit?

Wolfgang Prinz: Die Formulierung bezieht sich auf die Experimente des Neurophysiologen Benjamin Libet von 1979, die dem Alltagsverständnis unseres Handelns widersprechen. Wir glauben, dass wir, wenn wir handeln, uns erst entscheiden und dann tätig werden. Ich als mentaler Akteur kommandiere meinen physischen Körper: Ich tue, was ich will. Die Wissenschaft erklärt unser Handeln aber anders. Der Interpretation des Libet-Versuchs zufolge findet eine Entscheidung früher im Gehirn als im Bewusstsein einer Person statt. Das kann nur bedeuten, dass unser bewusster Willensimpuls so etwas wie ein Ratifizieren einer Entscheidung ist, die das Gehirn schon getroffen hat: Ich will, was ich tue. Allerdings muss man beachten, dass die Libet-Situation einen sehr engen Zeitrahmen hat. Und wie weit man von dieser Situation auf andere Situationen schließen kann, ist noch eine offene Frage.

Sind die Libet-Experimente ein Hinweis darauf, dass wir durch unsere Gehirne determiniert sind?

WP: Ja. Aber um festzustellen, dass wir determiniert sind, bräuchten wir die Libet-Experimente nicht. Die Idee eines freien menschlichen Willens ist mit wissenschaftlichen Überlegungen prinzipiell nicht zu vereinbaren. Wissenschaft geht davon aus, dass alles, was geschieht, seine Ursache hat und dass man diese Ursachen finden kann. Für mich ist unverständlich, dass jemand, der empirische Wissenschaft betreibt, glauben kann, dass freies, also nichtdeterminiertes Handeln denkbar ist.

Die meisten Menschen sind doch aber davon überzeugt, dass sie freie, autonome Akteure sind.

WP: Das sind unsere alltagspsychologischen Intuitionen. Die Alltagspsychologie ist dualistisch: Sie unterscheidet zwischen mentalen und physischen Sachverhalten, und sie glaubt, dass der Geist den Körper regiert. Wenn wir wissenschaftlich denken, ist diese dualistische Position unhaltbar. Die Wissenschaft liebt Monismus und Determinismus.

Welche Konsequenzen müsste es haben, dass Wissenschaft und Alltagspsychologie dieselben Gegebenheiten – unser Wahrnehmen, Denken und Handeln – unterschiedlich deuten?

Wolfgang Prinz: Es muss erst einmal gar keine geben. Wir leben ja auch in anderen Bereichen mit Inkompatibilitäten, also müssten wir sie auch hier aushalten können. Die Inkompatibilität besteht hier im übrigen nicht nur zwischen Wissenschaft und Leben, sondern auch zwischen den Wissenschaften: Die Natur- und Geisteswissenschaften kommen nicht zusammen, da die meisten Überlegungen zu einer Philosophie des Geistes alltagspsychologische Intuitionen als Fundament nehmen. Gerade die wären aber aus der Sicht des Naturwissenschaftlers zu hinterfragen.

Was meinen Sie damit?

WP: Viele Philosophen glauben, dass zwischen mir und der Außenwelt ein Wahrnehmungsvorgang vermittelt und dass die Wahrnehmung richtig oder falsch sein, dass sie also auch „danebengehen" kann. Dagegen gilt für sie als ausgemacht, dass ich, wenn ich über mein Seelenleben rede, ganz unmittelbar bei mir selbst bin. Es gibt dann keinen Wahrnehmungsprozess, keine Distanz, keine Vermittlung, und das, was ich über mich selbst weiß, kann nicht falsch sein. Dieser Auffassung zufolge sind unsere alltagspsychologischen Intuitionen natürliche Gegebenheiten: jeder, der ein menschliches Genom hat, bildet diese Dinge – ein subjektives Ich, Bewusstsein – aus. Diese Idee ist falsch. Ich halte das Ich für ein soziales Konstrukt. Es kann sich genau so entwickeln, wie wir es kennen. Es kann sich aber auch anders entwickeln.

Wie kommen Sie darauf?

WP: Man kann das am Beispiel von multiplen Persönlichkeiten verdeutlichen. Wir halten es für natürlich und normal, dass in einem physischen Körper eine – und nur eine mentale Person wohnt. Wenn man aber die Entstehung des Ich entwicklungspsychologisch verfolgt, kann man feststellen, dass das Ich keineswegs ein natürliches Organ der Seele ist, sondern ein Konzept, das sich nur unter bestimmten Bedingungen entwickelt. Wenn die Entwicklung nicht ihren „normalen" Gang nimmt, etwa bei frühkindlicher Traumatisierung, geschieht es, dass Menschen verschiedene Ichs, verschiedene psychische Subjekte ausbilden, also multiple Persönlichkeiten werden. Das ist ein Indiz dafür, dass mentale Prozesse, so wie wir sie selbstverständlich erfahren, nicht natürliche Gegebenheiten sind, sondern Ergebnisse einer sozialen Konstruktion. Ebenso ist es mit dem freien Willen.

Aber unsere Erfahrung sagt uns doch, dass wir lernen können, bestimmte Dinge zu tun und andere zu lassen – auch entgegen unseren Impulsen. Erziehungs- und Moralsysteme sind also – zumindest teilweise – wirksam. Sind das nicht Hinweise darauf, dass wir uns entscheiden können, dass wir also doch frei sind?

WP: Nein, aus wissenschaftlicher Sicht nicht. Aber die Feststellung, dass unsere Vorstellungen vom Ich und der Willensfreiheit soziale Konstruktionen sind, bedeutet nicht, dass sie wirkungslos sind. Unsere alltagspsychologischen Intuitionen schweben ja nicht in irgendwelchen Nebelwolken über unseren Köpfen, sondern sind selbst ebenfalls in Gehirnen implementiert und realisiert, ebenso wie etwa mein Wissen über den Eiffelturm oder die Geographie Europas. Die Frage ist nun, was unsere alltagspsychologischen Intuitionen für die Mechanismen bedeuten, in denen unsere Handlungen zustande kommen.

Man könnte sich das zum Beispiel so vorstellen dass es ein primäres System gibt, das Handlungen produziert und ein zweites System, das die Handlungsproduktion beobachtet und nach den Kategorien der Alltagspsychologie interpretiert. Und beide Systeme interagieren – schließlich sind beide im Gehirn implementiert. Man wird also vermutlich damit rechnen können, dass die Prozesse, die entscheidend für die alltagspsychologischen Intuitionen sind, auch an Handlungsentscheidungen mitbeteiligt sind. Auf diese Weise können dann auch Moral und Erziehungssysteme kausal wirksam sein. Wir wissen allerdings noch nicht, was das bedeutet und wie das funktioniert. Nur eines bedeutet es mit Sicherheit nicht: dass wir die freien autonomen Subjekte, für die wir uns halten, auch tatsächlich sind.

Wenn Sie sagen, dass man aus wissenschaftlicher Sicht nicht von einem freien Willen sprechen kann, heißt das dann, dass Mörder und Drogenhändler nicht mehr verurteilt werden sollten?

WP: Doch – solange wir uns für das Rechtssystem entscheiden, das zur Zeit gültig ist. Das muss dann auch heißen, unsere Kinder weiterhin in diesem alltagspsychologischen System zu sozialisieren. Dazu gehört auch, dass sie sich frei fühlen und versuchen, ihr Leben so gut wie möglich zu gestalten. An Erziehung – und übrigens auch an therapeutische Prozesse – zu glauben heißt ja gerade auch, an einen Determinismus zu glauben, sonst könnte man es ja gleich seinlassen. Auch Personen, die gläubige Vertreter der Willensfreiheit sind, glauben ja im übrigen an einen weitgehenden Determinismus menschlichen Handelns. Unsere Willensfreiheit gilt auch in der Alltagspsychologie als eingeschränkt – etwa durch Charaktereigenschaften oder durch Alkoholkonsum, was ja auch das Strafrecht berücksichtigt. Der Unterschied zwischen Alltagspsychologie und Wissenschaft ist nicht, dass die eine uns für komplett frei und die andere uns für unfrei hält, sondern darin, dass die Alltagspsychologie uns teilweise für frei hält.

Müsste die Sichtweise der Wissenschaft nicht zur Folge haben, ein neues Rechtssystem zu etablieren?

WP: Wir müssen keineswegs, solange wir die Inkompatibilität der alltagspsychologischen Intuitionen und wissenschaftlichen Erkenntnisse aushalten können. Wir könnten aber andererseits auch ein anderes Rechtssystem etablieren. Etwa eines, das nicht auf dem Schuld- und Verantwortungsprinzip beruht, sondern darauf, dass man für Handlungen, die anderen schaden, zahlen muss, ohne dass man dem Handeln Freiheit und Schuldfähigkeit unterstellt.

Wenn man das Ich als soziales Konstrukt erklärt und den Determinismus insofern erweitert, als auch die Alltagsintuitionen in ihm Berücksichtigung finden, kann man die Diskrepanz zwischen der wissenschaftlichen Ansicht von unserem Ich und unseren alltagspsychologischen Intuitionen aufheben. Aber hat man damit verstanden, wie das Ganze funktioniert wie wir etwa zu unseren Vorstellungen von uns selbst kommen? Ist darüber schon etwas bekannt?

WP: Nein. Die Biologen können erklären, wie die Chemie und die Physik des Gehirns funktionieren. Aber niemand weiß bisher, wie es zur Ich-Erfahrung kommt und das Gehirn überhaupt Bedeutungen hervorbringt.

(Wolfgang Prinz: Der Mensch ist nicht frei. Gespräch mit Sabine Schmidt und Julia Wolf. In: Christian Geyer (Hg.): Hirnforschung und Willensfreiheit. Suhrkamp, Frankfurt/M. 2004, S. 20ff.)

Q

Wolfgang Prinz (Münchner Max-Planck-Institut für Kognitions- und Neurowissenschaften) hält es noch längst nicht für ausgemacht, dass aufgrund der Hirnforschung „unserem Menschenbild beträchtliche Erschütterungen ins Haus stehen“: Wie die Schönheit einer Bachschen Fuge, so könne auch das Menschenbild von jeglicher Reduktion und Dekonstruktion [Umbau, Auflösung] unberührt bleiben: Was jedoch sicher revidiert werden müsse, sei der kaum reflektierte Naturalismus, der dieses Menschenbild und auch das mancher Hirnforscher präge. Menschen seien das, was sie sind, nicht nur durch

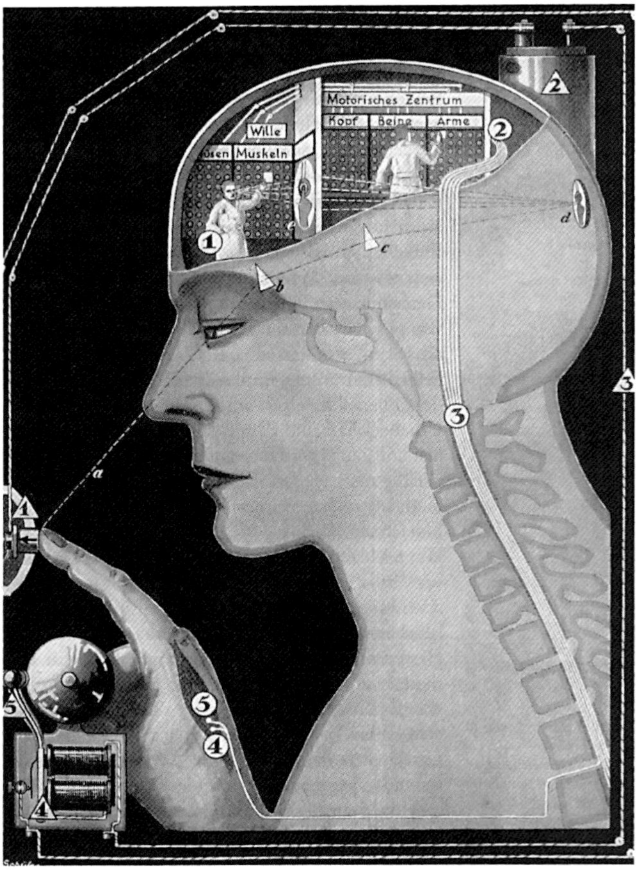

Das menschliche Gehirn (1924), Fritz Kahn

ihre Natur, sondern vor allem auch durch ihre Kultur – und das durch und durch, bis in die tiefsten Wurzeln ihrer kognitiven Leistungen und die hintersten Winkel und Windungen ihrer Gehirne. „Deshalb kann Hirnforschung hier zwar sicher vieles, aber gewiss nicht alles ausrichten. Als neue Leitdisziplin der Humanwissenschaften, die sie gerne wäre, taugt sie jedenfalls nicht."

In einem Gespräch wird Prinz noch deutlicher: „Die Biologen können erklären, wie die Chemie und die Physik des Gehirns funktionieren. Aber niemand weiß bisher, wie es zur Ich-Erfahrung kommt und wie das Gehirn überhaupt Bedeutungen hervorbringt." [...]

Das Individuum erfährt andere und sich selbst immer wieder als unberechenbar, weil frei. So oft sagt ein Mensch nein, wo man ein Ja erwartet, und ja, wo man ein Nein fürchtet. Deshalb werden Wahl- und Börsenprognosen – wenngleich Menschen allzu oft dem Herdentrieb verfallen – häufig widerlegt. Ich erfahre es an mir als unbestreitbare Tatsache: So sehr ich auch in meinem ganzen Dasein äußerlich und innerlich abhängig und bestimmt bin, bin ich mir dessen bewusst, dass dieses oder jenes zu guter Letzt eben doch an mir liegt, ob ich rede oder schweige, aufstehe oder sitzen bleibe, ob ich dieses oder jenes Getränk oder Kleidungsstück, diese oder jene Reise vorziehe. So sehr mein Gehirn spontan entscheidet, dass mein Auge jemanden anschaut oder mein Fuß einem Hindernis ausweicht: Sobald es jedoch nicht wie in jenen Experimenten nur um physische Kurzvorgänge (etwa Heben eines Arms oder Fingers) geht, sondern um langzeitige Prozesse, die meine Reflexion erfordern – etwa die Wahl eines Berufs, die Annahme eines Jobs, die Wahl eines Lebenspartners –, da muss ich mich mit verschiedenen Denkinhalten und Handlungsalternativen auseinandersetzen, muss mich entscheiden und unter Umständen auch meine Entscheidung korrigieren. Die ganze Lebensgeschichte kommt hier in den Blick. Der Tübinger Entwicklungsbiologe Alfred Gierer hat deshalb recht, wenn er neben der Neurophysiologie und der Introspektion [Innenschau] als dritten Zugang zu unserem Bewusstsein und zu unserer Freiheit unsere willentlichen Handlungen hervorhebt: „Informationstheoretisch ausgedrückt, kann die objektive Analyse von Gehirnvorgängen nur einen Teil der Information über

Bewusstseinszustände und -vorgänge ergeben; die intersubjektive Vermittlung bewussten Erlebens durch die Sprache erschließt mehr, die willentliche Handlung noch einmal mehr. In gewissem Maße sind alle drei Zugänge zueinander komplementär, aber auch zusammen ergeben sie noch kein vollständiges Bild." Wenn man sich statt an die „etwas angestaubte, vor-quantenphysikalische Mechanik des 19. Jahrhunderts" besser an die Einsichten der mathematischen Entscheidungstheorie halte, dann sei „mit prinzipiellen Grenzen der Entschlüsselung der Gehirn-Geist-Beziehung zu rechnen." Dies würde auch das uralte Grundproblem der Willensfreiheit betreffen: „Der Wille anderer ist mit objektiven Mitteln vermutlich nicht vollständig zu erschließen. Der Mensch kennt sich nicht einmal selbst zur Genüge – der Blick nach innen ist unvollständig –, und er erlebt sich in vieler Hinsicht erst in seinen eigenen Handlungen." Für die Problematik Hirn und Geist sei hier eine letzte Horizonterweiterung angemahnt.

(Hans Küng: Der Anfang aller Dinge – Naturwissenschaft und Religion. Piper, München 2006, S. 204, 207/208)

Hans-Ludwig Kröber beschreibt mögliche Auswirkungen der von Wolfgang Prinz u.a. vertretenen Theorien menschlichen Denkens und Handelns.

Q

Wenn Neurophysiologen einen starken Determinismus vertreten, lassen sich einige mit unserer kulturellen Praxis eng verflochtene Ansichten über Verantwortung, Strafe und Erziehung wahrscheinlich nicht aufrechterhalten. Kann man künftig Straftäter anhand biologischer Merkmale bereits identifizieren, noch bevor sie ihre erste Straftat überhaupt begangen haben? Und was macht man dann mit ihnen? Die Problematik, die Steven Spielberg in seinem Film „Minority Report" behandelt, ist keineswegs utopisch. Bereits heute könnte man anhand der Befunde in bildgebenden Verfahren, die man bei Straftätern, „Mördern", „Psychopathen" und anderen Menschengruppen gefunden hat, so etwas wie eine Rasterfahndung einleiten nach Menschen ohne Mitgefühl und mit hoher Aggressivität. Das ist die dunkle Seite dieser Forschungsmacht. Die scheinbar helle zeigt sich in der Behauptung, wer durch Besonderheiten seines Gehirns bedingt Straftaten begehe, sei für sie strafrechtlich nicht verantwortlich. Er wird nicht bestraft. Was man statt dessen mit ihm macht: Man sperrt ihn lebenslang ein, aber nicht als Strafe, sondern rein prophylaktisch, zur Sicherung. Denn wer für sein Tun nicht verantwortlich ist, kann die Freiheit nicht kosten. Allerdings gehen manche Hirnforscher wie Gerhard Roth noch einen Schritt weiter und sagen, wir alle befänden uns in dem Irrglauben, freie Willensentscheidungen treffen zu können. Tatsächlich aber treffe das limbische System, also die Übergangszone zwischen dem Cortex und dem Hirnstamm, in dem die vegetative und endokrine Steuerungszentrale liegt, „unsere" Entscheidungen. Auf die naheliegende Rückfrage, wessen limbisches System denn die Entscheidung trifft, weicht Roth allerdings zurück und sagt: Die ganze Person trifft die Entscheidung. Aber sie sei nicht frei, weil die Entscheidung aus dem Unbewussten komme, weil nämlich ihr limbisches System die Entscheidung treffe. Und die unbewusste Entscheidung des limbischen Systems sei die determinierte Resultante aller biographischen Erfahrungen dieser Person. So sind wir bereits mitten in den Sprachspielen der biologischen Hirnforscher, und diese Sprachspiele zeichnen sich dadurch aus, dass bestimmte anatomische und funktionelle Strukturen sozusagen beseelt werden und in die Position eines Homunculus hineinwachsen, eines kleinen Menschen im Menschen, der mit anderen zerebralen homunculi im Widerstreit oder Austausch steht und schließlich auch Regierungsmacht über die ganze Person oder das ganze Gehirn gewinnt. Im finalen Showdown gewinnt das limbische System schließlich sogar gegen das Gesamtgehirn und die ganze Person. [...]

Und wenn denn das limbische System tatsächlich die große Festplatte aller emotional geladenen biographischen Erfahrungen ist: Wer hat denn dann diese Festplatte beschrieben? Speziell im forensisch-psychiatrischen[1] Bereich ist es nicht überraschend, dass bestimmte Untergruppen chronisch Straffälliger auch neurophysiologische und neuroanatomische Besonderheiten aufweisen. Auch das Wahrnehmen, Werten, Denken und Handeln rechtskonformer und psychisch ungestörter Menschen ist in erheblichem Umfang im biologischen Untergrund verankert und in dem lebensgeschichtlichen Umgang mit den eigenen Stärken und Schwächen herausgebildet. Dass unsere Entscheidungen auf einer materiell fassbaren biologischen Grundlage erfolgen, besagt noch nichts darüber, ob es freie Entscheidungen sind, und entsprechend auch nichts über die strafrechtliche Verantwortung. Wir sind strafrechtlich verantwortlich, wenn wir imstande sind, unsere Wünsche kritisch zu bewerten.

(Hans-Ludwig Kröber: Die Hirnforschung bleibt hinter dem Begriff strafrechtlicher Verantwortung zurück. In: Christian Geyer (Hg.): Hirnforschung und Willensfreiheit, Ebd., S. 103ff.)

1 Forensik befasst sich u.a. mit der Einschätzung der Schuldfähigkeit und Gefährlichkeit von Straftätern.

?

- *Erarbeiten Sie die Argumente, die Wolfgang Prinz anführt.*
- *Tragen Sie zusammen, in welchen Punkten die Kontroverse zwischen Prinz und Küng besteht. Welche Begründungen für die unterschiedlichen Positionen werden herangezogen? Welche Konsequenzen ergeben sich daraus jeweils für die Handlungsfreiheit der Menschen?*
- *Setzen Sie sich mit der von Wolfgang Prinz gemachten Einschränkung zur Deutung der Libet-Experimente, „Allerdings muss man beachten, dass die Libet-Situation einen sehr engen Zeitrahmen hat.“, auseinander.*
- *Arbeiten Sie Beispiele für „alltagspsychologische Intuitionen“, die nach Wolfgang Prinz aus naturwissenschaftlicher Sicht unhaltbar sind, aus dem Text heraus.*
- *Was bedeutet Küngs Aussage „Die ganze Lebensgeschichte kommt in den Blick“ hinsichtlich der menschlichen Entscheidungsfreiheit?*
- *Wie sollen wir künftig mit Straftätern umgehen? Muss das Rechtssystem geändert werden? Beziehen Sie in Ihre Überlegungen auch die Darlegungen von Kröber ein.*
- *Diskutieren Sie, ob und was ein naturwissenschaftlicher Ansatz („Wissenschaft liebt Monismus und Determinismus.“) zur Klärung der Frage nach Möglichkeiten und Grenzen der Willensfreiheit beitragen kann.*

Gottes Fügung und menschliche Freiheit

Mit der Frage, ob der menschliche Wille determiniert ist, haben sich nicht nur Hirnforscher und Philosophen beschäftigt, sondern auch Vertreter einer religiösen Ethik wie z. B. Martin Luther (1483–1546).

So ist der menschliche Wille in die Mitte gestellt (zwischen Gott und Satan) wie ein Zugtier. Wenn Gott sich darauf gesetzt hat, will er und geht, wohin Gott will. [...] Wenn Satan sich darauf gesetzt hat, will und geht er, wohin Satan

will. Und es steht nicht in seiner freien Entscheidung zu einem von beiden Reitern zu laufen oder ihn sich zu verschaffen zu suchen. [...]
Wenn wir nun überhaupt dieses Wort (freier Wille) nicht aufgeben wollen, was am sichersten und frömmsten wäre, sollten wir lehren, es doch bis dahin gewissenhaft zu gebrauchen: dass dem Menschen ein freier Wille nicht in Bezug auf die Dinge eingeräumt sei, die höher sind als er, sondern nur in Bezug auf das, was so viel niedriger ist als er, d.h. dass er weiß, er habe in Bezug auf seine zeitlichen Geldmittel und Besitztümer das Recht, etwas nach freiem Ermessen zu gebrauchen, zu tun, zu lassen (obwohl auch dies durch den freien Willen Gottes allein gelenkt wird, wohin immer es ihm gefällt). Im Übrigen hat er gegenüber Gott oder in den Dingen, welche Seligkeit oder Verdammnis angehen, keinen freien Willen, sondern ist gefangen, unterworfen, verknechtet – entweder dem Willen Gottes oder dem Willen des Satans.

(Martin Luther: Vom unfreien Willen. In: Kurt Aland (Hg.): Die Werke Martin Luthers in neuer Auswahl für die Gegenwart. Vandenhoeck & Ruprecht, Göttingen 1983, Bd. 3, S. 196ff.)

Aber selbst der natürliche Menschenverstand muss unbedingt bekennen, dass der lebendige und wahre Gott eine solche Macht haben muss, aus seiner Freiheit uns Notwendigkeit aufzuerlegen. Sonst wäre es ja ein lächerlicher Gott oder vielmehr ein Götze, der Zukünftiges nur unsicher voraussieht oder von den Ereignissen getäuscht würde; haben doch sogar die Heiden ihren Göttern unentrinnbare Schicksalsmacht zugeschrieben! Gleichermaßen lächerlich wäre er, wenn er nicht alles könnte und täte oder wenn irgendetwas ohne ihn geschähe. Wenn aber Gottes Vorherwissen und Allmacht zugegeben wird, so folgt daraus natürlich mit unantastbarer Folgerichtigkeit, dass wir nicht durch uns selbst geschaffen sind oder leben oder irgendetwas vollbringen, sondern alles geschieht nur durch Gottes Allmacht. Da er aber im Voraus wusste, dass wir so sein würden und uns auch jetzt so erschafft, lenkt und regiert, was kann dann, so frage ich, überhaupt erdacht werden, das in uns frei sei, dass es so oder anders geschehe, als Gott es vorausgesehen hat und nun ins Werk setzt? So steht also Gottes Vorherwissen und Allmacht im schärfsten Gegensatz zu unserm freien Willen. Denn entweder irrt sich Gott in seinem Vorherwissen und wird sich dann auch in seinem Tun irren – was doch unmöglich ist –, oder wir handeln und werden geleitet nach seinem Vorherwissen und Handeln. Als Allmacht Gottes aber bezeichne ich nicht jene Macht, durch die er vieles nicht tut, was er wohl könnte, sondern jene handelnde Kraft, durch die er machtvoll alles in allem wirkt; und in diesem Sinne nennt ihn auch die Schrift (gemeint ist die Bibel, d. Hg.) allmächtig. Und diese Allmacht und dieses Vorherwissen Gottes zerstört – so sage ich – von Grund auf die Lehre vom freien Willen. Hierbei kann auch nicht Dunkelheit der Schrift oder Schwierigkeit der Sache vorgeschützt werden. Die Worte sind ganz klar und schon Kindern vertraut. Die Sache ist klar und leicht verständlich auch durch das so allgemeine, natürliche Urteil der Vernunft erwiesen, sodass eine noch so lange Reihe von Jahrhunderten, Zeiten und Personen, die anders schreiben und lehren, nichts bedeutet.

(Martin Luther: Vom unfreien Willen, Ebd., S. 286f.)

› *Erläutern Sie die Vorstellung von menschlicher Freiheit, die Luther vor dem Hintergrund der Allmacht Gottes entwickelt.*

5.4.4 Freiheit und Verantwortung

Wie oft haben wir nicht schon den Satz gehört: Ich kann nichts dafür. Oder: Mich trifft keine Schuld. In vielen Fällen mag er berechtigt sein, manchmal zeigt er auch nur die Unfähigkeit oder die Unwilligkeit Verantwortung zu übernehmen. Wie Verantwortung für eine Handlung oder für einen Zustand mit der Vorstellung von Freiheit zusammenhängt, ist *das* großes Thema des Existenzialismus. Diese Strömung in der Literatur und Philosophie des 20. Jahrhunderts – insbesondere in Frankreich – ist maßgeblich durch den Philosophen Jean-Paul Sartre (1905–1980) geprägt worden. In dem abgedruckten Textauszug wird so etwas wie das Programm des Existenzialismus entwickelt.

Zur Freiheit verurteilt

Der Mensch, wie ihn der Existenzialist versteht, ist nicht definierbar, weil er zunächst nichts ist. Er wird erst dann, und er wird so sein, wie er sich geschaffen haben wird. Folglich gibt es keine menschliche Natur, da es keinen Gott gibt, sie zu ersinnen. Der Mensch, er ist lediglich, allerdings nicht lediglich wie er sich auffasst, sondern wie er sich will, und wie er sich nach der Existenz auffasst, nach diesem Elan zur Existenz hin; der Mensch ist nichts anderes als das, wozu er sich macht. Das ist das erste Prinzip des Existentialismus. Das ist es auch, was man Subjektivität nennt und uns unter ebendiesem Namen vorwirft. Aber was wollen wir damit anderes sagen, als dass der Mensch eine größere Würde hat als der Stein oder der Tisch? Wir wollen sagen, dass der Mensch erst existiert, das heißt, dass der Mensch erst das ist, was sich in eine Zukunft wirft und was sich bewusst ist, sich in die Zukunft zu entwerfen. Der Mensch ist zunächst ein sich subjektiv erlebender Entwurf, anstatt Schaum, Fäulnis oder ein Blumenkohl zu sein; nichts existiert vor diesem Entwurf, nichts ist am intelligiblen Himmel, und der Mensch wird zuerst das sein, was er zu sein entworfen haben wird. Nicht, was er sein will. Denn was wir gewöhnlich unter wollen verstehen, ist eine bewusste Entscheidung, die bei den meisten von uns erst später gefällt wird, von demjenigen, zu dem sie sich selbst gemacht haben. Ich kann Mitglied einer Partei werden, ein Buch schreiben, heiraten wollen, das alles ist nur Ausdruck einer ursprünglicheren, spontaneren Wahl als einer, die man willentlich nennt. Wenn jedoch die Existenz wirklich dem Wesen vorausgeht, ist der Mensch für das, was er ist, verantwortlich. So besteht die erste Absicht des Existentialismus darin, jeden Menschen in den Besitz seiner selbst zu bringen und ihm die totale Verantwortung für seine Existenz aufzubürden. Und wenn wir sagen, der Mensch ist für sich selbst verantwortlich, wollen wir nicht sagen, er sei verantwortlich für seine strikte Individualität, sondern für alle Menschen. Das Wort Subjektivismus hat zwei Bedeutungen, und unsere Gegner treiben mit diesen zwei Bedeutungen ihr Spiel. Subjektivismus bedeutet einerseits die Wahl des individuellen Subjekts durch sich selbst und andererseits die Unmöglichkeit für den Menschen, die menschliche Subjektivität zu überschreiten. Der zweite Sinn ist der tiefe Sinn des Existentialismus. Wenn wir sagen, der Mensch wählt sich, verstehen wir darunter, jeder von uns wählt sich, doch damit wollen wir auch sagen, sich wählend wählt er alle Menschen. In der Tat gibt es für uns keine Handlung, die, den Menschen schaffend, der wir sein wollen, nicht auch zugleich ein Bild des Menschen hervorbringt, wie er unserer Ansicht nach sein soll. Wählen, dies oder das zu sein, heißt gleichzeitig, den Wert dessen, was wir wählen, zu bejahen, denn wir können niemals das Schlechte wählen; was wir wählen, ist immer das Gute, und nichts kann gut für uns sein, ohne es für alle zu sein. Wenn andererseits die Existenz dem Wesen vorausgeht und wir zugleich existieren und das Bild von uns gestalten wollen, so gilt dieses Bild für alle und für unsere gesamte Epoche. So ist unsere Verantwortung viel größer, als wir vermuten können, denn sie betrifft die gesamte Menschheit. Wenn ich Arbeiter bin und wähle, eher einer christlichen Gewerkschaft beizutreten, als Kommunist zu sein, wenn ich mit diesem Beitritt zeigen will, dass im Grunde Resignation die Lösung ist, die dem Menschen entspricht, dass das Reich des Menschen nicht auf Erden ist, betrifft das nicht nur meinen Fall: ich will für alle resigniert sein, folglich zieht mein Vorgehen die gesamte Menschheit nach sich. Wenn ich – eine individuellere Angelegenheit – mich verheiraten und Kinder haben will, ziehe ich dadurch, selbst wenn diese Heirat einzig von meiner Situation oder meiner Leidenschaft oder meinem Begehren abhängt, nicht nur mich selbst, sondern die gesamte Menschheit auf den Weg zur Monogamie. So bin ich für mich selbst und für alle verantwortlich, und ich schaffe ein bestimmtes Bild vom Menschen, den ich wähle; mich wählend wähle ich den Menschen. [...]

Wenn tatsächlich die Existenz dem Wesen vorausgeht, ist nichts durch Verweis auf eine gegebene und unwandelbare menschliche Natur erklärbar; anders gesagt, es gibt keinen Determinismus, der Mensch ist frei, der Mensch ist die Freiheit. Wenn zum anderen Gott nicht existiert, haben wir keine Werte oder Anweisungen vor uns, die unser Verhalten rechtfertigen könnten. So finden wir weder hinter noch vor uns im Lichtreich der Werte Rechtfertigungen oder Entschuldigungen. Wir sind allein, ohne Entschuldigungen. Das möchte ich mit den Worten ausdrücken: der Mensch ist dazu verurteilt, frei zu sein. Verurteilt, weil er sich nicht selbst erschaffen hat, und dennoch frei, weil er, einmal in die Welt geworfen, für all das verantwortlich ist, was er tut. Der Existentialist glaubt nicht an die Macht der Leidenschaft. Er wird nie meinen, eine schöne Leidenschaft sei eine alles mitreißende Flut, die den Menschen schicksalhaft zu bestimmten Taten zwingt und daher eine Entschuldigung ist. Er meint, der Mensch ist für seine Leidenschaft verantwortlich. Der Existentialist meint genausowenig, der Mensch könne Hilfe finden in einem auf Erden gegebenen Zeichen, das ihm eine Richtung weist; denn er denkt, der Mensch entziffert das Zeichen, wie es ihm gefällt. Er meint also, der Mensch ist in jedem Augenblick, ohne Halt und ohne Hilfe, dazu verurteilt, den Menschen zu erfinden.

(Jean-Paul Sartre: Der Existenzialismus ist ein Humanismus. In: Ders.: Gesammelte Werke in Einzelausgaben. Philosophische Schriften 4, Rowohlt, Reinbek 2000, S. 150f., 155)

- *Geben Sie die Kernaussagen wieder.*
- *Erläutern Sie an Beispielen die Sätze „Der Mensch ist lediglich, wie er sich will.“ und „Der Mensch ist dazu verurteilt, frei zu sein.“*
- *Formulieren Sie auf der Grundlage des Existenzialismus das Verhältnis von Freiheit und Verantwortung.*
- *Verfassen Sie einen Essay mit der Überschrift „Vom Fluch der Freiheit“.*

Für die eigenen Taten einstehen

Die Freiheit ist unverzichtbar, um die Verantwortlichkeit festzustellen. Denn ohne zuschreibbare Verantwortlichkeit ist in keiner Gesellschaftsform das Zusammenleben möglich. Doch dieses Freisein ist nicht nur Gegenstand des Stolzes, sondern auch der Besorgnis und sogar der Angst. Unsere Freiheit anzunehmen setzt nämlich voraus, unsere Verantwortung für das, was wir tun, zu akzeptieren – sogar für das, was wir zu tun beabsichtigen oder für unerwünschte Folgen unseres Handelns. Frei zu sein heißt nicht, nur dann „Hier!" zu rufen, wenn Belohnungen verteilt werden, sondern auch zuzugeben: „Ich war es", wenn der Schuldige einer Missetat gesucht wird. Im ersten Fall gibt es immer Freiwillige, doch im zweiten nimmt man gewöhnlich bei der drückenden Last der Umstände Zuflucht: Der Betrüger lastet seine Vergehen dem frühen Verlust der Eltern an, den Versuchungen der Konsumgesellschaft oder den schlechten Beispielen des Fernsehens. Auch der Nobelpreisträger spricht nur von seinen Anstrengungen angesichts eines widrigen Schicksals und von seinen Verdiensten. Niemand möchte schließlich durch eine Auflistung seiner schlechten Handlungen charakterisiert werden. Wenn wir jemanden überfahren, antworten wir auf Vorwürfe: „Ich konnte nicht ausweichen. Ich hätte Sie an meiner Stelle sehen mögen, ich bin nicht so", und so weiter. Zugleich versuchen wir, die Schuld der Gesellschaft anzulasten, in der wir leben, oder dem kapitalistischen System – während wir gleichzeitig die Möglichkeit andeuten, sauber, unparteiisch, mutig und besser zu sein als andere. Daher ist die Freiheit nicht eine Art Belohnung, sondern eine Last. Viele Menschen, die nicht ganz oder hinlänglich reif sind – das heißt solche, denen es an Selbständigkeit und Selbstbewusstsein fehlt –, ziehen es vor, auf sie zu verzichten und sie einem Führer zu übertragen, der zugleich die Entscheidungen trifft und die Last der Schuld auf sich nimmt.

(Fernando Savater: Die Fragen des Lebens. Campus, Frankfurt/M. 2000, S. 153, 156)

- *Erarbeiten Sie den Argumentationsgang von Savater.*
- *Klären Sie mit den angedeuteten (oder eigenen) Beispielen die Frage nach der Übernahme von Verantwortung.*
- *Nutzen Sie den Text von Sartre und erläutern Sie, warum zur Freiheit die Verantwortlichkeit gehört. Ist Verantwortlichkeit eine Last?*
- *Schreiben Sie einen Essay über das Verhältnis zwischen Freiheit und Verantwortung.*

5.4

- Erarbeiten Sie in Gruppenarbeit eine Position zu der Frage, ob zum Erreichen/Erringen von persönlicher Freiheit als einem hohem Gut jedes Mittel (ge)recht(fertigt) ist.

Anhang

Literaturempfehlungen und Internet-Tipps

- *Jostein Gaarder: Sofies Welt – Roman über die Geschichte der Philosophie. Hanser, München/ Wien TB 2000* (durch geheimnisvolle Briefe und Gespräche lernt ein junges Mädchen die philosophische Tradition kennen, besonders gelungen sind die Teile zur antiken Philosophie).
- *Manfred Geier: Kants Welt. Rowohlt rororo TB, Reinbek 2005* (Leben und Werk des bedeutendsten Philosophen der Neuzeit, Verknüpfung der Biographie mit seiner Philosophie, Geier versucht eine Aktualisierung Kants für die moderne Welt).
- *Pierre Hadot u.a.: Philosophie als Lebensform. Antike und moderne Exerzitien der Weisheit. Fischer TB, Frankfurt/M. 2005* (erläutert sehr eindrucksvoll das Philosophieren als eine Lebensform).
- *Klaus Held: Treffpunkt Platon. Reclam, Stuttgart 2009* (entstanden aus Vorträgen für Laien, informativ und anregend, verbindet die antike Tradition mit der Gegenwart).
- *Christoph Helferich: Geschichte der Philosophie. dtv, München 1998* (flott und recht verständlich verfasste Übersicht einschließlich außereuropäischer Tradition, orientiert am Begriff der Lebensfrage).
- *Otfried Höffe u.a. (Hg.): Lexikon der Ethik. Beck'sche Reihe, München 2008* (Nachschlagewerk zu ethischen Themen aus Alltag, Gesellschaft; von Höffe ist ebenfalls ein informatives „Lesebuch zur Ethik" mit vielen Textauszügen erhältlich).
- *Peter Kunzmann u.a.: dtv-Atlas zur Philosophie. Tafeln und Texte. dtv, München 1991ff.* (zahlreiche Graphiken illustrieren wichtige Gedanken aus allen philosophischen Traditionen).
- *Kai Lückemeier u.a. (Hg.): Duden. Schülerduden Philosophie: Das Fachlexikon von A–Z. Bibliographisches Institut, Mannheim usw. 2009* (1100 Artikel zum Philosophie- und Ethikunterricht unter Berücksichtigung der Lehrpläne, Texte, Abbildungen, Graphiken, Referatemanager).
- *Fernando Savater: Die Fragen des Lebens. Campus, Frankfurt/M. 2007* (ein- und weiterführende Lektüre u.a. zu den Themen Vernunft, Freiheit, Zeit, Ästhetik, Tod; gut und verständlich aufbereitet, mit anregenden Fragen am Ende der 10 Kapitel).
- *Lutz v. Werder: Beklage Dich nicht – philosophiere. Ein Übungsbuch in praktischer Philosophie. Schibri, Berlin 1996* (Verfasser durchforstet die philosophische Tradition nach praktisch verwendbaren Übungen und Techniken, Leser werden zu philosophischen Aufzeichnungen angeleitet).
- *Michael Wittschier: Basiswissen Abitur. Philosophie – Texte, Positionen, Methoden, Tests. Patmos, Düsseldorf 2006* (relevante Themen zu Ethik, Problemen des Denkens, Erkennens und der Wissenschaft, sowie wissenschaftliche Verfahrensweisen werden mit graphischen Übersichten, Textauszügen, Hinweisen zu Leben und Werk, Tests und Lösungen anschaulich aufbereitet).

Aus der Zusammenarbeit von mehreren Autoren ergeben sich bei Wikipedia auch im Bereich der Philosophie/Ethik oft hervorragende Artikel. Neben Wikipedia finden Sie z.B. unter www.philothek.de/lexica.htm eine Auflistungen von speziellen Nachschlagewerken.

- Kommentierte Internet-Ressourcen zur Philosophie finden Sie unter: http://buecherei.philo.at/#Inhalt
- Eine Fülle an Informationen bieten: http://www.philo.de/Philosophie-Seiten/ und www.philolex.de/philolex.htm.
- Onlineganztexte findet man z.B. bei www.textlog.de/ sowie beim Projekt Gutenberg-DE http://gutenberg.spiegel.de/
- Der Informationsdienst Wissenschaft bündelt Information: http://idw-online.de/pages/de/aboutus
- Nutzen Sie nicht nur Google als Suchmaschine, gut sind auch z.B.: www.ixquick.de (guter Datenschutz) und www.metager.de (wissenschaftsorientiert)

Operatoren für das Fach Philosophie

Die einheitlichen Prüfungsanforderungen in der Abiturprüfung (EPA), die von der Kultusministerkonferenz beschlossen wurden, definieren verbindlich, welche Leistungsanforderungen mit welchen Arbeitsaufträgen verbunden sind.

Anforderungsbereich 1: Wiedergabe von Kenntnissen	
Operatoren	*Definitionen*
Erarbeiten	den Argumentationsgang eines Textes, den Aufbau eines Bildes etc. herausarbeiten und strukturiert darstellen
Erfassen/ Darstellen	den Gedankengang oder die Hauptaussage eines Textes mit eigenen Worten und unter Verwendung der Fachsprache darlegen
Beschreiben	die Merkmale eines Bildes oder anderen Materials detailliert und kontextgebunden wiedergeben
Zusammenfassen	die Kernaussagen eines Textes komprimiert und strukturiert darlegen

Anforderungsbereich 2: Anwenden von Kenntnissen	
Operatoren	*Definitionen*
Einordnen	mit erläuternden Hinweisen in einen genannten Zusammenhang einfügen
Erläutern/ Erklären	einen Sachverhalt, eine These etc. ggf. mit zusätzlichen Informationen und Beispielen nachvollziehbar veranschaulichen
Prüfen	erkenntnismäßige und moralische Prämissen von Meinungen, Überzeugungen und Annahmen im Lichte einer Theorie prüfen
Vergleichen	Gemeinsamkeiten und Unterschiede von Denkansätzen bzw. Aussagen ermitteln und begründend darstellen
Untersuchen	unter gezielten Fragestellungen Strukturmerkmale und Zusammenhänge herausarbeiten und darstellen
Anwenden/ In Beziehung setzen	theoretische Ansätze, Methoden, logische Regeln auf Texte, Fälle oder Problemzusammenhänge anwenden

Anforderungsbereich 3: Problemlösen und Werten	
Operatoren	*Definitionen*
Begründen	den Geltungsanspruch und -bereich von Aussagen und Methoden untersuchen und logisch stringent auf Grundlagen zurückführen
Überprüfen	eine Meinung, Aussage, These, Argumentation nachvollziehbar und auf der Grundlage eigenen Wissens beurteilen
Erörtern/Diskutieren	Problemstellungen, -fragen argumentativ erklären und prüfen und auf dieser Grundlage eine eigene Stellungnahme entwickeln
Beurteilen/ Bewerten/ Stellung nehmen	zu einem Sachverhalt nach ausgewiesenen Normen und Werten und unter Verwendung von Fachwissen und Fachmethoden eine eigene Position argumentativ gesichert vertreten

http://www.standardsicherung.schulministerium.nrw.de/abitur-gost/getfile.php?file=194

Ausgewählte Methoden

5-Schritt Lesemethode

Um einen komplizierten Text gut zu verstehen und damit verbundene Arbeitsaufträge richtig auszuführen, kann Ihnen die sogenannte 5-Schritt-Lesemethode helfen.

1. *Schritt: Verschaffen Sie sich einen Überblick*
   Überfliegen Sie den Textauszug zunächst und verschaffen Sie sich einen Überblick über den Aufbau und die Struktur des Textes. Betrachten Sie dazu neben Titel, Autor, Erscheinungsdatum auch die ersten Sätze. Manchmal springt Ihnen eine Formulierung oder ein ganzer Satz ins Auge.
2. *Schritt: Stellen Sie Fragen an den Text*
   Formulieren Sie nun auf der Grundlage der ersten Informationen Fragen an den Text. Sie überprüfen damit, was Ihnen zum Thema bereits bekannt ist und was neu für Sie ist. Folgende Fragen bieten sich unter anderem als Hilfen zum bewussten Lesen und zur Steigerung der Aufmerksamkeit an:
   Was ist das zentrale Thema des Textes?/ Worum geht es? Mit welchen Vorkenntnissen lässt sich das Gelesene in Beziehung setzen? Welche Positionen werden in dem Text benannt und welche Rolle spielen sie?
3. *Schritt: Genaues Lesen und Beantworten der Fragen*
   Nun beginnen Sie, den Text genau und konzentriert Satz für Satz zu lesen. Aufgrund der getätigten Vorarbeit ist Ihr Blick für das Wesentliche geschärft und Sie lesen genauer und aktiver. Achten Sie während des Lesens besonders auf Ihre Fragen, die Sie sich vorab zum Text gestellt haben sowie auf Fremdwörter, Fachbegriffe und Definitionen.
4. *Schritt: Rekapitulieren Sie die gelesenen Teilabschnitte*
   Je nach Länge oder Schwierigkeitsgrad des Textes bietet es sich an, nach dem Lesen eines Abschnittes inne zu halten und den Inhalt des Gelesenen zu rekapitulieren bzw. in Gedanken die gelesenen Kernaussagen zu überdenken. Machen Sie sich gegebenenfalls Notizen oder unterstreichen Sie – sofern möglich – wichtige Informationen im Text. Überprüfen Sie auch, ob Ihre Fragen an den Text beantwortet wurden.
5. *Schritt: Stellen Sie die Zusammenhänge zwischen den einzelnen Abschnitten bzw. Kapiteln her*
   Wiederholen Sie abschließend die wichtigsten Informationen und Aussagen des gesamten Textes und verdeutlichen Sie sich die Zusammenhänge der bearbeiteten Abschnitte bzw. Kapitel.

* * *

Ampeldiskussion

› Es werden mehrere themenbezogene Behauptungen vorgestellt.
› Mit Hilfe von grünen, gelben und roten Karten äußert man sich zuerst ohne Worte zu den jeweiligen Behauptungen. Die grüne Karte bedeutet Zustimmung, die gelbe Unentschlossenheit, die rote Ablehnung.
› Das Meinungsbild wird statistisch festgehalten.
› Anschließend wird die Farbauswahl begründet.
› Ähnliche Begründungen werden zusammengefasst und strukturiert.
› In einer freien Diskussion oder in einem sokratischen Gespräch (s.S.33f.) kann dann vertieft werden.

* * *

Argumentieren

Ein Argument ist ein Beweisgrund für eine Behauptung (These). Eine sinnvolle Kombination von mehreren Argumenten ist eine Argumentation.
Das Wort „These“ bezeichnet einen Satz, einen Vorschlag, eine noch nicht bewiesene Behauptung. Eine These ist somit eine Aussage bzw. Behauptung, deren Wahrheitsgehalt

erst bewiesen werden muss. Thesen müssen eine Reihe von Eigenschaften aufweisen, damit ihr Wahrheitsgehalt überhaupt festgestellt werden kann:

1. Thesen müssen klare Aussagen enthalten.
2. Thesen dürfen im Verlauf einer Argumentation ihren Inhalt nicht ändern.
3. Thesen müssen begründet sein.
4. Thesen müssen nachgeprüft werden können.

Mit einer Argumentation möchte man die Wahrheit einer These (Aussage, Behauptung) nachweisen, um andere oder sich selbst davon zu überzeugen, dass man nicht nur eine subjektive Meinung vertritt. Eine Argumentation ist also eine sinnreiche Folge von Aussagen, mit denen Sie eine These begründen oder widerlegen. Innerhalb einer Argumentationskette gelten die Grundsätze des richtigen Schließens. Ein Argument ist als Beweisgrund also nur dann gültig, wenn es die logische Folge aus seinen Voraussetzungen ist. Innerhalb einer Argumentation reicht daher nicht die Wahrheit einer vorausgesetzten Aussage, auch das Schlussverfahren muss korrekt sein. Wenn z.B.

a) dieses Bild ein Kunstwerk ist und es
b) Ihnen tatsächlich gehört, dann wäre es falsch zu folgern, dass es
c) ein Kunstwerk von Ihnen ist.

Ein Argument kann nur dann überzeugen, wenn sich aus der Wahrheit der vorausgesetzten Aussagen die Wahrheit der Folgerungen notwendig ergibt, wenn daher unter der Annahme, dass die Voraussetzungen wahr sind, auch die Folgerungen wahr sind.

Die Grundform einer Argumentation besteht im Regelfall aus fünf Schritten:

1. Aufstellen der These
2. Nennung des Argumentes (*weil*)
3. Begründung des Argumentes (*denn, wie nachgewiesen wurde, bekanntlich*)
4. Beispiel für die Wahrheit oder Falschheit der aufgestellten These
5. Weiterführende Schlussfolgerung (*deshalb, daher, somit, also, folglich*)

Die Qualität und die Verständlichkeit Ihrer Argumentation hängt davon ab, ob es gelingt, Ihre Auffassung in einer Angelegenheit durch überzeugende Argumente und passende Beispiele zu vermitteln. Aus diesem Grund ist es sinnvoll, eine Argumentation gründlich zu planen. Dabei können Sie so vorgehen:

1. Vergegenwärtigen und notieren Sie Ihre Grundposition.
2. Sammeln Sie Argumente und passende Beispiele für Ihre Position in einer Liste.
3. Bewerten und ordnen Sie die Argumente. Überprüfen Sie, ob Ihre Beispiele gut gewählt sind. Suchen Sie andernfalls nach geeigneteren Beispielen. Streichen Sie anschließend die unbrauchbaren Argumente und Beispiele von Ihrer Liste.
4. Strukturieren Sie die Qualität Ihrer Argumente, indem Sie in absteigender oder aufsteigender Reihenfolge anordnen. Aufsteigende Argumentation meint den Weg vom Ihres Erachtens schwächsten zum stärksten Argument.

Zusammengehörende Thesen und Argumente lassen sich innerhalb Ihrer Argumentation bündeln und bestimmten *Theorien* (griechisch: Anschauung, Überlegung) oder wissenschaftlichen Positionen zuordnen. Dies ermöglicht es, unterschiedliche Argumentationsmuster inhaltlich klar und deutlich voneinander zu unterscheiden. So kann man z.B. zum Thema „Gewaltbereitschaft und Computerspiele" eine Eingewöhnungstheorie vertreten (mediale Gewalt wirkt abstumpfend und gewöhnt so an Gewalt). Nach einer Hemmungstheorie haben gewalthaltige Bilder eine ängstigende, hemmende Wirkung, verhindern also vordergründig Gewalt, nach einer Reinigungstheorie würden gewalthaltige Bilder innere Spannungen lösen und so reale Gewalt abwenden.

(Frei nach Frank Becker: Wahr oder falsch. In: Arnold K.D. Lorenzen (Hg.): Menschen in ihrer Welt. Militzke, Leipzig 2010, S. 170ff.)

* * *

Dilemma-Methode

Bei einem Dilemma geht es um eine zugespitzte Entscheidung zwischen zwei Denk- oder Handlungsalternativen, die sich – einander ausschließend – gegenüberstehen. Beide Positionen beruhen auf wichtigen Werten, sodass eine individuelle Entscheidung jeweils den anderen Wert verletzt. Deshalb sind hier hohe Anforderungen an eine Begründung zu stellen.

Im ersten Schritt müssen die Alternativen klar herausgearbeitet und formuliert werden. Danach können nach einer gemeinsamen Diskussion teilweise arbeitsteilig untersucht werden:

a) Wertvorstellungen, die hinter den Alternativen stehen,
b) die Konsequenzen (Folgen, Nebenfolgen) einer Entscheidung (wer profitiert, wer verliert, also Gewinne und Verluste einer Entscheidung),
c) die gesellschaftlichen Rahmenbedingungen (Interessen, Machtkonstellationen, rechtliche Regelungen, soziale Ungleichheiten usw.),
d) Möglichkeiten von Konfliktlösungen versus rechtliche Regelungen, welche Folgen und Nebenfolgen hätten diese jeweils? Wollen wir diese Folgen in Kauf nehmen?,
e) Durchsetzbarkeit (Widerstände, Bündnispartner, Beachtung von Machtkonstellationen, Interessenlagen, Funktionslogiken verschiedener gesellschaftlicher Handlungssysteme),
f) Möglichkeiten zur Vermeidung/Umgehung des Dilemmas.

In einer Anschlussdiskussion werden alle Argumente zusammengefasst und je individuelle Stellungnahmen vertreten.

* * *

Essay

Die philosophische Tradition stellt seit Michel de Montaigne (1533–1592) bei einem Essay (wörtlich „Probe, Versuch") lebenspraktische Fragen wie z.B. Freundschaft, Einsamkeit, Reisen usw. in den Mittelpunkt einer philosophischen Erörterung. Dabei werden eigene Erfahrungen mit philosophischen Überlegungen verbunden. Formal handelt es sich um ungebundene Denkversuche, man nähert sich ganz subjektiv einem Gegenstand. Scharfsinnig und in verständlicher, geistreicher Sprache werden verschiedene Sichtweisen des Themas durchgespielt und eine persönliche Position bezogen.

In einem selbst verfassten Essay setzen Sie sich unter Einbeziehung Ihrer persönlichen Meinung und Ihrer Sachkenntnisse in anspruchsvoller, ungebundener Form mit einem Thema, einer Frage oder einem Problem auseinander. Dabei wird nicht der Anspruch erhoben, eine umfangreiche philosophisch-wissenschaftliche Abhandlung zu verfassen. Auf Fußnoten wird verzichtet, Quellennachweise können nur durch Namen und ggf. Titel des Textes angegeben werden.

Das Schreiben von Essays soll die persönlich gefärbte, kritische Beurteilung und das Abwägen von Positionen in einem größeren Gesamtzusammenhang fördern. Aussagen, die auf geprüften Erkenntnissen oder Theorien beruhen, werden argumentativ mit persönlichen Beobachtungen, Eindrücken und schließlich mit eigenen Überlegungen verbunden (Stellungnahme). Sie sollten sich nicht nur in einem Essay immer bewusst sein, dass Sie die Realität mit Hilfe Ihres Wissens einerseits und mit Hilfe Ihrer persönlichen Erfahrungen andererseits interpretieren. Die eigene These oder Position sollte plausibel und nachvollziehbar begründet werden, sodass sich Ihre Gedanken gleichsam vor dem Auge der Leser entwickeln. Es geht in einem Essay vordringlich um eigene Überlegungen, um Benennung, Erörterung des Themas, nicht jedoch um eine neue Erklärung der Welt.

In seiner inneren Struktur (nicht formal) sollte auch ein Essay in Einleitung, Hauptteil und Schluss gegliedert sein.

Einleitend erläutern Sie den Ausgangspunkt Ihrer Argumentation, z.B. die Problemstellung oder die Bedeutung der Fragestellung für Sie oder andere. Als Einstieg kann durchaus ein aktuelles Ereignis oder eine persönliche Begebenheit dienen.

Danach kündigen Sie die eigene Position an, also die These bzw. die Thesen, die im Hauptteil behandelt werden. Der argumentierende Hauptteil besteht zunächst aus der Darstellung ausgewählter Kernaussagen zur Fragestellung, die im Folgenden verdichtet, analysiert und ggf. widerlegt werden. Im Vordergrund steht die plausible, nachvollziehbare Erläuterung der eigenen Position. Verwenden Sie nicht nur theoretische Argumente sondern auch illustrative Beispiele.
Im Schlussteil wird ein Fazit gezogen, die zentrale Argumentation noch einmal verdichtend und unter Berücksichtigung Ihrer persönlichen Bewertung kurz zusammengefasst. Es ist ebenfalls möglich, für Sie wichtige weiterführende Fragestellungen anzuführen.

* * *

Konferenzspiel
Durch ein Konferenzspiel werden Ansichten und Informationen zu einem Thema oder einem Problem in einem festgelegten Zeitrahmen zusammengetragen und zu klären versucht. Man kann so Entscheidungssituationen simulieren. Ziel des Konferenzspiels ist eine Lösung, der alle zustimmen können. Aber auch Nichteinigung ist ein akzeptables Ergebnis.

1. Alle wichtigen Parteien, Betroffenen oder Interessengruppen sind festzulegen und die benötigten Rollen zu verteilen.
2. Jede Interessengruppe bereitet ihre Argumentation vor und sucht die nötigen Informationen und Argumente zu Ihrer Rolle. Legen Sie hierfür eine Vorbereitungszeit fest, zum Beispiel ein oder zwei Wochen. Sammeln und systematisieren Sie so viele gute Gründe wie nur möglich. Richten Sie sich darauf ein, eventuelle Bedenken überzeugend zu entkräften. Ein Sprecher wird bestimmt, der die Ergebnisse der Vorbereitungsgruppe in einer festgelegten Zeitspanne vorträgt und auf Gegenargumente antwortet.
3. Ein neutraler Konferenzleiter beginnt, lenkt das Gespräch und beendet die Konferenz. Alle Konferenzteilnehmer haben ein Schild vor sich, das ihre Rolle kurz nennt. Die übrigen Gruppenmitglieder schauen bei der Konferenz zu und machen sich Notizen zum Verlauf und zu den wichtigen Argumenten.
4. Nach der Vorbereitung auf Ihre Rolle in der Arbeitsgruppe wird die eigentliche Diskussion durchgeführt. Sie kann unterbrochen stattfinden oder in mehrere Phasen unterteilt werden. Hier sollten Sie einen oder mehrere Beobachter/innen benennen, welche die Diskussion im Nachhinein beurteilen. Das Spiel ist beendet, wenn eine Lösung gefunden wurde.
5. Gemeinsam mit den Beobachter/innen sollten das Verhalten und vor allem die Argumentationsstärke der einzelnen Vertreter beurteilt werden.
6. Am Schluss sollten Sie eine Gesamtauswertung des Spiels vornehmen. Hier könnten folgende Fragestellungen diskutiert werden:
   Wer hatte die besten Informationen und Argumente? Wer hat sie am überzeugendsten eingesetzt, am besten argumentiert? Gab es Bemühungen, einen Kompromiss zwischen allen Beteiligten zu finden? Lässt sich ein solcher Kompromiss hinsichtlich dieses Problems überhaupt herstellen? Wie lässt sich das gefundene Ergebnis beurteilen? Wurde es gut begründet? Wie wurde argumentiert? Was war besonders hilfreich oder hinderlich? Was können wir verbessern? Ist das Ergebnis realistisch? Ist es ethisch zu vertreten?

* * *

Standbild
Mit der Methode „Standbild" oder „Denkmalbau" wird nonverbal ein Problem, ein Konflikt oder eine Situation mit Körpern von Personen visualisiert. Mit Phantasie und Mut zum Experiment können Sie ein gegebenes Thema oder Problem auch ohne Sprache sehr persönlich so gestalten, dass auch Haltungen und Gefühle ausgedrückt werden können.

1. Sie erarbeiten gemeinsam inhaltliche Vorstelllungen eines darzustellenden Themas oder Problems.
2. Sie entwickeln in einer oder mehreren Kleingruppen eine Idee zur Gestaltung und beauftragen jeweils eine Spielleitung. Dabei geht es um einen sinnvollen Einsatz von Gestik, Mimik, Körperhaltung, Stellung der Figuren zueinander usw.
3. Mit ausgewählten, schweigenden Darstellern „baut" die Spielleitung mit verbalen und/ oder gestischen Anweisungen, Vormachen und Eingriffen das Standbild. Die Zuschauer schließen die Augen und öffnen sie erst auf Anweisung.
4. Für eine Minute steht das Standbild still und wird jeweils fotografiert.
5. In der Auswertungsphase beginnen die Zuschauer mit einer Beschreibung und stellen ggf. Fragen. Darsteller und Spielleitung erläutern die Figuren und die Absicht. Die Darsteller schildern ihr Erleben der Rolle.
(Anregungen: Wer oder was wird durch wen und wie dargestellt? Warum? Welche Charakterzüge/Beziehungsaspekte sind erkennbar? Woran erkennt man sie? Welche Figur wirkt mächtiger/teilnahmsloser/verstehender usw.? Welche Gesten/Auffälligkeiten dienen welchem Zweck? Vergleich mit vorherigem Standbild. Was könnte man an diesem Standbild optimieren?)
6. In einer Abschlussrunde wird der Erkenntnisgehalt des Standbildes für das jeweilige Thema erörtert.

* * *

Streitgespräch/Pro-und-Kontra-Diskussion

In einem Streitgespräch geht es darum, dass gegensätzliche Standpunkte zu einer Thematik dargestellt und mit Argumenten vertreten werden. Ein Streitgespräch ist keine spontane Diskussion, sondern beruht auf festen Regeln und einer guten Vorbereitung.

Das Streitgespräch kann bei Themen angewendet werden, bei denen sich die Standpunkte und Meinungen polarisieren. Das Ziel eines Streitgespräches ist es, die Richtigkeit eines bestimmten Standpunktes in einer Auseinandersetzung nachzuweisen bzw. dessen Geltungsbedingungen zu klären.

1. Zur Vorbereitung des Streitgespräches müssen als erstes die Streitfrage und die verschiedenen Standpunkte klar formuliert werden.
2. Nach der Formulierung der Streitfrage, noch vor der weiteren Vorbereitung des Streitgesprächs, sollte eine erste Abstimmung in der Klasse stattfinden. Diese ermöglicht es, nicht nur zu erkennen, wer welchen Standpunkt vertritt, sondern nach dem Streitgespräch einzuschätzen, welche Position überzeugender vertreten wurde.
3. Als erstes werden – mit Hilfe des Abstimmungsverhaltens – die beiden Gruppen gebildet, welche die Pro- bzw. Kontraposition vertreten. Sie wählen jeweils einen Sprecher. Dann wird ein Gesprächsleiter bestimmt. Er nimmt einen neutralen Standpunkt ein; seine Aufgabe ist es, die Diskussion zu leiten, auf die Einhaltung der Diskussionsregeln zu achten und die Abstimmung vornehmen zu lassen. Die übrigen Schüler sind Beobachter, die für sich die geäußerten Argumente notieren und bewerten. Schließlich werden die Regeln für das Streitgespräch vereinbart. Sie betreffen im Wesentlichen den Ablauf der Diskussion, die Dauer der Redezeit und die Zulässigkeit von Zwischenfragen und Zwischenrufen. Dann beginnt die inhaltliche Vorbereitung, die darin besteht, dass sich jede Gruppe Argumente für die eigene Position bzw. zur Kritik am gegnerischen Standpunkt erarbeitet.
4. Durchführung der Diskussion. Die Sprecher bekommen z.B. zu Beginn drei Minuten Zeit, um ihre eigene Position darzustellen, ansonsten bleibt die Redezeit auf eine Minute beschränkt. Zwischenfragen und Zwischenrufe sind nicht zulässig. Zu Beginn des Streitgesprächs stellen die Gruppensprecher ihre Position kurz dar und begründen sie. Es folgt das eigentliche Streitgespräch: Auf die Darstellungen der einen Seite folgen die

Erwiderungen der anderen Seite, wobei auf gegnerische Argumente Bezug genommen werden muss. Den Schluss bestimmt der Gesprächsleiter dann, wenn keine neuen Aspekte mehr genannt werden.

5. Am Schluss sollte neben einer Reflexion über den gesamten Prozess noch einmal eine Abstimmung stehen, in der sich zeigt, ob sich durch die in der Diskussion verwendeten Argumente Meinungen verändert haben.

* * *

Thesenpräsentation als Kurzvortrag (siehe auch Argumentieren)

› Beachten Sie bei jeder Präsentation die wichtige Rolle von Pausen und halten Sie so oft als möglich Blickkontakt mit dem Publikum.
› Beginnen Sie immer mit einer auch begrüßenden Einleitung, die das Thema benennt bzw. mit einem Zitat, Bonmot oder ähnlich, welche in das Thema einführen. Sorgen Sie so dafür, dass man bereit ist, Ihnen mit Interesse zuzuhören.
› Stellen Sie dann im Hauptteil Ihre These(n) vor.
› Begründen Sie Ihre These(n) mit mindestens einem Argument (nicht mehr als drei) und suchen Sie jeweils ein einziges illustrierendes Beispiel. Beachten Sie dabei eine sinnvolle Anordnung der Argumente (siehe auch Argumentieren).
› Führen Sie mindestens ein Gegenargument zu Ihrer jeweiligen These an, widerlegen Sie es argumentativ und illustrieren Sie ebenfalls mit einem Beispiel.
› Wiederholen Sie im Schlussteil Ihre These, bedanken Sie sich für die Aufmerksamkeit und bitten Sie um Fragen, Anmerkungen oder Widerspruch.
› Abweichend von dieser Reihenfolge können Sie auch den Hauptteil damit beginnen, dass Sie sofort Gegenargumente widerlegen und daraus Ihre Schlüsse ziehen.
› Erproben Sie Ihren Vortrag vor einer vertrauten Person oder vor einem anderen Publikum.

Wählen Sie je nach individueller Neigung eine von diesen Vortragstechniken:

1. Kärtchen-Technik
   Das ist ein teilweise freier Vortrag: Kärtchen einseitig beschriften, im DIN A6 Format in der Hand halten, auf jeder Karte unter einer Überschrift/einem Leitgedanken drei bis fünf Stichwörter.
2. freier Vortrag
   Ganz ohne Hilfsmittel, kommt meistens beim Publikum sehr gut an. Hierbei sind ein gutes Gedächtnis und eine sehr intensive Vorbereitung nötig.
3. Kombinationstechnik
   Unterteilen Sie ein DIN-A4-Blatt in zwei Spalten (links ca. 7 cm, rechts ca. 14 cm).
   In die linke Spalte (genau passend zu dem in der rechten Spalte ausformulierten Text) kommen Leitgedanken, Stichwörter ähnlich der Kärtchen-Technik, in die rechte Spalte dazu passend der ausformulierte Text in großer Schrift. Bei dieser Vortragsform können Sie auch als Ungeübter vom eher freien Stil auf den vorformulierten Text zurückgreifen, bzw. einige Passagen wörtlich vorlesen.
4. Text ablesen
   Den Text in großer Schrift gut vorbereiten, sodass wichtige Passagen z.B. farblich hervorgehoben sind. Leider wird oft zu schnell abgelesen, deshalb sehr, sehr langsam vortragen! Weil Sie nur den Text ablesend anschauen, sind kurze Pausen und auch ab und zu eine etwas längere unerlässlich. So oft als möglich Blickkontakt aufnehmen.

* * *

Bildverzeichnis

Umschlagseite 1: Patrizia Tilly, Fotolia.com; S. 8: Ulrich Schollmeyer, Gustav-Adolf Schultze (u); S. 9: Radierung von Johann Leonhard (o); Eric Gaba. 2005, Medienarchiv Wikimedia Commons (2.v.o.); Boethius und die Philosophie (als Frau), Mattia Preti; Deutsches Bundesarchiv, Bild 183-27348-0008, Quaschinsky, Hans-Günter (ml); Hannah Arendt Briefmarke, Deutsche Bundespost (3.v.u.); S. 14: Gerd Hötter, Ausschau, 1992; S. 15, 22, 26, 34: Raffaello Sanzio (1483–1520), Fresco, Ausschnitt aus Philosophenschule von Athen (1511); S. 16: Austrian National Library; S. 19: Das Wissen des 20.Jahrhunderts, Bildungslexikon, Rheda, 1931; S. 21, 22, 23, 207: Wikimedia Commons; S. 37: Zoonar/Kai Koehler, polylooks.de; S. 39: unter Verwendung folgender Fotos: Schlösser – pip, photocase.com; S. Ziffernblock – Jimmy K., Fotolia.com; Hände mit Pflanze – Christina Bieber, pixelio.de; Junge rennt – chriskuddl, photocase.com; S. 41: Philippe Ramakers, panthermedia.net (ol); Phil Morley, panthermedia.net (or); S. 43: Dieter Schütz, pixelio.de (or); S. Hofschlaeger, pixelio.de (ur); S. 44: Annika von Hauswolff, 1997; S. 46: Elisabeth Werner, unter Verwendung folgender Fotos: Landschaft – Alexander Hauck, pixelio.de; Auge – Lukas Luettgen, fotolia.de; S. 53: kallejipp, photocase.com (l); Yuri Arcurs, panthermedia.net (r); S. 55: Fragezeichen – Holger Hecklau, aboutpixel.de; S. 56: „Semmelweis – Retter der Mütter", DEFA 1950; S. 63: knallgrün, photocase.com; S. 67: Thomas Max Müller, pixelio.de; S. 68: Andres Rodriguez, panthermedia.net; S. 70: George Orwell, 1933 (anonym); S. 72: Anton Graff, 1785, Gleimhaus Halberstadt; S. 74: unter Verwendung eines Fotos von: view7, photocase.com; S. 76: misterQM, photocase.com; S. 77: Alexander Kreher, aboutpixel.de (Homer Simpson Syndrom); S. 82: © Salvador Dalí, Fundació Gala-Salvador Dalí/VG Bild-Kunst, Bonn 2016; S. 84: Robert Gernhardt; S. 85: o-zero, photocase.com; S. 87: Aintschie, Fotolia.com; S. 89: © Pollock-Krasner Foundation / VG Bild-Kunst, Bonn 2016; S. 92: Meikel.inSpirit, photocase.com; S. 94: Sandro Botticelli, Wikipedia Commons; S. 98: Tizian, National Gallery, London (l), Marie-Denise Villers (r); S. 102: http://de.academic.ru/dic.nsf/dewiki/320511; S. 103: Olafur Eliasson, Foto: Thomas Pintaric; S. 104: Wikimol, Wikimedia Commons; S. 106: Franz Pfluegl, fotolia.com; S. 109: Ulrich Schollmeyer; S. 110: Robert Fludd: Utriusque Cosmi II. Oppenheim 1619 (o); Michael Maier, Atalanta fugiens, Oppenheim, 1618 (u); S. 111: giftgruen, photocase.com; S. 112: Magdalena Jetelová, (Galerie Thomas Schulte, Berlin); S. 115: Sabine Schaefer, panthermedia.net; S. 117: Johann H. Addicks, Wikipedia; S. 119: Philip P.; S. 121: akg-images, Berlin; S. 123: Dietmar Senf, Leipzig; S. 127: unter Verwendung eines Fotos von Paylessimages, Fotolia.com; S. 133: Andreas Wolf, panthermedia.net; S. 134: Denkmal – Birgit Strehl, panthermedia.net; Kran – bernd boscolo, aboutpixel.de; S. 138: Jean Arp, Zerreißbild, © VG Bild-Kunst, Bonn 2016; S. 139: Honoré Daumier, Versteigerung, 1853; S. 141: comamedia, photocase.com; S. 144: Feuerwehr Sachsen, Andre Jähne; S. 145: Patrizia Tilly, Fotolia.com; S. 150: Martinbuber, photocase.com; S. 153: Uwe Moser, panthermedia.net; S. 157: Mann – Leah-Anne Thompson, fotolia.com; Daumen – pdesign, Fotolia.com (2); S. 160: Anja Brunsmann, aboutpixel.de (die 2); S. 165: Franz Pfluegl, fotolia.com; S. 168: Sönke Rolfs, panthermedia.net; S. 171: René Lutz, aboutpixel.de (m); Stephanie Schwärzle, aboutpixel.de (u); S. 172: unter Verwendung folgender Fotos: Landschaft – Michael Wolf, Fotolia.com, Wolf – Julia Wesenberg, Fotolia.com; S. 175: Jens Klingebiel, panthermedia.net (o); dagel, Fotolia.com; S. 176: Deutsche Post AG, Henning Wagenbreth; S. 185: Pete Saloutos, panthermedia.net; S. 192: unter Verwendung eines Fotos von Jeffrey Van Daele, panthermedia.net; S. 193: aus: Walter Bosing: Sämtliche Gemälde, Bosch. Taschen, Köln, 2004, S. 40; S. 199/200: Anastasiya Maksymenko, panthermedia.net; S. 201: Dosso Dossi, Heilige Familie, Pinacoteca Capitolina, 1999; S. 202: Württembergische Landesbibliothek Stuttgart, HB II 54; S. 203: Baba66, Wikimedia Commons; S. 208: Josef Müllek, panthermedia.net; S. 212: unter Verwendung eines Fotos von Scott Griessel, panthermedia.net; S. 214: Design Pics, panthermedia.net; S. 217: World Economic Forum (www.weforum.org), swiss-image.ch, Photo by Peter Lauth; S. 221: Nihat Dursun, panthermedia.net; S. 222: Der Narr und die Gotteslästerung; Holzschnitt, 15. Jh. Foto: Stadtbibliothek Caen. Aus: Maurice Lever: Zepter und Narrenkappe. Dianus-Trikont, München, 1983, S. 35; S. 223: jala, photocase.com; S. 224: Pino Madeo, pixelio.de; S. 227: Wikimedia Commons (o); unter Verwendung eines Fotos von Zoonar/Markus Gann, polylooks.de (u); S. 229: NEUROtiker/Wikipedia Commons; S. 234: seanprior, polylooks.de; S. 235: Carl Sagan & Frank Drake, artwork by Linda Salzman Sagan, Wikimedia Commons; S. 236: Julia Lössl, Leipzig; S. 237: Philipp Weissenbacher (o); E. Werner (u); S. 245: Café wall illusion – Fibonacci, Wikimedia Common; S. 246: Holzschnitt, 15. Jahrhundert; S. 247: Peter Reichl; S. 251: unter Verwendung eines Fotos von .marqs, photocase.com; S. 252: Walter Womacka, VG Bild-Kunst, Bonn 2016; S. 256: Bernd Wachtmeister, 2009, pixelio.de; S. 258: unter Verwendung eines Fotos von Erik Reis, panthermedia.net; S. 259: José-Manuel Benito Álvarez (o); DaimlerChrysler AG, Wikimedia Commons (u); S. 260: Museumsstiftung Post und Telekommunikation, Inv. Nr. 4.0.790 (o); S. 260: Walter Womacka, VG Bild- Kunst, Bonn 2016 (u); S. 261: Klicker, pixelio.de; S. 262: © runtothewater, aboutpixel.de (l); HB1111, aboutpixel.de (m); Thomas Weiss, pixelio.de (r); S. 265: Dragon30, photocase.com (o); S. 267: ullstein bild – Granger Collection; S. 270: Wolfgang Mattheuer, VG Bild-Kunst, Bonn 2016; S. 272: A.K.D. Lorenzen, Hamburg; S. 273: Wikimedia Commons; S. 280: maryimwunderland, photocase.com; S. 286: Maria Vaorin, photocase.com; S. 291: Wikimedia Commons; S. 294: © Christian Wöller, aboutpixel.de; S. 181, 183, 186, 231, 239, 241, 248, 265 (u): Uta Wolf, Leipzig.

Sollte es uns trotz größter Sorgfalt, nicht in allen Fällen gelungen sein, den richtigen Rechteinhaber der Abbildungen zu ermitteln, werden berechtigte Ansprüche selbstverständlich über die üblichen Vereinbarungen abgegolten.

(S. = Seite; o = oben; m = mitte; u = unten; l = links; r = rechts; ol = oben links; or = oben rechts; ul = unten links; ur = unten rechts; om = oben mitte; um = unten mitte)

Impressum

Herausgeber:
Dr. Arnold K. D. Lorenzen

Autoren:
Frank Becker: Kap. 1 (Mitarbeit Dr. Arnold K. D. Lorenzen) und Kap. 2.1
Maria Behre: Kap. 5.3
Prof. Dr. Roland Biewald: Kap. 4.1 und 4.2 (Mitarbeit bei beiden Dr. Arnold K. D. Lorenzen)
Frederick Brüning: Kap. 2.5 (Mitarbeit Dr. Arnold K. D. Lorenzen)
Christine Grünberg: Kap. 5.2
Erika Dohrendorf-Seel: Kap. 2.4
Henry Hüttel: Kap. 3.1 und 3.2
Frank Irmler: Kap. 3.1. und 3.2
Dr. Arnold K.D. Lorenzen: Kap. 2.4. und Kap. 4.3
Dr. Eveline Luutz: Kap. 3.1 und 5.2
Dr. Wolfgang Luutz: Kap. 2.2, 3.3 und 3.4
Christoph Marx: Kap. 3.1 und 3.2
Peter Reichl: Kap. 5.1
Donatus Thürnau: Kap. 5.4 (Mitarbeit Dr. Eveline Luutz)
Renate Tretschok: Kap. 3.1 und 3.2
Elke Zöger: Kap. 2.3 (Mitarbeit Dr. Arnold K. D. Lorenzen)

Lektorat/Korrektorat:
Dr. Eveline Luutz/Julia Lössl

Layoutentwurf, technische und gestalterische Umsetzung:
Ralf Thielicke

Besuchen Sie den Militzke Verlag im Internet: http://www.militzke.de

Wir haben alle Internetadressen vor dem Druck sorgfältig geprüft. Dennoch kann es in Einzelfällen vorkommen, dass diese in der Zwischenzeit nicht mehr aktuell sind. Deshalb können wir für die absolute Aktualität keine Gewähr übernehmen. Außerdem liegt die Verantwortung für den Inhalt von Internetadressen bei deren Betreibern und nicht bei den Autoren und dem Verlag des vorliegenden Schulbuchs.

Alle Texte, die für dieses Buch erstellt wurden, folgen der reformierten Rechtschreibung und Zeichensetzung (Stand: August 2006). Quellentexte sind in der Regel nach den zum Zeitpunkt ihrer ursprünglichen Drucklegung geltenden Regeln gesetzt.

Druck: Werbedruck GmbH Horst Schreckhase, Spangenberg
ISBN 978-3-86189-520-6

Die letzte Jahreszahl bezeichnet das Erscheinungsjahr dieser Auflage:
2018 2017 2016